KB261364

민주 노조 운동 20년:
쟁점과 과제

민주 노조 운동 20년 : 쟁점과 과제

1판1쇄 펴냄 2008년 2월 16일

지은이 | 조돈문·이수봉 엮음

펴낸이 | 정민용
주간 | 박상훈
편집장 | 안중철
책임편집 | 정민용, 성지희
편집 | 박미경, 박후란, 최미정
디자인 | 서진, 송재희
경영지원 | 김용운
제작·영업 | 김재선, 박경춘

펴낸곳 | 도서출판 후마니타스
등록 | 2002년 2월 19일 제6-0449호
주소 | 서울 종로구 홍파동 42-1 신한빌딩2층(110-092)
편집 | 02-739-9929 제작·영업 | 02-722-9960 팩스 | 02-733-9910

값 20,000원

ISBN 978-89-90106-56-8 03300

이 도서의 국립중앙도서관 출판시도서목록(CIP)은 e-CIP홈페이지(http://www.nl.go.kr/cip.php)에서
이용하실 수 있습니다(CIP 제어번호 : CIP2008000460).

후마니타스

민주 노조 운동 20년:
쟁점과 과제

조돈문 · 이수봉 엮음

후마니타스

차례

제1부

전노협과 민주노총 건설 : 역사와 의미

제2부

경제 위기 이후 민주 노조 운동 : 투쟁과 계기들

20년 투쟁의 희망을 모아 미래로 나아갑시다

이석행 | 민주노총 위원장

올해는 1987년 7, 8, 9월 노동자 대투쟁 20주년입니다. 거제에서 구로까지 들불처럼 활활 타오르는 투쟁을 벌인 지 벌써 20년의 세월이 지났습니다.

1987년 노동자 대투쟁 이전까지만 해도 노동자는 공돌이, 공순이로 불렸습니다. 그러나 노동자 대투쟁 이후 노동자는 우리 사회의 주체로 당당하게 나서기 시작했습니다. 공장 안에서만 입던 작업복 차림으로 자랑스럽게 나다닐 수 있게 되었습니다. 노동자 단결의 무기인 노동조합을 일반화시켰고, 노동법 개정 투쟁을 통해 뭉쳤습니다. 그 힘으로 지역 연대 조직, 전국적 연대 조직을 건설했고 마침내 1995년 민주노총을 건설했습니다. 이제 민주노총은 한국 사회 변화에 지대한 영향력을 미치는 조직으로 자리하고 있습니다.

지난 20년간의 투쟁으로 노동자가 사회적으로 인정받고 있지만, 한편 변하지 않은 것도 있습니다. 1987년 노동자 대투쟁 당시 노동자는 "배고파서 못 살겠다" "어용 노조 물러가라, 노동조합 인정하라" "8시간 일하고 일요일에 놀자"고 요구했습니다. 그런데 20년이 지난 지금도 우리는 노동자의 생존권 보장, 노동기본권 보장을 요구하고 있습니다. 이랜드 그룹 노동자, 수많은 비정규직 노동자들이 일회용품처럼 해고되었습니다. 아직 노동자로 인정받지 못하고 있는 '특수 고용 노동자'가 있습니다. 필수 공익사업장 노동자들이 노동기본권을 요구하고 있습니다. 민주 노조 운동은 스스로 변화를 통해 이 문제를 해결할 것을 요구받고 있습니다. 민주노총이 앞장서서 그 과제를 실현해 나가겠습니다.

민주노총 위원장 취임 이후 6개월에 걸친 현장 대장정을 치렀습니다. 전국 방방곡곡에 민주노총 조합원 없는 곳이 없습니다. 우리 조합원이 열악하고 힘든 상황 속에서 땀 흘리며 일하고 있고 그곳에서 희망을 꿈꾸고 있습니다. 1987년 노동자 대투쟁을 통해 노동자가 꿈꾸던 희망, 지금도 곳곳에서 노동자가 품고 있는 희망을 모아 미래로 나가야 합니다. 그 길에 민주노총이 제 역할을 하겠습니다.

이 책에는 민중의 스승이자 벗이었던 김진균 선생님을 기리고 87년 노동자 대투쟁 이후 20년을 되새기는 의미가 담겨 있습니다. 김진균 선생님은 노동자들이 스스로를 조직하기 시작하면서부터 늘 옆에서 바람막이가 되어 주셨고, 진보학계에 실천적 학문의 기풍을 만드셨습니다. 선생님의 애정과 실천은 민주 노조 운동이라는 열차에 연료가 되었습니다. 선생님과 함께 연구하며 지금도 민주 노조 운동의 나아갈 바를 고민하는 여러 필자들의 노동운동에 대한 쓴소리를 겸허하게 받아 안겠습니다. 민주노총은 지난 20년을 치밀하게 돌아보고 이를 바탕으로 새로운 운동의 동력을 마련하는 데 앞장서겠습니다. 민주 노조 운동에 애정과 관심 있는 동지들 모두가 함께 그 힘이 되어 주길 바랍니다.

사회주의 운동의 역사와 만나기를 바라며

오세철 ǀ 전 한국산업노동학회장, 연세대학교 명예교수

역사를 안다는 것이 얼마나 의미 있고 소중한지는 실천하는 사람만이 지니는 기쁨이다. 최근 몇 해 동안 세계 사회주의 운동사와 노동 운동사를 연구하는 젊은 연구자들과의 소통과 토론은 나 같은 나이 든 연구자에게 값진 경험이었다. 아마 죽기 전까지 인문사회과학도가 붙들고 씨름할 것은 역사 공부일 것이다.

1987년 6월 항쟁을 맞으면서 민주화 운동 20년에 대한 평가가 곳곳에서 이루어졌고 그 연구 성과물이 출간되었는데 그중에서 이 책은 고故 김진균 추모 책으로서 민주 노조 운동의 20년 역사뿐만 아니라 쟁점들을 밀도 있게 다루고 있다. 바로 이 20년에 대한 올바른 역사적 이해야말로 앞으로의 노동자 운동의 전망을 열어가는 데 밑바탕이 될 수 있다. 노동자 운동이 노동자 사상과 그 실천의 변증법적 결합이기 때문에 더욱더 그러하다.

우리는 지금 자본주의 쇠퇴기에 살고 있다. 전례가 없는 억압과 착취, 빈곤 그리고 전쟁이라는 총체적 삶의 피폐화로 나아가는 신자유주의 자본주의 체제는 노동계급의 세계적 단결과 투쟁을 통해서만 극복될 수 있다. 한국 자본주의의 압축적 성장은 한국 노동계급의 변혁성과 민주성, 그리고 연대성을 빠르게 발전시켰지만 선진 자본주의 노동자 운동의 계급 타협주의와 관료주의도 동시에 심화시켰다. 지난 20년의 역사는 이를 극명하게 보여 주고 있다.

노동자 운동의 역사가 사회주의 운동의 역사 속에서 조명되고 자본주의를 넘어서는 노동계급의 혁명성과 투쟁성이 고양될 수 있는 전망 속에서 그 역사가 올바르게 해석되기를 바라는 마음 간절하다. 이 책이 유기적 지식인뿐만 아니라 변혁적인 선진 노동자들의 실천 지침이 될 수 있는 연구서이기를 바란다.

민주 노조 운동과 함께
노동계급의 계급 형성을 향하여

한국산업노동학회는 1994년 6월에 창설되었다. 이때는 1987년 노동자 대투쟁 속에서 탄생한 민주 노조들이 대안적 노동운동의 흐름을 형성하며 이 땅의 노동계급에게 새로운 희망을 안겨 주기 시작하자마자 국가와 자본이 공안정국과 신경영전략으로 반격을 가해 오던 시기였다. 이렇게 민주 노조 운동이 채 영글기도 전에 힘겨운 도전을 맞게 되자, "학계와 산업/노동계의 만남의 장이 되고자" 민주 노조 운동과 함께 노동계급과 사회변혁의 꿈을 키워 오던 진보학계 사회과학도들이 한국산업노동학회를 만들게 된 것이다. 그 한복판에 고 김진균 선생님이 계셨다.

고 김진균 선생님은 전노협의 지도위원으로서, 한국산업노동학회의 초대 회장으로서 민주 노조 운동과 진보학계의 만남의 공간을 만드셨고, 실천의 전범을 우리 후학들에게 보여 주셨다. 우리는 선생님과 함께 부족하나마 우리의 역량을 민주 노조 운동의 발전에 바치자고 모였다. 우리의 화두는 '전문성'과 '실천성'이었다. 민주 노조 운동과 함께 시작한 열기 충천했던 학회 초기에 비하면·지금은 왜소하게마저 느껴진다. 전문성은 크게 향상되었지만, 실천성은 바닥을 향하고 있다. 이제 민주 노조 운동 20년을 되돌아보며 그 역사와 과제를 논의하는 것은 부끄러운 우리의 모습을 되돌아보는 자성의 시간도 갖고자 함이다.

민주 노조 운동은 노동자 대투쟁의 열기 속에서 '노동 해방'과 '평등 사회 건설'을 외치며 출범했지만 지금 우리 사회는 거꾸로 가고 있다. '기업하기 좋은 나라'에서 '자본가의 천국'으로 치닫고 있다. 민주 노조 운동의 성과가 없는 것은 아니다. 민주 노조의 절대다수가 산별노조로 전환했고 노동계급 정당의 의회 진출도 이루어 냈다. 산별노조의 진정한 산별 교섭 실현과 노동계급 정당의 혁신은 여전히 과제로 남아 있지만 산별노조 건설과 노동계급 정치 세력화에서 미흡하나마 일정한 진전을 이룬 것은 사실이다. 국가와 자본의 끊임없는 공세 속에서 민주 노조 운동은 한시도 위기 상황을 벗어날 겨를이 없었지만 당당하게 살아남았고, 그것은 노동계급의 희망이 아직 사라지지 않았다는 징표이다. 민주 노조 운동의 생존 그 자체가 가장 큰 성과임을 잊어서는 안 되겠다.

민주 노조 운동의 일정한 성과에도 불구하고, 1987년 노동자 대투쟁과 함께 우리가 꿈꾸었던 20년 후의 모습에 비추어 보면 지금 민주 노조 운동의 모습은 너무도 취약하다. 민주 노조들이 해방공간 전평 이후 이 땅의 노동계급에 족쇄 노릇을 한 대한노총·한국노총을 거부한 것은 어용 노조가 아니라 노동자들에게 봉사하는 노동조합을, 과두제가 아니라 노동자들이 주인이 되는 민주적 조직을, 이익집단이 아니라 계급조직을 만들고자 함이었다. 민주 노조 운동은 자주성·민주성·계급성의 정체성을 지키기 위해 국가와 자본에 맞서 노동계급의 삶과 노동조합의 생존 자체를 지키기 위해 많은 희생을 치렀다. 하지만, 작금의 민주 노조 운동은 그렇게 온전한 모습이 아니다. 민주 노조 운동 내에도 자본의 영향력과 개입으로부터 자유롭지 못한 노조들이 상당수 있으며, 정파 조직들 사이의 원심력은 노동자 대중을 객체화시키며 조직 민주주의를 훼손하고 노동조합의 역량에 상당한 제약을 안겨 주고 있다.

자주성과 민주성 문제도 심각하지만, 더욱더 심각한 것은 계급성 문제다. 비정규직은 1,500만 전체 노동계급의 60%에 육박하고 있지만 민주 노조 운동은 비정규 노동자들의 이해관계 대변과 조직화에 별다른 진전을 보지 못했다. 1997년 외환위기 이후 사회 전반의 보수화 추세 속에서 노동계급도 보수화를 겪었으며, 민주 노조 운동 구성원들도 예외가 아니었다. 민주 노조 운동의 구심점을 형성하며 계급 형성의 주체 역할을 했던 정규직 노동자들은 신자유주의 경제정책과 노동시장 유연화 추세 속에서 고용 불안정을 경험하며 전체 노동계급의 이해관계 대변보다 개별적 고용 안정 확보에 더 민감해졌다. 정규직 노동자들이 비정규직 노동자들보다 높은 계급의식을 보이며 계급 형성을 주도해 왔으나 경제 위기 이후 정규직-비정규직 사이의 계급의식 편차는 역전되었다. 노동계급의 조직적 형성과 이데올로기적 형성의 구심점으로 노동계급의 형성을 주도해 왔던 민주 노조 운동의 역량과 위상이 약화되기 시작하며 노동계급의 형성이 도전을 받고 있다. 정규직 중심의 민주 노조 운동은 월등히 강한 조직력을 지니고 있지만 계급의식 보수화를 겪고 있고, 비정규직 핵심은 계급의식이 고양되고 있지만 조직력은 취약하다. 노동계급의 조직적 형성과 이데올로기적 형성 사이에 나타나는 미스매치 mismatch 현상은 계급 형성 주체의 재구성을 요구하고 있는 것이다.

정규직 노동자의 보수화 추세가 민주 노조 운동의 발목을 잡고 있다는 것은 비정규직 노동자의 이해관계를 대변하며 적극적 연대 투쟁을 전개하는 노동조합 지도부가 조합원들로부터 불신임을 받고 중도하차한 지엠대우 창원공장 사례 등에서 잘 확인되고 있다. 하지만, 민주노총 조합원들의 비정규 노동자 문제에 대한 연대 의식이 꾸준히 향상되고 있으며, 여타 정규직 노동자들보다 민주노총 조합원들의 비정규직 노동자 연대 의식 수준이 높고 민주 노조 일반 조합원 대중보다 노조 활동가들의 연대 의식 수준이 높다는 점은 계급조직으로서의 민주 노조를 아직 포기할 수 없음을 확인시켜 준다. 그뿐만 아니라 민주 노조의 연대 투쟁으로 비정규 노동자들의 조직화와 투쟁에 성과를 거둔 사례들이 하나 둘 늘어나고 있으며, 민주노총 노동조합들의 대부분이 산별노조로 전환하고 있어 민주 노조 운동의 계급 대표성 복원을 위한 주체적 조건은 나아지고 있다. 비정규직 노동자들의 조직화 및 주체 형성과 함께 민주 노조 운동의 연대 활동을 통해 노동계급 계급 형성의 새로운 장을 열기 위한 전략적 모색이 요구되는 지점이다.

민주 노조 운동이 비정규직 노동자 조직화와 투쟁에 적극적으로 연대하며 함께 노동계급 계급 형성에 박차를 가해야 할 필요성은 계급 헤게모니 문제를 고려하면 더욱더 절실하게 드러난다. 한국노동연구원 조사(2007년 9월 발표)에 따르면, 1989년과 2007년 사이, 국민 여론은 노동조합 활동이 경제 성장에 긍정적 역할을 한다는 입장에서 부정적 역할을 한다는 입장으로 바뀌었고, 사용자의 대우가 부당하고 노동자의 요구가 정당하다는 입장에서 사용자의 대우가 정당하고 노동자의 요구가 부당하다는 입장으로 바뀌었다고 한다. 조사 방법의 변화로 일반화에 한계는 있지만 사회의 정치의식 보수화 추세를 고려하면 일정 정도 경험적 근거를 지닌다고 할 수 있다. 무엇보다도 놀라운 것은 노동조합 활동이 사회 불평등 해소에 긍정적이라는 의견이 크게 줄어들었다는 것이며, 이는 정규직 중심 노동조합 활동에 대한 국민의 차가운 시선을 표현하는 것이다. 물론, 정부, 자본과 보수 언론의 이데올로기적 공세의 성과에 기인하는 측면도 있지만 노동조합에 대한 부정적 여론은 현실임을 인정하지 않으면 안 된다. 동 조사에 따르면 현재 노동조합에 대한 국민의 신뢰도는 언론·정부·기업보다도 낮으며, 세 기구들에 대한 신뢰도를 합하면 노동조합 신뢰도의 여섯 배나 된다. 이것이 의미하는 바는 노동조합이 아무리 국가와 자본이 잘못되었고 언론이 진실을 왜곡하고 있다고 주장하더라도 국민들은 노동조합의 주장에 귀를 기울이지 않고 국가·자본·언론의 손을 들어 준다는 것이다. 민주 노조 운동이 한편으로는 비정규직 노동자들의 이해관계를 대변하는 역할에 충실하지 못했고, 다른 한편으로는 기업별노조의 벽을 넘어서지 못하며 국가와 자본의 공세에 맞서는 투쟁 동원에 진력하는 과정에서 국민을 향한 "설득의 논리"보다 노조원들을 향한 "동원의 논리"에 매달린 결과라고 할 수 있다.

본 책에 실린 글들은 민주 노조 운동의 역사를 재조명하며 민주 노조 운동이 현재 직면하고 있는 다양한 과제들을 짚어 보려는 노력의 산물들이다. 필자들은 이 책에 "맺음말"을 넣지 않기로 했다. 그것은 민주 노조 운동이 현재 처해 있는 조건과 직면하고 있는 과제들을 드러내 보이는 것이 연구자들의 적절한 역할 수준이며, 민주 노조 운동이 직면한 과제들에 대한 전략적 대안을 찾고 실천하는 것은 민주 노조 운동 구성원들의 몫이라는 판단이다. 또한, 민주 노조 운동이 여전히 노동계급 계급 형성의 주체로서 대안을 모색하고 실천할 수 있는 역량을 지니고 있다는 신뢰의 표현이기도 하다. 민주 노조 운동이 그런 노력을 경주하는 과정에 우리 한국산업노동학회 연구자들도 기꺼이 함께할 것임은 물론이다. 민주 노조 운동의 어려움은 우리 연구자들에게도 곤혹스런 현실이기 때문이다.

끝으로, 이 책의 기획을 함께 시작했던 전임 민주노총 정책연구원 원장 김태현 님과 이상학 님, 필진들의 자료 수집을 늘 밝은 얼굴로 도와주신 정책연구원 정경원 님, 그리고 원고 정리와 교정에 수고해 준 조교 김직수 님께 감사를 드린다. 이 책의 출판을 흔쾌히 맡아 주시고 휴가도 잊은 채 출판을 위해 고생하신 후마니타스 여러분께 죄송하고 고맙다는 말씀을 전한다.

민주 노조 운동과 진보학계의 만남으로 노동계급 계급 형성의 전망을 다시 열 것을 다짐하며, 고 김진균 선생님의 영전에 이 책을 바친다.

고 김진균 선생님 4주기에
필자들을 대표하여 조돈문 씀

전노협과 민주노총 건설: 역사와 의미

87년 이후 민주 노조 운동의 구조와 특징:
'전국노동조합협의회'의 전개 과정과 주요 활동을 중심으로 | 김진균

노동법 개정 투쟁과 민주노총 건설, 1993~97 | 김준

제1부는 1987년 노동자 대투쟁으로 민주 노조들이 탄생하여 한국노총 밖에서 독자적인 세력을 형성하며 민주 노조 운동이 성장하기 시작해 민주노총을 건설하고 노동법 개정 총파업 투쟁(노개투)을 전개하는 시기까지를 다룬다. 이 시기는 민주 노조 운동 20년 역사 가운데 전반 10년에 해당하는 시기로서 후반 10년에 비해 상대적으로 민주 노조 운동이 성장하며 노동계급의 계급 형성에 큰 진전을 이룩했을 뿐만 아니라 사회 변혁 세력의 구심점 역할도 충실히 수행한 시기라 할 수 있다.

여기 실린 두 편의 글은 민주 노조 운동 전반 10년의 역사 가운데 전노협 활동과 민주노총 건설 및 노개투 총파업을 집중적으로 다룬다. 고 김진균 교수의 글은 한국산업노동학회 학회지 『산업노동연구』 제1권 제2호에 실렸던 글로서, 전노협이 건설되어 민주노총을 건설하며 해산될 때까지 전노협이 전개한 일상 활동과 투쟁뿐만 아니라 내부의 고민과 논쟁 또한 검토하고, 전노협 활동 전반에 대한 평가를 통해 민주 노조 운동 발전을 위한 의의와 함의까지 논의한다. 김준은 1993년 전노대가 결성되고 민주 노조 운동의 조직 통합 노력이 전개되며 민주노총을 출범시키고 노개투 총파업 투쟁을 벌이는 시기까지를 다루며, 한국노총의 제도성 게임에 비해 민주 노조 운동이 상대적으로 전투성 게임을 벌였던 과정과 함께 내부에 존재하던 이질적 경향성들도 검토한다.

87년 이후 민주 노조 운동의 구조와 특징:
'전국노동조합협의회'의 전개 과정과 주요 활동을 중심으로

김진균 | 전 서울대학교 사회학과 교수

해방 이후 한국 사회는 많은 변화를 겪고 있다. 경제적으로 국가 주도의 급속한 경제개발, 사회적으로 농촌 중심의 전통적인 사회구조의 해체, 정치적으로 파시스트적 군사 정부의 부침 등 쉴 새 없는 변화 속에 과연 한국 사회의 정체성이 무엇인지 의문이 들 정도이다. 이 중에서 우리가 주목해야 할 사실은 노동자가 사회의 주요한 주체로 자리 잡아 가고 있다는 점이며, 노동조합 운동이 유례없는 군사 정부의 혹독한 탄압 속에서도 강한 투쟁성을 견지하며 성장하고 있다는 점이다.

한국 사회에서 민주 노동조합 운동의 성장 과정을 살펴보는 것은 해방 이후 한국 사회의 동학을 파악하는 데 핵심적이다. 한국동란을 계기로 단절될 것 같았던 민주 노조 운동은 1970년 전태일의 분신을 계기로 다시 태어났다. 이후 1970년대 내내 수많은 여성 노동자들이 노동조합을 사수하기 위해 헌신적으로 저항했으며, 1980년대에 군사 정부의 비인간적인 탄압에도 민주 노조 건설 운동은 계속되어 1987년 노동자 대파업으로 이어질 수 있었다.

1987년 이후 노동자들은 하나로 모이고자 했다. 엄청난 사회구조의 장벽을 넘어서기 위해서는 뭉치는 방법 외에는 없었기 때문이다. 마침내 노동자

---

* 이 글은 『산업노동연구』 제1권 제2호(1996년)에 발표되었던 글이다.

들은 전국적인 조직인 전노협을 건설하고 실질적인 민중운동의 주체로 나서기 시작했다. 전노협은 정부와 자본의 극심한 탄압을 견뎌 내고 제조업·업종·대공장의 민주 노조들을 총망라하는 민주노총을 낳는 산파 역할을 다하고 6년 만에 해산했다.

이 글은 한국 사회에서 1987년 이후 전개된 민주 노조 운동의 구조와 특징을 전노협의 전개 과정과 주요 활동을 통해 알아볼 것이다. 먼저 전노협이 결성되기까지의 정치 경제적 배경을 정리한 후(1장), 전노협의 전개 과정을 전노협 결성 전후로 나누어 살펴보고(2장 1절), 전노협의 주요 활동을 임금·단협 투쟁, 노동운동 탄압 분쇄 투쟁 등으로 나누어 정리할 것이다(2장 2절). 다음으로 전노협을 둘러싸고 전개되었던 논의로서 '전투적 조합주의'(3장 1절), '조직 발전 논쟁'(3장 2절)을 검토할 것이다. 마지막으로 전노협이 한국 민주 노조 운동에 갖는 함의를 새로 건설된 민주노총과 관련하여 생각해 보겠다(4장).

1. 전노협 결성의 정치·경제적 배경

(1) 자본축적 구조 및 노동력 구성의 변화

전후 미국을 중심으로 형성된 세계 자본주의 체제는 한국이 수출 지향적, 대외 종속적 발전 모델로 성장할 수 있는 기회를 제공했다. 외자의 도입과 국가의 정책 지원을 바탕으로 자본축적이 급속히 이뤄졌으며, 수출산업을 중심으로 대량의 노동자군群이 양산되었다. 이런 한국 자본주의 축적 구조는 1970년대 말을 기준으로 두 시기로 구분해 볼 수 있다.

1970년대는 '저임금 장시간 노동'의 비교 우위에 기반한 경공업 중심의 수출 주도 산업화가 전개된 시기로, 경공업에 종사하는 여성 노동자의 비중이 컸다. 이 시기에는 전국적으로 노동력 이동이 활발하게 이루어졌다. 노동의 동질화에 기반한 노동 집약적 산업구조가 세계 최장의 노동시간(대략 월평균 260시간)과 저임금을 버팀목으로 성장했다. 중화학공업이 전체 산업에서 차지하는 비중은 상대적으로 낮았고, 임금·노동조건·기술수준·학력·산업·부문·직종 등의 차별성이 노동운동에 미치는 영향은 상대적으로 미미했다. 노동력 구성에서 큰 비중을 차지하고 있었던, 그러면서도 저임금과 열악한 노동조건으로 고통받고 있었던 20대 전반기의 생산직 여성 노동자들이 1970년대 민주 노조 운동을 주도했던 것은 이런 환경에서였다(최장집 1993, 124).

1970년대를 지나오면서 일어난 세계 자본주의의 전반적 경기 침체로 이런 산업구조는 불가피하게 재편된다. 전체적으로 수출 성장이 둔화되면서 투자율이 감소하고 물가가 상승했다. 이에 대응해 국가는 '산업구조의 고도화'를 목표로 노동 집약적 경공업을 철강·기계·조선·석유화학 등을 주축으로 한 중화학공업으로 대체하고자 했다. 1970년에 총수출에서 차지하는 중화학공업의 비중이 8.4%에 불과했던 데 반해 1979년에 이르면 44.7%로 크게 상승한 것만 보더라도 이 시기에 추진된 산업구조의 변화를 알 수 있다(박우희 1983, 73).

한국 자본주의 축적 구조의 두 번째 시기는 1980년대 이후이다. 1970년대 말의 대대적인 중화학공업 육성 정책으로 중공업 대규모 사업장이 늘어났다. 동시에 남성 노동자의 비중이 급증했고, 공단을 중심으로 노동자들의 지역적 집중이 높아지면서 새로운 질의 민주 노조 운동 기반을 형성했다.

1980년대 초반부터 1989년 구조적 불황에 직면할 때까지 한국 경제가 경험한 연평균 실질성장률 10% 이상의 고도성장은 1970년대와는 질적으로 다른 산업구조의 결과였다. 1981년 농어업 부문, 생산직 제조업, 사회간접자본 및 서비스의 고용 구조는 각각 34%, 28.2%, 37.8%였는데, 이로부터 6년

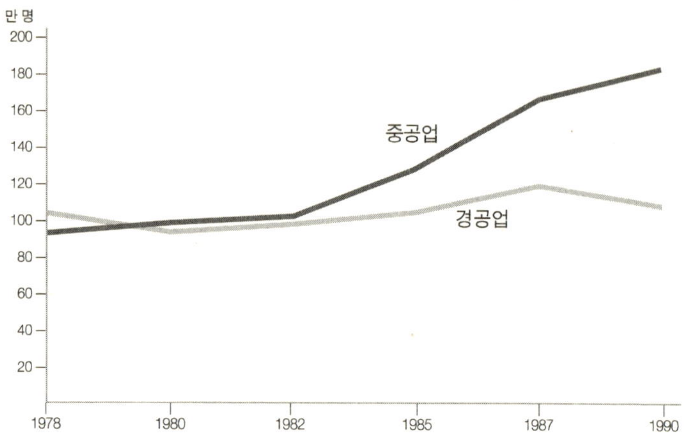

뒤인 1987년에는 각각 21.7%, 33.4%, 45.4%로 짧은 기간에 비해 엄청난 구조적 변화를 보인다. 농촌은 이제 노동력의 공급자가 아니었고 1980년대 말에 이르면 오히려 생산직 부문의 노동력 부족 현상이 나타나게 된다. 중화학공업이 본격화되면서 제조업에서 중공업 부문에 고용된 노동자가 증대했고 고용은 남성 중심으로 변모했으며, 주된 연령층은 20대 후반에서 30대로 높아지고 학력은 고졸 수준으로 상승했다. 또한 500인 이상 대규모 사업장으로의 노동력 집중이 두드러지게 나타나 1986년에 그 비율은 35.5%에 달하고 있다〈그림 1〉. 노동력의 대규모 사업장 집중은 거대 노동조합의 출현을 가능케 했으나, 동시에 대기업과 중소기업 간의 임금 격차와 노동조건의 차이가 확대되어 노동자 내 분할의 가능성도 남겨 놓게 되었다.

특히 정부의 공업단지 육성 정책에 따라 서울 구로, 인천, 경기도 반월·안산, 경상남도 울산·마산·창원, 경상북도 구미지역 등 공업단지를 중심으로 주요 산업 노동자들이 집중되었다. 또한 1980년대 초 많은 중소기업이 대자본에 흡수되거나 거대 기업의 하청기업으로 전락하면서 전체 생산의 계열화가 증대했고, 흐름 생산flow production 과정이 확대되면서 자본의 유기적 구성이 한층 고도화되었다.1 이런 노동자의 지역적 집중과 생산의 계열화 증대는 노조 운동에 폭발적인 잠재력을 부여했으며, 노동자들의 연대 투쟁을 가능케 했다(임현진·김병국 1993, 152-153).

(2) 억압적 작업장 체제와 노동자의 궁핍

생산을 위한 노동력의 고용 및 관리 체계가 기업 단위로 제도화된 작업장 체제에서 회사는 노동자에게 생산에 관련된 규칙들을 강요하며, 이에 저항하는 행위에 대해서는 처벌과 제재를 가한다. 1960년대 이후 고도성장기 동안 한국의 작업장 체제는 미숙련 및 반숙련 노동력의 재생산을 극대화하는 일련의 규칙을 마련해 왔다. 먼저, 미숙련 노동력을 동원한 노동 집약적인 저임금과 장시간 노동 체제에서의 통제는 전근대적인 직접적 통제 방식이었다. 여기에다 통제 규칙의 정당성을 강화하기 위해 '가족주의'라는 전통적 가치 체계를 결합시켜 노동자들에게 '기업에의 충성'을 강요해 왔다.

1970년대의 중화학 공업화 과정을 거치면서 도입된 자동화·기계화는 노동 통제 양식을 상당 부분 변화시켰다. 직무의 파편화·표준화가 중화학공업(특히 조립산업인 전자·자동차)뿐만 아니라 다른 산업에까지도 확산되었고 컨베이어벨트를 이용한 일관작업 방식이 확대되었다. 노동과정에서의 이런 변화

---

1 독점자본주의의 발달은 사회적 분업을 고도로 확대하는데, 한 제품의 생산에 결합되는 여러 생산 단위들이 다양한 층으로 분화되는 것을 특징으로 한다. 이것을 '계열화'라고 하는데 계열화의 중심(모기업)은 완성 생산품을 최종적으로 조립 생산하는 독점적 대기업이 된다. 독점적 대기업은 기술적 필요성(소요되는 부품의 표준화와 일정한 품질을 확보할 필요성)과 원자재 부품의 안정적인 조달의 필요성에 기초해 '계열화'에 나서게 된다.

는 필연적으로 노동강도의 강화를 수반했다. 그러나 그에 따른 임금 등의 보상 체계가 주어지지 않았다는 점에서 그것은 '주변부 포디즘'으로 불렸다. 이런 방식들은 이전의 '전근대적 통제' 방식과 결합되어 1980년대의 중요한 노동 통제 양식으로 기능했으며 노동자들은 억압적인 작업장 체제에서 '분노'를 삼켜야 했다.

한편, 노동자들의 경제적 궁핍은 심화되어 갔다. 연도별 편차가 있기는 하나 대부분 실질임금은 생산성 향상에 훨씬 못 미치는 수준에서 완만하게 상승하거나 때로는 떨어지기도 했다. 경제적 궁핍에 더해 노동을 천시하는 반노동주의anti-labor ideology는 노동자들의 심리적 궁핍을 만들어 냈다. 제조업을 근간으로 한 경제 기적에의 찬탄과 그 공장에서 청춘을 보낸 노동자들에 대한 자연스러운 멸시가 서로 교합되는 이율배반의 상황에서 노동자들의 소외는 더해 갔다(송호근 1991).

1987년 여름에 폭발적으로 일어났던 대규모 파업 투쟁은 바로 이런 억압적 작업장 체제와 노동자의 궁핍 문제를 여실히 드러내 주었다. 파업에 참가한 약 130만 명의 노동자들은 '폭력 관리자 처벌' '두발 자유' 등의 전근대적인 통제 방식의 해체를 요구했고 '임금 인상'과 더불어 '민주 노조'의 설립을 최대의 기치로 내걸었다. 이는 수십 년간 누적되어 온 노동자의 분노와 불만의 표현이었다.

(3) 파시스트 체제의 형성과 민주 노조 운동의 성장

1960년대 이후 국가는 경제개발을 주도하면서 사회 전반을 관리·통제하기 위한 물질적 기초를 다져 나갔다. 1962~80년 동안 한국 경제는 연평균 8.3%의 경제성장률과 37.8%의 높은 수출 성장률을 기록하면서 비약적인 발전을 이룩했으며 아울러 각종 사회구조의 자본주의적 전화가 급속하게 이루어졌다. 국가의 중앙 통제적 경제 기획에 의해 형성된 한국의 자본은 '포섭'과 '배제'의 전략을 통해 중소 자본가계급 분파들을 자신들의 하위 파트너로 규합하고, 노동자와 농민 등을 배제하면서 '경제적' 지배계급으로 성장했다.

그러나 '국가 주도 산업화'의 그늘에서 노동자들은 일상적 고난과 불행을 경험해야 했으며 그런 경험은 계급 갈등의 여지를 곳곳에 심어 놓았다. 장시간 노동, 저임금에 입각한 한국 자본주의는 노동자를 비롯한 민중들의 초과 착취에 기초하고 있었기 때문에 항상적인 사회 갈등 요인을 안고 있었다. 이에 국가는 분단 상황을 이용한 반공 이데올로기와 조국 근대화를 위한 경제 발전이데올로기로 동원했고, 이에 저항하는 세력에 대해서는 폭압적인 탄압을 가했다. 이런 파시스트 권력은 1979년 말~1980년 초 일련의 정치적 전환을 맞이하게 되었으나 짧은 기간의 격심한 갈등과 대립의 정치 위기 속에서 신군부에 의해 지속된다.

1960년대 이후 장기화된 파시스트 체제에 대한 국민의 저항은 1980년 광주민주화 운동을 계기로 다시 폭발했다. 민주 노조 운동도 민주화를 지향하는 체제 변혁적 이데올로기를 수용하면서 사회운동의 핵심 주체로 등장했다. 또한 '개발연대'開發年代는 독점자본을 정점으로 수많은 중소자본을 하청 계열화함으로써 노동의 연대 가능성을 넓혀 놓았으며, 일개 사업장의 파업으로도 전 생산 체계에 심각한 위협을 줄 수 있는 구조적 문제점을 수면 아래 누적·심화시켜 갔다.

한편 민주 노조 운동은 1970년대 이래 꾸준히 성장하고 있었다. 평화시장 한 젊은 노동자의 분신을 시작으로 자본에 의한 '폭력적 탄압'에 저항하는 노동자들의 투쟁이 급격히 증가하기 시작했다. 1969년 130건이었던 노동쟁의는 1970년에는 165건, 1971년에는 1,656건으로 폭증했다. 이후 '국가보위에관한특별조치법'에 의해 단체교섭권과 단체행동권이 봉쇄된 직후인 1972년을 제외하고 계속적인 증가세를 보여 1973년 367건, 1974년 666건, 1975년 1,045건, 1977년 1,864건, 1979년 1,697건으로 나타났다.

저임금, 장시간 노동 및 열악한 작업환경, 임금 체불, 휴·폐업 그리고 부당 해고 및 각종 부당노동행위 등으로부터 일어난 이런 저항은 노동자들의 분노와 각성을 일깨워 주는 적극적인 계기가 되었고 노동자로서의 단결과 조직의 필요성을 깨닫게 해 주었다. 이런 1970년대의 노동운동은 크게 두 가지 흐름으로 나누어 볼 수 있다(전태일기념사업회 1990, 54-56).

첫째는 미조직 노동자들의 폭발적 투쟁이다. 파월 한진노동자의 KAL빌딩 점거 사건(1971), 현대조선 2만 노동자 투쟁(1974), 사우디 현대건설 노동자 투쟁과 중동 노동자들의 동정파업(1978) 등은 대기업의 횡포와 임금 착취에 대항해 일어난 사건으로서 노동법의 테두리를 벗어난 미조직 노동자들의 자연 발생적인 대중 투쟁이었다.

둘째는 노사 타협적인 한국노총과 독립적으로 노동자의 자주성을 옹호하려 했던 민주 노조들의 투쟁이다. 이런 민주 노조들의 투쟁은 두 갈래로 나타났다. 하나는 신규 노조 결성 투쟁으로, 1970년의 청계피복노조 결성을 시작으로 신진자동차(1971, 현재의 대우자동차), 삼원섬유(1973), 반도상사(1974), 콘트롤데이타(1974), YH(1975) 등에서 신규 노조가 결성되었다. 이런 신규 노조 결성 투쟁은 독재 정권의 탄압과 본조의 방해, 그리고 어용 노조화 기도에 맞선 치열한 투쟁 끝에 얻어낸 것이었다. 또 하나의 갈래는 어용 노조를 민주화한 사례이다. 한국모방(원풍모방)노조 민주화 투쟁(1972)과 동일방직노조 민주화 투쟁(1972, 1976) 등으로 대표되는 노조 민주화 투쟁은 회사의 어용 노조의 방해 탄압에 맞선 매우 힘겨운 과정이었다.

1970년대의 민주 노조 운동은 혹독하고 열악한 현실로부터 성장했지만 아직 노동자들의 대중적 운동으로 발전한 것은 아니었다. 노동자들이 계급성을 인식하면서 전개된 것은 1980년의 정치적 전환을 경과한 이후이다. 민주 노조 운동은 이제 지식인들의 현장 활동과 결합해 새로운 '계급운동'의 시각을 가지기 시작했다. 이는 노동자들이 가지고 있던 급진적 사회 변혁에 대한 강렬한 열망의 표현으로서 군사 정부의 극렬한 탄압 속에서도 민주 노조 건설 운동을 꾸준히 전개했다.

1985년 총선을 앞두고 1983년 말부터 학원 자율화 조치, 구(舊)정치인의 해금, 해직 교수 복직 등의 일련의 유화적인 정치 정세가 조성되면서 민주 노조 운동도 크게 성장하게 된다. 신규 노조 건설, 어용 노조 민주화, 블랙리스트 철폐 운동, 청계피복노조의 합법성 쟁취 투쟁, 한국노동자복지협의회 창립, 노동법 개정 운동 등이 이 시기에 일어난 운동의 모습들이다. 1985년 대우자동차 노동자들의 임금 인상 파업 투쟁은 대기업 노동자들의 위력을 보여 주었으며, 6월에는 정부의 노동조합 탄압에 맞서 구로 지역의 9개 노동조합이 동맹파업을 일으켰다. 특히 구로동맹파업은 1950년대 이후 최초의 동맹파업이었으며, 이 투쟁을 계기로 민주 노조 운동이 기존의 '소그룹 운동론'에서 지역을 기반으로 하는 '지역 노동 운동론'으로 전환해 갔다는 점에서 중요한 투쟁이었다(김상곤 1995, 98).

2. 전노협의 전개 과정과 주요 활동

1980년대 이후 한국 사회 민주 노조 운동은 조직 건설 목표를 기준으로 세 가지 시기로 크게 구분할 수 있다. 첫 번째 시기는 민주 노조 건설이 목표인 시기다. 1987년 노동자 대투쟁을 통해 민주 노조가 광범위하게 건설된다. 두 번째 시기는 전국적 중앙 조직의 건설이 목표인 시기다. 민주 노조 운동의 전국적 구심을 향한 노동자들의 노력은 마침내 전노협을 결성하기에 이른다. 세 번째 시기는 민주 노조들을 총망라하면서 산업별노조의 체계를 갖는 명실상부한 민주노총의 건설이다. 이 시기는 1995년 11월 민주노총이 창립되면서 일단락된다.

1980년대 초반 전두환 파시스트 체제의 암흑 속에서 전국의 산업 현장을 지키던 노동자들은 차츰 민주 노조 운동을 준비함으로써 반파쇼의 거점을 만들기 시작했다. 전노협은 1980년대 이후 민주 노조 운동의 두 번째 시기의 주체였다. 전노협은 1987년 이후 민주 노조 운동의 전국적 구심이었으며 이후 건설될 민주노총/산업별노조를 위한 과도적 조직체로서의 임무를 띠고 있었다. 전노협의 활동 과정을 전노협 창립 이전과 이후를 나누어 살펴보겠다.

(1) 전노협의 전개 과정

1) 민주 노조 운동의 새로운 시작 : 1987년 대투쟁에서 전노협 창립까지

① 1987년 노동자 대투쟁

이 시기는 1987년 투쟁으로 노동자가 사회의 주체로 등장하기 시작해, 전국적 조직인 전노협을 건설하기까지의 기간으로서, 공동 투쟁과 연대 투쟁의 확대 과정이었다. 울산의 현대엔진노동조합의 결성(1987년 7월 5일)으로 불붙기 시작한 7~9월 노동자 대투쟁은 남도 지역을 거쳐 서울의 구로공단에 이르기까지 전국으로 확산되었다. 그 결과 이 시기에 새롭게 건설된 노조만도 1,361개에 이르고 조합원 수도 90만 명에서 150만 명으로 증가했다. 폭발적인 노동조합의 건설로 노동조합은 이제 노동자의 대중조직으로서 일반화된다.

1987년 대투쟁은 자연 발생적으로 진행된 투쟁이었으나 1987년 대투쟁은 이전의 노조 운동의 한계를 넘어 새 장을 열었다. 무엇보다도 이 시기를 통해 노동조합은 노동자들의 조직으로서 일반화된다. 둘째, 노동조합의 이

넘으로 자주성, 민주성, 노동자의 단결 등이 새로운 가치관으로 자리 잡았다. 셋째, '선파업 후교섭'이라는 투쟁 형태를 경험하면서 노동자들은 노사 간에 존재하는 힘의 논리를 체득하게 된다. 넷째, 상반기 임금 인상에 이어 하반기 투쟁으로 최초의 두 자릿수 임금 인상을 쟁취했다.

② 1988~89년의 연대 활동과 전노협 건설

이렇게 일반화된 노동조합을 기반으로 민주 노조 운동은 상급 조직 건설을 위한 연대 활동에 집중한다. 1987년 11월 '사무전문직 노동조합협의회'와 동년 12월 '마산·창원 노동조합총연합'의 결성을 시작으로 제조업 노동자는 '지역노조협의회'로, 사무직 노동자는 '업종노조협의회'로 결집하여 전노협 건설 직전까지 17개의 지노협과 13개의 업종협이 건설되었다(〈표 1〉, 〈표 2〉).

이어 노동자의 단결과 연대를 가로막고 있는 악법 투쟁을 계기로 전국적 연대 조직('노동법개정 전국노동조합 특별위원회' 1988.6)이 건설되고, 노동운동 단체들은 현대엔진 노동운동 탄압 저지를 계기로 전국 조직을 건설했다('전국 노동운동단체협의회' 1988.6). 이후 이 두 조직은 '전국노동법개정투쟁본부'(1988. 8)를 조직해 악법 분쇄 투쟁을 중심으로 다양한 공동 투쟁을 전개했고, 노동 법 개정 투쟁은 1988년 11월 13일 5만여 노동자가 결집한 '전태일 열사 정신 계승 및 노동 악법 개정 전국 노동자 대회'로 그 활동의 절정을 맞이했다. 이 런 조직적 성장과 투쟁을 바탕으로 생산직과 사무직 노동자는 최초의 전국 조직으로 '지역·업종별 노동조합전국회의'(1988.12)를 구성했고, 전국회의는 임투 시기에는 임금 인상 투쟁 본부를 구성하는 주체로, 일상 시기에는 전국 중앙 조직을 건설하는 논의의 주체로 전노협 건설을 추진해 나갔다.

노동자들은 1987년 이후 2년여 동안의 연대 활동을 통해 노동자의 단결 을 경험했다. 동시에 노동자들은 단결을 가로막는 정부와 자본의 집요한 탄

표 1_ 지역노조협의회 조직 현황 (1989년 11월)

조직 명칭	결성 시기	조합 수	조합원 수
서울지역노동조합협의회	88년 5월 29일	120	38,000
인천지역노동조합협의회	88년 6월 18일	78	9,900
부천지역노동조합협의회	89년 7월 22일	43	5,000
경기남부지역노동조합연합	88년 12월 28일	56	10,000
성남지구노동조합총연합	89년 4월 28일	79	11,000
전북지역노동조합연합	88년 8월 21일	28	7,000
광주노동조합협의회	89년 3월 5일	19	5,000
동광양노동조합협의회	89년 2월 18일	15	3,000
대구지역노동조합연합	89년 11월 8일	15	3,000
구미지역노동조합협의회	준비 단계	7	25,000
울산지역노동조합협의회	준비 단계	6	66,000
진주지역민주 노조연합	88년 1월 17일	13	2,250
부산노동조합총연합	88년 8월	60	15,000
마산창원노동조합총연합	87년 12월 14일	40	33,000
거제지역노동조합협의회	준비 단계	8	12,600
포항지역노동조합협의회	89년 2월 16일	38	17,440
대전지역노동조합협의회	준비 단계	5	350
합 계		630	263,540

표 2_ 업종별 조직 현황 (1989년 9월)

조직 명칭	결성 시기	조합 수	조합원 수	업종별 협의회의
사무전문직노동조합협의회	87년 11월 27일	125	40,000	가입
전국병원노조연맹	88년 12월 17일	126	24,000	가입
연구전문노조협의회	88년 7월 16일	54	17,000	가입
전국교직원노동조합	88년 5월 28일	단일 노조	20,000	가입
민주출판노조협의회	88년 1월 19일	23	2,200	가입
건설노조협의회	88년 12월 10일	40	12,000	가입
시설노조협의회	89년 1월 28일	52	6,000	가입
외기노조협의회	88년 12월 11일	100	15,000	가입
언론노조연맹	88년 11월 26일	53	17,000	가입
대학노조협의회	88년 2월 1일	88	10,000	가입
지역의보전국협의회	89년 5월 13일	13	8,000	미가입
전국대학강사협의회	88년 8월 3일	단일 노조		미가입
화물노련	88년 9월 12일	14	2,600	가입
합 계		690	173,800	

압, 노동 악법의 장벽을 체감해야 했다. 자연스럽게 노동자들은 전국적 수준에서 연대할 수 있는 민주 노조 운동의 중앙 조직을 결성하려 했으며, 연대를 가로막는 노동법 개정을 당면 과제로 삼게 되었다. 이렇듯 전노협은 1987년 이후 임금 인상 투쟁, 노동 악법 분쇄 투쟁, 민주 노조 사수 투쟁 등 노동자 대중의 아래로부터의 투쟁을 기초로 건설되었다. 전노협의 건설은 노사 협조주의적인 한국노총과는 전혀 다른 새로운 조직 원리, 즉 노동자 대중의 자주적이고 민주적인 활동에 기초해 건설된 것이다. 이처럼 밑으로부터 조직된 전노협은 한국노총과는 비교할 수 없는 대중적 기반을 가진 강력한 전국 조직으로 떠오를 수 있었다.

2) 전노협의 전개 과정

전노협의 전개 과정은 크게 ① 전노협 창립~ILO공대위 건설, ② 전노대 결성, ③ 민주노총준비위 결성, ④ 전노협 해산과 민노총 건설을 기준으로 네 시기로 나눌 수 있다. 이처럼 시기를 나눈 이유는 민주 노조 운동의 중앙 조직 위상 변화에 따라 민주 노조의 연대 활동의 범위와 성격을 가늠할 수 있고, 또한 새로운 중앙 조직의 건설에 따라 전노협과 산하 지노협의 활동이 크게 영향을 받았기 때문이다.

① 전노협 창립(1990년 1월 22일) ~ ILO공대위 건설(1991년 10월 9일) : 전노협 사수 투쟁과 연대 활동 강화

전노협이 출범하자 정부는 3당 야합을 통해 체제를 정비한 후 전노협에 대한 총체적인 탄압을 가하기 시작했다. 전노협에 가입한 노동조합에 업무 조사, 무노동 무임금, 간부의 구속 수배 등이 집중되었고, 전노협은 건설과 동시에 전노협 사수와 민주 노조 운동 보존을 위한 투쟁을 벌여야 했다. 그러던 중 현대중공업에 공권력이 투입되면서 전노협은 KBS 투쟁과 현대중공업 파업을 지원하는 해방 이후 최초의 노동운동 탄압 분쇄를 위한 총파업을 선언했다.[2] 총파업으로 집결된 노동자들의 투쟁으로 전노협을 지켜낼 수 있었고, 교착 상태에 빠졌던 중소 사업장의 임·단협은 순식간에 타결되었으며, 아직 조직 역량이 취약했던 대기업 노조[3]와 업종회의에 큰 힘을 주었다.

1991년의 임투는 그 어느 때보다 체계적으로 준비되었다. '전국임금인상 공동투쟁본부'가 구성되었고 여기에는 미가입 사업장도 포괄되었다. 그러나 연초부터 '대기업연대회의' 간부의 구속, 4월 강경대 학생의 사망과 잇따른 학생들의 분신, 박창수 한진중공업 위원장의 옥중 사망 등이 겹치면서 다시 노동운동 탄압에 대응하는 활동으로 집중하게 되었고 전노협은 즉시 '노동자 대책위원회'를 구성했다. 그러나 전노협의 조직 기반은 이미 정부의 탄압과 소속 사업장의 고용 불안으로 인해 상당히 취약해진 상태였으며, 대기업의 경우도 연대회의가 탄압을 받으면서 외부 연대 활동을 수행하기가 매우 어려운 상황이었다. 이런 악조건에서 전노협은 이미 설정해 놓은 임투에 박창수 열사 옥중 살인 규탄 투쟁을 결합해 총파업 주간[4]을 설정하고 투쟁의 강도를 높이려 했다. 그러나 한 달 사이에 무려 18회에 걸친 지역·전국 투쟁을 조직하면서 단위 사업장은 많은 부담을 갖게 되었고, 정원식 사건과 광역선거 이후 정부의 공세가 거세지고 주요 파업 사업장에 공권력이 투입되면서

---

2 5월 1일 70개 노조 12만 명, 5월 3일 76개 노조 10만 명, 5월 4일 146개 노조 12만 명 등 총 34만 명이 총파업에 참여했다.

3 하반기 민주 집행부가 들어선 16개 대공장을 중심으로 결성된 '연대를 위한 대기업회의'는 전노협 가입 노조가 6개, 일부 지부가 가입한 노조가 1개, 전노협 가입을 공약으로 내세운 노조가 2개로 외형적으로도 전노협과 깊은 관계가 형성되어 있었다. 그뿐만 아니라 내적으로도 전노협 대공장특위와 긴밀한 관계를 유지하고 있었다.

4 5월 9일 98개 노조 4만 명, 5월 18일 150개 노조 10만 명이 국민대회에 결합하는 형식으로 파업을 진행했고, 이미 이들 노조의 대부분은 임금 교섭 중이었다.

(태평양·동신·대우정밀·세원·삼양금속 등) 1991년 상반기 투쟁은 마감된다.

1990~91년의 총파업은 1987년 이후 성장한 민주 노조들의 연대 투쟁의 정점이었다. 총파업을 계기로 다수의 대기업에 민주 집행부가 들어설 수 있었으며, 1991년 하반기에는 정부의 ILO 가입과 최병렬 노동부 장관의 노동법 개악 발표를 계기로 전노협·업종회의·대공장·노동단체가 모두 참여하는 'ILO기본조약 비준 및 노동법 개정을 위한 전국 노동자 공동대책위원회'(이하 ILO공대위)가 구성되었다. 이로써 전노협 결성에서 함께하지 못했던 업종과의 결속이 강화되었고, 악법 철폐 투쟁을 중심으로 민주 노조 총단결에 한발 더 다가서게 되었다. 비록 전노협은 가입 조직이 절반으로 축소되고 지도부가 구속되는 등 조직의 훼손이 심각했지만, 700여 개 노조, 30만 명에 달하는 조합원이 전노협에 조직적으로 참관하거나 교류할 정도로 민주 노조 운동의 지평은 넓어졌다. 그리고 전노협으로 포괄되어 있지 않았던 대공장, 업종 등이 ILO공대위라는 단일한 조직으로 모이면서 민주 노조 총단결의 첫걸음이 시작되었다.

한편 업종과 대공장의 위상이 상대적으로 높아지면서 전노협을 제조업, 중소사업장 중심으로 바라보는 경향이 나타나기 시작한다. 1990년 12월 '연대회의'의 결성은 전노협의 위상에 의문을 던진 첫 번째 계기였다. 1990년 전노협 산하 대공장특위를 중심으로 대공장 민주 노조가 결집했을 때에는 '전노협 밖의 전노협'이라는 표현이 거부감 없이 사용될 정도로 전노협과의 '끈'이 강했으며, 대공장 노조들도 '연대회의'의 결성을 전노협 가입의 징검다리로 상정한 면이 강했다. 그러나 실제로 연대회의의 구성 과정은 전노협의 가입보다는 독자적인 행보를 강화하는 방향으로 나아갔고 전노협도 이에 동조하는 경향이 있었다.[5] 이렇게 전노협과 대공장 노조를 대등한 독립 주체로

---

5 예로 1990년 12월 연대회의 대표자회의에서는 전노협이 제안한 "전노협·업종·연대회의로 1991년 임투본 구성"을 조직 체계까지 그리며 논의한다. 이것은 징검다리라기보다는 연대회의

바라보는 시각은 연대회의 해체 이후에도 계속되어 이후 전노협과 대그룹 노조 간의 문제로 전환된다. 결국 전노협은 민주 노조 운동의 실질적 지도 구심으로 자리 잡을 수 있는 기회를 놓치게 되었고, 민주 노조 총단결의 핵심적 내용인 민주화된 대공장 노조의 전노협 가입과 이를 통한 업종과의 결합은 다음 시기로 넘어가 버린다.

② ~ 전노대 건설(1993년 6월) : 전노협의 확대 강화와 전국적 연대 조직의 형성

1992~93년은 전노협·대공장·업종회의, 공공 부문이 임금 가이드라인의 변종인 '총액 임금제'와 '노총·경총 임금 합의' 반대 투쟁을 공동으로 전개하면서 민주 노조 운동의 영역이 더욱 확대된 시기였고, 그와 함께 조직 발전 전망 논의가 활발하게 진행되었다.

1992년 임투는 정부의 총액 임금제에 맞서는 것과 탄압으로 훼손된 조직을 복원하는 이중의 과제를 안고 출발했다. 정부 출연 기관 노조 등 공공 부문 노조들의 총액 임금제 반대 투쟁을 출발로 민주 노조 진영은 약 460개의 총액 임금제 실시 대상 업체를 중심으로 '총액임금제분쇄대책위원회'(4월)를 구성했다. 그러나 대부분의 노조가 단사의 현안에 얽매여 있어 효과적인 공동 투쟁을 전개하지는 못했다.

이에 전노협은 기업별 체제하에서는 전국적인 공동 투쟁이 더는 가능하지 않다는 판단하에 조직 발전 논의를 본격적으로 진행했다. 또한 조직 발전 논의와 함께 기존의 전국적 공동 전선을 확대·강화해 1992년의 전국 노동자 대회는 전노협·업종회의·대공장·미가입 1,071개 노조와 47개 단체가 함께

를 전노협과 대등한 그 무엇으로 인식하게 한다. 그리고 이런 제안을 전노협이 먼저 하고 있다는 점은 이후 더욱 구체적인 분석을 요하는 부분이다.

조직하는 성과를 얻게 된다. 이렇게 확대된 민주 노조 진영은 1993년 '노-경총 임금 합의' 거부 투쟁을 공동으로 조직하면서 지금까지 사안별 공투체에 머물러 있었던 ILO공대위를 발전적으로 해소하고, 민주 노조 진영의 공동 사업 추진체로서 '전국노동조합대표자회의'(1993년 6월, 이하 '전노대')[6]를 건설했다. 그러나 전노대의 건설로 민주 노조 진영의 연대 조직은 확대되었지만, 전노협의 기본 조직인 지노협에는 다소 과부하로 작용하기도 했다. ILO공대위·전노대가 건설되면서 연대의 폭은 확대되었지만, 연대 활동을 조직할 책임은 지노협에게 떠맡겨져 버렸기 때문이다. 결국 지노협은 자신의 고유한 사업뿐만 아니라 지역공대위·지역노대의 사업까지 수행해야 했다. 이에 따라 연대 조직은 확대되었지만 연대 활동의 수준은 낮아지고, 전국-지역의 집행 체계에 혼선이 나타나는 역기능이 초래되기도 했다.

이 시기에 전노협은 구속되었던 간부가 상당수 석방되고, 막 출범한 김영삼 정부의 탄압이 완화되면서 상대적으로 가장 안정된 지도력을 구비했던 시기였다. 그러나 역설적으로 전체 민주 노조 진영에서 전노협의 위상은 상대적으로 낮아지고 전노협·업종회의·대공장의 통합 문제가 본격적으로 논의되기 시작한다.

③ ~ 민주노총준비위(1994년 11월) : 전노협 재정비와 민주노총 건설의 착수

1994년 들어 정부는 노-경총 임금 합의를 강행하고, 무쟁의 원년 선언 등을 통해 민주 노조 운동을 '위로부터의 개혁'의 틀에 제한하고자 했다. 그러나 전노대와 전노협은 전년도의 임금 합의 반대 투쟁을 분쇄 투쟁으로, 나

---

6 전노협·업종회의·현총련·대노협 1,145개 노조 40만 7,000명이 결합한 공동 사업 추진체. 그러나 1990년 전국 노동자 대회, 1991년 '노동자대책위', 'ILO공대위', 전국 노동자 대회, 1992년 전국 노동자 대회를 공동으로 추진해 왔던 노동단체는 '전노대'에서 배제되었다.

아가 노총 탈퇴 투쟁으로 발전시켰다.[7] 이제 한국노총의 기반은 더욱 약해졌고, 반면에 민주 노조의 기반은 더욱 확고해져 민주 노조 운동의 전국적 조직으로서의 민주노총 건설이 현실적 과제로 제기되었다.

이에 전노협은 4월 20일 '조직발전특위'를 구성하여 제조업 산별의 조직화를 중심 사업으로 놓고, 조선·자동차·금속·섬유·화학 등 업종(산업)별 조직은 중앙 주도하에, 지역별 조직은 지역 주도하에 조직하기로 방침을 설정한다. 더불어 이런 산별 조직화 사업을 위해 업종(산업)별 공동 투쟁을 기획했다. 6월 27일 전국지하철노조협의회(전지협)이 파업에 돌입하면서 민주 노조 진영은 전지협과의 연대 투쟁에 돌입했다. 그러나 전국적인 연대 전선은 지역에서의 항의 집회 등에 한정되었고, 전국적 구심도 전노협과 전노대를 둘러싸고 혼선을 드러냈다.[8] 한편 자동차업종총연맹추진위(10월), 금속일반추진위(12월), 공공부문노동조합대표자회의(10월) 등이 업종·부문별로 조직되면서 민주 노조의 조직 재편이 현안으로 떠오르게 되었고, 마침내 '민주노총추진위'(9월 30일)에 이어 11월에 '민주노총준비위원회'가 만들어졌다.

이 시기는 민주노총 건설과 산별 건설이라는 민주 노조 진영의 조직 재편이 현실화되어 가는 시기였다. 그러나 이런 작업을 주도할 전국 구심은 하나로 모이지 않으면서 각 조직의 독자적인 활동이 현장을 중심으로 펼쳐지기 시작했고, 전노협의 상근 간부들도 민주노총(준)과 금속산별(추)로 파견되면서 실질적인 조직 분화를 겪기 시작했다.

---

7 1994년 8월 현재 노총 탈퇴 현황은 1994년 임투 시 탈퇴한 노조가 37개, 1994년 이전에 탈퇴한 노조가 31개, 노총의 맹비 거부 노조가 153개였다.
8 제조업의 경우 투쟁으로 조직이 건설되었어도 권력의 탄압과 회유 속에 민주 집행부와 어용 집행부가 번갈아 등장하는 것이 비일비재하다. 그러나 사무직의 경우는 간부 중심의 논의로도 상급 조직의 건설이 가능했고, 유지되어 왔다. 연대 전선이 확대되고 새로운 조직 건설의 논의가 심화될수록 이런 투쟁 방식의 차이, 지금까지의 투쟁 경험의 차이를 통일하는 것이 절실한 과제였다. 그러나 제조업은 전노대를 투쟁의 중심으로 고려하지 않은 반면, 업종은 전노대가 유일한 전국 조직으로 인식하면서 전국적 지도 구심은 혼선을 빚게 된다.

④ ~ 전노협 해산(1995년 12월) : 전노협의 발전적 해산과 민주노총의 건설

민주노총(준)은 1995년을 민주노총 건설의 기반을 다지는 해로 삼고 민주노총 건설, 임금·단협 투쟁, 사회 개혁 투쟁을 중심 과제로 설정했으며, 금속일반(추), 자총련(추) 등은 공동 투쟁을 통해 자신의 조직 기반을 강화하는 것을 과제로 삼았다. 그러던 중 현대자동차 양봉수 씨의 분신, 대우조선 박삼훈 씨의 분신, 대전 철도 공작창 서전근 씨의 분신과 한국통신노조에 대한 탄압 등이 이뤄지면서 민주 노조 진영은 공동 대응을 위해 모였다. 민주노총(준)도 '부당한 공권력 반대와 노동 인권 보장을 위한 범국민대책위원회'를 구성해 전국 동시 다발 집회 및 다양한 지원 사업을 벌였다. 그러나 한국통신노조의 투쟁이 소강 상태로 되고 현대중공업 임금 협상이 타결된 6월 말 이후로는 별다른 연대 활동을 전개하지 못하는 한계를 노정했다.

하반기 들어 전노협은 금속 산별의 건설에 자신의 총력을 기울였다. 전노협은 금속 산별을, 정부의 노동운동 탄압으로부터 민주노총을 방어하고 전노협의 투쟁 기풍을 계승할 수 있는 핵심 조직으로 인식했다. 이 과정에서 동일 제조업 금속 산업이지만 금속 일반과 자총련은 독자적인 조직으로 발전하게 되고, 각 산업을 모두 포괄하는 '전국민주노동조합총연맹'이 마침내 11월 11일 창립되었다.[9] 이에 따라 전노협은 12월 3일 조촐한 해산 전야제를 마친 후 대의원대회를 통해 해산했다.[10]

---

9 민주노총은 아직 단일한 중앙 조직은 아니지만 866개 노조, 41만 조합원을 포괄하는 전국적 중앙 조직으로 출범했다.

10 이로써 전노협은 민주노총이라는 더 넓은 민주 노조의 전국 조직에 역할을 넘기고 12월 3일 그 대단원을 마감했다. 그러나 전노협이 6년 동안 쌓아 왔던 교육·정책·조사통계·문화·선전 등의 각 활동에 대한 평가는 전노협이 해산된 지금부터 진행해야 할 중요한 사업 중의 하나다. 따라서 조직은 해산되었지만 그 활동을 했던 주체들이 정리해야 할 과제는 이제부터 시작이다.

(2) 전노협의 주요 활동 평가

전노협의 주요 활동을 이해하는 데 있어서 먼저 다음의 사항들이 고려되어야 한다. 첫째, 전노협 6년 동안 일상적인 활동조차도 어렵게 했던 정부의 탄압이 계속되었다. 둘째, 노동자들의 이해를 대변할 정치 세력이 형성되어 있지 못했다. 따라서 노동자들의 경제적 이익뿐만 아니라 정치사회적 이해를 옹호하기 위한 조직은 '민주 노조'뿐이었다. 이런 고려 사항들은 전노협이 비록 노동조합이라는 대중조직의 전국적 협의체로 자신의 위상을 지니고 있었지만, 파시스트적 정부에 직접 맞서야 했고 노동자들의 정치적 이해를 대변해야 했기 때문에 전노협의 6년 활동은 대단히 '정치적인' 성격을 가질 수밖에 없었음을 의미한다. 전노협이 처해야 했던 이런 구조적 상황을 이해하지 않고 전노협의 활동을 평가하는 것은 가능하지 않을 것이다.

1) 전노협의 조직 체계와 운영

전노협은 기업별 노동조합 조직 체계를 극복하고 산업별 노동조합 조직 체계를 구축할 것으로 목적으로 했던 과도적 조직체로서, 지역노동조합협의회를 조직의 기본 축으로 업종노조협의회를 보조 축으로 삼고 있었다. 이런 조직 구성은 사업의 결정과 집행 과정에서 협의체 조직이 갖는 한계를 지닐 수밖에 없었지만,[11] 기업별노조 체계에서 노동자들의 개별성을 극복하고 정부와 회사의 탄압에 맞서기 위해서는 불가피한 것이었다. 전노협의 조직 체계 및 기구표는 〈그림 2〉와 같다.

전노협 조직 체계는 1987년 이후 민주 노조 운동의 성과를 최대로 활용

---

11 협의체 조직은 사업의 결정과 운영에서 각 지노협의 차별성을 고려하지 않을 수 없고, 사업의 집행력과 지도력의 관철이 각 단위 사업장까지 미치지 못하는 한계를 지니게 된다.

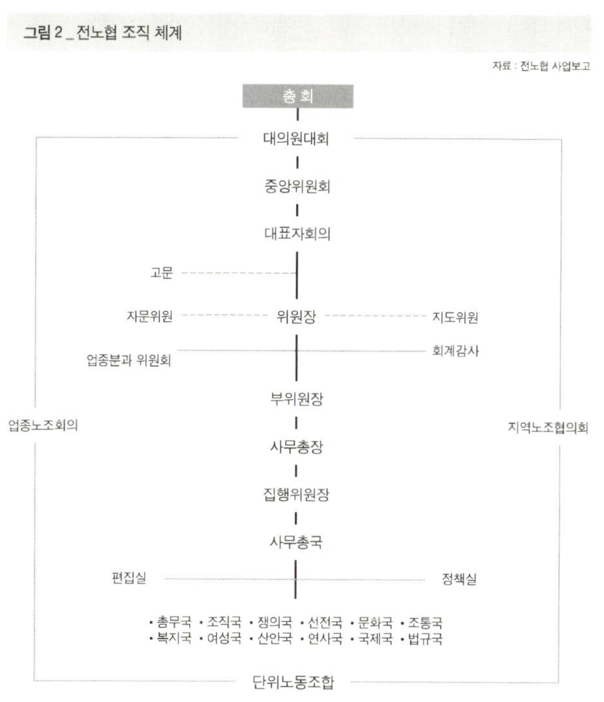

한 것이었다. 지역은 1980년대 노동조합의 연대 투쟁의 핵심적인 공간이었고, 1987년 노동자 대투쟁 이후 성장한 민주 노조들은 자연스럽게 지노협으로 결집했다. 따라서 전노협이 지노협을 자신의 기간 조직으로 삼은 것은 누구에게도 타당한 것으로 인정되었다. 전노협은 대공장 노조와 사무직 업종 노조들을 포괄하지 못하는 한계를 가지고 있었기 때문에 산하에 '대공장노동조합 특위'와 '업종분과위원회'를 통해 조직 확대·강화 사업을 모색하기도 했다. 그러나 1990년의 대기업연대회의 결성을 기점으로 대공장과 업종이 전노협에 포괄되기보다는 전노협과 독립적인 주체로 성장하면서 전노협의 확대·강화 사업은 별다른 진전을 보지 못했다. 더욱이 계속 탄압에 시달려 왔기 때문에 새로운 민주 노조 건설 운동이나 신규 가입 사업에 힘을 쏟을 여지가 없었으며, 때문에 전노협의 조직 규모는 계속 감소해 갔다.

전노협의 사무총국은 1990년 2실 9국으로 출발, 1994년 2실 14국으로 더욱 분화해 업무의 전문성을 강화했다. 그러나 규모가 방대해지면서 비효율적 운영 문제도 발생했고 국장과 부장들의 결원 시 이를 메워 낼 인원의 부족 현상도 낳았다. 또한 사무총국의 각 국장은 지역에서 차출된 대표자가 역임하기로 되어 있지만, 국장의 공백[12]으로 부장들이 국장 역할을 담당해야만 하는 상황도 존재했다. 전노협은 민주노총(준)이 결성되어 민주 노조 운동의 조직 재편이 시작되자 주요 상근 활동가들을 민주노총(준)에 파견하고, 전노협 내부는 조직팀과 정책팀으로 축소 운영했다. 한편 전노협 중앙 조직과 단위 노조를 연결하는 조직 체계는 상당히 취약했다. 기업별노조에서 각 지역 내 단위 노조의 대표자들을 모두 중앙 조직의 의사 결정권자로 보낼 수는 없었기에, 중앙 조직의 사업 기획과 지도력이 각 단위 사업장에 직접적인 영향력을 발휘하기는 어려웠다.

전노협의 조직 운영은 실무 집행을 담당하는 활동가 중심의 사무총국과 모든 사업의 결정권을 가지고 있는 중앙위원회를 중심으로 이루어졌다. 규약상 조합원들의 최고 결정 권한은 총회와 대의원대회에 있었지만, 주요 사업에 대한 결정은 중앙위원회 혹은 대표자회의에서 이루어졌다. 대부분의 중앙위원들은 지노협의 대표자 혹은 간부, 주요 단위 사업장의 노조 대표자들이었다. 1994년 11월 이전까지 전노협의 중앙위원회는 약 1개월에 1회 정도 개최되었다. 회의 안건 역시 전노협의 모든 사업을 포괄했다.

전노협의 조직 운영은 많은 어려움을 겪었다. 전노협은 결성 초기부터 대부분의 중앙위원들이 구속·수배되는 상황을 맞았다. 중앙위원들은 이런 조

---

12 국장의 공백 원인은 대부분 선진적인 조합 활동가들에 대한 국가와 자본의 집중적인 탄압, 조합 운동가들의 재생산에서 어려움에 처해 있는 지노협의 상황, 그리고 생계비를 보장하지 못하는 중앙 조직의 재정 상태 등이다.

건에서도 전노협 중앙 조직과 지노협의 운영을 책임져야만 하는 업무 과중화 현상이 발생했고 이 와중에 전노협의 활동 방식이 '내리꽂기식'이라는 비판도 제기되었다. 그러나 이런 '내리꽂기식' 운영방식은 노동조합 운동의 '관료성'에서 기인하는 것이기보다는 사안의 긴박성, 그리고 그 사안을 소화해 내는 지노협 간의 차별성에 기인한 것이었다. 업무의 과중화 현상은 중앙위원회뿐만 아니라 전노협의 실무 집행을 담당하던 사무총국 활동가들에게도 동일했다. 이들은 부족한 인원으로 전노협의 '전국 사업'을 기획·준비·실행·평가를 담당한 실질적인 일꾼들로서 어려운 상황에서 전노협의 운영을 헌신적으로 해냈다.[13]

전노협의 재정 상황은 매우 취약했다. 각 지노협의 의무금과 사업 분담금의 납부 실적이 매우 낮았기 때문에 전노협은 항상 빈약한 재정으로 운영되어야 했다. 중앙위원회나 정기 대의원대회 때마다 '의무금 납부 체계의 강화 및 개선'이라는 안건을 채택하지만 별다른 성과를 거두지는 못했다. 전노협의 재정 빈곤 문제는 다음의 두 가지 원인에 기인한다. 먼저 조합원 1인당 월 200원이라는 의무금만으로는 확대되어가는 전노협의 사업에 턱 모자라는 것이었다. 두 번째는 그나마 의무금조차도 제대로 납부되지 않았다. "의무금으로 들어오는 전노협의 한 달 수입이 백여 만 원에도 미달한다는 점에 주목하여 최소한 해당 지역의 의무금은 월마다 납부하도록 한다"(1993년 5월 6일 대표자회의 결과 보고 자료)고 자체 결의를 해야 할 정도 전노협은 재정 압박에 시달렸다. 학계 인사로 구성된 전노협 후원회가 조직되기도 했으나 근본적인 문제를 해결할 수는 없었다.

---

13 전노협은 이들의 생계비를 보장해 주지 못했다. 이들은 월 20만 원이라는 돈을 활동비 몫으로 받았다. 그러나 이 돈조차 제대로 지급되지 못하는 상황이 허다했다.

2) 임금 인상 투쟁과 단협 갱신 투쟁('임·단협 투쟁')

임·단협 투쟁은 민주 노조 건설·사수 투쟁과 더불어 1987년 이후 민주 노조 진영이 가장 중요하게 주목해 온 투쟁 가운데 하나로, 민주 노조와 중간 노조가 광범위하게 연대하여 투쟁할 수 있는 계기이기도 했다. 따라서 전노협은 임·단협 투쟁을 통해 임금 인상뿐만 아니라 조직 확대를 꾀했다. 일반적으로 임·단협 투쟁은 공동 투쟁 체계의 구성(12~3월) → 요구안 확정을 위한 총회(3월) → 교섭 시기 집중(4월) → 쟁의 발생 신고 집중(4월 말) → 총력 투쟁기(5~6월) → 임투 마무리(6월 이후) 순서로 진행되었다.

전노협이 내세운 임투의 목적은 생활 조건의 개선, 조직의 확대와 강화, 노동자 대중의 정치의식 향상, 노동운동 탄압 분쇄였다. 여기서 임투의 목적으로 정치의식의 향상과 노동운동 탄압 분쇄가 매년 설정된 것은 정부의 임금 억제 이데올로기[14] 공세가 갈수록 강화되었고, 정부의 개입과 탄압이 정상적인 임·단협 교섭을 가로막았기 때문이었다. 이런 상황에서 전노협이 강조했던 투쟁 방식은 '공동 임투'와 '주요 사업장의 선도적 배치'였다. 시기의 집중, 요구의 통일, 공동 전술의 구사 등으로 이루어지는 공동 투쟁 전술은 기업별노조 체제에서 행할 수 있는 최선의 공동 투쟁이었다. 그러나 임·단협 투쟁이 마무리되는 시기에 각 노조가 개별화되는 한계를 보이기도 했는데, 이는 노동자들에게 산별노조의 필요성을 느끼게 하는 계기로 작용했다.

특히 전노협이 임·단협 투쟁을 준비하면서 노동조합의 요구를 통일하기 위해 추진한 정책 사업들은 종래의 활동을 한 단계 상승시키는 것이었다. 전노협은 매년 생계비 조사에 근거한 임금 인상, 하후상박의 원칙 확립, 동일노동·동일임금에 의한 임금 격차의 해소, 노동시간과 임금의 연계(주 44시간으

---

14 정부와 자본이 사용해 온 임금 억제 이데올로기는 '지불 능력론' '임금과 물가의 악순환론' '생산성 임금론' '총액 임금제' '임금의 공익성(노총·경총 임금 합의나 공익연구단의 임금률 발표 등)' '임금이냐, 고용이냐' 등 매우 다양했다.

로 생계비 쟁취) 등 매우 과학적인 요구 지침을 산하 노동조합에 전달했다. 특히 조합원의 요구를 파악하는 설문조사 활동, 현장 총회를 통한 요구안의 결정, 최종 타결안에 대한 조합원 인준 총회 등 요구안의 마련 과정이나 임투의 전개 과정에서 세련된 조합 민주주의를 구현하기도 했다.

전노협을 중심으로 한 민주 노조의 임·단협 투쟁의 특징을 요약하면 다음과 같다. 첫째, 기업별 체계를 극복하기 위한 전술로서 '공동 임투'의 상을 제시했다. 둘째, 임·단협 투쟁이었지만 실제 요구는 임·단협에 국한되지 않고 항상 해고자 복직, 노동운동 탄압 분쇄 등 다양한 요구가 결합되어 나타났다. 셋째, 임투의 주요 관심이 1992년까지는 임금 인상 액수에 있었으나 이후는 정부의 임금 억제 이데올로기 분쇄와 노동조합 간의 공동 활동에 있었다. 넷째, 임·단협 투쟁을 통해 조합 민주주의 구현이라는 민주 노조의 새로운 전통을 창출했다. 다섯째, 임·단협 요구안을 준비하는 과정에 일찍부터 진보적인 연구자들이 결합해 요구안의 과학성을 증진시켰으며, 동시에 전문 연구자들을 노동조합 운동에 직간접적으로 결합시키는 효과도 거두었다. 마지막으로, 임금 인상 투쟁이 임금 가이드라인을 넘는 임금 인상을 달성하기는 했지만 대기업과 중소기업 간에 존재하는 임금 격차를 좁히지는 못했다.[15]

3) 노동운동 탄압 분쇄 투쟁

1990년 1월 22일 전노협이 창립되던 날, 정부는 수만의 공권력을 동원하여 전노협의 건설을 막으려 했고, 이후 '전노협'과 관련된 것이라면 강경한 탄압으로 일관했다. 정부는 전노협이 1987년 이후 한국 사회에서 성장하고

---

15 민주 노조 진영이 안고 있는 기업 규모별 임금 격차는 이후 산업별(업종별)노조 건설 운동 과정에서 직면해야 할 중요한 문제 중의 하나이다. 더불어 외국인 노동자의 근로조건과 임금을 보호하기 위한 방안도 이후 민주 노조들의 임·단협 투쟁의 주요한 사안이 될 것이다.

표 3_ 적용 법조문별 구속 노동자 수 (1988년~1995년 12월) (단위 : 건, %)								
	1988	1989	1990	1991	1992[1]	1993	1994	1995	누계
업무 방해	17	248	308	258	56	10	102	104	1,103(59)
폭력 행위	50	247	96	133	35	11	34	130	736(39)
노동쟁의조정법	6	176	74	125	12	8	82	23	506(27)
집회 및 시위법	34	89	86	90	3	1	0	0	303(16)
공무 방해	34	23	38	27	0	0	3	3	128(7)
국가보안법	1	31	29	28	5	1	0	0	95(5)
기타[2]	5	132	60	39	8	0	50	13	307(16)[3]
구속 노동자 수	63명	534명	474명	451명	77명	23명	142명	113명	1,877명[4]

주 : 1) 1992년은 1~4월까지의 통계임.
　　2) 기타에는 공사문서 위조, 화염병, 자살 방조, 명예훼손, 국가공무원법, 도로교통법, 병역법, 방화 등이 포함됨.
　　3) ( )안의 비율은 법조문 적용 건수(3,178)를 전체 구속 노동자의 수(1,877)로 나눈 수치.
　　4) 구속 사유가 확인된 노동자 수 1,877명과 전체 법조문별 합계 3,178명이 다른 것은 동일인에게 둘 이상의 법조문이 적용된 것임.
자료 : 전노협 조사통계국 자료 92-24, 1993~95년. 노동인권회관 편(1992, 61)에서 작성.

표 4_ 시기별 노동운동 탄압 및 대응			
	제1시기	제2시기	제3시기
정부의 탄압 양태	탄압 전면기	탄압 이완기	탄압 재강화기
전노협의 대응 양태	조직 동원적 투쟁	조직 강화적 투쟁	조직 재편적 투쟁

있는 민주 노조 운동의 전국적 구심임을 너무도 잘 알고 있었다. 따라서 급속히 성장하고 있던 민주 노조 운동을 억압하는 가장 효과적인 방법은 전노협을 와해시키는 것이었다. 더욱이 1986~88년의 3저 호황 국면이 끝나고 1990년을 전후하여 경제가 불황 국면으로 치닫자 정부와 자본은 산업 구조 조정을 추진했는데 이것의 성공을 위해서는 민주 노조 운동의 배제 전략이 요구되었다.

정부의 노동운동 탄압의 가장 대표적인 수단은 주요 간부에 대한 사법적 대응이었다. 〈표 3〉에서 보듯이 민주 노조 운동이 본격화되기 시작한 1988년 이래 1995년까지 구속 노동자 수는 무려 1,877명에 달하고 있으며, 주요 노조 간부에 대한 수배 조치는 노동조합의 일상 활동과 임금 인상 투쟁을 무력화하는 데 사용되었다. 여기서 주목할 점은 1992년 이후 구속 노동자에 적용되는 법이 '집회 및 시위법, 공무방해법, 국가보안법' 등에서 '업무방해, 폭력행위관련법, 노동쟁의조정법'으로 변화하고 있다는 점이다. 이는 노사 관계에 대한 국가의 직접적인 개입 방식에서 노동관계법과 일반 형법을 통한 방식으로 노동조합 운동의 통제 양식이 변화하고 있음을 보여 준다.

정부의 노동운동 탄압은 탄압 정책의 수준과 전노협의 대응 양태에 따라 세 시기로 분류될 수 있다. 첫 번째 시기는 전노협 건설에서 ILO공대위가 결성될 때까지의 탄압 전면기(1991년 11월). 두 번째 시기는 ILO공대위에서 민주노총준비위 수립까지의 탄압 이완기(1994년 11월), 셋째 시기는 민주노총준비위에서 전노협 해산까지의 탄압 재강화기(1995년 12월)이다(〈표 4〉).

① 탄압 전면기와 조직 동원적 투쟁(전노협 결성 ~ ILO공대위)

이 시기 정부의 탄압은 다양한 법적·제도적 수단을 동원하여 전면적으로 행해졌다. 전노협 가입 노동조합에 대한 업무 조사, 무노동 무임금의 고수, 손해배상 청구 소송, 전노협의 단병호 위원장을 비롯한 주요 지도자 구속(1990년 하반기), 각 지노협의 핵심 단위 사업장 위원장 및 간부 구속, 그리고 전노협의 중앙위원이자 한진중공업의 노조위원장이었던 박창수 열사 옥중 의문사 등 정부의 탄압은 끊이지 않았으며, 이에 따라 전노협의 대응도 매우 완강했다. 전노협은 결성과 동시에 조직 사수와 노동운동 탄압 분쇄라는 두 개의 과제에 직면하게 되었고 정부의 탄압을 조직 사활의 문제로 인식하여 전면적인 투쟁을 전개했다. 전노협은 해방 이후 최초로 1990~91년 전국적 총파업 투쟁을 단행하여 국가 공권력에 직접 대항하는 강력한 전투성을 보여 주었다.

전노협은 총파업 투쟁 이외에도 다양한 방식의 활동을 통해 노동운동 탄압에 대응했다. 1990년 3월에 노동운동 탄압 '백서'를 발간해 정부와 회사의 노동운동 탄압 실태를 고발했고, 제도적이고 법적인 탄압에 대해서는 '법적 대응 지침서'를 신속하게 마련하여 각 단위 사업장에 전달했다. 특히 전노협의 활동 간부에 대한 구속에 항의하여 대대적인 석방 서명 운동, 공동 면회 투쟁, 민주 단체 및 현장 조직과의 연대 투쟁, 조합원과 구속자 가족들과의 결합 투쟁 등 장기적이고 입체적인 투쟁을 조직했다.

단위 사업장의 노동조합들도 '노조 상근 간부들의 농성, 조합원들의 중식 시간 결의 투쟁, 동시 퇴근 선전전' 등을 통해 탄압에 항의했으며, 박창수 위원장 옥중 의문사를 계기로 대정부 투쟁으로 나아가기까지 했다. 박창수 위원장의 시신까지 탈취해 가는 정부의 극악한 탄압에 맞서 전노협은 '고(故) 박위원장 옥중 살인 규탄 및 노동운동 탄압 분쇄를 위한 전국노동자 대책위원회'를 구성하여 전면적인 대정부 투쟁에 나섰고, 급기야는 '노태우 정권 퇴진과 안기부 해체'를 주장하며 본격적인 대정부 투쟁을 수행했다.

이 시기 전노협의 노동운동 탄압에 대항한 투쟁은 전투적인 장외 가두 투쟁뿐만 아니라 유연한 준법 투쟁 등을 통해 대응 양식을 세련화했다. 많은 조합원들은 이 투쟁에 조직적으로 대거 참여하여 전노협의 강한 지도력을 입증해 주었으며 정부의 폭력적인 탄압을 직접 대면함으로써 조합원들의 정치 의식은 한층 고양되었다. 반면에 전노협 소속 사업장에 집중적인 탄압이 가해지면서 정부의 공권력에 대한 피해 의식이 생겨나 이후 전노협의 신규 가입 사업은 어려움을 겪게 된다.

② 탄압 이완기와 조직 강화 투쟁(ILO공대위 ~ 민주노총(준))

1992년 권력 재편기를 맞이해 정부의 노동운동에 대한 물리적 탄압은 다소 완화되었다. 이 시기 정부는 '총액 임금제와 노총·경총 임금 합의를 통한 임금 인상 억제' '경제 위기 노동자 책임론' '세계화와 국가 경쟁력 담론' 등에 근거한 이데올로기적 공세에 초점을 두었다. 또한 자본은 직제 개편, 기업 문화 운동, 현장 생산성 모임 활성화 등으로 요약되는 신경영전략을 통해 노동조합의 현장 기반을 약화시키려고 했다.

1993년 김영삼 정부가 등장하면서 전노협의 투쟁 전술도 다소 변화한다. 이 시기 전노협이 역점을 두었던 점은 준법 투쟁[16]의 강화와 단위 노조의 조직력 강화였다. 전노협은 이전의 조직 동원적인 투쟁보다는 조직력 강화를 위한 투쟁에 초점을 두고 '각 지역과 단위 사업장의 조건'에 맞는 사업을 전개했다. 또한 전노협은 ILO공대위를 중심으로 노동법 개악 저지와 악법 개폐 투쟁에 집중했으며 이를 위해 '업종회의, 대공장 노조연합회, 공공 부문 노동조합' 등과의 연대를 강화했다. 이외에도 정부의 이데올로기적 공세에 맞서기 위한 대항 이데올로기의 계발에도 역점을 두었다. 그러나 1993년 6월 현대정공에 대한 공권력 투입되면서 현총련 공동 임투가 전개되고 대통령의 긴급조정권이 행사되면서 문민정부의 반노동자성이 드러나게 되었고, 전노협은 민주 노조의 조직 역량 강화를 위한 조직 재편을 본격화했다.

③ 탄압 재강화기와 조직 재편 투쟁(민주노총(준) ~ 전노협 해산)

이 시기 정부는 민주 노조의 현장 기반이 약화되어 가고 있다는 판단 아

---

16 전노협은 1992년, 1993년, 1994년 5~6월에 집중적인 쟁의 발생 신고 투쟁, 현수막 설치 및 리본 패용 투쟁, 노동부 항의 방문 투쟁, 노동부 장관 고발 투쟁 등을 수행했다.

래 '노동법에 근거한 통치' '세계화와 노사 화합 이데올로기'라는 양날의 정책을 통해 노동운동에 대한 탄압을 다시 강화했다. 거의 폐기 단계에 이르렀던 제3자 개입 금지 조항을 근거로 대부분의 주요 활동가들을 구속·수배했고, 주요 사업장의 파업에 대해서는 즉각적인 공권력 투입을 단행해 투쟁의 확산을 막기 위한 초동 진압 작전을 구사했다.

전노협은 주요 활동 간부들을 민주노총(준)에 파견해 민주노총(준)을 중심으로 공동 투쟁에 참여했고, 한국통신노동조합의 투쟁에 대해서는 전노협이 독자적으로 연대 투쟁을 전개하기도 했다. 하지만 주요 활동 기반이 민주노총(준)으로 이전되었고, 주요 간부들이 제3자 개입 금지 조항으로 구속·수배된 상태에서 전노협의 투쟁력은 약화될 수밖에 없었다. 전노협은 제3자 개입 금지 조항을 투쟁으로 무력화한다는 방침 아래 공공연한 제3자 개입을 선언하고 정부의 탄압에 맞서는 투쟁성을 보여 주기도 했다.

이 시기 전노협은 애초에 전노협이 설정했던 '산별노조의 건설'이라는 목표를 향해 조직 재편 작업을 수행했다. 전노협은 민주 노조 운동의 중심이 전노대로 이전된 1993년도부터 '단위 노조의 조직 정비 사업 및 조직 강화 사업, 그리고 산업별노조의 토대를 마련하기 위한 업종 분과 사업'을 꾸준히 추진해, 한국노총에서 이탈해 나온 다수 노조들을 공동의 투쟁체로 조직화하는 성과를 거두기도 했다.[17]

____

17 이 시기 노동운동 탄압에 맞서는 투쟁의 중심은 전노협이기보다는 민주노총(준)에 있었기 때문에 전노협의 독자적인 투쟁 사업은 설정되기 어려웠다. 따라서 전노협은 이후 전개될 조직 재편을 준비하는 내적 작업에 치중했다. 전노협은 1994년 5~10월에 노동조합의 조직 발전과 관련한 국제 프로젝트 사업을 추진해 "금속 산업 업종별 현황 조사 보고서"를 제출했고, 12월에는 "한국 노동조합의 조직 발전 연구"를 발간했다. 이런 일련의 작업들은 단순하게 새로운 '조직 주체, 건설 시기, 조직 이념' 등의 문제만이 아니라, 실질적인 조직 재정비와 연관되어 있었다. 1995년 5월 20일 조선대에서 개최된 '금속 산별노조 건설 결의 대회'는 금속 산업 내 각종 업종 노조의 조직적 지향점을 분명하게 제시했다는 점에서 전노협의 조직 재정비의 연속선상에서 평가할 수 있을 것이다.

4) 노동법 개정 투쟁

① 노동법 개정 투쟁의 전개 과정과 주요 사안

1988년 상반기 임투 과정에서 민주 노조 운동은 현행 노동법의 독소 조항의 장벽을 체감하면서 민주 노조의 전국적 조직 건설 운동과 병행해 노동법 개정 운동을 광범위하게 추진해 나갔다. 이를 위해 민주 노조 운동은 1988년 8월에 지역별·업종별 민주 노조와 노동운동체가 결합하여 '전국 노동법 개정 투쟁 본부'를 결성했고, 11월에는 전국에서 5만여 명의 노동자가 연세대학교에서 여의도까지 행진하며 "천만 노동자 총단결로 노동 악법 철폐"를 내건 노동자 대회를 성공적으로 치렀다. 이후 건설된 '지역 업종별 노동조합 전국회의'는 산하에 '전국 노동법 개정과 임금 인상을 위한 투쟁 본부'를 두어 노동법 개정 운동에 더욱 박차를 가했다. 이런 노동법 개정 운동은 노동자의 단결을 가로막는 정부의 탄압과 노동법의 제약을 노동자들이 몸소 체득하는 과정이었으며 지역과 업종을 넘는 노동자의 연대 과정이었다.

전노협의 노동법 개정 투쟁은 6년 내내 이뤄졌지만 1991년에서 1993년에 가장 활발했다. 특히 1991년의 ILO공대위를 기점으로 약 2년여 동안 노동법 개정은 전노협을 중심으로 민주 노조 진영의 핵심적인 투쟁 사안으로 자리 잡았다. 이는 노동운동에 대한 정부의 탄압이 거세어지면서 정부와 자본에 의해 노동법 개악이 공공연하게 제기되었기 때문이다. 정부와 자본은 1991년 하반기부터 '자본의 유연한 노동력 이용'을 보장하기 위해 개별적 노사관계법(근로기준법)을 개악하려 했다. 이에 민주 노조 운동은 ILO 가입이라는 새로운 조건을 적극 활용하여 노동법 개정 투쟁을 본격화하기 위해 1991년 10월 ILO공대위를 구성했고 11월에는 7만여 노동자가 전국 노동자 대회를 개최하며 노동법 개정을 촉구하기도 했다. 1992년 들어 민주 노조 운동은 ILO에 한국 정부의 단결권 침해를 제소함으로써 노동법 개정에 대한 국내외

표 5_ 전노협의 연도별 노개투 활동

	노개투의 목표와 방향	노개투 관련 주요 사업
91년	- 자주적 단결권을 중심으로 한 실질적인 법 개정과 민주 노조 총단결	ILO공대위 결성, 각종 공청회 개최, 투쟁주체 양성, 지역 및 단사별 현수막 설치, 준법 투쟁 돌입과 상층 항의 방문, 중앙 농성 투쟁, 동시 다발 촉구 대회 개최, 노동자 대회 6만 결집
92년	- ILO조약 87조 비준과 노동법 개정 및 개악 저지 - 조직 역량 확대, 강화와 민주 노조 총단결 - 민중 연대 투쟁과 민주 대개혁의 쟁취	각 지역 공청회-간담회 개최를 통한 조직화, 공개 질의서 및 서명서 작성, 각종 교육 및 노개투 지침 작성, 깃발서명-문선대 및 대중 공연 등의 문화 활동
93년	- 자주적 단결권 쟁취 - 중간 착취 합법화하는 근로자 파견법 도입 저지	ILO 제소, 개정안 청원, 국회의원 간담회, 수련회 및 강연회 등에서의 교육, 단위 노조 교육 선전, 대국민 선전, 각종 항의 행동과 집회의 개최, 꽃다지 공연과 뺏지 달기 등의 사업, 노개투 실천대 조직, 전국 노동자 대회
94년	- 개별적 노사관계법 개악 저지, 고용관련 근로자 파견법 도입 저지, 집단적 노사관계법 개정 - 노개투를 통해 다양한 업종별 조직, 산업별노조 건설 및 민주 노조 총단결의 굳건한 토대 구축 - 강력한 노개투를 통해 국민에 대한 사회 개혁 입지 강화	국제노동단체(ICFTU) 홍보, ILO 추가 제소, 대국회 활동, 선전 자료 작성 배포, 꽃다지 공연 및 지역 문화제, 민주노총 건설과 노동법 개정을 위한 지역 실천위원회 구성, 전국 차원의 항의 행동 및 집회, 전국 노동자 대회

자료 : 전노협, 『사업보고서』, 각 년도.

적 관심을 불러 일으켰고 국제 노동조합 운동의 지원과 협력을 조성하는 계기도 마련했으며 11월에는 5만여 명의 노동자가 여의도에 결집하여 다시 노동법 개정과 민주 노조 총단결을 결의했다(전노협 1994, 72). 1992년까지의 노동법 개정 투쟁의 주요 목표가 ILO에 대한 제소와 87조(복수 노조 설립 보장)에 대한 비준 압력이었다면, 1993년 이후에는 근로자파견법의 저지가 핵심적인 이슈로 등장했다. 그리고 1994, 1995년에는 민주노총의 건설과 결합하여 제3자 개입 금지 조항, 복수 노조 금지 조항 등이 주요한 목표로 설정되었다.

1988년 여소야대의 국회에서 마련된 노동법 개정안이 노태우 대통령의 거부권 행사로 무산된 후, 정부와 자본은 오히려 근로기준법의 개악을 모색함으로써 노동법을 둘러싼 공방은 가속화되었다. 정부와 자본은 '개별적 노사관계법'(근로기준법)의 개악을 원했고, 민주 노조 진영은 '집단적 노사관계법'(노동조합법 및 노동쟁의조정법)의 개정을 위해 활동을 전개했다. 전노협의 주요한 노동법 개정 활동의 주요 목표와 사업을 연도별로 정리하면 〈표 5〉와 같다.

② 노동법 개정 투쟁의 의의와 한계

노동법 개정 투쟁의 의의와 한계를 요약하면 다음과 같다. 먼저 노동법 개정 투쟁은 하반기에 민주 노조 운동의 연대 활동을 추동하는 중요한 계기로 자리 잡았으며, 또한 법안의 개폐 여부와 별개로 노동자들의 정치의식을 제고시키는 중요한 활동이었다. 매년 하반기에 '전국 노동자 대회'를 통해 표출되었던 노동법 개정 투쟁은 매년 5만 명에 육박하는 전 세계에 유례없는 연례화된 투쟁으로 자리 잡았다. 그것은 봄의 임투와 메이데이 집회로 대표되는 전반기 투쟁과 짝을 이루었던 하반기 투쟁으로서 가을의 정기국회 기간에 맞추어 집중되었다. 더불어 민주 노조의 발전을 가로막는 현행 노동법의 부당성을 폭로하여 노동자들의 정치의식을 제고시켰을 뿐만 아니라 국민적 공감대도 상당히 이끌어 낼 수 있었다.

둘째는 노동법 개정 투쟁을 통해 민주 노조 운동의 연대 틀이 마련되었다. 전노협 결성 이후 대기업, 업종, 노동단체가 총망라된 전국적 연대 조직인 ILO공대위가 마련되었으며, 이 조직은 민주 노조를 총망라하는 전노대·민주노총의 건설에 중요한 모태가 되었다. 특히 노동법 개정 투쟁 과정에서 국제적 연대도 급격히 강화되었다. ILO 활동을 통해 한국의 노동법의 실상이 세계에 알려졌으며, 각국 노조 운동들이 한국에 관심을 가지고 자신의 입장을 정부에 전달하기도 했으며, 한국의 민주 노조 진영과의 교류도 확대되었다.

그러나 이런 성과에도 불구하고 노동법 개정을 아직 이루지 못한 상태이다. 특히 노동법 개정의 전권을 지닌 정부의 '거부권'을 넘지 못하고 있는 상황이다. 이는 무엇보다도 아직도 민주 노조 운동의 힘이 정부와 자본에 비해 취약하다는 것을 의미한다. 이런 역학관계의 비대칭성 때문에 법의 개폐 문제가 정부와 자본의 의중에 따라 좌우되는 경향이 강하게 나타났다. 법을 제정하는 '의회정치구조'에 직접적인 영향을 미치지 못하는 현재의 노동조합 운동의 정치 활동의 한계도 역시 핵심적인 과제로 남아 있다.

5) 전노협의 정치 활동

노동조합과 노동자들은 계급정당의 출현을 원천적으로 봉쇄하고 있는 국가보안법에 의해 계급적 정치 활동이 봉쇄되어 있을 뿐만 아니라 '노조의 정치 활동 금지와 제3자 개입 금지 조항' 때문에 초보적인 정치 활동도 근본적인 제약을 받고 있다. 이런 조건에서 노동조합의 정치 활동은 가두 투쟁으로 표출되거나, 선거공간에 개별적으로 참여하는 것에 제한될 수밖에 없었다. 그러나 이런 정치적 제약 조건이 역설적으로 전노협의 모든 활동과 투쟁들을 '정치적'인 것으로 만들었으며, 때로는 반정부적인 성격도 띠게 했다. 전노협은 노동자들의 정치의식과 계급의식 제고라는 기치[18]하에 노동조합과 노동자들의 정치 활동을 추동하여 주로 정치 교육 활동, 정세 분석 활동, 정책 대안 활동, 입법 청원 활동, 정치적 연대 활동, 선거 참여 활동 등을 수행했다.

전노협의 정치 활동은 창립과 더불어 전 기간에 걸쳐 진행되었지만 정치

---

18 전노협은 임금 인상 투쟁과 노동운동 탄압 분쇄 투쟁 때마다 공동 투쟁을 조직하고 그것을 통해 자본과 정부의 반노동자적 성격을 폭로하며, 노동자의 입장에 선 정책 대안을 제시하고, 매 시기 정치 정세로부터 요구되는 자주화·민주화·통일 투쟁 등에 전 민중과 함께 연대 투쟁하는 것을 기본 방침으로 가지고 있었다.

그림 3 _ 민주 노조 운동의 조직 변천 과정

자료 : 전노협 사업보고

87년 7~9월 노동자 대투쟁
업종노조협의회
지역노조협의회
전국노동운동단체협의회(88년 6월)
전국노동법개정투쟁본부(88년 8월)
지역·업종별 노조 전국회의(88년 12월)
전교조(89년 5월)
전국노동조합협의회(90년 1월 22일)
14개 지노협 2개 업종협(20만 명)
업종노조회의(90년 5월)
· 대우그룹노동조합협의회(90년 5월)
· 현대그룹노동조합총연합(90년 1월)
대기업연대회의(90년 12월)
ILO공동대책위원회(91년 10월)
· 구미지역노조협의회(91년 5월)
· 경주노조대표자회의(91년 10월)
업종연맹의 합법화
· 병원노련(92년 7월)
· 전문노련(92년 7월)
· 건설노련(92년 7월)
· 언론노련(93년 1월)
전국노동조합대표자회의(93년 6월)
업종연맹 단일노조
· 전국과기노조
· 전국의보노조
· 전국농협노조
· 전국대학강사노조
· 조선노협(94년 1월)
· 기총련(94년 3월)
· 자총련준비위(94년 3월)
· 금속일반추진위(94년 12월)
공노대(94년 11월)
전국민주노동조합총연맹 준비위원회(94년 11월 13일)
· 방송사 단일노조(95년 1월)
· 사무노련(95년 1월)
· 전국민주금속노조연맹(추)(95년 10월)
· 전국자동차산업노조연맹(95년 11월)
전국민주노동조합총연합(95년 11월 11일)
861개 노조, 조합원 418,154명

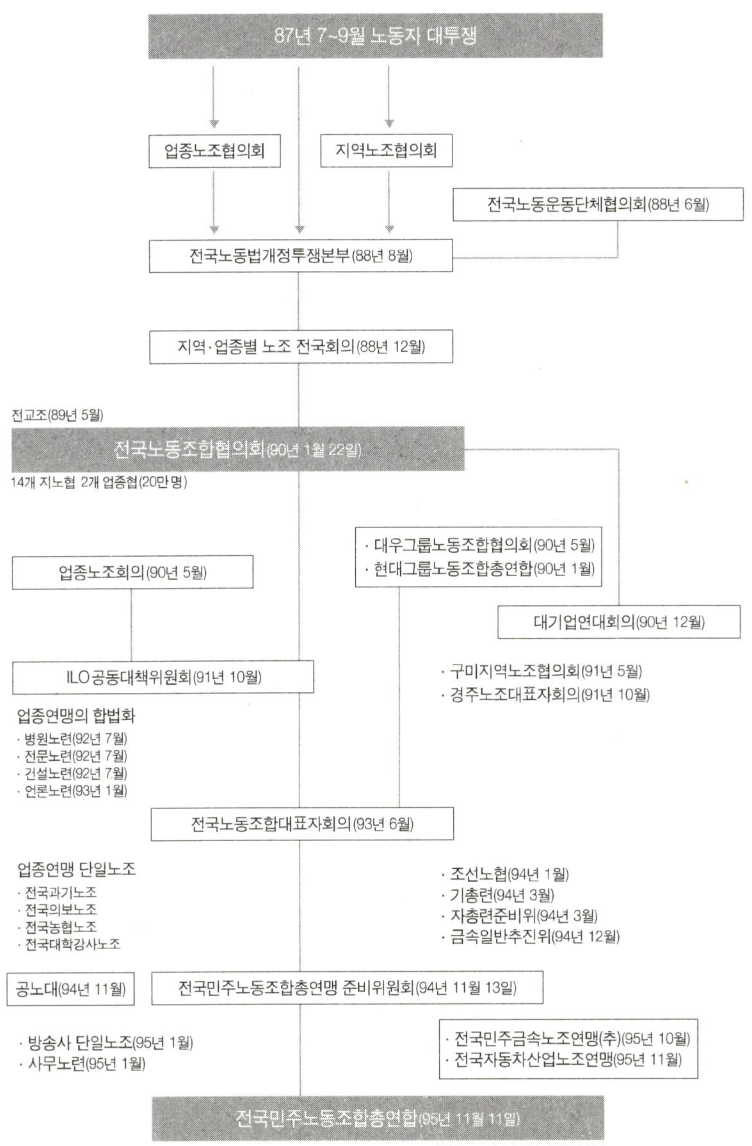

정세와 주요 활동 내용에 따라 세 시기로 분류할 수 있다. 첫 번째 시기는 '반 정부 장외 투쟁기'로서 전노협 건설에서 ILO공대위가 건설(1991년 11월)되기 까지며, 두 번째 시기는 '선거 정치 활동기'로 ILO공대위에서 전국 노동조합 대표자회의 건설(1993년 6월)까지, 세 번째 시기는 '정책 개혁 활동기'로 전노 대에서 전노협 해산까지다.

① 반정부 장외 투쟁기

전노협은 이 시기에 '노동자의 정치 역량 강화와 민중 진영 내부에서의 정치적 지위 강화'라는 목표하에 정치 활동을 수행했다. 전노협은 1990년에 '반민주 3당 야합 분쇄 및 민중 기본권 쟁취 국민대회' '광주항쟁 계승 주간 선포' '전노협 사수를 위한 정치적 투쟁' 등을 수행했고, 1991년에는 '수서비 리 은폐 정권 규탄 국민대회', 여섯 차례에 걸친 '비리주범·공안통치 노태우 정권 퇴진 국민대회', '살인 주범 안기부 해체 투쟁' 등을 주도적으로 전개했 다. 특히 민자당 창당, 박창수 위원장 옥중 의문사, 명지대 강경대 학생 타살 등의 계기를 맞아 치열한 장외 가두 투쟁을 수행했다.

이 시기 전노협은 노동조합의 정치 활동을 반정부 투쟁에 집중했으며, 투 쟁을 통한 노동자들의 정치의식과 계급의식의 향상을 꾀했다. 직접적인 가 두 정치 투쟁 이외에 정세 분석 활동과 노동자 정치 교육 활동에서도 노태우 정권의 반노동자성을 폭로하면서 노동자들의 반정부 투쟁의 정당성을 강화 했다.

전노협은 1991년 5월까지 다섯 권의 정세 동향지를 발간했는데, 동향지 의 주요 내용은 '민자당 정권의 비민주성, 범국민적인 반민자당 투쟁의 정당 성, 노동운동 탄압 정권의 폭력성, 총력 투쟁을 향한 투쟁 방침' 등이다. 이 외에도 전노협은 민자당 정권의 반민주적 정책에 대응할 수 있는 노동자적

표 6_ 전노협의 전개 과정 개괄

	1990	1991	1992	1993	1994	1995
평균 임금 인상률	8.9% 89년 18.7%	17.5%	15%	8.3%	11.4%	11.7%
사업 목표	1. 노동자의 정치·경제·사회적 지위 향상 2. 비민주적 어용 노조 운동의 극복 3. 기업별 체제의 극복	1. 노동자 생활조건의 유지, 개선 2. 노조활동의 자유 쟁취 3. 국민과 함께하는 전노협	1. 민주노조를 하나로 결집한다 2. ILO공대위를 확대 강화한다 3. 고용 안정 대책 마련 4. 임금 억제 정책 분쇄	1. 임금 인상/노동법 개정/고용 보장 투쟁 2. 지노협 건설 3. 대공장을 중심으로 업종별 조직화 추진 4. 확대된 민주 노조를 공동의 투쟁체로 조직화	1. 임금 인상 투쟁 2. 경제 민주화 3. 노사관계 개선 4. 민주노총 건설 5. 산업(업종)별 조직 사업	1. 민주노총 건설 2. 임·단투 3. 사회 개혁 투쟁 4. 산업(업종)별 조직 사업
주요 활동	- 임금 인상 투쟁 - 전노협 사수 투쟁 (5월 총파업) - 노동법 개정 투쟁	- 임금 인상 투쟁 - 박창수 열사 투쟁 (5월 총파업) - 노동법 개정 투쟁	- 총액임금제 저지 투쟁 - 노동법 개정 투쟁 - 고용 보장 투쟁 - 국제 연대 활동	- 노-경총 임금 합의 반대 투쟁 - 현총련 공동 임투 지원	- 임금 합의 분쇄 투쟁 - 노총 탈퇴 투쟁 - 전지협 투쟁 지원 - 민주노총 건설 사업 - 사회 개혁 투쟁 (의료·방송·한국은행 독립)	- 제3자 개입 선언 - 노운탄 분쇄 (양봉수·박삼훈·서진근 씨 분신) - 한국통신 지원 - 민주노총 건설 사업
건설된 새로운 조직	- 임금인상, 노운탄 분쇄 투쟁 본부 (업종, 대기업 연대회의, 전노협) - 현총련, 대노협	- ILO 공대위 - 전노협 - 업종회의 - 노동단체	- 전해투	- 전국노동조합 대표자회의 (전노협, 업종회의, 현총련, 대노협, 총 1,145개)	- 전국민주노조 총연합 준비위원회, - 조선노협, 금속일반(추), 자총련(추), 공노대	- 전국민주노동조합 총연합, - 자동차노동조합 총연맹, - 금속연맹(추)
전국 노동자 대회 주요 구조 (주체)	- 민주노조 총단결! (전노협, 대기업, 업종)	- 악법 철폐! - 민주 노조 총단결! (ILO 공대위)	- ILO 기본 조약 비준! - 산별노조 건설! (대회조직위, 1,071개 노조, 47개 노동단체)	- 근로자파견법, 공공자금관리법 제정 저지 (전노대)	- 민주노총준비위 결성 - 민주노총, 산별노조 건설! (민주노총건설 추진위원회)	- 민주노총 건설! - 산별노조 건설! (민주노총 준비위원회)
민중연대 활동	- 국민연합 참여 - 3당 야합 분쇄, 민중 생존권 쟁취 국민대회 참여 - 민자당 해체, 노태우 퇴진 국민대회 참여	- 전국연합 건설 추동 및 논의 참여 - 수서비리 국민대회 참여	- 전국연합 가입 - 전국노동자 선대본 구성 - 공명선거 국민대회 참여	- 농축산물 수입 개방 저지 투쟁	- 수입 개방 저지 투쟁 - 농안법연대회의 참여 - 의보 연대 사업 참여 - 범민족대회 참여	- 노동운동 탄압 공동 대응 조직
단협의 주요 특징	-업무 조사	-민사상 손해배상 청구	- 경제위기 노동자 책임론 - 총액임금제	- 고통 분담론 - 노총·경총 임금 합의 - 개별적 노무관리의 강화	- 국가경쟁력 강화 - 수입 개방 불가피론 - 경영 혁신 운동	- 국가경쟁력 강화 - 세계화 - 노사 화합

정책 대안, 즉 "노동운동 탄압 백서, 악화되는 고용 문제 그 해결책은?" "주택 문제 정책 자료집" "의료보험 제도의 문제점" 등의 정책 자료집을 거의 매월 발간했다. 정치 교육 활동도 역시 '정세와 과학적 노동운동의 실천 및 노동조합 운동의 방향' 등을 주요 교육 주제로 설정하여 반정부적이고 투쟁적인 노동조합 운동을 도모했다.

특히 전노협은 이 시기에 '국민연합 결성'에 적극 참여하여 다른 민중조직들과 함께 반민자당 전선을 공동으로 구축하고 민중 진영 내에서의 정치적 지위 향상을 꾀했다.[19] 전노협은 국민연합 결성 과정에서 '민중 생존권 투쟁 및 반민자당 투쟁' '민중운동 탄압 및 노동운동 탄압 분쇄 투쟁' '전노협 사수 강화 투쟁' '민족민주 운동 내 노동자계급의 주도성 강화 투쟁'을 주도한다는 목표하에 전노협 의장을 국민연합의 공동대표로 활동케 했고, 국민연합 산하에 '민중연대회의'를 구성하여 민중운동의 활성화과 민중 단체 간의 상호 지원을 확대하기 위해 노력했다.[20]

② 선거 정치 활동기

1992년 총선과 대선을 맞이하면서 정치 상황은 선거를 중심으로 '권력 재편기'로 돌입했다. 전노협도 이런 상황 전개에 발맞추어 '선거 공간'에 참여

---

19 전노협은 국민연합의 참가 문제를 비판적으로 자체 평가하고 있는데 그 내용은 "국민연합의 참가 문제를 조직적으로 논의하지 못하고 결의하지 못했다. 국민연합의 사업 및 추동에 조직적 힘을 실지 못했다. 국민연합의 사업 운영 및 추진에서 적극적이고 주도적인 역할을 수행하지 못했다. 일회적인 민중연대의 작풍을 시급히 청산할 필요가 있다" 등이다.

20 그러나 전노협은 자신의 조직 사수와 박창수 위원장 옥중 의문사 규탄 투쟁의 절박성으로 말미암아 정치적 민중 연대 활동에 적극 참여해 주도할 여건을 갖추고 있지 못했다. 오히려 정부의 집중적인 탄압을 맞고 있는 전노협을 민중 연대 조직이 방어해 주어야 할 상황이었다. 이시기 반정부 장외 투쟁이 노동자들을 가두 투쟁의 주체로 나서게는 했으나 전노협의 정치적 지위를 향상시키는 데에는 많은 한계를 가지고 있었다.

하는 정치 방침[21]을 설정하고 총선에서의 선거 연합 전술, 대선에서의 전국 노동자 선거 대책 본부를 중심으로 활동했는데, 이런 활동들은 모두 '민주 대개혁 투쟁'으로 귀결되었다.

전국연합의 총선 선거 연합 전술을 수용하기로 한 전노협은 자체적으로 '전국연합 후보와 전국연합의 지지·지원 후보를 적극 지지한다'는 후보 전술을 채택했고, 대선에서는 '전국 노동자 선거 대책 본부'에 참여했다.[22] 그러나 이런 중앙 단위의 선거 지침이 각 지역이나 단위조합에 별다른 영향을 끼치지는 못하고 선언적인 측면이 강했으며, 대선 선거 대책 본부도 '민주당과의 정치 협상'에 집착하던 전국연합의 대선 방침과의 갈등으로 별다른 활동을 전개하지 못했다.

이런 문제점들은 근본적으로 선거 공간의 제약에 의한 것이지만, 전노협 선거 전술의 모순에서도 기인한다. 전노협은 선거 방침으로 '민주 대개혁을 실현할 수 있는 전노협의 정치적 통일성과 노동조합 운동의 통일성을 추구하고, 이를 토대로 민중의 정치 세력화를 도모한다'고 정해 놓고도, 중앙위원회는 개인의 정치(정당) 활동에 대해서 조직적 규제를 하지 않겠다고 결의를 함으로써, 전노협의 정치적 통일성을 약화시켜 버렸고, 선거 공간에서의 활동은 단지 '선거 연합 전술' 혹은 '후보 전술'로 한정되어 버렸다.

---

21 정치 방침의 주요 기조는 다음과 같다. ① 민중의 정치 세력화 도모와 전노협의 정치적 통일성 강화, ② 반민자당 전선의 광범위한 구축, ③ 노동조합 운동의 통일성 추구, ④ 전노협의 정책 내용을 정치적으로 선전선동하고 조직력 강화, ⑤ 노동의 현안 문제들을 민주 대개혁 정책으로 현실화시켜 이를 정치적으로 쟁점화, ⑥ 정책 설명회 및 토론회, 강연회 등을 적극 유치 등이다.

22 전국 노동자 선거 대책 본부는 전노협·업종회의·현대자동차·대우자동차·풍산금속 등 대기업 노동조합, 전국노동운동단체협의회, 수도권 노동단체연석회의가 참석했다. 선대본은 민주 대개혁 투쟁에 노동법 개정 투쟁 사업이 적극 배치될 수 있도록 하고 공정 선거를 치르게 한다는 목표하에 선전 홍보 사업과 조직 투쟁 사업을 주요하게 전개했다.

③ 정책 개혁 활동기

　김영삼 정부가 등장한 직후 민주 노조 진영은 '문민정부'의 개혁성을 둘러싸고 다소 논란을 빚기는 했으나 전노협은 1993년 2월 정기 대의원대회에서 김영상 정부의 반노동자적 성격을 천명했으며,[23] 1993년 현총련 공동 투쟁에 다시 공권력이 투입되면서 김영삼 정부의 개혁성의 한계가 드러나게 되었다. 노동법 개정을 둘러싼 내외의 압력에 시달려 온 정부는 '노동관계법 개정위원회'의 개정안을 제시하면서 노동관계법의 부분적 개정 가능성을 시사했고, 민주 노조 진영은 노동 악법의 전면적 개폐와 완전한 개혁 정책의 수립을 요구하는 활동에 집중하게 되었다.

　전노협은 1993년 6월 입법 청원 운동[24]과 『정책연구』[25]의 발간, 그리고 『노동법 개정안 해설집』의 발간을 시작으로 정책 개혁 활동을 전개했다. 이 외에도 근로자파견법을 제정하려는 정부의 움직임에 여러 방법으로 항의했으며, 정책토론회와 국제회의를 주최하여 노동법 개정과 기본권 확보의 정당성들을 대내외적으로 선전했다.

　1994년 전노협의 정책 개혁 활동은 노동문제에만 국한되지 않았다. 전노협은 '수입 개방 저지 투쟁' '통일 투쟁' '의료보험 개혁 투쟁' '언론 개혁 투쟁' '환경 보존 투쟁' '경제 개혁 투쟁' 등의 사회 개혁 투쟁들에 참여했으며, 이런 투쟁을 위해 전국연합을 비롯한 여러 민중 조직과 연대했다. 전노협의 정책

23 전노협은 1993년 정기 대의원대회에서 김영삼 정권을 '강력한 정부론에 입각하여 법을 집행하는 정권으로서 근본적으로 기득권과 지배 세력의 이익을 관철하는 방향으로 법을 새롭게 정비할 것'이라고 규정했다.
24 전노협은 1993년 5월 12일 '경제적 기술적 이유로 인한 집단해고 규제 특별법', 9월 22일 '노동조합법과 노동쟁의조정법 개정안', 10월 4일 '공공 자금 관리 기본법과 국민연금법 개정 방향'을 입법 청원했다.
25 정책 연구지의 내용은 그간 노·자·정 간에 쟁점이 되어 왔던 내용들을 노동자적 입장에서 정책 대안으로 정리하여 제시하고 있으며, 경제 민주화의 방향성까지 담아내고 있다.

개혁 활동은 1995년 민주노총(준)의 사회 개혁 투쟁으로 발전되어 노동자 대중조직을 중심으로 하는 정책 개혁의 상을 만들었으며, 중·장기적인 노동운동의 발전에 필요한 구체적 정책 대안들을 양산해 냈다. 그러나 전노협의 정책 개혁 활동은 여전히 중앙 조직과 선진적인 간부들을 중심으로 이루어져 단위 노조의 조직력·투쟁력·정책력의 강화로 전화되지 못하는 한계를 여전히 지니고 있었다.

3. 전노협의 활동을 둘러싼 주요 논의

3장에서는 전노협의 활동 과정에서 주로 논의되어 온 이슈들을 다루고자한다. 첫 번째는 전노협을 둘러싸고 제기되었던 '전투적 조합주의'의 문제이고, 두 번째는 전노협 결성 이후 지속적으로 행해졌던 '조직 발전 논의'에 대한 것이다.

(1) '전투적 조합주의'

전노협이 6년간의 활동을 마감하면서 과연 '전노협의 정신'은 무엇일까라는 질문이 곳곳에서 제기되었다. 전노협의 활동에 대한 심층적인 분석 이후에 이 '정신'에 대한 규명이 이루어져야 하겠지만, 잠정적으로 이 정신을 '투쟁성'으로 이해해 보고자 한다. 투쟁성은 전노협이 6년간의 활동 과정에서 계속 견지하려 했던 원칙이었으며, 그러기에 전노협을 평가할 때 문제로 지적되는 핵심적인 사항이기도 하다.

민주 노조 운동의 '민주성·연대성·계급성'을 지향하면서 출범한 전노협은 결성과 동시에 정부의 집중적인 탄압을 맞이했다. 전노협은 이런 탄압이 조직의 사활과 직결되어 있다고 인식하고 '조직 사수 투쟁'을 전투적으로 전개했다. 주요 사업장의 파업을 계기로 전국 총파업 전술을 구사했고, 정치적 계기에는 과감한 반정부 장외 가두 투쟁을 전개하기도 했다. 전노협은 자신을 사수하기 위한 정부와의 '전면 대결' 과정에서 많은 피해를 입기도 했다. 주요 간부 대부분이 구속·수배되었고, 전노협에 가입한 단위노동조합들이 집중적인 탄압을 받으면서 무력화되거나, 초기에 가입했던 노조가 교류·참관 형태로 변화하는 경우도 발생했다.

이런 상황을 맞이하면서 1991년 하반기부터 민주 노조 운동 진영은 전노협의 '이념과 투쟁 방식 그리고 조직 상승률의 하락' 등을 둘러싸고 '노동운동 위기 논쟁'을 벌였다. 노동운동의 위기의 정도와 원인을 분석하는 데에 매우 다양한 시각이 존재하지만, 대체로 노동운동의 위기를 주장하는 논자들은 '전노협이 과도한 전투성에 집착하여 스스로를 고립화시켰다'고 비판한다는 점에서 공통적이다. 이런 비판은 이후 '전투적 조합주의'라는 이름으로 회자되었다. 노동운동의 구조적 위기론은 '자본축적 구조의 포스트 포드주의로의 변화, 노동자 계급 구성의 변화, 전노협의 조직 기반 약화, 이념의 혼란과 전망의 부재, 전투적 투쟁 중심의 노동운동' 등을 근거로 제시하면서(김형기 1992), 이런 위기를 낳은 주요한 원인 가운데 하나로 전노협의 주체적 요인을 들고 있다. 이런 '전투적 조합주의'의 특징은 '엘리트주의적이고 분파주의적인 리더십의 구조', '관념적 급진주의로 치달은 운동이념', 그리고 '전투적 투쟁 일변도의 운동 방식' 등으로 요약된다(정승국 1991; 김형기 1992; 박승옥 1992; 최장집 1992).

반면에 노동운동의 '구조적 위기론'을 비판하면서 노동자 계급 형성의 시각에서 전노협의 활동 방식의 적합성을 옹호하는 입장들도 제시되었다. 즉, '포드주의적·테일러주의적 축적 구조의 온존, 화이트칼라 노동자층의 프롤레타리아화, 노동자 계급의식의 급진화 경향, 노동자 상태의 악화, 노동운동

표 7_ '전투적 조합주의'를 둘러싼 쟁점 비교

	리더십	이념	투쟁 방식
구조적 위기론	엘리트주의 분파주의 심화	관념적 급진주의 최대강령주의	전투적 투쟁 비판
노동계급 형성론	대중주의 분파주의 지양	현실주의 무이념주의	전투적 투쟁 옹호

이념의 대안적 사회 체제의 지향성 강조, 노동운동의 전투성과 계급성의 정당성' 등을 근거로 구조적 위기론의 개량주의적 성격을 비판하면서, 자본의 통제 구조에 노동계급을 가두어 두려는 정부와 자본의 전략에 맞설 수 있는 주체의 실천을 강조했다(임영일 1992). 전투적 조합주의를 둘러싼 양자(이하 '위기론', '형성론')의 쟁점들을 정리하면 〈표 7〉과 같다.

1) 리더십: 엘리트주의와 대중주의

위기론은 전노협의 건설 과정과 운영 과정에서 전노협 지도부의 리더십이 '엘리트주의적이고 분파주의적'이라고 비판한다. 즉 전노협의 건설 과정이 급진적 활동가들을 중심으로 한 '위로부터의 선도 투쟁적 발상'이었다고 평가하면서 이런 건설 방식이 민주 노조 운동 내부에 '급진주의, 비밀주의, 관료주의적 엘리트주의'라는 부정적 기능을 낳았다고 비판한다. 더 나아가 선진적 활동가 중심의 전국적 조직이 출현함으로써 전노협이 스스로 정부의 탄압을 자초한 측면이 강하다고 평가하고 있다(최장집 1992).

그러나 전노협의 건설은 1990년 결성 시에 갑자기 등장한 것이 아니라 1987년 민주 노조 건설 운동과 이후 지역, 전국 수준의 연대 활동의 결과임을 주목할 필요가 있다. 특히 전노협이 결성되기 전에 이미 1988년 12월부터 1989년 12월까지 '지역·업종별 노동조합 전국회의'라는 사실상의 전국 조직이 있었으며, 민주 노조 건설, 노동법 개정, 노동운동 탄압 분쇄를 강력하게 추진할 수 있는 새로운 형태의 전국 조직의 필요성이 현장 곳곳에서 자연스럽게 제기되었던 당시의 상황도 주목해야 한다. 단위조합·지노협 등 아래로부터의 전노협 건설 운동은 매우 활기찼으며, 중앙 조직/지노협/단위 사업장 간의 연락과 공동활동도 매우 긴밀했다.[26] 따라서 전노협 건설 과정을 소수 엘리트주의로 파악하는 것은 1987년 이전의 민주 노조 건설을 위한 소서클 조직 활동과 1987년 이후의 광범위한 민주 노조 건설과 대중적 연대 활동의 질적 단절을 간과한 평가라고 보인다.

반면에 전노협 건설 이후 초기 운영 과정에서 전노협 상층부의 다소 분파주의적 성격이 작용하기도 했다. 대부분의 전노협 상층부나 활동 간부들은 1980년대의 파시스트적 노동운동 탄압하에서 서클 혹은 특정 정치조직 중심의 활동 관행을 유지한 채 민주 노조 운동의 지도부 역할을 맡게 되었다. 그러나 이들은 이후 조직 운영에서 분파주의적인 속성을 지양하면서 민주 노조 진영의 조직적·정치적 외연을 확대해 왔고, 민주주의적 조직 운영을 구축해 왔다. 특히 노조 지도부 장악을 위한 노조 내의 리더십 경쟁 현상, 전략적 사업장의 민주 집행부 등장, 노조 내 헤게모니 경쟁 현상 등은 현장 노동자들과 노동운동 조직의 분파주의 지양과 민주주의의 강화를 단적으로 반영하는 것이다(임영일 1992).

따라서 전노협의 건설은 '시기가 적절했고 절묘했다'라고까지 평가될 수 있을 정도로 당시 분출되고 있던 노동자들의 대중적 요구를 반영한 것이었고, 이미 1989년 초부터 강화되던 정부의 탄압에 맞서 민주 노조를 방어하기 위한 것이었으며, 이전의 서클주의적이고 분파주의적인 민주 노조 관행이

---

26 '지노협이 건설되면서 전국회의로 이어지는 열기는 대단했다. 전국회의 말, 전노협 초반에 가장 조직 운영이 잘 되었던 것 같다. 회의도 활발하고 무언가 살아서 진행되고 있다는 느낌이었다'(J 지노협 중앙위원 H 씨와의 면담, 1995년 7월).

점차 대중적이고 민주적인 과정으로 발전해 가는 과정으로 이해하는 것이
타당할 것이다.

2) 이념: 관념적 급진주의와 무이념성

전노협의 이념성에 대한 평가의 차이는 '노동 해방'이라는 구호와 전노협
의 강령, 그리고 전노협 초기의 사업과 노선을 어떻게 평가하느냐에 달려 있
다. 전노협의 이념을 관념적 급진주의라고 비판하는 위기론은 전노협의 주
요 슬로건으로 사용되어 온 '노동 해방'의 관념성과 급진성을 지적한다. 이런
전노협의 이념과 노선은 정부와 회사의 탄압에 비타협적으로 투쟁하는 과정
에서 '급진주의' 혹은 '혁명주의'로 채색되어 '전투적 조합주의' 혹은 소극적
의미에서의 '정치적 조합주의' 노선에 가깝게 자리 잡게 되었다고 비판되었
다(김형기 1992).

반면에 전노협 초기의 사업과 노선을 민주 노조 운동의 이념성이 정착되
어가는 과정으로 바라보면서 전노협의 '계급성과 투쟁성'은 민주 노조 운동
의 이념을 나타내기보다는 국가와 자본의 구조적 통제에 저항하려는 노조
운동의 자연 발생적인 활동 방식의 표현으로 이해하기도 한다. 이런 형성론
의 입장에서 보면 전노협은 오히려 노동력의 완전한 탈상품화를 위한 대안
적 사회 체제를 지향하지 않은 무이념적 조직이었으며, 최소강령적 민주주
의 이념을 넘지 않는 것이었다(노중기 1995).

그러나 전노협의 이념이나 강령은 급진적이지도 않았고 그렇다고 무이념
적인 것도 아니었다. 전노협의 '노동 해방' 구호는 그것이 구체적인 사회 모
델을 제시했다기보다는 노동 현장에서의 착취와 비인간화를 극복하려는 노
동자들의 강한 열망의 이데올로기적 구호로서, 노동자들 대부분이 함께 외
쳤고 불렀던 구호였다. 그런 면에서 1987년 이후 1991년까지 '노동 해방'이

라는 구호는 오히려 현실적이었고, 노동자계급의 투쟁 슬로건일 수 있었다. 또한 전노협의 선언문과 강령을 보면, 전노협의 이념적 지향성이 분명히 드러나고 있다. 분단체제 형성 이후 강한 반공 이데올로기가 살아 있는 이데올로기적 지형에서 "노동자의 처지를 근본적으로 변화시킬 수 있는 경제사회 구조의 개혁과 조국의 민주화·자주화·평화통일의 달성을 천명하고 이를 위해 제 민주 세력과 굳게 연대하여 자유 평등 사회를 실현하고, 노동자와 전 민중의 언론·출판·집회·결사·시위·사상의 자유 등 민주적 제 권리를 쟁취한다"라는 전노협의 창립 선언문과 강령은 당시의 조건에서 노동조합이 내걸 수 있는 가장 진보적인 내용을 담고 있다고 볼 수 있다.

3) 투쟁 방식 : 전투적 투쟁의 비판과 옹호

전투적 조합주의를 둘러싼 논의에서 가장 핵심적인 내용은 바로 전노협의 투쟁 방식에서 보여 주었던 '전투성'의 문제였다. 위기론은 전노협이 지나치게 파업 투쟁, 장외 투쟁 일변도에 치중하여 전투성이 하나의 관성화된 형태로 고착되면서 노동조합 활동을 좀 더 풍부하게 하는 데 장애가 되고 있다고 비판하고 있다(김문수 1991).

역설적이게도 전노협 정신의 계승을 강조하는 입장에서는 이런 '전투성'이 전노협의 긍정적인 성과의 하나로 꼽는 데 주저하지 않는다. 전투성의 평가에서 주목해야 할 점은 전노협이 가장 전투적인 투쟁 형태를 보여 주었던 1990년, 1991년 당시에 거의 모든 사람들이 전노협의 이런 투쟁 방식의 정당성을 인정하고 따랐다는 점이다. 전노협의 과도한 전투성에 대한 비판은 이후에 제기된 것으로서 전반적인 민주 노조 운동의 침체와 결합된 사후적인 평가인 측면이 강하다.

결국, 이 '전투성'의 문제는 당시의 상황적 맥락을 면밀히 분석한 이후에 비로소 정당한 평가가 가능할 것이지만, 당시 대부분의 이런 투쟁 방식을 정당히 받아들였다는 점은 전투적 투쟁 방식의 동인이 '주체의 전략적인 선택'이라기보다는 '구조적 환경'에서 강요된 불가피한 투쟁이었음을 암시해 준다. 전노협 결성과 동시에 '전노협 가입 노조에 대한 업무 조사, 교섭 해태, 간부 구속, 박창수 위원장 옥중 의문사' 등의 일상적인 노조 활동이 가능하지 않던 상황에서 전노협이 다른 대안을 찾기는 어려웠을 것이다. 오히려 전노협은 조직 사수 투쟁 속에서 정부와 자본에 대항하는 민주 노조 운동의 전국 전선을 형성하여 노동자들의 정치의식을 제고하고 다른 중간 노조의 약진을 가능케 했다는 순기능적 효과도 상당히 거두었다. 따라서 전투적 조합주의는 전노협이 의식적으로 정립했던 투쟁 방식이 아니라 당시의 탄압에 맞서 민주 노조 진영의 조직 보존을 위한 수세적 방어 투쟁 이상이 아니었으며, 이것을 '어떠한 주의ism'로 평가하는 것은 타당치 않을 것이다.

(2) 전노협 조직 발전 논의

1) 조직 발전 논의의 이슈와 개괄

전노협은 민주 노조 운동의 전국적 구심으로 활동했지만 스스로 과도한 조직체임을 창립 때부터 명확히 했다. 첫째, 전노협은 조직 구성 범위에 있어 완성체가 아니었다. 전노협에 가입한 노조들은 대부분 공단 지역에 위치한 제조업 중소 사업장 노동조합들이었다. 아직도 상당수 대공장 노동조합들이 민주 노조로 자리 잡지 못했으며, 화이트칼라 노동조합들은 전노협에 가입하지 않고 업종별로 활동하고 있었다. 그래서 전노협은 이들을 하나로 조직하는 실질적인 '민주노총' 건설을 과제로 안고 있었다.

둘째, 전노협은 기업별 노동조합을 구성 원리로 하고 있다. 기업별 노동조합은 기업 단위로 신생 노조를 만들기는 수월한 이점이 있으나, 노동의 동질성에 기초하여 조직되는 산업별 노동조합에 비해 노동자들의 단결을 추구하는 데 커다란 장애로 작용했다. 그래서 전노협은 자신을 산업별노조로의 재편을 목적으로 하는 과도적 조직체임을 분명히 밝혔다.

조직 발전 논의는 위의 두 가지 문제를 중심으로 전개되었다. 하나는 민주노총의 조직 주체와 관련된다. 1990년에 건설된 전노협은 민주 노조 운동의 상징적 구심이었다. 그러나 이후 정부의 집중적인 탄압을 받으면서 전노협의 위상은 위축되고, 새로이 민주화된 대공장 노조, 합법성을 쟁취하기 시작한 업종연맹의 위상은 상대적으로 높아갔다. 이에 따라 이후 건설될 민주노총에 위의 세 주체가 어떻게 통합되어야 하는가가 문제로 대두되었다. 이 문제는 '민주노총 건설 시기', '민주노총 건설 중심 주체' 등을 중심으로 나타난다.

다른 하나는 산업별노조의 조직 원리와 관련된 문제이다. 기업별노조를 극복하고 산업별 형태로 전환하는 데에는 모두 동의했으나 어떠한 경로가 더 효과적인가를 둘러싸고 이견이 발생했다. 보통 대산별론과 업종별론의 논쟁이라고 불렀는데, 실제 내용은 민주 노조 운동의 가장 핵심적인 주체인 금속 산업의 노동조합들을 어떻게 재편할 것인가의 문제였다.

조직 발전 논의의 역사는 전노협이 과도적 조직체였던 까닭에 전노협 결성과 동시에 사실상 시작되었다고 해도 과언이 아니다. 모든 노동자들의 기대와 성원 속에 전개된 전노협 건설 운동은 민주 노조 운동의 전국적 구심으로 충분히 역할하고 있었다. 그러나 전노협이 결성되던 그 해에 업종별 협의회가 조직되고 중요한 대공장 노조들의 민주화되면서 전노협은 결성과 동시에 조직 재편의 논의를 맞이하게 되었다. 전노협 결성 초기에 조직 발전 문제는 그리 논쟁적인 것은 아니었다. 대부분의 사람들이 전노협의 위상과 과제에 동의했으며, 이후 조직 발전 논의도 추상적이고 일반적인 언급을 넘지 않았기 때문이다. 그러나 해가 거듭되면서 조직 발전 논의가 부상해, 처음으로

표 8_ '조직 발전 논의'를 둘러싼 쟁점 비교

	중심론	한계론
정세 전망	탄압 지속	탄압 완화
민주노총 건설 시기	가능한 한 늦게	가능한 한 빨리
민주노총 건설 중심	전노협	3자 대등론
산별 조직 원리	산업별	업종별

경선으로 실시된 1994년의 전노협 위원장 선거의 핵심적인 쟁점으로 자리 잡았다.

전노협 조직 발전 논쟁에서 현단계 민주 노조 운동을 평가하는 두 가지의 상이한 시각이 갈등하고 있었다. 민주노총/산별노조의 대의에는 모두 동의하고 있으나, 한쪽은 전노협으로 상징되는 민주 노조 운동의 투쟁성을 중시하면서 무리하고 형식적인 조직 재편보다는 투쟁성을 계승할 수 있는 '운동과 그 조건들'을 강조했으며, 노동조합의 조직 원리도 가장 광범위한 연대를 확보할 수 있는 산업별 형태를 주장했다. 다른 한쪽은 전노협, 업종회의, 대기업 노조들을 모두 포괄하는 전국 조직의 건설을 시급한 과제로 삼았으며, 조직 원리도 현실적으로 연대할 수 있는 업종별 단위를 선호했다. 잠정적으로 전자를 '전노협중심론'(이하 '중심론')으로, 후자를 '전노협한계론'(이하 '한계론')으로 부르겠다.

조직 발전 논의는 크게 3단계로 정리될 수 있다. 논의의 첫 단계는 새로 건설될 상급 노조의 주체에 관한 것이었다. 1990년 대공장 노동조합들이 다수 민주화되고 그들이 '대기업노동조합연대회의'(1990년 12월)를 결성하며 독자적인 사업을 모색하자, 처음으로 모두가 당연하게 받아들였던 민주 노조 운동의 구심으로서의 전노협에 대해 문제가 제기되었다. 두 번째 단계는 1992년부터 전노협 내부에서 본격적으로 전개되었다. '중심론'과 '한계론'의 정세인식, 조직 건설 경로가 확연히 드러나면서 양자 간의 논의는 이후 건설될 상급 노조의 '조직 주체'와 '조직 원리'를 둘러싼 이견으로 가시화되었으며, 그뿐만 아니라 전노협 활동에 대한 평가로까지 나아갔다. 이런 의미에서 1994년 전노협 위원장 선거는 두 번째 단계 조직 발전 논의의 압축장이었다. 세 번째 단계는 1994년 민주노총준비위가 결성된 후 정식으로 민주노총이 출범하기까지의 1년간의 시기이다. 이 시기는 이전까지의 논쟁이 단지 '논의'에 한정되었던 것에 비해, 민주노총준비위의 실질적인 활동과 더불어 전개되었다. 전노협·대그룹협의회·업종연맹 등이 중심이 된 1년간의 민노총 준비 과정에서 '한계론'이 다수의 동의를 얻게 되면서, 민주노총/산업별노조 건설의 상이 구체화되어 갔다.

2) 전노협 조직 발전 논의

① 1단계(1990~91년) : 논의의 시초

조직 발전 논의는 크게 '조직 주체'와 '조직 원리'에 관한 논의로 구성되는데, 1단계 논의는 조직 주체에 관한 것이었다. 핵심은 민주 노조 운동에서 대공장 노조들의 위상을 어떻게 설정할 것인가였다. 1990년 7, 8월에 대부분의 대공장에서 실시된 노조 선거에서 민주파가 당선됨으로써 1987년 7, 8월 대투쟁 이후 3년 만에 다시 대공장 노조들이 논의의 중심으로 등장했다. 창립되자마자 정부의 강력한 탄압에 힘겨워하던 전노협에 대공장 노조의 민주화는 두 가지의 상반된 의미를 던져 주었다. 하나는 '민주 노조 운동의 세력 강화'이다. 전노협은 당시 대공장 노조의 민주화에 많은 관심과 지원을 해 왔으므로, 대공장 노조의 민주화가 전노협의 조직 확대로 이어질 것을 기대했다. 그래서 전노협은 산하에 대공장특위를 설치하여 대공장 노조들의 조직화에 주력했다.

그러나 대공장 노조의 민주화를 계기로 기존의 '전노협 중심론'에 대한 문제 제기가 조심스럽게 행해지면서 조직 발전 문제가 비로소 '논쟁'으로 떠올랐다. '대공장·동력론'으로 불린 이 입장은 대공장 노조의 민주화를 적극적으로 해석하면서 대공장의 독자적인 전국 조직 건설을 제안했다(김민호 1990). 실제로 대공장 노동조합들이 독자적으로 '대기업연대회의'로 모이면서 그 향방에 관심이 쏠렸다. 당시 이 제안은 여전히 전노협의 중요성을 강조하고는 있으나 당시까지 누구도 부정하지 않았던 '전노협 중심론'을 공개적으로 재검토했다는 점에서 논쟁을 불러일으키기에 충분했다.

이를 계기로 전노협도 조직 발전 문제를 본격적으로 다루기 위해 1991년 내부에 '조직발전 전망연구팀'을 만들었다. 이 연구팀은 대공장 동력론이 아직 민주 노조의 뿌리가 허약한 대공장 노조를 지나치게 과대평가하고 있다고 비판하면서 산업별노조의 건설은 임투/노동운동 탄압 분쇄 투쟁 속에서 조합원의 기업별 의식을 극복하는 '운동'이어야 하며, 이 과정에서 전노협은 민주 노조 운동의 '일부분'이 아니라 '구심'이어야 한다고 주장한다. 연구팀 내부에 개념 규정을 둘러싼 사소한 차이는 있었지만, 대공장 동력론을 비판하면서 전노협 중심론을 강조하는 전노협의 의견이 강하게 반영되어 있었다(전노협 조직발전 전망연구팀 1990; 김상복 1991; 이상현 1991).

1단계 조직 발전 논의는 전노협 중심론을 대부분의 민주 노조 운동 진영이 동의하고 있었고, 대공장 동력론이 주목하던 대기업연대회의가 1991년 사실상 와해됨으로써 논의가 마무리된다. 그러나 '중심론'이 1단계 논의의 주류를 이루었지만 실제로는 전노협과 독자적인 조직으로 대기업연대회의가 설정되었으며, 이후 제기되는 '한계론'이 상당 부분 대공장 동력론의 문제의식과 유사하다는 점에서 1단계 논의는 2단계 논쟁을 예고하는 준비 과정이었다.[27]

---

27 대기업 노조를 중심으로 했던 1단계 논쟁은 전노협 중심으로 민주 노조 운동을 통일해야 한다는 당시의 당위적인 생각에 대한 최초의 문제 제기였다. 그러나 1991년 초 대기업연대회의

② 2단계(1992~94년) : 전노협 내 두 가지 입장의 가시화

1992년 들어 전노협은 공식적으로 '조직발전 소위원회'를 산하에 두어 조직 발전을 본격적으로 모색했다. 당시 전노협은 대부분의 지노협이 축소되고 있고, 조합원 대중과의 결합도 약해지고 있다는 위기의식을 느꼈다. 이에 소위원회는 전노협의 확대와 강화를 위한 구체적인 사업 계획과 향후 민주노총과 산별노조로의 조직 발전을 준비하는 중장기적인 마스터플랜을 작성해 보고했다(조직발전 소위원회 1992). 이 보고서는 당시까지 일반적이고 당위적인 차원에서만 논의되던 민주노총/산업별노조 건설 문제에 대해 전노협의 의견을 밝힌 최초의 자료였다. 전노협 내의 업종분과의 설립, 민노총 건설 경로 등 보고서가 밝힌 조직 발전 내용들은 1단계 과정에서 미분화되었던 의견들을 가시화하는 역할을 했다.

보고서의 가장 주요한 내용은 전노협 내 업종 분과의 설립과 대공장 노조 사업의 재조직화였다. 산업별노조의 모태로서 그리고 가장 영향력이 강한 노조로서 업종 분과와 대공장 노조는 이후 조직 발전 논의의 핵심이었는데, 보고서는 이 두 부문이 모두 전노협 산하에 편입되어야 함을 강조했다. 즉 전노협의 확대/강화 사업의 일환으로 업종과 대공장 노조를 사고했다. 업종 분과의 설립은 미래의 산업별노조의 준비 사업보다는 중간 노조의 조직 사업으로 설정되었고, 대공장 노조에는 전노협과의 연대 활동을 확대하면서 최종적으로 전노협에 가입할 것이 기대되었다. 이런 면에서 조직발전위 안은 '조직 주체'에 관한 것이었다.

이런 전노협 조직발전위 안에 대해 당시 업종회의, 한국노동교육협회 등을 중심으로 전노협 조직 발전 안에 대한 다른 의견들이 제출되기 시작했다

가 순식간에 와해되면서 대공장 노조의 '독립 주체론'도 약해진다. 오히려 대공장 노조가 현장에 서 튼튼한 기반을 쌓고 민주 노조의 하나의 주체로 성장할 수 있는 '대공장 노조 운동론'의 결핍을 확인해 주는 계기가 되었다(박윤배 1990).

(김금수 1992; 허영구 1993). 대표적인 쟁점은 전노협을 중심으로 민주 노조를 포괄하는 것이 타당한가의 문제였다. 마침내 전노협 내부에서 조직발전위안을 정면 비판하는 의견이 제안되면서 조직 발전 논의는 불붙기 시작한다(김영대 1993). 논쟁 과정에서 '한계론'이 비로소 수면에 나타나기 시작했다. 한계론은 전노협의 활동 기반이 급속히 취약해졌기 때문에, 계속 전노협의 확대/강화를 주장하는 것은 적합하지 않다고 판단했다. 따라서 민주노총이 '확대/강화된 전노협'에 의해서 건설되기보다는 '새로운 연대틀'을 중심으로 전개되어야 한다는 것이다. 이 주장은 1993년 6월 전노협을 포괄하는 전노대가 결성됨으로써 더욱 가시화되었다. 이런 확대 개편론은 전노협 내부에서 전노협의 중심성을 상대화했다는 점에서 이후 '전노협 해소론'이란 의혹을 받기도 했다. 그만큼 논의는 내부의 갈등을 증폭시키면서 진행되었다.

민주노총의 조직 주체(전노협 중심성)를 둘러싼 논의는 실제로 건설 시기로 표면화되었다. 민주 노조 모두가 참여하는 민주노총의 대의에는 모두 동의하는 것이었기 때문에, 논의는 시기 문제로 전화되었다. '전노협의 중심성과 무관하게 민주 노조를 모두 포괄하는 조직을 시급히 건설하는 것'(한계론), '전노협과의 공동 사업 속에서 업종/대공장 노조들이 투쟁성과 민주성을 공고히 하는 충분한 시간을 가진 후 건설하는 것'(중심론).

1994년 들어 중심론과 한계론의 논의는 '조직 원리'를 둘러싸고 더욱 격화된다. 이 논의는 우리나라의 주요한 대공장 민주 노조들이 총망라되어 있는 금속 산별을 대상으로 했기 때문에 논의는 자연스럽게 전국적인 관심을 유발시켰고 조직 발전 논의의 가장 큰 쟁점으로 부각되었다. 핵심은 자동차, 조선, 일반 기계 등의 금속 산업을 하나의 금속 산별노조로 조직해야 하는 것인지(산업별 재편), 아니면 각각의 업종별로 조직해야 하는 것인지(업종별 재편)의 문제였다. 중심론은 산업별 조직이 가장 강력하고 노조 운동의 통일에 유리하기 때문에 조직 재편 시작 단계에서부터 산업별노조 건설을 목표로 해야 한다고 주장한 반면, 한계론은 산업별 조직의 당위성에는 불구하고 현재의 조건에서 동일한 업종을 중심으로 먼저 조직 재편을 하는 것이 현실적인 방법이라고 주장했다.

조직 발전 논의는 1994년 12월에 실시된 전노협 위원장 경선을 계기로 정점에 달했는데, 중심론을 주장하는 후보가 당선되어 전노협 내에서 주도권을 가지게 되었다. 결국 전노협이 다소 약화되고는 있지만, 민주 노조 운동의 구심으로서 전노협을 확대/강화해야 한다는 중심론의 입장을 전노협은 지속적으로 견지했던 것이다. 한편 2단계 논의는 전노협뿐만 아니라 업종회의, 그룹별노조, 노동단체 등 거의 모든 민주 노조 운동 진영이 참가한 논의였다. 논의가 전국적이었던 만큼 1987년 이후의 민주 노조 운동이 전체적으로 반추되었다. 그런 면에서 2단계 논의를 통해 민주 노조 운동 진영은 1987년 이후 급하게만 달려왔던 자신을 되돌아볼 수 있는 기회를 가졌다.

③ 3단계(1994년 11월~1995년 11월) : 민노총 준비위 과정

전노협 내의 논의와는 별도로 민주 노조 운동 진영은 민주노총 건설을 향한 발걸음을 성큼 내딛고 있었다. 1994년 11월 민주노총준비위원회가 결성되어 기존의 전국노동자대표자회의를 이어 전국 노조 운동의 구심으로 자리잡았다. 이제 민주노총 건설을 위한 실질적인 준비에 착수한 것이었다. 논의의 3단계는 전 단계와 비교해 두 가지의 특징을 지닌다. 먼저, 조직 발전 문제가 '논의'만 된 것이 아니라 실제로 조직되었다는 점에서 각 주장의 현실 검증 과정이었다. 둘째, 이 과정에서 한계론이 다수를 획득하여 민주노총/산업별건설 운동은 한계론의 주도하에 전개되었다. 그런 면에서 1990년부터 시작된 조직 발전 논의는 한계론으로 귀착되었다고 정리할 수 있다. 이는 1987년 이후 민주 노조 운동의 역사를 평가하는 '주류의 시각'이 형성되어 감을 의미한다.

민주노총준비위는 전노협뿐만 아니라 업종회의, 그룹별노조 등 민주 노조 운동 진영이 총망라되어 있는 틀이었다. 업종회의는 일찍이 자신의 독자적인 노동의 특성을 강조하면서 전노협의 중심성에 대한 문제 제기를 지속적으로 해 왔다. 그런 면에서 업종회의의 조직 발전 논쟁에 대한 시각은 한계론과 일맥상통할 수 있었다. 때문에 실제로 전노협 내의 소수 의견이었던 한계론은 다양한 민주 노조가 참여한 민주노총준비위에서 다수 의견으로 전화될 수 있었다. 한계론의 입장에 따라 민주노총은 모든 산업별노조가 대등한 입장으로 참여하기로 했다. 이미 전노협은 1993년 전국노동자대표자회의 결성 이후 민주 노조 운동의 상징적 구심으로의 자리를 잃어가고 있었기 때문에 민주노총준비위에 별다른 영향을 미칠 수 없었다.

1995년 11월 민주노총이 정식 발족되면서 전노협은 12월 공식 해산했다. 민주 노조 운동의 전국적 구심으로서의 의미가 이제 더 이상 없기 때문이다. 그러나 전노협이 해산되더라도 조직 발전 문제는 계속 논의될 것이다. 먼저, 민주노총이 결성되었지만 민주노총의 성격을 둘러싸고 많은 논의가 진행될 것이다. 이는 결국 조직 주체의 문제, 누가 민주노총의 지도 역할을 할 것인가의 문제이다. 둘째, 조직 원리, 즉 어떻게 산업별로 재편할 것인가는 아직도 과제이다. 현재의 조직이 산업별노조가 아니라 '산업별협의회'이기 때문이다. 현재에도 업종별/금속 산별의 문제는 풀리지 않고 심화되고 있다. 금속 산별을 주장하는 입장에서는 금속 산별을, 업종을 주장하는 입장에서는 자동차총연맹을 독자적으로 결성하여 민주노총에 가입했다. 아직까지 금속 산별에서만은 중심론과 한계론이 강하게 경쟁하고 있는 것이다(김종배 1995; 이환재 1995).[28]

---

28 금속 산업의 경우 그룹별노조의 문제가 결합되어 복잡한 양상을 띤다. 특히 현총련의 경우 민주 노조 운동의 가장 주요한 세력임에도 불구하고 그들의 기반은 업종도 아니고 산업별도 아닌 그룹이기 때문이다. 현재 민주노총은 현총련의 경우 그 특수성을 인정하여 현총련 이름으로

3) 전노협 조직 발전 논의의 의의

6년간의 조직 발전 논의가 민주 노조에 준 성과는 매우 큰 것이었다. 먼저 이 논의를 통하여 민주 노조 운동은 1987년 이후 자신의 역사를 전체적으로 평가해 볼 수 있었다. 이런 평가 속에서 비로소 조직 발전 전망의 의견을 제출할 수 있었으며, 본격적으로 업종별·산업별 조직을 추동할 수 있었다. 둘째, 조직 발전 논의는 수많은 토론 과정을 거치면서 결국은 민주노총을 건설해 냈다. 민주노총은 1987년 이후 형성된 민주 노조의 총결집이며, 한국노총에 반대하는 민주 노조 운동의 역사적 흐름을 역사적으로 선언한 것이다.

더불어 조직 발전 논쟁이 낳은 부정적인 측면도 만만치 않다. 조직 발전 논쟁 과정에서 위의 조직 주체, 조직 원리에 관한 쟁점이 '노선의 차이'와 미묘히 결합되어 있었다. 조직 발전 당사자들이 전노협의 성과 계승, 산업별노조의 건설 등에 모두 당위적으로 동의하고 있었기 때문에 이후 쟁점들은 다소 '현실적 적합성'을 따지는 실무적인 논의로 자리 잡을 수도 있었다. 1987년 이후 이제 9년여의 짧은 역사, 정부와 자본의 강력한 탄압이 계속되는 상황을 고려할 때, 민주 노조 운동 내부에 강력한 노선의 차이가 공식적으로 현재화되기도 어려운 조건이었다. 그럼에도 그토록 대립적으로 논쟁이 수행된 까닭은 무엇일까. 논의 과정에서 '노선의 차이'가 명시된 적은 한 번도 없었다. 그러나 비공식적으로 '전투적 조합주의' 비판이 중심론에 제기되었고, 한계론에게는 '개량주의'라는 평가가 제기되곤 했다. 이후 민주 노조 운동의 전개 과정에서 검증하는 수밖에 없다.

둘째, 현장 조합원들을 논의의 중심으로 이끌어 내지 못했다. 매우 중요한 논의였음에도 불구하고 중앙 지도자 중심의 논의로 치환될 만큼 현장 조합원의 관심은 한정되었다. 산업별 조직의 성공 여부가 형식적인 재편에 있

의 독자적인 가입을 받아들였다(윤재건 1995).

는 것이 아니라 조합원의 굳건한 결합과 민주적 운영에 달려 있음에도, 오히려 '논쟁' 중심의 조직 발전 논의는 현장 조합원들에게 거리감을 느끼게 했다. 1995년 이후 각 산업(업종)별로 조직 재편 운동이 활성화되면서 조합원 대중과 함께하는 조직 건설 운동이 조금씩 시도되는 것은 이런 한계를 극복하는 움직임으로 주목할 만하다. 지금의 조직 재편 과정이 여전히 시작 단계임을 고려한다면, 이후 대중의 역동성을 이끄는 조직 재편 과정이 강화되어야 할 것이다.

요약하면, 1990년 이래 전노협을 중심으로 전개되었던 조직 발전 논의는 새롭게 건설된 전국 조직의 '조직 주체'(전노협 중심론/3자 대등론)와 '조직 원리'(산업별/업종별)를 둘러싼 것이었다. 그리고 논의의 이면에 미묘한 노선의 차이가 잠재해 있었다. 중심론과 한계론으로 대표되던 조직 발전 논의는 이제 '논의' 수준에서 대중의 역동성에 의거하는 '운동' 수준으로 나아가고 있다. 이 과정에서 조직 발전 논쟁이 던진 쟁점들은 계속 유효할 것이다. 그런 면에서 민주노총의 출범은 조직 발전 논의의 새로운 출발점이다.

4. 결론 : 전노협의 의의와 평가

지금까지 전노협의 전개 과정과 주요 활동, 그리고 전노협을 둘러싼 주요 논의들을 살펴보았다. 전노협은 6년간의 활동을 끝으로 1995년 12월 3일 해산되었다. '전노협 진군가'를 높이 부르며 전노협 건설을 했던 민주 노조 진영에 전노협이 주었던 의미는 매우 클 것이다. 그러면 한국 민주 노조 운동의 역사에서 전노협은 어떠한 의의를 갖는가. 새로이 창립된 민주노총에 전노협은 어떠한 과제를 남기고 해산되었는가. 이 상에서는 결론을 대신해 전노협이 가졌던 의의와 이후 민주 노조 운동에 남은 과제를 정리해 보겠다.

먼저 전노협이 한국 민주 노조 운동에서 갖는 의의를 살펴보겠다. 첫째, 한국 사회에서 민주적이고 자주적인 노동조합 운동의 전통이 전노협을 통해 새로이 정착했다. 노사 협조적인 한국노총과 분리해 노동자의 자주적인 권리를 옹호하는 노선을 견지해 온 전노협은 마침내 한국노총의 흐름과 구별되는 독자적인 노동조합 운동의 정당성을 획득했다. 이제 '한국노총 내 민주화'류의 주장은 무의미해졌고, 오히려 한국노총에 속했던 다수의 노동조합들이 민주 노조 운동에 합류하는 상황이다. 더 나아가 민주적이고 자주적인 노선을 추구하는 제조업·업종·대기업 노동조합들이 민주노총으로 총망라됨으로써, 민주 노조 운동이 한국 사회 노동조합 운동의 실질적인 주체로 자리 잡게 되었다. 이는 한국전쟁 이후 한국노총에 독점되어 있던 노동조합 운동의 주소가 40여 년 만에 민주노총으로 옮겨진 것이다.

둘째, 전노협은 노동조합 운동의 활동 방식으로 강력한 투쟁성을 보여 주었다. '전노협 정신'으로 지칭될 수 있는 것 중에 가장 대표적인 것이 바로 이 '전투성'이다. 전노협은 결성과 동시에 폭압적인 탄압에 맞서 조직 사수 투쟁을 전개했으며, 이 과정에서 전노협은 근래 세계 어디에서도 찾아보기 어려운 강력한 전투적 저항을 전개했다. 비록 조직이 훼손당하기는 했으나 공권력을 앞세운 지배 블럭의 무자비한 탄압을 이겨내며 민주 노조 운동을 방어할 수 있었다. 이런 전노협의 전투적인 방어 투쟁의 결과, 새로이 민주 노조들이 생겨날 수 있었으며, 지금 민주노총이라는 명실상부한 전국적 조직을 건설할 수 있었던 것이다. 따라서 정부와 자본의 탄압 상황을 전제하지 않고서 6년간의 전노협 활동을 평가하는 것은 불가능하다. 이런 면에서 전노협의 '과도한 전투성'을 지적하면서 제기되는 '전투적 조합주의'라는 비판은 적합하지 않다. 당시의 구조적 상황이 전노협의 활동을 전투적이게 했으며, 오히려 그런 전투성은 이후 민주 노조 운동이 성장하는 데 긍정적인 효과를 미쳤다.

셋째, 전노협은 민주적 성격을 갖는 모든 노동조합과의 연대 활동을 헌신적으로 추구했다. 전노협에 속한 노동조합의 문제뿐만 아니라 사무전문직 노동조합이든, 병원 노동조합이든, 방송 노동조합이든 대립 전선이 나타나는 곳이라면 전노협은 그들을 위한 연대 활동을 조직했다. 노동조합 운동의 전국적 통일을 위한 전노협의 연대 활동이 있었기에 전노협은 실질적인 전국적 구심으로서 기능할 수 있었다. 전노협은 자신의 신규 조직 사업보다는 전국적 연대 활동에 활동의 초점을 두면서 항상 민주 노조 운동의 전국성을 바라보았고, 조직 발전 논의에서 전체 민주 노조 진영을 포괄하려는 기조를 잃지 않았다. 업종·제조업을 총망라한 단일한 민주노총의 출범은 이런 전노협의 지속적인 연대 활동의 성과이다.

넷째, 전노협은 노동조합 운동을 억압하던 반공 이데올로기, 반노동조합 이데올로기에 맞서 노동조합 운동의 진보적 노선을 천명했다. 전노협은 창립 선언과 강령을 통해, '동일노동 동일임금, 무상교육과 의료보장제, 모성 보호, 조국의 민주화와 자주화, 세계 노동자와의 유대' 등 당시의 이데올로기적 제약을 넘는 진보적 강령을 노동조합의 전국 조직으로서 선언했던 것이다. 전노협의 이념과 노선은 당시의 이데올로기적 제약 조건과 민주 노조 운동의 미성숙으로 말미암아 분명한 사회 대안적 모델까지를 포함하고 있지는 못했지만, 해방 이후 대중운동의 차원에서 처음으로 진보적인 노선을 추구했다는 점에서 역사적 의의가 크다.

다섯째, 전노협은 지역을 거점으로 한 노조 활동의 기반을 정착시켰다. 전노협은 결성 때부터 자신을 산업별 조직으로 나아가는 과도적 조직임을 분명히 했지만, 당시 자연 발생적으로 성장하고 있던 '지역별노조협의회'를 기반으로 결성되고 활동했다. 이후 지노협은 전노협 활동을 수행하는 핵심적인 주체로서 모든 연대 활동의 출발점이었다. 전노협이 정착시킨 지역거점은 한국의 산업화가 주요 지역공단을 중심으로 이루어졌다는 점, 그리고 전국 단위의 산업별 조직이 건설되더라고 주요한 활동 기반은 지역일 것이라는 점에서 매우 중요하다.

한편 전노협은 많은 역사적 의의를 가지면서 많은 과제를 남겨 주고 있다. 전노협에 이은 민주노총의 출범에도 불구하고 전노협의 해산을 못내 많은 노동자들이 아쉬워하는 것도 전노협이 남겨준 막중한 과제 때문일 것이다.

먼저, 변화하는 시대를 주도하는 운동 목표가 필요하다. 민주 노조 운동이 사회운동의 명실상부한 주체로 서기 위해서는 자신의 이념과 노선이 명확하게 정립되어야 한다. 전노협의 강령은 그 수준 여부를 불문하고 유신 이래 폭압적인 파쇼 지배의 껍질을 깨는 폭발적인 힘을 지니고 있었다. 이제 민주 노조 운동은 광범위한 대중을 확보해 가면서 운동 영역을 넓혀가고 있고, 동시에 반공 이데올로기의 벽은 약화되고 있으며 개방적인 국제 환경과 다원적인 이데올로기가 존재하는 정세로 변했다. 따라서 새로운 민주 노조 운동은 대안적 사회 모델의 상을 포괄하는 구체적인 운동 목표(강령)가 설정되어야 할 것이다. 이런 노선 정립 작업은 지금의 국가권력, 사회 체제에 대한 과학적인 분석을 전제로 하는 것은 당연하다.

둘째, 업종과 제조업, 대기업과 중소기업, 그리고 민간 부문과 공공 부문 노동조합 운동 간의 통일을 더욱 강화해야 한다. 민주노총이 '반反한국노총', '자주적 노동조합 운동'의 성격을 지니고 있으나 자신이 처한 객관적인 조건이 다르다. 또한 정부와 자본은 항상 노동자 간의 분할을 추구할 것이다. 이런 상황에서 민주 노조 운동은 하나의 흐름으로 폭을 확대할 뿐만 아니라 질적으로 통일을 강화해야 할 것이다. 현재 금속 산업에서 전개되는 각각의 조직화 작업도 현실 운동에서의 검증 결과에 따라 민주 노조 운동의 통일의 기조에서 전개되어야 할 것이다.

셋째, 전노협은 산업별노조로의 이행을 위한 과도기적 조직으로서 기업별 조직의 협의체였다면, 민주노총은 이제 산업별(업종별) 조직을 가맹 단위로 하는 조직으로 발전했다. 그러나 실제로는 산업별 조직이기보다는 '산업별 조직을 위한 기업별 조직의 협의체'이다. 그런 면에서 산업별노조 건설 운동은 이제야 시작 단계인 것이며 전노협이 처음 설정한 목표는 여전히 과제로 남아 있다. 동시에 1980년대 이후 한국의 산업구조는 급격히 변화고 있다. 따라서 산별 연맹의 구성도 그만큼 운동적 감각과 조직역량이 결합하는 방식을 유연하게 갖추면서 가속화되어야 할 것이다.

넷째, 전노협은 처음 출범 당시부터 신규 노동조합을 가입시키는 조직 사업을 적극적으로 추진하지 못했다. 또한 정부의 탄압, 중소 사양 사업체의 몰락 등으로 전노협에 가입한 노동조합들이 약화되는 측면도 보였다. 이제 민주노총은 민주적 성격을 지닌 노동조합들을 총망라하는 조직 확대 사업을 더욱 강화해야 한다. 더불어 미조직 사업장의 조직화와 최근 늘어나는 외국인 노동자에 대한 조직화 사업도 추진해야 할 것이다. 현재의 산업별 협의체가 산업별노조로 발전할수록 영세 사업장에서 일하는 노동자들을 조직하기에 유리할 것이며, 외국인 노동자에 대한 연대 사업은 피부 색깔에 대한 전통적인 관습을 뛰어넘어 노동자의 정체성을 강화하는 데에 기여할 것이다.

다섯째, 민주 노조 운동의 처한 구체적인 장벽으로서 노동법 개정과 재정 취약 문제가 여전히 남는다. 전노협은 항상 중앙 활동가와 상근 요원의 불안정에 처해야 했다. 정부의 민주 노조 운동을 탄압하는 주요한 방식이 주요 활동가를 구속하여 민주 노조 운동의 조직에 타격을 가하는 것이었다. 중앙활동가는 매번 경찰의 수배 대상이었기 때문에 주요한 회의의 개최에서 조직관리에 이르기까지 어려움을 겪어야 했다. 이는 무엇보다도 제3자 개입 금지법 등 현행 노동 악법에서 기인한다. 또한 전노협에 대한 정부의 주요한 탄압방식의 하나가 전노협 상근 요원들의 생계를 위협하게 하는 재정 조달의 차단이었다. 상근 요원들의 헌신성에도 불구하고 인원 교체가 심하게 일어났다.

여섯째, 전문적인 정책 생산과 정책의 유기적인 활용이 필요하다. 전노협은 조직 사수를 위한 투쟁과 연대 활동에 치중할 수밖에 없는 어려운 조건에 직면해 있었기 때문에, 정세 분석과 정책팀, 그리고 홍보를 위한 편집팀을 유기적으로 결합하는 운영 체계를 발전시키기 어려웠다. 민주노총은 정부와 자본의 좀 더 치밀한 제도적 탄압과 정책적 공세에 대응해야 하고, 좀 더 다

양한 조합원들의 이해를 반영해야 하는 과제를 안고 있다. 이는 민주노총의
활동 방침과 정책이 전문적인 분석과 체계적인 생산과정을 거쳐 나와야 함
을 의미한다.

부록 1

〈부표 1〉 노동자 계급의 증가와 내부 구성의 변화

	1960	1963	1968	1973	1978	1983	1986
피고용자 수(천 명)	-	2,497	3,460	4,211	6,293	7,184	8,433
제조업 노동자 수	226	342	630	1,028	1,775	1,803	2,166
중공업 공장 노동자	77	131	235	396	816	856	1,140
500인 이상 대공장							
노동자 비중(%)	11.8	22.2	31.3	43.7	43.9	37.3	35.0
경공업	14.0	22.5	29.5	40.8	40.7	31.0	25.2
중공업	7.5	21.9	34.1	48.4	48.6	44.0	43.3

자료 : 임현진·김병국(1993)에서 재인용.

〈부표 2〉 임금 관련 경제지표 동향 (1971~87)

연도	GNP	소비자 물가지수	생산성	명목 임금	실질 임금	임금 가이드라인 정부	임금 가이드라인 노총	임금 인상 편 차
1971	9.1	13.4	8.9	15.4	1.7	16.5	30.0	-0.9
1972	5.3	11.7	7.7	17.5	5.2	14.0	25.0	3.5
1973	14.0	3.2	8.3	11.5	8.0	9.0	13.0	2.5
1974	8.5	24.3	10.2	31.9	6.1	25.0	46.0	6.9
1975	6.8	25.3	11.0	29.5	3.3	26.0	62.0	3.5
1976	13.4	15.3	6.8	35.5	17.5	16.0	40.5	19.5
1977	10.7	10.1	10.2	32.1	19.9	18.0	37.5	14.1
1978	11.0	14.4	11.5	35.0	18.0	19.0	33.0	16.0
1979	7.0	18.3	15.5	28.3	8.4	15.0	43.0	13.3
1980	-4.8	28.7	10.4	23.4	-4.1	28.0	53.0	-4.6
1981	6.6	21.3	16.9	20.7	-0.5	28.0	49.0	-7.3
1982	5.4	7.3	7.2	15.8	7.9	10.9	17.5	4.9
1983	11.9	3.4	13.0	11.0	7.4	13.0	18.0	-2.0
1984	8.4	2.3	10.1	8.7	6.3	10.0	14.0	-1.3
1985	5.4	2.5	6.9	9.2	5.6	7.3	10.7	1.9
1986	12.3	2.6	12.9	8.2	5.4	12.1	16.8	-3.9
1987	12.0	3.0		14.3	11.3			
1971~79	9.5	16.9*	10.0	26.3	9.8	20.1*	39.3*	8.71
1980~87	7.2	3.6	11.1	13.9	4.9	10.7	15.4	-1.76

주 : 정부의 임금 가이드라인은 다음의 공식에 의한다 : (인플레율×0.7) + (생산성×0.8)
　　노총의 임금 가이드라인은 다음의 공식에 의한다 : (인플레율×1.5) + (생산성×1.0)
　　임금 인상 편차＝명목임금－정부의 임금 가이드라인
　　1977년과 1979년의 정부 임금 가이드라인은 공식에 의한 15% 대신 18%, 25% 대신 15%였다.
　　*는 1980, 1981년의 두 해를 포함한 수치다.
자료 :『노동부 통계연감』, 노동부 1971~87.

부록 2

87년 노동자 대투쟁에서 민주노총 건설까지

민주 노조 운동의 주요 일지

1987년

7~9월	노동자 대투쟁
11월	'사무전문직 노동조합협의회' 결성
12월	'마산창원 노동조합총연합' 결성

1988년

2월	현대엔진 민주 노조 사수 투쟁
상반기	'임투 및 노동운동 탄압 저지 공동 투쟁을 위한 지역별노조협의회' 구성
6월	'전국노동운동단체협의회' 결성
11월	'전태일 열사 정신 계승 및 노동법 개정을 위한 전국 노동자 대회'
12월	'지역·업종별 노동조합 전국회의' 결성
12월~89년 4월	현대중공업 128일 파업 투쟁
12월	87개 경제단체 '경제단체협의회' 결성
12월 28일	노태우 정부의 체제 수호 선언

1989년

4월	공안정국 조성
4월	'노동법개정과 임금 인상을 위한 전국공동투쟁본부' 구성
4~5월	대우조선 노조 민주화 투쟁
5월 1일	해방 이후 최초의 '세계노동절 100주년 기념 한국 노동자 대회' 개최
5월 28일	'전국교직원노조' 결성
7월, 9월	전교조 사수를 위한 '국민대회'
11월	'전태일 열사 정신 계승 및 전국 노동자 대회'

1월 22일	'전국노동조합협의회' 창립
1월	'현대그룹노동조합총연맹' 결성
3월 18일	90 공동 임투 승리를 위한 전국 동시 다발 '임투전진대회'
4월 7일	전노협 사수와 노동운동 탄압 저지를 위한 철야 단식 농성
4월	KBS 투쟁
4월 28일	현대중공업 골리앗 투쟁
4월 29일	울산 현대 계열사 12개 사업장 파업
5월 1~4일	전국 총파업 투쟁
5월	'업종회의' 결성
5월	'대우그룹노동조합협의회' 결성
5월 20일	광주항쟁 계승, 노동운동 탄압하는 민자당 독재 분쇄 '전국 노동자 결의 대회'
하반기	대기업 노조 민주파 대거 당선
11월	전노협·업종회의·단체 공동주최의 '전국 노동자 대회'
12월 9일	'연대를 위한 대기업노동조합회의' 결성

2월	연대회의 지도부 구속, 전노협 내사, 노동운동 탄압 분쇄 철야 농성
4월	전국 공동 투쟁 지역별 철야 농성
4월	'고 강경대 열사 폭력 살인 규탄 및 공안 통치 종식을 위한 범국민대책회의' 구성
5월	'범국민대책회의' 산하 '고 박창수 열사 옥중살인 진상 규명 및 노운탄 분쇄를 위한 전국노동자대책위원회' 구성
5월 9일	1차 총파업
5월 18일	2차 총파업, 2차 '국민대회' 참여
6월	지자체 선거
9월	한국의 유엔 가입 결정
10월 9일	'ILO기본조약 비준 및 노동법 개정을 위한 전국노동자공동대책위원회' 발족
12월	'민주주의와 민족통일을 위한 전국연합' 결성

1월	현대자동차 상여금 투쟁과 노동운동 위기 논쟁 촉발
상반기	'총액 임금제 분쇄 대책위원회' 구성
7월	병원노련·건설노련·전문노련 합법화
11월	'노동법개정과 민주 대개혁을 위한 노동운동단체 공동실천위원회' 구성
12월	대통령 선거

1993년

1월	언론노련 합법화
상반기	신경제정책과 신노동 정책 발표, 노-경총 임금 합의안 도출
6월 1일	'전국노동조합대표자회의' 발족
6월	현총련 공동 임투
7월	현대자동차 긴급조정권 발동 후 잠정 합의안 가결
하반기	'전해투'의 전투적인 원직·복직 투쟁
하반기	대기업 노조 민주파 대거 당선, 현대자동차 온건 합리주의 표방 위원장 당선

1994년

1월	전노협 3기 집행부 경선
1월	'조선업종노동조합협의회' 결성
상반기	노-경총 사회적 합의로 노총 탈퇴 운동 확대
3월	'자동차총연맹준비위원회' 결성
4월	이후 전국과기노조·전국의보노조·전국강사노조 소산별 단일 노조 건설
6월 27일	'전지협' 파업 투쟁
6~7월	한진중공업, 금호타이어, 대우기전 파업 투쟁
7월	'전지협공동대책위' 구성
11월 4일	'공공부문노동조합대표자회의' 결성
11월 12일	'전국민주노동조합총연맹준비위원회' 결성
12월	'전국금속일반노조추진위원회' 결성

2월 7일　　　한진중공업 영도조선소 화재 노동자 19명 사망, 산업재해문제 심각하게 대두

3월　　　　　노-경총 산업평화 정착을 위한 공동선언문 채택

4월　　　　　'조선노협' 6사 노조 간부 서울 상경 산재 투쟁

5월 8일　　　민주 노조 지도자 특별검거령 발표

5월 12일~6월 현대자동차 양봉수 열사 분신, '실천투쟁위원회' 구성

5월 22일　　한국통신노조 사무실 폐쇄, 명동성당 농성투쟁

5월 27일　　'공노대' 노동운동 탄압 분쇄 및 임투 승리 결의 대회

6월 1일　　　민노준 산하 '부당한 공권력 반대와 노동인권 보장을 위한 범국민대책회의'
　　　　　　　구성

6월 6일　　　조계사, 명동성당 공권력 투입, 농성 중이던 한국통신 노조 간부 연행

6월　　　　　'부당한 공권력 남용 규탄 및 총력 투쟁 결의 대회' 전국 12개 지역 35,000명

6~7월　　　 국립대 7개 노조, 영남대의료원 노조 파업 투쟁

6월 21일~7월 1일 대우조선 박삼훈 열사 분신, 전국 동시 다발 노동운동 탄압 규탄 및
　　　　　　　추모 대회

6월 27일　　지자체 선거

9월 4일　　　대전 철도공작창 서전근 열사 분신

10월　　　　 '전국민주금속노조연맹추진위원회' 결성

11월 4일　　'전국자동차산업노동조합연맹' 창립

11월 11일　 '전국민주노동조합총연합' 창립

12월 3일　　'전노협' 해산

참고문헌

김금수. 1992. "민주 노조 총단결을 위한 조직형태의 발전." 노동교육협회 월례발표회 자료.

김민호. 1990. "90년 대공장 노조 운동의 현황과 과제."『노동자』9호. 민중당.

김상곤. 1995. "정치경제적 정세와 노동운동의 발전방향."『사회경제평론』8호. 한국사회경제
학회.

김상복. 1991. "전노협 조직발전 전망에 대한 검토."『지역과 노동』8호.

김영대. 1993a. "민주 노조 조직발전 계획(안)." 전노협 중앙위원회 제출 자료.

______. 1993b. "조발토론에 있어서 몇 가지 쟁점에 대한 의견." 전노협 중앙위원회 제출 자료.

김종배. 1995. "금속노동자 조직상태와 산별노조 건설 과제."『현장에서 미래를』3호. 한국노
동이론정책연구소.

김형기. 1992. "변화된 노동정세와 진보적 노자관계."『전망』3월호.

대기업연대회의. 1990. "회의자료."

박우희. 1983. "중화학공업 선진화와 부문간 균형발전."『한국 경제의 구조문제』. 대한상공회
의소.

박윤배. 1990. "낙엽, 너는 아느냐!"『노동자』11호. 민중당.

울산노동교육협회.『울산지역 노동운동의 역사 1987~1995』1·2.

월간 노동자.『노동자』창간호~2호.

윤재건. 1995. "민주노총 건설과 현대중공업노조를 둘러싼 조직 발전 논의."『현장에서 미래를』
3호. 한국노동이론정책연구소.

이상현. 1991. "전노협의 확대강화와 산별노조로 가기 위해."『노동자』18호. 민중당.

이환재. 1995. "금속산별노조 건설의 의의."『현장에서 미래를』3호. 한국노동이론정책연구소.

임영일. 1992. "정세변화와 노동운동의 과제."『경제와 사회』가을호. 한국산업사회연구회.

임현진·김병국. 1993. "민주화 과정에서의 국가·자본·노동관계의 한국적 현실." 최장집·임현
진 엮음.『시민사회의 도전』. 나남.

전국노동운동단체협의회.『노동운동』. 1988~91.

전노협. 1990~95.『사업보고서』.

______. 1990~95.『자료모음집』.

______.『줄여모은 전국노동자신문』1·2.

전노협 조직발전 소위원회. 1992a. "전노협의 조직확대·강화와 민주 노조총단결의 발전을 위
해(안)." 전노협 중앙위원회 제출 자료.

______. 1992b. "전노협의 확대·강화와 민주 노조총단결의 발전을 위한 구체적 사업계획(안)."
전노협 중앙위원회 제출 자료.

전노협 조직발전 전망연구팀. 1990. "내부 토론 자료."

전태일기념사업회편. 1990.『한국노동운동 20년의 결산과 전망』. 세계.

최장집. 1992. "새로운 노동운동의 방향모색을 위하여." 『사회평론』 6월호.
______. 1993. "한국 노동계급의 정치세력화 문제, 1987~1992." 최장집·임현진 엮음. 『시민사
    회의 도전』. 나남.
통계청. 각 년도. 『한국통계연감』.
허영구. 1993. "노동조합조직의 바람직한 발전방향." 언론노련 정책토론회 자료.

노동법 개정 투쟁과 민주노총 건설, 1993~97

김 준 | 전 성공회대학교 노동사연구소 연구교수

1. 머리말

1993년에서 1997년은 이른바 '87년 체제'가 그 구조적 모순으로 인해 한계점에 이른 가운데, 새로운 노동 체제의 형성을 둘러싼 노사정 사이의 투쟁과 협상, 그리고 각축이 전개된 시기였다.

이 시기에 노동운동은 한편으로는 노동운동의 시민권을 확장하고 제도화하기 위한 노동법 개정 운동을 제도성 게임과 전투성 게임 양자 사이를 오가면서 전개했으며, 다른 한편으로는 노동운동의 조직 발전을 위한 다양한 시도들을 전개해 민주노총을 건설하고 산별노조 건설의 초석을 마련하는 등 나름대로 성과를 거두었다. 또한 이 시기는 노동운동의 정치 세력화를 위한 대중적 기초가 마련된 시기이기도 했다.

동시에 이 시기는 1990년대 초부터 본격화한 노동 동원의 퇴조 현상 속에서 독점 대기업 부문과 중소기업 부문으로 노동운동의 양극화가 뚜렷이 나타나기 시작하고 노동운동 내에서 실리주의적 경향이 점차로 그 모습을 드러낸 시기이기도 했다. 또한 막연하게 고용 불안정의 위기를 예감하면서도 1988년과 같은 파국적 위기까지는 전혀 예상하지 못한 가운데 거의 무방비 상태로 위기에 다가가고 있던 시기이기도 했다.

이처럼 이 시기가 갖는 의미가 복합적이기 때문에 노동운동의 시각에서 이를 한두 마디로 정의하기란 쉽지 않은 일이다. 종전의 노동운동사는 대체로 이 시기를 민주노총 건설과 산별노조 건설을 향해 나아갔다는 의미에서 민주 노조 운동이 또 하나의 커다란 성취를 이룬 시기로 다루거나, 퇴조하는 듯한 노동운동의 추세 속에서 커다란 반전을 이룬 1997년 총파업의 의미를 부각하는 방향으로 서술하는 경향이 있었다. 그러나 앞에서 간단히 언급했듯이 이 시기 노동운동에는 단선적 발전론의 시각으로는 포착하기 어려운 복합적이고 모순적인 양상들이 혼재해 있었으며, 그런 모순들은 이후 시기의 노동운동 속에서 더욱 뚜렷이 그 모습을 드러내게 된다.

따라서 이 글은 이 시기의 노동운동을 민주노총 건설과 1997년 노동법 개악 반대 총파업이라는 두 개의 가장 중요한 사건을 중심으로 서술하면서도 그 과정에서 은폐되어 있던 모순적 경향들이 그런 운동의 발전과 어떻게 연관을 맺고 있었는지 주목해 보고자 한다.

2. 노사 관계의 구조적 긴장과 변화를 향한 압력

(1) 노사 관계의 제도화 경향과 한계

1990년대 초 한국의 노사 관계는 결코 안정적인 것이 아니었다. 노사 관계를 바라보는 노·사 인식의 격차는 크고 깊었으며, 수많은 쟁의 사례들에서 볼 수 있듯이 노사가 상대방에게 적나라한 적대성을 드러내는 일도 잦았다. 아울러 노사 관계의 제도화 수준도 낮았다. 사용자 측이 공공연히 부당 노동행위 등 불법적인 행위를 저지르는 일이 여전히 잦았고, 노동자들도 쟁의 시 법의 테두리를 넘어서는 일이 많았다. 특히 일일이 법으로 규정할 수 없는 사업장 수준의 노사 대립을 해결하는 절차와 관련된 제도화의 수준은 더욱 낮았다.

그런 가운데서도 1990년대 초반을 경과하면서 노사 관계가 상대적으로 안정화·제도화되고 있다는 징후들이 나타나기 시작했다. 노동쟁의가 초래하는 높은 부담 때문에 노사 양측이 모두 쟁의를 회피하는 경향이 높아졌고, 따라서 노사 간의 의견 불일치가 파업에 이르기보다는 임금 협상이나 단체교섭을 통해 해결되는 경향이 뚜렷해졌다. 노동자 측의 불법 쟁의나 사용자 측의 부당노동행위나 구사대 동원 등 직접적 물리력에 대한 의존이나 불법·탈법적인 행위들도 현저히 감소했다.

반면에 임금 교섭과 단체교섭을 중심으로 한 노사 간의 줄다리기는 훨씬 더 끈질겨졌고, 임금·근로조건을 제외한 다른 문제들과 관련해서는 현장권력의 장악을 둘러싼 노사 간의 작업장 내 각축은 훨씬 더 치열해지기 시작했다. 노사의 줄다리기가 이렇게 치열할 수밖에 없었던 것은 임금 문제에 대해 인식 차이가 컸기 때문이다.

단체교섭과 관련해서 이 시기에 가장 큰 쟁점으로 떠오른 문제는 이른바 '인사·경영권' 문제였다. 노동조합은 인사위원회·징계위원회 동수 참여, 해고·징계·배치전환 시 노조와의 협의권 또는 동의권, 경영 참가 또는 경영정보에 대한 요구권 등을 확대하기 위해 노력한 반면, 사용자 측은 정부의 힘을 빌려 이를 '경영 전권' 사항이라고 규정하고 교섭 대상이 될 수 없다고 맞섰다.

이런 차이가 노사의 교섭을 어렵게 하고 장기화시키며, 갈등을 치열하게 했다. 사태를 더욱 악화시킨 것은 정부의 강압적인 임금 억제 정책이었다. 특히 정당성에 흠결이 있는 노동관계법에 기대어 강압적인 노동정책을 밀어붙인 정부가 갈등을 심화시키고 오히려 자율적인 제도화에 중대한 장애로 작용했다.

한편 전국 수준에서도 노사 관계의 제도화에 일정한 진전이 있었다. 그것은 3자합의 제도를 중심으로 전개되었다. 전국 수준에서 노사정 3자주의를 제도화시키려는 시도는 처음에는 한국노총에 의해, 나중에는 국가가 주도했다. 한국노총이 노사정 3자주의 제도화에 적극적이었던 이유는 전노협 출범 이후 상실한 노동운동 내 주도권을 회복하고자 했기 때문이다. 국가가 3자주의에 관심을 기울인 이유는 이를 통해 '지나치게 빠른' 임금 인상을 억제하고, 불안정한 노사 관계를 안정시키고자 했기 때문이었다. 반면에 자본은 노총이 주도한 국민경제사회협의회와 1993~94년의 중앙 임금 합의, 그리고 1996년의 노사관계개혁위원회에 매번 참여하기는 했지만 항상 소극적인 참여자에 그쳤다. 자본이 3자주의에 소극적이었던 이유는 자명하다. 국가의 정책 결정 과정에 대한 영향력에서 압도적으로 우위에 있었던 자본이 이를 노동과 대등하게 공유하고 싶지 않았기 때문이다. 그뿐만 아니라 자본은 3자주의를 통한 노사 관계 안정화에 대해서도 회의적이었다.

노사정 3자주의는 제도적 여건(노사의 중앙집권적 조직력, 노동의 이해를 조직적으로 대변하는 유력한 정치정당의 결여)이 미비하고 주체들의 인식과 의지가 결여된 상태에서 최상층 만의 밀실 합의 방식으로 추진되었다. 그러나 바로 이런 이유 때문에 노사정 3자주의는 절차적 정당성마저 가지기 어려웠다. 특히 노동계의 한 축인 '민주 노조 진영'이 완전히 배제된 상태에서 진행되었다는 점도 3자주의의 정당성과 실효성을 결정적으로 약화시켰다. 또한 노동법의 문제도 있었다. 자율적 노사 관계를 보장하지 않고 오히려 억압하는 노동관계법의 존재는 노사 관계의 제도화를 가로막는 암초였다.[1]

노사 관계의 제도화 경향에도 불구하고 여전히 갈등의 비용이 높았다는 것도 그 한계의 하나였다. 쟁의 건수의 감소에도 불구하고 노동 손실 일수는

---

[1] 1995년 민주노총의 출범을 정부가 불법 운운하면서도 사실상 방조하고, 1996년에는 민주노총을 노개위에 참석하도록 함으로써 민주노총을 사실상 인정한 것은 바로 이런 한계를 인식했기 때문이라고 할 수 있다.

여전히 높거나 더디게 감소했으며, 민간 대기업, 특히 한국을 대표하는 기업들에서 갈등적인 노사 관계가 지속되었다.

(2) 87년 체제의 구조적 모순의 심화

1987년 노동자 대투쟁과 그에 이은 노사 간의 단체협약에 기초한 사업장 단위의 새로운 협약 질서, 1987년 개정 '노동관계법'에 따라 제도화된 노사 관계 질서, 그리고 민주화와 노동자 대투쟁 이후 느리게 변화한 국가의 노동 정책이 어우러져 만들어진 노사 관계의 지형, 혹은 다른 말로 표현하면 노동 정치 체제가 이른바 '87년 체제'이다. 이 체제의 특징은 사업장 단위에서 노사 관계의 민주화, 매우 불안정하고 갈등적인 노사 관계, 노사 관계 제도의 불완전한, 즉 제한적인 민주화로 요약될 수 있다. 따라서 87년 체제는 1980년대 말에서 1990년대 중반까지 국가·자본·노동 3자 모두에게 값비싼 대가를 치르게 했다.

이 시기 국가의 핵심적인 관심사는 노동운동이 생산성을 상회하는 수준으로 임금을 올리지 못하도록 가능한 한 압박하는 것이었다. 이를 위해 국가는 한편으로는 권위주의 시대 이래의 억압적 노동 통제 방식을 활용하고, 다른 한편으로는 민주화 이후 노사 관계 현실을 반영하여 노·사·정 사이의 타협을 모색하는 등 다양한 방법을 동원했다. 그러나 민주화에도 불구하고 권위주의 시대의 보수 연합 세력에 의해 주도되던 국가는 과거 개발 모델에 대한 미련을 버리지 못하고 잘못된 대응을 거듭함으로써 노동운동으로부터 철저히 불신당하고 말았다. 그리고 그 결과는 이미 한계를 드러낸 억압적 노동 통제 방식만이 아니라 노·사·정 사이의 3자대화를 통해 사회적 합의주의의 방식으로 노사 관계의 매듭을 풀어 가려는 시도에마저 족쇄로 작용했다.

김영삼 정부 후반기로 접어들던 1995년을 전후하여 87년 체제의 한계와 모순이 뚜렷하게 드러나게 되었는데, 특히 중요한 계기가 된 것은 이른바 '세계화 담론'과 1996년 말로 예정된 OECD 가입이었다. 세계화 담론은 국가 간 '무한경쟁' 체제 아래에서 '국가경쟁력'을 높일 필요성을 제기했는데, 노사 관계와 관련해서는 노사 관계의 '저효율-고비용 구조'가 특히 문제시되었다. 노사 관계의 저효율 고비용 구조의 핵심적 요소로는 '경직된 노동시장'을 만들고 있는 노동법—특히 근로기준법—에서 각종 노동 보호 장치들과 '갈등적 노사 관계'를 재생산하고 있는 각종 법·제도가 지적되었다. 이에 김영삼 정부는 1996년 4월 노사관계법·제도를 글로벌 스탠더드에 맞게 개정한다는 목표를 세우고 노사 관계 제도 개혁이라는 야심 찬 청사진을 제시했다. 그리하여 출범하게 된 것이 우리나라 노사 관계 역사상 최초의 본격적인 3자 협의체적 기구인 '노사관계개혁위원회'(노개위)였다.

1990년대 중반에 접어들면서 기업들도 과거의 전근대적이고 강압적인 노동 통제 방식과 다른 좀 더 치밀한 노무관리 및 경영전략을 다양하게 전개하기 시작했다. 그것은 한편으로는 노사 관계의 안정화를 목적으로 하는 것이었으며, 다른 한편으로는 노무관리의 효율화를 지향하는 것이기도 했다. 이 과정에서 가장 두드러지게 나타난 것은 정규직 고용 회피, 비정규 고용 확대, 직무직능급제 도입, 다능공 양성, 기업 문화 운동 확산, 현장 중심 노무관리, 외국 연수 실시 등으로, 이런 시도들은 특히 '일본식 생산방식'과 노무관리 방식의 도입이라는 점에서 주목을 받았다(김금수 1995).

기업들은 자동화, 신기술의 도입, 공정 합리화, 직무 통폐합과 순환 배치 등을 통해 정규 노동력을 감원하거나, 신규 노동력의 수요가 발생할 때 이를 정규직으로 메우지 않고 비정규직으로 메우는 전략을 사용하기 시작했다. 그뿐 아니라 생산 라인 일부를 하청으로 돌리거나, 임시직·시간제·계약직·파견 노동 등 비정규 노동력의 활용을 확대하기 시작했다.

능력주의적 임금, 인사관리 방식은 한편으로는 효율성과 합리성을 추구함으로써 생산성을 향상시키고자 하는 목적을 갖고 있었지만, 다른 한편으로는 노동자들 사이의 경쟁을 촉진하고, 기업 및 중간 관리자에 대한 복종과 순응을 유도함으로써 노동강도를 강화하는 한편, 1987년 노동운동 활성화 이후 붕괴된 회사의 현장 장악력을 강화하고 노동조합을 약화시키려는 의도를 담고 있었다.

이 시기에 또한 주목받은 기업의 신경영전략 가운데 하나는 '기업 문화' 운동이었다. 기업 문화 운동은 노동자들에 대한 기업 이념 교육의 강화, 노동자들의 다양한 서클 활동에 대한 지원과 그것을 매개로 한 회사 측의 주도권 장악, 가족 및 지역 주민을 상대로 한 교육 및 문화 행사 등 다양한 형태로 나타났다(김금수 1995).

이런 신경영전략은 과거 구사대를 동원하거나 강제와 협박에 의한 노동 통제 전략에 비해서는 분명히 고도화된 노무관리 전략이었다. 그것은 삼성이나 포철 등과 같은 무노조 기업에서는 노동자들을 상호 경쟁하게 하고 파편화시킨 다음 개별적으로 회사에 통합시킴으로써 무노조 경영을 지속하기 위한 도구로 사용되었으며, 노동조합이 강력한 대공장에서는 노조에 대한 노동자들의 충성을 약화시키고 그것을 회사에 대한 충성으로 돌림으로써 노동조합의 현장 통제력을 탈환하고자 하는 의도에서 적극적으로 활용되었다(임영일 1998).

자본의 신경영전략은 노조에게서 현장 권력을 탈환하고 노사 관계에서 회사의 상대적 주도권을 회복하는 데에는 도움이 되었지만, 갈등적 노사 관계와 그로 인한 높은 비용을 경감하는 데는 거의 도움이 되지 못했고 오히려 노사 간의 갈등과 대립을 증폭시키는 경우도 많았다. 또 자본의 신경영전략의 일환으로 추진된 각종 노동력 활용의 유연화 조치들은 근로기준법상의 노동 보호 조항들과 상충하는 측면이 강했다. 자본의 입장에서 더 문제가 된 것은 고용조정에 강한 제약을 가하고 있는 근로기준법의 규정들이었다. 따라서 자본은 1990년대 초부터 지속적으로 노동시상을 유연화하기 위해 근로기준법의 '과도한 노동 보호' 조항들을 개정해야 한다고 주장하여, 이를 정부의 정책 의제의 하나로 올려놓는 데 성공했다. 그러나 이런 의제들은 노동의 강력한 반발에 직면하여 오랫동안 공전될 수밖에 없었다.

87년 체제를 혁파하는 데 가장 적극적이었던 것은 노동계였다. 노동계는 1987년 개정 노동법의 억압적 요소에 대해 처음부터 완강히 저항했으며, 그 철폐를 위해 노력해 왔다. 이런 노력들은 1988년 이후 줄곧 지속되어 온 노동법 개정 투쟁을 중심으로 전개되었으며, 1990년대에 들어서는 ILO 가입과 노동법 개정 투쟁을 위한 상설적 기구(ILO공대위·전노대)의 창설을 계기로 더욱 강한 추진력을 가지게 되었다. 그러나 이런 노동법 개정 투쟁만으로는 한계가 있었다. 그것은 크게 보아 두 가지 이유 때문이었다. 첫째는 노동 운동이 의회 내에 정치적 대변자를 가지고 있지 못했기 때문이다. 둘째는 1990년대의 담론 구조의 변동 때문이었다. 1980년대까지는 노동에 대해 우호적·동정적인 담론이 지배적이었던 데 비해, 1990년에는 민주화에 수반한 보수적 담론의 대두를 배경으로 노동운동의 강화를 경계하는 여론이 점차 힘을 얻어 갔다. 이에 따라 집단적 노사 관계는 노동의 요구에 따라 자유화하되, 개별적 노사 관계는 자본의 요구에 따라 규제를 완화하는 방향으로 개정되는 것이 1987년 노동 체제 아래에서의 노사 관계의 교착 상태를 벗어나서 좀 더 자유화되고 민주화된 노동 체제로 이행하는 길이라는 담론이 지배적인 위치를 차지하게 되었다.

(3) 조직 노동의 엇갈린 대응과 그 귀결

1) 한국노총 : 제도성 게임

한국노총은 1990년대에 접어들면서부터 선진국의 노사정 3자협의 체제에 주목하는 등 사회적 합의 체제에 깊은 관심을 기울이기 시작했다.[2] 한국노총이 이처럼 사회적 합의 체제에 관심을 기울이기 시작한 것은 박종근 집행부가 등장한 이후 강조되기 시작한 정책 참가의 강화와 관련이 깊다. 다른 한편으로는 동원적·투쟁적 방식의 노동운동이라는 측면에서는 전노협에 비해 약세일 수밖에 없는 한국노총이 중앙 수준의 교섭에 오랜 경험이 있는 자신들의 장점을 살리려 했던 것이라고 볼 수 있다.

한국노총이 중앙 수준의 교섭에서 최초로 주도권을 행사한 것은 국민경제사회협의회의 결성과 운용 과정에서였다. 노총은 1989월 11월 5일 보라매공원에서 열린 "노동법 개정 및 경제 민주화 촉진 궐기대회"를 개최했는데, 이 자리에서 박종근 위원장은 국민임금조정위원회나 노사안정위원회를 결성하려는 정부에 대해 이는 임금을 억제하고 노동을 통제하려는 의도라고 강력히 비판하고, 경제사회민주화 및 균형 있고 건전한 국민경제의 발전과 노동자 복지 확대를 위한 관련 정책과 법령을 심의하기 위해 노사와 학계 인사로 구성된 민간 기구 '국민경제사회위원회'를 설치하자고 제안했다(『한국노총』89/11/08;『월간노사』90/05).

이에 대해 정부는 경제기획원 장관이 노총 및 산별 연맹 위원장단과의 간담회에서 정부의 '국민임금조정위원회' 구상을 철회하고 노총의 제안을 수용할 것임을 밝혔으며, 경총도 적극 환영한다는 뜻을 밝힘으로써, 국민경제사회협의회(이하 경사협)의 탄생이 구체화된다.

경사협 결성 과정에서 노총이 가장 주의를 기울였던 부분은 경사협에서는 임금 문제를 다루지 않는다는 것을 못 박는 일이었다. 한국노총은 경사협이 적정 임금에 대한 합의를 도출해 내는 기능을 할 것이라는 일부 언론의 보도에 대해, 이 위원회는 정부의 새로운 경제정책이나 법령의 입안 자료를 제시받고 제안된 안건 또는 위원회 내에서 제기된 사안을 심의 의결하며, 이

---

2 일례로 『한국노총』 1990년 7월 20일자는 당시 KDI 초청으로 내한하여 강연한 네덜란드의 3자 협의체인 경제사회위원회(SER) 의장의 강연 내용을 상세히 소개하고 있다.

를 당사자(정부, 국회, 노·사 등 각 직능단체)에게 합의·권고·건의하는 활동에 초점을 맞출 것이라고 밝혔다. 1990년 4월 10일 출범한 경사협은 정기 회의와 운영위원회를 통한 회의 활동, 그리고 회의 결과를 토대로 대정부 법·제도·정책 개선 건의 활동, 그리고 각종 연구위원회 및 부정기적인 세미나와 월례 발표회 등을 통한 정책 연구 활동 등을 수행했다.

경사협은 한국에서 노사가 중앙 수준에서 자율적으로 정책 협의를 시작한 최초의 사례로서 이후 노사정 간 사회적 합의의 시초를 열었다는 점에서 선구적 의의가 있었지만, 노사가 가장 큰 관심을 갖는 문제인 임금 문제를 논의에서 배제했다는 점, 정부가 참여하지 않음으로써 경사협에서의 결의 사항이 대정부 건의 이상의 의미를 가질 수 없다는 한계를 가졌다. 한국노총의 제도성 게임은 이후 1993년과 1994년의 노사 중앙 임금 합의로 이어졌다.

1993년 노총·경총 임금 합의는 표면상으로는 경제단체들이 이를 제안하는 형식으로 추진되었지만 정부에 의해 사전에 조율되고 각본이 짜인 것이었다. 즉 이제까지 정부가 일방적으로 설정하여 노사 양측에 강요했던 총액 임금 정책과 임금 가이드라인 정책이 더 이상 유효할 수 없다고 판단하고, 노사 중앙 조직의 자율적 교섭의 모양새를 취하여 임금 억제 정책을 계속하고자 했던 것이다(노동부 2006, 130).

1993년 4월 1일 "1993년도 중앙노사 임금조정 합의서"로 발표된 노총과 경총의 중앙 임금 합의는 1993년 임금 인상률을 4.7~8.9%로 한다는 데 핵심이 있었다. 노총은 정부의 임금 가이드라인제에 따른 타율적 합의를 거부하고 노사가 자율로 임금 인상 수준을 결정했다는 데서 그 의미를 찾았지만, 이런 합의는 노총 외부에서만이 아니라 노총 내부에서도 강력한 반발에 부딪혔다. 화학·섬유·금속·금융 등 일부 산별노련은 노총과 경총의 교섭이 진행되고 있음에도 불구하고, 합의 이전에 이미 독자적인 임금 인상 지침을 만들어 산하 조직에 시달했으며, 합의 내용에 대해서도 반발했다. 산하 단위 노조의 반발은 더욱 심했다. 특히 대기업 노조일수록 그 반발의 강도는 거셌다.

단위 노조들은 노총·경총 중앙 임금 합의가 산하 노조들에게 위임을 받은 적이 없기 때문에 비민주적이며 정당성을 결여하고 있다는 점, 노총·경총이 합의한 임금 인상률이 조합원들이 기대하는 임금 인상 수준에 비해 턱없이 낮다는 점, 그리고 가이드라인이 아니라고 했지만 임금 교섭 현장에서는 사용자 측이 이것을 근거로 협상의 여지를 좁혔다는 점 때문에 더욱 분노했다.[3] 따라서 단위 노조들은 이것을 '밀실 야합'으로 규정한 민주 노조 진영의 주장에 동조했으며, 많은 노총 산하 노조들이 지역 차원에서 민주 노조 진영과 함께 공동 투쟁을 벌이는 양상이 전개되었다.

이런 비판에도 불구하고 한국노총은 1993년의 노총·경총 임금 합의가 일정한 성과가 있었다고 자평하고, 그 부족한 점을 보완하여 진정한 의미의 사회적 합의로 발전해 나간다는 방침을 정했다. 노총이 도달한 결론은 사회적 합의는 정부가 참여하는 가운데 그 합의 사항이 정책으로 실천되어야 실효성을 가질 수 있다는 것이었다. 이런 입장에 기초하여 노총은 노동부를 강하게 압박함으로써 1994년 중앙 임금 합의에서는 정부를 협상 테이블에 끌어냈다.

1994년 3월 30일 발표된 중앙 임금 합의는 5.0~8.7%의 임금 인상률과 정부에 대한 12개 정책·제도 개선 사항 건의를 핵심으로 하고 있었다.[4] 노총은 ① 정책·제도 개선을 위한 협상과 합의의 당사자로 정부가 참여했다는 점, ② 1993년 임금 합의에 대한 여러 비판을 수용하여 공개적인 교섭을 추진함으로써 민주성·대표성·공개성을 높였다는 점, ③ 고용보험 적용 대상의 확대 등 일정한 성과가 있었다는 점, ④ 국민경제사회협의회를 통해 합의 사

---

3 한편, 이와 관련하여 한 노총 간부는, 특히 대기업 노조 대의원들은 사회적 합의로 얻어낼 수 있는 반대 급부가 대기업들에는 대부분 갖춰진 복지제도라서 낮은 임금 인상 가이드라인의 설정에 소극적이라고 지적했다(『국민일보』 94/01/26; 『한겨레신문』 94/01/27). 그러나 이것은 노총의 현실 인식의 안이함만을 보여 주었을 뿐이다.

4 정책·제도 개선 건의 사항에는 고용보험 적용 대상 확대, 근로자의 조세 부담 경감, 직업 능력 개발 제도 개선 등이 포함되어 있었다.

항의 성실한 이행을 점검하도록 했다는 점 등을 들어 "일부의 비판에도 불구하고 사회적 합의의 실효성을 높이기 위해 다양한 노력"을 경주한 것으로 자평했다.[5] 아울러 노총은 "'일정한' 수준의 인상률과 '상당한' 수준의 정책 개선 약속을 끌어냈다"는 자체 판단에 따라 이 합의의 내용이 단위 사업장의 교섭 과정에 적지 않은 역할을 할 것이라는 낙관적 전망을 내놓기도 했다(『한겨레신문』 94/04/01).

그러나 이런 한국노총의 판단은 주관적인 것이었다. 실제로 한국노총은 경쟁적 관계에 있던 '민주 노조 진영'은 물론 자체 조직 내에서도 강력한 비판이 제기되었고 산하 조직이 대거 이탈하는 등 심각한 위기에 직면했다.

2) 전노협·업종회의·전노대 : 전투성 게임

상층 중심의 제도성 게임에 치중한 한국노총과는 달리 전노협·업종회의·대기업연대회의 등 민주 노조 진영은 노동자 대중을 동원한 전투성 게임을 통해 1987년 체제를 돌파하려 했다. 민주 노조 진영의 투쟁은 두 가지 측면에서 진행되었는데, 첫째는 임금 가이드라인, 총액 임금제 등 정부의 임금 인상 억제 정책을 돌파하는 것이었으며, 다른 하나는 노동법 개정 투쟁이었다.

전노협·전국노동운동단체협의회 등 노동단체와 현대그룹노조총연합회 및 대우조선 등 대공장 노조 등은 1993년 4·1 임금 합의가 단위 노조의 의견 수렴 과정을 거치지 않았다는 점, 공개된 교섭이 아니라 "밀실 막후 흥정의 산물"이라는 점, 노총이 노동조합 전체에 대한 대표성이 없다는 점, 노사 단일 인상안이 "숫자놀음에 지나지 않는다"는 것, "열 개 항의 합의 사항 역시

---

5 노총의 '94 임금 합의에 대한 자체 평가로는 필자미상(따라서 한국노총의 공식 입장일 것으로 추정되는)의 "94 사회적 합의 평가와 과제(I, II)," 한국노총 94/03/31일자, 05/10일자와 한국노총 이정식 정책위원이 『한겨레신문』에 기고한 글을 참조(『한겨레신문』 94/04/15).

제도적 장치 마련에 대한 아무런 약속도 없이 '촉구'와 '권고'로만 되어 있어
실제로는 노동자들에 대한 일방적 고통 전가로 귀결될 것"이라는 점, 따라서
결국 이 합의는 "정부와 자본의 한자릿수 임금 억제를 위한 사회적 분위기
조성에 노총 지도부가 들러리 선 결과에 불과하다"는 점 등을 들어 이 합의
의 정당성·구속력·의의 등을 전면적으로 부정했을 뿐 아니라, 산하 노조를
통해 조합원들의 반대 서명을 받는 등 대대적인 반대 운동을 전개했다(『동아
일보』93/04/03;『한겨레 신문』93/04/03).

1994년에도 전노대는 '전국적 공동 투쟁'을 통해 노총·경총의 임금 합의
를 '분쇄'한다는 전면 투쟁 선언을 내놓고, 일차적으로 전노대 가맹노조는 물
론 노총 산하 노조까지 포함하는 노총·경총 임금 합의 반대 서명운동에 돌입
했다. 전노대가 이렇게 전면투쟁에 나서기로 한 것은, 한편으로는 '국가경쟁
력 강화'라는 명제가 상당한 설득력을 발휘하고 있는 상황에서 적극적인 반
대 투쟁을 통해 '합의의 허구성'을 폭로하지 않을 경우 국가 경쟁력 강화 논
리와 맞물려 노총·경총 합의가 상당한 영향력을 발휘할지도 모른다는 위기
의식의 소산이고, 다른 한편으로는 노총·경총 임금 합의 반대 투쟁을 동력으
로 삼아 이미 전노대 차원에서 깊숙이 논의되고 있던 '민주노총 건설'의 기반
을 확대한다는 전략의 소산이었다.

전노대를 중심으로 노총·경총 임금 합의 반대운동은 급속히 확산되었다.
전노대에 따르면 이 운동이 시작된 지 약 보름 만인 2월 16일까지 약 1,000
여 개 노조가 반대 서명에 참가했고, 이 가운데는 노총 산하 노조(주로 금속 등
제조업 부문)들도 상당수 포함되었다. 특히 위력을 발휘한 것은 노총 산하 조
직을 대상으로 한 노총 탈퇴 운동이었다.

전노대의 노총 탈퇴 운동 전략은 상당한 성과를 거두었으며, 노총에 심대
한 타격을 입혔다. 현총련·대노협·한진중공업·한라중공업·조선노협·부산
교통공단노조, 내전 지역 36개 노조, 기아자동차·아세아자동차 등이 잇따라
노총 탈퇴를 선언했다(『조선일보』94/05/01;『국민일보』94/05/02). 노총 탈퇴를

선언한 이들 대공장 노조는 단순히 노동법이 요구하는 바에 따라 상급 단체를 노총으로 적시하고 있을 뿐 맹비도 거의 내지 않는 등 노총과 거리를 두어 왔던 것이 사실이지만, 그럼에도 불구하고 노조 운동의 핵심을 이루는 이들 대공장 노조의 노총 탈퇴 선언은 한국의 노동운동을 대표하는 조직으로 자임해 온 노총의 위상에 치명적인 타격을 가하는 것이었다. 그뿐 아니라 이런 노총·경총 임금 합의 반대 투쟁은 이후 민노준을 거쳐 민주노총 건설로 이어지는 과정에서 주요한 동력으로 작용했다.

노총·경총 임금 합의 반대 투쟁이 한국노총에 치명적인 타격을 주면서, 전노협과 한국노총 사이에서 중간적인 입장을 취하던 대기업 노조들을 '민주 노조 진영' 쪽으로 견인하는 계기가 되었다면, 노동법 개정 투쟁은 민주 노조 진영을 '총단결'시키려는 조직 통합 노력의 주요한 매개물이 되었다.

기업별노조 체제를 혁파하고 산별노조를 건설하며, 이에 기초하여 '민주 노조 진영' 즉 비노총계 노조를 하나로 묶는 독자적인 정상조직national center을 구축한다는 것은 전노협이 결성될 당시부터 민주 노조 진영의 조직 발전 전망이자 목표였다. 그러나 이런 목표는 전노협이 출범하자마자 정부의 강력한 탄압에 직면하고, 개별 노동조합들도 강화된 정부와 기업들의 공세를 막아내는 데 급급한 상황이 되어 '민주 노조 총단결', '산별노조 건설'은 계속 구호로만 외쳐질 뿐 구체화되지 못하고 있었다.

이런 상황에서 전노협 등 민주 노조 진영은 매년 11월 '전국 노동자 대회'를 노동법 개정을 요구하는 투쟁으로 조직하면서, 이를 전노협·업종회의·대기업 노조와 한국노총 산하에 있는 노동조합들까지 노동법 개정을 요구하는 기치 아래 모이는 계기로 만들었다. 그런 성과가 1991년 'ILO공대위'의 건설로 나타났고, 1991년 노동자 대회에서는 '민주 노조 총단결'을 '대중적으로 결의'할 수 있었다.

이런 당위론적 결의가 민주노총 건설로 이어지기에는 장애가 많았는데, 그것을 극복하게 해 준 것은 역설적이게도 정부의 억압적 노동정책이었다.

예컨대 1992년도의 총액임금 정책과 그것을 관철하기 위한 정부의 전방위적 압박은 기업별노조 체제에 안주하던 다수의 노동조합에게 "기업별노조로 파편화되어 있는 상태에서는 자본과 정권의 총체적인 공세를 막아 낸다는 것이 불가능"하다는 인식을 확산·심화시켰다. 또한 1992년 대선 과정에서 노동운동의 정치 활동이 파편적·분산적으로 이루어지고 결국은 노동운동의 정치 세력화에 아무런 기여도 하지 못했다는 반성도 여기에 일조했다.

이런 인식의 확산·심화에 따라 민주 노조 진영은 그동안 분분하던 조직 발전 전망에 관한 논쟁을 정리하고 1992년 전국 노동자 대회에서 "민주노총 총단결 강화 발전을 통한 산별노조 건설, ILO공대위 강화·발전"을 대중적으로 결의함으로써 민주노총 건설에 한발 다가섰다. 민주 노조 진영은 이 과정에서 '92년 전국노동자 대회 조직위원회'(이하 조직위)를 구성하고, 이 틀을 통해 대회 이후에도 조직 발전 문제를 계속 논의해 갔다.

조직위는 ILO공대위의 과제가 노동법 개정으로 국한되어 있고, 조직도 전노협과 업종회의로 제한되어 있기 때문에 노동운동의 당면 과제들을 공동으로 수행하고, 민주 노조 총단결의 조직 발전 전망을 구체화하기 위해서는 새로운 조직의 틀이 필요하다는 데 합의하고, 그 명칭을 '전국노조대표자회의'(전노대)로 한다는 데 합의했다.[6] 이후 민주 노조 진영은 대표자 간담회 및 수차례 회의를 통해 전노대의 성격, 조직 체계, 재정, 사업 방향 등을 확정짓고 1993년 6월 1일 공식적으로 전노대를 발족시켰다(전국민주노동조합총연맹 1995).[7]

전노대는 전노협과 업종회의뿐만 아니라 현총련, 대우그룹노조협의회 등 비노총 계열의 노조 단체를 총망라한 것이었다는 점에서 노동계의 판도를

---

6 1993년 3월 19~20일 조직위대표자회의의 결의.
7 이날 대회에서 단병호 전노협 위원장, 권영길 언론노련 위원장, 김동섭 현대정공 위원장, 김종렬 대우자동차 위원장 등 네 명이 공동대표로 선출됐다.

변화시킬 것으로 주목받았다. 그러나 전노대는 운동의 노선을 공유하고 공동 사업을 체계적으로 집행해 나아가는 데는 상당한 어려움을 겪지 않을 수 없었다. 그런 가운데서도 전노대는 1993년 전국 노동자 대회, 1994년 임금 인상 투쟁과 노동법 개정 투쟁을 조직하는 중심 역할을 담당함으로써 민주 노조 진영의 조직적 구심으로서 위상을 점점 강화해 나갔다. 특히 1994년 임투에 즈음해서는 노총·경총 임금 합의에 대한 광범위한 반대 투쟁 전선을 구축하고 '어용노총 탈퇴 및 맹비 납부 거부운동'을 전개함으로써 광범위한 중간층 노조들의 노총 이탈을 이끌어 내어 민주노총 건설을 위한 기초를 마련했다. 1994년 상반기를 분수령으로 수많은 노조가 노총을 탈퇴하여 전노대 쪽으로 견인되었으며, 특히 전노대 참가를 유보하고 있던 전지협과 대공장 노조들이 전노대에 가입하고, 한국노총의 주요 기반의 하나였던 한국통신 등 거대 공기업에서 민주 노조 집행부가 등장하면서 세력 판도의 측면에서 전노대는 한국노총과 거의 대등한 위상이 되었다.

(4) 노동자 의식의 변화와 노동운동의 양극화

1987년에서 1990년대 중반 사이에 명목임금은 세 배 가까이 올랐다. 노동자들은 여전히 임금이 낮다고 생각하고 불만을 가지고 있지만, 그 불만은 과거의 것과 달라졌다. 즉 만족도는 크게 개선되지 않았지만, 만족도의 준거 기준이 달라진 것이다. 과거의 그것이 절대적인 임금수준이 낮은 데서 오는 절대적 궁핍과 박탈감이었다면, 1990년대 중반의 그것은 좀 더 높아진 생활·문화·소비수준에 기초한 상대적 궁핍과 박탈감이었다. 즉 노동자들은 높아진 임금에도 불구하고 주택 융자금, 자동차 월부금, 자녀 교육비 등 좀 더 높아진 비용을 감당하려면 여전히 장시간 노동에 허덕여야 했던 것이다.[8]

그리고 그것은 또한 노동자들을 파편화된 개인으로 만드는 효과를 낳았다. 조합원들은 임금 인상에는 높은 관심을 보이지만, 노동조합 활동 등에는 갈수록 무관심해졌다. 노동자들이 '실리적'이고 '개인주의화'되어 가고 있다는 것이 이 시기 많은 활동가, 조합 지도부, 연구자들의 지적이었다.

여기에 앞에서 살펴본 것처럼, 사용자들이 노동자들을 개별화하여 포섭하려는 집요한 노력을 가하자 불가피하게 노동자들 사이에서 경쟁이 유발되고 조합에 대한 노동자들의 귀속 의식이나 수평적 연대의식은 많이 약화되었다. 특히 웬만한 대기업 생산직 노동자들도 대부분 자가용을 소유하고, 주말이면 가끔 교외에 나가 여가나 외식을 즐길 수 있게 되었으며, 20평 남짓한 아파트를 소유하게 된 현실은 계급의식을 약화시키고, 개인주의적 의식을 확산시켰다(권순원 1996). 그리고 이런 의식의 변화는 조합주의적 의식의 토대가 되었다. 조합원들의 현실 안주 경향도 강하게 나타났다. 이런 현상은 맨 먼저 사무직·전문직 노동운동에서 나타나 이후 중공업 대기업 노조의 조합원들에게까지 확산되었다. 아울러 조합 임원 맡기를 기피하고, 반복되는 투쟁에 피로감과 싫증을 느끼는 경향도 확산되었다.

이런 생활 상태의 변화와 동구사회주의권의 붕괴 등은 사회 체제에 대한 조직 노동자들의 의식에도 상당한 영향을 미쳤다. 〈표 1〉에서 볼 수 있듯이 조직 노동자들은 점차로 대안적 사회에 대한 관심과 지향을 잃어가고 있었다. 1987년 이후 노동 현장을 풍미했던 '노동 해방'은 이제 공허한 구호가 되고 있었으며, 조직 노동자들의 관심은 자본주의 체제 내의 개혁과 경제적 상태의 개선으로 좁혀지고 있었다.

그러나 노동조합의 대응은 취약했다. 노동조합은 기업의 직무직능급제의

---

8 이에 대해 권순원은 "노동자들은 '월등히 개선된' 임금으로 더 낳은 일상생활을 영위하기보다는 너 나은 소비·문화생활을 위한 '사회직 욕망'을 담보로 힘거운 노동을 수용하게 되는 모순적 상황에 처하게 되었다. 즉, '고율'의 임금 상승과 그에 따른 생활방식 및 소비 유형의 변화는 노동자들을 장시간 작업장에 '감금'시키는 결과를 초래했다"고 지적했다(권순원 1996, 41).

	1992	1993	1994		
			전체	노총	전노대
자본주의	23.7	35.2	48.8	49.1	50.3
사회주의	15.4	4.6	11.3	11.6	9.1
제3의 체제	14.7	10.4	26.3	27.1	24.7
사민주의	28.5	37.6			
모르겠다	17.7	12.1	13.6	12.1	15.9

자료 : 윤진호·정영태(1995).

도입 시도 등에 대해서는 임금 인상 투쟁, 단체교섭 투쟁 등을 통해 나름대로 대응했지만, 자동화, 외부 하청, 비정규직 도입 등에 대해서는 거의 속수무책이었다. 대부분의 노조는 사내 하청, 비정규직 도입 등으로 정규직이 기피하는 작업이 대체되는 현상을 거의 방관했다.

한편, 회사 측의 현장 장악력 강화 시도에 대해서는 노동조합의 현장 조직인 대의원이나 소의원의 활동을 통해 회사 측의 현장 조직이라고 할 수 있는 현장 감독자들과 경쟁, 또는 갈등 관계를 형성함으로써 이를 저지하려는 광범위한 시도들이 있었다. 노사의 현장 장악력은 일차적으로 이들 현장 조직 간의 세력 관계로 결정되었다. 그러나 노조의 대응은 크게 효과적이지 못했고, 1992~93년을 전후하여 곳곳에서 회사 측의 현장 장악력이 회복되었음을 보여 주는 징후들이 나타났다. 쟁의 찬반 투표 때 찬성 투표율의 저하, 무쟁의 선언, 조직적인 노조 탈퇴, 회사 측에 장악된 대의원 수 증가 등의 현상이 전형적이었다.

한편 일부 노조에서는 자동화 등을 통한 노동강도 강화에 저항하는 현장 투쟁이 전개되기도 했다. 일례로 D자동차의 경우 정규 노동력을 감축했던 한 생산공장에서 노동강도의 강화 문제가 심각해지자, 노조 대의원들의 주도로 라인 파업이 발생하기도 했으며, 같은 회사의 다른 생산 공장에서도 일본 기업 연수로 빈 인원을 채우지 않은 상태에서 작업자가 감당해야 할 작업량이 엄청나게 증대하자 유사한 사태가 발생했다(김성희 1994).

한편 조합원들 사이에서 경제주의적 의식과, 노동조합에 대한 도구주의적 관점의 확산에 대해 노동조합은 대체로 제대로 대응하지 못했다. 대부분의 노동조합들은 오히려 조합원들의 관심을 노조에 묶어 두기 위해 더욱더 임금 인상 활동에만 주력했다.[9] 그 결과 1990년대 초에는 '실리추구적 노조주의'가 일부 독점 대기업에서 나타난 다소 예외적인 현상이었지만, 1990년대 중반에 이르면 은연중에 매우 널리 확산되었다.

대기업과 중소기업은 노동조합의 대응에서도 상당한 차이를 보였다. 대기업 노조들은 상대적으로 강한 인적·물적 자원, 그리고 안정된 고용을 바탕으로 나름대로 사용자들의 신경영전략에 맞서 싸우는 모습을 보였지만, 중소기업 노동조합은 그런 자원도 없고, 상대적으로 고용마저 불안하여 사실상 사용자 측의 신경영전략에 이렇다 할 대응을 하지 못하는 것이 일반적이었다.

따라서 사업장에 노조가 생긴 후 몇 년이 지나는 사이에 회사가 노조의 요구를 조금씩 수용하여 임금과 노동환경을 개선해 가자 자발적으로 노조 활동에 참가하던 조합원들이 점차로 노조 활동에 무관심해지고 개인주의화되는 경향이 나타났다. 이런 현상은 자연히 회사에 대한 노조의 견제력을 약화시켰고, 노조의 힘이 약화될수록 이런 현상이 더욱 가속화되는 악순환마저 나타났다. 노조에 실망한 조합원들이 노조 활동에 대한 참가를 기피하거나 심지어 노조를 탈퇴하는 양상이 나타난 것이다.

----

9 1993년 초 임투를 앞두고 『주간노동자신문』이 각 지역을 순회하면서 일선 노조 간부들과 임투를 전망하는 좌담회를 가졌다. 이 자리에서 여러 조합 간부들이 조합원들의 경제주의적 의식과 도구주의적 조합관이 널리 확산되고 있음을 지적하고 있나(『선진 93임두 5』 경기남부지역 노조 간부 좌담회, 『주간노동자신문』 93/04/02; 『전진 93임투 6』 구미지역 노조 간부 좌담회, 『주간노동자신문』 93/04/19).

중소기업에서 노동자들의 노조 탈퇴는 중간 관리자, 숙련 노동자층에서 시작해 차츰 일반 생산직 노동자들에게까지 확산되었다. 중소기업의 경우 당시 사회적인 문제로까지 부각된 3D 업종에 대한 노동자들의 기피 현상 속에서 노동자들, 특히 젊은 노동자들이 입사하지 않거나 또 입사했다가도 잠시 후 퇴사하는 경우가 많아 발생하는 노동자 수의 감소와 노동력의 고령화 현상도 노조 활동의 위축을 초래하는 원인이 되었다.

이런 현상은 한편으로는 1992년부터 나타난 '노동운동 위기론'의 배경이 되었으며, 다른 한편으로는 민주 노조 진영에서 조금씩 운동노선의 변화가 나타나게 된 배경이 되었다.

3. 노동운동의 분화와 수렴

(1) 민주노총 건설 과정

1) 민노준에서 민주노총 창립까지

1993년 6월에 출범한 전노대는 전노협과 업종회의뿐 아니라 현총련·대우그룹노조협의회 등 비노총 계열 노조 단체를 총망라한 조직이라는 점에서 전노협과는 위상이 다른 조직이었으며, 노동계의 판도를 변화시키기에 충분한 힘을 가지고 있었다. 전노대는 1993년 전국 노동자 대회, 1994년 임금 인상 투쟁과 노동법 개정 투쟁을 조직하는 중심 역할을 담당함으로써 민주 노조 운동의 조직적 구심점이라는 위상을 점점 더 강화했다. 특히 1994년 임투에 즈음해서는 노총·경총 임금 합의에 대한 반대 투쟁 전선을 구축하고 '어용노총 탈퇴 및 맹비 납부 거부 운동'을 전개해 광범위한 중간층 노조의 한국노총 이탈을 이끌어 냄으로써 민주노총 건설을 위한 기초를 마련했다.

이런 과정을 통해 자신감을 획득한 전노대는 마침내 1994년 11월 13일 전국 노동자 대회에서 민주노총준비위원회(이하 민노준)를 공식 발족하기에 이르렀다. 전노대를 구성하는 4개 조직(전노협·업종회의·현총련·대노협)과 기타 지역·업종·그룹 단위 조직, 대기업의 단위 노조 등으로 구성된 민노준은 조합원 수 40만 명(전체 조직 노동자 167만 명의 약 1/4)의 규모로 첫 출범을 했다.

민노준은 조합원 수는 비록 한국노총보다 열세였지만, 자동차·조선·공공 부문 등 주요 전략 사업의 노조들을 다수 포괄하고 있다는 점에서 그 비중이 거의 한국노총과 대등한 수준에까지 이르렀으며, 특히 한국노총이 산하 노조의 대거 이탈 또는 맹비 납부 거부로 인해 이 시점에서 맹비 납부 조합원 기준으로 약 50~60만 명을 포괄하는 데 그치고 있었다는 점까지 고려하면, 부분적으로는 한국노총을 압도하기도 했다.

민주노총의 건설은 순탄하지만은 않았다. 한편으로는 민주노총 건설의 원칙·방법·경로를 둘러싼 치열한 내부 논쟁과 갈등을 겪어야 했으며, 다른 한편으로는 정부가 민주노총 결성 대회 직전에 민주노총의 결성을 견제하고 나섰기 때문이었다.

정부의 공안 부처는 민노준의 간부들을 구속하거나 수배함으로써 압박을 가했고, 노동부도 민주노총의 합법성을 인정할 수 없다는 입장을 미리 밝히기도 했다. 그러나 정부는 전노협 결성 때와는 달리 민주노총 결성 자체를 봉쇄하려 하지는 않았다.

민주노총은 1995년 11월 11일 연세대학교 대강당에서 1,000여 명이 참가한 가운데 창립 대의원대회를 갖고 첫 출범을 했다. 민주노총의 창립에는 15개 산업(업종) 조직과 10개 지역 본부, 2개 그룹 조직이 가맹 단위로 참가했고, 산하 조합은 861개 노조였으며, 조합원 수는 41만 8,154명이었다.

민주노총의 창립 선언문과 강령은 전노협의 그것과 내용이 크게 다르지는 않지만, 자세히 들여다보면 미묘한 변화가 있었음을 알 수 있다. 전노협은 좀 더 근본적인 변혁 노선을 은연중 내세웠던 반면, 민주노총은 체제 내에서 노동자의 지위와 삶의 질을 향상하는 개량이 목표임을 분명히 한 것이다.

민주노총의 이런 개량주의적 노선은 창립에 즈음한 인터뷰에서 권영길 위원장이 "민주노총이 과격·이적단체인 양 매도되고 있는데, 민주노총은 국민들의 생활의 질을 향상시키기 위한 건전한 단체라는 것을 국민들이 이해했으면 한다"고 한 것이나(『한겨레신문』 95/11/13), 민주노총 성립을 앞두고 정부에 의해 노운협이 이적단체로 규정되었을 때 민주노총이 애써 노운협과 민주노총 사이의 선을 그은 데서도 확인된다.

2) 민주노총의 운동 노선

민주노총은 강령과 기본 과제를 통해 △ 자주적이고 민주적인 노동조합 운동, △ 사회 개혁 투쟁 노선, △ 노동법 개정을 통한 노동운동의 시민권 획득과 노동자의 삶의 질 향상, △ 노동운동의 정치 세력화 등을 기본적인 운동의 노선이자 과제로 제시했다.

먼저 자주적·민주적 노동조합 운동의 노선은 국가와 자본으로부터 자주적이고, 대중과의 관계에서 민주적인 노동운동을 지향한다는 점에서는 전노협의 운동 노선을 계승한 측면이 있지만, 전투적인 노동조합 운동에 대해서는 의도적으로 언급을 회피하는 반면 사회 개혁 투쟁 노선을 통해 은연중에 정부의 정책 형성 과정에 대한 참여 가능성을 열어 놓고 있다는 점에서는 전노협의 비타협적이고 전투적인 대중적 조합주의 노선과는 일정한 거리를 둔 것이었다.[10] 이런 변화는 노동운동을 둘러싼 이념적 지형이 서로 달랐다는

10 임영일은 1992년경부터 한국의 민주 노조 운동의 이념이 경제적·조합주의로 이행했다고

데도 원인이 있고, 또 다른 한편으로는 민주노총을 결성하는 과정에서 서로 상이한 투쟁의 경험과 입장을 가지는 민주 노조들이 함께 결집한 데서 온 이념적 개량화의 영향도 있었던 것으로 볼 수 있다.

전투적 지향이 약화된 반면에 전노협 당시에는 뚜렷이 볼 수 없던 '사회 개혁 투쟁' 노선이 전면에 등장하고 있다는 것도 중요한 특징이었다. 민노준 단계에서부터 이미 사회 개혁 투쟁이 민주 노조 진영의 중심 사업으로 떠올랐거니와, 민주노총은 강령 제6항에서 "우리는 독점자본에 대한 규제를 강화하고 중소기업과 농업을 보호하며, 사회보장·주택·교육·의료·세제·재정·물가·금융·토지·환경·교통 등과 관련한 정책과 제도를 개혁한다"고 하여 사회 개혁 투쟁이 민주노총의 중심적 운동 노선의 하나가 될 것임을 분명히 했다.

이런 운동 노선은 필연적으로 민주노총이 합법 공간으로 진출할 필요와 노동조합 운동 차원에서 제기된 문제들을 정치적 영역에서 실현할 수 있도록 정치적 영향력을 확보해야 할 필요성을 제기한다. 민주노총이 당시 법률상 불가능했음에도 불구하고 일부러 노조 설립 신고서를 내고,[11] 노동법 개정을 강력히 요구하는 등 합법 공간으로의 진출 의욕을 강하게 내비친 것이나 "강령"과 "기본 과제"를 통해 정치 세력화를 거듭 강조하고, 구체적으로는 창립을 전후하여 1996년 총선 참가 의지를 강하게 밝힌 것도 이런 맥락에서 이해할 수 있다. 민주노총 정치 세력화의 기본 방향은 1996년 2월에 열린 정기 대의원대회에서 채택된 "정치 방침"으로 구체화되었는데, 그 내용을 보면

보며, 그것이 1995년 민주노총의 창립을 전후해서는 민주노총의 이념과 운동노선으로 자리잡았다고 본다(임영일 1998, 235-237). 한편 안승천은 노동운동 내에서 민족해방파의 세력 확대와 이들의 '국민파 노동운동'으로의 결집과 이와 더불어 진행된 '계급적-전투적 분파'의 분열과 세력 약화도 이런 이념적 전환에 주요한 역할을 했다고 본다(안승천 2002, 9장, 10장). 김창우 (2006)에서도 이와 비슷한 설명을 찾아볼 수 있다.

11 민주노총은 1995년 11월 23일 노동부에 설립 신고서를 제출했고, 노동부는 이를 반려했다.

	한국노총	민주노총
이념	"민주복지사회 실현을 위한 노동조합주의" - 경제적 조합주의와 혁명적 조합주의 극복을 주장하나 이념형에서는 경제적 조합주의에 가까움	"사회 개혁적 노동조합주의" - 노사 협조주의 배격과 사회 개혁을 지향하고 있으나 혁명적 조합주의는 아니며, 이념형에서는 정치성과 투쟁성을 강하게 띤 경제적 조합주의라 볼 수 있음
노동운동의 기조	자주적·민주적 노동운동	자주적·민주적 노동조합 운동
노동조건과 노동기본권	노동자와 일반 국민의 생존권을 보호하기 위해 주택·물가·조세·교육·환경·의료·교통 등 생활 전 영역에서 투쟁	- 생활임금 확보, 고용 안정 보장, 노동시간 단축, 산업재해 추방, 모성보호 확대 등 노동조건 개선, 남녀평등 실현 등 모든 형태의 차별 철폐 - 노동 탄압과 통제 분쇄, 노동기본권 쟁취, 경영 참가 확대, 노동 현장의 비민주적 요소 척결
한국 자본주의의 구조적 개혁	경제력 집중 완화, 토지공개념과 금융실명제 실시 및 금융제도의 민주적 개혁, 복지형 세제의 실현과 재정의 민주적 개혁, 물가 안정 체제의 구축	독점자본 규제 강화, 중소기업과 농업보호·사회보장·주택·교육·의료·세제·재정·물가·금융·토지·환경·교통 등과 관련한 정책과 제도개혁
정치 활동	국가의 정책 결정 과정에 대한 적극적 참여, 제도 개선 투쟁, 민주화 투쟁, 선거 활동 참여	노동자의 정치 세력화
노동조직	모든 노동 조직에 문호 개방 및 노동 조직 통일 노력	미조직 노동자 조직화, 산업별 공동 교섭, 공동 투쟁 체제확립, 산업별 노동조합 건설, 전체 노동조합 운동 통일
연대세력과 운동	시민운동과의 연대 : 구조적 개혁의 주체는 노동자와 중간계층	제 민주 세력과 연대 강화, 전 세계 노동자와 연대 및 국제 노동운동 역량 강화
민족문제	—	민족 자주성 및 민족 문화 확립, 조국의 평화적 통일, 항구적인 세계평화 실현

자료 : 강순희(1995).

조합원에 대한 정치교육 등 일상적 정치 활동의 강화, 지역사회에서의 주민과의 결합력 제고, 노조의 정치 활동을 방해하는 법 제도의 철폐, 각급 선거에의 적극 참여와 노동자 정당 건설, 정부와 각 정당의 정책에 대한 적극적인 평가와 비판 등이었다(전국민주노동조합총연맹 1997, 209). 정치 활동과 관련된 운동 노선에 있어서도 한국노총과 민주노총의 노선은 거의 그 차이를 찾아볼 수 없을 정도로 근접해 있었던 것이다.

민주노총은 또한 이미 민노준 시절부터 재야 민중운동 단체만이 아니라 시민단체와의 연대를 시도해 오고 있었고,[12] 창립 이후에는 이런 노력을 더욱 가속화하여 1996년 2월 23일에는 경실련·참여연대·전국연합 등 8개 시민·재야운동 단체의 '사회 개혁을 위한 공동선언'을 발표하기에 이른다. 또한 정부의 정책 결정 과정에 대한 참여 움직임도 구체화되는데, 창립을 전후하여 정부 당국과의 면담과 상견례 요청이 거부당하고, 설립 신고서가 반려되고, 권영길 위원장과 양규헌 수석부위원장 등이 검거·구속되는 등 정부 측의 탄압 또는 냉대가 잇따랐음에도 민주노총은 이에 항의하고 ILO 등에 호소하는 등 비교적 온건한 항의 행동만 펼쳤을 뿐 전면적인 투쟁을 전개하지는 않았으며, 계속해서 참여 노선을 견지했다.

민주노총은 한국노총과의 관계에 대해서도 이전과는 다른 자세를 취했다. 전노협이 '어용적 비민주적 노조 운동'을 극복의 대상으로 규정하고 전노대 시기에는 노총 탈퇴 운동까지 전개했지만, 민주노총은 한국노총 측이 민주노총 출범에 즈음하여 내놓은 조직 통합 제의에 대하여 그 현실성과 필요성에 의문을 표시하면서도 두 조직 사이의 공동 사업과 공동 투쟁의 가능성을 열어 두었고, 앞으로는 노총 탈퇴 운동을 전개하지 않겠다고 함으로써 협력과 공존을 기본 방침으로 제시했다.[13]

---

12 민노준의 사회 개혁 투쟁 4대 요구는 경실련이나 참여연대의 영향을 받은 것이었으며, 이미 사무직 노조를 중심으로 그 이전부터 각종 청원운동 등을 고리로 시민단체와 상당히 활발하게 연대 활동을 해 오고 있었다(임영일 1998).

13 권영길 위원장은 창립 기념 인터뷰에서 다음과 같이 말했다. "우리는 통합에 반대하지 않는다. 그러나 대통합이 되려면 한국노총이 진정으로 노동자를 위한 조직으로 개혁해야 한다. 앞으로 사안에 따라 한국노총과 공동 투쟁도 할 수 있을 것이다. 또 민주노총이 한국노총의 산하 노조를 빼앗을 것으로 우려하고 있는데 이는 잘못 알려진 것이다. 민주노총은 산업별노조 설립으로 100인 이하 영세 사업장의 미조직 노동자들을 조직하는 데 중점을 두고 있다"(『한겨레신문』 95/11/13).

4. 참여와 동원의 쌍곡선

(1) 노개위의 출범과 양대 노총의 참여

김영삼 대통령은 1996년 4월 24일 청와대에서 노·사·정·공익 주요인사 200여 명이 참가한 가운데 개최된 "노사관계개혁방안 보고대회"에서 21세기 한국의 노사 관계가 지향해야 할 원칙으로 ① 공동선 극대화의 원칙, ② 참여와 협력의 원칙, ③ 노사 자율과 책임의 원칙, ④ 교육 중시와 인간 존중의 원칙, ⑤ 제도와 의식의 세계화를 제시하고 이런 원칙에 맞게 노사 관계 제도를 고치기 위해 대통령 직속 민간자문기구로 '노사관계개혁위원회'(이하 노개위)를 설치하겠다고 밝혔다.

앞서도 지적했듯이 김영삼 대통령의 '신노사관계' 구상의 발표와 노개위의 구성은 1987년 체제가 더 이상 지속될 수 없다는 인식에 기초하여 한편으로는 잔존하던 집단적 노사관계법상의 악법 조항들을 개정 또는 폐지하고, 다른 한편으로는 노동시장의 '경직성'을 가져오고 있는 개별적 노사관계법상의 각종 규제를 완화함으로써 이를 '유연화'하겠다는 구상을 합하여, 이 둘을 노·사·정·공익이 사회적 합의 방식으로 처리함으로써 노사정 3자 간의 상호 협력과 신뢰의 기초를 마련한다는 야심 찬 구상이었다.

한국노총은 4월 24일 성명을 발표하여, "신노사관계구상"에 대하여 그 취지에는 동의하지만, 노개위가 "노사 어느 쪽에도 치우치지 않는 공정한 시각을 갖고 민주적이고 공개적인 논의를 통해 의견을 수렴해야 하며, 위원회가 지나치게 기업의 요구나 국가 경쟁에 집착한 나머지 기존의 근로조건을 저하시키는 변형근로시간제, 정리 해고제, 파트타임제의 도입과 할증 임금 삭감, 노조 전임자 축소 등과 같은 개악을 시도한다면 엄청난 저항에 부딪치게 될 것"이라고 경고했다(한국노총 1997, 189-190).

그렇지만 한국노총은 그동안 완강하게 고수해 왔던 복수 노조 금지 조항에 대해 '전면 삭제'로 입장을 전환함으로써 민주노총과의 관계에서 중대한 걸림돌을 제거하는 한편, 향후 전개될 노개위에서의 논의 과정에서 능동적이고 주도적인 역할을 수행하겠다는 의지를 비쳤다. 아울러 한국노총은 5월 20일 노개위의 운영 및 논의 과정에 적극 대처하고 산하 조직의 의견을 수렴하기 위해, 조직 내부에 각 산별 연맹 대표자 및 시도협의회 의장단 등 30여 명이 참가하는 '노사관계개혁추진위원회'를 구성하고 노사 관계 개혁의 기본 원칙으로 ① 노동기본권 보장, ② 참여의 제도화, ③ 노사 관계 민주화, ④ 연대, ⑤ 국민경제 발전의 원칙을 확정했다(한국노총 1997, 192). 이런 한국노총의 적극적이고 능동적인 움직임은 개혁과 통합을 기치로 내걸고 출범한 박인상 집행부가 향후의 노동법 개정 과정에서 단순히 '노동법 개악 반대'나 한국노총의 기득권 지키기 차원이 아니라, 적극적이고 능동적인 역할을 하는 한편, 노동계 통합에 대해서도 기존의 갈등 관계를 청산하고 선의의 경쟁과 연대를 통해 장기적으로는 통합의 교두보를 마련한다는 전향적인 방침을 세운 데 따른 것이었다(조효래 2001, 483).

민주노총도 노개위에 대해서 적극적인 태도를 보였다. 민주노총은 '신노사관계 5원칙'이 과거의 노동정책에 비해 진일보한 면이 있다는 점을 적극적으로 평가하고, 또한 정부가 노사관계개혁보고대회에 민주노총을 초청한 것이 민주노총을 실질적 주체로 인정하는 긍정적인 신호라고 파악했다. 민주노총은 신노사관계 구상이 한편으로는 '자본의 유연화 전략'을 촉진하려는 의도를 가진 것으로 보고 경계하면서도, 불참하여 바깥에서 비판하기보다는 "참여하여 투쟁"한다는 방침을 세우고 이를 5월 1일 노동절 대회사를 통해 공식적으로 천명했다. 그러나 민주노총 지도부의 이런 방침은 곧바로 대중 투쟁에 강조점을 두어 오던 내부의 전투적 노동조합주의적 기류로부터의 비판에 직면했다. 비판자들은 민주노총의 노개위 참여가 조급한 것으로, 자칫 자본의 신보수주의적 재편의 동반자가 될 수 있고, 대중 투쟁에 장애를 초래할 수 있다는 등의 이유로 이를 비판했다.

이런 비판에 직면하여 민주노총 지도부는 노개위 참여의 원칙을 고수하면서도 노개위에서의 논의 못지않게 "아래로부터 대중적인 노동법 개정 투쟁의 결의를 모아낸다"는 투쟁을 통한 개정에도 무게를 두는 입장을 채택했다. 이에 따라 민주노총은 노동법 개정의 기본 방향을 자주적 단결권 쟁취와 개별적 노동관계법 개악 저지에 두고, 이를 위해 국민적 지지 여론을 형성하며 대중 투쟁의 동력을 만들어 나간다는 방침을 정했다.

노사관계개혁위원회는 노·사·공익으로 구성되어 1996년 5월 9일 출범하여 11월 7일 노동관계법 개정 요강 확정으로 활동을 마칠 때까지 수차례의 공청회, 워크숍, 공개 토론회, 여론조사, 그리고 14차례에 걸친 전체회의 및 수 십 차례의 분과회의를 열며 타협안을 마련하고자 했으나, 노·사의 입장이 팽팽하게 맞서 거의 합의점을 찾지 못했다. 미리 예상되었던 것처럼 양대 노총은 집단적 노사 관계의 민주화를 요구하고 근로기준의 악화와 노동시장 유연화에 강력히 반대한 반면, 자본 측은 정확하게 그 역의 입장에 서 있었다.

논의 과정이 핵심 쟁점으로 접근할수록 긴장은 높아졌으며, 민주노총은 10월 1일 불참을 선언했다. 이후 민주노총은 11월 4일 다시 위원회에 복귀했지만, 민주노총이 불참하고 있을 때 노총·경총이 합의한 일부 사항을 제외하고는 노사의 의견이 좁혀지지 않아, 마침내 노개위는 공익대표들이 마련한 이른바 '공익 수정안'을 11월 4일 13차 전체회의에서 민주노총이 참여한 가운데 노동관계법 개정 요강에 대해 토의를 한다. 11월 7일 14차 전체회의에서 공익 최종안을 노동관계법 개정 요강으로 확정하고 미합의 사항은 제목만 보고하기로 합의했다. 이날 확정된 수정 공익안은 147개 조항 가운데 107개 합의, 40개 조항 미합의 상태로 11월 12일 대통령에게 최종적으로 보고되었다.

정리된 공익안의 주요 내용은 ① 복수 노조 금지는 전면 허용하되, 경과 규정을 두어 일정 기간 동안 상급 단체만 허용하기로 하고, ② 제3자 개입 금지는 단체교섭 등의 지원 규정을 신설하여 지원받을 수 있는 자를 열거한 후 그 이외의 자가 고의로 교섭 방해나 쟁의 조정, 선동할 수 없도록 수정했으며, ③ 해고 근로자의 자격은 2차 개혁 과제로 넘기고, ④ 연합단체 정의규정은 현행대로 유지하되 보완 방법은 2차 개혁 과제로 넘겼으며, ⑤ 노조 전임자 임금은 노조의 재정 자립 원칙을 선언적으로 명문화하고, 복수 노조 전면 허용 시의 전임자 급여 문제는 2차 과제로 넘겼으며, ⑥ 교원의 단결권에 대해서는 명칭을 교원단체로 하고 특별법에 규정하는 것으로 했으며, ⑦ 변형 근로제는 격주 단위 주 48시간제로 취업 규칙으로 도입하고, ⑧ 연·월차 휴가는 2차 과제로 넘기고, ⑨ 파견근로제는 1997년에 입법화하도록 하는 것 등이었다(민주노총 1997, 145-148).

　　노개위가 마무리되자, 민주노총은 합의가 제대로 이루어지지 않은 데 대해 실망했다는 입장을 표명했으며, 정기국회에서 복수 노조 금지 철폐, 공무원·교원의 노동기본권 보장 등의 법 개정을 실현시키기 위한 총력 투쟁을 전개할 것을 선언했다. 특히 11월 10일 열린 노동자 대회에서는 노동법이 개악될 경우에는 총파업에 돌입할 것을 결의했다. 한편 8월 이후 정리 해고제, 변형 근로제, 근로자 파견제의 도입에 대비하여 이를 저지하는 투쟁을 준비하고 있던 한국노총도 이들 법안이 국회에 상정되면 총파업으로 통과를 저지하며, 1997년 초에는 이를 임투 및 대통령 선거와 연계하겠다는 방침을 정해 놓고 있었다(한국노총 1997, 201).

　　11월 10일 정부와 신한국당이 고위 당정회의에서 노개위안과는 상관없이 정부안을 만들어 1996년 내에 처리하겠다는 방침을 밝히자 한국노총은 11월 19일 산하 조직에 비상사태를 선포했고, 11월 24일에는 여의도 고수부지에서 노총사상 최대 인원인 12만 명의 조합원을 동원한 생존권 사수 및 노동 악법 분쇄 결의 대회를 개최, 12월 3일 내각 총사퇴 요구, 12월 4일 산하 820개 노조가 쟁의 발생을 결의하는 등 나날이 투쟁 수위를 높였다(한국노총

1997, 56-58).

그럼에도 불구하고 정부와 여당은 노개위안보다 훨씬 더 자본의 이익에 맞추어 조정된 노동법 개정안을 마련하여 12월 11일 국회에 제출했다. 정부안은 제3자 개입 금지, 복수 노조 금지, 정치 활동 금지 등 이른바 '3금' 조항은 삭제했지만, 정리 해고제와 변형 근로제를 도입하고, 직권중재의 대상 사업을 노개위 안보다 확대했으며, 노조 전임자 임금 지급을 부당노동행위로 규정하여 2002년부터 시행토록 했고, 교원의 노동 3권과 관련해서는 단결권만 인정하고 단체교섭 대상을 명시하여 제한하고 단체행동권은 부정하는 등을 핵심 내용으로 하고 있었다.

따라서 양대 노총은 즉각적으로 이 개정안을 편향적인 '개악'으로 규정했으며, 특히 정리 해고제의 도입은 현장의 노동자들을 격분시켰다. 야당과 시민단체들도 이 법을 '반노동자적인 개악'으로 규정하고 정기국회에서의 강행 처리에 반대했다.

이런 강력한 반발과 양대노총의 총파업 경고에도 불구하고 여당인 신한국당은 12월 26일 새벽 4시 국회 본회의를 단독으로 개최하여 단 7분 만에 노동관계법과 안기부법을 포함한 11개 법안을 '날치기'로 변칙 처리했으며, 한 술 더 떠 상급 단체의 복수 노조 허용 시기를 정부안보다 3년 뒤인 2000년으로 유예하고, 정리 해고의 요건은 완화하는 개악을 감행했다. 신한국당의 이런 개정은 한국노총과 민주노총의 분열을 노리는 의도도 있었고, 특히 한국노총의 온건한 반응을 기대한 것이었지만 오판이었음이 드러났다.

(2) 1996~97년 총파업

민주노총은 날치기 당일인 12월 26일부터 즉각적으로 총파업에 돌입했으며, 한국노총도 12월 27일부터 총파업에 돌입했다. 양대 노총이 주도하는 총파업은 각계각층이 노동관계법과 안기부법의 날치기 통과에 대한 철회 요구에 우후죽순격으로 동참하기 시작한 1월 중순경에 절정에 이르렀다. 특히 1월 14일에는 한국노총 박인상 위원장이 명동성당을 방문해 민주노총과 공동 기자회견을 갖고, 날치기법 무효와 재개정이 이루어질 때까지 투쟁을 계속할 것이며, 전국 노동자 공동 집회를 개최할 것을 발표하면서 총파업의 분위기는 더욱 고조되었다. 2월 말까지 진행된 총파업에서 민주노총 산하 조합 가운데 한 번 이상 총파업에 참가한 노조 수는 531개, 조합원 수는 40만 4,054명이었으며, 총파업에 참가한 노조와 조합원 수의 누계는 3,422개 노조, 조합원 387만 8,211명으로 집계되어 1일 평균 163개 노조, 조합원 18만 4,498명이 참가했다.

한국노총 산하 조합들도 1월 14일 1,648개 노조 42만 2,000명이 참여하는 한국노총 사상 최대의 총파업을 전개했으며(한국노총 1998, 58), 1월 25일에는 민주노총과 함께 전국적으로 조합원 및 가족 50만 명이 참가하는 대규모 '날치기 노동법·안기부법 무효화와 민주적 노동법 개정을 위한 전국노동자 대회'를 개최했다. 양 노총이 공동 개최하는 이날 집회는 수도권과 중부권이 참여하는 중앙대회와 10여 개의 각 지역별 대회로 나누어 동시에 열렸으며 중앙대회 20만 명 등 전국에서 50만 명이 참여하는 노동계 최초의 연대집회였다(한국노총 1997, 212-217).

한국노총의 총파업 투쟁은 일반의 예상을 뛰어넘는 적극적인 대응이었다. 노총 역사상 최초의 총파업은 노동 악법 철폐 투쟁의 정당성과 불가피성을 입증하는 역할을 했을 뿐만 아니라, 한국노총에 대한 부정적 이미지를 불식시키며 노총 개혁을 대내외적으로 과시하는 효과를 얻었다.

1월 21일 여야 영수회담을 계기로 노동조합이 주도하는 총파업 투쟁에서 정치권이 주도하는 여야협상으로 국면 전환이 이루어지기 시작했다. 여야는 2월 17일 임시국회를 통해 변칙처리법 재개정을 논의하기로 합의했고, 여야 각 당의 노동관계법 개정안에 대한 절충이 이루어져 결국 3월 10일 변칙처리법에 대한 폐지안과 여야 합의안을 동시에 제출해 일괄 처리했다(유범상 1999, 180-182).

여야 합의로 개정된 노동법은 변형 근로제에 관해서는 변칙 처리된 법을 수용했지만, 정리 해고제의 요건은 노개위 수정 공익안으로 회귀했으며, 복수 노조는 상급 단체만 허용하고 기업 단위는 5년 동안 유예하는 것으로, 교사와 공무원의 단결권 보장은 유보로, 노조 전임자 임금 지급 금지는 5년 유예로, 직권중재 대상은 은행과 시내버스업을 3년 유예하는 것으로 했다.

이렇듯 재개정된 노동법은 날치기 법안의 독소 조항들을 완화한 것이었지만, 기본적으로 애초의 정부안의 테두리를 벗어나지는 않았다. 그 이유는 총파업 투쟁에도 불구하고 노동조합이, 여야 정당에 의해 배타적으로 전개된 협상과 절충 과정에 개입하거나 영향력을 행사할 수 없었기 때문이었다(장홍근 1999, 225-226).

그럼에도 1996~97년 노동법 개악에 반대하는 총파업 투쟁은 한국 노동운동의 새로운 발전 단계를 보여 주는 역사적 사건이었다. 무엇보다 이 총파업은 건국 이후 최초의 총파업이자, 최대 규모의 정치적 총파업으로 기록되었다. 또한 그동안 심화되어 오던 노동운동의 사회적 고립이라는 이데올로기적 지형을 일시적으로나마 와해시키면서 민주/반민주, 수구/개혁의 전선 속에서 노동운동이 중추적 역할을 '다시' 담당할 수도 있다는 가능성을 보여 주었다(조효래 1997). 뿐만 아니라 이 총파업은 그동안 조직적 경쟁과 갈등 관계에 있던 양대 노총이 노동계급 공통의 이익을 수호하기 위한 투쟁에서 공동전선을 형성하고 공동 투쟁의 경험을 축적하는 좋은 계기가 되었다. 마지막으로 이 총파업은 한국 노동자들의 투쟁력을 세계적으로 널리 알리는 계기가 되었다. 이 파업은 신자유주의의 물결 속에서 수세에 처해 있던 세계의 노동자들에게 노동시장 유연화와 노동기본권 및 노조 활동의 자유에 대한 제약에 저항하는 투쟁에서 승리할 수도 있다는 용기를 주는 희망적 사례가 되었다.

5. 결론을 대신하여

1993년에서 1997년에 이르는 시기는 한국의 민주노조운동이 한편으로는 투쟁을 통해 국가의 정치적 억압을 이겨내고 민주노총이라는 전국적 구심점을 건설해 국가로 하여금 이를 사실상 인정하지 않을 수 없게 강제해 낸 승리의 역사로 요약될 수 있지만, 다른 한편으로는 기층에서 운동의 활력을 조금씩 상실하면서 제도화된 역사로 요약될 수도 있다.

이처럼 모순적인 경향이 교차된 것은 민주화 과정에서 노동운동이 걷게 되는 일반적 경로('동원'에서 '제도화')의 맥락으로 설명할 수도 있지만, 그것만으로는 설명할 수 없는 한국 특유의 치열한 노사정의 각축이 있었다는 점이 더욱 중요하다. 앞서 서술에서 부족하나마 드러내었듯이 1993년에서 1997년에 이르는 한국 노동 정치의 전개는 일반적인 비교노동정치론적 맥락에서는 설명하기 어려운 치열한 투쟁과 힘겨루기의 결과 만들어진 불안정한 타협의 연속이었기 때문이다.

이 시기 노동 정치의 전개가 불안정한 타협의 연속이었던 것은 이 시기에 이루어진 많은 조직·제도·합의들의 지속 기간이 대단히 짧았다는 것에서도 드러나지만, 무엇보다도 바로 이 시기가 끝나자마자 전개된 1997년 말부터의 경제 위기로, 이 시기에 이루어졌던 각종 제도와 합의가 포말처럼 부서진 데서 더욱 극명히 드러난다.

참고문헌

강순희. 1998. 『한국의 노동운동 : 1987년 이후 10년간의 변화』. 한국노동연구원.

권순원. 1996. "한국노동자들의 체제인식과 행위선택 : 기업의 '경영합리화' 전략이 '계급의식' 형성에 미친 영향에 관한 연구." 서울대학교 석사논문.

김금수. 1995. 『한국의 노동운동 : 1987년 이후 10년간의 변화』. 한국노동연구원.

김보현. 1996. "한국노동운동의 위축과정 분석 : 1987년 이후 '민주 노조 운동'을 중심으로." 성균관대학교 대학원 석사논문.

김성희. 1994. "대기업의 노동유연화 전략과 노사관계의 변화 : 조선, 자동차 4개사를 중심으로." 고려대 석사논문.

김세균. 2002. "1987년 이후의 한국노동운동." 『한국정치연구』 11집 1호.

김창우. 2006. 『전노협 청산과 한국노동운동 : 전노협은 왜 청산되었는가』. 후마니타스.

노중기. 1995. "국가의 노동 통제전략에 관한 연구 : 1987~1992." 서울대학교 박사논문.

박정은. 2000. "1996~97년 노동법 개정과 국가·자본·노동의 역학관계." 이화여자대학교 대학원 석사논문.

안승천. 2006. 『한국 노동자 운동, 투쟁의 기록』. 박종철출판사.

윤진호·정영태. 1995. "한국노총과 전노대의 조합원 의식 비교연구." 『사회경제평론』 8호. 한국사회경제학회.

임영일. 1998. "한국의 노동운동과 계급정치(1987~95) : 변화를 위한 투쟁, 협상을 위한 투쟁." 경남대학교 출판부.

장홍근. 1999. "한국노동체제의 전환과정에 관한 연구, 1987~97." 서울대학교 박사논문.

최영기 외. 1999. 『한국의 노사관계와 노동정치(1) : '87년 이후 사회적 합의를 중심으로』. 한국노동연구원.

______. 2001. 『한국의 노사관계와 노동정치(3) : 1987년 이후 한국의 노동운동』. 한국노동연구원.

한국노총. 각 년도. 『사업보고서』.

경제 위기 이후 민주 노조 운동: 투쟁과 계기들

제2부는 1997년 말 외환위기 이후 현재까지, 즉 민주 노조 운동 20년 역사의 후반 10년을 다룬다. 민주 노조 운동이 전반 10년 동안 노동조건 개선과 노동기본권 보장 등을 요구하며 공세적 투쟁을 전개해 왔다면, 후반 10년은 국가와 자본의 공세에 대응하는 수세적 투쟁의 시기였다. 세계화 추세 속에서 경제 위기 극복이라는 명분 아래 신자유주의 경제정책이 적극적으로 추진되는 동안 노동계급은 정리 해고로 표상되는 고용 불안정과 함께 노동조건 악화와 삶의 질 저하를 겪게 되었다.

신자유주의 경제정책은 사적 부문에서는 정리 해고로, 공공 부문에서는 민영화로 나타났다. 그런 자본과 국가의 공세와 그에 맞서는 민주 노조 운동의 투쟁을 분석한 것이 조형제와 김상곤의 글이다. 정리 해고가 합법화된 뒤 사적 부문 기업들이 단위 사업장에서 이를 관철하려고 시도하자 민주 노조 운동이 강력한 투쟁으로 맞섰고, 양 진영은 현대자동차에서 충돌하게 되었다. **조형제**는 현대자동차에서 노사 충돌을 피하기 어려웠던 요인들과 노동조합의 전략을 논의한다. **김상곤**은 정부의 민영화 시도에 맞서 기간산업 3사의 노동조합들이 전개한 민영화 저지 투쟁을 분석하면서 공공 부문 특성의 발현과 연대 파업의 사회경제적 의미를 분석하며 이론적·실천적 과제까지 도출한다. 한편, 신자유주의 경제정책에 수반되는 노동시장 유연화는 고용 불안정과 함께 비정규직 문제를 노동계급에게 안겨 주었다. **윤영삼**과 **백두주**는 비정규직 가운데 특수 고용직 노동자로 분류되는 화물 운송 부문 노동자들이 지리적 분산으로 인해 제조업에 비해 상대적으로 매우 어려운 조직화와 투쟁의 조건을 지녔음에도 불구하고 상당한 성과를 거둘 수 있었던 과정을 분석하며 비정규직 운동의 전망과 관련한 함의와 과제를 논의한다.

현대자동차의 고용조정

조형제 I 울산대학교 사회과학부 교수

1. 머리말

한국 경제가 IMF 관리 체제 아래 심각한 경제불황을 겪고 있던 1998년 여름, 현대자동차 노사는 고용조정[1]을 둘러싸고 뜨거운 진통을 겪었다. 정리 해고를 강행하려는 회사에 맞서 노동조합은 정리 해고 절대 불가를 주장하며 무기한 파업에 돌입했고, 사안의 심각성으로 인해 이 사건은 전 사회적 관심을 끌었다. 8월 24일 현대자동차 회장과 노동조합 위원장은 노동부 장관을 가운데 두고 나란히 서서 합의안을 발표했다. 정리 해고를 최소 규모로 하는 대신, 그에 따른 부작용을 완화하기 위한 대응책을 마련한다는 것이 주요 합의 사항이었다. 이 사건은 노사정 간에 극적인 합의를 이뤄냄으로써 대립적 성격을 지닌 기존의 노사 관계에 커다란 변화의 전기를 마련한 것처럼 여겨졌다. 그러나 그 후 현대자동차의 노사 관계는 화합과는 무관한 방향으로 전개됐다. 노동조합 집행부의 주요 임원들이 구속됐을 뿐만 아니라, 노노 간

---

* 이 글은 『산업노동연구』(5권 1호)(1999년)에 실렸던 글임.
1 고용조정이란 경영합리화를 위한 구조 조정의 일환으로서 가동률의 변화에 맞춰 피고용자들의 고용 규모나 형태, 근무 방식 등을 조정하는 것을 지칭한다. 고용조정에는 정리 해고 이외에도 명예퇴직, 레이오프, 휴직, 전출, 근무 형태 변경 등 다양한 내용이 포함된다.

의 갈등도 심각했다.

임영일은 87년 이후 한국의 노동운동이 '최대한의 투쟁을 통한 최대한의 경제적 보상 획득'이라는 단순한 실천 전략에 매우 익숙해 있었다고 주장한다(임영일 1999, 40-41). 그는 이것이 장기적인 경제 번영의 지속이라는 경제 상황을 배경으로 해서만 가능한 것이었다고 본다. 현재의 경제 위기 속에서는 최대한의 투쟁을 통해서도 그동안 쌓아온 성과를 지킬 수 없게 됐기 때문에 노동운동은 지난 10년의 성과를 본격적으로 시험받아야 할 고통스러운 무대 위에 서게 됐다는 것이다.

현대자동차 노동조합은 회사 측의 유례없는 대규모 고용조정에 맞서는 과정에서 이와 같은 고통을 집약적으로 겪어야 했다. 현대자동차는 한국의 대표적 완성차 업체로서 자동차 산업의 성격상 경기변동에 민감할 수밖에 없다. 현대자동차가 재벌 대기업 중에서 제일 먼저 대규모 고용조정에 나선 것은 이런 맥락에서 이해할 수 있다. 반면, 현대자동차 노동조합은 민주노총의 핵심을 구성하는 대표적 강성 노동조합으로서 회사 측의 정리 해고에 맞서 고용 안정을 확보할 사명감을 느끼고 있었다. 현대자동차의 노사는 고용조정을 둘러싸고 전국의 자본가와 노동자를 대표하여 한판 승부를 벌인 것이다.

임영일에 의하면 위기 상황에서 노동의 선택은 '최대한 투쟁'(변혁전략)과 '자본과의 타협적 공생의 길'Keynsian approach 양자로 주어진다(임영일 1998, 103-104). 경제 위기에 대한 대응에서 노동이 선택할 수 있는 여지는 극히 제한돼 있다는 것이다. 그렇다면 고용조정을 둘러싼 현대자동차의 노사 갈등은 이 중에서 어느 쪽으로 귀결된 것이라고 볼 수 있는가?

현대자동차의 노사는 처음부터 파국으로 치달았다. 회사는 여유 인원 정리뿐만 아니라 노동조합 무력화의 기회로 고용조정을 활용하고자 했다. 노동조합은 이에 맞서 "단 한 명의 정리 해고도 있을 수 없다"는 원칙을 고수하며 '최대한의 투쟁'을 다짐했다. 노사는 서로 평행선을 달리고 있었다. 그러나 파업의 최종 국면에서 노동조합은 부분적으로나마 정리 해고를 수용하는 노사 합의안에 동의하고 말았다. 이것을, 노동이 '자본과의 타협적 공생의 길'을 선택한 것이라고 보아야 할 것인가? 노사 합의 이후의 양상은 이런 해석을 불가능하게 만든다. 회사의 강경책과 조합원 총회의 부결로 현대자동차의 노사 관계는 다시금 대립으로 돌아서고 말았다.

이 글이 구체적으로 해명하려 하는 문제들은 다음과 같다. 고용조정을 둘러싼 노사 갈등 과정에서 노동조합이 강경 투쟁을 고수할 수밖에 없었던 이유는 무엇인가? 그럼에도 불구하고 파업의 최종 국면에서 노동조합이 노사 합의안에 동의하게 된 이유는 무엇인가? 노사 합의 이후 노사 관계가 다시 대립 상태로 복귀하고 노동조합이 극심한 내부 혼란에 빠진 이유는 무엇인가?

이 글은 현대자동차의 고용조정을 둘러싼 노사 갈등을 기업 내 노사 관계에 초점을 맞춰 살펴보고자 한다. 이 사건에는 물론 정부, 사용자단체, 상급 노동조합 등 기업 외부의 행위자들이 영향을 미친 것이 사실이다. 그러나 기업별 노동조합 체제에서 노사 관계의 일차적 당사자는 해당 회사와 개별 노동조합일 수밖에 없다. 이 글에서는 분석의 편의상 개별 기업의 노사 관계를 분석 단위로 하면서 그것에 영향을 미치는 외부 행위자들을 부분적으로 고려하는 방식으로 논의를 진행할 것이다. 이처럼 현대자동차의 기업 내 노사 관계를 미시적으로 분석하는 것은 기업별 노동조합 체제에 입각한 한국의 노사 관계를 해명하는 데 여러 가지 함의를 줄 수 있을 것으로 기대된다.

이 글은 다음과 같이 구성된다. 2절은 기존의 대립적 노사 관계의 지형이 고용조정을 둘러싸고 어떻게 변화되고 있는지를 살펴보고 고용조정을 둘러싼 노사 당사자들의 기본적 입장을 정리한다.

3절은 고용조정 갈등의 과정에서 행위 주체들(회사·노동조합·정부)이 구체적으로 어떻게 대응했는지를 살펴본다. 특히 정부 개입이 노사 협상의 양상을 변화시킴에 따라 집행부가 강경 투쟁에서 노사 합의로 선회한 과정에서 드러나는 노동조합의 내부 균열에 초점을 맞춘다.

4절은 노사 합의 이후 노사 관계가 어떻게 변화되고 있는지를 살펴본다. 노사 관계가 대립적인 것으로 복귀하면서 노동조합의 내부 균열이 좀 더 확대되는 것에 초점을 맞춘다.

5절은 앞의 분석을 토대로 고용조정 갈등 과정 전체에 대한 평가를 시도한다. 노동조합 집행부가 달리 선택할 수 있었던 두 개의 시나리오를 상정한 후, 실제로는 그 어느 쪽으로도 갈 수 없었던 이유를 '기업별노조 체제'와 연관시켜 설명한다.

2. 노사 관계의 지형 변화

(1) 대립적 노사 관계

1998년의 경제 위기 속에서 고용조정이 현안으로 대두함에 따라 현대자동차의 노사 양측은 서로 접근할 수 없는 상이한 입장을 가지고 대립하게 된다. 이런 대립은 일시적으로 나타난 것이 아니라 한국 사회가 처한 역사적·구조적 조건에서 배태된 노사 관계의 지형에서 비롯된 것이다. 고용조정을 둘러싼 노사 갈등을 이해하기 위해서는 기존의 노사 관계 지형을 살펴볼 필요가 있다.

현대자동차는 국내 최대 재벌 중 하나인 현대그룹의 중심 계열사다. 따라서 현대자동차의 경영 상태는 재벌체제의 특징과 연관해 이해하지 않으면 안 된다. IMF 관리 체제 아래 명확히 드러난 재벌 경영의 문제점은 차입 경영과 상호 지급보증, 그리고 상호 출자다. 한국의 재벌들은 차입 경영과 계열사들 간의 상호 출자를 통해 선단식 경영을 지속해 왔다. 따라서 재벌그룹의 계열사들은 양호한 영업 실적에도 불구하고 지나친 금융 비용과 상호 지급 보증, 타 기업 출자 등으로 경영 부실을 초래하는 경우가 많았다(김기원 1998).

현대자동차의 경영 상태는 재벌체제의 이런 문제점을 전형적으로 보여 준다. 1997년 현재, 현대자동차는 부채비율이 자기 자본금의 490%로서 한 해에 7,000억 원 정도의 금융 비용을 지출했다. 그리고 자기 자본금의 114%에 해당하는 1조 6,954억 원을 계열사에 지급보증하고 있다. 또한 현대자동차는 자기 자본금의 37%에 해당하는 6,543억 원을 타 기업에 출자하고 있는데, 이 중에서 90%가 넘는 5,906억 원을 계열사에 출자하고 있다. 그러나 타 기업 출자액 전체로부터의 배당금은 23억 원에 불과하여 합리적 투자와는 거리가 멀다는 것을 알 수 있다. 이처럼 현대자동차는 영업 분야에서는 상당 규모의 흑자를 내고 있음에도 불구하고, 이에 버금가는 규모의 비영업 분야 적자로 인해, 1997년의 당기순이익은 500억 원에 불과하다(현대자동차 1998b). 차입 경영과 상호 지급보증, 상호 출자로 심각한 경영 부실을 초래하고 있는 것이다.

재벌체제의 이런 특징은 노사 관계가 대립적으로 형성되는 데 작용한 것으로 보인다. 노동조합이 결성된 지 10년이 넘었음에도 노사 간에는 넘을 수 없는 불신의 벽이 존재하고 있었다. 무엇보다도 회사 측은 경영 상태를 정확하게 파악할 수 있을 만큼 충분한 자료를 노동조합에 제공하지 않는다. 이는 재벌 경영의 비합리적 관행으로 인해 투명하지 못한 경영 상태를 떳떳하게 알리는 것을 꺼리기 때문인 것으로 추측된다. 호황 때는 노동조합의 분배 요구를 회피하기 위해, 그리고 불황 때는 경영 책임을 회피하기 위해 경영 상태를 은폐했다. 또한 노사 불신이 심각한 상태에서 회사 측은 노동조합을 경영에 참여시키기보다 배제하기 위해 노력했다. 노동자들이 경영에 기여할 수 있는 잠재력을 지녔다고 보지 않기 때문이다. 경영권은 회사의 배타적 권리인 것처럼 주장됐고 노동조합의 경영 참여 요구는 불순한 것으로 매도됐다(조우현 1995). 자동화에 대해서도 회사 측은 노동자들의 규모를 줄이고 무력화하는 수단으로 인식하고 있는 것처럼 보인다. 1987년 노동운동이 활성화된 이후 자동화율이 급격히 상승한 것은 회사 측의 노동 배제적 동기와 연관시켜 이해할 수 있다. 요컨대, 현대자동차 회사 측은 다른 재벌 기업들과 마찬가지로 노동조합을 경영의 대등한 동반자라기보다 생산에 필요한 '필요악' 같은 존재로 여기고 있다.

한편, 현대자동차 노동조합은 1987년 결성된 이후 민간기업 노조로서는 최대 규모로 민주노총의 핵심을 구성하고 있다. 현대자동차 노동조합을 비롯해 한국 노동조합 운동의 성격을 집약하면 '실리적 조합주의'라고 규정할 수 있다. '노동 해방'과 같은 이념적 목표를 내세웠음에도 불구하고 개별 노동조합의 실제 목표는 주로 임금 인상이었다. 조합원들은 경영 성과를 배분받는 데 관심이 있었을 뿐 생산이나 고용 등 기업 활동의 다른 영역에는 거의 관심을 두지 않았다. 경제적 실리를 달성하는 방식으로는 합법적 교섭에 국한되지 않고 주로 파업과 같은 전투적 투쟁에 의존해 왔다. 회사 측이 노동조합을 동반자로 인정하지 않는 상태에서 요구 사항을 관철시키려다 보니 조합원들을 집단적으로 동원하는 투쟁에 의존할 수밖에 없었던 것이다(노항래 1998). 이처럼 노사 관계는 일정한 규칙보다는 힘겨루기에 의해 전개되어왔다. 그 과정에서 노사 합의란 노사 간의 세력 관계가 대등할 때 일시적으로 이루어지는 취약한 성격을 지니고 있었다.

지난 10년 동안 현대자동차와 같은 대기업 노동조합들은 전체 노동운동의 중심적 역할을 수행했다. 대기업 노동조합은 해당 기업이 지불 능력을 갖고 있기 때문에 임금 및 단체교섭 과정에서 많은 것을 얻어낼 수 있었고, 그 성과는 다른 중소기업들로 파급됐다. 이런 의미에서 대기업의 노사 관계는 개별 기업에 그치지 않는 파급효과를 지니고 있었다.

(2) 고용조정에 대한 입장

현대자동차의 노사는 상호불신에서 비롯된 대립적 관계를 지속해 왔다. 회사 측은 노동조합을 경영의 대등한 동반자라기보다 '필요악' 정도로 여기고 있었고, 노동조합은 회사를 더 많은 경제적 실리를 획득하기 위한 투쟁의 대상으로 여기고 있었다. 고도성장의 과정에서는 회사가 지불 능력이 있었기 때문에 노사 양자의 공존이 가능했다. 회사는 노동자들의 임금 인상을 허용하면서도 확대재생산을 계속할 수 있었다. 그러나 IMF 관리 체제에서 고용조정이 새로운 현안으로 등장하면서 현대자동차의 노사 관계는 새로운 국면을 맞게 된다.

1) 회사

현대자동차의 경영 상태는 IMF 관리 체제 아래 내수가 급격히 위축됨에 따라 악화하고 있었다. 경기 불황으로 자동차의 구매 수요가 얼어붙은 것이다. 1998년 1/4분기 동안 현대는 내수 시장에서 6만 4,254대를 팔아 전년도 같은 기간의 절반에 불과한 판매 대수를 기록했다(한국자동차공업협회 1998). 내수 판매의 감소는 기존의 생산 과잉 상태를 더욱 악화시켰다. 현대는 1998년에 154만 대를 판매할 예정이었는데, 수요 부족으로 91만 대 판매에 그칠 것으로 예상되었기 때문이다. 1998년 상반기 현대자동차의 평균 가동률은 44.3%에 불과했고 주당 평균 작업 시간은 25.6시간에 불과했다(조성재 1998).

이런 상황에서 현대자동차가 고용조정에 나선 것은 불가피한 점이 없지 않다. 회사 측은 1998년 1년 동안 예상되는 가동률 저하에 따른 생산 감소 비율 40.6%를 종업원 수에 적용하여 전체 종업원 4만 6,132명의 40.6%인 1만 8,730명이 여유 인원이라고 보고, 이 가운데 1월에서 4월 사이에 명예퇴직한 1,977명과, 사내 하청을 대체한 1,722명을 합친 3,699명을 제외한 1만

5,031명이 실제 여유 인원이라고 보았다. 이 중에서 6,842명의 고용을 유지한다고 하더라도 8,189명은 감원해야 한다는 것이 회사 측의 입장이었다(현대자동차 1998a).[2]

그러나 이런 주장은 다음과 같은 점에서 무리가 있었다. 첫째, 기업의 구조 조정은 여러 차원에서 이루어질 수 있는데, 가장 근본적인 것부터 순서대로 열거하면 재벌 구조 조정, 사업 구조 조정, 재무 구조 조정, 제품 구조 조정, 시장 구조 조정, 조직 구조 조정, 인력 구조 조정을 들 수 있다. 경영 위기에 근본적으로 대처하기 위해서는 재벌체제 자체를 재편하는 것부터 시작해 사업 구조, 재무 구조를 재편하는 순서로 이루어지지 않으면 안 된다. 인력 구조 조정이란 이처럼 중요한 구조 조정이 마무리된 후 비로소 착수돼야 할 지엽적 과제에 지나지 않는다(조동성 1998). 현대자동차가 근본적 차원의 구조 조정을 제대로 추진하지 않은 채 고용조정을 통해 인건비의 절감만을 추구하는 것은 경영 위기에 대한 올바른 대처 방식이라고 볼 수 없는 것이다.[3]

둘째, 1998년의 생산 계획이 100% 실현될 것을 기준으로 한 상태에서 계산된 생산 감소 비율 40.6%를 그대로 종업원 수에 적용하여 여유 인원을 산정하는 방식에도 문제가 있다. 무엇보다도 가동률 100%란 최대한의 생산능력에 불과한 것이지 실현 가능한 목표가 아니다. 현대자동차의 실제 연간 생산 실적은 생산 계획의 80~90% 수준에 불과하다. 따라서 여유 인원도 평상

---

2 1인당 평균 연봉이 2,976만 원이기 때문에, 미고용조정 인원 6,842명의 인건비 규모는 2,036억 원이 된다. 여기에 사내 하청을 대체하는 데서 오는 연간 비용 상승액은 1인당 1,358만 원으로 모두 234억 원이다. 따라서 회사 측은 6,842명의 고용을 유지하는 데 드는 2,270억 원의 비용은 인건비 삭감, 무급 휴직제, 근로 시간 단축(주 30시간) 등을 통해 보충하겠다고 밝혔다(『한겨레』98/05/20).

3 회사 측은 인건비 절감 이외에도 재료비 및 경비 절감, 투자 축소 등을 통해 7,000억 원 정도를 절감할 계획이리고 주장한다(『현대자동차 면담자료』 1998), 하지만 이는 구조 조정의 근본적 원칙과는 거리가 있다. 이 중에는 납품 가격을 인하해 모기업의 비용 부담을 하청 업체에 전가하는 손쉬운 방식이 주된 비중을 차지하고 있기 때문이다.

시의 가동률을 기준으로 산정돼야 한다. 즉, 현재 인원이 80~90%의 가동률에서 적정 인원이었던 것으로 보고, 생산이 40.6% 감소한 상태(가동률 59.4%)에서 발생하는 여유 인원을 계산해야 하는 것이다. 또한 자동차 산업의 특성인 '규모의 경제'를 고려한다면, 가동률이 떨어진다고 해서 그에 산술적으로 비례하여 종업원을 감원할 수는 없다. '규모의 경제'를 실현하기 위해서는 전체 종업원을 가동률로 단순하게 곱한 것 이상의 인원이 필요하기 때문이다. 그럼에도 불구하고 회사에서 주장하는 것처럼 여유 인원의 규모가 큰 것이 사실이라면, 그것은 고용조정 이전의 인원 배치가 적절하지 못했음을 보여주는 것이다.

이상에서 살펴본 것처럼 IMF 관리 체제에서 현대자동차가 심각한 경영 위기에 처했던 것은 사실이다. 그러나 회사 측은 재벌 경영의 근본적인 문제를 해결하지 않은 채 손쉽게 비용 절감의 효과를 볼 수 있는 대규모 감원을 시도했다. 회사가 이처럼 고용조정을 적극적으로 추진한 데는 좀 더 깊은 이유가 존재한다. 비용 절감만이 고용조정의 목적이라면, 기존 종업원들을 그대로 둔 채 임금 삭감과 일자리 공유라는 방식을 통해 동일한 목적을 달성할 수도 있는 것 아닌가?

회사 측은 이에 대해 두 가지 어려움을 밝히고 있다(『현대자동차 면담자료』 1998). 첫째로는, 여유 인원을 감원하지 않은 채 임금을 추가로 삭감할 경우 다른 종업원들이 그런 부담을 감수하기 어렵다. 둘째로는, 일거리가 부족한 상태에서 일자리를 순환적으로 공유할 경우 생산성과 품질을 유지하기 어렵다는 것이다.

이런 이유로 회사 측은 대규모 정리 해고를 통해 '불량한' 부분을 제거해 인력 구조를 유연하게 재편하겠다는 의도를 갖고 있었다. 달리 말하면, 노동 운동 세력을 약화시키는 것이 회사의 또 다른 목적이라는 추론이 가능해진다. 정리 해고의 대상자는 생산직 사원의 경우 인사고과(30%), 징계(10%), 포상(10%), 근무 태도(30%), 입사 역순(20%)의 항목들을 종합하여 선정한다(현대자동차 1998a). 공정성이 제대로 보장되지 않는 상태에서 회사가 정리 해고 대상자를 선정할 경우 노동조합 활동가들이 대거 포함될 것이라는 점은 충분히 예상할 수 있다.

2) 노동조합

IMF 관리 체제 아래에서, 실리적 조합주의에 입각한 기업별 노동조합 운동은 그 한계를 드러내게 됐다. 심각한 불황으로 기업 경영이 극도로 악화됨에 따라 경제적 실리를 추구하기가 어려워졌기 때문이다. 현대자동차 노동조합의 고용조정 투쟁은 노사 관계의 여건이 변화됐음에도 불구하고 동일한 투쟁 방식을 적용한 사례라고 할 수 있다.

1997년 8월의 현대자동차 7대 노동조합 위원장 선거에서는 기존 집행부가 재당선되리라던 예상을 뒤엎고 '단 한 명의 정리 해고도 있을 수 없다'는 공약을 제시한 김광식 집행부가 당선됐다. 조합원들의 고용 불안 심리를 잘 파악하고 선거 전략으로 활용한 결과였다. 조합원들은 임금 인상과 마찬가지로 고용 안정 역시 투쟁을 통해 달성할 수 있으리라고 기대하고 있었다. 따라서 김광식 집행부는 회사 측의 고용조정 방침에 대해 유연성을 발휘하기 어려웠다. 1998년의 고용조정 갈등에서 노동조합 집행부가 보인 비타협적 태도는 고용 안정을 열망하는 조합원들의 이런 태도와 연관시켜 이해할 수 있다.

회사의 고용조정 방침에 대한 노동조합 측의 반대에는 나름대로 설득력이 있다. 일단 노동조합은 대규모 정리 해고를 할 수밖에 없는 긴박한 경영상의 사유가 존재하는가에 대해 의문을 제기한다. 회사 측은 1997년에도 회계 처리 방식을 변경해 명목상으로는 흑자를 만들었지만, 사실상은 7,000억 원 정도의 적자를 봤다고 주장하고 있다. 이처럼 기본적인 정보조차 조작되는 조건에서 어떻게 회사의 주장을 신뢰할 수 있겠냐는 것이다.

노동조합이 고용조정에 반대하는 가장 중요한 근거는 '경영 상태에 대한 책임론'이다. 설사 경영 위기라는 것에 동의한다고 하더라도 그처럼 경영 상태를 악화시킨 책임은 주로 경영진에게 있는데, 왜 노동자들만 그 책임을 지고 정리 해고를 감수해야 하느냐는 것이다. 노동조합은 경기 불황으로 자동차 수요가 급격히 감소한 것만으로는 설명할 수 없는 재벌체제의 근본적 문제점을 지적하고 있다. 부실한 경영 상태를 감춰 오다가 갑자기 IMF로 가동률이 떨어져 경영 상태가 어렵다고 하면서, 노동자들만 해고하는 것은 도저히 받아들일 수 없다는 것이다. 더욱이 실업자에 대한 아무런 사회안전망이 존재하지 않을 뿐더러 재취업할 가능성조차 거의 없는 상태에서 해고를 강행하는 것은 노동자들에겐 죽음을 의미한다는 것이다(현대자동차노동조합 1998a).

노동조합은 정리 해고를 수용하지 않는 대신 다음과 같은 대안을 제시했다(현대자동차 노동조합 1998b). 첫째, 가동률 감소를 노동자들의 근로 시간 단축으로 대체할 수 있다. 주당 56시간에서 35시간으로 근로 시간을 단축하면, 연장 및 야간 수당이 감소하기 때문에 실질임금의 30%가 감소되는 효과가 나타난다. 노동조합은 실질임금의 삭감을 감수하면서까지 근로 시간 단축을 받아들일 용의가 있다.

둘째, 근로 시간 단축에 상응하여 근무 형태를 변경하면, 주간 연속 2교대(1일 7시간, 주 5일)로 근무할 수 있다. 이렇게 되면 작업 부담이 경감되기 때문에 생산성과 품질이 크게 향상된다.

셋째, 가동률의 차이가 나는 부서 간에 인원을 배치 전환함으로써 일자리를 공유할 수 있다. 예컨대, 가동률이 저하된 그랜저 라인의 인원을 가동률이 높은 아토스 라인에 재배치함으로써 일자리를 공유하는 것이 가능하다.

이런 대안들은 나름대로의 합리성을 지닌 것이었지만, 정리 해고의 수용 여부라는 쟁점에 묻혀 제대로 부각되지 못한 채 지나가고 말았다.[4] 회사 측이 그것을 협상의 대상으로 받아들이지 않았을 뿐만 아니라 노동조합 역시 그것의 실현에 별다른 역점을 두지 않았기 때문이다. 고용 안정을 최대 목표로 정한 노동조합은 경영 상태를 악화시킨 회사가 스스로 책임을 지지 않는 상태에서는 노동자 단 한 명의 정리 해고도 받아들이지 못하겠다고 주장하면서 투쟁의 결의를 다지고 있었다.

이상에서 살펴본 바와 같이, 고용조정을 둘러싼 현대자동차의 노사 양측은 쉽게 접근하기 어려운 위치에 놓여 있었다. 회사 측은 경영 위기를 극복하기 위해 대규모 감원을 단행할 수밖에 없다는 입장이었고, 노동조합 측은 그에 맞서 단 한 명의 정리 해고도 받아들일 수 없다는 입장이었다. 이런 노사 대립은 뿌리깊은 노사 불신에서 비롯된 것이다. 회사는 노동자들을 자신의 동반자로 인정하지 않고 비용 절감의 대상으로만 여겼고, 노동조합은 회사를 불신하면서 경영 위기에 공감하지 않은 채 고용 안정을 추구했다.

3. 고용조정 갈등의 전개[5]

지금부터는 고용조정을 둘러싼 현대자동차의 노사 갈등 과정을 구체적으로 살펴보기로 하자. 전 과정을 단순하게 서술하는 데 그치기보다 노사 대립이 어떻게 진행됐는지, 그러다가 어떻게 극적으로 노사 합의가 이루어졌는지를 설명하는 데 초점을 맞추고자 한다.

---

4 이에 대해서는 윤진호 외(1999)를 참조하라.

5 이 절에서 사태 전개와 관련된 기본적인 사실들은 이 기간 동안 발행된 『조선일보』, 『중앙일보』, 『동아일보』, 『한겨레신문』 등 주요 일간지의 기사들을 참조했다. 이 사건은 전 사회적 관심을 끈 것으로서 모든 일간지들이 다루고 있기 때문에, 개별 기사의 인용은 생략했다.

표 1_ 현대자동차 고용조정 일지 (1998년)		

시기 구분	일 자	주 요 사 건
교착 국면	4. 17~24	희망퇴직 1차 모집 : 1,019명 지원(4~6개월분 위로금 지급)
	4. 23	8,189명의 정리 해고 예고
	5. 12	정리 해고 기준 발표(고과 50%, 징계, 포상, 근태 각 10%, 입사 역순 20%)
	5. 13~21	2차 희망퇴직 실시 : 1,423명 지원(생산직 699명)
	5. 19	8,189명의 감원을 노조에 통보
	5. 21	일방적 희망퇴직 실시에 반발하여 노조 간부들 공장 본관 로비 점거 농성
	6. 24~29	3차 희망퇴직 실시 : 1,982명 지원
	6. 29	회사, 4,830명 정리 해고 노동부에 신고
투쟁 국면	7. 16	노조, 최종 협상안 제시 (인건비 2,500억 원 삭감, 순환 휴가 등)
	7. 20	노사 협상 결렬 → 회사, 2,678명 정리 해고자 명단 발표
		노조, 총파업 돌입, 텐트 농성 시작, 전직 위원장 3명 45m 굴뚝 농성 돌입
	7. 21	회사, 휴업 조치
	7. 28	회사, 정상 조업 결정. 노조는 총파업 결의
	7. 31	회사, 1,539명 정리 해고 해당자에 인사 발령 통보
	8. 1~10	여름휴가
	8. 10	사측 최종 협상안 제시(923명은 3년간 무급 휴직, 613명 정리 해고)
	8. 12	협상 결렬
	8. 13	위원장 철탑 위로 올라감(17일까지)
	8. 14	회사, 무기한 휴업 조치. 공권력 투입 임박설(경찰 헬기 선회 비행 등)
협상 국면	8. 18~21	국민회의 중재단(단장 노무현), 노조 설득하여 정리 해고 수용토록 함.
	8. 22	중재안을 회사 측이 거부하여 국민회의 중재단 철수
	8. 24	노동부 장관 중재로 철야 협상 끝에 대타협(06:00 합의 내용 기자회견)
노사 합의 이후	9. 1	조합원 총회, 노사 합의안 부결(참여 94.4%, 반대 63.6%))
	9. 15	김광식 노조 위원장, 검찰에 자진 출두
	12. 22	조합원 총회, 집행부 불신임안 부결(참여 87.8%, 반대 62.2%)

(1) 노사 대립

1) 교착 국면(4월 23일~6월 30일)

회사는 1998년 4월 23일 종업원 8,189명을 정리 해고하겠다는 방침을 발표했다. 그러나 한동안 정리 해고에 대한 노사 협상 자체가 이루어질 수 없었다. 노사 협상의 방식 자체가 노사 간의 힘겨루기 대상이었기 때문이다. 6월 24일 마침내 회사가 노동조합의 요청을 받아들여 '임금 및 고용조정 대책위원회'를 개최하면서 본격적으로 노사 협상이 이루어지기 시작했다. 회사와 노동조합이 서로 임금협상의 교섭권을 상급 단체에 위임했던 것을 철회하고, 임금과 고용조정을 함께 논의할 실질적인 협상 창구를 마련한 것이다.

그러나 정리 해고와 직접 관련된 문제에서 노사 협상은 한걸음도 더 나아가지 못했다. 6월 29일 회사는 노사 협상에 진전이 없자 4,830명의 정리 해고 신고서를 노동부에 제출했고, 노동부는 다음날 이를 접수했다. 회사가 정리 해고 절차를 강행할 수 있는 합법성을 획득한 것이다. 노동조합은 협상이 진행되는 도중 정리 해고 신고서를 접수시킨 회사 측의 행위에 대해 극도의 배신감을 느끼지 않을 수 없었다. 이로써 정리 해고를 둘러싼 노사 간의 교착 상태는 끝나고 본격적인 갈등이 전개되기 시작한다.

이 기간 동안 회사는 세 차례에 걸쳐 희망퇴직 신청을 받았고 이를 통해 4,424명의 종업원이 회사를 떠났다.

2) 투쟁 국면(7월 1일~8월 17일)

정리 해고 신고서가 접수되자마자 노동조합은 6월 30일에서 7월 1일, 7월 6~8일, 두 차례에 걸쳐 경고 파업을 벌였다. 정리 해고에 대한 불안감으로 인해 조합원들의 파업 참여도는 그 어느 때보다도 높았다. 이때부터 계속된 수십 차례의 집회에는 매회 2,000명에서 1만 명에 달하는 규모의 조합원들이 참여하여 노동조합의 주장에 힘을 실어 주었다.

7월 14일부터 사흘 동안 민주노총 산하 금속노동조합연맹의 총파업에 맞춰 세 번째 경고 파업을 벌인 노동조합은 7월 16일 기자회견을 열어 1년간 2,500억 원 정도의 임금 삭감과 순환 휴가 등을 포함하는 고통 분담 안을 제출했다.[6] 회사의 회유로 파업 참가자가 급격히 감소하고 있는 상태에서 노동조합으로서는 능동적으로 국면을 전환시킬 수 있는 대책을 마련해야 했던 것이다.

같은 날 노동조합의 이런 움직임과 상관없이 회사는 애초의 정리 해고 대상자 4,830명 가운데 2,678명을 7월 31일자로 해고하기로 하고 7월 17일부터 당사자들에게 개별 통보하기로 했다. 7월 20일 노사 협상을 재개하기로 예정된 상태에서 회사가 취한 이런 조치는 협상에 대한 노동조합의 미련을 떨쳐 버리기에 충분했다.

7월 20일의 노사 협상에서도 회사는 별다른 입장의 변화를 보이지 않았고 더 이상 노사가 자율적으로 합의에 도달할 수 있는 여지는 사라져 버렸다. 노사 협상이 결렬되자 노동조합은 7월 20일부터 전면 총파업에 돌입하면서 회사 구내에서 철야 텐트 농성에 들어갔다. 여름휴가를 가는 대신 가족들을 동반하고 텐트 농성을 계속하기로 한 것이다. 이때부터 노사 합의가 이루어진 8월 24일까지 36일 동안 조합원과 가족들은 집회·행진·토론회·오락회 등 다양한 프로그램으로 채워진 농성 투쟁을 지속적으로 전개했다.

열흘간의 여름휴가가 끝난 8월 10일 회사는 정리 해고 대상자 가운데 923명을 무급 휴직으로 돌리고 나머지 615명을 정리 해고하겠다는 최종 협상안을 제시했다. 이때부터 노사 양측은 교섭 대표를 각기 9명으로 축소하여 협상을 효율적으로 마무리하려는 의지를 보였다. 그러나 정리 해고의 수용 여부에 사활이 걸린 노사 협상은 예정된 파국으로 가는 과정에 불과했다. 회사는 규모를 줄이더라도 정리 해고를 단행하겠다는 것이고, 노동조합은 정리 해고를 절대로 받아들일 수 없었기 때문이다. 8월 12일 노사 협상이 결렬

---

6 여기에는 근로 시간을 주당 38시간에서 35시간으로 다시 줄이는 내용도 포함돼 있었다. 이것은 노동조합 측의 최종 협상안이었는데 노동조합은 여기서도 "단 한 명의 정리 해고도 있을 수 없다"는 기존의 원칙을 고수했다. 그러나 근로 시간의 단축에 상응하는 실질적 임금 삭감 효과만을 주장하던 종래의 입장에서는 한 걸음 더 나간 것이었다. 임금 삭감의 내용으로는 월급자의 고정 시간외 수당 50%(296억 원), 복리후생비(478억 원) 등이 포함되어 위기 극복을 위해 고통을 분담하려는 노동조합의 의지를 확인할 수 있었다.

되자 8월 14일 회사는 무기한 휴업을 실시했고 이때부터 농성을 해산시키기 위해 공권력 투입이 임박했다는 조짐이 뚜렷해지기 시작했다.

(2) 정부 개입

이처럼 대립의 강도를 높여 가던 노사가 어떻게 해서 파국을 모면하고 합의에 도달하게 되었는가? 그것은 전적으로 정부의 개입 때문이었다. 노동부 장관이 중재한 자리에서 현대자동차 노사 양측이 새로운 협상안을 8월 18일 오전까지 제출하기로 함으로써 경찰 투입이 일단 연기됐다. 그러나 18일 노사 양측은 모두 정부의 중재를 거부했고 사태는 다시 파국으로 가는 듯 보였다. 이때까지만 해도 노동부 장관의 중재는 공권력 투입을 위한 예정된 수순에 불과하다는 평가가 지배적이었다.

여기서 우리는 현대자동차 사태의 해결을 둘러싼 정부 내의 상반된 견해에 주목할 필요가 있다. 노동부는 노사 합의를 통한 정리 해고 문제의 타결 가능성이 희박하다고 보고, 경찰력을 투입할 계획을 갖고 있었던 것으로 알려져 있다. 정리해고를 하고자 하는 다른 기업들에 본보기가 될 이 사태에서 노동조합에 밀리면 구조 조정에 차질을 빚을 것이라는 우려가 컸다. 이런 입장은 현대자동차 사태를 불법 파업으로 간주하는 검찰과 경찰 등 공안세력의 시각과도 일치하는 것이다.

그러나 집권당인 국민회의와 노사정위원회 쪽은 노동부의 입장을 비판하면서 현대자동차 사태의 평화적 해결을 위한 중재에 적극적으로 나서게 된다. 국민회의는 공권력 투입이 초래할 불상사가 클 것으로 예상했을 뿐만 아니라 영남 지역 정서에 미칠 부정적 파급효과를 정치적으로 고려했다.[7] 더욱

7 울산 시민들에 대한 여론 조사에 따르면, 현대자동차의 정리 해고에 반대하는 여론이 65%를

이 IMF 관리 체제 아래 있는 한국 경제의 대외 신인도가 크게 타격을 입을 것을 우려하지 않을 수 없었다. 특히 노사정위원회로서는 공권력을 투입하면 민주노총이 탈퇴해 버리고 노사 관계가 결정적으로 악화됨으로써 노사정위원회의 존속 자체가 위기에 빠지는 사태를 우려하고 있었다.

현대자동차 사태가 협상 쪽으로 물꼬를 돌린 데에는 국민회의 쪽의 입장이 정부 내에서 힘을 얻어 적극적으로 노사 중재에 나섰기 때문이다. 8월 19일 국민회의와 노사정위원회 합동 중재단은 협상 분위기 조성을 위해 경찰 병력의 철수를 요청한 후 노사 양측을 교대로 설득하는 본격적인 중재에 들어갔다.

회사 측은 정부의 개입에 취약할 수밖에 없었다. 정부가 공권력 투입을 자제하고 협상 재개를 요구하는 상태에서 회사가 취할 수 있는 수단은 제한돼 있었기 때문이다. 더욱이 한국 사회에서 정부의 요구를 거절할 경우에 기업이 당해야 했던 다양한 제재의 경험은 회사 측으로 하여금 노사 협상에 수동적으로나마 참여하지 않을 수 없게 만들었다.

따라서 정부 중재단의 중점 목표는 노동조합으로 하여금 정리 해고의 원칙을 수용하도록 설득하는 데 있었다. 중재단은 노동조합 측 교섭 대표들로 하여금 정리 해고의 불가피성을 강조하고 정리 해고의 원칙을 받아들이는 대신 다른 경제적 실리를 최대한 얻도록 노력할 것을 설득했다.[8]

넘는 것으로 파악됐다(울산리서치 1998). 이런 상태에서 공권력이 투입되면 호남 정권에 대한 반발과 상승효과를 일으켜서 영남 지역의 '광주사태'로 발전할 것을 우려하는 견해도 있었다.
8 국민회의 중재단의 노무현 단장은 8월 24일 노사 합의가 이루어진 후 인터뷰에서 "노조가 정리 해고만 받아들인다면 문제가 99% 해결된 것으로 생각하고 도착 첫날부터 물밑 접촉을 통해 노조를 집중 설득했다"고 회고했다(『세계일보』89/08/25).

(3) 노동조합의 균열

위원장을 비롯한 노동조합 측 교섭 대표들은 고심 끝에 정부 중재를 받아들이게 된다. 노동조합이 정리 해고의 수용을 결정한 것은 노동조합의 의사 결정이 소수의 대표들에게 위임됐기 때문에 가능했다. 막바지 노사 협상은 위원장을 비롯한 다섯 명의 교섭 대표가 진행했기 때문에 의사 결정이 신속하게 이루어질 수 있었다. 그러나 교섭 구조의 이런 특징은 노사 합의 이후 커다란 후유증을 낳는 요인으로 작용하게 된다.

노동조합이 정리 해고를 수용할 의사가 있음을 표명하게 되자 협상은 갑자기 활기를 띠기 시작했다. 정부 중재안에 따라 정리 해고의 규모를 줄이는 대신에 정리 해고자에 대한 대책을 어떻게 마련할 것인가를 둘러싸고 구체화되기 시작한 것이다.

노동조합이 정리 해고의 원칙을 수용한 것은 엄청난 변화를 의미했다. 김광식 집행부는 정리 해고의 분쇄를 선거공약으로 내걸고 당선됐기 때문에 정리 해고를 받아들이는 순간, 스스로 정당성을 상실할 수밖에 없었다.[9] 노사 협상의 막바지에 노동조합 집행부가 정리 해고를 받아들인다는 것이 알려지자 노동조합 내부의 균열은 본격화되기 시작했다.[10] 강경파 조합원들은 정리 해고의 수용을 임금 또는 단체 협상에서 종종 발생하는 위원장의 '직권 조인'과 다름없는 배신 행위라고 비난했다. 조합원들의 의사를 무시하고 회사 측의 정리 해고 요구를 수용함으로써 동료 조합원들의 해고를 용인했다는 이유에서였다. 강경파 조합원들은 노동조합 사무실의 기물을 파괴하면서

---

9 이때부터 노조 집행부는 정리 해고를 받아들인 것에 대해 노조 내부로부터의 격렬한 반발에 직면하게 된다. 이에 대해서는 다음 절에서 자세히 다루기로 하자.

10 노조 내부의 대립은 정리 해고 투쟁 초기부터 존재히고 있었다. 집행부는 정리 해고의 내안으로서 실질임금 감소를 수반하는 근로 시간 단축을 주장했고, 민투위 등 강경파는 실질임금 감소 없는 근로 시간 단축을 주장했다(현대자동차 노동조합 1998c).

까지 분노를 나타냈다.

요컨대, 현대자동차의 노사는 정리 해고를 둘러싼 격렬한 대립 상태 속에서 각기 '정리 해고 결사 반대'와 '엄정한 법 집행' 압력을 받았음에도 불구하고, 정부의 강력한 중재에 힘입어 가까스로 노사 합의에 도달할 수 있었다.[11] 그러나 노사 합의가 성사된 것과 동시에 노동조합은 심각한 내부 균열과 후유증에 휩싸이게 된다.

(4) 노사 합의안

노사 합의안의 주요 내용은 다음과 같다(〈표 2〉). 첫째, 정리 해고의 규모는 최종적으로 277명이다.[12] 처음에 산정된 잉여인원이 1만 8,730명, 정리 해고 대상자가 8,189명이었던 것에 비하면 엄청나게 축소된 것이다.[13] 회사는 정리 해고자들에게 희망퇴직에 준하는 위로금을 지급하고 계열사 등에 재취업할 수 있도록 노력할 뿐 아니라 2년 이내 재고용토록 노력한다.

둘째, 무급 휴직자들에 대해서는 1년 6개월에 걸쳐 무급 휴직을 실시한다. 단, 1년이 경과한 후 남은 6개월 동안은 외부 기관 등에 의한 직업훈련을 실시한다. 휴직자의 임금은 노동조합이 조합원 기본급의 2%를 모아 충당하고, 회사 및 정부가 85억 원의 고용 안정 기금을 조성하여 일정 부분을 분담

---

11 노조 측에서는 노사합의안을 조합원 총회에 부쳐 인준을 받아야 최종적으로 노사합의가 이루어진다는 의미에서 '잠정 합의안'이라는 명칭을 사용한다.

12 이 중에는 144명의 식당 종업원이 포함됐기 때문에 이들을 제외하면 생산직은 133명에 불과하다.

13 그러나 이 기간에 희망퇴직한 종업원의 총 수는 8,171명, 무급 휴직자는 1,961명으로서 정리 해고가 아닌 다른 형태로 이루어진 고용조정 규모가 무려 1만 명을 초과한다. 원래 무급 휴직자는 1,261명이었으나 희망퇴직자 중 원하는 사람들을 무급 휴직자로 전환시킴에 따라 1,961명으로 늘어났다.

표 2_ 현대자동차 노사 합의 내용	
주요 내용	합의 내용
정리 해고 인원	· 회사 측이 통보한 1,583명 중 277명 경영상 해고
정리 해고자 위로금	· 근속기간 5년 미만 7개월, 5년 이상 10년 미만 8개월, 10년 이상은 9개월분의 위로금 지급
무급 휴직 인원	· 비정리 해고 대상자 1,261명에 대해서는 1년 6개월의 무급 휴직 실시. 단, 1년 경과 후 6개월은 외부 기관 등에 의한 교육 훈련 실시 · 휴직자의 임금은 노조가 조합원 기본급의 2%를 모으고, 사측과 정부가 고용 안정 기금으로 일정 부분 부담
고소, 고발, 손해배상, 징계 철회	· 노조원들이 생산성 향상에 노력하고 정상 조업에 최선을 다할 경우 회사는 분규 동안의 노조원에 대한 고소·고발, 손해배상과 재산 가압류 조치를 철회
무분규 선언	· 무분규 선언, 2년간 고용조정하지 않겠다고 약속

표 3_ 현대자동차의 고용조정 결과 (단위 : 명)							
고용 유지(8,564)		인력 감축(10,166)				여유 인력	전 체
임금 삭감	하청 대체	고용조정(8,764)			자연 감소 등	(합 계)	근로자 수
		무급 휴직	희망퇴직	정리 해고			
6,842	1,722	2,018주)	6,451	277	1,420	18,730	46,132

주 : 희망퇴직으로로부터의 전환자 포함.
자료 : 노동부 발표(8월 24일 노사 합의안 기준).

한다.

　셋째, 회사는 분규 기간 동안 입은 손실에 대해 노동조합원들에게 청구한 손해배상과 재산 가압류 조치를 철회한다. 또한 조업 정상화가 이루어질 때 심각한 인명·재산상 피해를 제외하고는 고소·고발과 징계를 선처토록 한다. 그리고 2년간은 추가 해고를 하지 않기로 약속한다. 이런 소선 아래 노사는 노사 화합 및 무분규 선언을 추진한다.

이상과 같은 내용의 합의안에는 경영상의 위기를 고통 분담을 통해 극복하려는 노사 간의 합의 정신이 반영돼 있다. 즉, 정리 해고가 불가피하다는 것을 인정하면서도 그 규모를 최소한으로 줄이면서 정리 해고자 및 무급 휴직자에 대한 대책을 최대한 마련하려는 것이다. 또한 분규의 상처를 치유하고 노사 화합을 실현하려는 공동의 의지가 담겨 있었다.[14] 정리 해고를 둘러싸고 그토록 치열한 갈등을 치른 노사 당사자로서는 비록 정부의 중재에 힘입은 바 크지만 노사 화합을 이룰 중요한 기회를 맞이했던 셈이다.

4. 노사 합의 이후

노사 합의 이후 현대자동차의 노사 관계는 어떻게 전개되었는가? 노사 합의안에 서명한 직후 현대자동차의 노사 관계는 대결 상태로 복귀하고 말았다. 그뿐 아니라 고용조정에 대한 평가가 상치되면서 노동조합의 내부 균열은 더욱 확대되었다. 이처럼 극적인 반전을 우리는 어떻게 이해해야 하는가?

(1) 정부 입장의 변화

현대자동차의 노사 관계가 대결 상태로 복귀하는 데는 정부의 입장 변화가 제일 큰 역할을 했다. 우선 언급하지 않을 수 없는 것은 노사 합의 직후에

---

14 노사 합의의 후속 조치로서 회사는 종업원 전체에 대한 임금 삭감을 단행했다. 정리 해고가 계획에 비해 소규모로 이루어졌기 때문에 남은 종업원의 임금 삭감을 통해 비용을 절감해야 한다는 것이다. 삭감 내용은 노조가 7월 16일 제안했던 임금 삭감안을 대부분 그대로 받아들인 것이라고 볼 수 있다(현대자동차 1998c).

있었던 대통령의 유감 표명 발언이다. 김대중 대통령은 8월 25일 "현대자동차 사태에 정치권이 지나치게 개입했다는 지적은 유감스러운 일"이라고 언급했다(『세계일보』98/04/25). 노사 합의 과정에서 정부 중재가 힘있게 이루어진 것이 대통령의 의중을 반영했기 때문이라는 해석이 있었던 것을 감안하면 다소 의외의 발언이었다. 주요 일간지를 중심으로 한 보수 언론으로부터 정부의 과잉 개입을 비난하는 소리가 높아지자 이와 같은 책임 회피성 발언을 한 것이다. 현대자동차 사태를 중재한 정부의 입장 자체가 얼마나 취약한 것이었는지 알 수 있다.[15]

노사 협상이 진행될 때부터 정부 개입을 비난하던 재계는 대통령의 발언에 힘입어 비난의 목소리를 더욱 높였다. 8월 28일 경제 5단체장들은 기자회견을 갖고 개별 사업장의 노사문제에 관한 정부의 개입 중지를 요청했고, 노동부 장관 또한 이에 대해 "현대자동차 사태와 같이 정부가 개입하는 일은 더이상 없을 것"이라고 응답했다(『조선일보』98/08/28). 본래부터 노사 합의에 부정적이었던 검찰과 노동부는 정리 해고를 거부하는 파업 행위의 엄단과 분규 불개입 원칙을 재차 다짐했다.[16] 요컨대, 정부는 노사 합의를 적극적으로 중재했던 기존의 입장에서 후퇴해 현대자동차 사태를 유감스럽고 불법적 사태에 불과한 것으로 간주해 버리고 말았다. 중재에 임했던 정부의 태도가 이처럼 흔들려 버리자 정부 개입으로 이루어졌던 현대자동차의 노사 합의는 더 이상 유지되기 어렵게 되고 만다.

---

15 이를 좀 더 추상적으로 설명하자면 김대중 정부의 신자유주의적 기조와 노사정 합의모델이 충돌을 일으킨 것이라고 볼 수 있다. 노사정 합의를 뒷받침할 수 있는 사회세력이 충분하지 못한 상태에서 정부 중재로 이루어진 현대자동차의 노사 합의가 보수 언론의 비난을 받자 노사 자율을 강조하는 신자유주의적 입장으로 회귀한 것이다.
16 검찰 관계자는 "정리 해고 등 구조 조정 문제는 쟁의 대상이 아닌 만큼 이를 거부하는 행위는 명백한 불법 파업"이라고 강조했디(『한국일보』98/08/27). 실제로 9월 3일 정부는 현대자동차와 유사하게 고용조정을 둘러싸고 갈등을 겪고 있던 만도기계의 농성장에 경찰력을 투입하여 노동자들을 모두 연행함으로써 물리적으로 사태를 해결했다.

(2) 조합원 총회 부결

노사 합의에 대한 더욱 충격적인 거부는 현대자동차 노동자들 자신에 의
해 이루어졌다. 9월 1일 노동조합 집행부는 잠정 합의안을 인준해 줄 것을
요구하면서 조합원 총회에 부쳤는데 높은 투표율(94.4%) 속에서 압도적인 반
대(63.6%)로 부결되고 말았다. 그토록 어렵게 투쟁했음에도 불구하고 노동조
합 집행부가 정리 해고를 수용하고 말았다는 사실이 조합원들에게는 정서적
으로 받아들이기 어려웠던 것이다. 특히 '정리 해고 절대 불가'를 시종일관
주장했던 집행부가 갑자기 정리 해고를 받아들인 것에 대한 조합원들의 분
노가 엄청났다. 이렇게 조합원들의 지지를 상실한 노동조합 집행부는 이후
완전히 무기력해지고 만다.[17]

결국, 노동조합 집행부가 협상을 통해 어렵게 쟁취해 낸 합의안은 정리
해고 자체의 무효화와 더 많은 실리를 요구하는 조합원들의 반발에 부딪쳐
내부로부터 거부되고 말았다.[18]

---

[17] 주목할 것은 반대표를 던진 사람들 중에는 적극적으로 정리 해고 반대 투쟁을 했던 조합원
들뿐 아니라 투쟁에 소극적 태도를 보였던 사무·일반직 조합원들 대부분도 포함된 것으로 추
정된다는 사실이다. 이는 사무·일반직 조합원들이 노사 합의에 따른 임금 삭감으로 가장 큰 타
격을 받기 때문이었다. 임금 삭감의 내용 중에는 월급자(사무·일반직)의 고정 시간외 수당을
50% 삭감하는 항목이 들어 있었다. 이것은 전체 임금의 15% 정도를 삭감하는 효과를 가져온
다.

[18] 그러나 노조는 노사 합의를 무효화시킬 수 있는 아무런 수단도 가지고 있지 못했다. 일단 농
성을 해산한 상태에서 다시 파업에 돌입하기는 불가능했다. 노사 합의안은 이미 기정 사실화되
고 있었다. 노동부는 "찬반 투표는 노조 내규에 따른 것일 뿐 이미 노사 대표가 합의해 서명한
합의안의 법적 효력은 유효하다"고 밝혔다(『문화일보』 98/09/02).

(3) 회사의 강경 선회

정부의 입장이 적극 중재에서 노사 자율의 원칙으로 후퇴하게 되자, 회사는 노동조합에 대해 더욱 분명한 강경 노선으로 돌아섰다. 사실 회사로서는 정부의 강력한 중재에 따라 마지못해 노사 합의를 받아들였던 것으로 원래의 입장으로 돌아간 것이라고 볼 수 있다. 현대자동차는 8월 28일 문책 인사를 단행하여 박병재 사장을 경영 일선에서 퇴진시키고 김수중 부사장을 총괄 및 국내 부문 사장으로, 이유일 부사장을 해외 부문 사장으로 승진시켰다. 이와 함께 실무 책임자였던 노사협력팀장을 경질함으로써 회사가 이 사태의 결과에 만족하지 않는다는 것을 드러냈다.

회사 측의 주장대로 하면, 여섯 차례에 걸친 총파업을 통해 회사가 생산 차질을 빚은 자동차는 10만 1,414대이고 이를 금액으로 단순 환산하면 9,834억 원에 달한다. 산술적으로 계산하면 이는 처음에 고용조정을 통해 비용 절감을 하겠다고 밝힌 정리 해고 대상자 8,189명의 1년치 인건비인 2,437억 원을 무려 세 배 이상 상회하는 금액이다. 또한 정리 해고를 강행했다고 해서 노동조합을 완전히 무력화시켰다고 볼 수도 없다. 노동조합은 강경 투쟁을 통해 초기 정리 해고 대상자에 포함됐던 노동조합 간부 및 활동가들의 대부분을 제외시키는 데 성공했다. 결국, 회사로서는 아무 것도 얻은 게 없다고 평가할 만도 하다.

원래 노사는 조업 정상화가 이뤄지면 노사 합의안을 구체적으로 이행하기 위한 실무 협상에 착수할 예정이었다. 고용 안정 기금의 사용 용도, 고소·고발과 징계, 가압류 문제 등이 주요 협상 안건이었다. 그러나 앞서 논의한 것처럼 경영진이 교체되고 노동조합 집행부도 대부분 구속되거나 수배받는 상태에서 실무 협상은 제대로 진행되지 못했다. 무엇보다도 협상을 진행하려는 회사 측의 의지가 부족했다. 회사는 노동조합 조합원들이 인준을 거부했기 때문에 사실상 노사 합의안이 효력을 상실했다고 간주하고 실무 협상에 적극적으로 임하지 않았던 것이다.

결과적으로 회사는 실무 협상을 통해 노동자들의 고소·고발을 선처하겠다는 약속을 지키지 못한 셈이 됐다. 9월 17일 '현대자동차 불법 파업 사태 검·경 합동수사부'가 밝힌 중간수사 결과 발표에 따르면, 파업 주동자 및 폭력 행위자로 검거된 35명 가운데 김광식 위원장 등 노동조합 조합원 15명이 구속되고 20명이 불구속 입건됐다. 대부분이 노동조합 집행부 간부 및 핵심 활동가들인 이들의 사법 처리는 사실상 노동조합을 마비시켰다.

또한 회사 측은 노사 합의 이후 후유증으로 노동조합의 현장 조직력이 느슨해진 것을 좋은 기회라고 생각하고 생산 현장을 확고하게 장악하기 위해 노력했다. 지난 1년 동안 희망퇴직, 무급 휴직, 정리 해고 등으로 1만 명 이상의 인원이 회사를 떠난 상태에서 대규모 인원 재배치가 불가피했다. 또한 인원 재배치와 관련하여 작업 속도^{Unit per Hour: UPH}도 재조정할 필요가 있었다. 계획 물량이 크게 감소한 상태에서 어느 만큼 작업 속도를 조정하는가가 관건이었다(현대자동차 1998d). 이들 현안과 관련해 회사는 노동조합이나 조합원들의 의사를 충분히 수렴하지 않은 채 생산 현장의 재편을 일방적으로 추진했다. 조직력이 크게 손상된 상태에서 노동조합은 이를 규제할 아무런 수단도 갖고 있지 못했다. 일반 조합원들은 관리자들의 인사고과가 고용조정 대상자를 선정하는 데 중요한 기준으로 활용됐다는 것을 민감하게 의식하면서, 관리자들의 통제를 무기력하게 받아들이고 있다.

이처럼 회사가 강경 노선으로 선회함에 따라 현대자동차의 노사 관계는 다시 대립적 성격을 띠게 된다. 노사 합의안의 효력이 상실된 상태에서 노동조합 역시 강경노선으로 돌아갈 수밖에 없었던 것이다.

(4) 노동조합의 균열 확대

노사 합의 이후 현대자동차의 노사 관계는 대립적인 것으로 복귀했을 뿐 아니라 노동조합의 내부 균열 또한 분명하게 드러나게 된다. 잠정 합의안이 조합원 총회에서 부결된 후 노동조합 내부의 균열은 더욱 심해져 갔다. 집행부를 배출한 '민주노동자투쟁위원회'(민투위)를 비롯해 '현자실천노동자회'(실노회), '현자노동자신문'(현노신) 등 모든 현장 활동가 조직들은 '노동조합 정상화를 위한 공동대책위원회'를 구성하고, 7대 노동조합 집행부의 즉각 퇴진을 주장하기 시작했다. 이처럼 현장 조직들이 집행부를 공격하게 된 것은 물론 고용조정 과정에서 집행부가 저지른 오류에 대한 비난이라고 볼 수 있지만, 차기 집행부를 장악하기 위한 선명성 경쟁에서 비롯된 측면도 크다고 볼 수 있다. 비타협적 투쟁을 통해 경제적 실리를 획득하길 기대하는 조합원들의 정서에 부합되기 위해, 정리 해고를 받아들인 노동조합 집행부에 대한 비판을 경쟁적으로 전개했던 것이다.

이때부터 노동조합 집행부는 고립된 상태에서 공대위로부터의 계속되는 사퇴 압력에 직면해야 했다. 집행부의 퇴진을 요구하는 공대위의 활동은 회사 측과 실무 협상을 마무리해야 할 노동조합의 추진력을 약화시켰다. 12월 22일 마침내 노동조합 집행부는 조합원 총회를 소집했다. 산적한 현안들을 처리하기 위해서는 집행부의 존속 여부를 둘러싼 혼선을 매듭지을 필요가 있었기 때문이다. 조합원 총회에는 87.8%가 참여했고 그중 62.2%가 집행부 불신임안에 찬성했지만 가결에 필요한 2/3선을 넘지 못해 부결되고 말았다. 이로써 실무 협상을 마무리하고 여타 현안들을 처리할 책임은 노동조합 집행부에 다시 위임된 셈이지만, 조합원들 대부분이 집행부를 불신하는 상태에서 조직력을 회복하기는 쉽지 않았다.[19]

---

19 7대 노동조합 집행부는 계속된 고용조정 투쟁의 후유증에 시달리다가 1999년 3월에 사퇴

5. 두 개의 시나리오

지금까지 살펴본 것처럼, 현대자동차의 고용조정을 둘러싼 노사 갈등은 대립·충돌과 극적인 타협, 그리고 대립적 상태로의 복귀라는 전개 과정을 거쳐 왔다. 지금까지 전개된 양상은 극적으로 이루어졌던 노사 합의가 얼마나 취약한 것이었는지를 잘 보여 주고 있다. 특히 노동조합의 내부 균열은 회복될 수 없을 정도로 확대되었다. 이런 양상은 불가피했던 것일까?

여기서 우리는 노동조합 집행부의 선택을 중심으로 두 개의 다른 시나리오를 가정해 보기로 하자. 두 개의 시나리오는 앞에서 언급한 대로 경제 위기 상황에서 노동에게 주어진 선택지인 '최대한 투쟁'과 '자본과의 타협적 공생의 길'을 현대자동차의 사례에 적용해 보는 것이다. 두 개의 시나리오가 어느 만큼 실현 가능한 것이었는지를 검토함으로써 고용조정 갈등의 현실적 결과, 즉 두 시나리오 중 어느 쪽으로도 귀결되지 못한 절충적 귀결의 필연성 여부를 확인할 수 있다.

(1) 비타협적 투쟁

정부의 마지막 중재가 실패했더라면 현대자동차 노동조합은 노사 협상이 결렬된 상태에서 본격적으로 비타협적 투쟁에 돌입할 가능성이 컸다. 노사 협상이 결렬됐던 8월 16일 회사 주위에는 1만 5,000명의 경찰이 배치됐고

하고 말았다. 기아·현대자동차의 합병에 따른 구조 조정에 반대하는 연대 파업에 동참할 것을 결의했다가 대의원들의 반대가 계속되자 집행부가 책임을 지고 사퇴하게 된 것이다. 4월에 치러진 8대 노동조합 위원장 선거에서는 6대 위원장을 역임했던 정갑득 집행부가 2차 투표까지 간 끝에 투표자 가운데 51%의 지지를 얻어 가까스로 당선되었다(『현대자동차 면담자료』 1999).

<table>
<tr><td colspan="3">표 4_ 두 시나리오의 실현 조건</td></tr>
<tr><td></td><td>비타협적 투쟁</td><td>타협적 공생</td></tr>
<tr><td>회사</td><td>배제적 노무관리</td><td>포섭적 노무관리</td></tr>
<tr><td>정부</td><td>신자유주의</td><td>코포라티즘</td></tr>
<tr><td>노조원</td><td>투쟁을 통한 실리 추구</td><td>참여와 협력을 통한 문제 해결</td></tr>
<tr><td>현장 조직</td><td>기업별 노동조합의 집행부 장악 추구</td><td>생산 현장을 비롯한 직장 내부의 다양한 문제 해결</td></tr>
</table>

공중에는 헬기가 선회하고 있었다. 노동조합은 이에 맞서 비상 행동 지침을 내리고 결사 항전에 나설 준비에 들어갔다. 노동부 장관의 마지막 중재가 시도되고 있던 8월 17일까지만 해도 노사 합의가 이루어질 가능성은 거의 없는 것처럼 보였다. 조합원들 가족까지 다수 포함하여 진행됐던 36일간의 파업 농성 기간 동안 강화된 결사 항쟁의 분위기는 공권력 투입이 임박해지면서 더욱 긴박해져 갔다. 경찰이 회사 내부로 진입하는 순간, 노동조합과 경찰의 대규모 충돌은 피할 수 없을 것으로 예상됐다.

노동조합 집행부는 실제로 공권력이 투입되더라도 회사 내부에서 투쟁을 지속할 계획을 세우고 있었다. 회사 내부 사정에 밝은 노동조합 집행부는 지도부 200명과 사수대 200명이 승용 1공장의 4, 5층을 점거하여 일주일 동안만 사수 투쟁을 지속한다면, 이를 지지하는 투쟁이 전국으로 확산되리라고 기대했던 것이다. 이를 위해 노동조합은 1주일분의 비상식량과 장비를 1공장 내부에 마련해 두고 있었다(『현대자동차 면담자료』 1999).

당시로서는 집행부가 정부의 중재안을 거부하고 비타협적 투쟁을 선택하더라도 누구도 저항할 수 없는 분위기였다. 조합원들은 정리 해고를 한번 수용하게 되면 제2, 제3의 정리 해고가 계속될 것이기 때문에 어떤 희생을 감수하고라도 양보 교섭을 저지해야 한다는 의식을 갖고 있었다. 이런 의식의 저변에는 상황 변화와 상관없이 정리 해고를 저지할 수 있으리라는 조합원들의 기대가 깔려 있었다. 달리 말하면, 집단적 투쟁을 통해 경제적 실리를 추구해 온 노동운동의 관성이 강력하게 작용하고 있었던 것이다. 더욱이 같은 직장에서 일하던 동료의 해고를 용인한다는 자체가 정서적으로 받아들이기 어려웠던 것이 사실이다.

이런 조합원들의 기대를 누구보다 잘 알고 있는 대부분의 현장 조직들 또한 비타협적 투쟁에 반대할 수 없는 분위기였다. 차기 집행부의 장악을 노리는 현장 조직들로서는 대다수 조합원들의 의사에 반대되는 행동을 취할 수 없었기 때문이다. 만일 어떤 현장 조직이 투쟁을 포기하고 타협을 주장한다면 곧바로 변절자 집단으로 매도될 수밖에 없는 분위기였다.

그러나 노동조합 집행부는 노사 협상의 최종 순간에 정부의 중재를 받아들여 8월 24일 노사 합의안에 서명하고 만다. 집행부가 그토록 심각하게 노동조합의 내부 균열을 초래하면서까지 비타협적 투쟁의 길을 포기한 이유는 무엇일까(『현대자동차 면담자료』 1999). 첫째, 노동조합 집행부는 경찰과의 대규모 충돌이 발생할 경우 빚어질 불상사를 심각하게 고려할 수밖에 없었다. 실제로 노사 대립이 격화된 상태에서 공권력이 투입될 경우 대규모 인원이 죽거나 다치는 불상사가 발생하리라는 것은 쉽게 예상할 수 있었다.[20] 이는 회사 측에만 심각한 타격을 주는 것이 아니라 노동조합도 결정적 타격을 받는 것을 의미한다. 충돌 과정에서 노동자들이 큰 피해를 받을 뿐 아니라 대량 구속과 대량 해고의 사태가 벌어지면 노동조합의 조직력은 쉽게 회복하기 어려울 정도로 손상받을 수밖에 없었다. 이는 개별 노동조합으로서는 감당하기 어려운 것이 사실이었다.

둘째, 민주노총 등 상급 노동조합의 지원이 미미한 상태에서 개별 기업의

---

20 당시의 고양된 투쟁 분위기 속에서 농성 노동자들은 경찰이 진입할 경우에 대응하기 위해 각종 사제무기들을 준비하고 있었다. 또한 농성 현장에서 부녀와 아이들을 분리하기 어려웠기 때문에 충돌이 발생할 경우 예상 밖의 큰 피해가 우려됐다.

노동조합이 재계와 정부에 맞서 정리 해고 자체를 저지하는 데는 한계가 있다는 판단도 작용했다. 민주노총은 파업 기간 중 정리 해고에 반대하는 두 차례(8월 14일과 8월 23일) '전국 노동자 대회'를 울산에서 개최했지만 동원 규모는 현대자동차 노동조합의 집회에도 못 미쳤다. 이는 기업별 노동조합 체제에서 연대 투쟁이 얼마나 어려운가를 절감하게 했다.[21] 선명한 투쟁의 명분만 가지고 개별 노동조합이 외로운 투쟁을 지속한다는 것은 불가능했다.

셋째, 더욱 근본적인 것은 집행부 내에서 지금까지의 노동운동 방식에 대해 회의가 싹트고 있었다는 점이다. 이는 비타협적 투쟁을 통해 경제적 실리를 쟁취해 온 기업별 노동조합 체제의 운동 방식을 언제까지 고수해야 하는가에 대한 문제 제기라고 할 수 있다. 무엇보다도 집행부는 이제는 더 이상 '최대한의 투쟁에 따른 최대한의 경제적 보상'이 불가능하게 됐다는 것을 점차 인식하고 있었다. 이런 인식은 현대자동차의 고용조정 갈등이 개별 기업의 범위를 벗어나 사회 전체의 쟁점으로 확대되면서 뚜렷해졌다. 경제 위기가 심각한 상태에서 '단 한 명의 정리 해고도 있을 수 없다'를 주장하며 정리 해고 저지 투쟁에 매달리고 있는 자신들을 향한 사회적 압력을 심각하게 느낄 수밖에 없었던 것이다.[22] 그런 분위기에도 불구하고 비타협적 투쟁을 고수하는 것은 스스로를 사회적 지지로부터 고립시킴으로써 노동운동의 장래에 심각한 영향을 미치리라는 것을 고려할 수밖에 없었다.

이상과 같은 이유가 복합적으로 작용해 노동조합 집행부는 노사 합의안

---

21 그럼에도 불구하고 금속노조연맹과 민주노총은 정리 해고의 대안으로 '실질임금 삭감 없는 노동시간 단축'을 계속 주장함으로써 회사 측과의 협상에서 현대자동차노조가 발휘할 수 있는 운신의 폭을 제약했다. 정리 해고 원칙의 수용 여부에 대해서도 상급 노조는 '절대 불가'라는 경직된 원칙을 고수하고 있었다.

22 당시 노동조합의 핵심 간부를 역임했던 한 활동가는 "집행부가 정리 해고를 받아들일 수 없다고 내외적으로 주장했지만 내부적으로는 믿지 않고 있었다. 대부분의 조합원들 또한 정리 해고의 수용이 불가피하다는 것을 이미 짐작하고 있었다"고 회고했다(『현대자동차 면담자료』 1999).

을 받아들이고 말았다. 요컨대, 노동조합으로 하여금 단기적으로 비타협적 투쟁을 선택하도록 만드는 조건은 충분히 갖춰져 있었다. 그러나 노동조합 집행부는 이에 맞서 그 시점에서 가장 타당하다고 생각되는 노사 합의를 선택했다. 이는 변화된 정세에 대응하여 장기적으로 노동운동을 발전시켜 나가고자 하는 집행부의 고뇌에 찬 선택이었다. 그렇다고 하더라도 노사 합의로 인해 그렇게까지 노동조합의 내부 균열이 심각하리라고는 미처 예상하지 못했던 것 같다. "그토록 심각한 후유증을 겪으리라는 것을 예상했다면 차라리 투쟁을 선택했을 것"이라는 집행부 간부의 회고는 이런 맥락에서 이해할 수 있다(『현대자동차 면담자료』 1999).[23]

---

23 여기서 급진적 관점에서 현대자동차의 고용 안정 투쟁을 비판하는 평가를 소개하면 다음과 같다(현대자동차민투위 정책부 1998; 김기수 1998; 천창수 1998).

〈평가 1〉
① 정세관 및 투쟁 방법 : 세계적 규모의 공황 속에서 자본은 '신자유주의' 공세를 퍼붓고 노동자는 실업과 임금 삭감의 고통 속으로 몰리고 있어 계급 대립이 첨예해지는 혁명적 정세이다. 노동조합은 자본과의 타협 없는 투쟁을 통해 계급 대립을 고조시키고 대중들의 혁명적 행동을 촉발할 수 있다.
② 정리 해고에 대한 입장 : 정리 해고를 절대 수용하거나 인정해서는 안 된다. 도저히 정리 해고를 막지 못한다고 하더라도 결사 항전을 통해 자본 측에 심각한 타격을 줌으로써 정리 해고를 시행하면 엄청난 피해를 당한다는 것을 보여 줘야 한다.
③ 집행부의 역할 평가 : 정리 해고 철회라는 '다잡은 토끼'를 지도부의 한계로 놓쳐 버렸다. 집행부의 정리 해고 수용은 총노동과 총자본의 전선을 무너뜨렸으며, 이로 인해 노동조합이 약화되었다. 투쟁을 동반하지 않은 합의 내용은 아무런 쓸모가 없다. 더욱이 정부 중재안을 받아들임으로써 노동조합의 민주성과 자주성이 무너졌다.
④ 정책 대안 : 조합원 총회에서 부결된 잠정 합의안을 백지화하고 정리 해고 철회, 임금 삭감 철회 등을 요구하는 투쟁을 새롭게 전개해야 한다. 자본이 존속하는 한 우리의 투쟁은 성공하더라도 일시적 성공일 수밖에 없다. 따라서 정치권력의 획득으로 나아가야 한다. 대중은 투쟁의 과정에서 투쟁을 통해 질적으로 성장한다.

이는 여러 문건의 내용을 종합한 것이기 때문에 다소 단순화된 것일 수 있다. 이런 견해는 다수 조합원들의 지지를 받고 있다. 그러나 일반 조합원들이 이런 견해의 논리적 구조를 모두 이해하고 지지한다고 보기는 어렵다. 오히려 활동가들의 이념적 급진성과 조합원들의 실리주의가

(2) 타협적 공생

그렇다면 정반대의 가능성, 즉 현대자동차 노사가 경제 위기에 공동으로 대처해 가는 타협적 공생의 길은 어느 만큼 가능했던 것일까? 현대자동차가 노사 합의에 도달했던 8월 24일 정몽규 회장은 "앞으로는 노조와 흉금을 터 놓고 모든 현안에 대해 대화로 해결하겠다"고 말했다. 김광식 노조 위원장은 "이번 타협을 계기로 노사 관계가 좀 더 깊은 신뢰를 바탕으로 정립될 것이다"라고 화답했다(『중앙일보』 98/08/25). 그렇다면 왜 처음부터 노사는 이와 같은 자세로 고용조정 문제를 해결하기 위해 협력하지 못했던 것일까? 노사 합의 직후 노사는 왜 다시금 기존의 대결 상태로 돌아가고 만 것일까?

만일 노사가 타협적 공생의 방식으로 접근했다면 현대자동차의 고용조정 과정은 처음부터 다른 형태로 전개됐을 것으로 예상된다. 먼저, 현대자동차가 직면한 경영 상태에 대해 노사가 정보를 공유하고 함께 위기를 인정하는 과정이 선행돼야 한다. 이 과정에서 물론 경영 위기에 대한 책임의 문제도 짚고 넘어가야 한다. 이런 공동의 인식 위에서 비로소 노사는 정리 해고를 비롯한 고용조정의 다양한 방식에 대해 협의할 수 있다. 노사는 노동조합이 제안하는 근로 시간 단축 및 근무 형태 변경, 일자리 공유를 통해 어느 만큼 가동률 저하에 따른 문제를 해결할 수 있는지를 진지하게 검토해야 할 것이다. 또한 희망퇴직의 경우에도 노사는 퇴직자들이 좀 더 나은 조건으로 회사를 그만둘 수 있도록 최대한으로 배려해야 한다. 그리고 이런 방식을 사용한 후에도 여유 인원이 존재할 경우 최후의 수단으로 정리 해고를 검토해야 할 것이다. 이때 노조는 정리 해고를 받아들이되 처음부터 정리 해고의 기준과 절차에 적극적으로 개입해 대상자가 공정하게 선정되도록 최대한 노력할 필요가 있다. 물론 이런 노사 협상의 전 과정은 조합원들에게 공개되어 절차적 정당

고용조정 투쟁 과정에서 결합된 것이라고 보는 것이 타당하다.

성을 획득함으로써 그들의 동의를 얻을 수 있어야 한다.

정부 또한 노사 간의 자율적 고용조정이 성공할 수 있도록 정책적으로 뒷받침해 줄 필요가 있다. 노사 간의 견해가 일치하지 않을 경우에 이를 중재하기 위해 코포라티즘의 제도적 형태인 노사정위원회를 적극적으로 활용하는 것이 바람직하다. 고용조정이 이런 방식으로 진행되어 노사정 간에 신뢰가 형성된다면 노사 간의 타협적 공생은 이후에도 어렵지 않게 지속될 것이다.

그러나 안타깝게도 우리 사회에는 현대자동차 노사 간의 이런 타협적 공생이 순조롭게 이루어지도록 해 주는 사회적 조건이 존재하지 않는다. 첫째로, 노사 관계의 가장 중요한 당사자인 회사 측은 한번도 노동을 포섭하는 노무관리 방식을 선택한 적이 없었다. 1987년 이후 회사는 노동조합의 강력한 요구에 떠밀려 임금 인상을 허용했지만 노동조합을 회사 경영의 진정한 동반자로 여겼던 것 같지는 않다. 경제 위기로 경영이 어려워지자 다른 구조 조정에 앞서 가장 먼저 1만 명 이상의 종업원을 정리 해고 대상으로 한 대규모 고용조정을 추진했다는 데서 우리는 회사의 노동 배제적 노무관리 방식을 확인할 수 있다. 정부의 압력 때문에 노사 협상에 임하기는 했지만 노동 배제적 노무관리의 입장에서 기본적으로 달라졌다고 보기는 어렵다.[24]

둘째로, 그렇다고 해서 정부가 코포라티즘의 입장에서 노사 간의 참여와 협력을 제도화하는 방향으로 일관성 있게 노사 관계를 중재하고 있다고 보기도 힘들다. 현대자동차의 노사 협상에 정부가 개입했던 것은 공권력 투입으로 사태가 커지면 한국 경제의 대외 신인도가 타격을 입고 영남 지역의 민심이 나빠질 것을 우려한 정치적 판단에서였다. 그러나 정부는 보수 언론과

---

24 이는 노사 합의 이후 회사가 보인 태도에서 쉽게 확인할 수 있다. 노사 협상의 실무 책임자였던 노사협력팀장을 경질했지만 정리 해고를 사실상 총괄했던 김판곤 전무에게는 아무런 인사조치를 취하지 않았던 것이다. 노사 합의에도 불구하고 회사는 노동 배제적 노무관리의 방침을 고수하고 있다.

재계로부터 과잉 개입을 비난하는 소리가 높아지자 이내 노사 관계를 시장 자율에 맡기는 신자유주의의 입장으로 회귀하고 말았다. 결국 정부의 노동 정책은 신자유주의를 기조로 하기 때문에 노동 배제적인 회사의 노무관리 방식을 수정할 만큼의 영향을 미칠 수 없다.

셋째로, 조합원들이 투쟁을 통해 경제적 실리만을 추구하는 의식에 머물고 있는 한 그들의 선거에 의해 구성되는 집행부 역시 여기서 벗어날 수 없다. 정리 해고 절대 불가를 공약으로 걸고 당선된 노동조합 집행부 또한 정리 해고를 수용하는 순간 스스로 존립 근거 자체를 부정당할 처지에 놓여 있었다. 8월 24일의 노사 합의에 도달한 후부터 노동조합은 사실상 죽은 존재에 불과했다. 노동조합이 타협적 공생의 동반자가 되기 위해서는 조합원들의 의식이 변화되지 않으면 안 된다. 조합원들은 이제 변화된 정세에 적응하여 투쟁만이 아니라 참여와 협력을 통해 문제 해결에 접근하는 '발상의 전환'을 할 필요가 있다. 여기에는 물론 회사의 노무관리 전략의 변화가 전제되지 않으면 안 된다.

넷째로, 기존의 기업별 노동조합 체제에서 현장 조직들은 노동조합 집행부가 노사 타협에 참여하는 것을 허용할 수 없는 것이 사실이다. 정리 해고를 수용한 노사 합의 이후 모든 현장 조직들이 집행부를 비난하는 데 동참한 것은 집행부의 장악을 목표로 하는 현장 조직의 속성상 어쩔 수 없는 것처럼 보인다. 노동조합의 조직 체계가 산별 체제로 전환된다면 현장 조직들은 유럽의 노동자협의회works council와 같은 방식으로 제도화되어 생산 현장을 비롯한 직장 내부의 여러 가지 문제들을 해결하는 조직 단위로서 스스로를 변화시킬 수 있을 것이다.

노사 합의가 이루어지자마자 현대자동차의 노사 관계가 대립적인 것으로 복귀하고 노동조합이 격심한 내부 분열에 휩싸인 것은 이런 맥락에서 이해할 수 있다. 요컨대, 우리 사회에서는 노사가 타협적으로 공생할 수 있는 조건이 거의 마련되어 있지 못한 것이 사실이다.[25]

6. 맺음말

대립적 노사 관계는 고도성장기에 형성되어 지속돼 온 노사 관계였다. 주요 재벌 대기업들은 노동자들을 배제하려고 하면서도 동시에 이들의 경제적 요구를 받아들일 수 있는 지불 능력을 일정하게 갖고 있었다. 고도성장이라는 조건 아래 노사 양자는 대립적이면서도 공생할 수 있었다. 현대자동차의 고용조정 갈등은 IMF 관리 체제 아래의 변화된 조건에서 노사 양자가 기존

---

25 이런 점에서 다음의 평가는 현실을 정확히 파악하고 있다는 점에서 상당한 설득력을 지닌다(천창수 1998).

〈평가 2〉
① 정세관 및 투쟁 방법 : 경제 공황의 상황 속에서 노동자들이 대량실업과 정리 해고, 임금 삭감의 고통 속으로 추락하고 있음을 인정한다. 하지만 주체적 역량이 부족하기 때문에 피해를 최소화하는 양보 교섭이 불가피하다.
② 정리 해고에 대한 입장 : 정리 해고 반대 투쟁은 투쟁 전술이지 전략적 목표가 아니다. 정리 해고를 도저히 막아낼 수 없다면, 정리 해고의 규모를 최소화하고 대상자 선정 기준과 절차에 개입하고 생계지원이나 리콜 등 적극적 대책을 마련해야 한다. 또한 근로 시간 단축, 일자리 공유 등 정리 해고의 대안으로 논의의 초점을 옮겨야 한다.
③ 집행부의 역할 평가 : 정리 해고 반대 투쟁을 하다가 국민회의 중재단의 중재안을 수용함으로써 정리 해고 규모를 최소한으로 줄이고 고용 안정 기금을 확보했다는 점에서 집행부는 최선을 다했다. 다만, 정리 해고를 수용하는 과정에서 활동가들과 조합원 대중의 동의를 얻어 내는 조합 내 민주주의를 실현하지 못한 것이 아쉽다. 또한 실무 협상을 마무리하지 않은 채 파업의 대오를 해산함으로써 노사 합의안을 구체적으로 이행할 수 있는 수단을 마련하지 못했다.
④ 정책 대안 : 현장 조직력에 기반한 노동조합 집행부를 조속히 재건하여 실무협상을 마무리 하고, 나아가서는 기업별 노동조합의 한계를 극복할 수 있는 산별 노동조합으로의 전환을 적극적으로 추진해야 한다. 개별 노동조합의 양보 교섭에 상응하여 재벌 개혁, 경영 참여 등의 사회 개혁 투쟁을 산별 차원에서 전개해야 한다.

최근에 와서는 이 견해가 암묵적으로 공감대를 넓혀 가고 있다. 기업별 노동조합의 한계에도 불구하고 정리 해고의 규모를 그만큼 줄이고 보완 대책을 마련한 것은 나름대로 최선을 다한 것 아니겠냐는 것이다(『현대자동차 면담자료』 1999).

의 대립적 노사 관계를 고집했던 사건이었다. 이런 노사 대립은 정부 개입으로 인해 일시적으로 이루어졌던 노사 합의가 사라진 후 더욱 심각한 양상으로 재연되고 있다. 결국, 현대자동차의 고용조정 갈등은 최대한 투쟁과 타협적 공생의 길 중에서 어느 쪽으로도 귀결되지 못한 셈이다. IMF 이후의 변화된 정세 속에서 노동조합은 아직도 심각한 내부 갈등과 혼란을 극복하지 못하고 있다.

현대자동차의 고용조정이 다른 해결책을 찾을 수는 없었는가? 변화된 정세에 부응하여 노사 관계의 새로운 돌파구는 어떻게 마련해야 하는가? 현대자동차의 고용조정 사례에서 우리가 얻을 수 있는 시사점은 다음과 같다. 첫째, 노사 관계가 변화될 수 있는 계기는 무엇보다도 회사 측에 의해 마련될 수 있다. 심각한 경영 위기 속에서 회사는 종업원들을 정리 해고하는 손쉬운 방법이 아니라 노동조합 측이 제안한 근로 시간 단축과 일자리 공유라는 대안에 대해 진지하게 고려할 필요가 있다. 이렇게 상호 신뢰의 계기가 마련된다면 노동조합도 충분히 고통을 분담하면서 위기를 극복하는 데 동참할 수 있을 것이다. 물론 회사가 이와 같은 능동적 자세를 보이려면, 재벌체제의 근본적 혁신을 통해 경영진의 체질을 쇄신하는 노력이 전제돼야 할 것이다.

둘째, 노동조합 또한 투쟁을 통해 경제적 실리를 획득해 온 기존의 노선 자체를 전면적으로 재검토하지 않으면 안 된다. 해당 기업과 국민경제의 존립 자체가 불투명한 상태에서 정리 해고 결사 반대만을 주장하는 것은 집단 이기주의로 비칠 수밖에 없다. 노동조합은 다양한 정책 대안들을 제시할 뿐만 아니라 정리 해고의 부분 수용에 대해서도 진지하게 고려해야 한다. 물론 이것이 가능하기 위해서는 경제적 실리만을 선호하는 일반 조합원들의 성향을 변화시키는 것이 전제되지 않으면 안 된다. 이는 기업별 노동조합 체제의 한계를 극복하고 산별노조를 통해 우리 사회의 발전을 주도해 가는 노동운동의 중장기적 과제와 밀접히 결합돼 있다.

셋째, 정부는 노사정위원회를 활성화시킬 뿐만 아니라 노사 관계의 이와 같은 전환이 가능하도록 제도적 여건을 마련해 줄 필요가 있다. 정리 해고가 되더라도 일정한 생활수준을 유지할 수 있도록 보호해 주는 사회안전망이 충분히 마련되어 있었다면 정리 해고에 대한 노동자들의 결사적 저항은 크게 완화될 수 있을 것이다. 또한 재교육과 재훈련을 통해 실업자들이 노동시장의 변화에 적응해 갈 수 있도록 돕는 것도 상당 부분 정부의 몫이다. 그리고 노사 불신의 근본적 원인으로 작용해 온 재벌 개혁을 촉진하는 역할 역시 정부의 필수 과제라고 할 수 있다. 정부가 현대자동차의 경우처럼 노사 합의를 인위적으로 강제하는 것보다 이런 정책 과제들을 성실하게 추진하는 것이 장기적으로는 훨씬 의미 있는 것으로 보인다.

참고문헌

김기수. 1998. "하나의 평가에 대한 비판."『전국민주노동조합총연맹 : 조합원의 소리』. 나우누리 go KCTU.

김기원. 1998. "한국 재벌체제의 지양에 관한 일 고찰 : 책임전문경영체제의 구축을 중심으로." 서울경제연구소 심포지엄.

김세균. 1998. "노조 운동의 탈계급화·탈정치화를 위한 최근의 시도들에 대한 비판 :『한겨레21』의 논조에 대한 비판을 중심으로."『현장에서 미래를』10월호. 한국노동이론정책연구소.

김유선. 1998. "민주 노조 운동의 혁신을 위한 제언."『노동사회』9월호. 한국노동사회연구소.

노항래. 1998. "노동조합 운동의 조직 혁신을 위한 제언."『노동사회』11월호. 한국노동사회연구소.

영남노동운동연구소. 1998. "위기를 넘어서."『연대와 실천』10월호.

______. 1998. "현대자동차 경영분석."

울산리서치. 1998. "현대자동차사태에 대한 울산시민 여론조사." 7월.

윤진호·이병희·채진호·김영두. 1999.『고용구조 변화와 노동조합의 고용정책』. 한국노동사회연구소.

임영일. 1998. "한국 노동체제의 전환과 노사관계 : 코포라티즘 혹은 재급진화."『경제와 사회』40호. 한국산업사회학회.

______. 1999. "한국의 경제 위기와 노동운동 : 위기와 과제."『사회연구』12집. 경남대학교 사회학과.

조동성. 1998. "해법 '구조 조정 이렇게 하라'."『한국경제신문』06/15.

조성재. 1998.『현대자동차의 고용조정』. 기아경제연구소.

조우현. 1995. "신노동자경영참가론."『세계의 노동자 경영참가』. 창작과비평사.

조준상. 1998. "노조 운동에 쓴 약이 필요하다."『한겨레21』227호.

천창수. 1998. "현대자동차 정리 해고투쟁이 남긴 과제."『연대와 실천』9월호.

한국자동차공업협회. 1998.『자동차통계월보』각월호.

현대자동차. 1998a. "경영위기 극복 및 여유인원 문제에 대한 해결방안 제시." 05/09.

______. 1998b.『영업보고서』.

______. 1998c. "사내자료." 9월.

______. 1998d. "사내자료." 11월.

현대자동차 노동조합. 1998a. "현자노조 고용 안정 투쟁 보고."

______. 1998b. "고용조정에 대한 노사 간 입장 차이와 대안 제시."

______. 1998c. "98년 고용 안정 투쟁 평가."『노동조합신문』12/30.

『현대자동차 면담자료』1998~1999.

현대자동차 민투위 정책부. 1998. "현대자동차 생존권 사수투쟁 평가서."『현장에서 미래를』.

민영화와 공공 부문 파업:

기간산업 3사의 민영화 저지 파업을 중심으로

김상곤 | 한신대학교 경영학과 교수

1. 서론

이 글에서는 한국 공공 부문 노동운동사상 최장 기간 파업이라는 기록을 남긴 발전 노동자들의 '민영화 저지 파업'을 비롯해 공공 부문 노동자의 파업이 한국의 노사 관계와 관련해 갖는 이론적·실천적 의미를 검토하고자 한다.

또한 이런 검토를 통해 현장 기록의 연구사적 의의도 확인하고자 한다. 왜냐하면 뒤에서 서술하듯이 2002년 기간산업 3사의 '민영화 저지 파업'은 시장과 공공성을 다루는 논리적 쟁점과 바람직한 사회경제 발전을 바라보는 계급적·이데올로기적 쟁점, 그리고 이에 못지않게 중요한 것으로서 바로 각각의 주장을 현실에서 뒷받침하는 주체 동원 혹은 변혁 동력의 문제를 내포하고 있기 때문이다. 김대중 정부 출범 이후 노동계를 비롯한 이른바 민중 진영과 그 밖의 포괄적인 의미의 시민·사회운동 진영 사이에 신자유주의의 이해를 놓고 일정한 대립과 골이 존재해 왔다는 점에서 개혁의 주체 동원 혹은 동력의 문제는 매우 중요하다. 이런 점에서 이 글은 현장 기록의 연구가 이론

---

* 본 논문은 『사회경제평론』 제19호(2002년)에 게재된 논문을 수정보완한 것이며, 이 책에 게재를 허락해 준 한국사회경제학회에 감사한다.

과 현실의 긴장 관계를 유지하면서 어떻게 그 유기적 연관을 이론적·실천적 성과물로 낼 수 있을지 살펴보기 위한 것이다.

이 글에서 민영화는 그것 자체가 핵심 주제는 아니며 논의 주제와 관련되는 한에서 언급할 것이다. 공공 부문의 노사 관계, 그중에서도 파업 등 격렬한 양상으로 전개된 공공 부문 노사 관계의 사회경제적 의미를 검토하는 것이 이 글의 핵심적인 의도다.

공공 부문의 노동자들은 민간 부문에 비해 상대적으로 고용이 안정돼 있어 노사 협조주의·실리주의적 조합주의 등의 지적을 받아왔다. 그러나 외환 위기 이후 공공 부문이 김대중 정부 경제 개혁의 구심, 노동 유연화의 핵심 대상으로 부상하면서 공공 부문 노동조합은 정치투쟁적인 방향으로 급속히 바뀌었다. 민간 부문의 구조 조정은 때로 사용자의 투자 확대, 고용 확대와 노동조합의 임금 인상 자제를 맞바꾸는 방식으로 진행되기도 하지만 일반적으로 공공 부문의 구조 조정은 '공공 지출 축소=인력 감축'을 의미하기 때문에 구조 조정에 대응하는 공공 부문 노동자들의 고용 안정 투쟁은 한층 전투성을 띠게 된다(Przeworski 1991).

이런 변화는 특히 그간 간선제가 일반적이었던 노동조합 위원장 선출제도를 조직 내부 투쟁을 통해 직선제로 바꾸는 등 노동조합 운영 절차의 민주화와 함께 진행되어 노사 관계와 한국 사회의 정치 경제 지형에 커다란 파장을 불러일으켰다. 이 때문에 이 글은 공공 부문 노동운동, 그중에서도 특히 2002년의 기간산업 공기업의 파업에 주목하고자 하는 것이다.

통상적으로 노사 관계에서 공공 부문이라 함은 입법부·사법부·행정부 등의 중앙 부서뿐 아니라 지방자치단체를 포함해 정부가 사용자 역할을 하는 기관을 의미한다. 이때의 사용자 역할은 대체로 광의로 해석되며 정부가 실질적인 사용자 역할을 할 수 있는 기관을 의미한다. 따라서 구체적으로는 정부 투자 기관, 정부 출자 기관, 재투자 기관, 지방 공기업, 정부 출연 기관 그 밖에 특수재단 및 사단법인 형태의 공공 법인체를 포괄한다.

그러나 이런 기능적 구분과 달리 생산되는 재화 및 서비스의 공익성, 공공재적 성격을 기준으로 공공 부문을 범주화하면 실제로 공공 부문의 범위는 현대 자본주의의 생산력 발전 경향에 따라, 그리고 그것과 긴밀한 관계에 있는 현대 자본주의 국가의 역할 증대에 따라 확대되는 경향에 있다.[1]

그럼에도 불구하고 때로 정책 주체의 의도와 각국의 계급 세력 배치 여하에 따라 그 구체적 범위와 개념이 달라지기도 한다. 예컨대 1980년대 이후 영미형 자본주의 국가들은 자본축적의 새로운 돌파구로서 작은 정부와 시장원리를 강조하면서 공공 부문의 범위는 정책적으로나 이론적으로 축소되는 경향을 보여 왔다. 행정 수반도, 이를테면 CEO를 모집하듯이, 내외국인을 막론하고 전문 경영인 중에서 공개 채용하자는 주장은 그런 점에서 단순한 일화 이상의 이데올로기적 파장을 내포하는 것이다.

그런데 흥미로운 것은 국내 재벌 기업들의 기업 이미지 광고에서 가장 흔히 등장하는 것이 '국민 기업'의 이미지, 단순한 이윤 추구가 아니라 국민경제 발전에 이바지하는 기업이라는 이미지라는 점이다. 때로 공익광고를 방불케 하는 이런 광고들은 역설적으로 현대 자본주의에서 공·사기업의 구분을 막론하고 대기업들이 일정하게 가질 수밖에 없는 사회적 성격을 시사하는 것이라고 할 수 있다.

이 글에서는 양적·기능적 서술에서는 통계적 분류와 분석의 편의상 정부의 사용자 역할을 기준으로 공공 부문을 기술할 것이지만 그런 기술은 공공 부문의 공익성·공공재적 성격이라는 질적 개념을 포괄하는 것으로 이해할

---

1 이와 관련한 시사적인 일례로, 근대경제학에서는 1980년대 이후 기존의 재정학이 공공경제학으로 확대되는데 여기서는 정부의 전통적 정책수단인 조세와 정부지출로 구성되는 재정 외에 정부가 수행하는 '모든 경제적 역할'이 연구 대상이 되고 있다. 또한 현대 경제를 혼합경제로 정의하면서 정부의 기능을 효율적인 자원 배분, 공평 분배, 경제 안정화 등으로 지적하고 이런 목표들은 정부 개입 없는 시장경제 기능만으로는 달성할 수 없다고 밝힌다(나성린·전영섭 1998, 5-6).

것이다.

먼저 제2장에서는 이런 입장 차이가 한국 공공 부문의 특징과 어떻게 관련되는지 고찰한다. 제3장과 제4장에서는 그런 특징이 공공 부문 파업에서, 특히 2002년 기간산업 3사의 민영화 저지 파업 과정에서 어떻게 발현되었는지 차례로 살펴볼 것이다. 제5장에서는 이상의 고찰을 정리해 향후 한국 노사 관계에 요구되는 이론적·실천적 과제를 제시하고자 한다.

2. 한국 공공 부문의 특징과 노사 관계

식민지 지배로 인해 민간 자본의 축적 기반이 부실했던 한국에서 공공 부문은 자본축적을 주도했다. 그리고 자본축적과 동전의 양면 관계에 있는 노동 통제에서도 주도적 역할을 했다. 1997년 외환위기 이후 김대중 정부의 구조 조정 과정에서도 공공 부문은 IMF 프로그램이 요구한 시장 지향적 경제 개혁의 전략적 요충으로서 임금 동결 및 감소, 고용 감축, 복지 축소 등 긴축 정책의 핵심 대상이었다. 특히 이하에서 살펴볼 전력·철도·가스 등 전통적인 기간산업의 공기업은 김대중 정부의 민영화 정책의 성공 여부를 평가하는 잣대로 인식되어, 이들 공기업 각각의 경영 성과나 노사 간 협의와 관계없이 민영화 정책이 강행됨으로써 적지 않은 사회경제적 비용을 치렀다.

민영화의 논거로, 공공 부문은 주인-대리인 관계가 복잡해 책임 경영이 어렵다는 주장이 가장 많이 제시된다. 그러나 정도의 차이는 있을 수 있으나 이것은 소유 형태를 막론하고 현대 자본주의의 대기업이 갖는 일반적 특징이라고 할 수 있어서 공기업에만 고유한 질적 특징이라고 하기 어렵다. 따라서 설사 그런 문제가 있다고 할지라도 그 대안이 유일하게 소유 형태의 전환이라고는 할 수 없으며 다양한 방식으로 감시와 견제 기구를 갖추어 책임 경영 방식을 도모하는 기업 지배 구조의 개선이 두루 모색될 수 있다.[2]

민영화의 또다른 논거는 공공 부문에는 민간 부문의 경성예산제약과 달리 연성예산제약이 작용해 운영이 비효율적이라는 주장이다. 관료 경영진의 무사안일과 공공 부문 노동자들의 상대적 고용 안정이 결합해 일정한 도덕적 해이를 낳을 수 있는 개연성이 존재하지만 이 역시 민간 부문 사기업과 구별되는 공기업 소유 형태에 고유한 특징이라고 보기는 어렵다. 경우에 따라서는 공공 부문의 연성예산제약이 공기업의 특수성, 즉 효율성과 더불어 공공성을 추구해야 하는 공기업의 경영 목표 자체에서 유래할 수도 있다.

따라서 이 경우에도 소유 형태의 전환, 즉 민영화가 유일한 대안이 아니며 노동자 참여를 통한 경영 책임 공유, 이를 위한 기업 정보 공개 및 의사 결정 과정의 민주화, 다양한 인센티브 시스템의 도입 등이 검토될 필요가 있다(김상곤 1995, 256). 더욱이 한국에서는 공기업의 재무구조가 대부분의 민간기업보다 건실하고 신용 등급도 높다. 두산이 한국중공업을 인수하면서 계열 리스크로 인해 한국중공업(현 두산중공업)의 신용 등급이 AA-에서 BBB+로 네 단계나 떨어진 예가 이를 잘 보여 준다(임원혁 2002).

이처럼 공공 부문 노사 관계의 특징 중 하나는 그것이 공급하는 재화 및 용역의 공익성 혹은 공공성에 있다. 위에서 지적했듯이 이때의 공익성 혹은 공공성은 현대 자본주의 대기업이 경향적으로 공유하는 것이기는 하지만 공공 부문의 경우 그 존재 목적이 명시적으로 공공성을 표방하고 대부분의 경우 사회 구성원의 기초 소비, 기초 후생을 담당하기 때문이다.

---

2 이 때문에 "거평의 대한중석 인수 사례에서 볼 수 있는 것처럼 기업 지배 구조가 왜곡된 민간기업이 공기업을 인수할 경우 효율은 오히려 저하될 수도 있다"(임원혁 2002, 9). 한국 민간 부문의 왜곡된 기업 지배 구조를 전형적으로 보여 주고 있는 재벌이 공기업 인수의 가장 유력한 주체이고 다른 한편 김대중 정부의 재벌 개혁이 임기 후반 점점 더 후퇴해 재벌에 의한 경제력 집중이 여전히 한국 경제의 문제점으로 남아 있는 현실에서 이런 문제는 충분히 검토되어야 한다.

　이런 특수성 때문에 공공 부문 노동자의 단체행동은 경영진에 대한 사회 구성원의 압박과 함께 국민 기초생활에 대한 압박으로 나타난다. 현대 자본주의 생산력의 사회화 경향으로 인해 민간 부문 대기업 노동자의 단체행동 역시 일정하게는 사회 구성원의 일상생활에 대한 압박을 야기하지만, 한국의 경우 '철밥통'이라는 비유에서 보듯 그간 공공 부문 노동자들이 민간 부문에 비해 임금은 상대적으로 낮았을지라도 상대적으로 안정된 신분을 보장받았다고 하는 경제적 이유, 그 밖에 노동자 이전에 국민의 공복이라고 하는 전통적 인식이 발휘하는 문화적·이데올로기적 효과 등으로 인해 공공 부문의 단체행동은 종종 '집단이기주의'로 매도되어 왔다. 따라서 공공 부문 노사 관계의 연구에서는 기업 소유 형태나 지배 구조 등 경제적 측면 못지않게, 가장 기본적인 인권으로서의 노동권 개념이 아직 충분히 인식되지 못한 한국의 사회문화적 측면도 아울러 고려하지 않으면 안 된다.

　이런 상황을 유념하면서 한국 공공 부문의 비중을 살펴보면 먼저 2000년 현재 한국의 공공 부문 노동자 수는 121만 9,590명으로, 전체 임금노동자 1,314만 명의 9.28%를 차지하고 있다.[3] 이 중 공무원이 약 88만 명으로 70%를 차지하고 있는데 지방공무원이 31만 명, 교육공무원 29만 명, 국가공무원 12만 명을 차지한다. 공기업 종사자는 29만 명으로 약 30%를 차지하고 있다(강충호 2000, 7).[4]

　한편, 2001년 현재 공공 부문 노동조합은 약 222개이며 조합원 수는 41만 3,578명으로 우리나라 전체 노동조합의 3.9%, 전체 조합원의 27.9%를 차지한다. 전체 제조업 산별 연맹의 조합원 수 46만 4,989명에 버금가는 규모인

---

3 인원 감축과 민영화 등 김대중 정부의 '작은 정부' 구호에도 불구하고 한국의 공공 부문이 전체 고용에서 차지하는 이와 같은 비중은 비교 연도가 조금씩 다르기는 하지만 미국 16.6%(1985년 기준), 일본의 11%(1994년 기준), 독일의 17.9%(1993년 기준), 영국의 19.9%(1996년 기준) 등에 비해 여전히 낮은 수준이다(강충호 2000, 58, 68, 77, 82).

4 이하 공공 부문 현황 통계는 별도의 주석이 없는 한 이 실태 조사 결과를 인용한다.

데 무엇보다도 공공 부문 단위 노조의 평균 조합원 수가 1,862명으로 전체 노동조합 평균 규모인 263명의 약 일곱 배에 해당한다는 것에서 공공 부문 개별 노동조합의 규모를 짐작할 수 있다. 이는 향후 공공 부문 노동조합 운동의 향배에 따라 전체 노동운동의 지형, 나아가 한국 사회의 정치 경제 정세가 달라질 수도 있음을 보여 주는 것이다.

그간 한국의 공무원은 철도·체신·국립의료원 등 현업 공무원에게만 단결권이 보장되고 그 밖에는 단결권조차 금지되어 왔다. 현업 공무원의 경우에도 단체교섭권이 실질적으로 보장되지 않고 있고 공무원노조협의회를 통해 비공식적 접촉과 건의가 이루어지는 수준이다. 또 공무원의 단체행동권 금지가 위헌 판결을 받았지만 여전히 관련 법 개정이 이루어지지 않고 있다.

이 밖에 1989년 전국교직원노동조합의 결성 이후 1,500여 명이 해직되는 등 온갖 탄압을 받았던 교원노조는 노사정위원회의 합의를 거쳐 1999년 7월 합법화되었으나 공립학교의 경우 교육부와 기획예산처의 협상 기피, 사립학교의 경우 사학법인 소유주의 탄압 등으로 변변한 교섭을 벌이지 못하고 있다. 2001년 11월 출범한 전국교수노조는 아예 불법 노조로 지목되어 지도부에 대해 교육부의 징계 지침이 시달되기도 했다. 또 6급 이하 공무원에게 허용되어 있는 공무원직장협의회가 2002년 3월 23일 정부의 대회장 원천 봉쇄 속에서 공무원노동조합을 출범시켰지만 지도부가 구속·수배 상태에 놓이기도 했다. 이는 국제노동기구^{ILO}의 원칙과 조약에 위배되는 것이어서 한국 정부는 그간 수차례에 걸쳐 ILO로부터, OECD 등으로부터 공무원의 노동기본권을 인정하라는 지적을 받았다.

또한 공기업 노동자의 경우 정부투자기관관리기본법에 따르면 정부투자기관 임직원의 보수는 기획예산처 장관이 작성·통보하는 '정부투자기관 예산편성지침'에 따라 이사회가 정하도록 하고, 투자기관의 예산은 사장이 편성하되 이사회의 의결로 확정하도록 되어 있다. 따라서 노동조합이 임금·예산과 관련해 협상할 여지를 두고 있지 않다. 더욱이 김대중 정부 이후에는 공공 부문 구조 조정 지침을 통해서 퇴직금 누진제의 폐지, 연봉제 및 계약제의 도입 등 각종 지침이 남발되어 단체교섭을 허구화하고 있다. 이런 사정은 정부출자기관이나 출연기관, 지방 공기업의 경우에도 별반 다르지 않다.

그 밖에도 정부는 임금 가이드라인이나 예산통제, 이사회나 사장의 임면권을 통해 노사 관계에 개입해 왔는데 이는 기업별 노동조합주의로 인해 가뜩이나 열악한 이들 노동자의 협상력을 더욱 무력화시켜 왔고 이 때문에 공공 부문 노동조합을 둘러싸고 어용 노조 시비, 이면 합의 시비가 끊임없이 제기되어 왔다. 이런 가운데 1997년 외환위기 이후 정부는 공공 부문 개혁의 주요 목표의 하나로 공공 부문 인력 감축을 내걸어 이미 2000년 말 현재 1997년 대비 약 18.3%에 해당하는 총 13만 1,000명을 감축한 바 있다.

3. 공공 부문 노동운동과 민영화 이슈

한국의 자본축적이 국가 주도로 이루어지는 동안 공공 부문 노동자들은 민간 부문에 비해 상대적으로 고용 안정을 보장받는 대신 국가 주도 축적 체제의 하위 파트너로서 이른바 '노사 관계의 안정'에 협조적이었다. 섬유공업 미혼 여성 노동자들이 노동운동을 주도하던 1970년대로부터 중화학공업의 청장년층 가장 노동자들이 노동운동을 주도하는 1980년대까지 한국의 고도성장기 노동운동 과정에서 공공 부문 노동자들은 민간 부문 노동자들의 치열한 생존권 투쟁에도 불구하고 노동자 연대적 움직임을 보이지 않았다. 이런 협조주의적 노사문화는 아직도 공공 부문 노동운동에 깊은 각인을 남기고 있어서 공공 부문 노동자 간 연대뿐 아니라 자체 노조의 민주주의적 운영에도 일정한 걸림돌이 되고 있다.

1987년 6월항쟁에 이은 7, 8월 노동자 대투쟁은 우리 사회 전반의 민주화 요구 속에 공공 부문 노동운동에도 하나의 전환기가 되었다. 공공 부문의 병영적 노동 통제와 불공정한 인사제도, 열악한 임금 통제 등에 대한 불만은 당시의 '군부독재 타도'의 정세 속에서 자연스럽게 군 출신 경영진과 여권 출신 경영진에 대한 퇴진 등의 요구로 이어졌고 공공 부문 내부의 민주화에 대한 관심으로 이어졌다. 이런 전환은 당연히 조직률 증가로 나타났는데 서울지하철·서울대병원을 필두로 정부투자기관·언론사·지역의보 등에서 노동조합이 결성되기 시작해 1988년 말까지 170개 노동조합 총 12만 명의 조합원이 새롭게 조직되었다(김상곤 1995).

어용 노조 시비 등 내부 민주화 논쟁을 거치면서 활동 방식에 있어서도 공공 부문 노동운동은 기존의 노사 협조적 방식에서 벗어나 파업을 비롯해 다양한 투쟁 방식을 시도했다. 그러나 1987년과 1989년의 지하철노조 파업, KBS 노동조합의 방송 민주화 투쟁, 조폐공사·한국통신 등의 대정부 투쟁 등 다양한 시도에도 불구하고 개별 기업 차원의 분산 투쟁의 한계가 드러나자 공공 부문 노동운동 간의 활발한 연대가 모색되기 시작했다.

1994년 서울지하철 노동조합과 철도 부문 전국기관사협의회(전기협)가 결성한 전국지하철노조협의회(전지협)는 공공 부문 공동 투쟁의 초기 사례였다는 점에서, 그리고 민영화 저지 투쟁은 아니었지만 임금 가이드라인 철폐를 주장하는 대규모 연대 파업을 전개했다는 점에서 획기적인 것이었다. 1994년 11월 결성된 공공부문노동조합대표자회의(공노대)는 이런 연대의 소산이었다. 1996년 한국통신·조폐공사·서울지하철·부산지하철·지역의료보험 등 공공 5사 공동 투쟁은 비록 파업 직전에 단체교섭이 타결되어 공동 파업은 무산되었으나 공공노조 간 공동 투쟁의 초기 사례로서 의미가 크다. 민주노총의 출범과 함께 1998년 공공노동조합연맹이 결성되면서 공노대는 해산되지만 이후 김대중 정부의 공공 부문 구조 조정 정책이 전개되면서 1999년 4월 공공연맹으로 확대 발전했다.

이상에서 보았듯이 1987년 이후 공공 부문 노동운동은 내부 민주화 및 연대 투쟁을 통해 빠른 속도로 확대되었다. 이 과정에서 특징적인 것은 교섭이 원만하게 타결되는 사례가 드물고 대개는, 실제로 파업에 돌입하든 안하든, 파업을 불사하는 단계까지 가서야 비로소 '막판 극적 타결'이 이루어지는 노사 관계가 형성된다는 점이다.

이는 그만큼 공공 부문의 노사 관계가 경직적임을 드러내는 것이다. 책임경영의 부재는 협상의 실질적인 최종 책임이 공공 부문 경영진에 있다기보다 정부 나아가 정치권에 있게 만들고 참여 경영의 부재는 노동자 배제적 의사 결정을 구조화해 협상의 생산적 진전을 저해하기 때문이다. 또한 기존의 노사 협조주의가 어용 시비 속에 비난받는 현실에서 내부 민주화의 과도기에 놓여 있는 공공 부문 노조들이 아래로부터의 민주주의적 노조 운영 경험의 부재와 지도부의 민주적 훈련 부족 등으로 공공 부문 노사 관계를 더욱 경직시키는 측면도 적지 않다.

김대중 정부의 민영화 정책이 쟁점으로 부상하면서 공공 부문 노사 관계의 이런 문제점들은 더욱 두드러졌다. 그것은 민영화 정책의 결정 과정에서 노동자가 배제되고, 민영화 정책이 정부로부터 일방적으로 시달될 때 공공 부문 경영진이 그 수용 여부를 독자적으로 결정할 수 없는 공기업 지배 구조에 기인했다.

2000년 하반기 이미 정부의 민영화 방침이 발표된 한국전력과 한국통신을 중심으로 공공 부문 노동자들은 민주노총 사업장과 한국노총 사업장을 망라하는 공공부문노동조합연대투쟁대표자회의(공공연대)를 결성해 정부의 일방적 구조 조정에 맞서는 연대 투쟁을 시도했다. 공공연대는 민주노총과 한국노총이 총연맹의 차원을 넘어 결합했다는 상징성과 함께 사실상의 대표성을 갖춘 조직으로 급성장했다. 공공연대에는 정투노련(1만 7,000명)·공공서비스노련(1만 3,000명)·도시철도노련(8,000명)·공공건설 연맹(5,000명)·전력노조(2만 4,000명)·철도노조(2만 5,000명)·체신노조(2만 3,000명)·공공연맹(9만

6,000명) 등 8개 연맹 20만 명이 참가했다(김태현 2001, 13).

그러나 이런 숫자에도 불구하고 공공연대는 공동 교섭 등을 상정하지 않는 느슨한 공동 투쟁체로서 내부의 다양한 조직 환경과 현안 차이 때문에 아직은 많은 한계를 가지고 있었다. 특히 연대의 현안이며 조직적 구심이었던 전국전력노동조합이 12월 3일 민영화 반대 파업을 극적으로 철회하면서 '전력산업구조개편에 관한 법률'이 통과되고 철도노조는 12월 초 국회에서 철도민영화 법안이 유보되자 대응을 유보했다. 한국통신이 12월 말 명동성당에서 노숙 농성에 돌입했지만 사실상 연대는 와해되었다.

공공연대의 와해 이후 공공 부문 대규모 노조는 각각 내부 민주화의 진통을 겪게 되는데 그 핵심 쟁점은 노동조합 위원장의 간선제를 직선제로 바꿔내는 것이었다. 먼저 철도노조가 2001년 5월 직선제에 성공했다. 또 이미 전년도에 직선제를 확보한 한국전력 노동자들은 2001년 4월 한국전력공사에서 발전부문 5개 자회사가 분할되자 같은 해 7월 소산별의 발전산업노조를 결성했고 위원장 선거 직후 민주노총에 가입했다.

이런 과정을 거치면서 2001년 11월 15일 공공 부문 해당 노조 외에 시민·사회단체를 포괄하는 국가기간산업민영화(사유화)저지 범국민대책위원회(범대위)가 결성되는데 이로써 이제 민영화 문제는 단순한 공공 부문 노사 관계 차원을 떠나 국민적 현안으로 부각되기 시작했다.

민영화 이슈와 관련해 특히 공공 부문의 공익성 혹은 공공성은 때로 '그러므로 파업을 할 수 없다'는 노동권 자제의 논거가 되기도 하고 때로는 '정부 부문에도 시장 논리를 적용해야 한다'는 비효율의 기준 혹은 근거로 지목되기도 했다. 공공 부문이 가지고 있는 공공성과 효율성 사이의 이런 이중성으로 인해 민영화 논의는 이론적으로나 정책적으로나 더욱 혼란스러운 양상을 띠었다.

이와 관련해 일각에서는 공공 부문 노동운동의 공익적 성격을 내세우면서 사회적 연대의 중요성을 강조한다. 이에 따르면 공공 부문의 단체행동은 경제적 행위로서의 파업이라기보다 정치적 동원의 성격이 강하다는 것이다(김태현 2001, 16). 이와 같은 사회운동적 노동조합주의social movement unionism 혹은 새로운 사회적 노조주의new social unionism의 입장에서는 기존의 노동운동이 새로운 형태의 대안적 사회운동이나 진보적인 참여민주주의 사회운동의 중요성을 소홀히 할 경우 주변적인 운동으로 전락하리라고 우려한다(Kelly 1998; Waterman 1999).

그러나 이에 대해서는 그것이 사회적 관계를 담론적 관계 혹은 헤게모니적 관계로 탈물질화시켜 버림으로써 자본주의의 문제점들이 형식적 민주화의 확장을 통해 해소될 수 있는 것으로 상정한다는 비판이 제기되고 있다. 새로운 사회운동들이 즉자적인 계급이익을 넘어서 정치를 확장한다는 점에서 의미가 있지만 궁극적으로 계급 정치의 장을 뛰어넘지 못한다는 점에서 한계가 있다는 것이다(Neary 2001, 423).

예컨대 무디Kim Moody5를 비롯해 한때 사회운동적 노조주의자들이 주목했던 한국의 노동운동이 경제 위기 이후 대규모 정리 해고와 신자유주의적 노동 배제 정책 속에서 결국은 자본주의의 계급 모순에 포위되어 버린 현실이 이를 반영한다는 것이다(Neary 2001, 432).

발전노조 파업이 시민사회 단체에 사회적 논의 구조의 필요성과 공공성 담론을 광범위하게 유포했으면서도 결국 정부의 분할 배제 구도 속에 혹독한 탄압을 고스란히 치러낸 상황은 사회운동적 노조주의의 설득력에 일정한 한계가 있음을 보여 준다. 그런 점에서 공공 부문 노동운동이 공공성을 매개로 시민사회 단체와 연대를 모색하는 경우에도 연대의 급진화, 시민운동에 대한 계급적 개입의 과제는 여전히 남는다고 하겠다.

그간 정부와 사용자 측은 공기업 민영화가 파업의 대상이 아니라는 기본

---

5 한국의 노동운동을 '새로운 노조주의'의 입장에서 바라본 무디의 설명에 대해서는 Moody (1997, 349-354).

입장을 견지했다. 그러나 노동계는 민영화가 당연히 파업의 대상이라는 판이한 입장을 견지했고 대부분의 시민사회 단체는 공공 부문의 민영화가 미치는 국가 전체의 사회경제적 파장에서 볼 때 국민적 논의 대상이 되어야 한다고 주장했다.

4. 민영화 저지 연대 파업의 경과와 평가

(1) 기간산업 3사 연대 파업의 경과

2002년 2월 27일 철도노조·가스공사노조·발전노조의 동시 파업 돌입은 그간의 공동 투쟁의 경험을 바탕으로 일정한 준비 기간과 기획 프로그램을 거쳐 기간산업 3사가 연대 동시 파업에 돌입했다는 점에서 그 결과와 별도로 공공 부문의 향후 연대 활동과 관련해 일정한 의미를 갖는다. 또 이들 노조가 내부 민주화를 통해 지도부를 바꾸거나(철도노조) 새로 선출한 뒤(발전노조) 이 새 집행부의 연대하에 공동 파업을 결의했다는 것도 주목할 대목이다.

이들 공공 3사는 2001년 10월 31일 공동투쟁본부(공투본)를 출범시키고 한 달여에 걸친 지도부 논의를 통해 2001년 11월 25일 1차 공투본 결의 대회를, 다시 2002년 2월 3일 2차 결의 대회를 가졌다. 이들은 2002년 2월 24일 전국 노동자 대회에 참석해 동시 파업 돌입을 선언했고 곧이어 기간산업 3사 연대 동시 파업을 시작했다.

동시 파업에 돌입하면서 이들은 정부와 직접 협상하는 노정 간 공동 교섭을 추진한다는 원칙을 세우고 우선 민영화 정책 기조의 철회를 노정 공동 교섭의 요구 사항으로 삼았다. 각 단사별 현안은 단사별 교섭을 통해 해결하는 방안을 병행 추진했다. 또 비록 선언적 의미에 그치고 말았지만 일단 어느 한 단사라도 교섭이 마무리되지 않으면 공동 파업 투쟁을 끝내지 않는다는 방침을 천명했다.

실제로 공동 파업이 진행되는 과정에서는 먼저 현안이 상대적으로 덜 시급했던 가스공사노조가 공동 파업 하루 만에 노사 합의문을 작성하고 먼저 파업을 접었고 이어 철도노조 역시 노사 합의에 따라 3일 만에 파업을 끝냈다. 이후 발전노조의 파업이 38일간의 장기 파업으로 전개되면서 기간산업 민영화를 충분한 사회적 논의 없이 일방적으로 강행하는 데 대해 국민적 여론을 환기시키는 데 주력했다.

2002년 기간산업 3사 노조의 공동 파업은 3단계의 진행 과정을 보여 주었다. 첫 번째 단계는 공투본과 범대위가 결성되고 철도노조와 가스노조가 그 중심에 있던 2001년 10월부터 12월까지의 상황이다. 여기서는 철도산업과 가스산업의 구조 개편과 관련한 법률의 제·개정을 둘러싼 공방이 중심을 이루었다. 두 번째 단계는 2002년 1월부터 공동 파업에 돌입한 2월 27일까지로 발전노조가 공동 투쟁에 적극 결합해 3사 노조의 공동 대응이 실질적으로 시작되는 단계이다. 이때부터 노정 공동 교섭이 추진되고 3사 노조의 전면적인 공동 파업에 돌입하게 된다. 3단계는 2002년 2월 27일부터 4월 2일까지로 가스노조와 철도노조의 교섭이 각각 타결되었으나 발전노조가 산개 투쟁에 돌입하면서 민영화를 우려하는 범국민적 여론이 확산되고 사회적 긴장이 고조되는 시기였다(박석운 2002, 2).

2월 26일 가장 먼저 교섭이 타결되면서 파업을 종료한 가스공사의 경우 노동조합과 정부 간 노정 합의문은 그간 노조가 정부의 가스산업 구조 개편안에 대해 제기해 온 문제점을 인정하고 앞으로 추진 과정에서 구조 개편의 시기와 방법에 대해 노동조합과 논의를 거쳐 추진하기로 하고 있다.[6] 그 후 노사정 간 세 차례의 실무 협의를 거치고 한 차례의 전문가 토론회를 가졌으며 5월 22일 국회 공청회에서는 정부의 일방적 추진에 대해 의원들의 다양한 문제 제기가 이루어졌다. 당시 가스공사 경영진은 가스공사 분할을 위한 자문사 선정을 검토 중이며 노동조합은 6, 7월 중 노동조건 개선 투쟁과 연계해 가스 산업 구조 개편 관련 법안의 입법 저지 투쟁을 벌인다는 방침이었다.[7]

2월 27일 교섭이 타결된 철도의 경우 노사 합의문은 "노사는 철도가 국가 주요 공공 교통수단이라는 데 대해 인식을 같이하고 향후 철도산업의 공공적 발전에 대해 공동 노력한다"고 하고 있다. 민영화 여지를 남겨 놓은 이런 합의문에 조합원들은 격렬히 반발했으나 철도노조 집행부는 일단 민영화 관련 법안의 연내 입법 저지를 위한 최소한의 여지를 확보했다고 보고 숨 고르기에 들어가 있다. 민영화 저지 투쟁 과정에서 24시간 맞교대, 연중 무휴일의 장시간 노동, 과로로 인한 순직 등의 열악한 노동조건이 쟁점으로 부각되어 24시간 맞교대가 철폐되고 3조 2교대가 합의되었다. 그 밖에 기관사의 주휴일 보장과 수당 확보가 이루어졌다. 끝까지 쟁점이었던 해고자 복직 문제는 이미 노사정위원회에서 인도적 차원에서 복직시키기로 합의한 바 있으나 철도청이 노사정위원회의 권고를 거부함으로써 다시 9월까지 노사정위에서 대책을 마련한다는 선에서 절충되었다. 한편, 정부는 고속철도 부분을 먼저 민영화하고자 했고 철도노조는 이에 대한 대응을 준비했다.

가스노조와 철도노조가 파업을 종료한 뒤 2월 27일 철도노조원과 함께 서울대에서 농성 중이던 발전노조 대오가 1차 산개투쟁에 돌입했다. 이들은 3월

---

6 가스공사노동조합과 정부 간 노정 합의문은 "그간 정부의 구조 개편 기본 계획에 대해, 노조에서는 수급 불안, 소비자 요금 상승, 인위적인 분할에 따른 유효 경쟁 효과 미흡, 도입 수송 계약의 민간 승계 어려움 등 문제점을 제기해 왔으며 이는 국정감사 시에도 제기된 사항"이라고 명기했으며, "정부는 가스 도입 계약의 승계와 수송선 금융 디폴트(default, 채무불이행) 문제 해소를 위한 국내·외 설명회 결과 및 가스산업의 건전한 발전을 위한 노동조합의 합리적인 대안을 검토해, 추진 과정에서 국민의 불편을 최소화하고 국내 가스산업을 발전시킬 수 있도록 시기 및 시행 방법에 대해 노사정 간의 논의를 통해 해결"한다고 하고 있다(한국가스공사노조 2002, 51).
7 공공 부문의 사회적 합의를 위한 정책협의회 발족식 자료집(02/06/24, 9-10).

10일 전국 5개 지역에서 이른바 수천 명이 순식간에 모였다 흩어지는 이른바 '번개집회'를 연 뒤 다시 2차 산개 투쟁에 들어갔는데 3월 11일 이후에도 파업 불참자는 266명에 불과할 정도로 파업 대오가 견고했다. 이들은 다시 3월 24일 연세대학교에서 집결한 후 3차 산개 투쟁을 전개했는데 3월 25일 이후 파업 불참자는 1,500여 명으로 집계되었다(범대위자료, 02/04/15, 2). 파업 불참자가 상대적으로 늘어나면서 타결을 고민한 노조 지도부와 민주노총이 4월 2일 노정 합의에 이르는데 이의 수용 여부를 둘러싼 4월 2일 밤 명동성당 앞 발전노조 총회가 무산되고 이어 다음날 동국대에서 갖기로 한 총회 역시 무산되면서 발전노조는 노정 합의와 무관하게 현장 복귀를 선언했다.

발전소 민영화·해외매각 저지를 내건 발전노조의 파업이 장기화되는 동안 정부는 민영화는 교섭의 대상이 아니라는 원론적 입장을 고수했고 노조 지도부에 대한 수배·체포, 적극 가담자에 대한 고소·고발조치로 대응했다.[8] 정부의 이런 대응은 정치 경제적으로나 사회적으로 명분을 갖기 어려워서 시민·사회단체의 강한 반발을 불러 일으켰다.

38일간에 걸친 장기 파업은 사회 전체에 커다란 반향을 불러일으킬 수밖에 없었고, 기간산업의 공공성을 둘러싸고 무엇이 기간산업이며 공공성인가 하는 다양한 공개 토론회도 연이어 열렸다. 처음 상투적인 시각에서 이들의 파업을 부정적으로 보도하던 보수 언론도 번개 집회, 산개 투쟁 등 발전 파업 과정에서 전개되는 새로운 방식의 '파업 문화'를 중심으로 처음에는 다분히 상업 언론적 여흥으로, 그러나 점차 '김대중 정부 때리기'와 맞물린 여론의 고조를 이끌어 가면서 관련 쟁점을 다루기 시작했다.

그 과정에서 『한겨레』를 제외하면 〈오마이뉴스〉, 〈프레시안〉 등 특히 온라인 언론 매체의 여론 형성이 부각되었고 이는 산개 투쟁을 벌인 파업노동

---

8 기간산업 3사 노조가 파업에 돌입하자 이한동 국무총리는 담화문을 발표해 "정부는 실정법에 따라 불법 파업 주동자에 대해 불법필벌의 원칙을 지켜 엄단할 것"이라고 밝혔다.

자들의 주요 연락 매체가 인터넷 이동전화 등 온라인 매체였다는 점과 맞물려 새로운 주목을 받았다. 또 발전 파업에 대해 거의 모든 사회단체가 정부의 일방적인 졸속 민영화를 비판하면서 기간산업 구조 개혁에 대한 국민적 합의, 사회적 합의 등을 요구했다. 그런 점에서 발전 노동자들의 파업은 한국 사회의 여론 형성 기제와 관련해서도 그간 보수 여론에 의해 일방적으로 주도되고 때로 매도되던 양상에 새로운 전기를 마련했다고 할 수 있다.

(2) 민영화 저지 연대 파업의 사회경제적 의미

무엇보다도 2002년 3사 노조 파업은 민영화 문제를 교섭 대상으로 삼고자 하는 것이었으며 민영화가 교섭 대상이 아니라는 정부의 경직적인 입장에서 비롯된 것이었다. 발전노조의 한 간부는 그런 점에서 정부의 경직된 입장이 3사 노조의 연대 파업을 '유도'한 셈이라고 말하기도 했는데 파업이 종결될 때까지도 민영화가 교섭 대상이냐 아니냐가 쟁점이었다.

이에 대해 민주화를위한변호사모임(민변)은 민영화가 국민경제와 대상 사업장 근로자의 근로조건에 현저한 변화를 초래하는 것인 만큼 민영화에 대한 국민적 합의를 도출하고 관련 사업장 근로자들의 근로조건 변화에 대해 근로자 또는 노동조합과 충분히 협의해야 한다고 주장했다. 필수 공익사업장에 대한 직권중재 조항에 대해서는 그것이 이미 수년 전 헌법재판소에서 정족수 부족으로 위헌 선언이 되지 못했을 뿐 위헌 의견이 다수를 차지한 바 있으며 최근 행정 법원에서 다시 위헌법률심판제청이 이루어져 사실상 위헌성이 인정된다면서 이를 위반한 것이 현행법상 위법이라 하더라도 실질적으로 처벌할 수 없다는 것이 헌법 정신에 부합된다고 주장했다.[9] 민변은

---

9 민주화를위한변호사모임 성명서, "'국민의' 정부는 파업 지도부에 대한 체포 방침을 철회하고

또 파업의 원인과 관련해 정부의 부적절하고 무성의한 대응을 지적하고 철도의 경우 2001년 7월부터, 발전산업의 경우 2001년 10월부터 각각 단체교섭의 쟁점이었음에도 사측이 무대응으로 일관하면서 직권중재와 공권력 투입만을 기다리며 불성실 교섭으로 일관했다고 비판했다.

발전 노동자들의 파업이 20여 일을 넘기면서 경제학자·경영학자를 비롯해 사회학자·정치학자 등 학계의 성명서가 차례로 이어졌다. 특히 102명의 경제학자·경영학자들은 긴급히 발표한 성명서에서 전력의 원활한 공급대책, 적절한 매각 가치 평가 등의 문제에 대해 우려를 표명하고 실적 올리기식 민영화가 되어서는 안 된다고 지적하면서 무엇보다도 국민경제의 중대사가 경찰 행정을 동원해 파업에 대처하는 차원에서 이루어지고 있음을 비판했다.[10]

주요 시민·사회단체가 거의 모두 민영화 유보를 요구하는 가운데 다른 한편에서는 종교계·보건의료계·문화예술계 등 각계에서 역시 민영화 유보와 발전 노동자 탄압 중지를 요구하는 기자회견을 열고 성명서를 발표했다. 환경단체를 비롯한 시민단체들은 그간 전력산업의 친환경적 구조 개혁을 요구하면서 원전의 확대 및 화석연료 사용을 둘러싸고 노동조합 측과 상당한 이견을 빚어 왔는데, 발전 노동자들의 장기 파업이 기간산업 민영화의 문제점에 대해 국민적 여론을 환기시키면서 이들 간의 의견 조정 움직임도 활발하게 진행되었다.

공공성 문제 또한 3사 노조 파업이 사회적으로 제기한 이슈다. 전국교수노조·민교협 등 교수 단체가 발의하고 18개 사회단체가 공동 주최한 2박 3일의 대토론회 "연대와 성찰 : 사회포럼 2002"에서 이들은 격렬한 토론 끝에

파업 노동자들을 공권력으로 짓밟지 말라"(02/02/27). 이 성명서에 따르면 2001년 5월 11일 유엔의 경제·사회·문화적권리위원회(사회권위원회)는 한국 정부에 대해 파업을 범죄시하는 접근 방식의 문제점을 지적하고 파업권을 행사하는 노동조합에 대한 형사소추를 중지할 것과 노동 관련 시위 및 파업에 경찰력 사용을 자제할 것을 촉구한 바 있다.

10 경제학자·경영학자 성명서, "현 시점에서 발전산업 민영화는 유보되어야 한다"(02/03/19).

공동선언을 발표했다. 당시 토론회에서 그들은 기간산업과 공공성, 혹은 좀 더 넓게 한 사회의 경제 발전과 공공성을 둘러싸고 매우 첨예한 의견 대립을 보였다. 노동계에서는 환경운동 진영이 탈계급적 환경지상주의에 매몰되어 기본권 중의 기본권인 노동자 생존권 문제를 소홀히 하는 것이 아니냐는 지적이 나왔고, 환경운동 측에서는 노동계 전체에 좀 더 대자적인 문제 인식이 필요하다고 반박하면서 1980년대 식으로 '노동운동이 곧 사회 민주화 운동' 이 아닐 수 있음을, 해당 노동자의 생존권이 달려 있는 특정 기술이나 산업이 사회 전체의 지속 가능한 발전을 위해서는 폐기되어야 할 경우도 있을 수 있다고 강조했다.

노동운동의 공공성 문제로까지 확대된 당시 토론회에서는, 예컨대 한국전력을 비롯한 공기업들이 개발 과정에서 지역 주민의 생활권을 얼마만큼 짓밟았는지, 그런 침해가 노동운동이라는 이름으로 양해될 수 있는 것인지 혹은 그런 침해에 경영권을 전혀 갖지 못했던 노동조합에 어느 정도의 책임을 물을 수 있을 것인지 등등이 토론되어, 기업·지역·전국 단위 나아가 국제적 수준에서 의사 결정의 민주성과 책임성·효율성이 함께 모색되어야 비로소 공공성 문제에 답할 수 있다는 잠정적 정리에 도달했다.

이 토론회에서의 합의에 기초해 그들은 별도의 기자회견을 통해 공동선언문을 발표했다. 공동선언문 취지문에서 그들은 "그동안 참된 공공성을 실현하기 위해 전력산업 구조를 친환경적으로 개혁해야 한다고 주장해 온 시민단체들과, 정부의 과격한 민영화 정책에 저항해 온 노동조합은 몇 년간에 걸친 대화와 토론을 통해 현상 유지와 졸속 매각 모두가 대안이 될 수 없다는 데 공감했고, 이에 따라 민영화의 유보와 전력산업의 친환경적 구조 개혁을 골자로 하는 공동선언을 발표하기에 이르렀다"고 밝히고 있다. 공동선언문은 민영화를 유보하고 시민사회의 참여와 국민적 공감 속에서 사회적 합의에 기초해 친환경적이며 지속 가능한 방향으로 전력산업의 구조 개편이 이루어져야 한다고 요구했다.[11]

한국의 노사 관계에서 종전의 공동 투쟁은 시기를 집중시키는 수준의 공동 투쟁이거나 혹은 요구를 공유하는 수준의 공동 투쟁이었던 점에 비추어 기간 3사 노조의 공동 파업은 공공사업장에서 노정 간 공동 교섭, 공동 타결의 방식으로 공동 투쟁이 시도된 드문 사례였다. 또 가스노조와 철도노조의 협상이 차례로 단사별 노정 교섭, 노사 교섭으로 환원되면서 공동 교섭, 공동 타결의 틀은 깨져 버렸지만 이 파업은 시기와 요구를 같이하는 공동 파업만으로도 단위 사업장으로서는 이루어 낼 수 없는 교섭력을 발휘할 수 있음을 보여 주었다. 비록 공동 교섭은 아니었을지라도 단위 사업장별로라도 노정 교섭을 끌어낸 것도 여기에 연유한다고 할 수 있다. 일정한 수준에서 가스노조와 철도노조의 요구 사항이 받아들여진 것도 발전노조의 장기 파업에서 비롯된 일종의 상대적 이익 혹은 '후방의 이익'이라고 할 수 있는데(박석운 2002, 3) 이 역시 공동 투쟁이 아니었으면 불가능했을 것이다.

노동운동의 다양한 방식을 새롭게 시도했다는 점도 3사 파업의 한 특징이다. 산개 투쟁은 그 자체로 새로운 시도였지만 이의 성공적 전개는 발전노조 외의 각 단위 노조를 비롯해 노동운동 진영 전체의 헌신적 지원 속에서 가능했다는 점도 의미가 크다. 또 그 과정에서 분임 토의 방식의 실천, 가족 투쟁의 병행, 지역 범대위의 가동 등 다양한 형태의 연대가 동원되었다. 3사 파업은 또 미디어 투쟁의 위력을 돋보이게 했는데 인터넷 홈페이지를 통한 정보의 공유와 의사소통, 영상팀의 효율적 활약 등은 산개 투쟁을 가능하게 한 주요 요인이었다. 4·2 합의안 파동으로 빛이 바랬지만 민주노총의 1차 연대 총파업도 민영화 저지 파업을 이어가게 한 주요 동력이었다.

파업 과정에서의 협상 방식은 우리 사회의 노사 관계에 정부의 강압성, 교섭의 비민주성과 전근대성이 여전히 존재하고 있음을 여실히 보여 주었

11 녹색연합·여성연합·참여연대·환경운동연합·민주노총·발전노조, "시민·노동단체 공동선언문"(02/03/27).

다. 사회 거의 전 분야에서 민영화 유보와 국민적 공론화를 요구하는 가운데 파업 한 달여를 넘기면서 노정 당사자의 압박감이 누적되었는데, 특히 대규모 징계와 임금 가압류 등의 협박에 시달리고 있던 발전노조 지도부와 협상을 맡은 민주노총 집행부의 중압감은 심각한 수준이었다.

이런 속에서 4월 2일 민주노총과 방용석 노동부 장관 사이에 노정 합의문이 작성되었지만 이 합의문은 발전노조 조합원은 물론 민영화 유보를 주장해 온 사회여론을 납득시키기에는 미흡하기 짝이 없는 것이어서 결국 합의에 나섰던 민주노총은 노정 잠정 합의문을 파기하고 집행부가 총사퇴하기에 이르렀다.

합의문 발표 직후 민주노총은 졸속 합의에 대해 사과성명을 내고 논란이 된 노정 합의문의 "민영화를 논외로 한다"는 문구의 해석과 관련해, "합의 내용 가운데 '3월 8일자 중노위 중재재정을 존중해 발전소 민영화 관련 교섭은 논의 대상에서 제외한다'는 내용은 이번 발전 파업을 마무리하는 논의에서 민영화 문제를 제외한다는 의미일 뿐"이라고 주장하면서 잠정 합의안을 파기했다.[12]

민주노총은 또한, "정부가 민영화에 동의하지 않는 한 대화 자체를 거부할 뿐 아니라 미복귀 발전노조 조합원 4,000여 명을 집단 해고하겠다는 초강경 대응으로 일관하면서 마지막 협상 자리에서도 '민영화는 교섭 대상이 아니므로 향후 단체교섭에서 민영화는 다시는 거론하지 않는다'는 최종안을 내놓아 이를 거부하고 대신 '민영화를 논외로 한다'는 수정안이 받아들여진 것"이라고 해명했다. 정부 측이 이를 마치 노조 측이 민영화에 합의한 것처럼 흘리고 일부 언론이 이를 기정사실화하면서 사태가 악화됐다는 것이다.

2002년 4월 2일 밤, 명동성당 앞에 모인 약 2,000여 명의 조합원들 앞에

---

12 민주노총, "4·2 민영화 관련 합의에 대한 민주노총 합의문"(02/04/03).

서 이호동 발전노조 위원장 역시 정부와 일부 언론이 장단을 맞춘 '언론 플레이'를 강력히 비난하는 것으로 집회 연설을 시작한 바 있다. 그럼에도 불구하고 민주노총과 발전노조 측의 전략적·전술적 오류, 각 사회단체의 뒤늦은 연대의 한계 등은 여전히 남는 문제이지만, 이와 별도로 파업에 대응하는 정부와 사용자 측의 경직된 기본 태도는 오히려 더 큰 사회적 갈등과 사회적 비용을 예비하는 것이었다.

민주노총은 발전 파업을 통해 기간산업 민영화를 둘러싼 우리 사회 내부의 토론과 합의가 얼마나 부족했는지가 드러났다면서 이런 현실을 묵살하고 정부가 발전회사의 매각을 추진할 경우 다시 강력한 투쟁에 나서겠다고 선언했다. 민영화 유보를 주장했던 단체들도 발전노조원의 복귀가 민영화 논의의 또 다른 시작일 뿐이라고 주장했다.[13]

외형상으로 보면 3사 파업은 민주노총 지도부의 총 사퇴, 복귀한 발전노조원에 대한 서약서 강요와 인권 탄압, 발전노조 간부에 대한 손배소 등 노동자의 패배로 귀결된 듯 보인다. 그러나 그것이 남긴 정치사회적 파장은 단순히 김대중 정부가 치른 정치적 비용 이상의 것으로 남았다.

마지막으로 교섭과 협상에서의 전근대성에도 불구하고 파업의 가장 중요한 파장은 전통적으로 노사 협조적이었던 한국의 공공 부문 노동조합이 신자유주의 세계화 정책의 핵심 중 하나인 민영화 문제를 사회적 의제로 부각시켜 냈다는 점이다. 이는 우리 사회공공 부문의 확충과 민주적·공익적 재편, 공공성 담론의 확장을 위한 논의의 기초를 만든 것으로 평가할 만하다. 김대중 정부 초기의 경제 개혁 프로그램에 대해 시장을 통한 부르주아민주주의의 확장을 기대했던 일부 시민단체들이 민영화 정책을 지지하거나 또는 입장 표명을 유보했던 것을 감안할 때 이는 개혁 역량의 응집이라는 점에서

---

13 민주화를위한전국교수협의회 성명서, "발전 노동자 복귀는 민영화 논의의 또 다른 시작이다"(02/04/04).

도 시사하는 바가 적지 않았다. 발전 노동자가 복귀한 후 노동·시민단체들이 '공공 부문의 사회적 합의를 위한 정책협의회'를 발족시킨 것도 그런 결집의 일환이다.[14]

5. 결론 : 전망과 과제

신자유주의적 세계화의 흐름은 현상적으로는 시장주의의 확대와 '작은 정부', 곧 공공 지출 혹은 사회적 지출의 축소로 특징지어지는 것이었다. 이 것은 노사 관계에서는 그동안 민간 부문 노동운동에 비해 상대적으로 소극 적이었던 공공 부문 노동운동이 노동운동 전반과 관련해, 나아가 자본축적 의 전체적 흐름과 관련해 전략적 중요성을 갖게 됨을 의미하는 것이었다. 따 라서 공공 부문 노사 관계는 21세기의 바람직한 노사 관계뿐만 아니라 새로 운 대안 사회에 틀 거리를 제공하는 핵심이 되고 있다.

물론 산업·기업 간에 노동력 배분이 잘못되어 있다거나 사회 전체의 생 산력 발전을 위해 새로운 기술을 도입하는 과정에서 일정한 고용조정이 필 요할 수 있다.[15] 이런 조정에 맞서 막강한 조직력을 무기로 공·사 부문 대기

---

14 공공 부문의 사회적 합의를 위한 정책협의회 발족식 자료집(02/06/24) 참조. 이 협의회에 는 발전노조·가스노조·철도노조·민주노총·공공연맹을 비롯해 전국교수노조·민주화를위한전 국교수협의회·민주화를위한변호사모임·경실련노동위원회·녹색연합·녹색소비자연대·참여 연대·환경운동연합·국가기간산업사유화반대범국민대책위 등이 참여하고 있다. 이에 앞서 강 단 및 현장의 연구자들 중심의 공공부문대안연구모임(준)은 정책협의회의 연구 조직으로 통합 하기로 결정했다.

15 "다만 그 조정 과정에서 노동자의 고통이 국민 전체 차원에서 민주적으로, 즉 부실 책임과 부담 능력에 상응하게 분담되어야 한다. 구소련 동구체제 식의 권력적 고용조정이나 시장지상 주의적 고용조정이 아닌 이런 식의 고용조정이 바로 시장과 사회적 합의를 조화시킨 고용조정

업 노조가 저항하는 경우 대기업 노조의 전투적 실리주의라는 등의 비판이 가능할 수 있을 것이다. 그런데 그런 비판이 성립되기 위해서는 개별 사업장의 노사 관계뿐 아니라 사회 전체의 의사 결정 구조, 즉 정치·경제적 권력 배분에서 상당한 수준의 실질적인 힘의 균형과 민주적 절차가 전제되어야 한다. 한국의 노동운동이 여전히 상대적으로는 전투적 성향이 강하고 일상적 단체교섭조차 파업이 임박하지 않고서는 타결되지 않는 특성을 갖는 것은 이런 힘의 균형과 민주적 절차가 현저하게 부족하다는 것과 무관하지 않다.

여기에다가 외환위기 이후 불안정 노동이 급증하고 전체 노동자의 절반 이상이 비정규직화한 노동 현실 속에서 공공 부문 역시 고용 불안과 무관할 수 없었는데, 김대중 정부의 공공 부문 개혁이 주로 고용 삭감과 복지 삭감 등 노동 배제적 구조 조정 정책을 취함으로써 공공 부문이 노사 관계의 축으로 부상한 것이었다.[16] 그런데 이런 고용 불안정은 개별 사업장 수준에서 대응하는 데에는 한계가 있는 것이어서 외환위기 이후 조직 노동운동은 산별 노동조합 운동을 강화하는 방향으로 전개되어 왔는데, 이를 주도한 것이 금융노조와 더불어 공공 부문 노동운동이었다. 1998년 2월 민주노총 산하 병원노련이 조합원 3만여 명의 전국보건의료산업노조를 출범시켰고 1998년 11월에는 대학노조가 산별노조로 출범했으며 2000년 11월에는 전국언론산업노동조합이 출범했다.

기간산업 3사의 파업 역시 이런 공공 부문 조직 노동운동의 흐름과 무관하지 않다. 그럼에도 불구하고 모처럼의 공동 교섭이 결국은 단위 사업장별로 개별 타결됨으로써 3사 파업은 산별노조 건설이 여전히 중요한 과제임을

이다"(김기원 2000, 11-12).

16 고용 불안정이 심화되면서 각 단위 사업장에서는 양보 교섭이 늘어나는 추세인데, 특히 한국통신·현대자동차 등 일부 대기업 노조에서 보듯, 양보 교섭의 부담은 주로 비정규직 불안정 노동자에게 전가되는 양태가 늘어나고 있다. 이처럼 구조 조정의 일상화 속에서 정규직 중심의 조직 노동운동은 한계를 가질 수밖에 없는데 이는 별도의 논문에서 다뤄야 할 심각한 주제이다.

다시 한번 보여 주었다. 그러나 산별노조 건설 이전이라도 단위 사업장을 초월한 공동 교섭, 공동 타결을 정착시켜 나가는 것이 중요하다. 정부를 교섭 상대로 하는 공공 부문은 이 점에서 전략적 중요성을 가진다고 할 수 있다.

또한 김대중 정권의 경제 개혁은 스스로의 도덕적·정치적 개혁 의지의 부족, 자민련과의 공동 정권이라는 애로, 개혁 역량 결집의 미흡 등 여러 가지 요인이 있겠으나 '가다 서다'go and stop를 반복하는 소수 정권 특유의 일관성 없는 개혁이었다. 노동정책 역시 한편으로 민주노총·전교조의 합법화, 주5일제 시행 등 일면 개혁적인 조치를 시행하면서 다른 한편으로 일방적인 정리 해고, 노조에 대한 폭력적 탄압, 근로기준법 개악 등 노동 배제적 조치를 구사해 왔다. 이같은 특징은 노사정위원회의 의사 합의 기구적 위상에서 잘 드러난다.

한편 1998년 2월의 정리 해고 합의로 진통을 겪은 노동계는 내부 갈등이 분파 구조로 굳어지면서 구조 조정이라는 거시적 이슈에 대응하는 데에 상당한 한계를 노정해 왔다. 기본적으로 상급 단체의 위상을 취약하게 만드는 기업별노조 체제하에서 대규모 단위 노조의 영향력이 커지면서 의사 결정의 민주집중제 원칙은 종종 허구가 되어 버렸다. 이런 구조적 한계는 "노선의 오류와는 별개로 헌신적 활동가를 패배자로 만들어 내는 구조적 효과를 발휘"(노중기 2002, 3)하거나, "개별 사업장의 교섭과 투쟁에만 익숙해 온 노동계가 국가적 위기에 대처할 만한 능력을 갖추지 못한 것"(김기원 2000, 12)이라는 비판을 받게 만들었다.

이런 정세 속에서 발전 파업은 막바지 잠정 합의안이 일으킨 다소간 과장된 파장에도 불구하고 한국 노사 관계에 중요한 계기를 마련해 주었다. 아울러 그 계기를 유의미한 전환으로 삼아 나갈 수 있는 일정한 연대의 바탕도 마련해 주었다. 그 바탕이 지도부는 물론 많은 평조합원들의 희생과 헌신 위에서 비로소 가능했다는 점에서 이를 이어가야 할 연구자·활동가들의 과제는 각별하다.

첫째, 향후 구조 조정에 대한 수세가 계속된다 해도 단기적 성과보다 민주 노조 진영의 중장기적 정치 세력화와 이를 통한 전체 사회민주화에 더 충실해야 한다. 1987년 노동자 대투쟁 이후 단위 사업장 수준의 투쟁은 단기적으로는 목표를 달성한 적이 드물고 성과물이 있다고 해도 그것은 일시적이었다. 그러나 민주 노조 운동 전체로 보면 자신의 정당성을 포기하지 않은 지도부와 평조합원들의 희생이 쌓여서 민주 노조 운동 전체의 정당성과 그에 바탕하는 일정한 사회적 세력화를 이루어 왔다고 할 수 있다.

둘째, 중장기적 정치 세력화의 매개 지점으로서 산별노조 강화가 강조되어야 한다. 이때 산별노조 건설은 내용적으로 노동계 내부를 분절화하는 하청 노동자 문제, 비정규직 불안정 노동자 문제,[17] 남녀노동 차별 철폐 문제, 외국인 노동 차별 철폐 문제 등을 포괄하는 조직 사업의 문제이다.[18]

셋째, 민영화를 포함한 구조 조정 정세에 대응하기 위해 공공성 확보의 논리를 공동 개발해 공유하는 사회적 논의 구조가 필요하다. 그리고 그러한 논의 구조 내부에서 입장 차이를 좁혀가는 민주집중제의 훈련이, 외부적으로는 최대강령과 요구강령을 구별하면서 사안별 연대부터 정세적 연대에 이르기까지 연대의 정치를 훈련할 필요가 있다.

넷째, 공공부문정책협의회가 내용과 역량을 갖추기 위해서는 무엇보다도 연구자들의 '이론적 현장 결합'이 절실히 요청된다. 공·사 부문을 막론하고 그 규모로 보아 사회 구성원 전체의 삶의 질에 영향을 미치는 대기업들은 이

---

17 전국교수노조는 2002년 2월 대의원대회에서 시간강사의 노조원 자격을 규약으로 인정하고 강사노조(현 비정규직교수노동조합)와의 연대에 나섰다. 이들 비정규직 교수 노동자 문제를 방치하고서는 진정한 대학 개혁, 노동 민주화는 불가능하며 지식인적 실천과 노동자적 실천을 함께 표방하고 있는 교수노조가 지식인 전문 노조로서의 정체성을 정립하기도 어렵다고 보고 있다. 전국교수노동조합, 2002년 정기 대의원대회 자료집(02/02/23) 참조.
18 산별노조 건설에 따를 수 있는 관료주의 문제에 대해서는 먼저 민주 노조 운동 내부의 정파 간 대립이 공론화를 통해 수렴되고 현장 조직을 산별체제에 맞추어 재편하는 작업들이 병행되어야 한다는 지적을 참고할 수 있다(노중기 2002, 6).

미 일종의 사회적 기업이라고도 할 수 있는데 정부와 자본 측은 자신들의 경영 대권을 정당화하기 위해 연구 용역을 항상화·연례화하고 있다. 이들이 개발한 경영 논리만이 언론 매체를 통해 국민들을 설득하고 노동·시민단체의 대응은 그때그때의 필요에 따라 즉자적으로 이루어짐으로써 일방적 정리 해고 등 엄청난 정치·사회적 비용을 치르고 있다.

다섯째, 이들 과제와 함께 공·사 부문을 막론하고 민주적이며 사회적으로 효율적인 기업 지배 구조에 대한 연구와 실천이 뒷받침되어야 한다. 기업은 사회의 가장 기초적인 생산 단위로서 생산을 둘러싼 사회관계는 기본적으로 여기서 형성된다. 이때 기업 지배 구조 개선의 구체적 연구는 일반적으로 거론되는 경영의 효율성과 투명성 외에 노동조합 활동을 통한 일반민주주의의 훈련, 경영참여를 통한 책임과 견제의 참여민주주의의 훈련 등을 포괄하는 기업 지배 구조의 모델을 개발해야 한다.

참고문헌

강충호. 2000. "공공 부문 단체교섭의 실태조사." 한국노총 중앙연구원.

공공부문노동조합대표자회의·노동조합기업경영분석연구상담소. 1995. "공공 부분 노농조합 운동의 과제와 방향." 공공 부문 노동조합 운동의 방향모색을 위한 대토론회 자료집(01/14).

공공 부문의 사회적 합의를 위한 정책협의회 발족식 자료집(2002/06/24).

국가기간산업민영화(사유화) 및 해외매각 저지를 위한 범국민대책위원. 2002. "공공 3노조 파업경과와 각계의견." 자료집(04/15).

김기원. 2000. "김대중정부의 구조조정정책." 서울대민교협. 『김대중정부의 구조조정정책: 평가와 과제』자료집(11/20).

김상곤. 1995. "공공 부문의 경영합리화와 민영화에 대한 비판적 고찰."『산업노동연구』1권 1호. 한국산업노동학회.

______. 1997. "전환기 한국사회와 21세기 발전방향." 학술단체협의회 엮음.『6월 민주항쟁과 한국사회 10년』. 당대.

김상곤·한인임. 2001. "한국전력공사 경영 상태 진단."『전력산업민영화정책에 대한 비판과 대안』. 민교협.

김태현. 2001. "공공 부문 노동운동의 현황과 발전방향." 한국노동사회연구소 공공포럼 제1차 토론회 자료(05/07).

노중기. 2002. "발전파업과 민주 노조 운동의 위기 : 분석과 제안."『국가기간산업 사유화의 문제점과 공공적 발전방안』. 공공부문대안연구모임(준) 토론문.

박태주. 2001. "공공 부문 단체교섭구조의 설계." 한국노동사회연구소 공공포럼 제3차 토론회 자료(09/04).

박석운. 2002. "공공3사 사유화 저지투쟁의 평가와 과제."『국가기간산업 사유화의 문제점과 공공적 발전방안』. 공공부문대안연구모임(준) 토론문.

심상완. 2000. "호주 전력산업 구조개편과 고용관계."『전력산업 구조개편이 고용관계에 미치는 영향』. 산업연구원.

이병훈·황덕순. 2000. "공기업의 민영화와 노사관계." 한국노동연구원.

이원덕. 2002. "노사관계의 신뢰회복과 대화체제복원을 위한 과제." 노사정위원회포럼 발표문(03/29).

임원혁. 2002. "전력산업구조개편 : 가격정상화, 민영화, 경쟁과 규제." 참여사회연구소토론회 발제문(03/13).

전국교수노동조합. 2002. "공무원 노동기본권보장방안과 공직사회개혁과제" 토론회 자료집.

한국가스공사노동조합. 2002. "가스산업 구조개편 및 사유화 비판."『국가기간산업 사유화의 문제점과 공공적 발전방안』. 공공부문대안연구모임(준) 토론문.

한국발전산업노동조합. 2002. "발전파업 이후 현장탄압 상황" 자료집.

Ferner, Anthony. 1994. "The State as Employer." Richard Hymand and A. Ferner eds. *New Frontiers in European Industrial Relations.* Oxford : Blackwell.

Kelly, J. 1998. *Rethinking Industrial Relations : Mobilization, Collictivism and Long Waves.* RKP.

Moody, Kim. 1997. *Workers in a Lean World : Unions in the International Economy.* *Verso* ; 사회진보연대 옮김. 1999. 『신자유주의와 세계의 노동자』. 문화과학사.

Neary, Michael. 2001. "노동이 운동하고 있다 : 사회운동적 노조주의 비판." 『진보평론』 여름호.

Przeworski, Adam. 1991. *Democracy and the Market : Political and Economic Reforms in Eastern Europe and Latin America.* Cambridge University Press.

Waterman, P. 1999. "The New Social Unionism : a New Union Model for a New World Order." R. Munck and P.Waterman eds. *Labor Worldwide in the Era of Globalization.* Macmillan.

Yemin, Edward. 1993. "Labour Relations in the Public Service : A Comparative Overview." *International Labour Review* No.132-134.

특수 고용직 노동자의 조직화와 투쟁:

화물연대 사례 연구

윤영삼 | 부경대학교 경영학부 교수

백두주 | 부산대학교 사회학과 연구교수

1. 머리말

비정규직 노동자들의 투쟁은 실업자 투쟁, 도시 빈민과 농민·교사·학생 등의 투쟁과 함께 21세기 노동자 계급 운동의 전형을 만들어 갈 희망이다(오세철 2001). 따라서 정규직 노동자들보다 다수이며 이들에게 해당되는 여러 가지 보호로부터 배제되어 있으면서도 조직화되지 못하고 있는 비정규직 노동자들이 조직되어 사회세력이 될 수 있는가는 한국 사회의 변화/변혁과 관련해 중요한 문제다. 한국의 노동운동은 1987년 이후 양적으로 급속히 발전해 국가와 자본에 조직적으로 도전하고 저항하는 사회세력이 되었다. 그러나 비정규직 노동자들을 포괄하지 못하고 있으며 조직률도 약 11% 정도에 불과하고 협약 적용률 또한 낮은 상황에서 노동운동은 사회 세력으로서 큰 한계를 안고 있다. 노동 체제의 변화가 요구되는 상황(임영일 2002)에서 비정규직 노동자의 조직화가 결정적인 변수가 되고 있는 것이다(박승흡·김주환 2002; 윤진호 외 2001).

이에 따라 노동운동의 현실에서도 기존 대기업·정규직 중심의 노동운동

---

* 이 글은 '오세철 교수 명예퇴임 기념심포지엄(2004년 2월 18일) 발표문'을 수정한 것임.

을 넘어 '노동운동 주체의 확산' 경향이 더욱 명확해지고 있다. 노동시장과 산업구조가 변하면서 계급 내 분화가 진행되고 있는 상황을 감안한다면, 향후 노동운동이 이와 같은 상황에 적극적으로 대응하지 못할 경우 조직률의 하락 및 정체의 지속은 물론, 경우에 따라서는 '계급 내 분할'을 심화시켜 계급적 통일성을 떨어뜨리는 주요 요인으로 작용할 가능성이 매우 크다.

근래에 비정규직 노동자들을 조직화하려는 시도가 다수 있었고 비정규직 노동자들이 집합행동에 나서기도 했다. 그러나 여전히 조직화 정도는 극히 낮다.

이런 상황에서 비정규직의 한 유형인 특수 고용직 노동자[1]를 조직하는 데 비교적 성공적이었다고 평가되는 것이 전국운송하역노조 준 조합원 조직인 '화물운송특수고용직노동자연대'(이하 화물연대)의 사례다. 1999년부터 시작된 특수 고용직 노동자들의 노동쟁의는 2003년 두 차례에 걸쳐 진행된 화물연대의 '파업'을 통해 정점에 이르면서 특수 고용직 노동자의 문제가 사회적 쟁점으로 떠올랐다.

특수 고용직 노동자 문제에 대한 연구는 이론적 논의가 초보적인 수준에 머물러 있고 구체적인 사례연구는 이루어지지 않고 있다. 학습지 노동자의 조직화 사례를 사회운동론적 시각에서 다룬 정이환(2000)을 제외하고는 특수 고용직 노동자 사례연구의 대부분(민주노총 2002; 백두주 2003a; 2003b; 한국

---

1 특수 고용직 노동자의 정확한 규모와 조직률을 파악하기는 쉽지 않다. 다만 몇 가지 자료를 근거로 추정해 보면 다음과 같다. 우선 정부는 전체 임금노동자의 6% 정도인 78만여 명으로 잡고 있다(노사정위원회 2003). '경제활동인구조사 부가조사'(2003년 8월)를 근거로 한 김유선의 자료에 따르면 전체 임금노동자의 4.2%인 60여만 명 정도로 추산되고 있으며 조직률은 대략 5.15%이다(김유선 2003). 한편 조직 대상을 기준으로 한 한국비정규노동센터의 자료에 따르면 2002년 말 현재 특수 고용직 노동자의 규모는 120만 명을 상회하며 조직화된 노동자 수는 3만 1,284명으로 조직률은 2.5%에 지나지 않는다(한국비정규노동센터 2002b). 주의할 점은 특수고용직 노동자들이 노동조합으로 조직되었다고 해서 노동법의 규율 대상이 되거나 국가나 자본으로부터 실체를 인정받고 있는 상태는 아니라는 것이다.

비정규노동센터 2001; 2002a; 2002c)이 간략한 소개 수준에 그치고 있는 실정이다. 다만 특수 고용직 노동자들의 '노동자성'을 법적으로 다룬 연구들에서는 비교적 성과가 축적되어 왔다(강성태 2000a; 2000b; 2002; 강희원·김영문 2001; 강희원 외 2002; 윤애림 2003b; 조준모 2003; 진재선 2001).

이 글은 특수 고용직 노동사, 나아가 비성규식 노동자늘의 조직화에서 고려해야 할 조건과 방식이 무엇인가를 검토하고자 한다. 이를 위해 2003년 5월과 8월 두 차례에 걸쳐 진행된 화물연대의 조직화·투쟁[2] 사례연구를 통해 다음과 같은 질문에 답을 구해 보려는 것이다. 급속하게 증가하고 있는 특수 고용직 노동자의 조직화를 둘러싼 환경적 요인은 무엇인가? 조직화 과정에서 나타난 주체들의 전략과 대응 그리고 목표는 무엇인가? 조직화·투쟁 과정 그리고 이후에 효과는 어떤 방식으로 나타나는가? 조직화·투쟁 과정의 특징은 무엇인가? 문제의식을 좀 더 구체화하기 위해 다음과 같은 내용을 분석하고자 한다. 첫 번째 질문과 관련해서는 조직화를 둘러싼 '구조(환경) 분석', 두 번째 질문과 관련해서는 '과정(혹은 주체 간 관계적 동학) 분석', 세 번째와 마지막 질문과 관련해서는 '결과 및 효과 분석'을 통해 다루어질 것이다. 그러나 분석 내용이 명확히 구분되는 것은 아니다.[3]

이 글은 노조의 문서 자료, 관련 연구 단체의 자료나 언론 보도를 자료로 이용했다. 화물연대의 사례는 단시간 내 '성공'과 '실패'를 동시에 경험한 사례로 향후 특수 고용직 노동자, 나아가 비정규 노동자들의 조직화·투쟁 방향

---

2 '조직화·투쟁'이라는 개념은 특수 고용직 노동자들의 경우 '노동자성' 시비로 인해 노동법상 규율 대상에서 벗어나 있는 특수한 상황임을 고려한 것이다. 제도화되지 않은 상황에서 조직화 과정을 전개할 밖에 없기 때문에 이 과정은 곧바로 '제도화를 위한 투쟁 과정'과 맞물려 진행된다는 의미를 내포한 개념이다.
3 사례 분석이 사례 보고적 성격을 넘어서기 위해서는 개념과 이론 그리고 이에 따른 분석 틀이 요구된다. 그러나 특수 고용직 노동지 문제에 대한 이론적 논의가 초보직인 수준에 머물러 있어서 본 연구에서 정교한 분석틀을 갖고 분석하지는 못했다. 단지 기존의 노동운동론·계급정치론·사회운동론의 논의들을 이론적 자원으로 원용했다.

에 대해 많은 함의를 줄 것으로 기대된다.

2. 특수 고용직 노동자의 특성과 조직화의 조건

(1) 특수 고용직 노동자의 특성

특수 고용직 노동자는 일반적으로 자영업자와 '전형적인' 노동자의 중간 영역 어딘가에 위치한 노동자를 말한다. 고용 관계 측면에서 보면 "종속적 노동의 모습(노동법상의 계약적 특성)과 함께 독립적 노동의 모습(민법상의 계약적 특성)을 아울러 가지고 있는 노무 공급 관계"이며 "계약의 외형은 도급·위임 계약이거나 이와 유사하지만 계약의 존속과 실질적 전개 과정에서 보이는 종속성이 일반 근로계약과 흡사한 점이 많은 노무 공급 관계"(강성태 2000a, 35)를 말한다.

이런 일반적인 정의는 노사 간 이해관계에 따라 강조하는 초점이 다르며, 따라서 개념적 정의 역시 다르게 나타난다. 즉 노동계의 입장에서는 외형적 지표보다는 '실질적 종속성'을 강조하면서 노동법상 '노동자성'을 인정해야 한다고 보는 반면, 자본의 입장에서는 외형적 지표에 초점을 맞추면서 사업자 대 사업자 간 '계약의 외형'을 강조함으로써 노동법상 '근로자성'을 인정하지 않고 있다. 국가 특히 법원의 판단 역시 대부분 후자의 견해를 견지하고 있는 것으로 보인다.[4] 필자는 특수 고용직 노동자를 비정규직 '노동자'의 한 유형으

---

4 위와 같은 개념 정의의 차이는 노사정위원회에서 진행된 특수 형태 업무 종사자의 보호 방안 마련에서도 재현되고 있다. 대략 세 가지 정도로 정리할 수 있는데(노사정위원회 2003), 첫째

로, 사용자가 노동자를 '사업자화'해 근로계약을 맺지 않고 일을 시키는 고용 형태에 있는 노동자로 정의하며, 전형적인 근로계약을 체결하고 있지는 않지만 실질적인 사용 종속 관계하에서 노동을 제공하는 노동자라고 본다. 즉 실제로는 노동자임에도 불구하고 형식적 존재 양태는 '위장된 자영업자'인 것이다(김소영 2000; 민주노총 2002; 윤애림 2003b; 이광택 2002; 진재선 2001).[5]

이런 특수 고용직 노동 형태가 발생한 원인은 자본의 유연화 전략에 따른 노동시장의 분절화이다. 자본의 전략에 따른 이런 고용 형태의 확산 효과는 두 가지 정도로 정리할 수 있다.

첫째, '책임 회피 효과'이다. 자본은 노동법상 '근로계약' 관계를 상업 계약 등으로 전환하는 이른바 계약 대체contractual substitution를 통해 노동법상 사용자 책임을 면하게 된다(불안정노동연구모임 2000; 이지수 2002; 조준모 2003).

둘째, '노동 통제 효과'이다. 자본은 분절화된 노동시장을 분할 지배하면

는 기본적으로 근로자성을 부정하는 시각으로, 특수 고용 노동자들의 '근로자성' 인정 여부는 현재처럼 개별적 사안에 따라 '해석론적 접근'을 해야 하고, 보호 방안 역시 노동법이 아닌 다른 법률을 토대로 모색해야 한다는 견해이다. 이는 경영계가 주장하고 있는 입장이다. 둘째는 기본적으로 근로자성을 긍정하는 것으로, 노동시장의 변화에 따라 노동법상 근로자와 사용자 개념을 좀 더 확장해 재설계할 것을 요구하고 있다. 이는 노동계가 주장하고 있는 견해이다. 셋째는 앞의 두 견해를 절충한 것으로서, 별도의 특별법('유사 근로자의 단결 활동에 관한 법률') 제정을 통한 보호 방안이다. '유사 근로자' 개념을 도입해 부분적인 노동법 적용을 모색하자는 입장이며 공익위원들이 제출한 견해이다.

노사정위에서뿐만 아니라 노동계 내부에서도 특수 고용직 노동자들의 보호 방안에 대해 이견이 존재하는 듯하다. 우선 노동시장의 환경 변화에 맞게 근로자 개념을 확장해 근로기준법과 노조법을 전면적으로 적용해야 한다는 견해가 있다. 이런 견해에 따르면 목표는 '위장 사업자' 철폐 투쟁이 된다. 다른 한편에서는 기계적 통일성만을 근거로 근로기준법의 전면 적용에 매몰되기보다는 현실적 조건을 감안해 노조법상 근로자 개념을 인정받아 '사적 계약관계'를 '집단적 노사관계'로 전환하는 것이 우선이라는 견해도 있다.

노사 간 및 노동계 내부의 입장 차이로 보호 방안에 대한 구체적인 방식은 아직 결정된 바가 없다.

5 ILO는 '종속성'과 '의존성'에 있어 근로자와 유사한 자를 '종속적 계약자'(dependent contractor) 또는 '근로자에 유사한 자'(employee assimilated worker)라고 정의하고 있다.

서 노동자의 계급적 단결을 지체시키려는 통제 의도를 관철시킨다.[6] 특수 고용직의 경우 노동자로서의 정체성을 제거해 스스로 노동자임을 부정하도록 조장하며 사업자등록증을 매개로 노동자가 아니라 자영업자로 '호명'된다. 이런 결과는 노동자의 '계급 내 계급 정치'intra-class class politics에 자본이 효과적으로 개입함으로써 '계급 간 계급 정치'inter-class class politics[7]를 제한하는 효과를 나타낼 수 있다. 다른 한편 특수 고용직 노동자들이 수행하는 노동과정은 집단적 노동과정이 아니라 특정 사업장을 벗어나 개별적 노동과정을 수행하므로, 자본으로서는 통제의 효율성을 확보하기 위해 '통제의 내면화'(자발적 통제)를 필요로 하게 된다. 따라서 '임금'은 완전 성과급 형태의 '수수료'로 지급되며 개별 간 경쟁을 격화시켜 스스로 장시간 노동과 노동강도의 강화 등 노동조건의 전반적 하락을 감내하게 한다.

자본의 전략적 선택strategic choice인 노동시장 유연화 전략에 따라 '구성적 산물'로 '고용·취업 형태의 다양화'(오문완 2002) 현상이 빠르게 진행되어 왔다. 이 결과로서의 특수 고용직 노동자는, 공급되는 노무 공급의 내용과 형태상 특징에 따라 외근형, 생산수단 소유형, 피교육형, 특수기능형, 임시·보조형, 주거 내 취로형으로 구분할 수 있다(강성태 2000b).[8]

---

6 자본의 경우 노동조합에 대한 적대적 태도가 높을수록 비정규직 고용 형태의 선호도가 높다는 조사 결과에 주목할 필요가 있다(이성균·이주희 2003). 예컨대, 학습지 산업은 특수 고용직화와 노동조합에 대한 통제는 직접적 관련성을 갖는다. 즉, 1987년 이후 설립된 노조를 무력화하기 위해 위탁 계약직을 도입했다. 대교는 1988년 노조를 설립했으나 다음해인 1989년에 위탁 계약직을 도입했고, 재능과 구몬 역시 노조 설립 직후인 1989년과 1992년에 위탁 계약직을 도입한 바 있다(한국비정규노동센터 2001).
7 계급 정치, 계급 내 계급 정치, 계급 간 계급 정치 개념에 대해서는 임영일(1998)을 참조.
8 화물 운송 노동자가 속한 생산수단 소유형은 "생산수단이나 도구의 전부 혹은 일부를 직접 소유하면서 노무를 제공"하는 형태를 말한다. 전통적 임금노동자의 정의 속에는 '생산수단을 소유하지 못한 자'라는 의미가 강하게 내포되어 있지만 특수 고용 형태의 화물 운송 노동자는 노동력의 판매에서 구조적으로 소유가 요구되는 생산수단을 소유한 상태에서 자본 주도의 생산과정에 투입되는 특징을 보인다.

이런 특수 고용직 노동자들의 노동시장 및 노동과정은 대체로 다음과 같은 특징을 보인다. 첫째, 관련 산업 노동시장 상황이 대체로 '공급 과잉' 상태에 있다. 노동시장의 공급 과잉은 수요자인 기업이 상대적으로 유리한 지위를 확보한다는 것을 의미한다. 특수 고용직이 비교적 집중되어 있는 업종의 경우 입직이 용이한 경우가 대부분이다. 이는 노동시장의 공급을 증가시키는 하나의 요인으로 작용하고 있다. 정부의 규제 완화 정책과 맞물릴 경우 그 효과는 더욱 커질 수 있다.

둘째, 노동과정의 측면을 보면 무엇보다도 업무가 처리되는 '사업장'이 특정한 장소에 국한되지 않는다는 것이다. 또한 업무 처리 과정에서도 노동자 개인에게 일정한 자율성이 부과되는 경향이 있으며 각각의 노동자들은 집단적 노동이 아닌 개별화된 노동과정을 수행하게 된다. 이와 같은 노동과정의 특징은 노동과정에 대한 자본의 통제 변화를 수반한다. 그 핵심은 임금 체계를 '경쟁적 임금 체계'로 전환하는 것이다(이지수 2002). 완전한 성과급 성격의 임금 체계에 의해 장시간 노동과 높은 노동강도에 기반한 '자기 착취'가 강화된다. 결과적으로 외부적 통제보다는 '내면화된 통제'가 일반화되는 것이다.

(2) 특수 고용직 노동자 조직화의 조건

일반적으로 비정규직 노동자들을 비롯한 미조직 노동자들의 조직화 과정은 '조직-투쟁-교섭-제도화'의 과정을 거치는데 물론 그 경로가 단선적인 것은 아니다. 비정규직의 경우 이는 조직 대상이 처한 다양한 '상황 조건' 때문인데, 경험적으로도 지역 노조, 비정규 노동자의 독자적(기업별) 조직화, 정규직 노조의 조직 대상 확대에 따른 조직화, 전국적인 단일 업종 노조로의 조직화 등 다양한 형태를 띠고 있다(박승흡·김주환 2002).

노동자로서의 위상 자체가 문제시되는 특수 고용직 노동자들의 조직화 경로 역시 특정화되는 것은 아니다. 현재 조직화된 사례를 중심으로 분류해 보면 다음과 같이 구분할 수 있다.

첫째, 지역 노조로 조직화된 보험 모집인 노동자들의 사례다. 보험 모집 인은 대부분 여성 노동자들이라는 점을 감안해 여성 정체성을 기반으로 한 조직화 사업이 진행되었다. 지역 여성 노조의 지부로 출발한 보험 모집인 노동자들의 조직화는 그 범위를 전국적으로 확대하여 현재는 전국적인 업종 노조로 발전해 있다.

둘째, 기업별노조로 조직화된 학습지 노동자의 사례다. 대표적으로 재능교육교사 노조를 꼽을 수 있는데, 정규직 노조의 적극적 지원으로 정규직과 비정규직 노동자 간에 있을 수 있는 마찰을 극복한 사례로 지적할 수 있다. 골프장 경기 보조원들의 경우도 대부분 기업별로 조직되어 있다. 그러나 구체적인 과정은 약간 다른데 골프장 정규직 노조가 가입 대상을 넓혀 경기보조원을 가입시킨 경우도 있고, 경기 보조원의 별도 조직화를 통해 기존 정규직 노조와 통합한 경우도 있다. 또한 경기 보조원만 조합원인 노조도 대략 세 곳 정도 있는 것으로 확인된다.

셋째, 전국 업종 노조 혹은 산별노조 형태로 조직된 레미콘 노동자들의 경우 기존 협의체(전국믹서트럭사용자협의회)가 노조로 전환해 전국 업종 노조 형태를 띠고 있다. 전국학습지산업 노동조합 역시 기업별 지부를 축으로 전국적인 업종 노조 형태로 조직되어 있다.

특수 고용직 조직화 경로는 다양한 형태로 실험되고 있지만 일반적으로 전국적인 업종 노조의 형태를 띠거나 지향하고 있는 것으로 파악된다.

특수 고용직 노동자 조직화의 조건상 특성은 촉진 요인과 장애 요인으로 구분해서 살펴볼 필요가 있다.

우선 촉진 요인을 살펴보면 현재 한국 노동조합의 대부분은 기업별로 조직되지만 특수 고용직 노동자의 조직화 과정은 이와 달리 초기부터 동일 업종의 조직화가 일반적이다. 왜냐하면 이들은 대부분 비슷한 노동조건을 가지고 있으며, 이들이 달성하고자 하는 요구 사항 역시 기업별로 분절화되어 있다기보다는 업종의 동질감이 높아 공통의 이해관계를 갖는 경우가 많기 때문이다. 공통의 이해관계는 공통의 요구 사항을 제기하기에 용이하다. 즉 조직화 초동 단계에서는 매우 어렵지만 조직화 이후에는 이와 같은 요구의 통일성을 토대로 결합력을 극대화할 수 있다. 만약 업종 전체가 조직되지 않는다면 파업을 하더라도 타 회사로 대체하기 쉽기 때문에 조직화 및 단체 행동의 효과가 미비할 수밖에 없다는 현실적 조건도 전국 단일 업종 노조로의 조직화 경향을 뒷받침하고 있다. 또한 특수 고용직 노동자들의 대부분은 업종 내 이동이 상대적으로 자유롭지만 업종 간 이동은 그리 많지 않은 편이다. 따라서 조합원 지위의 연속성을 위해서라도 전국 단일 업종 노조(혹은 산별노조)로의 조직화는 유효한 것으로 볼 수 있다.

그러나 현재 특수 고용직 노동자의 조직률이 낮은 데서도 알 수 있듯이 현재로서는 조직화 과정에서 나타나는 장애 요인이 앞서 살펴본 촉진 요인을 압도한다. 첫째, 가장 큰 문제로 지적되고 있는 제도적 한계와 관련된 것이다. 노동자성 인정 문제로 노조 설립 자체가 제한되어 설립 신고 필증 교부가 불투명해질 뿐만 아니라, 노조를 설립하더라도 '합법성 시비'에 휘말려 조직 확대는 물론이고 조직적 동력이 급격히 소진될 가능성이 크다. 따라서 특수 고용직 노동자의 조직화 과정은 곧바로 국가와 자본에게 실체를 인정받기 위한 투쟁과 같은 양상으로 전개되는 것이 대부분이다.[9] 결국 특수 고용직 노동자들의 경우 조직화와 투쟁은 불가분의 관계이며 대부분의 투쟁은 새로운 '제도화'를 위한 투쟁이며, 제도화의 성격·결과·내용은 주체들의 전

---

9 제도화되지 못한 상황에서 전개되는 특수 고용직 노동자들의 투쟁에서 거의 공통적으로 발견되는 것은 소위 '목표 전도'(goal displacement) 현상이다. 조직의 목표가 주요 요구안을 중심으로 하는 것이 아니라 조직 유지 자체가 목표가 되는 상황이 전개된다는 것이다. 또한 투쟁을 둘러싼 주체 역시 단순한 노사 간 문제가 아니라 국가-자본-노동 세 주체가 직접적인 당사자가 될 수밖에 없다.

략을 기반으로 한 '세력 간의 역학 관계'를 응축하고 있다. 둘째, 개별화된 노동과정은 노동자들의 조직적 단결을 어렵게 하는 요인 가운데 하나이다. 이를 배경으로 노동자 간 개별 경쟁이 치열한 환경 속에서 노동 통제 효과를 내면화했을 때 노동자라는 집단의식보다는 사업자라는 개별 의식이 강할 수 있다. 셋째, 고용 관계의 특징에서 볼 수 있듯이 계약관계에서 그 주도권이 자본에 있다는 점이다. 근로기준법상 노동자로 인정받지 못하는 제도적 한계는 고용 유지를 보호하기 위한 장치가 전무하다는 것을 의미한다. 초기 조직화에 성공하더라도 계약 해지 압력이 전면화될 때 조직력이 급속히 떨어지는 것이 일반적 현상이다.

3. 화물연대의 조직화·투쟁 사례 분석

(1) 특수 고용직 화물 운송 노동자와 화물 운송 자본

화물 운송 노동자의 유형은 대략 세 가지 유형으로 구분된다. 첫째는 정규직 직영 노동자로 화물 운송 업체와 '공식적인 고용 관계'를 맺고 '임금'을 받으면서 화물 운송 업체의 자차自車를 운행한다. 둘째, 수탁 노동자로 이들의 대부분은 화물 운송 업체의 정규직 직영 노동자였다가 구조 조정에 따라 퇴직금 대신 차량을 불하받고 회사가 주는 물량을 운반하고 있다. 셋째, (개별) 용차傭車 노동자들로 자신 소유의 차량을 보유하고 있지만 사업권을 보유한 사업자에게 면허권을 빌리는 (지입) 차주들이다. 이들은 물량 알선이 거의 주선(알선) 업체를 통해 이루어져 독립적인 영업 구조를 갖는 특징이 있다. 그러나 용차 노동자들 가운데에는 고정적인 중소 운수 업체에 소속되어 있으

표 1_ 화물 운송 분야 고용 형태 유형

구 분		고용 형태	내 용	비 고	노동자성
직영 노동자		정규직/ 직접 고용	- 화물 운송 업체에 직접고용 - 운송 회사의 물량을 자차로 처리	- 운송 업체의 구조 조정 및 '기업 관계, 노사 관계의 외부화 전략'으로 비중이 급격히 감소	〈고〉
수탁 관리자		특수 고용직	- 위수탁 계약 - 직영 직원에게 차량을 불하하고 운송을 위탁	- 컨테이너, 유류 운반 차량, 기타 특수 화물 운송 분야	↑
용차	용차 I		- 고정적인 용차 업체(중소 운수 업체) 소속 - 대형 운수 업체의 물량 전담	- 운수 회사의 지시·통제 - 차주 겸 기사(파견 노동자 성격)	↓
	용차 II (개별 용차)		- 운수 업체에 등록(지입) - 운수 업체에 번호판 대금, 지입료를 지불하고 등록	- 개별 사업자로 존재 - 물량 알선은 주선(알선) 업체를 통해 하는 등 독립적인 영업 구조 - 개별싱이 가장 강하고 노사 관계가 불분명	〈저〉

자료 : 전국운송하역노조(2003) 내부 자료 등을 중심으로 작성.

면서 대형 운수 업체의 물량을 전담하는 화물 운송 노동자도 있다. 이들은 운수 회사의 지시·통제를 받는 일종의 '파견 노동자'의 성격(차주 겸 기사)을 갖는다. 위와 같은 고용 형태 중 정규직 직영 노동자를 제외한 나머지 모든 형태의 노동자는 '특수 고용직 화물 운송 노동자'로 분류할 수 있다.

〈표 1〉을 기준으로 소위 '노동자성'의 정도를 검토해 본다면 직영 노동자가 가장 높고 수탁 노동자, 용차 노동자 순으로 위계화되어 있다. 또한 특수 고용직 노동자들의 진입 경로를 보면 위수탁 노동자 및 운수 회사의 통제를 받는 용차 노동자는 기존 정규직 노동자들이 차량을 불하받은 경우가 많고, 개별성이 가장 강한 개별 용차 노동자는 차를 신규로 구입해서 화물 운송 시장에 진입한 경우이다. 조직화와 관련해서 살펴보면 직영 노동자들은 다수가 전국운송하역노조에 가입되어 있지만, 나머지 특수 고용직 노동자들은 미조직화된 영역으로 남아 있었다. 본 연구의 조직화 사례연구 대상은 바로 미조직화된 노동자들이 조직화되는 과정이다.

화물 운송 자본은 크게 컨테이너 분야, BCT[Bulk Cement Trailer] 분야, 일반 화물 분야로 나누어 볼 수 있다.[10] 지금까지 화물 운송 전 분야에 걸친 통일된 조직으로 결성되어 있지 않으며 업태의 이질성을 반영하여 서로 다른 자본가 분파들을 형성하고 있다. 컨테이너 분야 자본들은 항만하역협회의 핵심 주체로서 과점 체제를 구축하고 있다. BCT 분야는 구체적으로 양회 분야, 오일 분야로 나뉘는데 각 과점 체제를 이루고 있다. 일반 화물 분야는 주로 지입회사자본으로서 아주 영세한 가운데 전국화물자동차운수사업자연합회(화련)의 주축이다.[11] 자본 간 경쟁은 분야별로 이루어지고 있고 계급 간 계급 정치에서 계급 행위도 분야별로 이루어지고 있어서 불완전한 계급 형성 과정을 밟고 있는 가운데, 한진·대한통운·동방·세방 등 컨테이너 운송을 중심으로 운영하고 있는 독점적 대자본이 화물 운송 자본 내 경제적 헤게모니를 확보하고 있다.

(2) 화물연대의 조직화·투쟁 과정 분석

1) 조직화·투쟁을 둘러싼 환경적 요인

왜 조직화를 할 수밖에 없었는지에 대한 해답을 구하기 위해서 조직화를 둘러싼 환경적 요인을 산업구조적(제도적) 측면과 주체의 측면을 중심으로 살펴보자.

우선 화물 자동차 운송업의 차량 공급이 증가하면서 시장 상황이 과포화되었으며 합리적 조절이 시급한 상황에 도달했다. 즉 '조절을 위한 조직화'가

---

10 화주 자본은 제조업을 비롯한 다양한 업종의 자본들이며 한국화주협의회와 무역협회가 대변하고 있다.

11 화물 운송 주선업의 경우 전국화물자동차운송주선사업연합회(시도별 협회)가 존재한다.

절실했다는 점이 지적되어야 한다. 아무런 조절 장치 없는 과잉 공급 상태는 덤핑 경쟁을 필연적으로 강제했고 운송료는 하락할 수밖에 없었다. 이런 상황은 정부의 규제 완화 정책이라는 신자유주의적 정책으로 초래된 것이다. 1999년 7월 이후 실시된 일반 화물 운송업의 등록제와 최저 등록 대수 완화 조치는 영세 운수 사업자의 난립과 화물 차량의 신규 진입을 조장했고 물량의 증가율이 '사업자'와 차량의 증가율을 따라가지 못함으로써[12] 화물 운송 노동자의 노동조건이 급격히 나빠졌다.

둘째, 전근대적 화물 운송 산업 체계로, 지입제의 폐해와 다단계 알선 문제로 요약할 수 있다. 우선 지금까지 화물 자동차의 60~70%에 이르는 5톤 이상의 사업 면허가 최저 다섯 대로 제한되어 있기 때문에 화물 운송 노동자는 명의를 보유한 사업자에게 명의를 빌리고 지입료를 납부하는 지입제(법률적 용어로는 위수탁관리제)가 보편화되어 있다. 지입제하에서 과도한 지입료도 문제지만 등록이 실제 차주가 아니라 법인 명의(지입회사)로 되어 있어 특히 운수 회사가 부도날 때 지입차주들은 실질적인 재산권 보호를 받을 수 없는 구조다. 다음으로, 현재 법적으로는 직접적인 중개 이상의 알선(법률적 용어로는 주선) 행위가 금지되어 있지만 정부의 감시·감독이 제대로 이루어지지 않아 2~3단계는 보통이고 경우에 따라서는 확인조차 힘들 정도로 여러 단계를 거치기도 한다. 단계가 많을수록 화물 운송 노동자에게 돌아갈 몫이 결과적으로 중간 착취 당하는 것이다. 2002년 말 현재 수수료만을 주로 챙기는 알선 업체 수만도 1만 2,555곳으로 운송 업체 8,086곳보다 오히려 많은 기형적인 체계를 보이고 있다. 이와 같이 지입제의 폐해와 다단계 알선은 화물 운송 노동자의 실질적 수입을 떨어뜨리는 주요 원인으로 지목되었으며 조직 주체

---

12 1997년부터 2001년까지 4년간 영업용 화물 자동차 등록 대수의 누적 증가율은 54.6%인 반면, 영업용 도로 운송 물동량의 누적 증가율은 7.3%에 그쳤다. 대당 1일 물동량도 30.5%나 줄어드는 등(윤영삼 2003b) 화물 자동차의 과잉 공급 상태는 매우 심각하다.

는 조직화 과정에서 이를 '공통된 요구'로 제기해 적극적인 호응을 받았다.

주체의 측면은 조직 대상의 실태와 초기 조직화 주체의 상황을 중심으로 검토할 필요가 있다. 우선 특수 고용직 화물 노동자의 실태는 한마디로 말해 수입은 그대로이거나 줄어드는데 지출 요인은 꾸준히 증가했다는 것이다. 화물 운송료는 10년 동안 동결되거나 하락한 상태였지만 같은 기간 경유값은 네 배 이상 올랐고 도로비나 타이어 값 등 지출 비용은 대폭 증가했다. 수지의 악화는 화물 운송 노동자의 '불만'을 촉발시키는 직접적 요인으로 작용했다.

2003년 화물 운송 노동자의 실태 조사 자료(윤영삼 2003a)에 따르면 주당 평균 노동시간이 80.7시간으로 2002년 전 산업, 전 직종 임금노동자의 평균 노동시간인 49.0시간의 1.65배에 이른다. 화물 운송 노동자의 노동과정이 고도의 집중력을 요구한다는 점을 감안할 때 노동강도와 피로도 역시 매우 높은 수준임을 짐작할 수 있다. 1일 평균 수면시간도 5.1시간에 불과하며 장시간 불규칙적인 노동과정은 생체리듬을 파괴해 건강 상태를 심각히 훼손할 가능성이 크며, 특히 노동과정이 주로 야간에 이루어진다는 점은 사고의 위험도를 높이는 원인이 되고 있다. 다음으로 수입과 지출 구조를 살펴보면 조사 대상자의 월평균 순 운송 소득(수입-지출)은 적자인 것으로 조사되었다. 지출 비용 가운데 유류비가 차지하는 비용이 49.0%로 가장 높았는데 불만 사항 역시 경유가가 69.4%로 가장 높았다. 따라서 경유가 인하 문제는 제도 개선 요구와 함께 매우 중요한 노정 교섭 쟁점으로 대두할 수밖에 없었다. 이와 같이 조직 대상인 화물 노동자들은 생존권을 위협받고 있었다.

또한 '문화적 환경' 문제도 반드시 지적되어야 한다. 화물 운송 노동자의 '사회화된 직업 위세'는 노동과정에서의 차별을 심화시켰다. 조직화·투쟁 과정에서 '인간답게 살아보자'라는 구호가 등장할 정도로 노동과정에서 경험하는 비인격적 대우는 심각한 수준이었다.

초기 조직화 주체로 나섰던 전국운송하역노조는 왜 본격적으로 조직화 사업에 착수할 수밖에 없었는가? 전국운송하역노조는 1988년에 결성된 전국화물운송노동조합연맹이 1999년에 산별노조로 전환한 조직이다. 산별노조로 전환한 전국운송하역노조는 조직의 양적·질적 발전을 도모하고자 미조직·비정규직 노동자의 조직화 사업을 주요 과제로 삼고 화물 운송 사업에 광범위하게 포진하고 있는 '특수 고용직' 노동자들[13]을 조직하기로 결정했다. 선국운송하역노조의 입장에서 보면 특수 고용직 화물 운송 노동자의 조직화는 '산별노조의 의미'를 최대한 부각시키면서 조직의 발전 전망을 모색하는 중대한 문제였다.

요약하면, 조직화를 둘러싼 환경적 요인은 과포화 상태의 시장 상황, 지입제와 다단계 알선 문제로 대표되는 전근대적인 화물 운송 체계, 그 결과 조직 대상인 화물 운송 노동자의 생존권이 위협받고 있었다는 것이다. 이러한 환경적 요인과 조직 주체로 나선 전국운송하역노조의 미조직-비정규 노동자의 조직화 전략이 결합하여 본격적인 조직화·투쟁 과정에 돌입하게 되었다.

2) 조직화·투쟁 과정 분석

① 제1시기 : 준비기(2002년 2월~2003년 2월)

1999년 산별노조로 전환한 전국운송하역노조는 2002년 위·수탁 노동자와 지입 노동자 등의 비정규 화물 노동자를 조직하기로 결정한 후 2002년 6월에 '화물노동자공동연대 준비위'를 발족시켰다. 당시 노동조합의 전략은

---

13 이들 중 위·수탁 노동자들은 모두 상조회라는 조직을 결성하고 있었고 지입 노동자들은 일부가 '전국화물차주연합회'라는 조직에 가입하고 있었다. 후자는 '차주'들의 권익 신장, 민주적 운영 방식 구현 등에는 소홀히 한 반면, 알선 사업과 같은 이권 사업에 개입하는 등 연합회 간부들만을 위한 활동에 치우쳐 많은 지입 노동자들이 달퇴한 상황이어서 일종의 '간부조식'에 불과했다. 화물연대의 2차 전면 투쟁이 실패한 후에도 이런 성격의 조직인 한국차주연합회(한차연), 전국육운물류진성운송협의회(진운협) 등이 결성되었다.

자본의 노사 관계 '외부화·간접화' 전략에 대응해 '역조직화'를 통해 노사 관계를 '내부화·직접화'하는 것이었다. 호응도를 높이기 위한 정책은 '3대 요구안'으로 집약되었고 분절화된 노동자 간 연대의 필요성에 따라 '3조직 연대'를 내세웠다.[14] 초기 조직화 과정에서 주목할 부문은 '준 조합원' 제도와 관련된 것이다. 산별노조의 '정 조합원' 자격이 아닌 '준 조합원' 규정을 두어 가입시킨 이유는 현재 노동법상 특수 고용직 노동자의 '노동자성'에 대해 논란이 있어서 조직 결성 초기부터 '정 조합원'임을 내세울 경우 법률적으로 합법성 시비에 휘말릴 수 있기 때문이었다. 따라서 노동조합은 합법성과 관련된 논쟁으로 역량을 소진하기보다는 법률적 제한을 우회하여 '조직화 → 투쟁 → 합법화 쟁취'라는 경로를 선택한 것이다.

본격적인 조직화 이전에도 이미 '자발적 저항'은 시작되었다. 2002년 4월에는 휴게소의 화물차 출입 통제와 간이 휴게소 폐쇄에 항의해 일부 화물차들이 최저 속도를 유지하면서 정체를 빚기도 했고, 5월에도 휴게소 주차 공간 확보, 통행료 인하, 경유가 인하, 운송료 현실화 등을 요구하며 최저 속도 운행을 진행했다. 이 저항 과정에 참가한 사람들과 전국운송하역노조가 결합하면서 본격적인 조직화가 시작되었던 것이다. 2002년 10월 화물연대가 공식 출범하면서 3대 요구안은 '대정부 10대 요구안'으로 정책적 발전이 이루어졌고 정부에 '정책 제안서'를 제출하는 등 본격적인 대정부 투쟁을 준비해 나갔다. 조합원 수는 급증하기 시작했고 2003년 들어서면서는 밑으로부터 투쟁이 더욱 조직적으로 진행되기 시작했다. 대산석유화학단지의 화물 노동자들이 현대·삼성·LG 등 대기업을 상대로 3일간의 파업을 벌여 운송료

---

14 3대 요구는 ① 도로비·경유가 인하, ② 운송료 현실화, ③ 고속도로 휴게소 운영 개선이었으며 세 조직 연대는 노동조합, 상조회, 준 조합원 조직 간 연대를 말한다. 노동조합은 직영 노동자들의 조직이고, 상조회는 위수탁 노동자들의 조직이며, 준 조합원 조직은 지입차주들의 조직을 말한다. 나중에 위수탁 노동자들과 지입차주들은 '화물연대'라는 노동조합의 준 조합원으로 조직화되었다(전국운송하역노조 2002).

인상과 근로조건 개선을 관철시키면서 조직적 역량 및 투쟁 경험을 축적해
갔다.

당시 대화주에 종속적인 입장이었던 운송 자본은 종속성을 핑계로 수동
적인 회피 대응만 하고 있었고 권력 교체기에 있었던 정부는 이와 같은 빠른
조직화 흐름에 대해 '집단 민원' 수준의 인식에서 벗어나지 못하고 있었다.

② 제2시기 : 1차 전면 투쟁기(2003년 3월~5월 15일)

제2시기는 조직적 동원화에 기반하여 정부와 운송 자본에 대한 전면 투
쟁을 본격적으로 진행한 단계이다.

파업에 돌입하기 전에 다섯 차례 집회가 진행되었는데 3월 22일 포항집
회(2,500명 참가)를 시작으로, 3월 31일 과천정부종합청사 집회(3,500명), 4월
13일 부산집회(4,700명), 4월 30일 과천집회(5,500명)에 이은 5월 1일 노동절
집회 때는 무려 1만여 명의 조합원이 참석했다. 밑으로부터의 '자발적 참여'
와 위로부터의 '동원화 방침'이 결합하면서 자원 동원력이 급속도로 높아졌
다. 이것이 가능했던 이유는 화물 운송 노동자의 불만을 바탕으로 화물연대
가 내세운 요구안의 현실 적합성이 전 운송 분야에서 높았기 때문이다. 또한
4월 28일 포항지부 소속의 한 조합원이 생활고에 시달리다 음독자살한 '우발
적 상황'15은 화물 운송 노동자들 간 결속력과 조직으로의 구심력을 더욱 높
이는 결과를 가져왔다.

대정부 관계를 보면 계속되는 집회에도 관련 부처의 인식은 변함이 없었
고 회피 전략이 주된 기조였다. 그러나 노무현 대통령의 '화물연대와의 대화

---

15 죽음과 같은 '우발적 상황'은 사태의 진행 속도를 급신선시기는 촉매제로서 역할을 했다. 이
사건은 화물 운송 노동자의 절박한 삶을 보여 준 사건으로 다른 조합원들이 절대적으로 공감하
면서 정서적 결합도는 더욱 높아졌다.

'지시' 이후 정부의 대응은 변화하기 시작했으며 최초의 대정부 교섭 틀이 만들어지기 시작했다. 그러나 정부가 부처 간에 책임을 전가하는 등 성의없는 반응을 계속하자 화물연대는 전면적 투쟁에 돌입했다.

'응축된 분노'가 전면적으로 폭발하여 14일간 '도미노식 파업'이 5월 2일 포항 지부에서 시작되어 전국 각 지부로 빠르게 확산되었다. 이 과정에서 정부와 일부 운송 자본은 좀 더 성의있게 협상을 시도했다.

전면적 투쟁-협상 과정의 주요 내용은 노사 관계와 노정 관계를 구분해서 살펴볼 필요가 있다. 노사 관계에서는 운송료 현실화가 핵심 사안이었고, 노정 관계에서는 화물 운송 체계/제도 개혁이 주요 논의 대상이 되었다.

우선 노사 관계에서 가장 문제가 되었던 점은 교섭 주체의 문제였다. 교섭 주체(화주, 운송 업체)가 상대적으로 명확한 지역에서는 비교적 단시간에 협상이 마무리되었다. 그러나 교섭 주체가 불분명할 경우 파업 사태는 장기화될 수밖에 없었다. 이런 특징은 포항지부와 부산지부의 파업 양상을 비교해 보면 명확히 확인된다. 운송료 협상의 경우 포항지부는 포스코·동국제강 등 화주 4개사와 운송 업체 9개사가 화물연대를 상대로 협상을 벌여 마무리했으나, 부산지부는 취급 화물이 다양하고 운송 업체도 대형 업체에서 중소 업체까지 수백 개가 난립해 단시간 교섭 주체를 내세운다는 것이 불가능했다. 따라서 전국적인 사업자 단체가 나서든지 정부가 개입해 해결할 수밖에 없는 조건이 계속되었다. 교섭 주체가 불분명한 문제는 중앙 교섭에서도 반복되었다. 화물연대는 규제되지 않는 협상 과정을 창구 단일화를 통해 전국적 협상 국면으로 전환시켰다. 전국적 수준의 교섭단체(전국화물자동차운송사업자연합회, 이하 '연합회')는 있었으나 문제는 각 업체로부터의 '위임권'에 관한 것이었다. 위임권 문제는 대표권의 문제로 연결되어 협상내용에 대한 효력이 제한될 수밖에 없었다. 화물연대는 중앙 교섭 테이블로 사측을 '끌고 나오는 것' 자체가 하나의 중요한 전략이었다.

다음으로 노정 관계를 살펴보면, 노정 교섭 과정에서 핵심적인 교섭 대상은 '경유가 인하' 문제였다. 화물연대의 요구안 중 상당수가 '직접 비용 인하'였다는 점을 감안한다면 직접 지출 비용은 40~50%를 차지하는 경유가 인하 문제를 해결하지 않고서는 어떠한 협상 결과도 조합원들로서는 받아들이기 어려웠다. 즉, 사측과의 협상 과정에서 운송료가 일정 정도 오르더라도 경유가가 인하되지 않으면 인상 효과가 없다는 것이다. 정부 역시 경유가 문제는 그동안 추진해 온 에너지 세제 개편안이 흔들릴 수 있다는 점을 들어 완강한 거부 입장을 견지했다. 조합원들의 기대 수준과 '현실적 타결안' 간에 불일치가 계속되면서 합의와 파기 과정이 두 차례 반복되었다. 정부로서는 물류 마비 사태에 대한 부담 등으로 2003년 7월 교통세 인상분 전액 정부 보전이라는 적극적 협상안을 제시해 최종 타결에 이르게 되었다.[16]

이 시기에 노동조합 내에 정규직 노동자와 특수 고용직 노동자 간에 갈등이 심화되기 시작했다. 이 시기에 두드러지게 표면화되지는 않았지만 총력전의 상황에서 정규직 노동자의 수동성을 둘러싸고 논란이 제기되었다.

이 시기에 조합원 수가 3만 명 정도에 이르고 공동 투쟁의 경험을 가졌지만 운송료 인하에 관해 노사 협상이 난항을 겪고 있고 5·15 노정 합의도 '제한적'이고 불완전한 성격을 띠는 가운데, 실체 인정의 제도화가 이루어지지 않는 등 화물연대의 조직화는 제한적인 수준이었다.

---

16 2000년 에너지 세제 개편안의 내용과 효과는 다음과 같다. 우선 주요 내용은 2001년을 시작으로 2006년까지 해마다 7월이 되면 단계적으로 경유에 부과되는 부가세를 인상하는 것이다. 이에 따르면 2000년 당시 휘발유 가격을 100으로 봤을 때 47에 해당하던 경유 값은 2006년 7월 이후 75까지 높아지게 된다. 다음으로 에너지 세제 개편이 화물 노동자들에게 미치는 효과를 살펴보면 이런 개편 방안으로 인해 경유가가 1997년에 비해 약 세 배 가까이 인상됐고 화주들에게도 부담으로 작용했다. 이는 운송 업체의 덤핑 경쟁을 유발시켰고, 결국 화물연대 조합원들은 직접 비용은 늘어나고 운송료 수입은 덤핑 경쟁으로 떨어지거나 정체되는 최악의 상황을 맞이하게 되었다.

③ 제3시기 : 교섭기(5월 16일~8월 20일)

이 시기에 노-사, 노-정은 본격적인 교섭 국면으로 들어갔다. 그러나 정부는 당초 합의안과 달리 '방관적' 입장으로 일관했고, 자본 역시 교섭 주체의 형성을 지체시키거나 실질적 교섭을 거부하면서 '유보적'인 태도를 취했다.

이 시기의 상황을 이해하기 위해서는 정부의 노동정책 변화를 우선 살펴봐야 한다. 5월 파업 이후 보수 언론의 '노동운동 고립화' 전략이 본격적으로 진행되기 시작했으며 정부는 이런 '노동 적대적 언론 환경'(전국언론노동조합 2003)에 보조를 맞추기 시작했다. 철도노조가 파업하자마자 대규모 경찰력을 동원하여 '무력 진압'했고 이전에 합의된 내용을 번복하는 사태가 벌어졌다. 표면적이나마 타협적 노사 관계를 모색하던 초기 모습과는 달리 '비타협적 노동 배제 전략'으로 급선회한 것이다.

'철의 삼각동맹'을 이룬 '정부-자본-보수 언론'은 화물연대의 주변화를 위해 공세적 입장을 견지했고 따라서 노정 교섭과 노사 교섭은 점점 어려워지는 상황으로 빠져들었다. 교섭이 지연되고 합의안 내용조차 왜곡되기 시작하자 화물연대는 7월 21~31일까지 파업 찬반 투표를 실시해 정부와 사측을 압박했지만 정부의 강경 대응 방침과 사측의 교섭 지연 전략은 계속되었다. 파업 찬반 투표 이후에는 '집중 교섭' 국면으로 접어들었는데 특히 컨테이너와 BCT 분야를 중심으로 집중 교섭이 이뤄졌다. 그 결과 컨테이너 분야는 상당 부분 의견 접근을 보였으나 BCT 분야 교섭이 문제였다. 화물연대는 일괄 타결의 기조 속에 '연대 교섭 전략'을 채택하여 조직적 통일성을 확보하려는 동시에 BCT사 측을 압박했다. 7월 초 양회업체들이 운송 업체와 화물연대 간의 성실 교섭과 적정 운임 지급 등을 약속해 교섭이 진행되었으나 이후 교섭과정에서는 의도적인 방해 행위가 이뤄졌고 운송 자본 측은 타결 의지 없이 업체별 교섭 방식만을 고집하며 교섭을 공전시켰다. 결국 운송 자본은 '화물연대와 교섭 불가' 방침을 천명하기에 이르렀고 세 차례에 걸쳐 유보된 파업은 8월 21일부터 현실화되었다.

교섭 과정에서도 현장의 투쟁은 계속되었다. 교섭 불참과 노동조합 활동을 인정하지 않는 대한통운에 대해 '표적 투쟁'을 전개함으로써 교섭 참가와 노동조합 활동 인정의 성과를 거두었다. 한 조합원의 죽음이라는 '우발적 상황'으로 촉발된 포항의 알선사 폐지 투쟁 역시 밑으로부터 다단계의 모순을 극복한 사례로 시사하는 바가 크다. 특히 대한통운에 대한 표적 투쟁 사례는 교섭 주체 형성과 현장 탄압에 대한 노동의 대응 전략 모색에 있어 유의미한 사례로 평가되고 있다.

그러나 이 시기는 전반적으로 교섭 국면이었지만 정부와 자본은 '화물연대 폐쇄화 전략'을 펴고 있었고 이에 따른 교섭의 지연으로 화물연대는 대응 전략에 관해 내부 갈등이 점증하던 시기였다. 화물연대는 조직의 인정과 안정이라는 조직화의 결정적 분기점에 직면해 있었다.

④ 제4시기 : 2차 전면 투쟁기(8월 21일~9월 5일)

화물연대가 총파업을 선언한 이후 정부와 자본은 '폐쇄화 전략'을 전면화했다. 화물연대와의 교섭 자체를 거부했으며 모든 통로를 차단한 채 공세적인 물리적·이데올로기적 조치를 단행하기 시작했다.

교섭 틀 자체가 부정되는 상황에서 쟁점은 화물연대의 요구안이 아니라 '실체' 인정 부분으로 급속히 후퇴했다. 운송 자본은 '노동자성' 시비를 끊임없이 제기하며 '노사 관계'가 아니라 화물 시장에서의 '갑(발주자)과 을(공급자)의 관계'임을 전제로 화물연대에 산별노조의 지위를 부여하는 '중앙 교섭'(방식)을 인정할 수 없다는 강경한 입장을 보였다. 특수 고용직 노동자들의 투쟁에서 일반적으로 나타나는 불성실한 교섭, 노동자성 시비, 이로 인한 '목표 전도' 현상이 발생한 것이다.

그렇다면 왜 5·15 노정 합의 이후 지속적인 교섭이 진행되었음에도 불구하고 정부와 자본이 교섭 불가 방침으로 선회하게 되었는가? 원인은 노무현 정권의 노동정책이 전환되면서 건교부나 산자부를 중심으로 하는 정부 내 경제 부처가 강경 대응 방침을 세웠기 때문으로 판단된다. 파업 찬반 투표 이후 정부는 줄곧 강경 대응 방침을 천명했고 이에 편승한 운송 자본 역시 화물연대의 불인정 전략으로 선회하게 된 것이다. 정부는 당초 교섭 지원 약속과는 달리 오히려 컨테이너와 시멘트 업계를 '압박'하여 선 복귀 후 협상, 계약 해지, 민사 청구 방침을 발표하게 함으로써 화물연대 고립화 방침을 재확인했다. 제2시기에는 정부가 노정 교섭뿐만 아니라 노사 교섭에서도 일정한 '개입'을 통해 교섭 틀을 만드는 데 일조했으나 이 시기에는 오히려 교섭 틀 자체를 폐쇄하기 위해 '개입'함으로써 기존의 모든 교섭 성과물을 유실시켰던 것이다.

파업이 진행되자 운송 자본은 '선 복귀 후 협상'을 공식화하면서 계약 해지와 손해배상 청구를 통하여 화물연대를 압박했다. 계약 해지는 해고와 동일한 효과를 갖는 것이었다. 파업 기간 동안 언론을 통해 진행된 경마식 복귀율 보도 양태 속에서 파업의 쟁점은 복귀율 논쟁으로 전도되었고 일부 화물 운송 노동자에게는 계약 해지 통보서가 발송되기도 했다. 또한 파업의 장기화는 조합원들의 물질적·정신적 피해를 가속화시켰다. 상대적으로 운송 자본에 대한 '종속성'이 높은 위수탁 지부의 경우는 계약 해지 등과 같은 위협이 주는 효과가 용차들에 비해 커 결국 복귀 선언으로 이어졌다. 위수탁 지부의 복귀 결정으로 전체적인 조직적 동원 역량은 크게 약해졌으며, 마침내 9월 5일에 화물연대는 선 복귀 후 협상 방침을 결정하여 16일간의 2차 파업은 종료되었다.[17]

---

17 조직화·투쟁 기간 동안 계급 간 계급 정치에서 주요 목표의 하나인 타 계급 행위 주체의 계급 내 계급 정치 과정에 사전적으로 개입하는 것은 정부와 운송 자본 간에는 있었으나 운송노

이 시기에 노동조합 내에 정규직 노동자와 특수 고용직 노동자 간에 갈등이 심각한 정도이었다. 전면 투쟁 돌입 여부를 둘러싼 갈등은 전면 투쟁 돌입 후 총력전의 상황에서 정규직 노동자의 수동성을 둘러싸고 심각하게 전개되었다.

3) 조직화·투쟁의 결과

전국운송하역노조의 조직화·투쟁 전략은 제한적이나마 성공을 거두었다. 조합원 수만 보더라도 화물연대가 공식 출범한 2002년 10월에는 1,000명 정도였지만 5월 1차 전면 투쟁을 경과하면서도 조합원 수가 급속하게 증가해 7월에는 조직률 20%에 해당하는 3만 명 정도에 달했다. 8월 투쟁 이후 현장 통제가 강화되고 탈퇴 압력이 심해짐에 따라 현재는 등록 조합원 수가 대략 1만 3,000여 명으로 감소했지만 조직의 기반으로 작용할 수 있는 대오는 구축되었다.

전국적인 중앙-지부-분회 체계를 구축했고 조합원들의 의식에 화물연대라는 조직을 중심으로 사고하는 기풍, 즉 조직적 관점이 자리 잡았다. 또한 민주노총 조합원들과의 관계가 한층 긴밀해지는 등 연대의 기반이 확대되었다.

그러나 교섭틀이 공중분해되는 등 조직의 실체를 제도적으로 인정받지 못했다. 또한 조직적으로는 지도력과 재정 자원의 악화 등 권력자원이 상당히 소진되었으며 조합원들의 계약 해지와 손배 가압류 등 피해도 컸다.[18]

동과 관련해서는 별로 없었다.

18 화물연대를 무력화하기 위해 다양한 제도적 장치가 모색되었다. 업무 개시 명령제를 골간으로 하는 화물자동차운수사업법, 파업 과정에서 위력적인 효과를 나타냈던 차량 동원 시위를 규제하기 위한 도로교통법시행규칙 등 화물연대의 자원 동원을 제한할 수 있는 다양한 장치들이 정부 주도로 2003년 말 마련되었다.

중요한 조직화·투쟁의 결과를 원인과 함께 특수 고용직 노동자의 조직화에 대한 실천적 함의를 얻는 차원에서 구체적으로 살펴보기로 한다.

① '역조직화 전략'의 성공 원인

초기 조직 주체였던 전국운송하역노조가 '사용 종속 관계'가 상대적으로 가장 '불분명한' 개별 용차를 중심으로 빠르게 조직을 확대할 수 있었던 원인은 무엇인가? 이에 대한 해답은 다음과 같이 정리할 수 있다.

첫째, 개별 용차의 경우 노동조건과 생활 실태가 가장 열악했다는 점이다. 개별 용차는 공급 과잉의 시장 상황에서 운송료가 아주 낮은 가운데 안정적 물량 확보가 가장 취약했고, 지입제의 폐단과 다단계 알선 등 전근대적 화물 운송 체계에 의해 비용 부담이 이들에게 일방적으로 전가되었다는 점이다. 이들의 누적된 '불만'은 성공적인 조직화의 주요 원인으로 지적될 수 있다.

둘째, 가장 덜 조직된 부분이라 자본이나 기타 특정 단체의 통제에서 상대적으로 자유로웠다는 점이다. 개별 용차들은 화물 운송 노동자의 절대다수를 차지하고 있었지만 특정 단체로 조직되어 있지 않았다. 따라서 상대적으로 개별성이 강하다고는 볼 수 있으나 반대로 자본이나 특정 이익단체에 대한 소속감 등이 결여되어 있었다. 이에 따라 초기 조직 주체가 누적된 불만을 토대로 공동의 요구안을 제시하면서 조직화 과정을 진행하자 집단적 대응의 필요성을 인식하면서 어떠한 제약(통제) 없이 빠르게 결집할 수 있었다.

셋째, 공통적 요구안에 대한 적실성 문제이다. 화물 운송 노동자들은 분야와 고용 형태가 다소 다름에도 공통된 이해관계에 기초해 있었으며 요구안 가운데 운송료 문제나 직접 비용 인하 문제는 조합원들에게 즉각적인 호응을 받을 수 있었고 요구안의 관철은 대규모 조직화가 필수적임을 절감하고 있었다.

넷째, 개별성을 극복하는 일상적 의사소통 체계가 마련되어 있었다는 것이다. 대부분 특수 고용직 노동자의 조직화 과정에서 문제가 되는 것은 개별화된 노동과정으로 인한 일상적 결합의 어려움이다. 그러나 화물연대의 경우는 TRS(주파수 공용 시스템)로 이 문제를 해결할 수 있었다. TRS는 최대 9,999명까지 동시 통화가 가능해 파업 기간에는 지침 하달용으로 사용되기도 했으며 평상시에는 조합원 간 의사소통뿐만 아니라 교육 역할을 톡톡히 해냈다. 결국 화물연대 조합원들의 노동과정은 개별적으로 분산되어 이루어지고 있었지만 TRS 등을 통해 일상적으로 '결합'되어 있는 상태였다.

마지막으로 초동 조직 주체의 존재와 지도력이다. '비정규 노동자'인 화물연대 조합원들은 '정규직 노동자' 중심의 산별노조에 의해 조직화가 이루어진 사례이다. 조직적 방침에 따라 조직화 과정이 이루어져 기존 이권단체와는 차별성이 부각되었으며 노동조합에 의한 조직화가 이루어져 '노동자'로서 자기 정체성을 갖는 데 상당히 기여한 것으로 평가될 수 있다. 이권단체에서는 '차주'로 호명되었으나 노동조합으로의 조직화가 이루어짐으로써 '노동자'로 호명되기 시작했고 이는 조직으로의 구심력을 강화시키고 노동계급 연대 의식의 초석을 다지는 결과를 가져왔다.

② 교섭 틀의 형성·운영·해체

이번 화물연대 조직화 과정에서 나타난 교섭 틀의 형성·전개·해체의 역동적 과정에 주목할 필요가 있다. 5월에 진행된 1차 전면 투쟁은 화물 운송 노동자의 어려운 현실을 공론화하고 대규모 동원을 통해 '교섭 틀을 만들기 위한 투쟁'이었다면, 5·15 노정 합의 이후 2차 전면 투쟁 전까지의 교섭 국면은 '교섭 틀의 실질화', 형성된 교섭 틀에 내용을 채워 나가는 투쟁의 성격을 갖는다. 즉 1차 전면 투쟁의 성과물을 제도화하는 과정이었다.

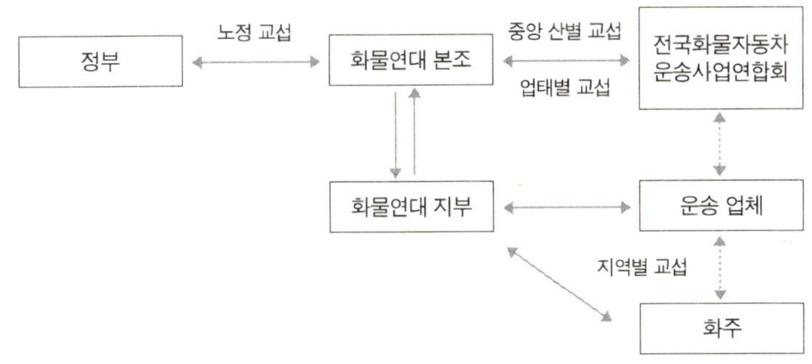

위와 같은 교섭 틀은 사실 '급조된' 성격을 갖는다. 교섭의 범주·내용·효과 등 상호 합의와 심도있는 검토가 필요한 부분이 있었음에도 불구하고 우선 교섭 틀을 마련하고 내용을 채워 나가는 방향으로 진행되었다. 따라서 교섭 틀 자체가 매우 불안정할 수밖에 없었다. 특수 고용직 노동자들의 투쟁 과정에서 나타나는 일반적 특징 가운데 하나는 교섭 대상자는 물론 노동자성 시비에 휘말리면서 교섭 자체가 제대로 이루어지지 않는다는 것이다. 그러나 화물연대의 경우는 초기에 대규모 조직 동원력을 토대로 교섭 틀의 구축을 강제했으며 대부분 과정이 화물연대 주도로 이루어졌다는 특징을 갖는다. 투쟁 과정과 관련하여 살펴보면 제2시기 초반에는 실질적 내용은 없었지만 노정 교섭 틀이 만들어졌고 지역별로 산발적인 투쟁이 이루어짐으로써 지역별 교섭 틀 역시 부분적으로 형성되었다. 후반에 들어서면서부터 지부별 투쟁이 본격화되면서 지역별 교섭 틀이 빠르게 만들어졌고 노정 교섭 틀, 중앙 산별 교섭 틀 그리고 업태별 교섭 틀까지 만들어지게 되었다.

특수 고용직 노동자들의 투쟁에서 노정 교섭 틀은 매우 중요하다. 왜냐하면, 정부가 실체를 인정하지 않고 대화의 통로를 차단할 경우 자본 역시 실체를 인정하지 않아 교섭 틀 자체가 형성되기 어렵기 때문이다. 이 문제는 화물연대의 사례에서 명확히 확인할 수 있다. 정부가 화물연대를 바라보는 시각에 따라 교섭 틀이나 교섭 과정의 성격이 좌우된 측면이 강하다. 제3시기 후반부터 그리고 제4시기를 경과하면서 정부는 화물연대 불인정 쪽으로 가닥을 잡아갔고 자본 역시 이에 편승해 기왕에 진행되었던 교섭 틀 자체가 급격히 붕괴하는 과정을 거쳤다.

③ 대정부 요구안과 산별 조직화의 적실성

화물연대의 요구안 대부분은 대정부와 관련된 것인데 크게 보아 네 가지로 구분할 수 있다. 우선 노동자성 인정 문제와 관련된 요구들이다. 산별 교섭의 제도화, 화물 운송 특수 고용 노동자의 권리 보장, 근로소득세제 개선 요구가 여기에 속한다. 둘째, 관련 비용 및 노동과정과 관련된 요구들이다. 경유가 인하, 도로비 인하 및 요금체계 개선, 과적/축중 단속 제도 정비, 고속도로 휴게소 운영 개선 등이다. 셋째, 화물 운송 체계 및 제도 개선과 관련된 것들이다. 지입제 폐단 철폐, 제도 개선 노정협의회 구성 등이다. 마지막으로 노동시장 통제와 관련된 요구이다. 면허제 등 수급 조절 제도 및 기구 마련이 여기에 속한다.

여기서 주목할 점은 대정부 요구안에 노동자성 인정 문제와 이를 바탕으로 한 노사 관계의 제도화 요구가 포함되어 있었다는 점이다. 즉 노정 교섭을 통해 노사 교섭을 이루어내는 경로를 전략적으로 선택한 것이다. 이는 기존 특수 고용직 노동자들의 투쟁 과정과는 구별되는 중요한 지점이다. 화물연대의 사례는 초기 조직화·투쟁 과정에서 주로 노정 관계에 초점을 맞춤으로써 노사 관계에서 발생하고 있는 제도화되지 않은 조직화·투쟁의 한계를 제한적이나마 극복할 수 있었던 것으로 보인다. 물론 이런 '산업적 수준'의 요구안이 가능했던 이유 가운데 하나는 조직화 경로와 연관시켜 이해할 수 있다. 화물연대의 경우 산별노조가 비정규 노동자를 조직하여 제도 개선을 포함한 화물 운송업 종사자 전체에 해당하는 요구안을 내세웠다. 이는 기업별 조직화나 지역별 조직화로서는 해결하기 어려운 내용들이었다. 따라서 노동조건이나 노동과정이 기업별로 분절되어 있다기보다 업종 전체가 동일한 특수 고용직 노동자들의 조직화 경로는 산별노조나 전국적 업종 노조가 가장 유력한 방안이라고 볼 수 있다. 이는 투쟁의 파급효과와도 밀접한 관련성을 갖는다. 시장이 과포화된 상황에서 기업별 쟁의는 '대체 가능성'을 제한하기 어렵기 때문에 그 효과가 미미할 수밖에 없다. 따라서 쟁의의 파급효과를 극대화하기 위해서는 조직 대상의 조직률을 높이는 방안과 함께 전국적인 조직화 전략을 구사하는 것이 가장 적절한 방안으로 판단된다.

④ 전면 투쟁의 실패로 인한 역효과와 원인

1년이라는 짧은 기간에 화물연대의 대규모 조직화·투쟁은 많은 성과에도 불구하고 초기 화물연대의 의도를 달성하는 데는 실패했다.

8월의 2차 전면 투쟁이 성과 없이 패배로 마무리되면서 중앙 및 개별 교섭틀이 공중분해되는 등 조직의 실체를 제도적으로 인정받지 못했다. 아울러 수십 명에 달하는 간부의 구속·수배로 인한 지도력의 약화, 재정 자원의 악화 등 권력자원이 상당히 소진되었으며 숫자가 제대로 파악되지 않을 정도의 계약 해지와 손배 가압류 등의 피해가 조합원들에게 있었다.

2차 전면 투쟁은 주객관적 정세를 감안할 때 하지 말아야 할 투쟁이었다. 11월 법 개정 시기에 총력 투쟁을 전개했어야 했다. 세력 간의 역학관계상 산자부와 건교부를 비롯한 정부가 '지금이 아니면 화물연대를 깰 수 없다'고 인식하여 총력적 공세를 편 것이 실패의 1차 원인이지만, 향후 전면 투쟁을 준비하는 과정에서 총파업 투표를 통한 결의가 확대 포장되었고 총파업을 수행하기 위한 조직 체계의 미비,[19] 조합원의 참여를 통한 조직 운영의 미비,

명확한 침로 및 전술 운용의 문제 등으로 인한 성급하고 부실한 전면 투쟁도 주요 원인이다. 또한 교섭에 있어서 요구에 대한 조합원들의 이해가 통일되지 못했으며 요구들이 법리적·구조적·시기적으로 불가능한 것들이 포함되어 있는 등 적합하지 못했다. 아울러 상황의 급박성을 감안하더라도 정규직 노동자와 특수 고용직 노동자 간 연대 및 상황 공유가 원활히 이루어지지 못해 이들 간의 갈등이 심각해져 조직 전체의 투쟁으로 전화되지 못함으로써 파업 효과가 낮아졌다. 연대 차원에서 민주노총(민주노총 지역본부) 및 운송하역노조 정규직 부문과 교섭·투쟁 상황, 조합원의 정서 등 전반적인 사항이 제대로 공유되지 못해서 연대 투쟁을 전개하지 못했는데 민주노총(민주노총 지역본부) 및 운송하역노조의 연대와 지원이 적극적이지 못한 점도 있으나 화물연대가 이들과의 연대를 위해 적극적으로 노력하지 못한 점이 있다.

4. 특수 고용직 노동자의 조직화 과제

이상으로 화물연대의 조직화·투쟁 사례를 중심으로 특수 고용직 노동자 조직화의 환경·과정·결과를 살펴보았다. 그것의 함의로서 향후 특수 고용직 노동자의 조직화 과제는 다음과 같다.

첫째, 특수 고용직 노동자의 조직화 경로는 전국적 단위의 산별노조(혹은 단일 업종 노조)가 가장 적절한 조직 형태로 판단된다. 현재 특수 고용직 노동자의 초기 조직화 경로는 기업별·지역별·산별·업종별노조로 다양한 형태를 띠지만 궁극적으로는 산별노조나 전국 단일 업종 노조의 형태로 수렴될 것

---

19 이것은 조합원의 참여 동력 수준에 대한 부정확한 판단과 정확한 전술 구사의 어려움을 가져왔고, 결국 지도부에 대한 불신을 증폭시키는 결과를 초래했다.

으로 보인다. 이와 같은 잠정적 결론은 특수 고용직 노동자의 특성과 관련되어 있다. 즉 특정 업종이나 산업에 종사하고 있는 특수 고용직 노동자들의 경우 노동조건이 기업별로 분절되어 있다기보다 대부분 비슷하며, 이해관계도 비슷해 요구안 제출이 용이하다. 노동자성 인정 등 제도화되지 않은 현실적 조건을 감안한다면 기업별 수준의 요구안도 필요하나 이에 앞서 제도화를 위한 전국적 단위의 요구안이 중요하다고 생각된다. 제도화에 대한 요구는 기업별 혹은 지역별 수준에서 해결될 수 있는 문제가 아니라 전국적 수준에서 제기할 수밖에 없다.

둘째, 정규직 노조가 특수 고용직 노동자를 조직화하는 과정에서 나타날 수 있는 조직 내 갈등을 줄이고 통합하는 노력이 필요하다. 특히 초기 조직 주체인 정규직 노조의 내부 합의 정도가 낮을수록 갈등의 폭은 커질 가능성이 크다. 전국운송하역노조의 경우 초기 투쟁의 상을 '산별노조 전체의 투쟁'으로 설정했지만 결과적으로 보면 특수 고용직 노동자인 '준 조합원' 조직인 화물연대의 '독자적' 투쟁이 되었다. 투쟁 과정에 대한 의사 결정도 대부분 산별노조의 조직적 결의로 이루어진 것이 아니라 화물연대 자체적으로 이루어져 결국 산별노조 정 조합원과 준 조합원 간 갈등의 소지를 만들었다. 이것은 2차 투쟁 후 조직 분리 이야기까지 나올 정도로 심각한 갈등 양상으로 전개되었다. 상황의 급박성을 감안하더라도 조직 전체의 투쟁으로 전화하기 위해서는 정 조합원과 준 조합원 간 상황 공유가 원활히 이루어지고 책임 소재를 분명하게 해 함께 투쟁할 수 있는 조직(의사 결정) 체계를 구축해야 할 것이다.

셋째, 특수 고용직 노동자의 내부 차이를 감안하되 통합의 노력이 필요하다. 화물연대는 기본적으로 지역 지부로 편재하면서 지입 노동자와 위수탁 노동자(위수탁 지부)를 별도의 조직으로 편재했었다. 그 결과 위수탁 지부의 조직적 '자립화' 경향이 존재했고 8월 전면 투쟁 시 이런 경향은 결국 조직 내 분열로 이어져 자원 동원력이 크게 약화되었다. 이 점은 향후 위수탁 노동자의 '재조직화' 과정이나 다른 조직 대상으로 조직을 확대하는 과정에서 고려해야 할 문제이다. 즉 특수 고용직 노동자를 조직화하는 데 있어 조직 편재 시 특수 고용직 노동자 간 조건의 차이에 따른 조직적 자립화 경향을 어떻게 제어할 것인지에 대한 조직적 대안이 요구된다.

넷째, 교섭 대상에 있어서는 노정 교섭 틀의 확보가 가장 중요하다. 화물연대 사례에서 확인할 수 있듯이 정부로부터의 실체 인정은 특수 고용직 노동자들의 조직화·투쟁 과정에 큰 영향을 미칠 수밖에 없다. 조직적 동원력과 함께 정부로부터의 실체 인정 나아가 합법성 획득은 교섭 나아가 조직의 안정성과 지속성을 보장해 줄 수 있다. 따라서 향후 노동운동 전체 차원에서 제도화 요구도 필요하겠지만 과도적으로 특수 고용직 노동자 간 연대를 강화해 동일한 특수 고용직 '고유의 문제'를 대정부 투쟁을 통해 해결하려는 노력이 필요하다.

다섯째, 특수 고용직 노동자의 조직화·투쟁 과정에서 일반적으로 나타나는 '목표 전도' 현상은 화물연대 사례에서도 확인할 수 있었다. 2차 전면 투쟁을 전후로 화물연대는 다시 조직의 실체(교섭 대상) 인정 문제로 교섭의 내용이 급격히 후퇴했다. 노동법상 규율 대상에서 벗어나 있는 한 초기 교섭 틀 자체가 형성된다 하더라도 불완전할 수밖에 없으며, 근로계약이 상업 계약으로 대체된 상태에서 계약 해지 등의 위협이 전면화될 경우 조직을 보호할 수 있는 마땅한 대응 방안을 모색할 수 없게 된다. 설령 조직화·투쟁 과정이 일시적으로 성공해 제한적 성과를 획득하더라도 이후 현장 통제가 강화될 경우 성과가 유실될 가능성이 크다. 결국 법적 지위 문제가 가능한 빠른 시일 안에 해결되어야 한다. 노동운동 전체적으로 노동법상 노동자 개념을 확장하는 노력이 절실히 요구된다.

여섯째, 특수 고용직 노동자들의 조직화·투쟁 과정에서 나타나는 또 다른 특성은 불확실한 상황 조건에 따라 계획되지 않은 쟁의가 발생할 가능성이 높다는 것이다. 조직화 과정 자체가 투쟁 과정과 맞물려 돌아갈 수밖에 없는 상황을 감안하면 당연한 결과이나 그로 인한 부정적 결과나 효과는 조직의 근간을 위협할 정도로 확산될 수 있다. 따라서 조직화·투쟁 과정에서 발생할 수 있는 불확실성을 최대한 제거해 나갈 필요가 있다.

5. 맺음말

특수 고용직의 노동 형태는 앞으로 자본의 유연화 전략과 직업 구조의 다양화 추세 속에서 계속 늘어날 가능성이 크며, 특수 고용직 내부의 다양성도 증가할 것으로 보인다. 따라서 이론 연구와 사례연구가 더욱 활발히 이루어져야 할 것이다.

본 연구는 기존의 노동운동론·계급정치론·사회운동론의 논의들을 이론적 자원으로 원용했으나 정교한 분석 틀로 분석하지는 못했다. 따라서 이론적으로는 초보적인 수준에 머물러 있어서 사례 분석이 사례보고적 성격을 다분히 갖고 있다. 이것을 넘어서기 위해서는 특수 고용직 노동자 문제에 대한 정교한 개념과 이론 그리고 이에 따른 분석 틀이 요구된다. 이런 것으로는 계급 정치의 개념, 즉 계급 내 계급 정치, 계급 간 계급 정치 및 계급정치 지형의 개념과 분석 틀을 거시적·미시적으로 정교화하는 것을 들 수 있다.

한편, 전국운송하역노조의 조직화·투쟁 전략은 제한적이나마 성공을 거두었지만, 전면 투쟁의 실패로 조직적 어려움이 상당 기간 지속될 전망이다. 조직적 기반이 구축되었고 조직적 관점이 자리 잡은 바탕에서 화물 운송 노동자의 열악한 조건으로 인해 조직적 재활력화가 반드시 이루어지겠지만, 자본과 국가의 통제 대응 또한 강화될 것이다. 따라서 앞에서 제시한 특수 고용직 노동자 조직화 과제를 효과적으로 수행한다고 하더라도, 운수노조추진위원회를 비롯한 민주노총의 정규직 노동자들과의 본격적인 연대가 없이는 화물 운송 노동자를 비롯한 특수 고용직 노동자의 조직화는 대단히 힘겨운 과제가 될 전망이다. 노동운동 진영은 21세기 노동자계급 운동의 전형을 만들어 간다는 전망에서 특수 고용직 노동자의 조직화에 대한 전략을 마련하고 총력을 기울여야 할 것이다.

참고문헌

강문대. 2001. "골프장 캐디에 대한 행정법원의 두 판결에 대한 검토."『비정규노동』10월호. 한국비정규노동센터, pp. 106-113.

강성태. 2000a. "특수고용관계와 근로기준법상 근로자성의 판단 : 1990년대 대법원판결의 검토를 중심으로."『노동법학』제11호, 한국노동법학회, pp. 35-52.

______. 2000b.『누가 근로자인가』. 대구대학교출판부.

강희원 외. 2002.『특수 고용직 종사자의 법적지위』. ㈜중앙경제.

강희원·김영문. 2001.『근로자개념과 계약의 자유』. ㈜중앙경제.

김소영. 2000. "특수고용관계에 있는 여성근로자 보호를 위한 개선방안."『특수고용 형태 여성노동자 어떻게 보호할 것인가』. 한국여성단체연합 긴급 토론회 자료집.

김유선. 2003. "비정규직 규모와 실태 : 통계청, '경제활동인구조사 부가조사'(2003. 8) 결과." 한국노동사회연구소.

김종인. 1994. "위수탁의 본질과 노동조합의 대응."『화물운송연맹노보』(01/10). 전국화물운송노동조합연맹.

노사정위원회. 2003.『특수형태 근로종사자 관련 논의자료집』. 노사정위원회.

민주노총. 2002.『비정규직 투쟁사례 분석 토론회 자료집』.(03/14).

박승흡·김주환. 2002. "비정규 노동자 조직과 투쟁 : 비정규노동자 조직화 운동의 현황과 전망."『비정규노동』. 한국비정규노동센터.

백두주. 2003a. "특수 고용직 노동자의 노사관계 현황과 전망 : 2003년 화물연대 파업 투쟁을 중심으로."『연대와 실천』108호. 영남노동운동연구소, pp. 28-54.

______. 2003b. "특수고용직 노동자의 노사관계 현황과 전망(2) : 화물연대 5·15 노정 합의 이후를 중심으로."『연대와 실천』110호. 영남노동운동연구소, pp. 41-51.

불안정노동연구모임. 2000.『신자유주의와 노동의 위기 : 불안정노동 연구』. 문화과학사.

오문완. 2002. "특수고용 형태 취업의 법리."『법과 사회』 23호. 법과사회이론학회, pp. 201-223.

오세철. 2001. "신자유주의와 21세기 한국자본주의."『21세기 자본주의와 한국사회변혁』. 도서출판 현장에서미래를.

윤애림. 2003a. "특수고용노동자의 노동자성 판단의 기준과 근로기준법 적용방안."『질라라비』 4호. 전국불안정노동철폐연대.

______. 2003b. "특수고용노동자의 근로자성과 입법의 방향."『민주법학』23호, pp. 319-357.

윤영삼. 2003a. "화물노동자의 노동실태와 생활실태."『육상운송비용 절감과 화물노동자 권리보장 토론회 자료집』. 민주노총.

______. 2003b. "화물자동차운송제도의 개혁방안."『화물운송제도개선과 업무복귀명령제에 관한 정책토론회 자료집』. 전국민중연대.

______. 2003c. "우리나라 도로화물운송체계의 현황과 문제점."『비정규노동』5월호, pp. 10-17.

윤진호 외. 2001.『비정규노동자와 노동조합』. 민주노총.

이광택. 2002. "특수형태 근로자 대책." 비정규직 보호방안 수립을 위한 워크숍. 한국노총.

이성균·이주희. 2003.『비정규직 노사관계』. 한국노동연구원.

이지수. 2002. "특수고용직노동자 노동기본권의 핵심적 내용."『질라라비』창간호. 전국불안정 노동철폐연대.

임영일. 1998.『한국의 노동운동과 계급정치(1987~1995)』. 경남대출판부.

______. 2002. "신자유주의하 노동의 위기와 노동체제의 전환", 경상대 사회과학연구원 엮음. 『신자유주의 구조조정과 노동체제의 변화』. 한울.

전국언론노동조합. 2003. "노동적대적 언론환경의 현실과 대책." 긴급토론회 자료집.

전국운송하역노조. 각 년도. 정기 대의원대회 자료집.

______. 2002. "화물노동자"(06/15).

전국화물운송연맹. 각 닌도. 정기 대의원대회 자료집.

정이환. 2000. "주변 노동자의 동원화·조직화."『한국사회학』34집, pp. 981-1006.

조준모. 2003. "특수형태근로 보호에 관한 법경제학적 소고."『노동정책연구』3권 1호, pp. 31-65.

진재선. 2001. "신자유주의와 비정규 노동자의 노동권." 전국불안정노동철폐연대 심포지엄.

채호일. 2003. "한국 노동법의 규범력 위기."『노동정책연구』3권 1호, pp. 1-30.

한국비정규노동센터. 2002. "통계로 본 한국의 비정규노동자."『비정규노동』12월호, pp. 1-198.

한국비정규노동센터 현장리포트팀. 2001. "학습지 산업과 교사노조의 조직화 사례."『비정규 노동』7월호, pp. 7-27.

______. 2002a. "화물연대 출범의 배경과 의의."『비정규노동』11월호, pp. 39-55.

______. 2002b. "나이스-샷 뒤에 감춰진 노동자의 눈물 : 전국여성노조 88cc분회 조직화 투쟁 사례분석",『비정규노동』6월호, 9월호, pp. 69-88, 71-80.

민주 노조 운동 20년: 평가와 과제

　　제3부는 민주 노조 운동 20년을 여러 부문과 주제 영역으로 나누어 20년 역사를 되돌아보며 쟁점과 과제를 짚어본다. 민주 노조 운동의 현재 모습이 20년 전의 기대했던 수준에 비쳐 크게 못 미치며 무수한 난제를 안고 있다는 점에서 필자들은 민주 노조 운동 20년을 미래 지향적으로 평가하며 민주 노조 운동의 성과와 기여보다 극복해야 할 과제들에 주목한다.

　　이수봉은 민주 노조 운동이 1987년 대투쟁 시기 고조되었던 분위기와 자신감을 상실하고 무력감에 빠져 있는 현실을 타개하기 위해 민주 노조 운동이 극복해야 할 과제들을 현장의 시각에서 개괄적으로 조망하면서 민주 노조 운동의 자체 변혁을 모색하기 위한 물음들을 던진다. 임영일은 민주 노조 운동의 산별노조 건설 과정을 단계별로 논의하고, 기업별 노조의 제약과 내부 입장 대립 등 어려운 조건에서도 민주 노조들의 절대다수가 산별 전환을 이루어 냈고 현재 산별노조의 목표와 경로에 관한 합의 형성이라는 성과 위에서 앞으로 극복해야 할 과제들을 주로 주체적 조건을 중심으로 검토한다. 김성희는 비정규 노동자 규모 증대와 비정규 노동자 투쟁을 분석하고 비정규 노동 관계법 개악 이후 변화된 조건에서 민주 노조 운동이 비정규 노동 문제를 해결하기 위해 연대성을 구축하고 사회운동적 성격을 강화하기 위한 과제들을 논의한다. 강인순은 여성 노동자의 노동 조건과 여성 노동자 운동의 전개 과정을 분석하며 여성 노동자 운동에 대해 평가하고 향후 과제들을 논의한다. 오건호는 민주 노조 운동의 사회적 문제에 대한 개입 시도로 전개되었던 사회 개혁 투쟁을 평가하고, 그 한계를 극복하고 노동계급의 이해관계를 대변하며 민주 노조 운동의 공익 친화적인 정체성을 시민사회에 각인시키기 위해 요구된 사회공공성 운동의 전개 과정과 과제들을 분석한다. 노중기는 사회적 합의 실험의 과정들을 분석하며 사회적 합의 실험이 실패할 수밖에 없는 제약 조건들과 그럼에도 불구하고 반복적으로 대두되는 사회적 합의 실험 참가 문제의 요인들을 논의한다. 신병현은 민주 노조 운동의 노동자 문화를 분석하며 연대와 투쟁의 노동자 문화가 노동자 일상에서 멀어지고 엘리트주의적인 활동가 문화로 바뀌면서 노동자 정치의 장소가 되지 못함으로써 민주 노조 운동의 약화에도 작용하게 되는 문제점들을 논의하고 노동자 삶의 현장과 결합하는 노동자 문화를 위한 과제들을 모색한다. 조돈문은 민주 노조 운동의 외적 조건과 주체적 조건들을 종합적으로 검토하고 민주 노조 운동이 직면한 과제들을 분석하면서 계급이익 실현 방식, 성공을 위한 모순적 논리, 이데올로기적 헤게모니 등 민주 노조 운동의 전략적 과제들을 중심으로 딜레마와 실천적 전략들을 논의한다.

민주 노조 운동의 현황과 진단

이수봉 | 민주노총 정책연구원장

1. 머리말

이 글의 목적은 1987년 저 찬란했던 노동자 대투쟁의 쨍쨍함과 오늘 노동운동 진영의 무력감 사이에 어떤 일이 일어났고 어떤 것들을 놓쳤는지 파헤쳐 보는 것이다. 신자유주의 양극화는 더욱 심해지고 있는데 대중들은 왜 조용한가? 총파업을 호소하는 민주노총의 절규는 왜 메아리가 없는가? 노동계급의 단결이라는 대의는 지금의 분화된 계급구조에서 어떻게 가능한가? 1987년 노동자 대투쟁이 미완의 혁명이었다면 지금 하고자 하는 혁명은 어떤 것이어야 하고 어떤 것이 가능한가? 1987년 노동자 대투쟁의 찬란한 기억들은 이른바 그람시의 수동혁명, 즉 지배 권력의 조삼모사 전술 속에 퇴색되어갔다. 양보도 개혁이라면 개혁이다. 그러나 지배 권력을 유지하기 위한 개혁은 누군가 더 큰 희생을 감수해야 한다는 점에서 기만적이다. 오늘날 그 희생은 비정규직, 실업자 등 사회적 약자에게로 전가되고 있다. 김대중, 노무현 정부로 이어지는 정치 민주화와 자본주의적 착취의 사회화는 같은 공간에서

---

* 이 글은 한국사회포럼, "전환시대, 새로운 희망을 말하자"(2007년)에서 발표했던 논문을 수정 보완한 것임.

작동한 서로 다른 시간 체계였다. 운동 주체들의 혼란과 분열은 많은 부분 여기서 기인하지만 또한 계급적 구성의 변화에서도 발생하고 있었다. 이 글에서 진행하고 있는 분석의 결론은 오늘 노동운동 자체의 변혁을 위해 대단히 근본적인 변혁이 필요하며, 그것의 동력은 바로 현장의 생산과정과 결부된 변혁적 씨앗의 포착과 연결에 있다는 것을 주장하려 한다. 이 글이 본격적인 대안 제시보다는 분석에 초점을 맞추고 있기 때문에 대략적인 개념 수준의 방향 제시에 그치는 한계를 갖고 있다. 하지만 분석은 이미 일정한 욕망을 전재로 하고 있다는 점에서 행간의 함의를 읽어 준다면 고맙겠다.

2. 1987년 투쟁 이후 새롭게 제기된 문제들

(1) 이론의 공동화와 노동운동의 분열

1987년 대투쟁 이후 객관적 정세는 정치의 민주화와 경제의 신자유주의화로 특징지어진다. 이것은 전술한 대로 같은 공간에 서로 다른 차원의 시계가 동시에 다른 방향으로 작동하고 있었다는 것을 의미한다. 전통적 의미에서 하부구조 즉 경제적 요인이 상부구조를 결정한다는 결정론적 인식을 토대로 했던 일부 민중운동 진영들은 여기서 중요한 착각을 한다. 상부구조의 정치 민주화 과정이 바로 하부구조를 반영한 것이라는 착각이다. 이런 분위기에서 크게 네 가지 흐름이 나타났다. 하나는 운동을 포기하고 기존의 보수 정치권으로 수혈해 들어간 흐름, 두 번째는 새로운 이론 모색을 위해 강단으로 돌아간 경우, 세 번째는 더욱더 변혁적 입장을 유지하면서 조직운동을 계속해야 한다는 입장, 네 번째는 대중 속으로 들어가 살아남은 사람들이 다시 조직운동을 전개해야 한다는 흐름들로 분화되었다. 이 과정은 어쩌면 운동 진영의 거품이 빠지는 것으로 해석할 수도 있을 것이다. 운동 진영은 각자의 입장에 따라 사업들을 전개했고 대중들은 계급적 본능과 직관에 따라 행동해 나가고 있었다. 전노협(1990), 업종회의 창설 그리고 민주노총 창설(1995), 민주노동당 건설(2000년), 산별노조 건설로 이어지는 일련의 과정은 나름대로 치열한 내부 사상투쟁 속에서 얻어진 것이었다. 당시에는 불명확하기도 했지만 민주 노조 운동의 정체성 밑에 깔려 있는 변혁운동 노선을 둘러싼 잠재적 쟁점들이 우연한 사건 혹은 정부의 탄압을 매개로 조직 노선 차이로 비화되었다. 1987년 대투쟁 이후 1995년 민주노총 창립까지 이론적 공백기를 넘어 정체성을 형성하는 과정이 정파 운동과 결합되었고 이 정파들에서 스스로를 분리 정립시키려는 필연적 경향[1]이 발생하면서 대중조직과의 긴장이 형성되었다. 이른바 기존의 변혁 이론이 다수 대중의 지지를 획득하기 어려운 역사적 상황, 그리고 이론과 그에 근거한 운동의 실패[2]는 이념 지향의 정파 조직들이 점점 왜소화되고 대중적 신뢰를 얻기에는 어려운 조건을 만들었다. 투쟁의 외형만 보고 개량주의니, 조합주의니 하는 딱지를 붙이는 것은 현실 사회주의 몰락에서 받은 충격에서 헤어나지 못한 활동가들에게는 너무

1 사회주의와 노동운동의 결합이 본격적으로 실천되기도 전에 현실 사회주의의 몰락은 취약한 사상 이론적 기반을 흔들어 놓았고 이런 사상적 혼란은 정치노선과 조직 노선의 교란으로 이어져 이데올로기적 투항으로 연결된다. 마르크스 레닌주의에 내재한 스탈린주의적 편향에 익숙해 있는 사회주의 세력은 국가사회주의의 몰락에 충격을 받고 사민주의로 급속히 변질되거나 국가권력에 의한 탄압으로 해체되었다. …… 비합법전위당 노선을 폐기한 인노련과 사노맹의 합법부대인 진정추와 (구)사회당의 통합은 이런 흐름의 마지막 종지부이다. 아직도 마르크스주의와 과학적 사회주의의 이념을 원칙으로 하면서 사회주의적 실천을 창조적으로 계승하려는 세력은 소규모 조직의 형태로 아니면 각 부분에 산재한 형태로 존재하고 있지만 노동자계급과의 혁명적 결합을 이루어 내지 못하고 있다(오세철 2001).
2 레닌이 계획한 첫 번째 과업, 즉 '프롤레타리아 독재'를 수립하는 것은 성공을 거두었다. 노동자와 농민의 아들들로만 구성된 국가기구가 만들어졌다. 이전의 봉건 계층과 대부르조아 계층의 후손들은 이 국가기구에서 배제되었다. 더 중요한 두 번째 과업 즉 프롤레타리아 국가기구를 사회적 자치로 대체하는 것은 실현되지 못했다(빌헬름 라이히 2006, 337).

안이한 문제 제기로 받아들여졌다. 새로운 이론 작업을 위해 잠복한 계층과 여전히 전위 조직 노선에 기반한 조직들은 막 성장한 대중운동을 공격했지만,[3] 그 대상은 전위(?)가 포기하고 떠나간 공간에 홀로 남겨진 대중, 그리고 현실 사회주의 몰락으로 인해 사상적 고민[4]은 있었지만 민중의 고통을 외면할 수 없다고 결심한 활동가들이었다. 많은 조합 활동가들이 일생을 희생하다 운동을 떠났다. 비판하는 사람들의 의도와는 다르게 올바른 세계관도 주어지지 않고 좀 더 나은 삶의 전망도 주지 못하는 상황에서 이러저러한 입장의 차이를 과도하게 규정해 정파의 딱지를 붙여 매도당하는 것에 대한 반감도 커졌다. 심지어 민주노총은 끝났다고 선언하고 그러면서 계속 대중 지도부 그 자체와의 전면적 투쟁[5]을 통해 무력화시켜야 한다고 주장했다. 이론적 분화는 몇 가지 운동의 전통적 공리를 둘러싸고 진행되었다.

첫째는 국가와 혁명이라는 전통적 의미의 변혁론을 둘러싼 입장 차이라고 볼 수 있다.

---

3 노동자계급의 변혁성·투쟁성이 거세되면서 경제적인 실리를 추구하는 자본주의 틀 안의 체제 내적 노동운동으로 변화해 가는 흐름이 노동자 정치운동을 주도할 위험이 있기 때문에 변혁적 노동자계급의 정치운동은 변혁적 노동자계급의 블록과 변혁적 정치 운동 세력에 의해 계획되고 실천되는 시대를 만들어야 한다. 1980년대 시작된 사회주의와 노동운동의 결합은 그 실패를 딛고 일어서서 21세기 우리 사회 노동운동과 변혁운동의 기본원칙이 되어야 하고 구체적인 계획과 일정으로 제출되어야 한다(오세철 2001, 138).

4 결국 현실 사회주의의 붕괴는 대중들의 삶을 틀어쥐지 못한 국가권력이 지휘자 없는 대중들의 게릴라전에 패배한 것을 의미하는 것은 아닐까? 국가사회주의 몰락의 원인을 내부에서 찾는다면 결국 인간의 근본적 개조가 없는—미셸 푸코의 표현을 빌리면 생체 정치의 변화가 없는—계급투쟁은 정치권력을 장악한다고 하더라도 대중의 삶을 바꾸지는 못하고 단지 중요한 고지를 장악한 것에 불과하다는 점을 간과한 것이다.

5 보수진영의 공세에 대해 논하기 전에 먼저 노동운동 내부의 적에 내한 비판을 선면화해야한다. 수정주의·개량주의에 대한 비판이 필요하다. 노무현 진영으로 포섭되어 들어간 사람들이 민주노총 내부의 중심적 인자들 중의 하나이다. 이런 문제가 해소되지 않고서는 안 된다. 그런 면에서 이념적으로 끊어 내어야 하고 이번에는 노사성위이나 사회석 합의주의나 이런 노선을 들고 나오는 세력들에 대해 분명한 선을 긋고 비판을 전면화해야 한다. 기존의 관계에 얽매이지 말고 서로 얼굴을 붉히더라도 전면적 비판과 논쟁이 필요하다(오세철 2003).

1987년 투쟁에서 일반적으로 활동가들이 공유했던 변혁적 전망은 국가를 장악하여 인간 해방을 추구한다는 것이었다. 여기에는 '대중 투쟁 혹은 봉기' '당과 대중'이라는 공식이 전제되고 생산수단의 국유화를 통한 급진적 개조의 관점이 깔려 있었다. 국가 장악 그리고 생산수단의 국유화를 통해 노동 해방, 인간 해방이 가능하다는 믿음은 그러나 현실 사회주의의 몰락으로 근본적 재검토가 필요해졌다. 물리적·철학적 타당성에 대한 문제가 제기되면서 새로운 고민과 모색이 요구되었던 것이다. 인간 해방 노동 해방은 생산 영역 전체의 자본주의적 포획이 이루어지는 모든 과정에서 새로운 전복의 토대를 만들어 가는 문제라는 것이 인식되기 시작했다. 이것은 계급의 변화, 국가와 민족에 대한 새로운 접근, 세계적 규모로 확장된 자본주의의 움직임에 대해 완전히 새로운 개념 정립을 요구하고 있었으나 운동 진영은 아직 이것을 파악할 이념적·과학적 이론 틀을 발견하지 못하고 있었다. 물론 선명하게 개념화하지 못했다고 하더라도 현실과 추상 교리와의 괴리를 느끼지 못한 것은 아니었다. 바로 그런 모호한 깨달음의 차이들이 어쩌면 불분명한 노선의 정파 난립으로 나타난 것인지도 모른다.

둘째는 전위와 대중이라는 도식에서 파생되었던 정파 문제의 표면화이다.

러시아 혁명의 승리는 곧 전위 조직 모델의 승리로 간주되었고 광주학살을 통해 집권한 군부 정권과 싸운다는 1980년대의 시대 분위기와 맞물려 유사한 조직 노선을 가진 제 정파들이 만들어졌다. 그러나 그런 조직들이 성장하기도 전에 현실 사회주의의 몰락은 전위 조직 모델의 정당성에 대해 근본적인 문제를 제기하게 되었다. 그런 외적 요인 외에도 '전위'들이 대중 속에서 기대만큼 영향력을 강화해 나가지 못했던 것은 몇 가지 내적 요인이 작용하고 있었다. 하나는 대중의 폭발적 진출 자체가 그동안 서클식 정파의 내용과 틀로는 감당할 수가 없었던 점을 들 수 있다. 독일의 혁명가 로자 룩셈부르크가 지적했듯이 '혁명은 누구에게도 스승의 지위를 허락하지 않는다'. 1987년 이후의 상황이 매우 역동적이라고 볼 수 없지만 그런 정도의 급격한 대중 진출조차도 경험 없는 '전위'들이 감당하기에는 어려운 상황이었다. 두 번째는 생산과정의 변화이다. 테일러리즘에 입각한 생산체계는 이른바 '구상과 실행의 분리'가 특징이다. 이는 노동자를 기계화시켰고 따라서 노동조합의 지도력이 현장과 크게 유리될 이유가 없었다. 1987년 대투쟁 이후 포디즘이 노동자들의 투쟁으로 위협에 처하자 새로운 신경영전략이 도입되었고 적어도 형식적으로는 사업장 단위의 인적 자원 개발이 주요 의제가 되었다. 현장의 생산과정은 점점 더 전문성을 띠게 되었고 공장 외부 혹은 사업장 외부의 운동적 고민과 현장의 생산과정에서의 고민은 점점 거리가 멀어지게 되었다. 전위-대중의 모델이 영향력을 잃게 되면서 동시에 한 축이라고 할 수 있는 민주집중제의 원리가 급격히 이완되기 시작했다. 권위와 신뢰를 가진 강력한 중앙과 아래로부터의 의지를 조직하는 민주주의적 절차는 민주집중제가 작동하기 위한 전제조건들이다. 그런데 상호의 전제가 무너지기 시작하면서 운동 전반에 걸쳐 '대중적 의지'의 왜곡이 발생한다. 다양한 의견과 입장 이해를 반영할 제도, 과정이 사상되면서 개인이나 정파 혹은 목청이 크거나 좀 더 조직적인 소수의 그룹들이 의사체계를 흔들어 버릴 수 있게 되었다. 이는 역설적이다. 통일적 이론의 붕괴는 필연적이었지만 이는 곧 중앙 조직의 지도력 부재로 이어지고 다시 대중의 의지를 올바로 반영해 내는 구조를 파괴하면서 대중들의 급진적 에너지가 상호 비난과 불신 속에서 고갈되는 상황을 초래했기 때문이다. 그런데 정파 문제와 관련하여 반드시 짚어야 할 지점은 정파를 부정적으로만 봐서는 안 된다는 것이다. 사실 대중은 하나가 아닌 분할된 존재이고 대중의 이해를 대변하는 정파 활동은 자연스러운 과정이다. 특히 한국적 상황에서 민주 노조 운동의 오늘을 있게 한 기본적인 동력은 운동에 헌신했던 활동가 그룹을 빼고 말할 수 없다. 어떤 의미에서 형편없는 조직이라 할지라도 개인화되어 있는 것보다는 나을 수 있다. 물론 정파가 운동성을 상실하고 이해집단화되면서 부작용이 나타나기도 하고 내부 정치 과잉으로 대중과 유리된 결정을 하기도 하지만 민주노총을 민주노총답게 만드는 원동력은 여전히 정파의 건강한 활동력에 달려 있다. 따라서 지금 물어야 할 것은 어떤 정파 소속이냐가 아니라 정파가 어떤 입장과 태도를 가져야 하는가이다.

셋째 '사회적 교섭' 역시 운동 진영 내 잠재적 기조의 차이를 표면으로 드러낸 가장 핵심적 사항 가운데 하나일 것이다.

사회적 교섭과 관련된 논점은 좀 복잡하지만 반드시 평가하고 넘어가야 한다. 우선 사회적 교섭을 해야 한다는 입장을 살펴보면 두 가지 입장이 있다. 하나는 노조가 사측과 교섭하듯 노조의 중앙 조직인 총연맹이 사측이나 정부 측과 대화하고 협상하는 것은 너무나 당연하고 상식적인 역할이라는 것에서 출발한다. 노동조합총연맹의 기본적인 기능이 총자본에 대항하여 조합원들의 이해관계를 지키는 것이고 이것을 위해서는 어떤 형태로든 협의구조가 필요하다. 더구나 정부가 그런 협의 창구를 공식적으로 만들어서 하겠다고 하면 구태여 그것을 회피하고 별도의 협의기구를 요구할 이유가 없다. 더구나 민주노총이 만들어지고 나서 개별 기업이나 산업차원의 문제를 뛰어넘는 거시적 경제정책 변화에 대응해야 하는 과제가 제기되었다. 이런 문제들은 각 산별 연맹 차원에 맡겨둘 수도 없는 문제였던 것이다. 이런 맥락에서 민주노총이 사회적 대화를 하고 사회적 대화 기구에 참여하는 것은 지극히 당연하다는 입장이 강하게 대두되었다. 또 하나는 좀 더 전략적 의미에서 사회적 대화를 바라보는 관점이다. 이는 일정하게 사회민주주의적 경향을 띠고 있는데 서구의 코포라티즘을 일정하게 한국적 상황에서 수용하면서 노조의 힘을 강화해나가는 전략을 취하는 입장이다. 이에 반대하는 입장에서는 사회적 대화 대신 사회적 합의주의라고 명명하는 데서도 알 수 있듯이, 사회적 대화 자체가 강력한 이데올로기적 함정을 내포한 것이라고 주장한다. 1998년 1기 노사정위원회에서 약 20일 동안의 협상을 거쳐 110개의 의제가 합의되었을 때 강력한 반발이 있었고, 그 뒤의 과정에서도 사회적 합의기구는 노동계 의제가 주도권을 쥐는 것이 아니라 정부의 신자유주의 정책에 정치적 알리바이를 제공하는 것 이상의 의미가 없다는 인식이 광범위하게 깔려 있었다. 그런데 이런 문제는 앞으로도 계속 발생할 수밖에 없고 회피할 길도 없다. 민주노총이 전체 노동계급의 대변자를 자처하는 한 사회적 대화의 필요성은 계속 제기될 것이기 때문이다. 반대론의 근거 역시 충분하고 또 일정 부분 타당성이 있다. 이념으로서의 코포라티즘은 현실적으로 서구에서 노동계급의 혁명적 출현을 막는 주요한 정태적 힘으로 작용한 바가 있다. 또한 자본 축적 구조의 변화에 기초하여 필연적으로 계급 분화를 만들어 내고 일정한 기득권층을 나머지 사회적 노동계급으로부터 분리시켜 내고 있다. 동물의 세계에는 덫에서 고깃덩어리만 살짝 빼 가는 여우가 있다. 사회적 대화 기구 자체가 일종의 덫이라면 노동계급이 영리한 여우가 될 필요가 있지 않을까? 만일 노동계급이라는 여우가 광활한 자연이 아니라 온통 덫으로 둘러싸인 자본주의적 감옥에서 생존해야 하는 상황이라면, 지금 여우에게는 덫에서 고깃덩어리를 안전하게 빼 오는 영악함이 필요하지 않을까? 그러나 안타깝게도 민주노총이 영리한 여우가 아니라는 점을 반대론자들이 걱정했다면, 사회적 대화를 둘러싼 민주노총 내부 갈등의 본질이 '나는 영리한 여우가 될 수 있다'는 주장과 '너는 그럴 수 없을 거다'라는 주장의 대립이었다면, 이것을 해결하기 위해서는 공정한 심판자가 필요했을 것이다. 공정한 심판자는 당시로서는 조합원들 외에 없었다. 그러나 심판대에는 올릴 수가 없었고, 당시 민주노총이 입은 심한 내상은 아직 아물지 않았다. 이 문제를 풀기 위해서는 새로운 접근법이 필요할 것 같다. 운동의 전략적 지점에 대한 근본적 논의와 가능한 수준에서의 의견 통일, 그리고 그에 기반한 공동의 실천, 그리고 무엇보다 서로의 기본적인 신뢰. 사실 이렇게 몇 가지 운동적 공리를 둘러싼 쟁점들은 분명히 드러나지는 않았지만 미분화된 형태로 잠재되어 있다. 운동이 발전하면 할수록 그런 쟁점들은 점점 더 뿌리를 드러내고 개념과 노선도 분명해질 것이다. 문제는 이런 쟁점들에 대한 깊은 논의가 제대로 진행되고 있지 않은 점이다. 자신들의 사상과 입장을 공식적으로 드러내지 않아 논의가 생산적으로 발전하지 못하고 있고 활동가들의 지적 욕구도 자극 받을 일이 없다. 활동의 창조성이 떨어지는 것은 활발한 지적 토론이 결여되어 있는 탓도 크다.

(2) 조합원들의 침묵

민주노총은 신자유주의 공세가 강화되어 가는 1990년 중반기부터 거의 한해도 거르지 않고 총파업을 선언했다. 2006년에는 한 해 총파업이 10여 차례 넘게 선언되었다. 그러나 여기에 참여한 대중들은 적게는 2~3만 많아야 7~8만 정도였다. 민주노총은 총파업을 선언하고 가열차게 싸우자고 했지만 대중들은 움직이지 않았다. 민주노총 중집이나 상급회의에서는 치열한 토론 끝에 내려진 결정이었지만 이 결정은 번번이 우리의 무력함을 확인해 주었을 뿐이다. 무엇이 잘못되었을까? 지도부의 의지가 부족해서인가? 중간 간부들의 방기나 조직화의 구체적 집행이 문제인가? 아니면 내부 정치 논리 과잉에 대한 대중의 소리없는 질책인가? 아니면 전략 설정의 오류인가? 어쩌면 우리는 대중의 마음속 소리를 듣지 못하는 눈뜬 소경이 아니었을까? 조합원들의 상태를 보았을 때, 첫 번째 문제는 미시적 영역으로서 조합원의 의식 구조이다. 20여 년의 세월 동안 즉 노동운동이 지향해 왔던 평등 세상, 해방 세상의 이념은 현실 사회주의 몰락 이후 공허한 구호가 되어 버렸다. 조합원 들의 교육이나 의식화 사업은 체계적으로 진행되지 못했고 그럴만한 내용도 만들어 내지 못했다. 그렇게 20년의 세월이 흘렀고 노동계급의 정신세계와 일상생활은 자본주의가 만들어낸 상품생산구조에 장악되어 버렸다. 자본주 의는 노동자 역시 욕망의 상품 시장 속에 깊이 빠져들게 하고 노동자의 무의 식의 공간까지 장악해 버린다.[6] 우리의 투쟁이 성과를 거두기 위해서는 자본 주의적 욕망의 상품화와 재생산 구조를 바꾸지 않으면 근본적으로 이길 수 없는 싸움이다. 포드주의적 생산 체계에서는 정보통신이 발달하고, 고부가 가치 산업으로 전화되었으며 노동의 지식화가 강조되었다. 노동의 사용가치는 이제 시간으로 측정되는 것이 아니라 노동 자체가 갖고 있는 무한한 정신력에 기반하게 되었다. 착취를 위해서는 노동자들을 더 창조적으로! 이것은 한국 자본주의에서 부분적이지만 주목할만한 경향 중의 하나이다. 이것은 또 한편으로 노동운동의 조직과 투쟁이 생산과정의 물질적·계급적 구성과 분리되는 경향을 부추겼다. 운동 세력의 대중적 확산을 차단하기 위해 '운동권'이라는 조어가 만들어졌는데 이것이 대중화된 배경은 바로 '생산과정과 분리된 운동'이라는 상황과 결부되어 있다. 한편 노조 간부들 역시 예외가 아니다. 일부이기는 하지만 노동조합 운동이 일정한 제도적 권력을 갖게 되자 노사 간의 담합 구조가 형성되었고 여기서 여러 가지 이해관계가 형성된다. 운동가로 발전하기 위한 과정으로서의 노조 간부 자리가 아니라 좀 더 빠른 진급이나 물질적 급부라는 독 발린 사과가 노무 관리의 한 형태로 제공되었다. 중앙의 지침을 통한 조직화는 일부 중간 간부의 그런 물질적 이해관계를 끊어 내기에는 턱없이 부족한 것이었고 이것은 곧 조합원에 대한 방치로 나타난다. 둘째 대기업 노동자들은 보수화되기 쉬운 사회경제적 토대에 놓여 있다. 대기업 노동조합들은 시장 지배적 기업에 속해 있고 당연히 독점 지대의 배분에 참여할 수 있는 조건이다. 더구나 1997년 외환위기로 신자유주의적 유연화 공세에 대응하기 위해 기업별 조직의 이해관계를 더욱더 강화시

6 권력이란 이런 점에서 정확하게 욕망의 문제지 속임수와 진실의 문제가 아니다. 진실을 알고 올바른 삶의 방식이 무언지 안다 해도 그와 전혀 다른 방향으로 욕망이 작동하고 그와 전혀 다른 방식의 보수적인 삶을 지속하는 경우를 따로 예로 들 필요가 있을까? 돈이 있을 때 이자 낳는 자본에 투여하거나 증권을 사거나 하는 데서 정확하게 화폐의 자본주의적 사용에서 자유로운 마르크스주의자나 노동운동가가 과연 얼마나 될까? 머리는, 의식 내지 이데올로기는 이미 강력한 마르크스주의에 담근 지 오래되었지만, 몸이나 삶, 욕망 자체는 자본의 배치 혹은 화폐의 배치에서 결코 자유롭지 못한 사람이 돈과 이념이 충돌하는 경우 어떻게 행동할 것인지를 굳이 상상력을 덧붙여 설명할 필요가 있을까?(이진경 2002, 275)

키게 하는 요인이 생겨났다. 세계화 속의 기업 경쟁 심화, 기본적인 복지가 기업 내에서만 해결되는 한국적 상황은 비정규직의 정규직 진입을 더욱 어렵게 하고 있다. 어떻게 보면 대기업 노조의 이기주의라는 특정 조건에서 노동자들이 합리적으로 선택한 결과이기도 하다. 셋째 전략상의 문제이다. 개발독재에서 신자유주의 정책으로 전환하면서 정부가 내건 세계화!와 개방!의 상징성은 전체 국민의 눈을 가리고 시대적 대세로 받아들이게 했다. 이 변화는 의미심장한 세계사적 변화를 내포하고 있다. 이른바 제국주의 시대에서 제국[7]의 시대로 변화하고 있는 것이다. 아직 좀 더 면밀히 밝혀야 할 것들이 있지만 탈중심화되고 탈영토화하는 지배 장치로서의 제국은 레닌이 보았던 '제국주의'가 아니라 신자유주의적 이념으로 무장하고 정보 통신 기술로 시공간을 뛰어넘는 외부 없는 지구적 체계로 등장하고 있는 것이다. 여기에 기존 좌파들의 대응은 국지적이거나 민족국가적인 전략에 머물렀고 총체적 세계관을 열어주지 못했다. 상대적 합리성에 대한 모색은 정리 해고를 비롯한 구조 조정을 둘러싼 물리적 대립으로 대치되었고 제국의 지배를 넘어서는 담론과 주체를 발견하지 못한 노동 진영은 소모적 방어전에 전력 투구할 수밖에 없었다. 이런 조건에서 동원의 대상으로 전락한 대중들은 개인화되고 개별적 해결 방식으로 분산되었다. 여기에 비정규직 등 연대를 위한 민주노총의 총파업 투쟁은 우선 중간 간부들을 설득해 행동의 결의 수준을 끌어올리지 못했고 조합원들에게 다가가지도 못했다. 더구나 투쟁의 주체들은 상대적으로 정규직 고임금 층이었고 이들에게 당위적인 수준의 명분—비정규직을 보호하기 위해!—을 가지고 직접적인 행동을 촉발시켜 내기에는 시스

---

7 제국으로의 이행은 근대적 주권의 황혼기에 나타난다. 제국주의와는 달리 제국은 결코 영토적인 권력 중심을 만들지 않고 고정된 경계나 장벽들에 의존하지도 않는다. 제국은 명령 네트워크를 조율함으로써 잡종적 정체성, 유연한 위계, 그리고 다원적 교환을 관리한다. 제국주의적 세계지도에서 몇 가지로 구분되었던 국가의 색깔들은 제국적인 전 지구적 무지개 속에서 합쳐지고 섞일 것이다(네그리·하트 2001, 17).

템 자체가 작동하지 않는 상태였다. 결국 동원 전략의 한계는 거시 전략의 부재에서 이미 예정되어 있었던 셈이다. 그러나 모든 문제를 주체에만 돌리는 것은 공정치 않을 것이다. 한국적 상황에서 객관적 조건의 문제는 결코 부차적 요소가 아니다. 이제 이 문제를 좀 더 살펴봄으로써 우리의 실천적 한계를 검토해 볼 차례이다.

(3) '왕따'와 '짱나'와 민주노총

어린 딸이 전화통화에서 "아, 짱나" 하는 말을 하는 것을 보고 깊은 생각에 빠졌다. 짜증 난다는 것을 줄여서 하는 표현인데 문제는 짜증 나는 대상이다. 과연 어떤 행동을 했을 때 '짱나'라는 표현을 할까? 전국의 수많은 어린이들에게 설문조사를 해 보지는 않았지만 아마도 뭔가 거슬리는, 일상적이지 않고 튀는, 혹은 일반적이고 상식적인 것을 거스르는 돌출 행동들일 것이다. 어쩌면 학교에서 시작해 사회로 번진 '왕따' 현상과도 맥이 통할 것이다. '짱나'의 대상이 왕따가 될 것이기 때문이다. 전에도 짜증 나는 대상이 있었겠지만 '짱나'와 왕따라는 사회적 유행어로까지 발전하지는 않았다. 다른 사람의 행동에 대해 이상한 일을 하면 "아, 왜 그러나" 하고 생각해 주는 여유가 있었다고 할까? 자! 이쯤에서 본론을 이야기하자면 이런 것이다. 자본주의 시장경제로 전일화한 사회에서 이제 그 구도를 벗어난 일탈적 행위는 그야말로 '부조리한 행위'일 뿐이다. 이제 근원적 물음을 사유하는 철학은 필요 없어졌고 오로지 사회 기능에 잘 적응하도록 하는 기능을 습득하는 것만 남았다. 학교·사회·직장뿐만 아니라 사적인 공간조차도 이런 질서를 깨는 것은 '짜증 나는' 일이고 '왕따'가 되기를 자처하는 길이다. 이것이 민주 노조 운동이 처한 사회적 상황이다. 보수 언론이 유포하는 '전투적 조합주의' '노동 귀족론'이나 '대기업 노조 이기주의론' 등은 대부분 허상이거나 지나치게 과장한 수사에 불과하다. 그러나 답답한 것은 이런 논리가 알게 모르게 광범위하게 퍼져 나가고 직접적 이해관계가 없는 일반 대중에게는 반노조적 감정을 심어 주는 주요한 역할을 하고 있다는 점이다. 이런 보수 언론들의 음해에 노동 진영의 대응은 막막하다. 기자회견을 하고 반박 성명을 내고 유인물을 뿌려 보지만 대중들의 반응은 냉담하기만 하다. 노동 귀족론이 틀렸다는 자세한 통계지표를 아무리 들이대더라도 대중들의 반응을 바꾸기는 역부족이다. 사람들이 신을 믿는 것은 신을 '목격'해서도 아니고 성경을 읽고 "음, 정말 감동이군" 하고 믿게 되는 것도 아니다. 신을 믿고 싶은 마음 깊은 곳의 욕망이 있었고 멋진 교회 건물과 친근해 보이는 목사님이나 교우가 매개되기 때문이다. 자! 그러면 '반노조!'라는 신앙은 어떤 경로로 형성되는가? 첫째, 한국 사회에서 일반 대중들이 반노조 정서를 갖는 배경에는 한국전쟁 당시 민중들이 겪어야 했던 잔혹한 국가 폭력의 상처들 즉 사회적 트라우마[8]가 기본적으로 작용한다. 역사적 기억에 의한 공포, 잠재의식에 내재한 백색테러의 공포는 기본적으로 의식을 마비시키고 본능적으로 행동하도록 만든다. 인간이 권력에 저항할 때 어떤 험한 꼴을 당하게 된다는 것을 기억하고 있는 대중들은 일단 힘 있는 영역에 한 발을 걸쳐놓고 판단하는 것이 안전하다는 것을 본능적으로 안다. 그 권력이 언론을 빌려 속삭인다. 너희들 고통의 원인은 바로 저 '귀족 노조' 때문이야! 대중들은 그 속삭임을 거부하면 위험하다는 것을 본능적으로 감지한다. 그리고 '뭐 그다지 틀린 말도 아니잖아' 하면서 가해자의 대

---

8 어떤 충격으로 생긴 정신적 상흔으로, 격동의 한국 사회는 이 문제를 깊이 고려해야 한다. 남로당과 전평은 한국전쟁을 거치며 완전히 무너지고 이후 정권과 자본은 노동을 철저히 압살했다. 실패한 운동에 대한 평가는 항상 냉정한 법이다. 우리의 관심은 당시 진보 노동 진영의 전략전술적 오류에 대한 분석이 아니다. 결과적으로 진행된 광범위한 물리적 진보 말살의 백색테러가 미친 인간 정신의 밑바닥에 미친 영향이 현재 우리 민중과 대중의 사고와 행동 양식에 어떤 영향을 미치고 있는가 하는 것이다. 후술하겠지만 이 사회적 상처(trauma)는 이후 남한 사회의 운동과 민중들의 행동 양식에 자기 검열 및 기준선을 주고 있다고 본다.

열에 선다. 둘째, 현재 고임금 정규직 노동자들은 신자유주의의 피해자이면
서도 상대적 의미에서는 수혜자의 모습을 취하게 된다. 특정 대기업—시장
에서 독점적 지위를 차지하고 있는—의 임단협 투쟁은 본의 아니게도 그 결
과에 따른 부담이 하청이나 비정규직 노동자에게로 떨어지게 되는 사회구조
이다. 결국 경제 투쟁의 성공은 스스로를 고립시키는 결과를 초래하게 되는
구조가 되고 있다. 이 과정에서 비정규직이나 실업자 등 피해자들의 상대적
박탈감은 더욱 깊어진다. 노동조합 운동은 기업과 산업의 전망을 넘어 국가
적, 혹은 전 지구적 전망을 세워 내지 못한 가운데 1987년 이후 형성된 임단
협 투쟁의 틀을 벗어나지 못했다. 이것이 지속적인 실패로 귀결됨을 뻔히 보
면서도 거대한 공룡처럼 달려오던 방향을 틀지 못한 것이다. 일시적 승리를
거둘 때도 있지만 전체적으로는 고립되는 경향을 띠게 된다. 셋째, 이것은 노
동계급 내부의 극심한 양극화로 가중된다. 민주노총의 상대적 다수는 소위
'수혜 계층'에 속하게 된다. 반면 서비스업이나 택시, 화섬 일부, 금속 일부 등
많은 영역에서 극심한 고용 불안과 저임금에 시달리게 된다. 개별 자본의 전
략은 동일하지 않다. 콜택·축협노조·이랜드노조 등 극단적인 전근대적 부당
노동행위로 고통받는 현장이 있는 반면 세련된 노무관리로 인해 거의 문제
를 못 느끼는 사업장이 동시에 공존한다. 이것은 한편에서는 비정규직의 극
한적 저항을 불러오지만 또 다른 한편에서는 그런 투쟁에 부담을 느끼는 정
서를 동시에 만들어 민주노총 차원에서 종합할 때는 하나의 통일된 전술을
택하기 어렵게 하기도 한다. 하지만 민주노총이 노동계급의 대변자인 한 고
통받는 계층의 요구를 우선시하는 것이 당연하고 이에 따른 실천 투쟁 역시
당연하다. 그러나 투쟁의 동력을 정규직 고임금 노동자들에게서 찾는 한 어
정쩡한 태도를 취하게 될 것이다. 민주노총 내 의견그룹 간의 내부 과잉 정치
와 과소 토론은 실제 현장과 괴리된 결정을 내리는 데 한몫하고 있다. 내부의
양극화가 반노조 정서 형성의 메커니즘에 어떤 구체적 영향을 미치는가는
아직 모호하지만 분명히 관계가 있을 것이다. 그것은 아마도 결정과 집행 사

이의 불일치 그리고 집행 과정에서의 불완전성 등으로 표현될 것이고 대중에게는 '제네 왜 저래?'라는 한마디로 정리되는 현상의 원인을 제공하고 있을 것이다. 서구의 파시즘은 자본가계급의 이해관계와 하층 대중의 심리적 박탈감을 교묘히 결합시키는 데 성공함으로써 사회주의 정당을 괴멸시키고 정권을 잡았다. 파시즘 형성의 메커니즘은 사회주의자들의 무능력과 파시스트들의 상대적인 유연함을 극명히 대비시켜 준다. 한국 사회에서 보수 수구 세력들이 존속할 수 있는 기반이 거의 무너지고 있지만 이것이 진보세력으로 이동하지 못하는 것은 진보운동 세력 스스로 갇혀 있는 도그마 때문이다. 그 빈 공간에 파시즘적 정치 세력이 자라게 된다.

넷째, 사회적 기관 자체의 성격 변화이다. 분명히 일반적 의미에서 자본주의의 성격 자체가 질적으로 달라지고 있다. 이제 공장을 통해서만 생산하는 것이 아니라 사회 전체를 통해 생산이 이루어진다. 따라서 우리가 발 딛고 서 있는 땅, 삶의 기반이 되는 직장, 기관의 성격 자체가 달라졌다. 국가와 기업은 말할 것도 없고 학교는 더 이상 건전한(!) 일반 국민을 생산하는 가치중립적 기관이 아니고 자본주의의 사회적 착취 메커니즘을 유지시키는 기관이 되었다. 공공의 성격을 갖는 병원도 마찬가지고 모든 사회제도 시스템 자체가 훈육 체제에서 통제 체제[9]로 바뀌게 되었다. 노동조합의 기능 자체가 사

---

9 네그리가 사용한 개념으로 푸코와 들뢰즈에게서 따왔다. 훈육 체제란 초기 근대의 절대주의적 권력은 부정기적이고 비연속적으로 개인의 자유에 개입하는 형태였지만 후기 근대로 이행하면서 권력은 규율과 훈육을 통하여 사람들을 관리하게 되었다는 게 푸코의 분석이다. 다시 말하면 과거에는 가시적이고 주체가 뚜렷했던 권력이 좀 더 개인적이고 은밀한 차원에서 행사되기 시작했고, 바로 이것이 근대 사회의 규율적 권력이라는 것이다. 이런 새로운 유형의 권력은 부르주아 사회의 발명품이며 이 새로운 형태의 권력, 규율적 또는 훈육적 권력은 산업자본주의와 그에 따르는 사회를 형성시키는 데 결정적 역할을 했고, 그런 권력의 효과를 파급시키는 역할을 한 것이 바로 근대 국가의 대표적 제도들인 군대·학교·정신병원·감옥 등이라고 푸코는 주장한다. 이런 이유로 그는 역사에 대한 전면적인 부정을 시도하고 모든 역사는 전체의 역사라기보다는 서구 백인 집단 권력의 흥망성쇠를 기록한 것에 지나지 않는다고 말한다. 따라서 진정한 역사는 따뜻한 거실이 아니라 지하실이나 다락방에 존재하는 것이며 그렇게 유폐되

실 그러하다. 노조가 자본주의적 질서를 내재화하는 고리로 작동하고 있는 현실에서 자본주의의 필연적 대립물인 소외계층의 반감에서 자유로울 수 있을까? 다시 말해, 믿었던 노동조합의 말과 행동이 다르다고 느끼게 되었을 때 소외계층이 갖게 되는 배신감에 대해 자본가에 대한 분노와는 구별해 줄 것을 호소하는 것은 얼마나 힘든 일인가? ‘때리는 시어미보다 말리는 시누이’가 더 미운 법이다.

반노조 정서의 형성 메커니즘에 대해 더 많은 것을 말할 수 있지만 일단 이 정도에서 멈추고 이번에는 노동조합의 대응 상황을 한번 점검해 보자. 가장 일반적인 오류는 아예 이런 상황을 고려하지 않는 ‘무신경한 전술’이다. 사회 정서가 어떠하든 그것은 ‘보수 언론’의 음해에 불과한 것이고 우리는 단결력으로 돌파한다는 것이다. 이 경우에는 언론의 귀족노조론에 대비해서 대기업 노동자가 고임금이 아니라는 것을 증명(!)하는 월급봉투—누구의 월급봉투를 공개할 것인지도 고민이다—를 준비하는 것으로 시작한다. 그러나 안타깝게도 이는 변명으로 보인다. 아마 더 잘 준비한다면 자본가들이 얼마를 벌고 있고 얼마나 국부를 유출하는지 축적된 자료를 발표할 수 있을 것이다. 그러나 이것 역시 하기도 어렵지만 한다고 하더라도 한계에 직면한다. 언론에서 받아주지 않는 것이다. 왜 언론 역시 한통속이니까 …… 한 걸음 더 나아간 고민은 임단협 투쟁에 사회 개혁적 요구를 결합하는 것이다. 1990년대 중반 이후부터 민주노총은 사회 개혁 투쟁을 주요한 의제로 내세우고 임단협

<hr>

고 숨겨진 역사를 찾아야 한다고 주장한다. 여기서 한 걸음 더 나아간 개념이 통제 체제이다. 네그리는 ‘생산자가 두뇌라고 불리게 되는 생산 도구를 모두 전유한 상황에서는 이렇게 될 수밖에 없다’라고 한다. 통제사회에서는 훈육의 내재적 측면들이 더 일반화되고 확대된다고 한다. 통제사회에서는 공장 밖에서도 노동자이며 학교 밖에서도 학생이고 감옥 밖에서도 수인이다. 다시 말해 훈육적 기능은 통제사회로 가면서 종식되는 것이 아니라 더 강화된다. 자본의 운동이 국가의 틀을 넘어서는 경향과 마찬가지다. 이때 통제사회에서는 각 기제가 더욱더 자본주의적 질서에 유착된다.

중심의 한계를 극복하고자 했다. 이런 운동은 금속노조의 '원하청 차별 철폐!' 보건의료노조의 '돈보다 생명을!' 전교조의 '아이와 함께 학부모와 함께!'라는 슬로건으로 이어지고 있다. 이런 운동의 성과는 '없지 않다'고 말할 수 있다. '없지 않다'는 말에는 있기는 하지만 뭔가 허전하다는 의미를 함축하고 있다. 이것은 대중들이 노동조합의 그런 슬로건이 번드르르한 포장지가 아닐까 하는 의구심을 버리지 않는 지점, 그리고 조합원들 스스로 그런 슬로건이 '일반적 사회 이익'일 뿐 자신의 물질적 이익의 독자성에 기초하지 않다고 느끼는 데서 오는 동력의 부족 혹은 한계와 연동되어 있다. 사회 개혁 투쟁 혹은 사회운동적 노동운동이 과거 경제주의적 투쟁보다 진일보한 것은 틀림없지만 그 투쟁이 일반적 사회적 이익을 위한 투쟁의 한계에 머물러 있는 한 추동력을 갖기도 어렵고 변혁적 성격을 갖기도 어렵다. 어쩌면 지금 현실은 근본적인 것이 현실적인 것이고 급진적인 것이 대중적일 수 있겠다. 하지만 그런 개념들과의 괴리를 어떻게 메울 것인가는 또 다른 실천적 과제이다.

이것과 관련된 논의는 실천도 부족하고 개념도 불완전하기 때문에 잠시 미루어 두고 기본적인 대응 방향을 좀 논의해 보면 일차적으로는 의제 선점 능력이 중요하다. 지금 진보 노동 진영의 문제는 자본주의적 질서 자체의 근본적 변화를 제기해야 할 노동운동 진영이 자체 임단협의 논리에만 매몰되어 있다는 점, 그리고 대중 동원 전술 이외 다른 선택을 하기 어려운 구조에 있다. 그런 점에서 어쩌면 대중 동원 전술의 빈약함은 지도부의 무책임에 대한 면피로 작용하는 것은 아닐까? 즉 대중 동원이 안 되기 때문에 할 수 있는 일이 별로 없다고 정리하는 것은 지도부의 무책임성의 또 다른 표현이 아닌가 하는 것이다. 그렇다고 '선도투'를 이야기하는 것이 아니다. 사실 또 다른 측면에서 사회적 운동의 고양기와 퇴조기 단계에서 취할 수 있는 전술적 선택 폭이 다를 것이다. 1987년과 1997년 노동자 대투쟁의 시기를 제외하면 지속적으로 운동의 퇴조기였고 이 시기에는 대중적 심리도 위축되고 지도부의 선택의 폭도 제한된다. 어쩌면 계획의 불철저성과 실천의 적당주의는 그런 점에서 퇴조기의 막막한 심리 상태가 조직 전체에 스며들어 빚어낸 '미필적 고의'일 수도 있겠다. 그러나 지배계급의 무례와 반민중성에 철퇴를 가하고 전체 민중들에게 분명한 메시지를 보여 줄 수 있는 방법이나 정치적 행동은 지도부의 책임 있는 고민 아래에서 제출될 수 있다. 부디 이 글을 관념과 의식의 한계만이 우리의 행동을 규제하고 있다는 결론으로 독해하지 않기를 바란다. 우리의 문제는 사실 좀 더 '아래'에 있다. 일차적으로 이런 모든 정책 방향과 선전을 담당할 기본적인 인력과 업무 시스템이 갖추어지지 않고 있다는 점이고 이차적으로는 현장과 유리된 주관주의의 문제이다. 우리의 주관주의는 알게 모르게 조직과 사업에 깊이 반영되어 있다. 다음 장에서는 조직 형식에서 나타나는 주관주의에 대해 검토할 것이다.

(4) 산별노조 운동이 직면한 상황

민주노총은 80% 이상이 산별노조로 형식을 전환했다. 이것은 한국 노동운동의 특유한 힘이다. 이렇게 역사적 결단을 하긴 했지만 한국의 산별노조들이 조직 운영에서 직면하게 될 문제는 서구 산별들이 직면했던 것과는 전혀 다른 성격이라는 점을 분명히 해야 한다.

첫째, 정치 환경 면에서 독일 같은 경우 미군정이 나치를 견제하기 위해 '민주개혁'의 방향으로 사회를 재구성했다면 한국의 경우 일제 잔재와 전근대적 요소들을 온존시키면서 재구성했다는 점에서 산별적 활동의 토대는 그만큼 열악[10]하다고 할 수 있을 것이다. 둘째, 산업 자본 축적기에서 금융자본

---

10 8·15해방 이후 한국 사회는 미군정이 주조(鑄造)했다. 세계대전 이후 국제 질서를 정비하는 과정에서 미국을 중심으로 한 열강들은 자신들의 승전을 챙기기 위한 점령지의 권력을 재편하기 시작했다. 독일 등에서 미군정은 나치를 제거하기 위한 방편으로 대안적 사회세력을 육성했다. 나치즘이나 파시즘은 사회주의적 노동운동과 외국인을 탄압하고 계급적 갈등을 민족공

축적기로 세계 경제 환경이 완전히 바뀌었다. 서구 산별노조가 부흥하던 시기는 산업자본 시기였고 이는 노자 간 일정한 담합 구조가 이루어질 수 있었음을 의미한다. 서구의 역사적 경험을 그대로 한국 사회에 적용시킬 수 없는 이유는 비정규직의 사회경제적 조건이 서구 산별 노동자와 판이하기 때문이다. 집단화되어 있지 않고 사업주의 계약 거부가 곧 실업이 되어 버리는 사회적 상황에서 이들이 집단적 의사 표현을 할 수 있는 기제는 매우 약하다. 셋째 지금은 자본계급과 노동계급의 모순 갈등 그리고 계급과 비-계급[11]의 서로 다른 차원의 모순 갈등이 중첩되면서 심화되고 있는 국면이라 볼 수 있다. 즉 자본의 공리계에 종속된 계급—오로지 자본의 욕망에 충실하며 이에 포섭된 노동자—을 하나의 계급으로 보고 여기에 속해 있지 않는 비정규직, 실업자, 온갖 지불되지 않는 사회적 노동의 종사자들, 자본주의적 공리를 거부하는 프롤레타리아 사이의 갈등이다. 운동 지도부의 입장에서 볼 때 아래로부터는 자신의 이해관계에 충실한 조합원들이 있고 또 기업 외부 혹은 조직 외부에서의 비정규직 등 소외계층을 대변해야 한다는 당위적 압박이 존재한다. 전자만을 취하면 운동에 대한 배신이고 후자만을 취하면 조합원의 이탈을 초래해 결국 조직이 무너질 위험[12]이 있다. 문제를 약간 다른 차원에서 제

동체라는 절충형 이데올로기를 제시하며 등장한 세력이었다. 미군정이 나치의 잔재를 소탕하기 위해서 '민주개혁' 방향으로 나갔다면 한국에서는 소련의 지지기반과 사회주의 민중 세력에 대한 대항마로서 일제 잔재를 사회 지배 질서에 온존시키는 방식으로 재편했다.

11 마르크스에게서 프롤레타리아트란 개념은 경제학적으로 정의된 개념도, 자본의 운동에 대한 경제학적 분석을 통해 탄생한 개념도 아니다. 이 단어는 토지를 갖지 못한 로마시대의 최하층 자유민을 지칭하던 말 'proletari'에서 연원한 것으로 마르크스가 경제학에 대한 연구를 시작하기 이전 저작인 헤겔 『법철학 비판』 서문에서 처음 사용된다. 여기서 마르크스는 이 개념을 정확하게 계급이 아닌 '계급'이란 의미에서 비-계급으로 규정한다. '철저하게 속박되어 있는 한 계급, 시민사회의 계급이면서도 시민사회의 어떤 계급도 아닌 한 계급, 모든 신분들의 해체를 추구하는 한 신분'이 바로 프롤레타리아라는 것이다(이진경 2006, 36).

12 가까운 예로 금속연맹 산하 현대중공업의 징계 및 탈퇴 사건도 있었고 외국의 경우 국민적 합의를 견인하며 노동계급 의제를 관철시켜 온 스웨덴의 LO도 임노동자기금제를 추진할 때

기한다면 포디즘 체제 아래의 노동 조직 노선인 산별 조직이 지식노동을 지향하는 산업 작동 방식의 변화에 어떻게 적응할 수 있는가 하는 문제로 바꿀 수도 있다. 절박한 산업 구조 조정 앞에서 산별노조의 고용 안정을 어떤 차원으로 지켜 낼 수 있을까 하는 것이다. 이런 질문들은 실제 현실에서 산별노조들이 직면해 있거나 혹은 직면하게 될 문제다. 그리고 한 가지씩이 아니라 동시에 해결해야 하는 상황이 될 것이다. 자! 그렇다면 지금까지 이런 문제들을 어떻게 처리해 왔는가? 첫째로 "교육을 강화하자!"라는 슬로건으로 1노조 1교육, 그리고 선전전을 통해 조직하자는 처방을 내린다. 그런 활동들이 세련된 형태로 '감동'을 주는 형태로 잘 진행된다면 그 효과는 몇 달은 갈 수 있을 것이다. 그러나 그것도 한 산업이나 기업에서 일정한 여유가 있을 때 이야기이다. 절박한 경영 위기에 몰린 상태에서 비정규직을 떨어내지 않으면 전체가 망한다는 협박 앞에서 노동계급의 총단결이라는 추상적 구호는 아무런 힘을 발휘할 수 없는 현실을 부정할 수 없다. 문제는 이것이 일상화되고 있는 경제적 구조라는 점이다. 사실 해결 원칙은 조합원들이 행동의 주체로 나서게 할 수 있는가의 여부이고 잘 조직된 산별은 일정 정도 성과[13]를 만들어 내기도 한다. 이것은 또한 조합원들이 자본주의의 부조리를 정확히 보고 생명 공동체적 철학과 삶의 방식을 내면화할 때 그리고 더 큰 계급적 이익을 위해 작은 이익을 버릴 수 있는 계급적 안목을 갖출 때, 그리고 그것이 한 단위에서뿐만 아니라 산업 전체로 혹은 일국적 의미를 넘어 전 지구적 대안으로 작

자본과 보수세력의 역공을 맞으며 초기의 진보적 임노동자기금제를 실현하는 데 실패한 경험이 있다. 결국 LO는 임노동자기금제가 만료되는 7년 뒤에 임노동자기금제 실시 기간을 다시 연장하는 것을 포기하고 연금제도를 경제 민주화 수단으로 활용하는 전략으로 선회하게 된 바가 있다.

13 2007년 보건의료노조의 산별 교섭에서 노측은 정규직의 임금 인상분을 비정규직 임금 인상분으로 쓰자고 사측에 제안했다. 그러나 사측은 이를 거부했고 결국 중노위조차 보건의료노조 측의 입장을 반영하지 않을 수 없게 되었다.

동할 수 있음을 현실에서 체험할 수 있을 때 가능해진다. 그러나 현실에서 노동조합의 교육은 지나치게 적고 내용은 지나치게 당위적이다. 산별노조의 조합원들이 우리 사회의 지도적 리더로 혹은 새로운 세상의 주체 세력으로 성장하기 위해서는 이제 전혀 다른 차원의 세계관과 목표를 분명히 설정하고 그에 맞는 인식 체계를 갖추어야 한다. 또한 일상생활에서 새로운 세계에 걸맞은 생활 문화를 실천해야 한다. 쉬운 일이 아니다! 그렇게 보면 노동조합의 교육은 거의 '제로' 수준이다. 이런 상황을 초래한 한 가지 원인을 추가로 설명한다면 사회적 담론을 주도할 수 있도록 거시적·미시적 정책 준비를 충분히 하지 못한 노동운동의 한계를 들 수 있다. 정책은 단시간에 승부가 나는 것이 아니다. 그리고 단지 정책의 문제가 아니라 근본적인 세계관의 문제이다. 과거 20년 동안 새로운 진보 담론이 만들어지지 않은 결과는 결국 자본과 지배계급에게 담론의 헤게모니를 빼앗긴 것이다. 심지어 시민사회 운동 단체들의 정책 역량만큼도 투자가 안 되어 있는 가운데 무슨 노동계급의 헤게모니를 이야기할 수 있을 것인가? 문제는 이런 노동계급 역량의 미축적은 그대로 노동운동의 위기로 다가온다는 것이다. 두 번째는 임금정책·복지정책·산업정책들을 마련하고 사업을 통해 실질적 대안을 하나씩 만들어 나가는 것이다. 산별노조의 장점은 자원의 집중에 있다. 이 장점을 초기에 잘 활용해서 토대를 만들지 않으면 조만간 새로운 위기가 닥칠 것이다. '설득'에 의존하는 운동은 '비생산적'이지만 중요하고, 대중의 흐름을 타는 운동은 '효과적'일 수는 있지만 방만해질 위험이 있다. 어려운 것은 이 두 가지 흐름을 올바로 결합시키는 것인데 그것은 단순 결합이 아니라 질적인 영역, 즉 근본적인 패러다임의 전환을 요구하는 문제이다. 이 문제에 쉽게 결론을 제시하기 전에 대중들의 동력이 어떤 과정을 거쳐 형성되는가에 대해 사전 점검을 할 것이다.

(5) 동원할 것인가, 흘러넘치게 할 것인가

2002년 월드컵 당시 대중들의 활력을 보면서 우리가 일차 관심을 기울여야 할 부분은 도대체 어떻게 전국에서 몇 백만이라는 자발적인 대중들이 스스로 붉은 옷을 입고 거리에 나왔는가 하는 것이다. 몇 가지 요인이 있다. 선수들과의 동일시, 흥겨움, 무엇보다 즐겁고 짜릿한 재미가 있는데다 합법적이며 안전하기까지 하다. 이를테면 '안전한 일탈이 주는 해방감'이 있는 것이다. 여기서 안전이라는 개념은 한국사에서 대단히 중요한 의미를 가진다. 한국 민중들이 불과 몇 십 년 전에 직면해야 했던 강력한 백색테러, 즉 미국과 정권이 저질렀던 민중 대량 학살, 그리고 1980년 광주에서의 민중학살을 경험한 대중들은 그들의 뇌리와 무의식의 세계에 권력에 대한 공포가 깊이 내재해 있다. 1987년 당시 거리에 나섰던 수많은 대중들이 맛본 해방감은 제한적이었다. 비록 거리에 나섰지만 언제 권력이 태도를 바꾸어 총칼로 진압할지 모르는 불안이 무의식을 지배하고 있었고 그것이 1987년 대투쟁을 끝까지 밀고 가는 데 자기 검열선을 형성했다. 노동자의 집단적 참여를 배제한 것이나 직선제라는 구호로 한정한 것이나 권력 장악의 영역까지 진출하지 못한 한계는 사회정치심리학적 배경으로 본다면 권력의 테러에 대한 역사적 기억도 일조하지 않았을까? 한국 사회에서 그동안 건드리면 안 되는 두 가지 금기사항이 있다면 그것은 미국과 공산주의일 것이다. 당시 오노라는 쇼트트랙 선수가 할리우드 액션으로 한국의 금메달을 가져갔을 때 한국 민중들의 반미 감정—사람에 따라 차원이 다르겠지만—은 대중화되었다. 이천수가 오노의 악역을 맡아 보여 준 골 세리머니는 감동으로 받아들였다. 전국적으로 광장에 모인 대중들의 무서운 에너지는 우리 민중들이 얼마나 억눌려 왔고 그 상흔이 무의식의 세계에 깊이 각인되어 있었는가에 대한 반증이기도 하다. 붉은 악마는 바로 이런 점에서 금기에 대한 도전이다. 붉은 악마—바로 어렸을 때 본 공산 괴뢰의 모습 아니던가? 머리에 뿔 달린 …… 수많은 대중들이 붉은 옷을 걸치고 시청 광장을 장악함으로써 그들은 무의식 속에 우리를 강제하고 있던 억압을 마음껏 비웃고 짓밟고 있었던 것이다. 이것은 또 다른 정신적 해방이었고 바로 노무현—지금은 어이없는 것으로 판명되었지만 당시에는 민주주의의 구현체였던—의 승리로 이어진다. 붉은 악마가 짓밟은 것은 단순히 이데올로기적 억압뿐이었을까? 모든 형태의 권위주의들, 억압된 성 에너지, 압축적인 근대화 과정에서 청산되지 못한 우리 내부의 숱한 전근대적 잔재들의 기억들뿐 아니라 자칭 진보 엄숙주의에 대한 조롱도 포함되어 있지 않았을까? 사회 양극화와 미래에 대한 불안감은 사회의 자기보호 메커니즘이 더욱 강화하는 방향으로 진행될 가능성이 있고 그런 점에서 붉은 악마에서 나타난 일종의 광기(?)는 자칫 빗나가면 파쇼화[14]로 귀결될 위험성도 있다. 그러나 그것으로 끝이었다. 월드컵에서 이긴다고 해도 사실 달라지는 것은 아무것도 없었다. 결국 붉은 악마 현상은 계급적 모순 갈등을 근원적으로 해결하는 과정에서의 해방감이 아니라 안전한 공간에서 우리 자신의 무의식을 지배해 오던 관념과의 마찰 과정에서 이루어지는 자위와 비슷한 성격을 가진다. 1987년, 1997년 노동자 대투쟁과 본질적으로 다른 지점이기도 하다. 그렇다고 과소평가할 필요는 없다. 전자는 계급해방이라는 가시적인 결실을 맺지만 후자는 무의식의 지배 관념의 해방에 기여하는 정도이다. 이런 것들이 쌓이면 이제 역사적 경험에 의해 형성된 자기 검열선이 무너지면서 새로운 역사를 만들 가능성도 생길 것이다. 붉은 악마 사례에서 대중 동원의 몇 가지 중요한 암시를 얻을 수 있다. 그것은 대중이 나서기 위해서는 의식화나 선전에 의해서가 아니라 '동일시 효과'와 '안전한 일탈'이

14 자기 조정적 시장경제는 내부로부터 사회를 붕괴시키기 시작했다, 20세기 들어와 그 모순의 결과는 파시즘의 등장으로 나타난 바 있는데 폴라니는 자기 조정적 시장경제가 만들어낸 위기 때문에 이런 결과가 나타났다고 본다. 사회의 자기 보호라는 것은 방향이 따로 정해진 것이 아니다. 반동적일 수도 있고 아닐 수도 있다(백승욱 2006, 101).

라는 심리적 조건이 요구된다는 것이다. 동일시 효과란 붉은 악마를 12번째 선수라고 칭했듯이 지도자와 대중이 스스로를 동일시하는 효과를 말한다. 이는 대중들의 욕망을 보고 그 욕망을 같이 느끼고 체현해 내는 지도자가 필요하다는 것을 의미한다. 안전한 일탈은 한국역사 속에서 만들어진 사회적 상처에 대한 방어막을 잘 치는 것이 초기 대중 동원에 대단히 중요하다는 것을 의미한다. 그러나 계급투쟁은 결코 축제가 아니다. 이해관계의 대립을 둘러싼 투쟁은 '안전'할 수가 없다. 더구나 신자유주의 아래에서 정리 해고를 앞에 둔 죽느냐 사느냐의 절박한 상황을 놓고 벌어지는 전투는 격렬함을 동반할 수밖에 없다. 원시적 수탈에 맞선 우리의 투쟁은 항상 힘들고 비장하며 희생을 요구한다. 그러나 그 속에서도 대중의 참여와 확대가 성패를 좌우한다고 볼 때 깊이 고민해야 할 것은 '안전'한 심리를 어떻게 만드는가 하는 것이다. 즉 '지도부가 믿을 만하다. 이 지도부가 하자는 대로 투쟁을 하면 반드시 이긴다. 그리고 모든 준비가 참으로 치밀하고 잘 짜여 있다. 파업 집회는 감동적이고 삼박하다. 사측이나 정부의 논리가 참으로 한심하고 우리의 주장은 너무나 선명하고 명확하다. 도덕적으로나 논리적으로나 누구에게도 떳떳하게 말할 수 있다. 우리의 행동은 지극히 합리적인 방식으로 진행되고 있다. 그리고 이런 동지들과 함께라면 어떤 험한 길도 헤쳐나갈 수가 있다.' 이런 확신을 대중들이 가질 때 그것은 불안하지만 '감당할 수 있는' 느낌이고 투쟁은 높은 수준으로 발전해 갈 수 있다. 결국 중요한 것은 회의 단위에서 결정되는 '결의'가 아니고 '결의가 확실히 보이는 구체적 계획이고 과정'이다. 이것이 가능하기 위해서는 첫째, 중앙의 간부가 현장을 확실히 장악하고 실제 동원의 의지를 가지고 충분한 사전논의를 조직해 낼 때, 둘째, 각 산별 차원에서 자체의 사업 계획을 구체적으로 만들어 취합할 때 가능하다. 현재로서는 두 가지 다 안 되고 있다. 산별 자체의 요구와 계획이 우선이고 민주노총의 중앙 계획은 그것을 종합하는 수준에 머무른다. 이것을 뛰어넘을 중앙의 역량도 취약하다. 결국 중앙 사업의 기획은 새롭게 진행되어야 한다. 사업

계획이 나오기 전에 산별 연맹 조직, 기획 담당자들과 상당 기간 자유 워크숍을 통해 사업 전반을 함께 논의하고 중심을 잡아야 한다. 중앙의 사업은 예측 가능해야 하고 준비가 되어야 한다. 지금과 같은 5분 대기조 성격의 사업을 하다가는 부작용이 더 많다. 중앙에서 하는 집회의 성격 자체도 치밀한 검토와 준비 과정을 거쳐 진행되어야 한다. 지금과 같이 중앙 연단을 중심으로 전체 대오가 바라보는 방식의 체계에서 분산된 연단과 주체로 참여하는 집회 공간으로의 변화, 깃발로 참여를 확인하는 방식이 아니라 참여자 개인 개인이 서로에게 나누어 주는 장터 같은 집회 공간으로 전환하면 안 될까? 이것은 단순히 집회 형식의 전화 문제가 아니다. 그리고 참신한 기획을 내놓는 문제도 아니다. 근본적으로 대중의 동력이 흘러넘치고 창의와 헌신이 자연스럽게 만들어지면서 무수한 감동을 만들어 내는 과정으로서 마치 기적과도 같이 나타날 것이다. 다음 장에서는 이런 동력이 어디서 만들어질 것인가를 살펴보자.

(6) 계급의 재발견, 그리고 총파업의 조건

논의가 너무 추상적으로 흐르지 않게 하기 위해 구체적인 사례를 들어 이야기를 풀어가 보자. '노동자는 하나다'라는 구호는 연대 투쟁 집회에서 흔히 등장하는 구호이다. 문제는 이 '연대'가 어디까지 갈 수 있는가 하는 것이다. 집회 참석하기, 연대 기금 지원하기, 혹은 다양한 지원 투쟁하기 그리고 최고 수준이라고 이야기되는 연대 파업까지 한다고 해도 그것만인가 하는 것이다. 자신의 생존권적 요구로 출발한 투쟁이 아니라면 연대 투쟁의 강도는 일정 정도 한계가 있다. 따라서 노동계급 전체의 동력을 모아 내는 투쟁은 일정한 매개고리를 필요로 한다. 그 '매개고리'가 바로 일반적 수준에서의 사회적 착취 형태이고 이것이 구체화된 사회적 제도나 구체적 착취 행위로 나타날 때이다. 결국 노동계급 전체의 투쟁을 불러일으키기 위해서는 몇 가지 객관적 전제가 필요한 셈이다. 첫째는 착취의 양상과 노동계급이 그것을 분명히 인식할 때 둘째 그것을 개선 혹은 변혁하겠다는 의지를 갖을 때이다. 지금 첫 번째 단계에서 노동계급의 착취당하는 양상은 분절적으로 나타난다. 말하자면 비정규직에게는 명확히 보이지만 정규직에게는 감추어져 있는 것이고 이것은 인식하기 어려운 상황이다. 이 첫 번째 단계는 사실 1987년 이전에는 나타나지 않았던 조건이다. 87년 체제에서는 생산성과 임금은 서로 연동되고 임금 상승을 매개로 대량생산과 대량소비가 연결된다. 문제는 이 생산체제 자체가 구상과 실행의 분리를 전제로 하면서 노동자는 단순한 실행자로 배치된다는 점이다. 이런 상황은 대중 속에서 활동하는 대중지도자에게는 일하기 좋은 조건이다. 대중의 수준에서 대중의 평균치로 단결과 조직을 만들어 낼 수 있기 때문이다. 1987년 대투쟁과 그 이후 약 5년 동안의 노동자 투쟁 활성화 그리고 노동조합의 높은 신망은 이런 내부 구조를 배경으로 하고 있다. 한마디로 이 당시의 노동운동의 총파업은 '먹히는' 것이었다. 그러나 이런 상황을 자본이 방관하고 있을 것인가? 자본은 자신의 축적 구조를 더욱 고도화하면서 탈포드주의·탈테일러주의 전략을 마련했고 그것이 착취의 전 사회화, 지식 노동자, 인적 자본의 개념으로 발전하게 된다. 사업장 단위에서는 물론 차이는 있겠지만 노동 양이 아니라 자율적 선택과 집중의 결정 능력, 정보의 관리 능력, 통제 및 책임 영역 등 새로운 질을 요구한다. 이른바 비물질적 노동의 다중지성[15]이다. 노동 대중의 자율성과 지식, 그리고

15 생산의 자유화와 정보화가 노동과정에 가져오는 변화는 무엇이었는가? 재구조화된 기업에서 노동자의 노동은 여러 대안들 가운데 무엇을 선택할 수 있는 능력을 요구하며 특정한 결정에 대하여 더 많은 책임을 져야 하는 노동, 즉 자율적 노동이다. 노동은 다양한 기능들. 다양한 위계들 사이에서 작동하는 일종의 접속 장치와 같다. 이 과정에서 노동은 특정한 양을 필요로 하면서 이와 동시에 자율적 선택 능력과 결정 능력, 소통과 협동 능력, 정보 관리 능력, 통제 능력, 책임 능력 등의 새로운 질을 필요로 한다. 네그리는 탈산업사회의 노동이 띠는 이러한 주체

전문성이 높아지는 것과 노동운동 대중지도자들이 현장의 고민과 괴리되어 간 것은 서로 밀접히 결합되어 있다. 약간 다른 차원에서 이야기를 접근해 보겠다. 노동조합의 지도자가 10여 년 조합 전임을 하고 나면 현장으로 복귀하기가 어려워진다. 현장은 하루가 다르게 전문화되기 때문이다. 결국 애매한 위치에서 복귀해 눈칫밥을 먹거나 아니면 계속 노동운동을 포함하여 전체 운동에 기여하는 길을 찾는 것이다. 그런데 이때 전체 운동에 기여한다는 것은 또 다른 의미에서의 전문성이 필요하다. 그런데 현장의 변화와 성장을 소화해 내고 흡수해 내지 못한 운동적 전문성은 자칫 현장과 유리된 관념적이고 주관적인 사업 방식으로 전개될 가능성이 있다. 이런 우려는 이미 서구 노동운동에서 좌우편향으로 나타나 노동운동의 쇠락으로 귀결되었다.[16] 우리의 투쟁이 노동의 외부에서 발전할 수 있는가? 거칠게 말해서 어느 날 자본주의가 멸망하고 갑자기 하늘에서 사회주의 같은 것이 뚝 떨어질 수 있는가? 자본주의 안에서 자본주의를 묻어 버릴 맹아를 키우지 않고 외부에서 이식했을 때의 역사적 경험을 다시 상기하는 것으로 충분할 것이다. 마찬가지로 현장의 생산과정과 결부된 운동이 아니라 현장의 외부에서 제기된 운동은 뿌리가 취약하고 통속적 의미에서 '생존권적 요구' 아닌 것이다. 뿌리가 없는 운동은 맹목적일 수밖에 없고 조합 대중과 지도부가 분리될 수밖에 없다. 이

화 경향과 그것의 주도성으로부터 '노동이 전적으로 비물질적 노동으로 변형되며 노동력은 다중지성으로 변형된다는 명제를 도출한다(조정환 2003).

16 극단적 예로 이탈리아의 붉은여단을 예로 들 수 있을 것이다. 대중들과 유리된 전위적 노선을 취한 운동단체로 이탈리아 극좌과격파 중 가장 큰 테러집단이었다. 1978년 전이탈리아 총리인 알도 모로를 납치, 살해함으로써 세계적으로 알려졌다. 1960년대 학생운동의 좌절로 극좌경화한 집단이며, 1970년 무렵 결성된 이래 정치가·실업가 등의 살해와 납치 이외에도 방화·건물 폭파 등 테러 활동을 했다. 특히 공산당 등 혁명정당이 체제 내화하여 평화적·의회주의적 수단에 의한 사회주의화를 주장하는 것에 불만을 품고 폭력혁명을 전면에 내세우고 1981년에는 북대서양조약기구(NATO)의 남유럽군 부사령관 도저 준장을 납치하는 사건을 일으켰다. 그러나 그 결과는 급속한 대중의 이탈과 운동의 쇠퇴였다.

것은 결국 조직화와 투쟁 등 모든 사업 영역에서 현장의 노동과정과 구체적 연관을 가질 것을 요구하게 된다. 오늘날 노동운동의 권력은 '총구'가 아니라 '아래'에서 나오는 셈이다. 논지를 정리하면 다음과 같다. 연대를 위해서는 '분절'이 필요하다. 여기서 '분절'이란 주체의 재정립을 의미한다. 그리고 그 '분절'의 운동이 심화 발전되면서 연대가 현실적 힘을 갖게 되고 노동계급 해방을 위한 조건이 완성된다. 그리고 분절된 노동의 심화 발전은 생산과정 그 속에서 그리고 계급이 아니라 다중의 에너지를 흡수할 때 가능하다. 거대한 총파업은 이런 조건에서 새로운 내용과 새로운 형식으로 발생하게 될 것이다. 여기서 한 가지 제기될 법한 문제를 짚고 넘어가야 할 것 같다(이런 의문을 가져 주는 사람이 있다면 참 고마울 것이다). '분절'이 의미하는 바가 노동자들이 생산과정의 현장성에 기초해서 새로운 사회 변혁의 맹아를 발전시켜 낸다는 것을 의미한다고 하면 그런 운동이 아무리 발전한다고 해도 정규직의 이해관계와 결부된 사회구조 자체의 근본적 변혁, 이른바 혁명을 자신의 이해로 설정할 수 있을 것인가? 라는 것이다. 나는 그럴 수 있다고 본다. 대중은 무력한 개체들의 종합이 아니다. 유기체로서의 대중은 개체의 종합을 통해서 새로운 질의 잉여적 내용을 창조해 내고 이 창조적 잉여는 그 자체로 새로운 법칙에 따라 운동한다. 따라서 필요한 것은 그 새로운 대중의 힘을 집약시킨 정수가 대중들과 그리고 분절된 계급들과 그리고 자본과 국가에 대해 어떤 관계를 형성할 것인가의 문제로 귀결된다. 민주노총 운동 노선에서 대중과의 관계, 국가와의 관계는 그래서 분리된 것이 아니라 밀접히 연결되어 있는 셈이다.

3. 맺음말 : 모색을 위한 상상

노동운동은 희망이 없어 보였고, 서둘러 역사의 종말을 선언하는 소리가
요란했다. 여기에 '인생을 즐겨라' '돈 많이 버세요'라는 욕망에 기반한 자본
주의의 동학을 전태일 정신으로 상징되는 자기희생, 비장함으로 대립시키는
운동적 공리의 충돌로 극복하고자 했던 것은 어쩌면 욕망 그 자체에서 나오
는 진정한 혁명적 힘을 만들어 내지 못한 운동 그 자체의 답답함에 대한 절
규로 해석해 주는 것이 필요한 때 아닐까? 이제 조합원의 노동에 대해, 조합
원의 삶에 대해, 그리고 그 연관성에 대해 좀 더 깊은 관심을 기울여야 할 때
가 왔다. 운동의 완고한 교조적 결정론 속에서 시들어 버린 수많은 현장의 혁
명적 싹들에 대해 이름과 의미를 부여하여 다시 살려 내야 한다. 진정한 '연
대'는 주체의 만남에서 나온다. 지금 민주 노조 운동의 문제는 현장과 지도의
분리 그리고 현장과 현장의 분리 속에서 주관적 당위와 손쉬운 구호의 정치
에 매몰되어 있는 점이다. 이런 운동 풍토에서는 자본주의의 근본을 건드리
는 희망의 투쟁, 희망의 연대는 불가능하다. 노동과정에서 나오는 운동의 맹
아를 포착하고 그에 기반한 조직 노선과 투쟁 노선이 정립되지 않는다면 아
무리 열심히 해도 타협적 개량주의의 함정이나 아니면 조급한 선도 투쟁 중
심의 급진주의에 빠지게 될 것이다. 걱정되는 것은 절박한 곳은 싸우고 여유
있는 곳은 손을 놓고 있는 사태이다. 훈육 체제에서 통제 체제로 바뀐 지금의
상황에서 전교조의 참교육 이념은 어떻게 달라져야 하고 또 어떤 과제가 제
기되고 있는가에 대한 근원적인 문제를 던지지 않을 수 없다. 마찬가지로 보
건노조가 의사 중심의 의료 체계를 민중 보건 중심의 의료 체계로 다시 세우
는 전략을 수립하지 말란 법은 없다. 지금의 고임금 정규직 노동자들은 1987
년 당시의 배고프고 비민주적인 사업장에서 날카로운 눈빛을 가졌던 노동자
는 분명히 아니다. 하지만 이들이 '배가 불렀다'고 포기하는 것은 진보적 운

동 세력의 철학의 빈곤을 고백하는 것에 지나지 않는다. 반면, 아직도 원시적 자본축적의 횡포 속에서 말도 안 되는 전근대적 탄압에 직면해 있는 다수의 소수자들이 있다. 콜텍·금산축협·기륭전자·시그네틱스·KTX·망향휴게소·성모자애병원·세종병원·코오롱노조 등 수많은 사업장에서, 그리고 실업자나 비정규직 등 극한으로 몰린 다수의 절박한 노동자들은 당장 어떻게 할 것인가에 대한 절박한 답을 요구하고 있다. 답은 외부가 아니라 내부에 있다. 생각해 보면 자본주의가 노동 없이 존재할 수 있는가? 노동자들의 영혼까지 자본주의화했다는 지금 다시 근본적인 질문을 던져 본다. 자본주의 축적 구조의 변화 속에 스스로 절멸의 싹을 키워 온 것이 보이지 않는가? 노동계급 운동 스스로 세상을 해석할 힘을 잃고 교조적 패러다임으로 운동을 끌어 온 것이 변혁의 동력을 소진시킨 것일 뿐 우리를 파괴할 수 있는 것은 오로지 우리 자신 외에 없다. 바로 이것이 일견 자본주의가 승리한 듯이 보이는 21세기에서 노동자들의 새로운 세상을 여는 가능성을 발견하게 되는 이유이다. 우리의 노동 속에 자본가가 개입할 수 없는 협력과 창조적 힘이 내재되어 있고 그 힘은 점점 더 커져 가고 있다. 그리고 이에 기반한 정의로운 실천이야말로 노동운동이 희망이 되는 이유이다. 우리에게 필요한 것은 '창조'와 진정한 '저항'이고 답은 우리가 가지고 있다.

참고문헌

김동춘. 2006. 『1997년 이후 한국사회의 성찰』. 길.

김영곤. 2005. 『한국 노동사와 미래』. 선인.

박승호. 2004. 『좌파 현대자본주의론의 비판적 재구성』. 한울 아카데미.

백승욱. 2006. 『자본주의 역사강의』. 그린비.

라이히, 빌헬름. 황선길 옮김. 2006. 『파시즘의 대중심리』. 그린비.

산별노조운동연구팀. 2003. 『산별노조운동의 역사와 현재』. 도서출판 현장에서 미래를.

네그리, 안토니오·마이클 하트. 윤수종 옮김. 2001. 『제국』. 이학사.

오세철. 2001. 『21세기 자본주의와 한국사회변혁』. 한국노동이론정책연구소.

______. 2003. "절대로 노무현 정권의 '우경화'가 아니다." 『현장에서 미래를』 89호. 한국노동
    이론정책연구소.

이진경. 2002. 『철학의 외부』. 그린비.

______. 2006. 『미래의 맑스주의』. 그린비.

정성진. 2005. 『마르크스와 한국경제』. 책갈피.

조정환. 2003. 『아우또노미아』. 갈무리.

한국산업사회연구회 엮음. 1994. 『산별노조론』. 미래사.

민주 노조 운동 20년,
산별노조 건설 운동의 성과와 과제

임영일 | 노동사회교육원 이사장

1. 글머리에

2006년 상반기에 이뤄진 금속산업 대기업 노조들의 대대적인 산별노조 전환으로 한국 민주 노조 운동 최대의 조직적 과제인 산별노조 건설은 중요한 고비를 넘었다. 돌이켜 보면 기존의 기업별노조들을 단일한 산별노조로 재편하는 첫 단계의 산별노조 건설 과정이 어느 정도 성과를 이루는 데 1987년 이후 20여 년, 민주노총이 출범한 1995년 이후로도 12년여의 시간이 걸린 셈이다.

민주노총은 2006년 12월 말 기준으로 산하 조합원의 75.6%인 56만 8,803명이 모두 27개의 대·소 산별노조로 편재되어 있으며, 2007년 중 이 비율이 90% 이상으로 높아져 산하 조직의 산별 재편이 사실상 완성될 것으로 전망하고 있다(민주노총 2007). 산별노조 건설은 한국노총에서도 최대의 조직적 과제로 이야기되고 있으나, 실제 한국노총 산하 조직의 산별노조 전환 작업은 거의 이루어지지 않고 있다.[1] 산별노조 건설 운동은 결국 거의 온전히

---

[1] 한국노총은 1991년에 다음해까지 노동조합 조직을 산별 체제로 전환한다는 방침을 발표했던 바 있었다(한국노총 1991, 99). 그러나 이후 한국노총은 실질적으로 산별노조 건설을 위한

1987년을 계기로 새로이 출발한 민주 노조 운동 세력들에 의해 추진되어 온 것이라고 말할 수 있다. 따라서 여기에서는 민주노총으로 규합되어 있는 민주 노조 운동 세력에 의해 추진된 산별노조 건설 운동의 전개 과정을 살펴보려고 한다.

기업별노조 체제에서 산별노조로 전환하는 것은 세계 노동운동 사상 전례 없는 과제이며, 따라서 추진 과정에서 많은 선구적이고 실험적인 실천, 견해의 대립, 그리고 시행착오가 있을 수밖에 없었다. 여기에서는 1987년 이후 이 과정을 몇 단계로 나누어 살펴보고, 현황을 검토한 후 향후의 과제를 살펴보기로 한다.

2. 산별노조의 모색 : 선도적 사례들

1987년 노동자 대투쟁을 계기로 급성장한 민주 노조 운동 세력은 이후 독자적인 노조 연대 조직 결성을 진행해 1989년 말에 이르면 크게 세 유형의 조직을 건설하고 있었다. 제조업 부문의 생산직 노조들이 중심이 된 지역별 연대 조직, 비제조업 분야의 사무직·전문직 노조들이 중심이 된 업종별 연대 조직, 그리고 대기업 생산직 노조들이 중심이 된 재벌 그룹별 연대 조직이 그

사업을 진행하지 않았으며, 1998년에 들어서 2000년대를 위한 한국노총의 새로운 운동 기조 설정 작업을 다시 시작했으나('2000년 위원회') 산별노조 건설 문제가 담겨 있지 않은 중간 보고서(한국노총 1999)를 발간한 채 작업은 다시 중단되었다. 한국노총의 내부 자료에 따르면 2006년 말 기준으로 전체 조합원 87만 2,119명 가운데 산별노조 조합원은 금융산업노조 1개의 8만 5,676명에 불과하다. 여기에 전국 규모의 산업별 단위노동조합인 전력노조(1만 9,658명), 담배 인삼노조(6,289명), 체신노조(3만 399명)를 합해도, 전체의 16.3%인 14만 2,022명만이 산별(비기업별) 노조 소속이다.

것이다.

이 중에서 비제조업 업종 노조들이 한 걸음 먼저 기업별노조 체제를 넘어서고자 나섰는데, 여기에는 몇 가지 이유가 있다. 첫째, 이 조직들은 당시의 노동법에 의해서도 합법적 연맹으로 존재할 수 있는 조건을 갖추고 있었다.[2] 둘째, 업종 노조 가운데 다수의 노조가 공공 부문 노동조합들이었는데, 이들은 임금 교섭과 단체협약 교섭 과정에서 개별 사용자는 아무런 자율성이 없고 정부가 사실상의 결정권을 가지고 있음을 알고 있었다. 단위 노조별로 정부를 상대로 요구를 관철시킨다는 것이 불가능함을 깨닫게 된 이 부문 노조들은 좀 더 큰 단위로 확대 개편된 조직을 모색하게 된 것이다. 셋째, 단위 노조들의 지역적 밀집성이 매우 강했다. 업종연맹 산하 노조의 대부분은 병원연맹 정도를 제외하고는 서울을 중심으로 한 특정 지역에 밀집되어 있었다. 따라서 1993년 이후 업종 노조들은 빠른 속도로 조직 재편에 힘을 기울여 나갔고, 그 과정에서 실질적인 성과도 하나씩 나타나기 시작했다.

여기에 1989년 결성된 전국교직원노동조합(전교조)의 영향을 지적할 필요가 있다. 전교조는 그 자체가 산별노조라기보다는 단일 직종 노조의 성격을 가지는 것이었지만, 1989년에서 1991년 사이 '전교조 사수 투쟁' 과정에서 보여 준 강력한 조직력과 대중 동원력은 기존의 기업별노조와는 전혀 다른 전국적 단일 노조의 조직 체계에서 기인한 바가 컸다.

전교조를 포함해 이 시기 산별 조직화를 위한 비제조업 업종 노조들의 노

---

2 비제조업 업종 조직들의 다수는 한국노총의 '연합노련'에 해당하는 업종들에서 조직된 것이다. 연합노련은 한국노총 산하 산별 연맹으로 귀속되지 않는 사업장들을 모두 묶어 놓은 조직이었고, 따라서 그 속에서 일부 업종 조직이 만들어져 분리되는 것이 가능했다. 당시 노동법상의 제약 가운데 조직 대상 중복의 문제가 쉽게 해결될 수 있었고, 단지 설립 신고 시 상급 조직을 명기하도록 한 것만이 문제가 되었는데, 이 문제는 언론연맹, 병원연맹, 건설연맹 등이 제기한 행정 소송에 승소 판결이 내려지고(1992년), 1993년 초 대법원이 이 조항을 강제 조항으로 해석할 수 없다는 판결을 내림으로써 해결되었다.

력 사례 가운데 유형별로 중요한 것들을 살펴보면 다음과 같다.

(1) 전국적 단일 노조 : 전교조

전교조는 출발부터 기업별노조와는 전혀 다른 조직 체계를 갖추고 있었다. 전교조는 전국 중앙 조직, 도별 지부 조직, 그리고 시·군 단위 지회 조직의 3단계 조직을 갖추고 있었으며, 학교별 조직은 처음부터 상정하지 않았다.[3] 따라서 모든 조합원은 중앙에 직접 가입하고, 모든 재정은 원칙적으로 중앙에 집중되었으며, 노조 사무실도 당연히 사업장 '안'이 아니라 '밖'에 위치했다. 조합원 가입 자격에서도 전교조는 모범적이었다. 즉 전국의 "유치원·초등학교·중고등학교·대학교·문교부 및 기타 교육 기관에 종사하는 교직원"이 모두 가입 대상으로 규정되었고(〈규약〉 제5조 1항), 해직된 자나 임용 제외된 자에게도 조합원 자격이 부여되었으며(5조 2항), 나아가 '준 조합원' 자격을 신설해(1989년 12월 10일 개정 규약) 교육대학, 사범대학 등에서 교사 자격을 취득하고도 미발령 상태에 있었던 '예비 교사들'을 포괄하고자 했다.

전교조의 이런 조직 체계는 단순히 규약상의 체계에 그쳤던 것이 아니라 실질적으로 운용되었다. 비록 합법성을 인정받지 못하고 강력한 탄압에 직면해 있었지만, 모든 일상 활동이 이 조직 체계를 골간으로 했고 사안별로 상

---

3 학교별 분회 조직은 1990년의 "분회운영규정" 도입으로 처음 이루어졌다. 그러나 이 분회의 기능은 '조합의 결의 사항을 성실히 실행'하는 집행 기능, 그리고 '지회 및 인근 분회와의 유기적 관계를 유지'하는 현장 활동 활성화 기능에 국한되었다(〈분회운영규정〉 제3조). 전교조의 이 분회 설치는 현장 활동을 강화하기 위한 목적을 가진 것이며, 따라서 기업별노조 체제, 혹은 한국노총의 1960~70년대 유사 산별노조의 분회와 같이 독자적 단위 노조의 성격을 가지는 것은 아니다. 이 조직은 독일 금속노조가 1950년대 이후 공동 결정 제도의 확산에 따른 현장 활동의 강화를 위해 단위 노조 내에 조직했던 '노조 신임자 조직'과 유사한 것이다(영남노동운동연구소 1994).

설·비상설의 '특별위원회'를 설치해 교육 민주화 운동과 관련한 다양한 활동들을 포괄하는 등, 전교조는 전국적 단일 노조 체계가 지니는 장점을 골고루 보여 준 모범적 사례로 평가할 수 있다. 전교조 조직의 최대 강점은 강력한 '중앙 집중성'에 있었다. 하나의 정책 방침은 의사 결정 구조의 사다리(총회-대의원대회-중앙위원회-중앙집행위원회-중앙상임집행위원회)를 따라 민주적 토론과 다수결에 의한 투표로 결정되고, 결정된 정책은 중앙조직-지부-지회의 모든 수준에서 일관되게 추진되었다.

(2) 단위 노조 통합을 통한 단일 노조의 건설 : 과기노조, 연전노조, 방송사 단일 노조

전국과학기술노조(과기노조)는 1988년 7월 창립된 전국연구전문노조협의회에서 출발해 1989년 연맹으로 전환한 '전국전문기술노동조합연맹'(1993년 합법화, 이하 '전문노련') 산하의 과학 기술 분야 정부 출연 연구소 노동조합들이 단위 노조를 해체하고 하나의 노조로 통합(일종의 노조 합병)함으로써 생겨난 최초의 (소)산별 단일 노조다(1994년 4월 15일). 과기노조는 전문노련의 산별 노조 조직화 방침에 따라 치밀한 준비 끝에 합법적 단일 노조로 전환하는 데 성공함으로써, 당시의 노동법에서도 산별노조 건설이 가능하다는 점을 입증한 중요한 사례였다.[4] 모두 18개 노조가 해산되어 3,500여 조합원을 하나의 노조로 묶을 수 있었다. 여파는 컸다. 우선 전문노련 산하 노조들의 산별 단일 노조 조직화 움직임이 가속화되어 인문사회계 연구소 노조들이 '전국연구

---

4 과기노조는 노동법 전문가의 조언을 받고, 노동부에 합법적 절차를 거듭 문의·확인하면서 산별 전환을 진행했다. 과기노조는 단위 노조 해산이 가져올 조직 공백의 우려 때문에 조합원 총회를 통한 단위 노조 해산-산별노조 창립의 방법이 아니라 대의원대회를 통한 규약 변경의 방법을 택했다.

전문기관노조'(연전노조)를 결성했고, 다른 연맹 산하 조직들도 과기노조의 사례를 기준으로 단일 노조를 추진에 나섰다.

아직은 많은 한계를 지닌 소규모 산별노조였지만, 과기노조는 기업별로 분할되어 있었던 연맹 체제와는 비교하기 이려운 강점을 발휘할 수 있었다. 우선 단체교섭의 구도가 달라졌다. 과기노조 결성과 함께 단체교섭의 대상은 소속 사업장 대표(기관장)들이 함께 참여하는 교섭 구조로 바뀌었고, 나아가 예산 배정권을 가진 정부(경제기획원)가 실질적인 교섭 대상이 되었다. 재정의 확충, 중앙 집중도도 점차 강화되어 갔다.[5] 정치 활동의 능력도 크게 신장되었다. 가장 큰 문제였던 연구 기관 통폐합·민영화 방침에 따른 고용 위기에 대해 강력한 동원 투쟁을 전개함으로써(1994년 12월~95년 2월) 결국 정부의 방침을 철회시키는 데 성공했고, 그 여세를 몰아 1995년 5월의 지방자치단체 선거에 4명의 후보를 출마시켜 그중 3명을 당선시키는 결과를 가져오기도 했다. 확대된 교섭력과 동원력을 기반으로 노조 결성 지원(2개 노조), 노조탄압 저지 등에서 실효를 거둘 수 있었다. 따라서 현장 조합원들의 신뢰도 크게 높아졌다(전국전문기술노동조합연맹 1996, 273-277).

과기노조의 단일 노조 건설 운동은 연맹 수준에서 처음으로 합법성을 확보했던 언론연맹에도 큰 자극을 주었다. 언론연맹은 크게 신문사 노조와 방송사 노조 두 부문으로 나뉘어 있었는데, 방송사 노조들이 먼저 조직 통합의 길을 모색했다. 방송사 노조들은 1990년 봄 KBS노조 파업, 같은 해 가을 평화방송노조 파업, 그리고 1992년 MBC노조 파업 등 몇 번에 걸친 대규모 연대 파업 투쟁을 거치는 동안 신문사 노조에 비해 조직력과 결속력이 높아졌

---

5 조합원들의 별다른 저항 없이 조합비가 인상되었고(최저 기본급 0.8%에서 출범 후 통산급 1%로 통일), 상급조직 맹비 비율이 18%에서 30%로 상향 조정되었다(전국전문기술노동조합연맹 1996, 267). 기업별노조 체제에서 조합비의 인상과 맹비 인상이 얼마나 어려운 일인가 하는 점과 대비되는 일이다.

고, 이 경험을 기반으로 방송사 노조 통합을 추진하는 작업에 들어갔다. KBS 노조, MBC노조가 추진의 중심이었으며(양대 노조는 1991년 현재 각각 5,160명, 2,598명의 조합원으로 전체 방송사 노조의 90%를 대표했다), 1992~93년 이후 지속적인 정책·교육·홍보 사업을 추진했다. 1994~95년을 거치면서 방송사 단일 노조 운동은 우선 그 자체 아직 단일 노조 체제를 가지고 못하고 있는 MBC 노조의 내부 조직 통합에 초점을 맞추고 있었다. 민간 방송인 MBC는 각 지역의 방송사들이 각각 '독립법인'의 지위를 가지고 있었고, 이에 따라 전체 조합원의 40% 이상을 차지하는 서울MBC노조와 적게는 40명(청주MBC노조), 많아야 150여 명(부산MBC노조)에 불과한 19개의 소규모 조직들의 연합 조직 이었다. MBC노조는 과기노조의 사례에 따라 이 20개 노조의 통합·단일 MBC노조의 경로를 먼저 상정하고 이를 먼저 추진했다(MBC 단일 노조는 1996 년 11월 30일 출범함).

(3) 지역 조직 통합 : 전국의료보험노조·전국농협노조

과기노조의 결성 노력이 진행되고 있었던 시기에 '전국의료보험공단노동 조합'(의보노조), 그리고 '전국농업협동조합노동조합'(농협노조)의 전국 단일 노 조화 노력이 함께 진행되고 있었다. 과기노조의 경우와는 달리 이 두 노조는 전국적으로 산재한 조직들을 하나로 묶는 것으로 바로 '전국적 조직'의 의미 를 지닐 수 있는 노조들이었다.[6] 조직화는 두 단계로 진행되었다. 첫 번째 단

---

6 과기노조로 묶인 단위 노조들은 창원 소재 두 개 연구소 노조를 제외하고는 모두가 서울과 충남 대덕 연구단지, 두 지역에 집중되어 있었다. 따라서 업종별 조직의 성격이 매우 강했고, 지역 조직의 성격은 약했다는 특징을 갖는다. 이에 비해 농협노조와 의보노조는 전국 각지에 산재한 단위 노조들을 결합시켜야 한다는 과제를 안고 있었다. 산별 조직화의 경로를 놓고 보면, 과기노조의 경우에 비해서 훨씬 더 큰 의미를 갖는 것이었다.

계는 시·군·구로 산재되어 있는 노조들을 도(道) 단위로 묶는 일이었는데, 이 과정은 초기부터 비교적 쉽게 진행되었고, 합법적 지위도 얻어 가고 있었다.[7] 따라서 1993년에 이르면 이 두 노조는 도 단위로 통합된 노조들의 연맹체의 성격을 띠고 있었다. 이후 이 두 노조는 과기노조와 마찬가지 방식을 통해 전국 통합 단일 노조를 결성하기 위한 노력을 기울이게 된다. 과기노조보다 훨씬 큰 조직 규모(농협노조 2만 3,000여 명, 의보노조 4,000여 명), 전국적 확산성 등으로 사용자와 정부의 방해 및 불허 방침이 상대적으로 강했으나, 두 노조는 모두 과기노조의 전례를 내세우며 끈질긴 합법적 노조 결성 과정을 밟아갔다. 결국 상대적으로 부담이 적은 의보노조의 합법화가 먼저 이루어지고(1994년 11월), 농협노조는 설립 신고-반려-재신고-서류 보완 요구를 반복하고 있었다. 그러나 농협노조는 합법화와 상관없이 1995년 11월 민주노총이 창립할 때 '전국농협노조 준비위원회'의 형태로 가입했다.[8]

(4) 공동 교섭 : 병원노련, 전문노련, 건설노련, 사무노련

비제조업 업종 노조 가운데 생산직 노조와 가장 친화력을 가지고 있는 것으로 평가되는 전국병원노동조합연맹(병원노련)은 1989년 이후 산별 조직화의 방침을 정하고 있었지만 과기노조와는 다른 조건, 즉 가입 단위 노조들이 전국적으로 산재해 있으며, 임금·근로·고용 조건에서 내부 격차(규모별 격차)가 매우 크고, 단위 조합 내 조직원의 직종 구성이 매우 복잡하며, 사용자의

---

7 '농협 경기지역 노동조합'이 처음으로 법원 판결에 의해 합법화되자(1993년 2월 23일), 이것을 계기로 도 단위 노조의 합법화보다 곧바로 전국 단일 노조로 나아가기 위한 시도가 이루어졌다.

8 전국농협노조는 장기간에 걸친 합법화 투쟁 끝에 1999년 11월 8일 서울지방노동청에 의해 설립신고가 접수되어 합법화되었다.

구성도 매우 복잡하다는 등의 조건 때문에 조직 재편보다는 교섭 집중화(공동 교섭) 과정을 먼저 거치면서 내부 통합력을 제고하는 전략으로 기울어 있었다.[9] 공동 교섭은 합법화(1993년 6월) 이후 연맹 중앙에 교섭권을 위임하는 방식을 주로 채택했는데, 조직력이 비교적 강한 서울·인천의 두 지역 본부, 그리고 전국지방공사 의료원 노동조합협의회(지의노협) 세 곳에서 먼저 시작했다. 병원 규모에 따른 임금 조건 등의 차이가 심해 서울의 경우 대학 병원급 7개, 중소 병원급 5개의 두 그룹으로 나누어 교섭을 진행했는데, 1단계는 집단 교섭, 2단계는 대각선 교섭의 방법이 채택되었다. 참여 병원 수가 적은 인천은 4개 병원 집단 교섭이, 지의노협은 집단 교섭-통일 교섭-대각선 교섭이 순차적으로 진행되었다.[10] 1995년에는 1994년의 경험을 바탕으로 모두 5개 지역 본부(서울·인천·지의노협·부산·대구경북)에서 공동 교섭을 추진하게 된다. 연맹에 교섭권을 위임해 공동 교섭에 임한 노조의 수는 1995년에 모두 62개에 달했다. 조직의 반이 공동 임투의 틀 속으로 묶인 것이다.

이 공동 임투는 병원연맹에만 국한된 것이 아니라, 병원노련과 유사한 조건을 가지고 있었던 전문노련·건설노련·사무노련에서도 유사한 형태의 공동 교섭이 이 시기에 추진되었으며, 이 공동 교섭의 목표도 모두 동일했다. 즉 이를 통해 내부의 조직 간 동질성을 높이고, 중앙 지도부에 대한 하부 조직의 신뢰도를 높이며, 조직 간, 조합원 간 연대 의식을 제고하는 것, 그리고

9 1995년 현재 병원노련은 모두 12개 지역 본부 138개 노조, 조합원은 35,000여 명이었다. 이 중 120개 병원이 법인 혹은 공사 소유의 형태이고, 학교법인이 38개, 의료·재단·사단법인이 33개, 사회복지법인이 7개, 특수법인이 13개, 지방공사가 29개이며 개인병원은 10개에 불과하다. 병상 500개 이상의 병원에는 모두 노조가 설립되어 있었고(36개), 300~500병상 규모의 조직률은 약 50%(34개)이나 300병상 미만의 조직률은 매우 낮고 특히 영세 개인병원은 사각 지대로 남아 있었다. 조합원들의 직종은 사무직, 간호직, 약무직, 보건직, 기술직, 전산직, 의공직, 별정직, 기능직, 임시직 등 매우 다양하며, 간호사가 조합원의 39%, 보건직 13.2%, 조무사가 12.8% 순이다. 여성의 비율이 약 77%에 달한다(전국병원노동조합연맹, 1995).
10 전국병원노동조합연맹(1994).

이를 통해 과기노조와 같은 방식으로 업종별로 (소)산별 단일 노조를 조직해 나가고자 했다. 단, 병원노련의 경우는 전국 각 지역에 조직이 산재해 있는 조건을 감안해 전국 단일 산별노조의 전단계로 지역 본부별 공동 임투를 거쳐 지역별 단일 산별노조 조직화를 먼저 추진하고, 이를 토대로 전국적 단일 산별노조로 나아간다고 하는 단계별 전략을 채택하고 있었던 차이가 있었을 뿐이다.[11] 이 조직들은 각각 1996~99년을 산별노조로의 조직 전화 기간으로 정하고 단계별로 그 조건을 다져가는 작업을 하고 있었다.

여러 가지 한계는 있었다. 우선 사용자들이 이 조직 재편과 공동 교섭 요구를 거부하고 있었고, 따라서 많은 경우 실질적인 효과보다는 산하 조직들과 조합원들이 이런 작업이 왜 필요한 것인지를 깨닫게 되는 '교육 효과'가 더 컸다. 그리고 무엇보다도 대부분의 업종, 그것도 동일 업종 내의 소업종의 경계선을 따라, 그리고 고용 주체의 성격의 유사성을 기준으로 조직 재편과 공동 교섭의 노력을 기울이고 있었던 탓에, 자칫 '조금 더 확대된 기업별노조'를 만들어 내는 데 그칠 우려도 있었다. 기업별 종업원 의식은 극복되는 조짐이 있었지만 '업종별 의식'이라고 부를 수 있을 또 다른 형태의 확대된 기업별 의식이 재생산될 우려가 있다는 지적들도 제기되었다. 산별노조의 핵심적인 조직 원칙이 "자본의 경계선(기업·업종·산업 등)이 아니라 노동의 경계선을 따라 계급적 조직을 구성하는 것"이라 할 때, 자본 편성의 분리선을 따라 움직여 간 이 실천이 과연 계급적 대중조직 건설의 경로일 수 있는가 하는 의문도 제기될 수 있었다.

그럼에도 불구하고 이 시기에 진행된 이런 노력은 적어도 지도부의 관점에서는, 경제적·조합주의적 수준이라도 주어진 한계 속에서 가능한 한 계급적 산별 조직으로 전환해 가겠다는 분명한 목적의식에서 조직된 것이었다는

---

11 전국민주노동조합총연맹(1996; 토론회 자료집, 03/06).

점을 평가하지 않을 수 없다. 이 과정에서 가장 어려웠던 것은 정부나 사용자
와의 관계에서가 아니라 조직 내, 조직 간부의 수준에서, 이런 변화가 기존의
기업별노조 체제하에서 노조 간부, 특히 위원장의 '권한'을 희생하는 것이라
는 반발을 넘어서는 일이었다고 평가하고 있음에 주목할 필요가 있다.[12]

3. 금속산별노조 건설을 위한 노력

이 시기에 생산직 노조들의 조직전환 과정, 그리고 산별적 공동 교섭 실
천의 경험은 한 단계 지체되고 있었다. 그 이유는 다음과 같다.

첫째, 생산직 노조는 거의 예외 없이 기존의 한국노총과 조직이 중복되어
있었고 따라서 노동법이 개정되지 않고서는 어느 연합 조직도 합법적 지위
를 확보할 수 없었다. 따라서 조직 재편, 산별노조 건설의 문제보다는 노동법
개정 투쟁이 우선으로 고려될 수밖에 없는 상황에 있었다.

둘째, 1987년 이후 노동운동의 과정 속에서 이미 연대 조직의 틀은 업종
이나 산업이 아니라 '지역'을 중심으로 하고 있었다. 특히 전국노동조합협의
회(전노협) 조직은 곧 지노협 조직들의 합과 마찬가지였던 상태였으며, 대기
업 노조들은 현총련, 대노협 등 그룹별 연대 조직의 틀 속에 머물러 있었다.
따라서 비제조업 업종 노조들의 경우와는 달리 산별 조직화를 위해서라도
우선 기존 연대 조직의 틀을 전면적으로 해체-재구성해야 하는 일로 인식되
고 있었다.

---

12 "이 과정에서 가장 큰 장애이자 추진력은 기업별노조의 위원장들이었다. 위원장들이 기득
권을 포기하고 산별노조의 대의에 힘 있게 결합하도록 만드는 것이 가장 큰 과제였던 것이다"
(전국전문기술노동조합연맹 1996, 263).

셋째, 1987년 이후 생산직 노조 운동의 중심축이 빠른 속도로 재벌 대기업 노조 중심으로 이동하고 있었는데, 1992~93년 이후 이 노조들의 대부분이 대외적 연대보다는 내부의 조직 안정화를 위한 노력에 치중할 수밖에 없는 상황에 있었다.[13] 따라서 산별 조직화를 위한 논의는 '전노협'을 중심으로 제기되고 추진되었던 데에 비해서, 대기업 노조의 관심은 거의 없었다.

넷째, 운동 기조의 차이 문제가 있었다. 생산직 노조 운동의 관점에서 보기에 업종 노조 쪽의 조직 재편 노력은 그 자체가 바람직한 것이기는 하지만 생산직 노조의 조건이나 '정서'에는 잘 맞지 않는 것이라는 생각이 있었다. 특히 생산직 노조의 입장에서는 이 노력이 대중 동원과 대중투쟁을 기반으로 한 투쟁적 방식이 아니라 합법화된 연맹들이 지나치게 합법적 방식으로, 법에 의존해서 추진하고 있는 것으로 비쳤다. 말하자면 이들이 보기에 이것은 조직 발전이기는 하지만 운동적 관점에서는 다분히 '개량주의적'인 것으로 비치고 있었던 것이다.

그러나 가장 큰 문제는 상황과 조건의 차이였다. 1987년 이후 생산직 노조 운동은 산업별·업종별로 보면 금속 부문에 거의 집중되어 있었다. 그리고 한국노총과의 관계에서 보면 조직적으로도 금속 부문은 민주노총 진영이 주도권을 장악하고 있었지만, 섬유·화학 등 여타 부문에서 민주 노조 진영의 조직력은 거의 무시해도 좋을 정도에 불과했다. 따라서 생산직 노조의 경우 산별 조직화의 문제는 금속 산별 조직화의 문제로 집약될 수밖에 없는 성격을 지니고 있었고[14] 금속 산별의 건설은 전체 노조 운동의 중심을 건설한다

---

13 예컨대 1990년에 접어들면서 대부분의 재벌 대기업에서 적극적으로 추진된 경영 주도하의 기업 혁신 운동, 소위 '신경영전략'의 문제가 있었다. '신경영전략'은 작업장 수준의 노조의 권력의 기반(현장 장악력)을 크게 침식해 대기업 노조들을 '안으로부터' 흔들어 놓는 효과를 발휘하고 있었다. 가장 대표적인 사례가 1989년부터 시작된 대우조선의 '희망 90년대 운동'이다(영남노동운동연구소 1995).

14 1994년 현재 '전노대'에 포괄되어 있는 금속 부문 조직은 모두 488개 노조 264,402명으로

는 것과 같은 의미가 있는 것이기도 했다. 이를 위한 노력은 크게 세 단계(계기)로 나뉘어 진행되었다.

우선, 생산직 노조 내에서 산별 조직화의 문제, 특히 금속 산별 조직화의 문제는 1991~92년 '전노협' 내에서 먼저 논의가 시작되었다. 전노협은 당시 탄압 속에서 조직이 급속하게 축소되고 있었는데, 이 상황을 돌파하기 위한 방안으로 '전노협의 조직 강화와 산별노조 건설'을 동시에 추구하는 전략을 기획했다.[15] 구체적인 목표는 두 방향으로 잡혀 있었다.

첫째, 전노협 조직의 축소가 1989년 이후의 강력한 탄압, 그리고 산업구조 조정과 이에 따른 중소 제조업 기업들의 경영난에서 기인하는 것이며, 따라서 이는 당시의 조건에서는 '상수'와 같은 것이므로, 조직 강화를 위해서는 결국 전노협 참여를 보류해 온 대공장 노조들과의 결합도를 높여 나가야 한다는 것이었다. 대기업 노조의 참여는 전노협 조직 강화의 의미와 금속 산별 노조의 주체 형성이라는 이중의 의미를 갖는 것이었다. 이를 위해 '대공장 특위'가 설치되었다. 둘째는 비제조업 업종 노조와 비교할 때 생산직 노조의 업종별 조직 분화가 지나치게 미진하다고 판단하고 섬유·화학·기계금속의 세 업종에 한해 업종별 조직화를 적극적으로 추진한다는 것이었다. 이를 위해 '업종 조직 강화 특위'가 설치되었다.[16]

나타나고 있었다. 이는 금속 부문 전체 조직 노동자의 수가 40만 정도였음을 감안할 때, 이미 2/3가 한국노총이 아닌 민주 노조 진영(전노대) 사업장이었던 것이다. 그리고 여기에 활성화된 노조들의 대부분이 포함되어 있었음을 감안하면 금속 부문은 사실상 민주노총의 헤게모니가 관철될 수 있는 산업 부문이었다. 이에 비해 화학은 218개 노조 5만여 명, 섬유는 47개 노조 2만여 명으로 조직 노동자의 1/4 수준에 머물렀을 뿐만 아니라, 조직력, 운동력도 매우 취약한 중소기업들이 거의 다였다(전국노동조합대표자회의 정책반 1994).

15 이 시기에 전노협은 내부에 '조직 발전 전망 팀'을 구성하여 이를 위한 정책 구상 작업을 책임지게 했다. 1991~92년간 이 팀에서는 몇 가지 정책 문건을 작성했다. 이 문건들은 다음과 같다. "민주노조운동의 계급적 발전을 위하여", "민주산별과 전노협", "전노협의 확대강화와 산별 노조로의 발전을 위하여", "산별노조 건설에 관한 법적 측면에 관한 검토".

16 그러나 이 시기 전노협의 이런 노력은 큰 결실을 맺지 못했다. 대공장 노조들은 각기 자기

금속 산별노조 건설 노력의 두 번째 단계는 1993년 6월 '전노대' 출범을 전후해 본격적으로 진전되었다. '전노대'에 참여한 생산직 노조들은 크게 '전노협'·'현총련'·'대노협' 그리고 나중에 별도의 그룹별노조 협의회를 구성한 기아그룹 산하 노조들의 협의체인 '기총련'으로 분립되어 있었는데, 이 분립 자체가 '전노대' 내에서 생산직 노조의 상대적 위상과 지위의 하락을 초래하고 있었다. 이 상황을 타개하기 위한 노력은 대우조선·현대중공업 등 영남 지역을 중심으로 포진해 있었던 대규모 조선소 노조들에 의해 추동되었다. 이들은 그동안 산재와 직업병 문제 등 사안별로 서로 협의하고 연락하면서 느슨한 연대 관계를 유지해 왔는데, '전노대' 출범을 계기로 조선소 노조들의 업종별 조직체를 정식으로 구성하기 위해 집중적으로 노력하게 된 것이다. 실제 작업은 전노대 출범 전인 1993년 3월부터 시작되었으며, 4월 30일 대우조선 위원장이 정식으로 '제안서'를 발송함으로써 본격화되었다.[17]

5월 1일 조선업종노동조합 대표자회의가 소집되었고 여기에서 월 1회 대표자회의의 정례화, 산안보건·후생복지·조사통계·조직·교육선전 부서의 교류 확대, 합동 세미나, 노조 간부 합동 수련회, 사업장 상호 방문 및 조합원 간 연대 편지 보내기 운동, 한라중공업 노조 탄압 공동 대응 조직 등 조직 결속을 위한 실천 경험을 축적해 갔다. 1993년 11월 10일 전국 노동자 대회에 즈음해 '규약'이 확정되었고, 1994년 1월 6일 전노협이 주최한 국제세미나[18]

사업장 내부 문제에 갇혀가는 경향을 보이고 있었으며, 기계금속 업종 조직들은 이미 전노협 산하 지노협 조직에 거의 포괄되어 있었다. 섬유와 화학은 일단 대상 사업장의 절대 수와 규모가 적었고, 따라서 '협의회' 수준으로 묶는다 하더라도 전국적으로 산재해 있는 중소사업장들을 조직회한다는 것은 사실상 한계가 분명한 사업이었다.

17 그러나 이 과정에 전노협 집행부가 적극적으로 결합해 있었다. 1991~92년간의 업종 조직화 사업의 연장선상에서 조선 업종 노조들을 묶어 보려는 노력이 있었는데, 조선소 노조들이 그동안 전노협과 가장 친화적 관계를 유지해 왔다는 점도 주요하게 작용했다.

18 핀란드 금속노조의 후원으로 전노협이 개최한 "국제 조선업종 노동조합 정책세미나"를 말한다.

에 참석한 노조 간부들이 사업 기조, 부서별 사업 방침에 대해 의견을 정리함
으로써 사실상 1년여에 걸친 준비 작업이 마무리되었다. 1994년 1월 30일,
'전국조선업종노동조합협의회'(조선노협)가 현대중공업, 대우조선, 한진중공
업, 한라중공업, 현대미포조선, 코리아타코마 노조를 참가 노조로, 삼성중공
업, 강남조선, 대동조선, 대선조선, 한진중공업 울산공장, 한진중공업 수리선
노조를 참관 노조로 하여 정식 출범한다. 참가 노조 조합원 총 수가 3만 5,426
명, 참관 노조까지 합하면 모두 5만여 명의 조직으로 출발한 것이다.

　　조선노협의 출범은 제조업 생산직 노조의 조직 분화를 촉발하는 계기가
되었다. 조선노협에 뒤이어 자동차 업종의 조직화가 가속화되기 시작했고,
조선과 자동차를 제외한 나머지 금속 사업장 노조들을 '일반 기계 금속'으로
묶고자 하는 노력도 진행되어 갔다. 또한 이는 민주노총의 조직화를 앞두고
한 걸음 뒤처져 있었던 생산직 노조의 전국적 재조직화를 촉발했을 뿐만 아
니라, 특히 출범 준비 과정에서 향후 금속산업 부문의 노동조합들을 함께 묶
어 '금속연맹'을 조직하고, 이를 토대로 금속 산별노조로까지 조직 발전을 추
동해 간다는 입장을 분명히 공유했다는 점에서 매우 큰 의미가 있는 일이었
다. 조선노협 창립 선언문에는 기업별노조를 넘어 산별노조로 나아가야 할
필요성, 금속 산별노조 건설의 과제, 전노협과의 연대 등의 내용이 2/3를 차
지했다.[19]

19 출범 당시 '연맹'이 아니라 '협의회'로 그 명칭을 정한 것은 이 점의 반영이다. 조선노협은 비
제조업 업종 노조의 조직화 과정에서처럼 업종별로 분화된 조직을 지향하는 것이 아니라 조선
노협의 주도적 활동을 통해 전국 금속 노동자를 하나로 묶는 작업을 목표로 할 것임을 천명한
것이다. "우리 전국 조선업종 노동자들은 조선노협의 깃발 아래 굳게 뭉쳐 자주적이고 민주적
인 금속 산별노조의 건설을 위해, 더 나아가 민주 노조 진영의 단일한 전국 조직 건설을 위해
…… 나설 것이다"(조선노협 "창립선언문" 94/01/30).

4. '전노협 해산/민주노총 건설'과 금속산별노조
: 통합 '금속연맹'의 출범

이 시기에 '전노대'는 곧 '민주노총'으로 전환할 것임이 분명해지고 있었다. 조선노협의 출범과 함께 제조업 노조 조직의 업종 분화가 본격화되자 '민주노총'의 출범 일정을 앞당겨 1995년 5월 1일 '메이데이'를 창립 목표 일자로 정하고, 이를 위해 '민주노총준비위원회'[민노총(준)]가 조직되었다(1994년 11월). 그러나 '민주노총' 창립은 이후 1995년 11월 10일 전국 노동자 대회로 늦춰지게 된다. 그것은 생산직 노조의 조직화, 특히 금속 부문 노조의 총 조직화 방안 문제가 전노협을 중심으로 제기되면서 격렬한 내부 논쟁이 촉발되었기 때문이다. 이 논쟁과 그 결과는 생산직 노조의 산별 조직화 노력의 세 번째 계기가 되었다.

원하든 원치 않든 전노협의 해소는 불가피한 일이 되어 가고 있었다. 전노협 조직이 대폭 축소되어 있었고,[20] 업종 조직화 사업은 섬유와 화학에서는 거의 부진했으며, 금속에서의 업종 분화는 전노협으로 조직적으로 결합하기보다는 전노협의 해소와 금속 전체의 조직 재편을 요구하는 분화 양상을 보이고 있었던 것이다. 따라서 전노협 '이후'의 조직 발전 전망에 대한 본격적인 논의가 시작되지 않을 수 없었다. 그리고 이 조직 발전 논의는 이제 향후 (전노협의 해소를 전제로) 금속 산별노조, 그리고 그 전단계로서의 '금속연맹'을 어떻게 조직화할 것인가의 문제로 제기되었다.

---

20 출발 시 최대 20만 명 정도로까지 추산되었던 전노협 조직은 1994~95년간에 이르면 3~4만 수준으로 축소되어 있었고 산하 지노협 가운데 정상적인 기능을 할 수 있었던 조직은 사실상 마창노련 정도에 불과했다. 1994년 6월 현재 전노협 가입 조합원 수는 2만 7,000명, 참관·교류 노조를 합해도 4만 명에 불과했다. 가입 조합원 2만 7,000명 가운데 1만 명이 마창노련이었으며, 나머지가 10여 개 지노협 인원의 총합이었다(전국노동조합대표자회의 정책반 1994).

전노협 내에서는 이와 관련해 '제1안'과 '제2안'의 두 안이 따로 제출되었고(1994년 5~6월) 양자 간의 논쟁은 곧 금속 산업 부문 노조 전체로 비화되고 있었다. 이 두 안의 차이는 간단히 요약할 수 있다. 제1안은 민주노총 출범 시까지 전노협의 해소를 전제로 금속 부문 노동조합들을 총 규합해 '금속연맹'으로 조직화하자는 것이고, 제2안은 조선, 자동차, 기계금속, 전기전자 등 업종별 연맹으로 분화 조직하여 민주노총에 가입하자는 것이었다(전국노동조합대표자회의 정책반 1994). 이 논쟁은 결국 '절충'으로 끝났다. 즉 금속연맹을 주창하는 쪽과 업종별 연맹을 주창하는 쪽이 각자 조직화 노력을 기울이고, 그 현실을 인정하는 선에서 마무리되었다.

'조선'과 '자동차' 양대 부문이 열쇠를 가지고 있었는데, 거듭된 협의에도 불구하고 양자의 입장은 변하지 않았다. 결국 조선노협이 기계금속연맹(준비위)와 결합해 전국민주금속연맹(금속연맹, 혹은 '구'금속연맹)을 조직하고, 자동차 업종은 '전국자동차산업노동조합연맹'(자총련)으로 규합되었다. 이 논쟁의 와중에서 한 걸음 물러서 있었던 현대자동차노조에 새로운 민주 집행부가 들어섰으며(1995년 8월), 이 집행부의 방침은 양자 간의 논쟁을 정리할 마지막 기회였다. 현대자동차 및 그 관련 노조 4~5만 명의 조직이 어디로 움직이는가가 결국 현실적으로 이 문제의 향방을 결정지을 것이었기 때문이었다.[21] 그러나 현대자동차 신임 집행부는 양쪽을 모두 거부하고 '현총련'에 남기를 선택했다. 결국 금속 조직은 금속연맹, 자총련, 그리고 금속연맹 참여 조직을 제외한 나머지 노조들로 구성된 현총련으로 삼분되었다.[22]

---

21 1995년 무렵 현대자동차와 인근 지역 부품 공장을 제외한 자총련 가입 노조는 완성차 업체(기아, 대우 쌍용, 아시아)의 36,600여 명, 부품업체 32개 노조 11,893명, 그리고 자동차 판매 관련 2,500명으로 총 51,000여 명 정도였다. 현대자동차 3만 명, 현대자동차 서비스 10,500의 4만여 명, 그리고 경주 등 인근 지역의 현대 납품 부품 업체 노조를 감안하면 현대자동차노조의 향배가 지닌 중요성을 짐작하고 남음이 있다.
22 1993년 선거에서 현대자동차노조는 친회사적·어용적 인물로 평가되고 있었던 이영복 위원

이 시기에 전노협 산하의 대표적 지노협이었던 '마산창원노동조합총연합'(마창노련)의 변화 과정을 살펴보는 것은 의미 있는 일이다. 마창노련은 '전노협' 출발부터 실질적으로 전노협의 건설을 추동한 중심 세력이었을 뿐만 아니라, 그 이후에도 전체 민주 노조 운동에서 가장 강력한 조직력과 투쟁력을 지닌 지역 조직으로 존재해 왔다. 마창노련은 가장 조직 운영이 어려웠던 1992~93년의 시기에도 지역의 미가입 노조들을 결합시키기 위해 많은 노력을 기울였다. 유능한 조직 활동가 1명을 이 미가입 중소기업 노조들을 위한 연대 사업 담당으로 배치했고, 이 노조들은 미가입 상태에서도 '청송회'로 불리는 위원장 정기 연석회의체(15개 중소기업 노조)를 조직해 마창노련에 참관하고, 노조 간부들은 마창노련 산하 부서별 회의에 주 1회씩 정기적으로 참여하고 공동 사업을 벌여 왔다. (구)금속연맹이 조직되는 과정에서 마창노련은 가입 노조 전부와 이 청송회 노조 전부를 포괄하는 조직으로 재조직되었고, 연대 사업의 범위를 넓혀 진주 지역의 중소기업 노조들, 그리고 거제의 대우조선 노조를 포함하는 지역 조직으로 탈바꿈했다. 금속연맹 산하 '서부 경남 지부'로 재편된 이 지역 조직에는 모두 29개 노조가 가입하고 있고 조합원 수는 2만 3,000여 명으로 늘어났다.[23] 마창노련의 이 확대 개편은, 금속

장이 당선되었다. 그는 이후 현대자동차를 노사협조주의의 대표적 사업장으로 이끌고 가고 있었고, 한국노총을 제외한 어떤 대외 연대조직도 부정했다. 2년여의 기간 동안 현대자동차는 민주 노조 운동의 대열에서 완전히 이탈해 있었으며, 이영복 집행부는 사용자들로부터 경제적 보상을 얻어내는 데에는 열심이었지만 대신에 '생산성 향상' 운동에 적극 협조함으로써 현장의 노동강도는 계속 강화되고 있었다. 현장의 자의적 노동강도 강화에 항의하다 해고된 조합 간부가 회사의 노조출입금지에 항의하다 분신한 사건('양봉수' 사건, 1995년 3월)을 계기로 현대자동차 집행부에 반대하는 내부 활동가 조직들이 격렬한 파업 투쟁을 벌였고, 그 여파 속에서 여름 선거에서는 민주파 후보가 다시 당선된다. 그러나 그 역시 당선 후 일체의 대외 연대 활동을 삼가겠다고 선언해 민주 노조 운동 진영에 충격을 주었다. 민주노총 출범에 즈음하여 현대자동차는 현총련에 잔류하기로 결정했는데, 현대중공업과 미포조선이 참여한 조선노협이 이미 금속연맹에 가입해 있었으므로(금속연맹 내 '조선분과'로) 현총련도 사실상 양분된 상태였다. 현대자동차는 '상급 조직'인 현총련 의장으로 노조 부위원장을 파견했다.

23 금속연맹 서부 경남 지부로 재편될 당시 해산한 마창노련의 가입 조직은 14개, 조합원 총수

연맹 조직화를 가장 강력히 주창한 지역 조직인 마창노련이 서구의 금속 산별노조와 같은 유형의 전국적 조직 체계, 즉 업종 등의 조직을 산하 분과나 사업 부회로 별도 편재하고 조직 체계는 전국 조직-지역 조직-현장 조직의 수직적 중앙 집중 조직 체계를 염두에 둔 조직 재편 과정이었다는 점에서 중요하다.[24] 서부 경남 지부는 이후 산하 노조들의 지역적 통합을 위한 사업, 즉 단위 노조들 간의 직접적 결합(단일 노조화)을 염두에 두고 노조 조직의 통합 운영, 공동 수련회, 공동 노보 제작 등의 구체적 노력을 기울여 나갔다.

1995년 민주노총의 출범 이후 삼분된 금속 조직들(금속연맹·자총련·현총련)은 다시 통합 금속연맹의 건설을 위한 노력을 기울였다. 지지부진하던 이 작업이 탄력을 받게 된 것은 1997~98년의 IMF 경제 위기의 와중이었다. 대규모의 구조 조정, 정리 해고, 대중 실업의 물결 속에서, 기업별노조 체제로서는 감당할 수 없는 노동의 위기를 극복하기 위해서는 다시금 산별노조 건설에 박차를 가해야 한다는 인식이 확산되었다. 1998년 민주노총 산하 조직 중 사실상 처음으로 병원연맹이 산별노조로 전환해 보건의료노조를 출범했고, 금속은 3대 조직이 다시 모여 통합 금속연맹을 출범하게 된다.

1993년 이후 금속 부문 노조들이 보여 온 이런 과정은 한국에서 산별노조의 건설이 얼마나 어려운 일일 수밖에 없는가를 다시 생각하게 해 준다. 그러나 이 과정은 한국의 노동자들을 계급적 조직으로 재편성, 재조직화해 가는 과정이다. 이런 대중조직 수준에서의 계급적 조직 재편이 이루어지지 않

는 1만 275명에 불과했다(마산창원노동조합총연합 1995). 진주지역 노조들은 아직 가입하지 않았고, 현총련 소속의 사업장 1곳(창원 현대정공, 1,800명), 자총련 소속의 한 곳(대원강업, 400명) 역시 가입하지 않았다. 그러니 창원 현대정공은 과거 마창노련의 중심 사업장 가운데 하나로 의무금 일부를 납부하면서 참관했다.

24 이 경우 지역 조직은 독일처럼 큰 나라에서는 광역 지구 조직-지역 지부 조직으로 이원화되고 스웨덴의 경우처럼 규모가 적은 경우는 전국 조직-지역 지부로 된다. 서구 산별노조의 조직 체계에 관해서는 영남노동운동연구소(1994)와 영남노동운동연구소 산별노조연구교육분과(1995), 한국노동사회연구소(1996) 참조.

고서는 그 위에 선 모든 정치적 강령이나 구호, 해방적 목표는 공허한 구호일 수밖에 없다. 그리고 그 이전에, 이 과정이 진행되지 않고서는 노동은 자본에 대해서도 국가에 대해서도 협상과 교섭의 파트너조차 될 수 없다. 한국의 민주 노조 운동은 1987년 이후 10년의 기간에 걸친 경험을 통해서, 그리고 IMF 경제 위기에서 촉발된 노동의 위기를 겪으면서 비로소 지도부의 의지 수준을 넘어서서 대중적인 차원에서 이 점을 재확인할 수 있었던 셈이다.

5. 민주노총 건설 이후의 산별노조 건설 과정

(1) 산별 조직화의 지체

1995년 민주노총준비위원회는 향후 건설될 민주노총의 조직 방침을 산별노조 건설로 정하고 가입 노조들을 향후 건설될 산별노조의 전신으로서의 산별 연맹 조직을 통해 가입하도록 결정했다. 그러나 11월 창립 당시 민주노총에는 이 방침을 지키지 못하고 그룹별로 가입한 두 개의 조직이 있었고, 지역 본부로 가입한 조직들도 다수 있었다.

산별 연맹 총 연합체로 민주노총의 조직 재편이 지체된 가장 주된 원인은 앞에서도 말했듯이 금속 부문 대기업 노동조합들이 금속연맹(당시에는 전국민주금속연맹)에 결합하지 않고 별도의 조직 단위를 구성했기 때문이다. 현대자동차와 현대중공업 등 현대그룹 계열의 대공장 노조들, 대우조선·대우중공업 등 대우그룹 계열의 대공장 노조들은 각각 다른 계열사 노조들과 함께 현대그룹노동조합총연합(현총련)·대우그룹노동조합협의회(대노협)를 구성해 가입했고, 그 밖에도 기아자동차·쌍용자동차 등은 별도로 자동차연맹을 구성

표 1_ 민주노총 가입 조직의 조직 형태별 구성 변화 (1995~99년)

	95.11.5(창립 당시)		97.5.31		98.8.31		99.9.30	
	노조 수	조합원 수	노조 수	조합원 수	노조 수	조합원 수	노조 수	조합원 수
전체	862	418,154	1,147	525,325	1,305	508,200	1,283	535,203
산업 가맹	734	313,872	1,083	455,664	1,276	501,381	1,251	528,173
그룹 가맹	20	52,438	12	57,517	4	4,405	0	0
지역 가맹	108	51,844	52	12,144	25	2,414	27	2,542

해 가입하는 등, 금속 부문 노조들이 3개의 조직으로 분리되었다. 민주노총의 핵심 조직인 금속 부문 노조들의 산별노조 건설 방향이 불투명한 가운데, 산별노조 건설을 위해서도 3개 조직으로 분리된 금속 부문 노조들의 재통합이 선차적인 과제가 될 수밖에 없는 상황이었던 셈이다.

민주노총 산하 노조들이 산별노조 전환의 필요성을 구체적으로 절감한 것은 IMF 경제 위기를 겪으면서였다. 대규모의 정리 해고와 실업, 구조 조정 등을 겪으면서 기업별노조로서는 감당할 수 없는 전국적, 전 산업적 과제에 직면하게 됨으로써 민주노총은 산하 조직의 산별노조로의 조직 전환을 본격화하기 시작했다. 그러나 실제로 그 성과는 매우 미미했다.

위에서 보듯이 2003년 말, 형식적으로는 민주노총 소속 조합원의 약 40% 정도가 산별노조 소속으로 되어 있지만, 대부분의 산별노조들은 기존의 기업별노조들이 산업별·업종별로 단순히 합병한 조직에 불과했다. 실제로 산별노조 전환과 더불어 산별 교섭 등 산별노조로서의 정상적인 기능을 하기 위해 노력하고 있는 조직은 보건의료노조·금속노조 둘뿐이었던 것이 현실이었다.

게다가 대부분의 조직은 산별노조로서의 최소한의 정상적인 활동을 전개하기도 힘들 정도로 그 규모가 매우 왜소했다. 조합원 9만 명 정도로 가장 큰 조직인 전교조는 산별노조라기보다는 전국적 단일 직종노조로, 법에 의해 단체행동권이 금지되고 단체교섭권도 극히 제한되어 있는 특수 조직이었고,

표 2_ 민주노총 소속 노동조합 가입 형태별 조직 현황 (2003년 12월 말)

노조 형태	노조 수(개)		조합원 수(명)		비율[1](%)		비율[2](%)	
	'02.12	'03.12	'02.12	'03.12	'02.12	'03.12	'02.12	'03.12
기업별노조	796	752	326,398	357,912	88.5	88.1	55.0	57.6
산별노조	25	26	254,868	253,033	2.8	3.0	42.9	40.8
지역 노조	78	76	12,615	9,867	8.7	8.9	2.1	1.6
합 계	899	854	593,881	620,812	100.0	100.0	100.0	100.0

주 : 1) 비율[1]은 노동조합 수 기준, 비율[2]는 조합원 수 기준.
    2) 지역 노조는 지역 본부를 통해 직가입한 노조임.

이를 제외한다면 그나마 보건의료노조, 금속노조가 가장 큰 조직이나 그 규모는 3~4만 정도에 불과했다.

이 두 노조 중에서도 1998년 산별노조로 먼저 전환한 보건의료노조는 전환 당시 기존의 기업별노조를 산별노조 산하 기업 지부로 단순 개편했고, 이 기업별 지부에 교섭권과 파업권 등 노동조합으로서의 핵심 기능을 여전히 부여하고 있어 정상적인 산별노조로 보기 어렵다. 금속노조는 이와 달리 기초 조직을 지역 지부Local로 설정하고 기업 단위 지회에는 교섭권과 파업권을 부여하지 않았다. 이를 기준으로 할 때, 사실상 산별노조로서의 최소한의 조직 형식이나 체계를 구비한 것은 금속노조가 유일하다고 할 수 있다. 금속노조는 금속연맹의 적극적인 주도로 2001년 창립한 이후 2003년에는 최초로 산별 중앙 교섭을 성사시키기도 하는 등 모범적인 활동을 전개했으나, 왜소한 조직 규모, 사용자들의 집중적인 견제와 압박, 그리고 소속 사업장 중 상대적으로 규모가 큰 사업장(지회)들의 소극적인 참여 등으로 그 활동에 심각한 어려움을 겪어 왔다.

(2) 병원연맹과 보건의료노조

병원연맹의 산별노조 건설은 연맹 합법화 직후인 1994년부터 체계적으로 진행되었다. 연맹은 우선 매년 계속되던 단체교섭과 파업 투쟁을 합법 연맹의 지휘하에 한 단계 높은 '공동 교섭, 공동 투쟁'으로 진행한다는 목표를 정했다. 이를 위해 단위 노조들은 연맹 중앙으로 교섭권을 위임하고, 연맹은 지역 본부 단위로 집단 교섭과 대각선 교섭을 추진하는 상황이 1997년까지 계속되었다.[25]

다른 한편, 병원연맹은 '산별노조연구소위원회'를 설치해(1994년 하반기) 산별노조 건설 방향에 대한 논의를 본격화했고, 1997년 3월 정기 대의원대회에서 1년 뒤인 1998년 2월 산별노조를 건설하기로 확정하고 '의료산별노조건설추진위원회'를 발족했다. 4월에는 '의료산별노조건설기획단'을, 10월에는 '의료산별노조건설준비위원회'를 구성했고, 여기에 6개 분과를 설치해 세부적인 안을 준비했다. 단계적 건설론과 동시 건설론의 두 입장이 있었으나[26] 1998년 1월 임시 대의원대회에서 동시 건설론을 확정하고 전 조직에

------

25 그 이전까지의 교섭과 투쟁의 전술은 '시기 집중' 정도였다. 이는 총연맹, 혹은 연맹 단위로 단위 사업장들이 중앙의 방침을 공유한 상태에서 사업장별로 같은 시기에 교섭을 요구하고 결렬 사업장들은 다시 동일한 시기에 쟁의 행위(파업)에 돌입하여, 공동의 투쟁 전선을 유지하고 핵심 투쟁 사업장의 선도적인 투쟁의 결과를 전 조직이 공유한다는 전술이었다. '공동 교섭, 공동 투쟁'은 여기에서 한 걸음 더 나아가 노동법상 가능한 '교섭권 위임'을 통해 상급 조직에 교섭권을 집중시켜 이를 고리로 사업장별 교섭이 아닌 집단 교섭(주로 지역별)을 추진했던 것을 말한다. 사용자들의 불응으로 결과적으로는 대각선 교섭으로 마무리되는 것이 일반적이었지만, 교섭과 투쟁의 집중도는 전자보다 훨씬 높은 것이다. 금속연맹과 병원노조가 이 전술을 주로 사용했다. 일본의 '춘투'와 형태상으로 유사한 점이 있지만, 두 조직 모두 이 전술을 산별노조로의 이행의 과도 단계로 간주하고 있었던 점에서는 그 성격은 전혀 다르다.
26 단계적 건설론은 지역별로 지역 노조를 먼저 건설하고 이를 기반으로 전국 단일 노조를 건설하자는 안이었고, 동시 건설론은 공동 교섭-공동 투쟁의 경험 위에서, 그리고 지역별 편차가 더 벌어지기 전에 조기에 전국 단일 노조를 건설하자는 입장이었다. 그러나 양자 간에 큰 대립이 있었던 것은 아니다.

걸쳐 일제히 '조직 변경 결의'를 추진했다.

1998년 2월 27일 전국보건의료산업노동조합이 정식으로 창립했다. 병원노련 130개 노조 가운데 93개 노조(71.5%), 조합원 3만 4,286명 중 2만 5,704명(75%)이 산별노조로 전환했고[27] 1998년 3월에 신고필증이 발부되어 합법적 노조로 인정받았다. 미전환 사업장들이 있어 병원노련도 유지되었지만, 주요 노조들은 사실상 100% 전환한 상황이어서 이로써 병원노련 시대는 마감되고 보건의료산업노조의 시대가 시작된 것이다.

그럼에도 불구하고 보건의료노조는 산별노조 출범의 의미를 스스로 제한적으로 평가하고 있었다. 보건의료노조는 1998~99년은 여전히 산별노조로의 이행기이며, 2000년에 연맹을 해산하고 이후 2004년까지가 산별노조의 모습을 제대로 완비하는 시기가 될 것이고, 2005년 이후에는 더 큰 대 산별노조로 발전해 나간다는 조직 발전 전략안을 가지고 있었다.[28] 병원노련의 산별노조 건설 과정은 산별노조 건설 운동 전체에서 기념비적인 의미를 가졌음이 분명하다. 이후 이 경험은 다른 모든 조직의 산별노조 건설 과정에서 주요한 하나의 기준점이 되었다.

(3) 금속산업연맹과 금속노조

민주노총 출범 당시 금속 부문의 노조들은 민주금속연맹, 자동차연맹, 그룹별노조협의회인 현총련 등 3개 조직으로 나뉘어 이에 가입했다. 이 3대 조직이 하나로 재규합된 것은 IMF 경제 위기 이후인 1998년이다. 세 조직의

---

27 활동 중인 노조를 기준으로 하면 노조 수로 89.6%, 조합원 수로 89.2%에 달했다고 한다.
28 "보건의료노조는 건설 당시 발전 전략안으로, 산별노조 이행기와 완성 시기를 거쳐서 완전한 산별노조로 가는 과정을 설정하여, 1998년과 1999년을 기업별[노조의-인용자] 잔재로부터 탈피하고 실질적인 산별노조로 내용을 갖추어 가는 2년의 이행기로 삼았다"(최경숙 1999, 15).

통합으로 다시 출발한 금속산업연맹은 이후 산별노조 전환을 핵심적인 조직 방침으로 추진했다.

그러나 2001년 산별노조인 금속노조의 출범 당시 조직 전환을 통해 이에 참여한 노조들은 거의 중소기업 노조들로 그 규모는 3만 명에 불과했다.[29] 금속연맹은 이후 연차적으로 산하 노조들의 산별노조 전환(금속노조 가입)을 추진했고[30] 2003년에는 대의원대회에서의 결의를 거쳐 전 조직에 걸쳐 대대적인 산별 전환 투표를 추진했으나, 대부분의 노조는 전환 투표 자체를 실시하지 않았고, 현대자동차나 대우조선 등 주요 대기업 노조들이 조합원의 2/3 이상 찬성을 얻지 못해 실패했으며, 중소기업 노조들을 중심으로 5,000여 명이 가입하는 데 그쳤다.[31] 금속 대기업 노조들의 산별노조 전환 실패 내지 거부로, 금속연맹은 중소기업 중심으로 재편된 하나의 산별노조(금속노조)와 대기업 중심으로 기업별노조들의 연맹체로서 정상적인 상급 조직으로서의 사업을 전개하지 못하고 있었다. 금속연맹은 산하 조직들의 산별 전환 추진을 핵심 사업으로 정하고 특별 위원회인 '산별완성위원회'를 설치했으며, 2006년까지 모든 조직을 산별노조로 전환한 후 연맹을 해산한다는 방침까지 정하고 있었으나, 실제로는 여전히 현대자동차 등 대기업 노조들의 전환 여부가 이 방침의 현실성을 판단하는 기준이 될 수밖에 없는 상황이었다.

---

29 창립 당시 참여 노조는 연맹 소속 242개 노조 16만 9,205명 중에서 108개 노조 3만 795명에 불과했다. 자동차, 조선 등의 대부분의 대기업 노조들이 이에 불참했다.

30 창립 첫해인 2001년의 경우 산별노조 전환 투표를 추진한 29개 노조 중 6개 노조(4만 1,456명)가 부결되고 23개 노조(6,571명)가 가결되었으며, 다음해인 2002년에는 5개 노조가 전환했다. 전환한 노조들은 모두 중소사업장 노조들이었다.

31 연맹의 방침에 따라 산별노조 전환 투표를 실제로 실시했던 노조는 모두 13개에 불과했으며, 그중 전환이 이루어진 것은 8개 사업장 5,127명이었다. 전환 노조 중 가장 규모가 큰 노조는 대우종합기계로 2,459명이었고, 나머지는 대부분 중소 사업장들이다. 현대자동차(3만 9,100명)는 62%의 찬성률로 2/3에 미달해 부결되었으며, 대우조선(7,163명)·로템(2,424명) 등 대기업 역시 마찬가지였다.

금속노조는 대기업들의 불참 속에서도 독자적인 산별노조로의 활동을 전 개하고자 많은 노력을 기울였다. 금속노조는 산하에 14개의 지역 시부와 1개 의 기업 지부(만도기계), 그리고 2004년 현재 170개 사업장 지회와 3만 9,677 명의 조합원을 가진 단일 산별노조 체제를 유지하고 있었다. 단체교섭권과 체결권, 파업권 등 노동조합의 핵심 권한은 위원장에게 있으며, 각 15개 지 부의 지부장이 위임받은 교섭권을 행사한다. 단체교섭은 산별 중앙 교섭과 지부 교섭이 중심이며, 교섭 형태는 지부 집단 교섭이 중심이나 사용자의 거 부로 집단 교섭에 불참하는 사업장의 경우에는 대각선 교섭이 이루어진다.

창립 첫해인 2001년에는 지부별 대각선 교섭을 추진하는 정도였으나, 2002년에는 대부분의 지부에서 집단 교섭을 실시했고 이를 통해 108개 사업 장에서 본조에서 마련한 '산별 기본 협약'을 기존의 기업별 단체협약에 도입 할 수 있었다. 2003년에는 100개 사업장의 사용자들이 산별 중앙 교섭에 응 하도록 강제했으며, 이에 따라 한국 노동운동 사상 처음으로 산별 중앙 교섭 이 이루어지고 산별 협약이 체결되었다. 2004년 중앙 교섭에서는 사용자단 체를 구성한다는 합의를 이끌어 내기도 했다.[32]

금속노조의 이런 성과는 그 자체가 커다란 의의를 가지는 것이었지만, 여 러 가지 한계를 안고 있다. 첫째, 대기업 노조들의 가입 지체는 금속노조의 활동에 근본적인 제약으로 작용했다. 작은 규모의 전국적 조직으로서 조직 활동을 정상적으로 전개하기 어려울 정도로 노조 자체의 인적·재정적 가용 자원이 제한되어 있다. 둘째, 대기업 노조의 불참은 금속노조 참여 조직들에 도 원심력으로 작용하고 있었다. 산별 중앙 교섭에는 소속 지회의 절반 정도

---

32 금속노조의 산별 중앙 교섭은 실제로는 중앙 교섭에 참여할 것에 동의한 개별 사용자들이 모여 교섭 대표를 선출해 교섭하는 일종의 집단 교섭이었다. 그러나 금속노조의 압박으로 사용 자단체 구성에 동의한 참여 사업장 사용자들은 2005년 사용자단체를 설립하고 법인 설립 신고 를 하기에 이르렀다.

가 참여하고 있으며, 불참 지회의 대부분은 노조 내에서 상대적으로 규모가 큰 조직들이다.[33] 셋째, 사업장 지회는 노동조합 조직으로서의 독자적 권한이 부여되지 않으나, 그럼에도 불구하고 지회는 여전히 선출직 대표(지회장)와 집행부, 재정의 50%와 각종 지회 단위 기금, 상근 인력의 대부분[34]을 가지고 일상적인 노조 활동을 지속하는 기초 단위가 되어 있었다. 지역 지부는 산하 지회들의 적극적인 참여와 협력 없이는 산별노조의 핵심 조직으로서의 최소한의 활동조차 할 수 없는 상태에 머물러 있었다.

6. 산별노조 건설의 전기 : 2006년의 산별 전환

지지부진하던 민주노총의 산별노조 건설 운동은 2005~06년에 즈음하여 새로운 계기를 맞게 되었다. 여기에는 몇 가지 배경이 있다.

첫째, 민주노총은 산별노조 건설과 관련해서는 총연맹으로서의 독자적인 구체적 기획안, 혹은 실질적 실천 지도력을 갖추지 못하고 있었고, 단지 2000년의 전략 위원회 및 산별 기획단 등을 통해 마련된 개략적인 방침만을 가지고 있었던 것이 사실이다. 그러나 IMF 이후 계속된 조직 위기, 특히 조직률 하락, 내부 격차의 확대, 비정규직의 급증에 따른 조직 대표성의 위기 등에 대해 이를 타개할 조직 방침을 산별노조 건설 운동의 대대적인 강화 외에서는 찾을 수 없다는 공감대가 확산되면서, 민주노총은 2005~06년을 민주노

---

33 두산 중공업 등 금속노조 내의 여러 대기업 노조들이 참여하지 않고 있으며, 2005년에는 그 중 INI Steel이 금속노조를 탈퇴하기도 했다.
34 금속노조는 2003년 대의원대회에서 지회 전임 인력의 1/3을 지부와 본조에 파견하기로 결의했으나 실제로는 거의 이행되지 않고 있다.

총 전 조직의 산별 전환을 위한 조합원 총투표의 시기로 설정했다. 산별노조 건설의 실질적 주체인 민주노총 산하 주요 연맹 조직들 역시 지지부진하던 산별노조 건설 작업을 이 시기에 맞추어 대대적으로 다시 전개한다는 목표를 설정하고 움직이고 있었다.

둘째, 소위 '2007년 문제'가 외부적 압박으로 작용했다. 1998년 노동법 개정 당시 도입된 기업(사업장) 단위 복수 노조의 도입, 노조 전임자에 대한 기업의 임금 지불 금지 조항은 이후 두 번에 걸쳐 5년씩 유예되어 2007년부터 발효될 예정이었다. 이 두 조항은 기업별노조 체제를 고수하는 한 극복될 수 없는 조직 위기를 불러올 것으로 인식되고 있었고, 유일한 방안은 산별노조 체제로의 전환뿐이라는 공감대가 확산되고 있었다.

셋째, 산별노조 건설과 관련하여 가장 관건이 되고 있었던 두 조직, 즉 공공연맹과 금속연맹의 지도부들이 이 시기에 들어 산별노조 건설을 최대의 목표로 설정하고 있었다. 특히 금속연맹 산하 대기업 노조, 그중에서도 금속뿐만 아니라 전체 노동운동에 가장 큰 파급력을 가질 수밖에 없는 한국 최대의 기업 노조인 현대자동차노조에서 산별노조 건설에 가장 적극적인 의지를 지닌 집행부가 2005년 가을 들어섬으로써, 산별노조 건설의 핵심 추진 주체가 형성되고 있었다.

2005~06년 산별 전환은 이런 상황을 배경으로 유례없는 긴장감 속에서 추진될 수 있었다. 핵심 추진 조직은 공공연맹과 금속연맹이었고, 그중에서도 금속연맹, 특히 현대자동차를 위시한 자동차 완성사 대기업 노조들의 산별 전환이 관건이었다.

(1) 통합 금속노조의 건설

대기업 노조들의 산별 전환이 지체되는 가운데 금속연맹 지도부의 고민이 깊어지고 있었다. 소수 노조로 출발할 수밖에 없었던 금속노조는 초창기의 어려움을 극복하고 조직 확대, 산별 교섭의 쟁취, 사용자단체 구성 등 다양한 성과를 쌓아가고 있었지만, 동시에 여전히 과소한 규모에서 기인하는 인적·재정적 자원의 취약함, 상대적 대기업 사업장들의 교섭 불참과 조직 이탈, 선도적 산별노조로서의 활동과 투쟁에 뒤따른 조직 피로도의 증가 등으로 난관에 봉착해 있었다.[35] 이에 따라 금속연맹은 더 이상 산별 전환 사업의 지체를 용인하기 어렵다고 판단해, 2006년 상반기 산별 전환에 총력을 집중하고 이어 금속연맹을 해산한다고 하는 비상한 결정을 내리기에 이르렀다.

2005년 가을 조합원 규모 4만여 명의 최대 노조인 현대자동차노조에 산별노조 건설에 가장 적극적인 박유기 집행부가 들어섬으로써 금속연맹의 산별 전환 작업은 강한 탄력을 받게 되었다. 노동운동을 둘러싼 상황적 조건들, 민주노총의 방침, 금속연맹의 방침, 그리고 박유기 집행부의 노력이 어우러지면서 현대자동차 내의 여러 현장 조직들이 산별 전환 문제에 관해 적극적으로 동참할 수 있는 여건이 조성되었다. 이를 배경으로 박유기 집행부는 한편으로는 짜임새 있는 내부 준비 작업을 진행했고,[36] 다른 한편으로는 대우차·기아차 등 완성차 노조들과의 조율 작업, 나아가 연맹 내의 다른 사업장

---

35 2005년 10월 말 현재 금속연맹은 기업별 단위 노조 64개와 178개 지회를 가진 금속노조로 구성되어 있었다. 총 조합원은 15만 6,340명, 그중 금속노조 조합원이 4만 1,297명이었다. 금속연맹은 신규 조직 사업장은 모두 금속노조에 배치한다는 방침이었는데, 이에 따라 2004~05년의 경우 연맹으로 가입한 노조는 1개, 금속노조로 가입한 사업장(지회)은 29개였다(그중 4개는 산별 전환 사업장). 같은 기간 해산하거나 금속노조를 탈퇴한 사업장은 12개였다. 신규 가입이든 탈퇴든 이들은 모두 열악한 조건의 중소 사업장 내지 비정규직 조직이었다.

36 2005년 말부터 2006년 초까지 회사 주도로 실시된 내부 설문조사 결과에 의하면 조합원들 중 산별노조 전환에 찬성하는 비율은 62% 정도로 산별 전환에 필요한 2/3에 다소 못 미치는 수준이었다. 박유기 집행부는 4만여 조합원 전체에 대해 4시간의 교육을 실시한다는 목표를 세우고, 이를 위해 기존의 교육 위원 40여 명에 더해 40여 명의 교육 위원을 추가로 선정하여 2006년 2월까지 교육 위원에 대한 특별 교육을 실시했고, 이후 전 조직에 걸친 교육 사업을 진행했다. 특히 찬성률이 낮다고 판단되는 지부에 대해서는 담당 임원을 배치해 집중적인 설득과 교육을 했다.

들의 간담회나 교육에도 동참하여 산별 전환에 대한 자신감을 확산시켜 나
갔다.[37]

　　그러나 2006년 6월 말~7월의 금속연맹 산하 조직들의 대대적인 산별 전
환 투표는 사용자와 정부, 그리고 특히 보수 언론들의 대대적인 반대 캠페인
등으로 유례없는 긴장 속에서 진행되었다. 그리고 그 결과 현대차를 위시한
완성차 노조들 모두, 그리고 철강, 기계, 조선 등 여타 대기업 노조들의 대다
수에서 예상과 달리 압도적인 찬성률을 이끌어 내며 성공적으로 마무리되었
다. 2006년 11월 23일 금속 산별노조 완성 대의원대회가 개최되었으나 조직
체계 등 합의되지 못한 쟁점들로 휴회에 들어갔다. 이후 노동법 개정 문제를
둘러싼 총파업 투쟁으로 회의는 계속 연기되었으나 12월 20일 최종적으로
완성 대의원대회가 개최되어 마침내 14만 4,492명의 조합원을 지닌 통합 금
속노조(전국금속노동조합)가 출범했다. 이와 더불어 금속연맹은 해산했다. 대
우해양조선 노조를 포함하여 산별노조 전환에 성공하지 못한 사업장의 조합
원 1만 6,000여 명은 참관 노조로 남았다.

　　통합 금속노조 출범 과정에서 최대의 쟁점이었던 조직 체계 문제는 본조
-지역 지부-사업장 지회 체계로 일원화하되 3년간 유예 기간을 두는 것으로
합의되었다. 이에 따라 현대자동차 등 대기업 노조들은 기업단위 지부의 지
위를 과도적으로 인정받았다. 금속노조는 이후 미전환 노조들의 산별 전환,

---

37 기아차와 대우차 등 주요 완성차 노조들, 그리고 현대제철 등 연맹 내의 주요 대기업 노조들
의 경우 산별노조 전환에는 뜻을 같이하고 있었으나 통합 금속노조의 조직 체계나 교섭 구조
등에 대해서는 현대차 박유기 집행부와는 견해를 달리하고 있었다. 이들은 통합 금속노조가 자
동차, 철강 등 업종 단위 조직을 골간으로 하고 교섭 역시 업종 교섭을 중심으로 해야 한다는
입장이었다. 이 경우 기업별 단위 노조는 업종 본부 산하 기업 지부가 될 것이었다(본조-업종
본부-기업 지부). 이에 비해 현대차의 박유기 집행부는 기존 금속노조와 마찬가지로 본조-지
역 지부-기업(사업장) 지회의 조직 체계가 바람직하며, 필요하다면 교섭은 업종 단위 교섭도
배치할 수 있다는 생각이었다. 통합 금속노조가 기업 단위 지부를 유지할 것인가 아닌가의 문
제는 비단 금속노조뿐만 아니라 전체 산별노조 운동의 핵심적인 쟁점이기도 했다.

기업 지부들의 지역 지부로의 재편 작업을 추진하고 있다.

(2) 공공 부문 노조들의 산별 재편

공공 부문 노조들의 산별 재편의 중심축인 공공연맹은 금속연맹에 비해 훨씬 어렵고 복잡한 내부 사정으로 공공 대산별노조 건설에 많은 어려움을 겪고 있었다. 공공연맹은 2005년 말 현재 그 내부에 운수·정보통신·공공서비스·환경에너지·공공시설환경·사회복지·사회서비스 등 7개의 업종 본부로 나뉘어 소속된 300여 개 사업장, 10만여 명의 조합원이 있었는데, 이 노조들은 다시 기업별 단위 노조, 전국 단위 단일 노조, 소산별노조 등 다양하고 복잡한 조직 체계를 가지고 있었다. 여기에 공공연맹과는 별도 조직인 택시(1만 1,834명), 버스(1,588명)의 두 개의 소산별노조, 그리고 화물 운송 부문의 화물통준위(1만 3,493명) 등 '운수 3조직'이 공공연맹 운수 본부와 함께 운수 산별노조를 건설하기 위한 논의를 진행하고 있었다.

공공연맹은 2006년 9월 27일 대의원대회에서 산별 기획단을 중심으로 진행해 온 논의를 종합한 "산별노조 건설 기본안"을 통과시켰다. 이 안은 2007년 12월 공공연맹과 '운수 3조직'을 아우르는 통합 대산별노조(가칭 공공운수사회서비스노조)를 건설하는 것을 목표로 하되, 우선 2006년 말까지 '운수 3조직'은 운수노조, 공공연맹은 공공서비스노조의 두 산별노조로 전환할 계획을 담고 있었다.[38] 연맹 산하 노조들의 복잡한 조직 체계를 감안해 공공서비스노조는 노조 중앙-지역·업종 본부-지부로 복합 구성하되 업종 본부는 금속의 경우와 유사하게 3년의 유예 기간을 두고 단계적으로 지역 본부로 전환한

---

38 2007년 말의 대산별노조 건설을 위해 2006년 말 건설될 두 산별노조는 그 규약에 2007년 말까지 공공운수사회서비스노조로 전환할 것을 명기하도록 했다.

표 3_공공운수연맹 조직 현황과 산별 전환율

	산별노조	사업장 수	조합원 수	산별 전환율
공공운수연맹	전국과학기술노동조합	42	4,944	72.21%
	전국연구전문노동조합	29	1,984	
	한국발전산업노동조합	5	6,400	
	전국운수산업노동조합	161	52,075	
	전국공공서비스노동조합	50	35,249	

다는 방침을 담고 있었다.

내부적으로 많은 의견 대립과 갈등이 있었으나, 2006년 11월 30일 대의원대회에서 공공연맹은 먼저 전국공공서비스노동조합을 출범시켰으며, 이어 12월 26일에는 전국운수산업노동조합이 출범하여[39] 대산별노조 건설의 첫 단계를 넘어섰다. 2007년 1월 19일 통합 대의원대회를 통해 공공연맹은 공공운수연맹으로 재편되었다. 통합 공공운수연맹에는 미전환 단위 노조들과 함께, 기존의 소산별노조 3개, 그리고 새로 건설된 두 개의 대규모 노조가 포괄되어 있다. 공공운수연맹은 2007년 말까지 이들 조직을 통합하고, 미전환 노조들의 산별 전환을 추진하여 대산별노조를 출범할 예정이었으나 2009년 상반기 건설로 방침이 수정되어 추진 중이다.

(3) 화섬노조와 제조산별노조 문제

화섬연맹의 산별노조 추진은 2000년 화학연맹과 섬유연맹이 통합하면서부터 시작되었다. 2001년 산별추진위원회가 구성되었고, 4년여가 흐른 2004년 10월 29일 전국화학섬유노동조합(화섬노조)을 설립하기에 이르렀다.

---

39 항공조종사노조·선원노조·지하철노조는 출범 당시 참여하지 못했다.

그러나 2006년 2월에 이르러서도 화섬노조는 화섬연맹 전체 조합원 2만 7천여 명 중 6천여 명만을 포괄하고 있으며, 산별 전환을 결의했음에도 실제로 화섬노조에 가입을 유보하고 있는 사업장도 다수 있었다.[40]

화섬연맹은 조직 규모의 과소함, 조직 분포의 업종 및 지역적 불균등성, 산업 공동화와 구조 조정으로 말미암은 조직 약화 등 많은 어려움을 지니고 있었고, 따라서 연맹 단위로 독자적인 산별노조 건설 운동을 힘있게 추동하지 못하는 상황에 놓여 있었다.

2006년 상반기 화섬연맹도 민주노총의 일정에 맞추어 산별 전환 투표를 실시했으나, 대상 사업장 60여 개 중 산별 전환 투표를 실시한 곳은 중소노조 3곳에 불과했다.[41] 금속연맹의 대대적인 산별 전환은 화섬연맹 및 화섬노조에게도 큰 자극이 되어 같은 해 9월22일 연맹 임시 대의원대회에서 10월 하순에 다시 미전환 사업장들의 동시 산별 전환을 추진하기로 결정했다. 그러나 참여 노조는 역시 7개에 그쳤고, 그나마 가결된 사업장은 중소사업장 1곳 349명에 그쳤다.[42]

화섬연맹의 산별 전환이 지지부진했던 것은 연맹이나 단위 사업장 지도부의 의지의 문제 때문일 수도 있겠지만, 화학섬유 산업 자체의 악조건으로 인해 산별노조의 전망이 불투명했기 때문이기도 하다. 이 때문에 화섬 내부에서는 화섬 자체의 독자 산별보다는 금속노조와 함께 제조 산별노조 건설을 추진해야 한다는 요구가 이미 있었다. 2004년 10월 화학섬유 산별노조

---

40 2006년 2월 현재 화섬연맹은 1개의 산별노조인 화섬노조(전국화학섬유산업노동조합)와 68개 단위 노조를 포함해, 69개 노조 2만 7,116명의 조합원을 가지고 있었다. 연맹 소속 조합원은 2만 888명, 노조 소속 조합원은 6,228명이며, 결의 후 참여 유보 사업장은 14개(조합원 2,829명)였다.

41 MDK(40명), KCC울산(182명), 바이엘크롭사이언스(109명) 등 3개 사업장에서 331명이 산별 전환을 결의했다.

42 해태제과만 가결됨. 투표에 참여한 유일한 대기업체 YNCC(656명)의 경우 찬성률 51.3%로 부결됨.

창립 대회에서도 제조 산별노조 건설을 추진하기로 결정한 바 있다. 2006년 산별 전환 노력이 별다른 성과 없이 진행된 속에서 화섬연맹 내에서는 다시 이 문제가 제기되고 있으며, 2006년 11월 23일 금속노조의 산별 완성 대의 원대회 당시 일부 활동가들이 제조 산별 건설을 촉구하는 플래카드를 들고 참관했던 바 있고, 연맹 정책 당국자가 이런 흐름을 정리하여 금속노조에 대해 제조 산별 건설을 주창하는 제안을 했던 바 있다.[43] 금속노조 역시 내부적으로 이 문제를 검토하고 있다.

7. 산별노조 건설의 현황과 과제

(1) 현황과 전망

〈표 4〉에서 보듯이 2006년 말 현재 민주노총 산하에는 모두 27개의 산별노조가 존재하고 있으며, 여기에 민주노총 조합원의 75.6%인가 소속되어 있다. 또 현재 규모의 크기와 상관없이 전국 단위 대산별노조의 성격을 지니는 산별노조는 금속노조, 공공서비스노조, 운수산업노조, 보건의료노조, 공무원노조, 전교조, 언론노조, 대학노조, 화학섬유노조 등 9개 노조이고 그 조합원은 50만 9,147명으로 대산별노조 조직률은 67.7%에 달하고 있다.

결국 그동안 진행된 산별노조 건설 운동은 다음의 세 가지 내용을 지니고

---

43 임영국(2006). 아마도 이 문제는 화섬연맹 소속 노조 중 최대 노조인 금호타이어노조(조합원 5,000명 규모)의 향배에 의해 큰 영향을 받을 것이다. 금호타이어노조는 일찍부터 자동차 대기업 노조들의 향배를 주목하면서 화섬 독자 산별보다는 금속과 행보를 같이하는 문제를 검토해 온 것으로 알려져 있다.

표 4_ 민주노총 산별노조 현황 (2006년 12월 31일)

소속	노조명	지부(회) 수(개)	조합원 수(명)	비율 (산별/전체)
건설산업연맹(2개)	전국건설운송노동조합	16	6,950	31.37%
	전국타워크레인노동조합	7	1,100	
공공운수연맹(5개)	전국과학기술노동조합	42	4,944	72.21%
	전국연구전문노동조합	29	1,984	
	한국발전산업노동조합	5	6,400	
	전국운수산업노동조합	161	52,075	
	전국공공서비스노동조합	50	35,249	
교수노조	전국교수노동조합	8	1,062	100%
공무원노조	전국공무원노동조합	253	123,000	100%
금속노조	전국금속노동조합	201	144,492	91.5%
대학노조	전국대학노동조합	137	8,987	100%
병원노련	전국보건의료산업노동조합	131	35,848	
비정규교수노조	전국비정규교수노동조합	4	1,000	100%
서비스연맹	전국학습지노조	4	400	2.7%
사무금융연맹(9개)	전국농업협동조합노동조합	76	9,474	47.13%
	주한외국금융기관노동조합	14	322	
	전국상호저축은행노동조합	13	352	
	전국수산업협동조합노동조합	28	1,000	
	전국생명보험노동조합	8	2,994	
	전국손해보험노동조합	14	9,545	
	전국증권산업노동조합	9	3,864	
	전국축산업협동조합노동조합	68	3,800	
	전국새마을금고노동조합	50	400	
언론노련	전국언론노동조합	110	16,661	92.46%
전교조	전국교직원노동조합	183	90,983	100%
화학섬유연맹	전국화학섬유노동조합	67	5,917	23.76%
지역 본부	직가입 일반노조	86	8,227	
총 계	27	1,438	471,903	75.60%

있었다고 요약할 수 있다. 첫째, 기업별 단위 노조들을 업종, 연맹 단위로 통
합해 단일 노조로 재조직하는 것, 둘째, 소산별노조들을 재통합하여 연맹 단

위 대산별노조로 편성하는 것, 셋째, 필요한 경우 연맹의 경계를 넘어 통합 대산별노조를 건설하는 것이 그것이다.

민주노총 산하 연맹들은 앞서거니 뒤서거니 하며 이 과정을 밟아 왔다. 금속노조의 경우처럼 2006년을 고비로 이 과정을 일단 마무리하는 단계에 들어선 조직, 공공연맹의 경우처럼 단계적인 대산별노조 건설의 과정 속에서 세 가지 작업을 모두 병행하고 있는 조직, 사무금융연맹처럼 기왕에 조직된 소산별노조들을 대산별노조로 재통합하는 것을 주된 과제로 하고 있는 조직,[44] 화섬의 경우처럼 연맹 단위 독자 산별보다는 타 조직과의 통합을 모색하는 조직, 언론노련의 경우처럼 조직 체계의 추가적 변화보다는 산별노조로서의 내실을 기하기 위한 고민을 하고 있는 조직 등 다양한 편차가 존재한다.

그럼에도 불구하고 2006년을 경과하면서 민주노총의 산별 조직화는 한 단계 구획을 짓는 성과를 이루었다고 말할 수 있다. 그 이유는 다음과 같다.

첫째, 산별노조 건설의 전체적인 목표와 경로가 조직 전체에 걸쳐 공유되었다. 기업별노조 체제를 벗어나 산별노조 체제로 단계적으로 이행하되, 기왕의 산업 업종별 조직 구획에 구애되지 않고 가능한 범위 내에서 최대한의 대산별노조를 건설해 나가는 것이 곧 그것이다.[45] 둘째, 전체 산별노조 건설

---

44 사무금융연맹은 산하에 8개에 달하는 소산별 혹은 전국 단일 산별노조들을 포괄하고 있다. 사무금융연맹은 2006년 대의원대회에서 2008년까지 3년에 걸쳐 이 조직들을 통폐합해 연맹 단위의 대산별노조를 건설한다는 방침을 정한 바 있고(조효래 2006, 124-125), 이를 위한 구체적인 계획을 마련하기 위해 노력하고 있다(전국사무금융노조 2007).

45 전노협 해소-민주노총 건설의 시기부터 본격화된 소산별/대산별의 지리한 논쟁도 이제는 마감되었다. 산별노조의 관료화와 개량화 가능성을 이유로 산별노조 건설 그 자체에 반대하거나 방관했던 노동운동 내의 경향도 아직 있으나, 금속의 대산별 전환 등 2006년 이후 변화로 많이 약화되었다. 그 외에 민주노총을 중심으로 아예 '전국 단일 노조'를 건설하는 것을 산별노조의 대안적 목표로 설정하는 입장도 있으나, 이론적으로나 실천적으로나 큰 설득력을 지니지는 못한다.

운동을 견인하는 핵심 주체의 형성이 이루어졌다. 민주노총 내에서 금속과 공공의 두 핵심 부문의 중심성과 선도성이 확고해진 것이다.[46] 셋째, 첫 단계 산별노조 건설 작업의 성과 위에서 산별노조 건설의 다음 단계의 과제를 본격적으로 제기해 나갈 수 있게 되었다.

(2) 과제들

한국에서 산별노조 건설과 발전을 위해서 해결해야 할 과제들은 아직도 산적해 있다. 산별노조에 대해 강한 거부감과 우려를 가지고 있는 자본과 정부의 입장은 그간 보건의료노조, 금속노조의 산별 교섭 과정을 통해 어느 정도는 약화되고 있는 것이 사실이다. 정부와 자본도 이것이 한국 노동조합의 조직 전환의 대세가 되어 있음을 부정하지는 못하며, 따라서 산별노조 그 자체를 거부하기보다는 여러 가지 이유를 들어 산별 교섭에 대해 부정적·소극적 태도를 보이거나 자본의 입맛에 맞는 교섭 구조를 고집하는 등의 모습을 보이고 있다.[47]

------

46 다른 나라들의 경우도 마찬가지이지만, 향후의 노동운동은 결국 금속·화학·섬유 등의 제조업 부문, 공공 서비스 부문, 그리고 민간 상업 서비스 부문의 세 축을 중심으로 배치되는 것으로 정돈되어 갈 것이다. 2006년을 지나면서 이 가운데 두 축이 형성되고 있는 셈이고, 민간 상업 서비스 부문은 산업구조(노동시장 구조)의 빠른 변화, 그리고 이 부문 노동운동의 지체된 발전으로 아직 미진하나 주체적 노력의 투입 여하에 따라 앞으로 그 발전 가능성이 가장 큰 부문이라고 할 수 있다.

47 금속은 그동안 사용자단체를 구성하여 교섭에 임하는 정도의 진전은 이루어졌다. 그러나 2006년 대기업 노조들의 대거 전환으로 통합 내산별노조가 출범하자, 대기업늘은 산별 교섭에 참여하기보다는 여전히 기업별 교섭을 고집하거나 혹은 자동차, 철강 등 대기업 위주의 업종별 교섭을 선호하는 경향을 강하게 보이고 있다. 보건의료노조의 경우 2004년부터 산별 교섭이 시작되었지만, 사용자단체의 구성은 여전히 지체되고 사용자들은 산별 교섭보다는 소규모의 특성별 교섭을 선호하는 경향을 강하게 보이고 있다. 여타 산별노조 혹은 소산별노조들의 경우에도 산별 교섭은 진행되고 있지만, 전교조(공무원노조)의 경우처럼 제도적으로 교섭의 제약이

산별 노사 관계와는 걸맞지 않는 법제도적 문제들을 감안할 때, 제도 개선의 과제 역시 산적해 있다. 민주노총은 산별 교섭을 뒷받침하고 나아가 산별 협약의 효력을 사회적으로 확장하는 데 필요한 법제도 개선 방안을 이미 제기하고 있기도 하다(민주노총 2007, 43-48).

그러나 한국의 산별노조 건설 운동은 아직은 해결해 나가야 할 주체적인 과제가 더 많고 더 중요하다고 인식되어야 한다.

첫째, 한국의 산별노조 건설 운동은 해당 조직의 조합원의 권리를 단체교섭과 투쟁을 통해 더 신장시키는 것만을 목표로 할 수 없는 상황에 있다. 지금까지의 산별노조 건설은 기존의 기업별노조의 조직 형태를 변경함으로써 큰 규모의 단일 노조를 만드는 첫 단계를 겨우 지나고 있을 뿐이다. 따라서 이제는 다음 단계의 조직 과제로 나아가야 할 과제를 안고 있다. 이 조직 과제는 산별노조의 집중화된 인적·재정적 자원을 효율적으로 가동하여 90%에 달하는 미조직 노동자들을 조직화하는 것으로 요약할 수 있다. 이 점에서 한국의 산별노조들은 교섭 모델보다는 조직화 모델에 더 비중을 두는[48] 활동 전략을 구체화해 나가야 한다.

둘째, 현재 대부분의 산별노조는 여전히 '반쪽짜리' 산별노조다. 핵심적인 이유는 산별노조로의 조직 재편 이후에도 기업별노조의 유산을 여전히 청산하지 못하고 있기 때문이다. 가장 큰 문제는 산별노조의 기초 단위가 여전히 기업 혹은 사업장 단위로 되어 있어, 조직의 중앙 집중성이 여전히 약하고 노

이뤄지는 경우도 있고, 사실상 확대된 기업별 교섭의 내용에 국한되어 있는 경우가 대부분이다.
48 조직률이 매우 높거나 혹은 조직률이 낮더라도 산별 협약의 적용 범위가 매우 넓은 유럽 여러 나라들의 경우 노조 활동의 중심이 자연스럽게 단체교섭에 두어지게 된다. 그러나 산별노조라 해도 이런 조건이 확보되지 못하고 있는 경우(미국, 캐나다, 영국 등) 노동조합은 그 대표성의 확보와 강화를 위해서라도 미조직 노동자들을 조직화하는 조직 사업에 노조 자원을 집중적으로 투입할 필요성을 지니게 된다. 교섭과 조직화는 상호 배타적인 것은 아니나 상황에 따라 어디에 더 비중을 두어야 하는지를 판단해야 할 것이다.

조 활동의 중심이 여전히 기업의 울타리를 넘어서지 못한다는 점이다. 이미 여러 조직에서 이 문제의 심각성을 인식하고 이를 극복하기 위한 노력을 기울이고 있으나, 아직 산별노조의 기초 단위를 지역 조직으로 온전히 전환시키고 있는 노조는 없다. 금속노조가 그나마 한발 앞서 적어도 조직 체계상으로는 이 문제를 해결해 가고 있으나 내용적으로는 아직 매우 부실하고 불완전하며, 나머지 조직들의 경우는 사정이 더 심각하다.

셋째, 지난 20여 년 동안 산별노조 건설과 정치 세력화라는 민주 노조 운동의 총괄적 과제를 향한 많은 노력이 있었고, 상당한 정도의 진전이 있기도 했다. 그러나 그 이면에서 노동운동의 핵심적 기반인 현장 조직의 약화 현상이 전 조직에 걸쳐 눈에 띄게 확산되고 있었다. 객관적인 여건의 불가피한 변화가 있었으나,[49] 그에 못지않게 노동운동의 주체적 요인들 역시 크게 작용하고 있는 것이 사실이다. 산별 전환에 이어 노동운동의 기조를 재정립하고 지도부와 평조합원들 간의 벌어진 간극을 메우기 위한 집중적인 노력이 경주되어야 한다. 금속을 위시해서 여러 산별노조가 기존의 단위 노조 집행부-조합원 체계를 조합원들의 자발적 참여를 전제로 하는 현장 위원 체제로 개편하는 것을 현장조직 재편(재강화)의 방향으로 설정하고 있지만 구체적인 방침이나 실천은 아직 없는 상황이다. 이를 위해서는 산별 본조-지역 지부-작업장에 이르는 산별노조의 전 조직 운영 체계에 대한 세밀한 설계, 선도적인 실천 경험의 축적, 단계적 환산 등의 주도면밀한 작업이 있어야 할 것이다. 매우 예민하고 어려운 일이긴 하나 이 문제는 대규모 조직의 관료화를 방지하고 대중적 참여와 동원에 기반을 둔 노동운동의 역동성을 확보하기 위한 핵심적 과제라 할 수 있다.

---

49 고령화 등 노동력 구성상의 변화, 유연화와 내부 격차 확대 등 노동시장 조건의 변화, 제조업의 약화와 서비스 부문의 비중 증대 등 산업구조상의 변화, 개방화의 진전과 산업 공동화 등 글로벌 경제화의 악영향 등 여기에는 세계 노동운동 모두가 겪는 객관적인 장애 요인들이 있었다.

참고문헌

마산창원노동조합총연합. 1995. 『사업보고서』.

민주노총. 2007. 『사업보고서』.

영남노동운동연구소. 1994. 『독일금속노조의 이해』.

______. 1995. 『대우조선 인사·임금제도 개편 방향에 대한 연구』.

영남노동운동연구소 산별노조연구교육분과. 1995. 『산별노조 100문 100답』.

임영국. 2006. "금속 동지들에게 제조산별 건설 논의를 제안한다." 『노동사회』 114호. 한국노
동사회연구소.

전국노동조합대표자회의 정책반. 1994. 『민주노총 건설을 위한 제1차 조사연구 보고서』.

전국민주노동조합총연맹. 1996. 『공동교섭 사례모음』, 토론회 자료집, 1996.3.6.

전국병원노동조합연맹. 1994. 『사업보고서』.

______. 1995. 『병원노동조합 조직실태』.

전국사무금융노조. 2007. 『2007년 단위 노조 간부 및 대표자 수련회 자료집』.

전국전문기술노동조합연맹. 1996. 『산별노조의 이론과 실제』.

조선노협. 1994. "창립선언문"(1월 30일).

조효래. 2006. "사무전문직 노동조합의 정체성과 산별노조로의 전환." 정진상 외. 『한국노동계
급의 형성 : 1987-2003』. 한울.

최경숙. 1999. "보건의료노조 1년, 평가와 과제." 『노동사회』 31호. 한국노동사회연구소.

한국노동사회연구소. 1996. 『산별노조의 과거, 현재, 미래』.

한국노총. 1991. 『90년대 한국노총의 운동기조와 활동방침』.

______. 1999. 『노총의 도약 : 자주, 민주, 개혁!』.

비정규 노동과 민주 노조 운동 혁신의 과제

김성희 | 한국비정규노동센터 소장

1. 들어가는 말 : 1987년 민주 노조 운동과 2007년 비정규 운동

두발 자유화, 복장 자율화, 식당 개선 …… 1987년 대투쟁에 나선 노동자들의 요구는 소박하고 인간적이었다. 그만큼 반(反)인간적이고, 강압적인 노무 관리가 판을 치고 있었다는 걸 역설적으로 생생하게 말해 준다. 이런 인간적 요구와 함께 노동조합 인정, 단체교섭 체결 등 폭압적 노무관리에 숨죽이고 있던 노동자들에겐 당시에는 생소할 수도 있는 기본권 요구가 핵심 구호였다.

그로부터 20년이 지난 지금 시점에도 화장실, 식당과 휴식 공간, 탈의실 등 현장 노동자에게 필수적인 기본 시설에 대한 요구가 비정규 노동자들에 의해 제기된 바 있다(2006년 포항건설노동자 투쟁). 용역, 하청 등 다양한 형태의 간접고용 노동자들은 일부 합법 파견에 해당하는 경우를 제외하면 상당수가 불법 파견이라고 판정받거나 그 논란의 여지가 있는 경우에 해당한다. 바뀐 비정규법이 시행되고 있지만, 법제도의 사각지대에서 실질적 사용자와의 교섭권을 행사하지 못하는 처지에는 변함이 없다. 이들 간접고용 노동자들과 함께 노동자성 인정 여부가 논란이 되면서 자영인으로 위장된 노동자라는 당사자들의 주장이 묵살되고 있는 특수 고용 노동자들도 노동기본권을 행사하지 못하는 처지에 놓여 있다. 하위 법률이나 주무 관청에 의해 부여하고 말고를 판단하는 사항이 될 때 기본권의 취지는 훼손된다. 많은 수의 비정규 노동자들은 노동기본권의 실질적 배제 상태에 놓여 있다.

노동자들이 자본의 탄압과 정권의 폭정에 막혀서 마지막 돌파구로 자기 몸을 사르는 일이 있었다. 아니 지금도 벌어지고 있다. 지금은 그 주체가 대부분 비정규 노동자이거나, 비정규 투쟁의 과정에서 벌어진다는 점이 새롭다. 노동자 투쟁과 관련되어 구속된 노동자의 수는 여전히 많다. 예전엔 민주 노조 운동의 투쟁 과정에서 발생했다면, 지금은 대부분 비정규 투쟁의 과정에서 발생하고 있다. 과거부터 지금까지 노동자들의 투쟁은 계속되고 있다. 민주 노조 사수를 위한 투쟁에서 비정규 노동자의 기본권 요구 투쟁으로 외양만 변했을 뿐이다.

과연 이 연속성과 새로움은 무엇을 의미하나? 내용적 연속성과 주체의 새로움은 한국 민주 노조 운동에 어떤 변화를 의미하는가? 결사의 자유, 교섭권 보장이라는 노동기본권에 대한 ILO협약도 비준하지 않고 있는 한국 사회는 1987년 이후 노동자의 권리 측면에서 결코 한 발도 진보하지 않았다. 우리는 지금 1987년 투쟁이 발발했던 기본권 제약 상황에서 비정규 노동자의 권리가 부정되는 또 다른 기본권 제약 조건으로 수평 이동하고 있을 뿐이다. 이 과정에서 많은 현상이 달라졌지만, 노동자의 생활권이 부정되는 현실은 그리 다르지 않다. 그러나 주체의 변화가 던지는 의미를 돌아보지 않을 수 없는 시점에 와 있다.

1987년을 시민 항쟁이라는 이름으로 떠올리는 사람들에게 독재 정부를 향한 거리 항쟁의 기억은 있되, 이어지는 7, 8, 9월 노동자 대투쟁의 의미는 축소되거나 가려진다. 1987년 시민 민주 항쟁의 한 부문 영역으로 노동자 투쟁을 위치 짓는 경우에 대개 이런 경향이 나타난다. 정치적 민주화-사회경제적 민주화, 형식적·절차적 민주주의-내용적·실질적 민주주의, 정치적 자유의 과제-사회경제적 평등의 과제 등 얼핏 비슷비슷하나 관점의 차이를 내포하는 대립 항들이 있다. 이 대립 항에 대한 문제의식이 아예 없거나, 정치

공학적 완성도의 측면에서 바라보거나, 민주주의에 대한 논의로 치환해서 사회 세력들의 자발적 움직임의 변화(사회운동)에 주의와 관심을 별로 기울이지 않는 경우에 편향성은 크게 드러난다.

적어도 노동운동의 시각에서는 1987년을 현재 한국 사회에 결코 어떤 해결책도 될 수 없는 정치적 민주화의 기억으로만 추억하려는 사람들의 시각과 구별하지 않고 현재를 분석하는 것은 불가능하다고 본다. 정치적 민주화와 노동자 대투쟁은 겉과 속의 관계라는 걸 인정하는 경우라도 민주 노조 운동의 역사적 정당성을 어떻게 평가하느냐가 남아있다. 민주 노조 운동은 (과거에는 그렇지 않았으나, 혹은 과거에도 그랬다는 논자도 제법 있지만) 대기업 정규직 중심의 자기 이해 관철에만 초점을 둔 경제주의로 전락했다는 평가가 가장 냉혹한 평가일 것이다. 20년이라는 긴 여정에 부침은 있기 마련이다. 그러나 민주노조운동이 전진하고 있다는 희망은 사그라지고, 후퇴와 심지어 퇴행까지 염려되는 지경에 이르고 있다. 노무현 대통령의 언급처럼 과연 민주노조운동은 "(과거의) 생존권적 투쟁은 정당했지만 …… 지금은 집단 이기주의 투쟁"일뿐인가? 이 말은 대공장 정규직 노동운동을 겨냥했지만, 민주노조운동의 대표자인 민주노총을 비판하는 의도를 담고 있다. 당장 치열하게 벌어지고 있던 생존권 투쟁인 비정규 노동운동도 민주 노조 운동의 연속선에 있다는 사실을 애써 외면하고 있다. 또 국정 책임자로서 나날이 심각해지고 있던 비정규 문제에 대한 책임 전가를 통한 자기 합리화가 짙게 드리워져 있다는 점도 간과할 수 없다. 그러나 대공장 정규직이 주력인 민주 노조 운동이 비정규 노동자와의 연대를 방기하거나 전력을 기울이지 않았던 사례도 많이 나타났던 것이 사실이다. 사회적 약자와의 연대와 공동 행동이라는 민주 노동운동의 정신은 종종 방기되고 그만큼 민주 노조 운동의 역사적 정당성은 의심받기에 이르렀다. 대공장 정규직에서 비정규 노동자로 노동운동의 투쟁의 중심과 도덕적 구심이 이동하고 있다는 평가도 나오고 있다. 민주 노조 운동의 한 시대가 저물고 약자를 주체로 한 새로운 노동운동이 시작되고 있는 것인가?

비정규 노조 설립을 지원하다가 정규직 조합원들의 반발로 지원을 철회하고 오히려 방해를 해 결국 금속노조에서 제명당한 대우캐리어 노조나, 계약직 노조의 장기 투쟁을 방관하고 나아가 방해까지 한 한국통신 노조, 불법 파견 판정을 받은 현대자동차 사내 하청 노동자 투쟁과 연대하지 않았던 민주 노조 운동의 대표주자인 현대자동차 정규직 노조, 정규직 노조 집행부가 비정규 조직화를 주도적으로 지원하다가 조합원에 의해 불신임당한 GM 대우 창원공장 등의 사례는 정규직이 연대의 정신을 망각한 대표적 사례로 거론된다. 반면에 정규직화를 실현하는 데 이바지한 금호타이어나 연대 투쟁의 대명사가 된 이랜드 일반노조, 뉴코아 등의 모범 사례도 있지만 앞의 경우보다 드문, 제한적인 사례만 있을 뿐이다.

20년 평가에서 1997년 경제 위기와 대량 구조 조정을 계기로 한 신자유주의의 폭발적 확산을 빠트릴 수 없다. 정치적 억압의 기제가 후퇴한 지점에 들어선 대자본의 논리가 97년을 계기로 세계적 대자본의 논리에 적극적으로 영합하고 편승하면서 신자유주의와 유연화 논리가 전일적으로 지배하는 방식으로 변화하고 있다. 이에 미약한 반작용만을 부분적으로 수행하는 자유 민주주의 세력에게 우리의 운명을 맡기는 것이 현실적인 영향력을 발휘하고 있다. 이런 가운데 신자유주의에 호응하는 자유주의 세력과, 신자유주의와 끊임없이 자신을 일치시키려는 보수주의 세력을 구분하는 잣대를 갖고 현실에 대처하는 생각은 여러 차례 파행을 불러왔다. 근본적 대안을 기계적으로 적용하는 좌파와 신자유주의에 대한 대척점을 형성하지 못하는 우파 사이에서 현실적으로 절실한 비정규 투쟁에 대한 지지와 연대는 구호나 자기 정당화의 명분으로만 활용되는 지경에 처해 있다.

미래가 보장되지 않는 상시 고용조정의 사회에서 비정규직의 차별을 해소하고 정규직화 하는 데 정규직 조합원의 동의를 이끌어 내는 일이 점점 쉽지 않은 과제가 되고 있다. 이를 극복하기 위해서는 단결과 연대를 구체적 수준에서 정책화하는 것이 필요하다. 총고용의 관점에서 총 고용력을 유지·보장하는 방안이 필요하다. 빈 일자리에 자본이 지칭하는 정규직의 유휴 인력이 전환 배치되어야 한다는 생각으로는, 단결과 연대가 불가능할 뿐만 아니라 정규직 노조의 존립도 보장받지 못한다. 유휴 인력이라는 정의 자체에 도전하지 않고는 답을 찾을 수 없다. 정규—비정규를 아우르는 노동운동의 과제는 사회적 대타협의 논리가 판치는 사회적 영역을 노동운동의 연대성을 확장함으로써 노동운동의 주체적 공간으로 재설정해 내는 데 있다. 지금 노동운동의 미래도 사회적 영역을 주도할 수 있는지의 여부에 달려 있다.

정치경제적 기본권 요구가 주였던 민주 노조 운동은 사회경제적 기본권 요구가 주축인 비정규 노동으로 이어져 노동운동의 사회운동적 과제가 제기되고 있다. 사회운동적 과제란 약자의 주체화와 약자와의 연대가 중심인 노동운동으로의 성격 변화를 말한다. 그러나 민주 노조 운동의 사회운동적 의미의 확장과 발전은 지체·소강 상태에 있다. 1997년 경제 위기 이후 본격화된 신자유주의 체제의 안착이 이런 지체 현상을 강화하면서 또 그 해결의 필요성을 더욱 뚜렷하게 되새기게 했다. 민주 노조 운동의 주력인 대공장 정규직 기업별노조의 비정규 노동과의 연대의 지체·방기 현상은 민주 노조 운동의 역사적 정당성의 수명이 다했음을 알리는 경고음이다. 또 한편 비정규 노동자의 조직화와 투쟁은 민주 노조 운동의 생성과 성장의 과정과 유사하다. 비정규 노동운동은 민주 노조 운동의 자양분을 받고 성장하기도 했다. 비정규 노동운동은 민주 노조 운동 발전의 끝이자, 민주 노조 운동의 새로운 발전태의 시작이다. 현실적 양태의 변화 뒤에 흐르는 속내는 민주 노조 운동의 사회운동적 성격의 복원·확장·발전이다.[1]

1 비정규 노동운동의 사회운동적 성격에 대해서는 이 글의 결론 부분을 참조하기 바람.

2. 비정규 노동의 확산 추세와 분기점
: 1987년과 1997년을 중심으로

1987년 이후 한국 노동시장은 분단 노동시장과 대량 실업, 비정규직의 급증이라는 양적·질적 문제를 경험했다. 이후 대량 실업이라는 노동시장 내 양적 문제는 경기 회복에 따라 어느 정도 해소되었지만, 비정규직으로 대표되는 노동시장 내 질적 문제는 여전히 지속되고 있을 뿐만 아니라 구조화되고 있는 양상을 보이고 있다. 특히, 한국 사회의 비정규직은 차별적인 저임금과 심각한 고용 불안을 겪는 등 노동시장 내에서의 불평등 구조의 희생자일 뿐만 아니라, 사회적 차원에서도 빈곤의 확대와 양극화라는 심각한 사회 문제로 인해 양극 분해된 사회two-tier society의 비극을 초래하고 있다.

또한 비정규직의 차별과 사회적 배제의 문제가 쟁점화되었으나 다른 한편에서 똑같이 겪는 차별과 배제에 처한 중소기업 노동자, 영세 자영업자 등의 노동 생활자들을 같이 고려하지 못하고 있다. 기업별노조 체계나 재벌 대기업을 정점으로 한 기업 내부 노동시장의 범주 안에서 차별과 배제를 논하게 될 경우 현실성 있고 포괄적인 대안의 마련은 어려운 데도 불구하고, 기업별 시야로 한정되는 우를 범하고 있다. 따라서 비정규직 차별과 배제에 대한 시야를 사회적으로 확장하고 사회경제 전반의 구조적 요인에 대한 분석으로 확장해야 한다.[2]

---

2 한편 비정규직 문제가 쟁점으로 부각된 지 7년이 지났지만 비정규직 연구는 크게 발전하지 못해 왔다. 그 이유는 ① 국내는 물론 서구에도 비정규 노동을 분석하는 이론적 틀이나 큰 담론이 부재한 현실, ② 어떤 이론으로 담기보다 사실을 드러내 주는 것만으로도 너무도 명백한 분단과 차별이라는 생생한 현실, ③ 정부나 자본의 공세에 대한 대응논리에 치중하며 체계적 분석과 반성적 고찰이 부족하게 된 비정규 노동 연구의 현실, ④ 그 어떤 서구 이론 틀로도 다 채우지 못하는 한국 노동운동에 대한 독자적 이론화 노력의 부족과 이론 연구 자원 활용의 단기화, 외화내빈 현상 등이 작용하고 있다. 그럼에도 불구하고 비정규직의 규모, 유형, 차별과 사회적 배제의 실상에 대한 대략적 흐름을 노동 쪽의 주도로 시각을 정립시켰다는 의의는 있다.

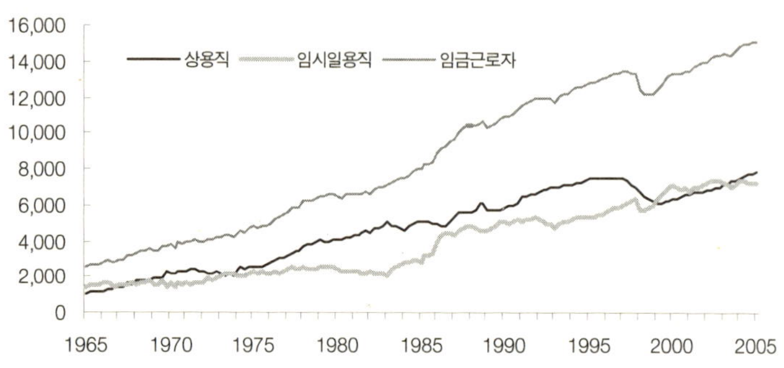

(1) 비정규 노동의 확산은 1990년대 후반 이후의 사건인가[3]

한국 사회에서 비정규 노동의 문제는 1990년대 후반에야 사회적 관심사로 떠오르기 시작했다. 그러나 추세적인 변화는 경제 위기 훨씬 전부터 시작된 것으로 보인다. 전체 임금 근로자 중 비정규직이 차지하는 비중은 경제개발 초기인 1960~70년대부터 높은 수준에서 유지되어 왔고, 이미 1980년대 중반부터 빠른 속도로 확대되기 시작했다.

본격적인 논의에 앞서, 이 글에서는 통계청 경제활동인구조사에서 정의되는 임시 일용직을 비정규직의 대용 변수proxy로 사용함을 밝힌다. 이는 비

그러나 현재 시점은 규모, 존재 형태, 차별과 배제의 실상에 대한 폭로와 입법을 둘러싼 공방에서 발생 원인, 발생 배경에 대한 인식의 확대가 필요하다. 원인은 해법을 암시하는 것인데, 원인을 노동시장 정책으로만 비롯된 것이 아니라 노동시장을 둘러싼 경제사회적 영역의 문제로 인식함으로써 해법의 영역도 확장할 필요가 있다.

3 이 글은 김성희·윤정향·황선웅(2007), 비정규 노동의 발생 배경과 원인의 일부 내용을 축약한 것임.

정규직 비중 변화에 관한 장기 정보를 제공하는 자료가 그밖에 없다는 자료 이용의 한계 때문이다. 비정규직의 정의와 정확한 규모에 대해서는 아직도 논란이 진행 중이다.[4]

〈그림 1〉에서 확인되듯이, 우선 상용직 노동자 수는 비교적 꾸준히 증가하다가 1990년대 후반에 접어들면서 급속히 감소하기 시작했다. 이런 축소 과정은 1999년 후반까지 이어졌고, 2000년 이후에야 회복되기 시작했다.

(2) 비정규직 비중의 구조 변화 시점[5]

〈그림 2〉는 각각의 구조 변화 시점을 전후로 비정규직 비중의 규모와 시간 추세가 어떻게 변화했는지를 보여 준다. 이 그림을 보면, 1985년의 구조 변화는 비정규직 비중의 규모와 시간 추세의 전환을 동시에 수반한 것이었지만, 1990년과 1998년의 국지적 구조 변화는 시간 추세의 반전으로는 이어지지 못하고 수준변화level shift에 그쳤던 것으로 평가된다. 따라서 1987년 민주 노조 운동의 등장 이전에 시작된 한국 경제의 질적 변화로 말미암아 재벌의 신경영전략으로 대표되는 노동시장 유연화 정책이 본격화되었다는 판단을 내릴 수 있다. 이후 노동조합 활동이 활성화되었고 신경영전략과 노동 통제 정책에 대응해 나갔지만, 민주 노조 운동의 시야가 사회 전반의 노동시장

---

4 비정규직의 개념과 유형화에 대한 논의는 이병훈·윤정향(2001)을 참조할 것. 비정규직 규모 추산에 대한 논의는 최경수(2001), 박기성(2001), 김유선(2001) 등을 참조할 것.
5 구조변화 시점을 분석하기 위한 계량경제 모형의 첫 번째는 지밧과 앤드류스(Zivot and Andrew 1992; 이하 ZA검정)가 제안한 것으로 한 번의 구조변화를 가정하고 있다. 두 번째 모형은 이준수-스트라치키히(Lee and Strazicich 2003; 이하 LS검정)가 제안한 모형으로 두 번의 구조변화를 가정하고 있다. 이런 방법론에서는 구조 변화의 시점이 연구자의 사전적 정보에 의해 결정되는 것이 아니라 주어진 자료의 특성에 의해 모형 내에서 추정된다는데 주의하기 바란다. 이에 대해서는 황선웅(2007)을 참조.

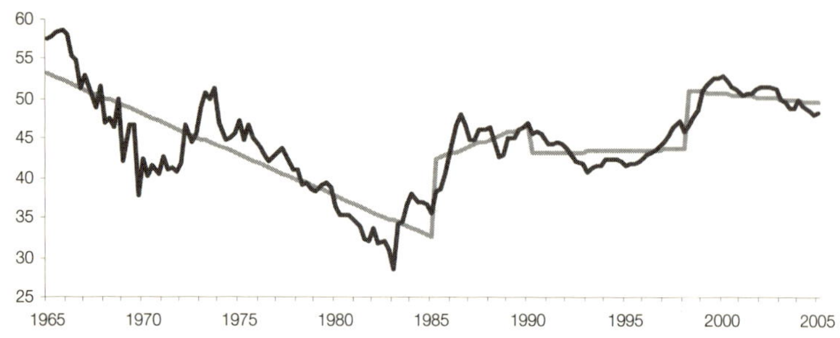

그림 2_ 한국 경제의 구조 변화 시점 : 1985년, 90년, 98년

약자를 포괄하는 방식으로 전개되기에는 역부족이었다.

비정규직 확대 배경으로 자주 제기되고 있는 주장 가운데 하나가 '정규직 과보호론'이며 민주 노조 운동의 주축인 '정규직 책임론'으로 이어지는 고리이다. 이는 비정규 노동이 정규직 노동자들의 노동조건을 평탄화하기 위해 이용된다는 가정에 근거한다. 이에 따르면, 경기 국면별로 종사상 지위별 노동자 수의 순환 변동 양상이 다음과 같이 나타날 것으로 예상할 수 있다. 즉, 정규직의 고용 안정을 보장하기 위해 경기 호황 때에는 정규직보다 비정규직을 더 많이 채용하고 경기 불황 때에는 비정규직을 더 많이 해고(계약 해지)한다는 것이다. 그리고 이런 관계가 강화될수록 비정규 노동의 비중이 증대된다는 것이다.

그러나 다수의 실증 연구는 한국 경제에서 그동안 노동시장 유연성(labor market flexibility)이 오히려 크게 높아졌다고 지적하고 있다(전병유 2002; 김유선 2003). 그리고 고용 유연성은 비단 비정규직뿐만 아니라 정규직의 경우에도 전보다 크게 높아졌다. 더욱 중요한 문제는 경기 수축기에는 정규직과 비정규직 비중이 경기 수축 폭을 상회하며 크게 축소되지만, 경기 회복기에는 비정규직 중심으로 고용이 이루어지고 정규직 고용은 경기 회복 속도에 못

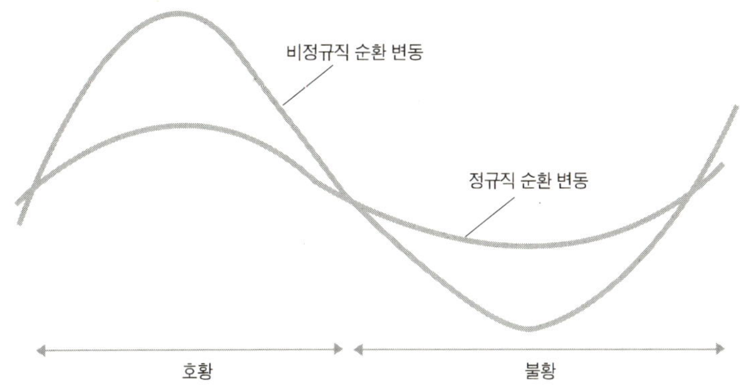

미치면서 '고용 없는 성장'과 '노동의 불안정성'이 동시에 진행되고 있다는 점이다.

(3) 1987년 이후 비정규 노동의 확산 배경

1965년 이후의 장기 시계열 자료를 이용해 비정규 노동의 확대 과정과 구조 변화의 특징을 살펴본 결과, 비정규직 비중과 관련된 결정적인 구조 변화는 이미 1980년대 중반에 발생했던 것으로 나타났다. 1990년대 초반과 1998년에도 중요한 변화가 있었지만, 이들은 추세의 반전으로는 이어지지 못한 국지적 변화에 그쳤던 것으로 분석되었다.[6]

비정규 노동이 증가하는 현상은 비난 한국뿐만 아니라 다른 많은 나리에

---

6 이 내용은 황선웅(2007)과 김성희·윤정향·황선웅(2007)의 발생 배경과 원인에 관한 내용을 참조.

서도 관찰되고 있다. 이와 관련하여 여러 연구자는 역사적으로 볼 때 비정규
직이 비정상적인 고용 형태가 아니라 오히려 2차 세계대전 이후 일시적으로
나타났던 정규직 중심의 고용 확대와 내부 노동시장의 형성 과정이 비정상
적인 현상이었다고 지적한다(Cappelli 1995; Kalleberg 2000). 이 글의 분석 결
과에 따르면, 이런 지적은 한국의 경우에도 타당하며, 더욱이 우리의 경우에
는 돌아가고픈 '행복했던 시절'이 있었는지조차 불분명하다고 할 수 있다. 상
황이 이러하다면 '과거로 되돌아가는 것'으로 문제가 해결될 리 만무하다. 노
동의 불안정화 없이는 지속될 수 없는 현재의 축적 구조를 어떻게 전환하고,
기업별로 파편화되어 있는 현재의 노동운동 방식에서 벗어나 어떻게 새로운
연대의 흐름을 조직해 나갈 것이며 비정규 노동의 문제를 어떻게 사회운동
의 의제로 확장해 나갈 것인가라는 질문에서 문제 해결을 위한 고민이 시작
되어야 할 것이다.

3. 1987년 이후 비정규 노동의 추세와 사회적 과제

(1) 한국 경제 흐름과 분배의 문제

한국 경제는 1960년대 초 급속한 산업화로 성장의 역사를 시작해, 1970
년대 중반 중화학 공업화를 통해 고도성장을 이루었다. 1980년대 초 산업 구
조 조정의 진통을 거치고 나서 1980년대 중반 이후 대규모 장비 제조업을 중
심으로 고성장의 시기를 구가하다, 1990년대부터 진행된 경제 세계화의 흐
름 속에 1997년 말 외환 위기의 큰 진통을 겪었다. 이런 한국 경제의 성장과
변화의 과정은 비정규직 확산과 이로 말미암은 빈곤·불평등의 확대와 연관

	1960년대~ 70년대 초	1970년대 중반~ 80년대 초	1980년대 후반~ 90년대 중반	1997~99년	2000년 이후
경제구조의 특징	공업화 시작	중화학 공업화	산업 구조 조정과 세계화	외환 위기	외환 위기 이후
경제성장	고성장	고도성장	중위 성장	급하락	회복과 침체
정치적 환경	군사독재	군사독재	민주화 (노동자 분배 투쟁 시작)	민주화·세계화 (복지 체계의 구축)	민주화·세계화 (노동을 통한 복지 정책)
분배의 문제	절대적 빈곤	상대적 빈곤	절대적 완화와 상대적 심화	절대적 빈곤과 상대적 빈곤의 동시 증가	절대 빈곤과 상대적 빈곤의 지속 증가 추세
지니계수		0.393(82) 0.384(85)	0.365(88) 0.363(94) 0.291(96)	0.316(98) 0.320(99) 0.317(00)	0.322(01) 0.319(02) 0.329(03)

표 1_ 한국 경제와 분배의 문제

된다.

1980년대 후반 또는 1990년대 초반부터 절대적 빈곤의 완화, 상대적 빈곤의 심화 양상을 보이다가 1997년 외환 위기의 시기에는 두 빈곤 지표가 동시에 높아지게 된다. 경제 위기 회복 이후에는 급속히 악화된 소득 분배의 불평등이 개선되지 않고 절대적 빈곤도 지속하고 있다. 통계청의 소득 분배 추계 결과에 의하면 지니계수는 0.393(1982), 0.384(1985), 0.365(1988), 0.365(1991), 0.363(1994)으로 나타나 1980년대 이후 도시 부문의 소득 분배는 대체로 개선되고 있는 것으로 나타나지만, 기존의 공식적 지표만큼 개선된 것은 아니다. 특히, 1990년대에 들어오면서 근로자 가구의 소득 분배의 개선과 비근로자 가구의 소득 분배의 악화가 거의 상쇄됨으로써 도시 부문 전체의 소득 분배는 변동 방향이 불명확하거나, 아니면 개선이 있다 하더라도 아주 미미한 개선에 그치고 있다.

더욱이 건물, 토지, 금융 자산의 분배는 모두 극심한 편중 현상을 보이고 있으며, 기존의 부의 분배 추계 결과보다 훨씬 더 불평등한 결과가 나타난다.

지니계수를 보면 토지는 0.90, 금융 자산도 0.70을 초과할 정도로 높은 불평
등을 보이고 있으며, 건물의 경우에도 0.70에 가까운 값이 나오고 있다. 1995
~97년에 지니계수도 0.284, 0.291, 0.283으로 개선된 양상을 보이다가, 외환
위기 이후인 1998~2000년에 0.316, 0.320, 0.317, 그리고 2001년에 0.322,
2003년에 0.329로 외환 위기 이후 매우 악화되고 있는 상황이다.

경제 위기를 거치면서 사회 양극화가 급격히 진행되어 빈부 격차가 심화
되었다. 여기에는 빈약한 복지 제도와 함께 노동시장 유연화 정책이 커다란
영향을 미쳤다. 그 연원은 1980년대 중반 한국 경제가 질적 성장을 구가하던
시기이자, 정치적 민주화 이후 민주 노조 운동의 등장으로 재벌 대기업과 신
생 민주 노조 운동이 전면적인 대결을 벌이던 시기로부터 비롯된다.

민주화 이후 노동 정책은 노사 관계 제도화와 노동시장 유연화라는 상반
되는 시대적 요구 중 항상 후자를 우선시하는 방향으로 귀결되었다. 정치 민
주화를 통해 노동 정책의 제도적 개혁이 실현 가능한 범주 안으로 들어온 시
기가 바로 세계화·유연화라는 자본 주도의 세계 자본주의 흐름에 직면했던
시점과 겹친다. 제도화와 유연화, 두 가지 방향 중 세 민주 정부의 선택은 언
제나 경제적 생존과 성장에 초점을 둔 유연화 쪽이었다. 김영삼 정부 때 맞게
된 세계화라는 변화된 환경에서 한국 경제의 생존과 성장의 문제가 최우선
과제로 설정될 때 노동 개혁의 과제는 '제도화를 통한 극소수 분파를 제외한
노동운동의 수용과 포섭'보다는 '유연화를 통한 경쟁력 향상'에 초점이 두어
지게 된다.[7] 이때 노동의 불만과 저항을 수용하고 포섭할 제도적 개혁의 폭

7 한국의 노동조합운동은 이념적으로 '자본주의 내 노동자들의 이해를 대변하기 위한 기구'로
서 자본주의 틀 안에 있으면서 동시에 '자본주의 노동의 근본적 모순을 극복하기 위해서 자본
주의의 틀을 넘어서는 사회주의의 대안을 추구'하는 양면성을 가지고 있는 것으로 평가할 수
있다. 노동조합 운동의 고전적 정의에 따르면 '이해 대변 기능'과 '정치적·이념적 경향'을 이념
을 동시에 포괄하고 있는 것이다(노동조합운동의 목적과 이념에 대해서는 Hyman(2002)을 참
조). 노동개혁이란 넓게는 노동조합운동의 제도적 수용과 포섭을 통해서 노동조합이 노동자에

은 급격히 좁아지며, 유연화를 관철시키기 위한 노동시장 정책이 우위에 선
다. 노사 관계 정책은 이런 노동시장 정책의 실현을 방해하지 않는 범위에서
협력주의를 고무하는 수준에 그치게 된다.

특히 전체 노동자의 절반을 넘는 비정규 노동자의 양산으로 하층 노동자
의 고용 불안은 심화되었다. 임금과 노동조건에서의 극심한 차별, 사회 보장
으로부터의 소외, 노동기본권의 배제 등이 이들 비정규, 영세 사업장 노동자
의 생존권을 위협하고 있다. IMF 경제 위기 이후 급증한 실업률을 낮추는 것
을 중심으로 한 정부의 고용 정책은 일단 수치상의 실업률을 낮추기는 했으
나, 신자유주의적인 고용 유연화 정책의 확산으로 비정규 노동자의 증가 등
고용의 질은 크게 악화하고 있다. IMF 경제 위기 전 40%대였던 비정규 노동
자의 비율은 2006년 8월 현재 전체 임금 노동자의 56%에 이르고 있다. 신자
유주의적인 노동시장 유연화 정책은 비정규직 노동자를 비롯한 이주 노동
자, 장애인 노동자 등 취약 계층 노동자들의 삶의 질도 크게 떨어뜨리고 있
다. 노동시장에서 열등한 위치에 있는 이들 노동자들은 부족한 고용 기회, 열
악한 노동조건에 시달리고 있다.

경기 순환의 영향에 그대로 노출되는 노동 빈곤층의 소득 보장과 안정적
인 일자리 제공을 위해서는 불안정 고용을 양산하는 고용 구조의 근본적 개
선이 필요하다. 저임금 노동 계층에 대해 최저 생활수준을 보장하는 최저임
금은 실효성이 없어 재분배 정책으로서 노동시장 정책은 실종된 상황이다.
임금 소득 불평등이 전반적 소득 불평등에 미치는 요인이 크다는 현실을 볼
때 유연화 일변도의 노동시장 정책 방향의 수정 없이는 소득 분배 개선의 전

대한 경제적 이해만이 아니라 정치적·사회적 이해 대변 기능을 수행할 수 있도록 보장할 수 있
는 제도적 기반을 마련하는 것을 의미한다. 서구에서는 대체로 2차대전을 전후로 노사 관계 제
도화가 이루어져 개혁 좌파라고 할 수 있는 사회민주주의 세력이 노동운동의 주도세력으로 등
장했다.

망은 불투명하다고 할 수 있다.

(2) 비정규직 현황과 추세

1) 비정규 노동자란?

비정규 노동자의 정의가 정규직 개념의 잔여적residual 개념으로 정의되기에 그 실제의 명칭과 존재 유형은 매우 다양할 수밖에 없다. 정규직은 고용주체 측면에서 단일 사용자에게 고용되어 있고, 계약 기간을 정하지 않은 상용 고용이며, 노동시간은 전일제라는 세 조건을 모두 충족시키는 고용 형태를 가리킨다. 비정규직은 이 세 가지 조건 가운데 하나라도 충족시키지 못하는 경우를 따로따로 별도의 비정규직 고용 형태로 분류하는 방식이다.[8]

---

8 반면 노동부는 같은 경제활동인구 부가조사 결과를 바탕으로 약 20%(약 300만 명) 적은 비정규직 규모를 추산하고 있다. 노동부에 따르면, 경제활동인구 본 조사는 상용-임시-일용이라는 종사상 지위에 의한 구분이며 이를 혼용하는 노동계 조사 방식은 고용 형태별로 비정규직의 규모를 추산하는 것과 혼재되어 있다고 주장한다. 이들의 주장에 따르면, C부분의 정규직이면서 그들 분류의 비정규직보다 더 열악한 처지에 놓인 이른바 '보호 대상' 노동자가 존재한다는 논리로 이어진다. 이에 대한 비판은 김성희(2007)를 참조.

노동부의 경제활동인구 부가조사의 고용 형태상 분류 (2006년 8월)(단위 : 천 명)

구 분	비정규직			정규직	소계
	한시적	시간제	비전형		
상용직	1,338(8.7%)ⓐ			6,905(45.0%)ⓓ	8,243천 명
임시직 일용직	4,119(26.8%)ⓑ			2,989(19.5%)ⓒ	7,108천 명
소 계	5,457(35.5%)			9,894(64.5%)	

주 : 노사정 합의기준(ⓐ+ⓑ) : 5,457천 명(35.5%) → 고용 형태 기준.
　　 노동계 기준(ⓐ+ⓑ+ⓒ) : 8,446천 명(55.0%) → 보호 대상 기준.
자료 : 노동부, 『비정규직법 이해』, 2007. 4.

표 2_ 비정규 노동자의 정의

기준	정규 노동자	비정규 노동자
고용주체 (사용자)	단일 사용자	불확실/이중적
계약기간	기간을 정하지 않은 상용고용	임시적·기간제 고용
노동시간/노동일수	전일제(full-time)	단시간(part-time)

표 3_ 비정규 노동자의 분류기준과 유형(명칭)

분류기준	종류	비정규직 유형	설명
고용 기간	〈임시고용〉 - 일정 기간 동안만 노동관계를 맺는 비정규직	임시직	일시적·한시적으로 고용되는 비정규직 (예 : 계절적으로 고용되는 농업부문 노동자)
		계약직-기간제	특정의 고용계약 기간(예 : 1년)을 설정, 고용되는 비정규직
		일용직	1일 단위로 고용되는 비정규직 (예 : 건설 일용직)
노동 시간	〈단시간〉 - 노동시간이 소정 노동시간보다 짧은 비정규직	단시간 (파트타임)	소정 노동시간(1일 8시간)보다 짧은 노동시간을 전제로 고용되는 비정규직 (예 : 아르바이트)
고용 주체	〈간접고용〉 - 단일한 고용주가 아닌 다면적인 고용관계를 맺고 있는 비정규직	파견	파견법상으로 허용된 파견 노동자
		사내하도급 (도급노동자)	'특정의 일의 완성'을 목적으로 노무 도급을 제공하는 노동자
		용역 (위임)	'특정의 일 처리의 대행'을 목적으로 노무 도급을 제공하는 노동자 (예 : 청소, 경비 등)
	〈특수 고용〉 - 노동계약이 아닌 형태로 노동을 제공하는 고용관계	개인 도급	형식적으로는 개인사업자 신분으로서 노무를 제공하는 노동자 (예 : 보험모집인, 골프장 경기보조원 등)
		재택노동 (가내노동)	가내노동, 무급가족 종사자 등

2) 비정규 노동의 규모와 특징

① 비정규직 고용 규모의 특성

신자유주의 구조 조정으로 급속하게 확대되어 이미 전체 노동자의 절반

표 4_ 연도별 고용 형태 추이 (단위 : 천 명)

구분		2000.8.	2001.8.	2002.8.	2003.8.	2004.8.	2005.8.	2006.8.	2007.3.	2007.8.
정규 여부	정규직	5,397	5,876	5,922	6,315	6,455	6,574	6,937	6,987	7,307
	비정규직	7,578	7,340	7,708	7,834	8,130	8,394	8,414	8,744	8,576
	합계	12,975	13,216	13,631	14,149	14,584	14,968	15,351	15,731	15,882
고용 형태	정규직	5,397	5,876	5,922	6,315	6,455	6,574	6,937	6,987	7,307
	일반임시직	3,967	4,027	4,307	3,717	3,651	3,206	3,358	3,452	3,359
	기간제고용	926	1,032	1,097	2,403	1,806	2,556	2,336	2,278	2,196
	상용파트	34	12	6	5	16	6	14	6	4
	임시파트	552	573	558	347	709	718	773	764	808
	호출근로	775	235	364	502	548	622	553	723	710
	특수고용	624	752	702	486	700	596	576	610	606
	파견근로	136	130	88	65	117	118	131	175	174
	용역근로	308	319	346	191	413	431	498	582	593
	재택근로	256	258	239	116	171	141	175	154	125

자료 : 한국비정규노동센터, 『월간비정규노동』, 2007년 12월.

을 넘어선 비정규직은 신규 고용의 70%를 차지하고 있다. 2006년 8월 기준 전체 임금 노동자 1,535만 1,000명 가운데 비정규직 841만 4,000명(54.8%), 정규직 657만 4,000명(45.2%)으로 비정규직 비율이 전년 동월 대비 1.3% 포인트 감소한 것으로 나타났다. 비정규직 노동자 수는 2만여 명이 늘어났음에 비해 정규직은 36만 3,000여 명이 늘어나서 비정규직 비율이 감소한 것으로 나타난 것이다.

비중은 줄었다고 하지만 이미 포화 상태에 다다른 것으로 평가되는 비정규직 노동자의 수가 계속 늘어나고 있다는 점에서 비정규직 규모 확대의 심각성은 지속되고 있는 상황이다. 이는 〈그림 4〉의 비정규직 규모의 추세선에서 확인된다.

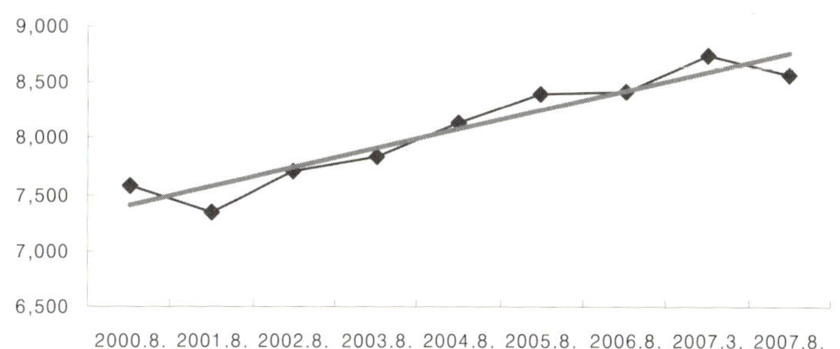

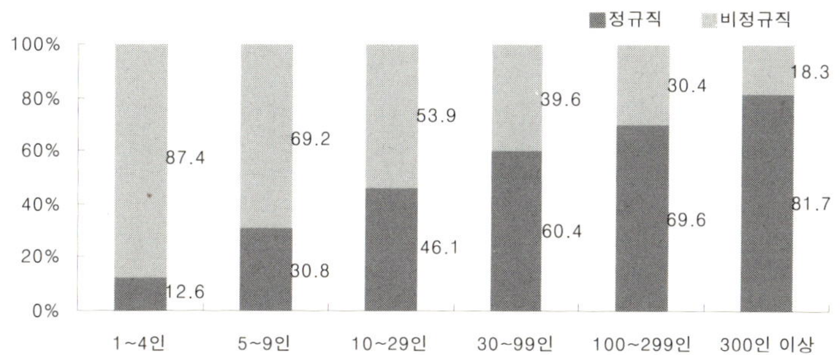

② 비정규직 고용의 인적 속성에 따른 특성

고용 형태별 남녀 구성비를 살펴보면 차이가 분명하다. 임금 노동자 중 여성 노동자의 비중이 42%이지만 정규직에서 여성이 차지하는 비율은 30%에 불과한 실정이다. 비정규직의 연령에 따른 특성을 보면 25세를 기준으로

구분	남자	여자	전체
정규직	5,057,918	2,248,674	7,306,592
	54.8	33.8	46.0
비정규직	4,177,174	4,398,438	8,575,612
	45.2	66.2	54.0
전체	9,235,092	6,647,112	15,882,204
	100.0	100.0	100.0

표 5_ 성별 정규 여부 (단위 : 명, %)

비정규직이 급격히 줄어들다가 55세가 넘으면 또다시 비정규직이 급격히 증가하는 양상을 보이고 있다. 또한 학력과 비정규직의 비율은 반비례하는 것으로 나타난다. 이처럼 비정규 노동은 여성, 청년층, 중고령층, 저학력에 집중되어 있다. 사회적 취약계층에서 비정규직 비중이 압도적으로 높을 뿐 아니라, 비정규 노동자의 다수가 취약계층에 속한다.

한편, 주목할 것은 기업의 규모와 비정규직의 규모는 반비례한다는 점이다. 기업 규모 자료가 공개된 지난 3년간 비정규직 비율을 보면 100인 미만 사업장의 비정규직 비율이 2005년 89.4%, 2006년 89.6%, 2007년 90.6%로 증가율은 낮지만 소규모 사업장의 비정규직 비율이 지속적으로 증가하고 있는 것으로 나타났다. 그러나 대규모 사업장이 전통적인 원하청 관계를 통하여 고용 불안을 외부화하고 있는 것은 보여 주지 못하고 있다. 간접고용을 통한 고용 외부화의 심각성은 개정 비정규법의 시행 이후 나타난 폐해로 쟁점이 되었다. 그러나 아직 정확한 실태 파악조차 불가능한 실정이며, 사례로 드러난 고용 외부화의 폐해로 그 규모나 차별의 심각성을 짐작할 수 있을 뿐이다. 통계자료만으로 간접 고용의 규모를 파악하기는 어려움이 있으나 2004년 민주노총 금속연맹 조사 결과, 전체 조합원 대비 60.1%를 차지하는 것으로 나타났다. 열악한 처지에 놓인 중소기업 노동자와 비정규 노동자가 중첩되고 있는 지점은 정확한 실태 파악이 어려운 재벌대기업의 하청 사슬 어딘

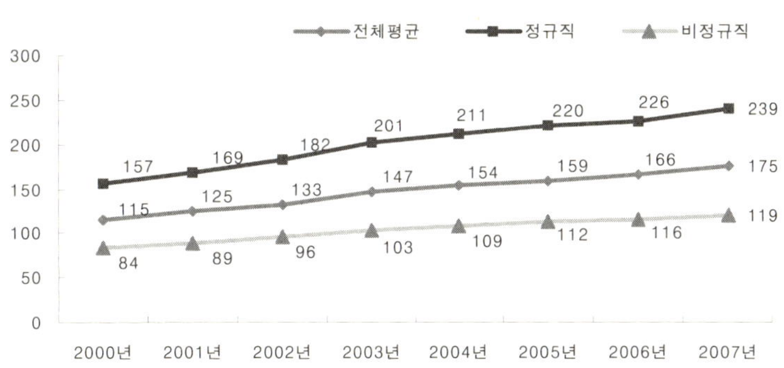

가에 있다. 불법파견이 쟁점화된 바 있는 사내하청만이 아니라 사외 하청 연쇄 고리에 대한 실태 파악과 대안 마련이 필요하다.

3) 극심한 비정규직 차별의 현실

① 비정규직 임금차별의 지속 확대

2007년 8월 현재, 전체 임금 노동자들의 월평균 임금은 175만 원이며, 정규직 노동자들의 월평균 임금은 239만 원, 비정규직의 월평균 임금은 119만 원이다. 2000년의 경우 정규직과 비정규직의 임금 격차는 73만 원 정도였으나 2007년의 경우 정규직과 비정규직의 임금 격차는 120만 원으로 절대적인 금액에서 차이가 계속해서 커지고 있는 것으로 나타났다. 정규직 임금을 100으로 놓고 비정규직 임금이 차지하는 비중을 살펴보면 2007년 8월 비정규직의 평균 임금은 정규직 월평균 임금의 49.9% 수준으로, 전년 51.3%보다

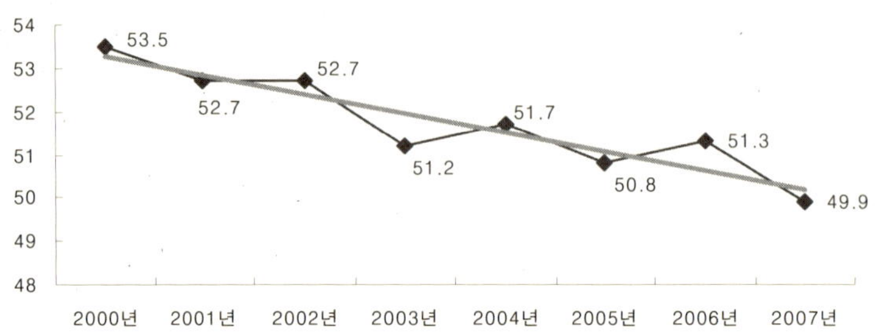

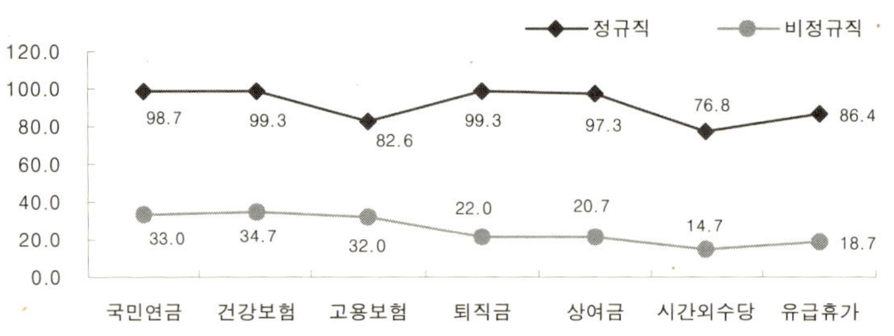

1.4% 포인트 하락했다. 2000년 이후 정규직 임금 대비 비정규직의 평균 임금의 비중의 추세를 살펴볼 때 앞으로 고용 형태별 임금 격차를 줄이거나 완화할 방안이 사회 제도적으로 준비되지 않는다면 정규직과 비정규직의 임금 격차는 계속 커질 것으로 보인다.

② 비정규직에 대한 사회적 배제

전체적으로 정규직·비정규직 모두 사회보험 및 법정 복지, 부가 급여에 대한 적용 비율은 높아지고 있다. 하지만 여전히 비정규직의 사회보험 적용률은 30% 내외로 정규직의 98%대와 비교했을 때 매우 낮은 수준이다. 비정규직의 사회적 권리 배제 현상도 지속되고 있다.

4) 배제된 비정규 노동자의 노동기본권

2006년 11월 30일 국회에서 소위 '비정규 3법'이 통과되었는데 '기간제 및 단시간 근로제 보호에 관한 법률안'(기간제법)의 재정과 '파견 근로자 보호에 관한 법률안'(파견근로법)과 노동위원회법 개정안이다. 그러나 실제 현장의 비정규 노동자들이 요구하고 있는 것은 바로 비정규 노동자에게도 노동기본권을 보장해야 한다는 것으로 크게 '특수 고용 노동자의 노동기본권 보장'과 '원청 사용자의 사용자 책임 인정' 문제다. 노동자임에도 불구하고 노동자성이 부인됨으로써 최소의 생존권과 기본권이 박탈되고 있는 특수 고용 노동자의 노동기본권 보장이 논의 중에 있으나 논의 내용으로 볼 때 계속 후퇴하고 있는 상황에서 실제적으로 노동기본권이 보장될 수 있을지 불투명한 상태다.

5) 주체적 노동권 보장으로부터 소외

2007년 8월 경제활동인구조사 부가조사에서 전체 노동자의 노동조합 가입률은 12.1%로 전년 동월 대비 0.8% 포인트 상승했다. 정규직의 노동조합 가입률은 22.4%, 비정규직의 노동조합 가입률은 3.2%로 조직률에서도 격차가 많이 나서 주체적으로 노동권을 보장받을 가능성의 측면에서도 현격한

표 6_ 고용 형태별 노조 가입 여부 (단위 : %)

구분		노조 없음		가입 대상 아님		비가입		노조 가입	
		2007.8.	2006.8.	2007.8.	2006.8.	2007.8.	2006.8.	2007.8.	2006.8.
전체		75.2	77.0	7.1	6.6	5.7	5.1	12.1	11.3
정규 여부	정규직	59.9	61.8	7.4	7.4	10.2	9.2	22.4	21.6
	비정규직	88.2	89.6	6.8	5.9	1.8	1.7	3.2	2.8
고용 형태	정규직	59.9	61.8	7.4	7.4	10.2	9.2	22.4	21.6
	일반 임시직	93.6	93.1	3.7	3.8	0.8	1.2	2.0	1.9
	기간제	76.3	80.8	12.2	10.0	4.4	3.7	7.2	5.5
	상용 파트	100.0	87.2		7.3		5.6		
	임시 파트	90.2	92.8	8.8	6.4	0.7	0.3	0.3	0.5
	호출 근로	97.6	98.0	2.4	1.7		0.2	0.0	0.1
	특수 고용	89.3	89.7	8.5	8.9	0.7	0.6	1.5	0.9
	파견 근로	83.3	85.1	7.8	6.7	4.0	2.4	5.0	5.7
	용역 근로	86.2	90.5	5.9	3.0	2.4	1.7	5.5	4.9
	가내 근로	99.5	97.8	0.5	2.0				0.2

차이가 난다.

전체 조합원 수는 약 191만 6,000여 명 정도로 추산되며, 이 중 정규직은 163만 9,000여 명, 비정규직은 27만 7,000여 명으로 추산된다.

비정규직 노조 실태 조사 결과에 의하면 비정규 관련 노조는 254개 노조에 13만 8,124명으로 기간제 58개 노조 1만 1,777명, 간접 고용 63개 1만 1,426명, 특수 고용 28개 노조에 3만 5,612명, 지역 업종 52개 5만 6,240명, 지역 일반 52개 노조 1만 8,366명, 전국 여성 노조 11개 노조 4,733명이다.

4. 비정규 법안 이후 비정규 노동의 현실과 과제

(1) 비정규법 이후 변화에 대한 시각 비교

비정규법 시행을 전후로 나타난 변화와 관련해, 긍정과 부정의 입장이 엇갈리고 있다. 3년 가까운 논쟁과 마지막 통과 과정에서도 계속된 논란은 통과 이후에도 지속되는 양상이다.

정부는 무기 계약직화를 비정규법의 개가로 지칭하면서, 일부 나타나는 부작용은 새로운 법안 시행 과정의 진통이므로 차차 보완해 나가면 된다고 주장했다. 그런데 이랜드-뉴코아 노동자의 파업, 코스콤 비정규직의 투쟁 등으로 비정규법의 폐해가 도마 위에 오르게 되자 초반의 적극적인 홍보의 기세는 누그러졌지만, 외주화의 문제점만 보완하면 긍정적 효과가 발휘될 것이라고 판단하고 있다. 이 또한 법 개정 사항이 아니며 시간을 두고 보완해 나갈 행정적 보완 조처로 다루겠다는 태도다.

정치권의 경우, 법안을 통과시킨 당사자이므로 개정의 입장을 명확히 펴기란 곤란한 상황이다. 이 예상치 못한 폐해를 보완해야 한다고는 하는데 그 의지는 드러내 보이지 않는다. 노무현 정부를 탄생시킨 여권은 내부에 다소 편차가 있으나 대체로 위의 정부 입장과 궤를 같이 하면서 나타나는 문제점을 적극 해결하자는 '구두선'을 좀 더 강조하는 입장으로 법안의 개정을 통한 보완인지, 그냥 제도적 보완인지 뚜렷하지 않은 애매한 입장으로 평가된다. 한나라당의 경우, 부정적인 결과가 "무리한 비정규 법안의 통과 때문"이라는 이중적인 함의의 언어를 사용하고 있어 진의가 무엇인지 파악하기 힘들다. 경총-전경련의 입장일 수도, 노동계 일부의 입장일 수도 있는 양가적 수사를 쓰고 있다.

한국노총은 무기 계약화는 긍정적 사례, 이랜드-뉴코아나 코스콤 같은

	긍정적 (+개정 불필요)	부정 (+개정 필요)	비고
표 7_ 비정규 법안에 대한 주체별 입장 비교			
1. 무기계약직 전환	한국노총 정치권	민주노총	시민단체는 부정적에 가까움. 경제계는 긍정적에 가까움
2. 기간제한의 효과와 사유제한 도입 필요성	정부	민주노총 경제계* 한국노총	*경제계는 기간제한 폐지만. 한국노총은 기간제한의 폐해만 인정
3. 차별금지 제도의 실효성	한국노총 정치권 경제계	민주노총	시민단체는 조건부(직무급 도입) 긍정 입장도
4. 외주화 타당성	경제계	정치권 한국노총 민주노총	시민단체는 부정적.

외주화나 계약 해지 등은 부정적 사례라는 양면성을 강조하면서 간접 고용이나 대량 계약 해지를 방비하는 비정규 법안의 '보완'을 주문하고 있는 입장이다. 부정적 사례는 "법의 회피를 목적으로 한 대규모 계약 해지, 도급 용역 전환"이며, 이는 "비정규법의 취지 왜곡"이며 이를 기화로 사용자 측이 비정규법 개악을 요구하는 것을 막아야 하며 이런 "악의적 행위"를 차단할 보완 대책을 마련할 것을 주장한다. 경총과 전경련은 비정규법의 과보호가 계약 해지 사태를 초래한 원인이므로 법안의 '개정'을 통해 기간 제한과 차별 금지 동시 적용을 배제해야 한다고 주장한다. 이를 위해 기간제의 기간 제한, 파견 허용 업종과 기간 제한을 폐지할 것을 주장하고 있다. 단순하게는 '기간 제한의 3년 연장' 선에서 부분 개정의 입장도 보이고 있다. 이는 '비정규법이 없으면 좋고, 있어서 조금 귀찮다'는 입장의 반영으로 평가된다. 외주화 문제에 대해서는 '파견의 전면 허용'을 통해서 해결하자는 입장이며, 외주화는 부정적인 면 이외에 비핵심 업무의 외부 이관을 통한 전문화의 이점과 핵심 역량 중심의 직접 고용 정규직 인력 운용이라는 인사 관리의 효율성을 고려해야 한다고 주장한다.

민주노총과 민주노동당, 전국비정규노동조합연대회의 등 비정규 노조의
입장은 현행 비정규법의 폐기와 전면 재개정이다. '기간제 사유 제한, 차별
금지 제도 전면 개편, 불법 파견 판단 기준 명시와 엄단, 원청 사용자성 인정
과 도급 용역 노동자 권리 인정, 특수 고용 노동자성 인정과 노동3권 보장'을
주장하고 있다.

물론 한국노총의 요구 사항에도 위의 기간제 사유 제한을 제외한 항목이
포함되어 있으나, 법안의 수정 보완이라는 입장이 나머지 사항의 관철 방식
과 어떤 상호 관계가 있는지 뚜렷하지 않다. 기간제 사유 제한을 보완하는 선
에서 현행법의 틀을 유지하자는 입장으로 평가된다. 한국노총의 정규직 전
환 인센티브제는 민주노동당의 대규모 정규직 전환 프로그램과 유사하나,
정규직 전환에 대한 유인책이 강조되는 편으로 강력한 견인 장치는 적극적
으로 고려되지 않았다. 시민단체와 일부 노동 연구 단체는 한국노총과 민주
노총 입장 사이에 있다.

비정규법에 대한 전반적 평가는 주요 핵심 쟁점별 평가를 반영하고 있다.
무기 계약직에 대한 긍정/부정의 입장, 기간 제한에 대한 평가와 사유 제한
도입의 필요성, 차별 금지 제도의 효과, 외주화 문제 발생 원인 진단의 차이
를 반영하고 있다. 물론 정부는 모두 긍정적이다.

(2) 비정규법 이후 노동시장 상황 변화[9]

비정규법안 시행 전후로 나타난 결과는 예상했던 부정적 결과가 일부 긍
정적 결과를 압도하고 있는 양상이다. ① 차별 금지 조항 적용의 고의적 배
제 근거 마련, ② 계약 해지 전면화, ③ 초단기 계약 도입 등 계약 조건 파행

---

9 이에 대해서는 김성희·황선웅(2005)를 참조.

표 8_ 비정규직법 이후 기간제 고용 상태 변화			
고용 상황 변화	세부 내용	사례	영향 정도
외주화	- 직접 고용 기간제에서 파견·용역·하청 등 간접 고용으로 전환하여 기간 제한과 차별 금지 조항을 모두 피해 가면서 기업은 사용자 책임성도 벗어남.	- 코스콤, 기륭전자, 이랜드-뉴코아, KTX와 새마을호 승무원, 롯데호텔과 도시철도와 광주시청의 청소원 등 환경미화, 경비 업무	고용 (−−) 임금 (−) 복지 (−)
계약 해지 단기 계약으로 전환	- 2년 이상 계속 고용 시 정규직 전환이라는 법안의 기간 제한을 활용해 계약 해지 통한 인원 대체와 단기 계약을 통한 기간 대체 추구	- 이랜드 그룹의 3, 6, 9개월 계약과 하루짜리 계약 등 현대판 노비문서인 초단기 계약을 포함한 단기계약 - 유통, 학교, 병원, 공사, 정부기관, 다수의 민간 대기업	고용 (−) 임금 상실 또는 불변
무기 계약화	- 주로 분리직군제 방식으로 진행. 복지는 나아지나 임금의 차별 지속. 비정규직 차별이 아니라 차별 시정 대상 아님 - 별도의 평가제, 퇴출제, 근로계약서상의 독소 조항 등으로 정규직 정도의 고용 안정 아님	- 우리은행 등 은행권 - 이마트와 홈플러스 등 유통권 - 학교 비정규직과 평생교육노조 소속 등 공공 부문	고용 (+?) 임금 불변 또는 미약한 상승 복지 (+)
하위 직급화	- 무기계약제 같은 별도의 직군이 아닌 하위 직급의 신설을 통한 임금과 승진 상의 차등을 두는 방식의 정규직화 방안 - 신설 하위 직급에서 기존 직급으로 이동을 제한하거나 어렵게 할 경우 무기 계약화와 비슷한 결과 초래.	- 부산은행 등 은행권 - 우리투자증권, 현대증권 등 제2금융권 - 철도공사의 역무원, 차량관리원 등 공공기관 정규직화 대상 일부	고용 (+)이나 승진? 임금 (+)하나 미약 복지 (+)
온전한 정규직화	- 기존의 정규직과 똑같은 조건 또는 인사제도 적용상의 차이가 없는 정규직화	- 법안 이전 금호타이어 - 법안 이후 호봉 차이를 둔 정규직화 사례인 자산관리공사 -정규직 노조의 적극적인 노력이 돋보인 서울대병원의 경우와 보건의료노조 산별 교섭을 통한 정규직화	고용 (++) 임금 (++)

주: 외주화의 폐해는 정규직 대비 직접 고용 비정규직과 간접 고용 비정규직의 임금 수준을 비교해 보면 한눈에 알 수 있음. 도소매업 판매 종사자의 임금은 정규직 173만 원, 기간제 112만 원, 용역 80만 원임. 청소 용역과 같은 사업 서비스업의 단순 노무 제공자는 정규직 135만 원, 기간제 97만 원, 용역 88만 원으로 외주화로 인한 간접 고용 전환은 더 열악한 처지의 비정규직으로 내몰리는 결과를 초래.

화, ④ 영구 기간제화, ⑤ 정규직의 기간제화, ⑥ 외주화를 통한 비정규 고용 조건의 더한층 열악화 현상, ⑦ 파견 대상 확대, ⑧ 불법 파견 판단 기준의 완화, ⑨ 특수 고용 노동자성에 대한 법안 마련에 대한 소극적·퇴행적 입장 등 전방위적으로 비정규 차별 온존 확산법의 색채가 명확해지고 있다.

예상했던 결과인 단기계약 전환과 대량 계약 해지 사태 등이 발생했으며, 인원대체나 정규직의 기간제화를 통한 구조화 양상은 아직 전면적으로 등장하고 있지 않은 상태이다. 이는 기간제한이 갖는 한계에다 한국의 기업별 교섭 구조가 작동한 결과이다. 상시-임시 또는 일시, 핵심-비핵심의 구분 없이 다양한 양상이 진행되고 있다. 예로 KTX 승무원은 상시(필수)업무에다 핵심업무로 평가될 수 있는데 외주화 대상이며, 계약 해지 대상자도 이런 업무로 포함될 수 있다.

이미 비등점을 넘어 폭발 일보직전 상태인 비정규직 규모, 고용의 관행이 되어 고착화된 비정규직에 대한 극심한 차별에 비추어 볼 때 안이한 대책이나 발생 사후 위무책 정도로는 상처는 더욱 안으로 곪아 들어갈 뿐이다. 지금 현안인 이랜드뉴코아 사태(기간 제한과 외주화의 폐해), KTX사태(간접 고용 외주화의 폐해), 공공 비정규 대책의 대상의 대부분을 차지하는 학교 비정규직의 문제(추가 예산 하나 없이 무늬만 정규직인 무기 계약직 전환과 계약 해지), 기륭전자(불법 파견 규제 방안 미비), 롯데호텔 청소원(외주화와 계약 해지), 도시철도 청소원(외주화와 계약 해지), 르네상스호텔(외주화와 계약 해지), 코스콤비정규직(외주화와 불법 파견), 제조업의 사내 하청 노동자(불법 파견) 등의 사태는 기간 제한과 차별 시정 제도로 구성된 현재의 법안으로 아무런 해결책을 찾을 수 없다.

(3) 향후 과제

그럼 앞으로 어떻게 해야 하는가? 투쟁하는 비정규 노동자들은 한목소리로 비정규법의 폐지, 전면 재개정을 말한다. 비정규직 노동자들에게는 '어설 픈 보호 방안과 확실한 해고 압력'으로 다가오기 때문이다. 시간이 지나면서 점점 나아지리라는 기대는 오직 차별 판단 기준조차 없는 어설픈 차별 시정 제도가 오래오래 축적되기만을 바라야 한다. 하지만 5심제로 고용이 불안한 비정규 노동자 개인이 3개월 안에 자기 사용자를 상대로 시정 신청을 해야 하는 빛 좋은 개살구일 뿐이다. 현실에 만연해 있는 차별 때문에 '봇물처럼 신청이 쏟아져 들어와 모두 시정해야 하지 않을까'라는, 차별 심의 기관과 사 용자에 대한 염려와 배려가 지나친 제도라는 점을 되새긴다면, 장차 나아지 리라는 부질없는 기대에 860만 비정규직의 운명을 맡길 수는 없다.

또 한편 수정 보완하자는 주장이 한국노총, 일부 시민단체와 노동단체, 정부 산하 연구 기관 등에서 제기되고 있다. 미처 그 파장이 이 정도일지 예 상하지 못했다면서 화들짝 놀란 듯 간접 고용화 현상에 주목해서 이 문제의 해결 방안을 보완대책으로 포함시키자는 것이다. 그 형식이 법 개정인지 여 부에 대해선 아직 구체적인 입장을 세워놓지 못하고 있는 듯하다.

이런 현안을 해결할 수 있는 답안을 반영하는 비정규법이라야 비정규직 의 고통을 해결하는 단초를 마련할 수 있다. 그 답은 출발 지점에서 비정규직 발생을 차단하는 장치여야 한다. 뒷문 열어 놓은 것(외주화)만 좀 단속한다고 해결되지 않는다. 앞문이 열려 있으면 뒷수습을 아무리 하려고 해 봐야, 현실 논리(이 많은 비정규직 차별과 정규직 전환을 다 어떻게?) 앞에 막막해질 뿐이다.

비정규직이 발생하는 출입문을 제한하지 않으면 안 된다. 상시적인 고용 은 정규직에게, 일시적이고 임시적인 이유가 있는 경우(결원 대체, 예상치 못한 수출 물량 등 일감의 급증, 계절적인 일자리, 계약 기간이 정해져 있는 프로젝트성 사업 에 따른 고용 등)에만 비정규직을 채용하는 '사용 사유 제한'으로 무분별한 비 정규직 활용을 차단해야 한다. 상시적인 일자리는 직접 고용 정규직 사용을 명문화 한다면, 계약 해지도 인원 대체도 외주화도 발생하지 않는다. 혁명적 인 요구인가? 정말 그렇다면 비정규직 투쟁의 현실은 혁명을 요구한다. 현실의 요구가 그렇다. 비정규직 투쟁에 관심과 애정을 가진 사람들, 사유 제한 도입에 집중하지 않으면 매번 뒤통수만 긁적거릴 뿐이다.

고용 문제 해결을 위해서는 고용 불안정을 확대 재생산하는 현재 사회 시스템의 변화가 필요하다. 사회 시스템의 변화란 신자유주의 노동 유연화 자체를 거부하거나 압도하는 것이 아니라, 반ⓧ유연화 장치를 정책적 처방으로 덧붙여 노동 유연화 구조와 대립하고 경쟁하게 하는 사회적 장치를 마련하는 것을 의미한다. 사회 시스템의 내용은 견인 장치와 유인 장치로 구성된다. 견인 장치를 통해 양질의 고용을 하도록 정책적 강제를 가하며, 동시에 불안정 고용이나 고용 책임을 다하지 않는 기업에 대해 이를 통해 얻는 경제적 이득만큼의 사회적 비용 부담을 가하는 유인 장치를 부과한다.

기간 제한에서 사유 제한으로, 불법 파견 판단 기준 명확화와 엄단, 원청 사용자성 확립, 정규직 전환 프로그램을 통한 절반 수주인 OECD 평균으로 획기적 감축, 차별 금지의 전면 개편이다. 이 중 앞의 네 가지는 우리와 처지가 비슷한 스페인에서 실행되고 있는 내용이다.

5. 결론 : 1987년 이후 민주 노조 운동 혁신의 필요성과 비정규 노동자

노동조합의 정체성은 무엇인지 다시 한번 생각해 본다. 노동조합은 '조합원 이해 대변이라는 갑옷'과 '사회정의 추구라는 칼'과 '계급 투쟁의 학교'라는 성격을 한 가지 또는 동시에 여러 가지를 갖는다(Hyman 2002 참조). 시장, 사회, 계급이라는 영원불변의 삼각 지대 안에서 움직이는 존재이다. 이 세 가지는 사회와 노조의 관계가 사회로부터 '분리와 고립', 사회 전체에 대한 '대변과 참여', 계급 이해의 대변을 바탕으로 '사회의 변혁'이라고 짝지을 수 있다.

한국의 대기업 노조는 실리적 노조를 지향하고 있는 것이 아니라, 제도적 수단과 정책에 의해 그렇게 양육되어 왔다. 그래도 더는 정부와 자본만을 탓하고 있어서는 안 된다. 한국의 노동운동이 빠진 방향성 상실의 문제를 해결할 쉬운 길은 보이지 않지만, 경기의 부침처럼 침체로부터 벗어나 새로운 활력을 회복할 가능성은 있다.

영원불변의 삼각 지대론을 평가하자면, 시장과 계급에 비해 사회를 주축으로 하는 노동조합운동의 상이 과연 무엇인가 하는 것이 문제이다.

"적정 임금, 작업장 민주성, 사회적 불이익 집단에 대한 기회 평등을 결합하고, 정규직과 비정규직, 공식적 실업과 경제활동 인구 밖의 인구를 모두 포함하고 가정과 작업장 사이의 양립성을 고려하는 고용의 개념"(Ginsburg et. al. 1997, 7-8)을 바탕으로 고용 지위나 고용 여부에 관계없이 사회적 생활수준 이상이 유지되는 소득 수준을 보장하는 "사회적 임금social wage이 담보되는 사회"(Ferner and Hyman 1998, 18)로의 이행을 목표로 하는 노동운동이 그 추상적 상이 될 것이다. 그러나 현실적 수단을 고려하면 문제는 간단치 않다.

우선 현재 한국의 노동운동이 사회적 발언을 할 수 있는 수단은 노사정위원회 같은 한계가 이미 밝혀진 기존 제도를 통한 길이다. 민주'적'인 정부가 등장했다고 하지만 노동에 대한 억압조처가 공안적 시각에서 시장적 시각으로 바뀌었을 뿐이며 오랜 배제의 정치는 지속되었다. 1987년 이후 구속 노동자가 3,700명인데, 이른바 민주화 이후에도 줄지 않고 지속 증가하고 있다. 100년에 걸친 투쟁의 산물로서 2차대전을 전후로 자본주의 세계 대부분의 국가에서 성취한 온전한 노동3권의 보장조차 이루어지고 있지 않다. 무엇보다 기업별노조의 틀 안에서 고립을 초래하며 산별노조 지향을 가로막고 있는 객관적 조건인 노동 제도가 아직 버티고 있다. 배제가 아닌 참여의 정치 수단으로 제시한 노사개혁위원회, 노사정위원회는 섣부른 정부와의 협력주의가 뒷통수를 맞는 배신의 경험으로 이어지는 결과를 확인시켜 주었을 뿐이다. 노무현 정부와의 개혁 동반자론을 주창하는 세력들이 노사정 대타협을 주장할 염치가 없게 만드는 입법들(최근의 두 개의 비정규 입법에 이르기까지)이 불쑥불쑥 튀어나오는 시점에서 사회정의를 추구하는 노동운동론을 정부 일각의 사회 통합적 노사 관계론과 동일 선상에서 이해해서는 안 될 것이다.

최근 노동운동은 제도권에 진출한 진보 정당이라는 다른 날개를 얻었다. 그러나 군소 정당의 한계와 제도 정치 경험의 부재, 제도와 비제도의 양면을 활용하는 능력의 미비 등 제약 요인을 단시간에 해결하기는 어려울 전망이다. 서구 노동운동의 개혁주의란 혁명주의의 상대적 개념으로서 노사정합의 기구를 통해 추진된 것이 아니라, 노동자 정당(개혁 좌파라 불리는 사민주의 정당)의 집권과 진보 운동의 양 날개 간 협력을 통해 이루어진 것이다. 오해하지 말아야 한다. 노사정위원회와 사회 개혁, 노사정 협력주의와 노동운동-노동자 정당의 협력 관계, 온건한 협상 중심의 전술과 '동원과 협력이라는 무기의 극대화된 활용'은 아주 다른 얘기이다.

'억압과 배제'에 맞서는 '동원과 저항'이라는 노사 대립의 틀은 과연 바뀌었고, 시대에 뒤떨어진 것인가? 시장에 의한 억압과 배제는 훨씬 강고한 힘으로 노동운동을 압박하고 있다. 유연화 만능의 신자유주의의 파고가 거세게 휘몰아치고 있다. 반反민주에 대한 저항의 정당성이 소멸했는지도 의문이지만, 시장에 대한 '저항'은 지속적인 과제이다. 반反시장의 해법을 포함하지 않는 노동운동의 정체성 논의는 현실적으로 무용지물이자, 현실 인식에서 심각한 오류를 가져온다. 만약 반민주 운동은 완결되었는데 노동운동은 그 과실만 따먹고 있다고 주장하는 것이라면, 자본주의 시장 압력의 문제를 논의에서 배제한 이유를 분명히 밝혀야 할 것이다. '민주-반민주' 구도가 축소되고 '시장-반시장' 구도가 강화되는 상황에서 대안은 두 전선을 통일시키는 것이며, 반시장과 탈상품화의 과제는 노동 가치설을 시내착오적인 것이라 치부할지라도 남는 과제이다.

유연화와 성적 평등을 지표로 본다면, 대기업 정규직 남성 중심의 노동운동은 유연화에 대해 전투적으로 저항해서 유연성은 낮지만 성적 평등의 정도도 낮은 남성 가장 모형에 속할 것이다. 이를 벗어나는 방향은 연대적 성적 평등 모형으로 향할 수도 있고, 자유주의적 유연화 모형으로 향할 수도 있다. 현실적으로 존재하기 어려운 자발적 유연성(자발적인 노동 해방으로도 충분한 생활 수단을 획득할 수 있는 사회의 모습)으로 향해 가는 것은 아직 꿈에 불과하다. 비자발적인 비정규직이나 생활 수단의 부족에 시달리는 빈곤층이 존재하지 않는 시장 유연화를 제어하는 연대적 모형인지, 세계화와 경쟁에 압력을 받아들이는 자유주의적 모형인지가 관건이다. 바로 시장의 문제는 유연화를 어떻게 다룰 것인지의 문제이며, 사회적 약자를 고려하는 연대적 수단이나 사회정의의 수단이란 노동운동이 유연화를 어떻게 제어하고 방비하느냐에 달린 것이다.

지금 노동운동의 미래도 '사회적 영역을 주도할 수 있는가' 여부에 달려 있다. 이를 통해 계급적 전선과 사회 연대적 전선을 통합하는 것이다. '민주-반민주' 구도의 축소와 '시장-반시장' 구도의 강화 상황에서 대안은 두 전선을 통일시키는 것이다. 시장의 주도권이 공고해지는 '시장 만능의 시대', '시장 불패의 시대'에 '시장 약자의 주체화'와 '시장 약자를 중심에 둔 사회적 연대의 구축'을 통해 반작용할 가능성을 열고, 희미해진 계급적 전선의 실천성을 회복하는 것이다.

시장 불패의 담론이 지배하는 신자유주의는 사회적 약자를 대량 생산하는 불평등과 빈곤의 양산 시스템이기도 하다. 경제체제 영역의 담론을 지배하나, 사회적 영역의 추한 구석을 숨길 수 없다. 사회운동과 노동운동은 시장 불패라는 체제 담론 영역의 후퇴를 시장불패 신화의 어두운 그늘이자 피할 수 없는 취약지점으로 발생하는 다수의 피해자를 중심에 둔 사회적 영역의 부상과 이 영역에서 담론 싸움에서 주도력을 발휘함으로써 통해 극복해 나가야 한다. 주체적 동력에 의해 뒷받침되어야만 운동적 성격을 가지며, 주체의 힘의 미약함을 사회적 연대의 확장을 통해 극복해 나가야 한다. 그 대표자로서 비정규 운동은 노동운동이자 사회운동의 성격을 갖는다. 비정규 운동은 피압박자들과 더불어 연대하는 노동운동, 주체적 역량에 의지하는 노동운동, 사회적 약자를 지지하는 사회연대적 운동이(어야 한)다.

또한 정규직과 비정규직으로 노동자의 양극화가 이미 이루어졌다고 말할 수 없다. 양극화가 아니라 아직은 이질화의 문제이다. 아직 시간은 있기 때문이다. 비정규직과 정규직의 연대, 빈곤층과 잠재 빈곤층과의 연대 등 사회 연대의 과제를 중심으로 노동운동의 축과 활동 방향을 재편성할 기회가 남아 있다. 이를 추동할 능동적인 기획이 필요하다. 한국의 노동운동은 사회적 임금, 사회 연대를 추구하고 사회운동으로서 노동운동의 의미를 재생시켜야 할 절체절명의 순간에 서 있다.

고용 문제 해결을 위해서는, 고용 불안정을 확대 재생산하는 현재 사회 시스템의 변화가 필요하다. 사회 시스템의 변화란 신자유주의 노동 유연화 자체를 거부하거나 압도하는 것이 아니라, 반反유연화 장치를 정책적 처방으로 덧붙여 노동 유연화 구조와 대립하고 경쟁하게 하는 사회적 장치를 마련하는 것을 의미한다. 사회 시스템의 내용은 견인 장치와 유인 장치로 구성된다. 견인 장치를 통해 양질의 고용을 하도록 정책적 강제를 가하며, 동시에 불안정 고용이나 고용 책임을 다하지 않는 기업에 대해 이를 통해 얻는 경제적 이득만큼의 사회적 비용 부담을 가하는 유인 장치를 부과한다.

비정규직 문제 해결을 위해선 단기적·중기적인 제도 개선의 과제를 신자유주의 체제 내적 개량이라고 밀쳐낼 수만은 없다. 기간 제한에서 사유 제한으로, 불법 파견 판단 기준 명확화와 엄단, 원청 사용자성 확립, 정규직 전환 프로그램을 통한 절반 수준인 OECD 평균으로 획기적 감축, 차별 금지의 전면 개편이다. 이를 추동하기 위해서는 노동운동의 주체적 측면에서 이랜드-뉴코아 노동자의 투쟁에서 확인하듯이 ① 정규직과 비정규직의 아름다운 연대, ② 비정규직의 자각과 주체적인 문제 해결 의지, ③ 사회적 연대를 통한 광범위한 지지'가 중요한 동력이다.

이런 길을 통해 정규직과 비정규직을 불문하고 노동운동은 고용 불안정을 강요하는 사회·경제 질서의 근본적 재편을 위해 '사회운동'으로서 자기 방향을 정립해 나가야 한다. 사회 전반의 불평등 구조를 개혁하기 위한 노동 운동의 대사회화 전략, 전체 노동자 연대 전략을 축으로 전국적 수준에서나 개별 기업 수준에서나 비정규직과 연대하는 새로운 노동운동의 방향, 사회적 과제로서 비정규 문제의 해결을 주체적으로 떠맡는 사회연대적·사회운동적 노동조합의 길로 나갈 때 노동의 새로운 희망을 만날 수 있을 것이다.

참고문헌

권혁진·백운광·성낙선·이상호. 2000. "세계화와 한국의 빈곤 문제."『사회경제평론』.

금재호·조준모. 2005. "고용불안정성의 동태적 변화에 관한 연구." 경제학 공동학술대회 발표문.

김성희. 2004a. "노동시간단축을 통한 새로운 일자리 확보 방안의 모색." 일자리만들기운동본부 실업-빈곤 포럼 주제 발표(07/14).

______. 2004b. "왜곡된 제도화와 진전된 유연화: 김대중 정부 노동정책 평가." 전창환·김진방 편저.『위기 이후 한국 자본주의』. 한울.

______. 2005. "비정규노동 사회쟁점화 5년과 이후의 과제." 한국비정규노동센터 5주년 기념 심포지엄 발표문.

______. 2007a. "비정규 노동의 쟁점과 대안".

______. 2007b. "비정규법 이후 노동시장 변화." 민교협 정책토론회 발표문.

김성희·박종식·윤성봉·황선웅. 2007. "비정규직 정규직화의 방안과 사회경제적 효과." 민주노동당 정책위원회.

김성희·황선웅. 2004.『비정규법안의 한계와 비정규직 차별해소의 사회경제적 효과』. 국회노동기본권의원모임.

______. 2005.『비정규법안의 보호 효과 평가와 대안』. 국회노동기본권의원모임.

김성희·윤정향·황선웅. 2007.『비정규 노동의 발생배경과 원인』. 진보정치연구소.

김성환. 1992.『비정규노동에 관한 연구』. 한국노동연구원.

김유선. 2003. "비정규직 증가 원인."『사회경제평론』21호.

김진균. 1986. "현대 한국의 계급구조와 노동자계급."『사회과학』25집. 성균관대학교 사회과학연구소.

노대명. 2005. "빈곤으로부터의 해방: 비정규노동과 신빈곤 문제를 중심으로." 민주노동당 진보정치연구소 새세상포럼 발표문(3. 2).

노중기. 2007.『한국의 노동정치와 노동운동』. 한신대출판부.

서관모. 1984.『현대 한국사회의 계급구성과 계급분화: 쁘띠부르조아지의 추세를 중심으로』. 한울.

신광영. 1993.『계급과 노동운동의 사회학』. 나남.

신광영·조돈문·조은. 2003.『한국사회의 계급론적 이해』. 한울.

신장섭·장하준. 2003. "한국 금융위기 이후 기업구조조정에 대한 비판적 평가."『한국경제의 분석』9권 3호.

안주엽. 2001. "비정규근로의 추이와 구조변화."『비정규근로의 실태와 정책과제(I)』. 한국노동연구원.

윤도현·김성희·김정훈. 2004.『한국의 빈곤과 불평등: 한국사회의 민주화와 관련하여』. 민주화운동기념사업회.

윤진호. 1994. 『한국의 불안정 노동자』. 인하대학교 출판부.

이병희. 2000. "반복실업과 실업의 장기화." 『노동경제논집』 23권 1호. 한국노동경제학회.

이영환. 2003. "한국사회의 빈곤과 사회정책." 『기억과 전망』 겨울호. 민주화운동기념사업회.

이영환·정원오. 2005. "빈곤과 복지의 구조적 간극과 대안." 사회경제학계공동학술대회 발표문(2004/11/06).

이효수. 2002. "노동시장 환경변화와 노동시장의 구조변동." 『경제학연구』 50집 1호.

임영일. 1998. 『한국의 노동운동과 계급정치(1987~1995)』. 경남대출판부.

정후식. 2004. "최근 일본의 노동시장 구조변화 및 대응현황: 비정규직 및 니트(NEET)인구의 증가를 중심으로." 『한은조사 연구』 11월호. 한국은행.

전병유·장동구. 2005. "노동시장의 구조변화와 생산성: 비정규직 및 여성고용을 중심으로." 『금융경제연구』 232호.

정이환. 2003. "비정규노동의 개념정의 및 규모추정에 대한 하나의 접근." 『산업노동연구』 9권 1호. 한국산업노동학회.

정이환·이병훈. 2000. "경제 위기와 고용관계의 변화: 대기업 사례를 중심으로." 『산업노동연구』 6권 1호. 한국산업노동학회.

정이환·전병유. 2001. "1990년대 한국 임금구조의 변화: 내부노동시장은 약화되고 있는가." 『경제와사회』 52호. 한국산업사회학회.

조돈문. 1994. "한국사회 계급구조의 변화, 1960~1990: 계급구조의 양극화 고찰." 『한국사회학』 28권 1호. 한국사회학회.

조순경. 1999. "'구조 조정'의 성별 불균등 구조." 『산업노동연구』 5권 2호. 한국산업노동학회.

조희연. 1985. "종속적 산업화와 비공식부문." 『한국자본주의와 노동 문제』. 돌베개.

최경수. 2001. "비정형근로자 규모의 국제비교." 한국노동경제학회 학술세미나 발표문.

최바울·김성환. 2003. "경제 위기와 소득불평등: 1997년 이후를 중심으로." 제4회 한국노동패널학술대회 발표문.

통계청. 『도시가계연보』. 각 년도.

______. 『경제활동인구연보』. 각 년도.

______. 2005. "경제활동인구 부가조사 결과: 2005년 8월 실시." 2005. 10. 19. 보도자료.

한국경영자총협회. 2004. 『비정규직 관련 입법의 문제점 및 경영계 입장』.

한국비정규노동센터. 『비정규노동』. 각 년도.

황선웅. 2007. "한국경제 구조변화와 비정규노동." 연세대학교 경제학과 박사학위논문.

日本 厚生勞動省. 2004. 平成11~14年 雇用形態多樣化調査(www.mhlw.go.jp).

Cappelli, P. 1995. "Rethinking Employment." *British Journal of Industrial Relations* vol. 33(4), pp. 563-602.

Engle, R.F. and C.W.J. Granger. 1987. "Co-integration and Error Correction: Representation, Estimation, and Testing." *Econometrica* vol. 55(2), pp. 251-276.

Ferner, A. and R. Hyman. 1998. *Changing Industrial Relations in Europe*. Basil

Blackwell.

Fine, B. 1998. *Labour Market Theory: A Marxist Reconstruction*. London: Routledge.

Freeman, R. 1997. "olving the New Inequality." *Issue of Boston Review*.

Ginsburg, H. L., J. Zaccone, G. S. Goldberg, S. D. Collins and S. M. Rosen. 1997. "Special Issue on: The Challenge of Full Employment in the Global Economy - Editorial Introduction." *Economic and Industrial Democracy* Vol. 18 No. 1, SAGE Pulicatons.

Gordon, D. 1996. *Fat and Mean: The Corporate Squeeze of Working Americans and the Myth of Managerial Downsizing*. Martin Kessler Books.

Haggard, S. 2000. *The Political Economy of the Asian Financial Crisis*. Institute for International Economics. Washington.

Hyman, R. 2002. *Understanding European Trade Unionism*. London: Sage.

OECD. 1998. *Employment Outlook*.

______. 1999. *Employment Outlook*.

Kalleberg, A.L. 2000. "Nonstandard Employment Relations : Part-time, Temporary and Contract Work." *Annual Review of Sociology* vol. 26, pp. 341-365.

Piore, M. 1997. "Promoting Common Goods : A Response to Richard Freeman's Solving the New Inequality." *Issue of Boston Review*.

여성 노동, 여성 노동자 운동 20년의 평가와 과제

강인순 | 경남대학교 심리사회학부 교수

1. 문제 제기

자본주의 사회에서 남성 중심 주류 노동운동(이하 노동운동)의 주요 과제는 계급 문제로서 노동 문제이지만, 여성 노동자 운동의 주요 과제는 노동과 젠더 두 과제를 포함한다. 젠더 문제를 계급적 불평등에서 기인한다고 본다면, 주류 노동운동은 젠더 문제를 간과하고 있다고 볼 수 있다. 하지만 노동 기본권이 회복되기 전 여성 노동자 운동도 젠더 문제를 주요 과제로 삼지 못했다. 노동자들에 대한 탄압과 희생을 강요했던 1970년대 군부독재 유신 체제에서 여성 노동자들에게 시급한 과제는 생존권 보장과 노동기본권 확보였기 때문에 젠더 문제는 부차적인 해결 과제였다.

1980년대 말에서 1990년대로 넘어가면 제조업 중심의 산업구조 조정과 신자유주의 세계화의 흐름 속에서 여성 노동자들이 집중적으로 고용되었던 노동 집약적 산업은 사양화되었다. 이에 따라 여성 노동자들이 제조업 생산 현장에서 퇴출되기 시작했으며, 이들이 선택할 수 있었던 대안은 결혼이나 임시직 고용이었다. 산업구조 조정에 따라 노동 집약적 제조업이 사양화되고 서비스업이 증가하자 노동 집약적 제조업에서 퇴출당했거나 새로이 노동 시장에 진입하는 여성 노동력은 서비스 분야로 이동되어 여성 노동시장에 변화를 가져왔다. 비정규 고용은 1990년대 초 이후 여성 노동자들부터 시작해 오늘날 남성 노동자들에게로 확대되어 고용의 보편적 흐름이 되었다. 특히 1997년 IMF 관리 체제 이후 여성 노동자들의 비정규 고용은 가속화되었다. 이런 현실에서 주류 노동운동이 여성 고용의 불안정 문제를 포함한 젠더 문제를 주요 과제로 다루지 않자[1] 1999년 비정규직 여성 노동자들은 노동기본권 확보와 생존권 보장을 위해 성별 노조인 여성 노조를 건설했다. 여성 노조 건설 당시 비정규 고용은 노동운동의 핵심 사안이 아니었다. 비정규 고용이 일반 남성 노동자들에게로 확대되자 비로소 비정규 고용 문제가 노동 문제의 중대 과제로 등장했다. 이 점이 바로 반쪽 노동운동, 노동운동의 몰성적沒性的 성격을 드러내는 것이라고 볼 수 있다.

오늘날 고용의 절반이 넘는 비정규 고용은 여성이 다수를 차지하고 있다. 이런 노동 현실에서 비정규 노동자를 보호한다는 명목으로 비정규직보호법이 2007년 7월부터 시행되고 있다. 비정규직 보호법이 시행되자 자본은 비정규직을 정규직으로 전환시키는 것이 아니라 오히려 계약 만료라는 이름으로 비정규직을 대량 해고하고 있다. 작년 이랜드 여성 노동자 대량 해고가 대표적인 예이다. 회사 방침에 따라 해고된 비정규 여성 노동자가 뉴코아 매장에서 강제 철수 당하면서 울부짖으면서 하던 말이 생각난다.

"………열심히 일한 것도 죄입니까? 처음에는 무서웠지요. 부당한 것이 무엇인지 몰랐어요. 나도 신랑도 아버지도 어머니도 비정규직으로 일하고 있어요. 아이들이 그런 일 안 당하리라는 보장이 없잖아요.
물려줄 것도 없는데……힘들어도, 괜찮아요. 월급이 적어도 좋아요. 그냥 회사에서 일만 하게 해 주면 좋아요……"(이랜드에서 해고된 여성 노동자의 영상 자료 중 참고).

---

1 정규직, 남성 중심적 민주 노조에 속해있던 여성 노동자들의 경우, 지속적인 젠더 문제를 제기하면서 여성 노동자 운동과 함께했지만 비정규직 문제가 노동운동의 현안으로 되기 전까지는 비정규직 여성 노동자들의 문제를 해결하는 데 적극적이지는 못했다.

"월급이 적어도 좋으니 일만하게 해 달라는 요구, 부당함이 무엇인지 모른다는 말", 이 말들을 어떻게 해석할 것인가? 이 말들은 여성 노동자운동의 시계를 30년 전으로 되돌리는 말이다. 물려줄 것은 없으나 자식은 이런 일 당하지 않았으면 좋겠다는 희망으로 투쟁하고 있는 아줌마의 현실로부터 여성 노동자 운동은 이렇게 다시 시작되는 것인가.

이처럼 2007년 7월 비정규직보호법이 시행되면서 비정규 여성 노동자들이 대량 해고되자 이들은 1970년대 노동운동의 중심이었던 것처럼 2000년대 다시 노동운동의 중심 세력으로 등장하고 있다.

지난 20여 년 동안 노동운동, 여성 노동자 운동은 발전했고, 지난 노동운동의 성과로 노동조건은 개선되고 임금은 상승했다고 하지만, 여전히 노동현장 내 성별 임금 격차, 직장 내 성희롱, 고용에서 성 차별 등이 존재하고 있는 현실 속에서 운동의 성과라는 열매는 누구의 몫인가? 비정규 고용으로 인한 여성 노동자들의 고용 불안과 빈곤화를 어떻게 설명할 수 있을까? 왜, 일하는 여성들의 대부분이 산업예비군으로 비정규 고용에, 비공식 부문에 속해 있는가? 이 글의 목적은 이 같은 문제의식에서 출발해 1987년 이후 여성 노동자 운동 20년을 변화된 여성 노동자들의 현실, 조직 현황, 운동의 내용과 성과를 중심으로 평가해 보고 여성 노동자 운동의 과제를 짚어보는 데 있다.

2. 여성 노동자의 노동 현실 : 개선 혹은 악화

(1) 성별 분업과 여성 노동

한국 사회는 자본주의적 생산관계와 성별 분업을 기반으로 한 가부장적 사회구조이면서 가부장적 가족을 사회의 기본 단위로 하고 있다. 가부장적 가족은 자본의 이해에 따라 남성＝생계유지 노동＝임금 노동, 여성＝가사 노동＝비임금 노동으로 구분된 성별 분업을 기반으로 한 일인 남성 중심적 생계 모델이다. 법과 제도는 이런 가족 구조의 틀을 유지시킨다. 논리적으로 남성은 가사 노동으로부터 면제받고 여성은 임금 노동으로부터 면제받는 것이다. 하지만 여성의 절반인 50.3%가 경제활동을 하고 있으며, 이 가운데 19.9%가 여성 가장(통계청 2006)으로 성별 분업은 생산 영역과 재생산 영역에서 여성을 통제하는 이데올로기이다. 이에 여성 노동자는 생계 보조자로 위치 지워져 남성 노동자보다 낮은 임금을 받게 되고, 정리 해고 시 우선 대상자로 취급된다. 또한, 이들은 노동 경력의 단절을 피하기 위해 출산을 미루거나 출산 파업을 하고 있다. 일인 남성 부양자 가부장적 가족 구조에서 부부가 맞벌이를 하면, 가구 총 수입이 감소되는 재정적 손해를 입게 되며, 남성 노동자는 변화되고 있는 노동환경에서 생계 책임의 무거운 족쇄를 지게 된다.

1) 성별 임금 격차

자본주의 사회에서 임금은 노동의 대가로 개인적 속성에 따라 결정되는 것이 아니라 상품을 생산하는 데 필요한 사회적 평균 노동시간에 의해 결정되므로, 인간이 같은 일을 하면 같은 임금을 받아야 한다. 그러나 자본가는 이윤을 극대화하기 위해 노동자의 개인적 속성인 성·연령·인종 등을 구분하고 차별 임금을 지급하고 있다. 차별 임금 구조를 통해 전반적인 저임금을 온존·강화시키고 노동자들 사이에 경쟁과 분열을 유도해 노동자를 통제하고 있다. 한국 사회에서 동일노동 동일임금 원칙은 성별 분업 논리에 따라 지켜지지 않고 있다. 2005년 현재 여성은 남성 임금의 63.6%밖에 못 받고 있고(〈표 1〉), 2004년도 UNDP 보고서에 나타난 여성의 평균 소득은 0.46으로 남

표 1_ 남성 대비 여성의 임금, 근로시간, 이직률 비 1985~2006 (남자 = 100.0 / %)

	1985	1990	1995	2000	2005	2006
임금	47.8	53.5	59.6	63.2	62.6	63.4
노동시간	102.6	100.4	98.3	97.5	96.7	96.7
이직률	148.5	138.9	130.0	139.4	130.0	133.0

자료 : 통계청(2007, 122).

성의 절반도 안 되고 있다(통계청 2007, 175). 이런 성별 임금 격차의 근거는 성별 분업으로 여성은 생계책임을 지고 있지 않다는 것이다. 하지만 여성 노동자 중 기혼은 52%이고, 여성가구주의 비율도 19.9%로 이런 근거는 허구이다(통계청 2007, 46).

성별임금 격차를 구체적으로 보면(〈표 1〉), 노동조합 결성이 합법화된 후 성별 임금 격차는 지속적으로 감소하고 있으나 여성 임금이 남성 임금의 60%대를 넘지 못하고 있다. 정규직과 비정규직을 대비시켜보면, 정규직이 비정규직보다 성별 임금 격차는 더 크다(〈표 2〉). 고용 조건이 좋은 정규직에서 성별 임금 격차가 크고, 고용 조건이 열악한 비정규직에서 성별 임금 격차가 적은 것은 바람직하다고 볼 수도 있겠으나 전반적으로 저임금을 받는 비정규직에서 성별 임금 격차가 작다는 것은 별 의미가 없다. 이런 지표들은 성별 임금 격차 문제도 고용 안정 못지않게 여성 노동자 운동의 주요 쟁점으로 되어야 한다는 것을 보여 준다.

또한, 〈표 3〉에서, 전체 노동자가 받는 임금의 1/2를 중 임금이라고 하고, 1/2 이하를 저임금이라고 할 때(장지연 2007, 33), 2001년 남성 저임금 노동자는 12.8%에서 2003년 15.4%로 증가한 후 이 상태가 지속되고 있다. 이는 남성 노동자들의 비정규직화가 본격화되는 시기와 맞물려있다고 볼 수 있다. 2001년 여성 노동자의 저임금 비율은 남성보다 높다. 여성 저임금 노동자는 2001년 37.0%에서 2005년 42.0%로 지속적으로 증가해 월 65만 원

표 2_ 성별, 고용 형태별 임금 격차 2001~2005 (단위 : 만 원)

		2001	2002	2003	2004	2005
정규직	여성	121.8	128.9	143.4	151.5	156.6
	남성	181.4	196.2	217.7	226.5	236.3
	전체	164.9	176.9	195.8	203.6	211.7
비정규직	여성	70.8	75.3	78.6	82.2	84.5
	남성	99.4	106.9	114.6	118.9	119.4
	전체	84.3	90.1	95.2	98.9	100.4

자료 : 통계청, 『경제활동인구조사 부가조사』 각 년도 8월 원 자료, "여성 노동시장의 양극화 추이
와 과제," 김영옥·민현주·김복순(2006, 29)에서 재인용, 재구성.

표 3_ 저임금 노동자 추이 2001~2005 (단위 : 명, %)

	2001	2002	2003	2004	2005
전체	3,057(22.6)	3,260(23.2)	3,895(27.5)	3,835(26.3)	4,016(26.8)
여성	2,028(37.0)	2,196(38.0)	2,616(44.6)	2,528(41.5)	2,643(42.0)
남성	1,029(12.8)	1,063(12.9)	1,279(15.4)	1,308(15.4)	1,373(15.8)

주 : 중위임금은 2004년 경제활동인구조사 결과에 의하면 135만 원임.
자료 : 통계청, 『경제활동인구조사 부가조사』 각 년도 8월 원 자료, 김영옥·민현주·김복순(2006,
27) 재인용, "여성 노동시장의 양극화 추이와 과제."

이하를 받는 전체 저임금 전체 노동자(26.8%) 가운데 3분의 1 이상이 여성 노동자이다〈표 3〉). 2005년 현재 여성 저임금 근로자와 남자 저임금 노동자를 비교해보면, 여성이 남성의 약 세 배이다. 이 같은 여성 노동자의 저임금 상태는 여성 노동자들의 빈곤화의 중요 요인이다.

2) 성과 연령에 따른 고용 차별

1988년 남녀평등고용법의 제정에 따라 모집과 채용, 교육과 승진, 정년

과 퇴직 및 해고 등에서 여성이라는 이유로 차별받지 않도록 되어 있다. 하지만 노동시장은 성에 따라 산업별·직종별·직무별로 분리되어 있고, 고용에서도 성차별을 받고 있다. 여성들의 경우, 채용 시 여전히 키나 외모 등이 간접적으로 작용하고, 구조 조정에서 정리 해고의 우선순위가 되는 등 고용상의 직·간접 차별을 받고 있다. 또한, 신자유주의 세계화에 따라 노동시장에서 주변적인 위치에 있는 여성들은 일종의 산업예비군으로 간주되어 노동력 필요 수급에 따라 조절 가능한 수량적 유연화의 일차적 대상이 되었다. 이에 여성은 2차적 노동시장으로 밀려나 대부분 임시 계약직, 파견직, 시간제 등으로 비정규직화되었다. 오늘날 고용의 절반 이상을 넘는 비정규직 고용은 여성에만 한정된 것은 아니지만 비정규 고용의 70% 이상이 여성들이다. 〈표 6〉은 이런 여성 노동자의 현실을 잘 나타내 준다. 실제로 지난 몇 년 동안의 10인 이상 사업장의 상용 노동자 가운데 여성의 비중은 점차 감소하고 있고, 이직률도 여성이 남성보다 높아 여성 노동자의 고용은 불안정한 상태이다. 또한, 여성 취업자의 22.8%가 근로기준법이 제대로 지켜지지 않는 4인 미만의 사업장에 취업해 있다. 이는 여성 노동자의 약 4분의 1이 노동권 보장의 사각지대에 놓여 있다는 것을 의미한다. 또한, 10인 미만 사업장 40.6%, 100인 미만 사업장 76.1%, 300인 이상 사업장 13.4%로 여성 취업자의 3분의 2 이상이 100인 미만 사업장에 취업해 있다(노동부 2006, 162-163).

정규직＝남성, 비정규직＝여성으로 도식화될 정도로 비정규 고용의 대다수가 여성이라는 것은 고용의 성 차별 현상이다. 더욱이, 소위 비정규직보호법 시행 이후, 자본은 이윤의 보전과 극대화를 위해 간접 고용, 분리직군제 등으로 대응하고 있어 여성 노동자의 고용 차별은 개선될 전망이 없다. 여성 비정규직의 비율이 높은 금융권에서 오랫동안 지속된 성 차별 제도인 '여행원제'는 남녀고용평등법에 위배되는 직접 차별 조항이어서 1993년 노동부의 시정 조치에 의해 폐지되었다. 하지만 직군별 인사 관리 제도인 '분리직군제'를 도입해 여성에 대한 간접 차별이 유지되고 있다. 이런 분리직군제의

주 대상이 남성이 아닌 여성이라는 점에서 이 제도는 성 차별적 고용 관행이다. 금융 부문의 분리직군제는 비정규직 노동자만을 별도 직군으로 묶어 고용은 보장하되 임금은 정규직의 절반 정도로 유지하겠다는 것이다. 즉, 차별 금지 조항을 피하면서도 차별을 고착화하고 여성 노동자의 저임금 구조를 유지시키는 제도라고 볼 수 있다. 금융 부문 이외에 공공 부문에서는 '분리직군제'와 비슷한 '무기 근로 계약제'가 비정규직 고용 대책으로 대두했다. 이는 근로기준법 23조에 있는 '기간의 정함이 없는 근로'를 '무기 근로 계약'으로 대치한 것이다. 일반적으로 기간의 정함이 없다는 것은 정규직을 의미했었으나 오늘날 이것은 또 다른 형태의 비정규직일 뿐이다. 무기 근로 계약은 동일한 업무를 정규직과 비정규직으로 직무를 분리하는 방식을 통해 동일 업무와의 합리적 차별의 기준을 만든 것이다.

고용 차별 현상은 연령별 고용 현황에서도 나타난다(〈표 4〉). 2005년 현재 여성 고용은 25~29세 66.1%로 제일 높고 30세 이후 낮아지다가 40~44세(65.6%) 이후 다시 증가했다가 55세 이후 감소하는 추세로 선진국의 종 모양과 달리 M자형이다. 이에 비해 남성의 고용은 25~29세 이후 40~49세까지 지속된다. 이것은 여성들은 남성과 달리, 결혼 및 출산과 함께 노동시장에서 퇴출되었다가 자녀가 어느 정도 성장한 후 노동시장에 재진입하는 것을 간접적으로 보여 주는 것이다. 이러한 성별 연령별 고용 차이는 성별 분업에 근거하여 시기별 정도의 차이는 있지만 지난 20년 동안 변함없다.

---

2 '분리직군제'는 신(新)인사제도라는 성과급제를 바탕으로 한 노동자 통제 정책의 일환으로 업무를 A~D로 등급을 나누고 부적합 경고 3년이면 해고, C~D 등급을 2년 이상 받으면 해고하는 것을 주내용으로 한다. 그러므로 이 제도는 명목적으로 고용 불안을 일시적으로 해소한다는 점에서 고용 안정의 보장이라고는 하나 실제로 노동자의 자기통제 강화라는 측면에서 보면 고용 불안의 근본적인 해소는 아니다.

표 4_ 연도별·연령별 성별 고용 현황 (단위 : %)										
	1985		1990		1995		2000		2005	
	여성	남성	여성	남성	여성	남성	여성	남성	여성	남성
19세 미만	21.1	14.5	18.7	10.8	14.5	9.5	12.6	11.6	10.3	8.0
20~24세	55.1	63.3	64.6	60.2	66.1	58.8	61.2	52.9	62.6	49.8
25~29세	35.9	90.8	42.6	91.9	47.9	89.6	55.9	84.4	66.1	80.9
30~34세	43.6	96.4	49.5	97.2	47.6	97.0	48.8	95.5	50.2	93.5
35~39세	52.9	96.5	57.9	97.0	59.2	97.0	59.3	95.8	59.0	95.2
40~44세	58.2	94.9	60.7	95.7	65.7	96.6	63.8	94.5	65.6	94.7
45~49세	59.2	93.3	63.9	94.2	60.6	95.2	64.9	92.8	63.1	92.5
50~54세	52.4	88.1	60.0	90.6	58.8	91.3	55.3	89.4	58.3	89.2
55~59세	47.2	77.3	54.4	83.6	54.3	83.9	51.3	77.9	49.1	80.8
60세 이상	19.2	44.2	26.4	49.9	28.7	54.1	30.2	49.7	28.1	49.8

자료 : 통계청, 『경제활동인구연보』, 각 년도 재구성.

(2) 산업구조 조정과 여성 노동 : 여성 노동력 이동과 조직 감소

여성 노동자들이 주로 고용되어 있는 사업장은 소위 경공업 분야로 수출 위주의 공업화 정책으로 빠르게 성장해 오다가 1980년 말에 이르면 구조적 침체를 맞게 된다. 원화 절상과 보호무역주의로 한국의 수출이 어렵게 되고, 동남아시아 및 중국 등 후발 개발도상국이 세계 무역 시장에 등장하면서 저 가품의 가격 경쟁력을 더욱 높였기 때문이다. 이에 정부는 산업구조를 고도 화하고 경제를 기술 집약적, 자본 집약적 부문으로 집중시키는 산업구조 정 책을 실시했고, 이를 통해 노동 집약적 사양 산업의 합리화, 성장 산업의 경 쟁력 회복, 최첨단 고기술 산업 육성을 꾀했다. 이에 따라 노동 집약적, 수출 지향적 제조업은 공장 폐업, 생산 설비의 이동, 하청화, 자동화, 업종 전환, 임시직 이용 등의 방법으로 산업구조 조정 정책에 부응했다.

이 같은 1980년대 말 산업구조 조정에 따라 대부분의 여성 노동자들은 직장을 잃었다. 1989년 말부터 1990년 초반기까지 노동 집약적 제조업 여성

표 5_ 연도별·산업별 여성 노동자 이동 추이 1980~2005 (단위 : 명, %)

	농림어업	광업	제조업	사회 간접자본 및 기타 서비스업	계
1980	1,590 (0.1)	3,931 (0.3)	890,007 (75.6)	282,209 (24.0)	1,177,737 (100.0)
1985	1,83 (0.1)	4,796 (0.3)	996,707 (71.3)	329,474 (28.2)	1,398,024 (100.0)
1990	1,531 (0.1)	3,618 (0.2)	1,214,003 (69.4)	529,326 (30.3)	1,748,478 (100.0)
1995	4,025 (0.2)	3,032 (0.2)	937,748 (53.1)	821,663 (46.5)	1,766,468 (100.0)
2000	8,292 (0.2)	1,950 (0.1)	938,374 (24.6)	2,868,561 (60.1)	3,822,199 (100.0)
2001	10,215 (0.2)	1,897 (0.0)	969,150 (23.3)	3,177,908 (76.4)	4,159,170 (100.0)
2002	6,715 (0.2)	1,779 (0.0)	944,235 (21.6)	3,410,243 (78.2)	4,362,972 (100.0)
2003	5,334 (0.1)	1,723 (0.0)	954,661 (21.7)	3,432,421 (77.9)	4,394,139 (100.0)
2004	5,239 (0.1)	1,625 (0.0)	934,484 (21.2)	3,471,127 (78.7)	4,412,475 (100.0)
2005	6,212 (0.1)	1,621 (0.0)	927,663 (20.5)	3,547,799 (79.4)	4,533,295 (100.0)

자료 : 통계청(2007, 116).

노동자의 고용 감소율은 14%나 된다(한국노동연구원 1989, 18). 의류 공장이 밀집해 있는 구로공단의 경우, 1987~94년 사이 여성 노동자 수가 4만 4,856명에서 2만 7,027명으로 감소해 1만 8,000여 명이 일자리를 잃었다. 전자 산업이 주로 입주해 있는 마산의 경우도 같은 기간에 여성 노동자 수가 2만 8,022명에서 1만 799명으로 무려 7,223여 명이 줄어들었다(마산자유무역지역관리원 2001년 4월 말). 고무나 신발 공업이 밀집해 있는 부산 지역의 경우는 신발 노동자만 무려 10만 명이 줄어 과거 15만 명에서 5만 명으로 감소했다(김경희 1995, 34). 또한, 생산. 운수 장비 운전사. 단순 노무직의 경우도 마찬가지로 1989년 189만 1,000명에서 1993년 158만 1,000명으로 31만 1,000명이 감소했다(한국노동연구원 1998, 20).

〈표 5〉에서 나타나듯이, 산업구조 조정에 따라 제조업 분야 여성 노동자 취업률이 1980년 75.6%에서, 1990년대 중반 53.1%로 대폭 감소했다. IMF 관리 체제가 산업구조 조정을 가속화했기 때문이다. 여성 노동자 제조업 분야의 취업률은 IMF 직후인 1998년 41.6%에서 2004년 현재 21.2%로 감소했

고, 기타 서비스업 분야는 1980년 이후 지속적으로 증가했다. 이것은 제조업의 여성 노동력이 사회간접자본 및 서비스 분야로 이동해 갔기 때문이다. 즉, 여성 노동력이 집중되어 있는 제조업 분야의 노조 건설(1987년 이후)에 따른 일부 외자 기업의 자본 철수와 이동, 산업구조 조정으로 인한 노동 집약적 산업의 폐업과 생산 설비 이동으로 여성 노동자들이 실직했고, 실직 여성 노동자들은 사회간접자본 및 서비스 분야로 재취업했기 때문이다. 이에 따라 다수의 외국인 투자 기업과 제조업 분야 노조는 유지가 어려웠고 조직도 감소했다. 이에 1980년대 말에서 1990년에 걸쳐 진행되기 시작한 산업구조 조정 시기 여성 노동자 운동은 정리 해고나 감원을 저지하는 고용 안정 투쟁과 민주 노조 사수 투쟁에 집중되었다.

신자유주의 세계화가 본격적으로 진행된 1990년대 여성 노동자들의 조직적 상황은 악화되었다. 1987년 7, 8월 이후 조직된 대다수 민주 노조들이 1988년과 1989년을 거치면서 산업구조 조정과 노동운동의 성장 등으로 공장을 이전하거나 폐업을 했고, 자본과 국가권력의 탄압으로 비민주적인 노조로 바뀌었기 때문이다. 1980년대 말 이런 여성 노동의 조직적 상황은 1990년대 여성 노동자 운동의 객관적 조건을 형성해 여성 노동자 운동의 정체를 가져오는 원인이 된다.

(3) 신자유주의 세계화와 여성 노동 : 노동시장에서의 비정규직화

신자유주의는 자본 세계화의 근간이면서 IMF 관리 체제 이후 한국 사회 정책의 근간이 되어 오늘날 한미 FTA 협정으로 연결되고 있다. 신자유주의 세계화는 젠더 불평등을 심화시키는 방향으로 진행되어 교육 수준이 높고 자본에 접근이 용이한 일부 여성들은 전문화 영역으로 진입하지만 대다수의 여성들은 저임금 노동 부분으로 흡수됨으로써 여성 노동시장의 분절과 여성들의 빈곤화를 심화시킨다. 이에 젠더 관점에서 신자유주의 세계화는 전문 화professionalization와 빈곤화proletarinization로 표현되기도 한다.

드싸이Raj M. Desai는 신자유주의 세계화가 여성 노동에 미치는 영향을 다음과 같이 지적하고 있다. 첫째, 여성 유급 노동에 미치는 모순적 영향으로 전 지구적 노동력의 여성화와 저임금 서비스 부문으로 여성 고용 증대가 일어난다. 둘째, 비공식 부문으로 여성 고용이 증대된다. 셋째, 가정 내 여성의 무급 노동 몫이 보건, 교육, 다른 사회적 서비스 부분의 공적 기금 축소에 따라 증가한다. 넷째, 지역 경제를 유지하는 경작 토지가 감소하면서 환경 손상이 커지고 주변 토지를 이용해 생계를 유지하는 여성은 생존에 위협을 느끼고 도시빈민 지역에 거주하는 여성들은 오염된 대기와 오물로 위협받게 된다(문현아 2006, 3-4).

이처럼 신자유주의 세계화의 흐름에서 여성 노동력은 노동시장 유연화 전략에 따라 수량적 유연화 대상이 되었다. 산업구조 조정 이후 퇴출당한 여성 노동자들은 가내 노동, 용역직, 시간제 노동, 파견 노동, 계약직 등의 형태로 노동시장에 편입되었다. 현재 여성 노동력의 약 70% 이상이 비정규 형태로 고용되어 있다. IMF 관리 체제 직후 특히, 기혼 여성의 경우, 노동조건이 열악한(먼지와 소음이 많고 위해한 작업 현장) 하청 공장, 재하청 공장에 취업해 생계 유지를 위해 장시간 노동을 했다. 하청 노동자의 다수는 가내 노동자이면서 기혼 여성이므로 근로기준법이나 고용보험, 산재보험의 혜택도 제대로 받지 못하고 있는 불안정 노동자들이다. 임시고용의 용역직·시간제·파견직 등도 정규직보다 임금이 낮고, 정규직이 누리는 해고 수당, 유급 휴가, 학자금 등의 복지 수당도 못 받고 있으며, 노동기본권조차 보호받기 어렵다. 더욱이 특수 고용인 여성 노동자들은 노동자성도 인정받지 못해 합법적인 노동조합도 결성하지 못한다. 이런 여성 노동 현실에서 비정규직 고용이 남성 노동자들에게로 확산되자 비정규 고용의 문제가 노동운동의 쟁점이 되었다.

신자유주의 세계화에 따른 여성 노동자의 비정규직 고용의 진행을 보면

표 6_ 성별·종사상 지위별 취업자 분포, 1985~2005 (단위 : %)

	1985		1990		1995		2000		2005	
	여	남	여	남	여	남	여	남	여	남
임금노동자	48.2	58.0	56.8	63.1	59.6	65.7	61.5	64.3	67.1	66.0
상용 노동자	-	-	21.4	40.7	25.5	44.4	19.1	38.1	25.6	41.1
임시 노동자	37.2	49.7	22.5	14.1	24.2	13.1	28.5	17.1	30.2	16.4
일용 노동자	10.9	8.2	12.9	8.3	9.8	8.1	13.9	9.2	11.3	8.5
무급 가족 종사자	30.6	4.4	24.5	2.5	21.1	1.7	19.2	2.0	14.0	1.3
비임금노동자	51.8	42.0	43.2	36.9	40.4	34.3	38.5	35.7	32.9	34.0
비정규직 비율	-	-	63.4	35.45	57.2	32.4	68.9	40.8	61.1	37.0

자료 : 박수미(2005, 12) 재구성; 통계청(2007; 2006, 21, 145) 재구성.

(〈표 6〉), 여성 취업자 중 임금 노동자는 1985년 48.2%에서 2005년 67.1%로 지난 20년 동안 약 30%가 증가했으나 2005년 현재 상용 노동자보다 임시 및 일용 노동자의 비율이 높다. 여성 임시 노동자는 1985년 37.2%에서 1990년 22.5%로 감소했다가 1995년 이후 지속적으로 증가했다. 상용 노동자와 임시 노동자 변동 비율을 살펴보면, 상용 노동자의 일시적 감소는 있으나 1995년 25.5%, 2005년 25.6%로 별 변동이 없고, 임시 노동자는 1990년 22.5%에서 2005년 30.2%로 증가했다. 반면에 남성 임시 노동자는 1985년 49.7%에서 1990년 14.1%로 대폭 감소했다가 2000년 17.1%로 증가한 후 2005년 현재 감소했다. 이것은 여성 노동자와 달리 1997년 이후 IMF 관리 체제와 산업구조 조정의 결과에 따라 일시적으로 증가했다가 다시 감소한 것으로 추정해 볼 수 있다.

2005년 현재 여성 임금 노동자(67.1%)의 약 절반이 임시 고용(30.2%)으로 여성 임금 노동자의 증가는 상용 노동자보다 임시 노동자의 증가에 기인함을 알 수 있다. 이를 직종에 따라 보면, 서비스직과 단순 노무직인 경우는 임시직, 일용 근로, 용역, 재택 근로 형태가 높았으며, 판매직인 경우는 파견 근로와 독립 근로 형태가 높았다. 단순 노무직의 용역직 비율은 68.8%로 단순 노무직 여성 노동자들이 대부분 용역직(68.8%)으로 고용되어 있다. 판매직인 여성 노동자들은 파견 근로(50.4%)나 독립 도급(53.5%)으로 고용된 비율이 높았다(은수미 2007, 12).

임금 노동자의 비정규직 비율을 성별로 보면, 1990년에 여성 63.4%, 남성 35.5%로 여성의 비율이 높았고, 2005년에 여성 61.1%, 남성 37.0%로 여성 비율은 감소했으나 남성 비율은 증가했다. 여성 비율이 감소했다고 하지만 여전히 60%를 상회하는 수치이다. 이 수치로 보면, 21세기 여성 노동자 운동의 주요 쟁점은 비정규직 고용, 정규직과 비정규직 차별 문제와 고용 불안정일 수밖에 없음을 알 수 있다. 2005년 현재 여성 비정규직 고용은 61.1%, 남성 37.0%로 남성의 1.6배이지만, 남성 비정규직 고용도 30%를 상회하고 있어(〈표 6〉) 비정규직 고용의 문제는 여성만의 전유물이 아님을 알 수 있다. 비정규 고용 문제가 여성 노동자 운동에서처럼 일반 노동운동에서도 뜨거운 쟁점임을 나타내 준다. 이런 점에서 비정규 고용의 원인에 대한 과학적 진단과 함께 운동 전략이 필요하다.

(4) 남성 중심적 노동조합과 여성 노동자

1987년 6월 노동조합의 조직 상황은 노조 수 725개, 조합원 수 105만 명이었으나 1987년 노동자 대투쟁 이후, 1989년 노조 수는 7,883개, 조합원 수 193만 명으로 증가했다. 그러나 〈표 7〉에서 알 수 있듯이, 1990년 이후 국가 권력과 자본의 탄압으로 노조 조직률은 감소되었다(전노협백서 1997, 6). 여성 노동자 조직도 1987년 7, 8월 노동자 대투쟁 이후 급증했지만, 1990년 이후 노동 집약적 산업의 퇴조와 IMF 관리 체제 이후 비정규직 고용의 증가로 조직률이 감소되었다. 이처럼 노동조합의 조직률이 감소하는 상황에서 노동자

표 7_ 2005년도 조합원 규모별·성별 조직 현황 (단위: 개, 명)

조합 규모	노조 수	조합원 수		
		전 체	남 성	여 성
50인 미만	2,976	50,446(100.0%)	40,587(80.5%)	9,859(19.5%)
50~99인	1,041	74,206(100.0%)	61,231(82.5%)	12,975(17.5%)
100~299인	1,350	223,547(100.0%)	188,468(84.3%)	35,079(15.7%)
300~499인	235	91,187(100.0%)	73,330(80.4%)	17,857(19.6%)
500~999인	183	124,925(100.0%)	99,327(79.5%)	25,598(20.5%)
1,000~4,999인	152	291,713(100.0%)	227,986(78.2%)	63,727(21.8%)
5,000인 이상	34	650,148(100.0%)	491,606(75.6%)	158,542(24.4%)
전체	5,971	1,506,172(100.0%)	1,182,535(78.5%)	323,637(21.5%)

자료: 노동부(2005).

들은 자본에 대응하기 위해 1990년 12월 9일 16개 독점 대기업 사업장의 노동조합이 중심이 되어 '연대를 위한 대기업 노조회의'를 구성했고, 1990년 4월 KBS 방송 민주화 투쟁을 계기로 12개 사무·전문직 노조를 중심으로 업종노동조합연맹회의(업종회의)를 결성했다. 이어 1995년 11월 전노협은 전국 노동자 대회를 개최하는 것을 계기로 생산직과 사무금융직 등 민주적인 노동조합을 기반으로 민주노총을 건설했다(전노협백서 1997, 7). 하지만 중소기업 중심의 전노협을 모체로 한 민주노총은 조직 현황(〈표 7〉)에서 나타나듯이, 오늘날 대기업, 남성 중심 노동조합으로 변했다.

　2005년 현재 노조 조합원의 조직현황을 규모별로 보면, 조합원 수가 500명 이상인 대기업의 노동조합은 369개(6.2%), 조합원은 1,06만 6,786명으로 전체의 70.8%이다. 반면에 100인 미만 사업장의 노동조합은 4,017개(67.3%), 조합원은 12만 4,652명(8.3%)으로 조합 수에 비해 조합원 수는 전체 조직의 10%에도 미치지 못한다. 이는 100인 이하 사업장의 경우, 노조 수만 많고 조합원은 적다는 것을 의미한다. 이를 성별로 보면, 남성 조직률이 78.5%로 여성 조직률 21.5%의 세 배이며, 남성 노동자 조직률이 여성 노동자보다 절대적으로 높다. 여성 노동자 조직률의 경우, 규모가 큰 사업장이 적은 사업장보다 조직률이 높다. 구체적으로 보면, 여성 조합원 중 300인 미만 사업장은 5만 7,913명(17.9%)이고, 300인 이상 사업장은 26만 5,724명(82.1%)으로 300인 이상 사업장 여성 노동자들의 조직률이 절대적으로 높다. 이런 조건은 300인 미만 사업장 여성 노동자들이 노동기본권을 침해당할 때, 조직적인 대응과 보호를 어렵게 한다.

이 같은 조직 현실은 중소기업보다 대기업 중심으로 노동운동을 이끌게 하고, 노동조합 활동에서의 여성 배제 문제를 야기한다. 1998년 박진영의 조사 연구를 보면, 노동조합 조직의 남성 중심성이 드러난다. 민주노총의 20개 산별 연맹 가운데 여성 사업이 가능한 사업장은 6개에 불과하다는 것이다. 또한 노동연구원의 보고서에 의하면, 노조 위원장의 남성 비율이 높게 나타나고 있다. 조합원의 25.6%가 여자임에도 불구하고 여성이 위원장인 노조는 전체의 4.4%로 여성 위원장의 비율이 매우 낮다. 여성 조합원이 남성 조합원보다 많은 노동조합 1,031개 중 남성 위원장 비율은 82.5%였고, 이 중 여자 조합원이 남자 조합원의 2배 이상인 노조 625개 중 남자 위원장 비율은 62.9%였고, 규모별로 보면, 조합원 50인 미만 53%, 50~99인 22.3%로 100인 미만인 사업장이 76%였다(한국노동연구원 1995).

또한, 한국여성민우회가 조사한 결과에 따르면(1996), 조사 대상 여성 조합원은 29.6%로 약 3분의 1을 차지하지만, 여성 간부는 상임 집행위원과 운영위원을 포함해 19.6%, 여성 대의원 16.5%였다. 더욱 여성 전임 간부가 한 명도 없는 노조도 전체의 7.2%로 여성의 대표성이 낮았으며, 노조의 여성 관련 예산 비율도 전체 예산의 4.4%에 불과했다. 이 조사 결과에 의하면, 노조의 여성 참여는 매우 낮고, 여성 조합원 비율이 높은 사업장도 여성이 의사 결정에 참여할 수 있는 구조가 취약하다는 것을 잘 보여 준다.

이처럼 노조의 여성 대표성이 낮은 상황은 여성 노동자의 당면한 젠더 문제(모성보호, 육아 문제 등)나 노동 문제(성별 임금 격차, 고용에서의 성 차별 등)를 주요 운동 과제로 다루지 못하게 하는 요인이 된다. 여성 노동자들의 비정규직화가 진행되고 있던 1998년 민주노총여성위원회의 비정규직에 대한 조사에 의하면, 여성 비정규직화의 원인에 대한 응답으로 '파견직 도입에 양해' 47.6%, '노조의 방관' 12.4%, '노조의 찬성, 양해, 무관심으로 파견직의 허용' 87%였다(민주노총여성위원회 2005, 13). 이런 결과는 1998년 당시 민주노총 조합원들이 여성 노동자들의 비정규직화를 남성 노동자들의 문제로 받아들이지 않는 현실을 잘 드러내 준 것이라고 볼 수 있다.

이외에 민주노총의 임금 요구안이나 생계비 모형의 근간은 성별 분업을 기반으로 한 가족 임금에 바탕을 두고 있어, 남성 중심, 정규직 중심이라는 조직적 한계를 드러내고 있다. 따라서 여성 노동자들이 부당 해고나 직장 내에서 성 차별을 당할 경우, 노조라는 조직을 통하기보다 여성노동자회 같은 외부 여성 단체에 호소하는 경우가 많으며, 이것이 여성 조합원의 노조 활동 참여율을 낮게 하는 원인이기도 하다.

이런 현상을 극복하기 위해 2000년 이후 민주노총은 노조의 의사 결정 과정에 여성들의 참여를 유도하고 확대하기 위한 제도적 장치인 여성 할당제를 도입했다. 사무금융연맹은 2002년 여성 할당제 규정을 제정했고, 민주노총은 2003년 2월 정기 대의원대회에서 노조의 여성 할당제를 제정했으며, 동년 8월 중앙위원회에서 개정했다.[3] 이를 통해 여성 노동자들이 제도적으로 노조 의사 결정 기구에 참여하게 되었다는 점에서는 의미가 있으나 실질적으로 5~10% 정도의 여성 노동자들이 의사 결정에 참여하게 되므로 젠더 문제를 의제화하는 데 여전히 많은 어려움이 있다. 이런 점에서 여성 할당제

---

3 여성 할당제 시행 규약은 민주노총의 임원(위원장과 사무총장 제외), 대의원, 중앙위원에 여성 할당 30% 이상, 교육·연수·교류, 각종 기구 참여 등에 여성 할당 30%로 되어 있다. 할당 비율은 여성 조합원 비율이 50% 이상인 조직은 60% 이상, 여성 조합원 비율이 50% 미만인 조직은 여성 조합원 비율 이상, 여성 조합원 비율이 10% 미만인 조직은 15%, 여성 조합원 비율 10~20% 미만인 조직은 20% 이상 여성을 할당하도록 되어 있다(조순경 2005, 19).

라는 적극적 조치를 통한 여성 노동자들의 의사 결정 기구 참여는 근본적으로 한계가 있으며 이런 한계를 극복하는 방법은 조직 내 여성 간부를 양성하는 시스템 구축과 함께 여성의 의사 결정에 참여시키기 위한 다른 방법의 모색이 필요하다.

3. 여성 노동자 운동 조직[4]

(1) 정규직 노동조합

1987년 노동자 대투쟁기 여성 노동자 조직은 전자, 전기를 포함 한 제조업 분야의 정규직을 대상으로 했다. 1987년 이전 노동기본권이 유보되어있던 시절 일부를 제외하고 여성 노동자들은 합법적 조직을 갖지 못했었다. 이런 조건에서 제조업 중심의 정규직 여성 노동자들의 조직화 과정은 순탄하지 않았다. 자발적 민주 노조는 학생 출신 노동 활동가들의 현장 활동, 외부 조직으로 가톨릭과 기독교 단체의 야학 및 학습 소모임 활동, 취미나 교양을 목적으로 한 소모임 활동, 여성 노동자 운동 단체 활동을 통해 배출된 여성 노동자들에 의해 건설되었다. 건설된 민주 노조의 조직률을 연도별로 보면(〈표 8〉), 1989년 노조 조직률 19.8%(조직률C)를 정점으로 1990년부터는 지속적으로 감소하고 있다(노동부 2006). 이를 성별로 나눠 보면, 1987년 7, 8월

---

4 여성 노동자 운동 조직은 여성 노동자들이 자발적으로 조직된 민주 노조를 중심으로 다룬다. 한국노총의 경우는 태생적으로 정부 주도로 조직된 대한노총에 기반하고 있어 이 글에서 제외한다. 그러나 한국노총 가입 사업장의 경우도 여성 노동 해방에 기여한 다수의 개별 여성 노동자가 있음을 밝힌다.

표 8_ 연도별·성별 노조 조직률 (단위: %)

	조직률 A			조직률 B			조직률C
	여성	남성	계	여성	남성	계	
1985	15.2	15.9	15.7	11.1	13.1	12.4	16.9
1987. 6.30	12.9	15.6	14.7	9.5	13.0	11.7	15.7
1987. 12.30	15.0	18.5	17.3	15.3	11.1	13.8	18.5
1989	18.5	25.8	23.3	13.4	21.8	18.6	19.8
1990	16.3	24.4	21.5	12.0	20.5	17.2	18.4
1995	9.2	18.5	15.1	7.3	15.7	12.5	13.8
2000	7.6	18.3	14.3	5.7	15.3	11.4	12.0
2001	7.1	18.5	14.2	5.4	15.7	11.5	12.0
2002	6.7	17.9	13.5	5.1	14.9	10.8	11.0
2003	6.8	17.1	13.0	5.5	14.5	10.8	11.0
2004	6.5	16.4	12.4	5.2	14.0	10.8	11.0

주 : 조직률 A=조합원 수 비농가 상시 근로자 수×100
　　조직률 B=조합원 수÷ 전체 임금근로자 수 × 100
　　조직률 C=1987년 이전은 조합원 수÷ (상시고−공무원−사립학교교원) × 100
　　　　　　1987년 이후는 조합원 수÷ (상시고＋일용고−공무원−사립학교 교원) × 100 / 노동
　　　　　　부 집계 방식
자료 : 한국노동연구원(2006, 164).

노동자 대투쟁 이후 여성 조직률은 1987년 말 15.3%를 정점으로 1988년 이후 점차적으로 감소했고, 남성의 경우는 1989년 21.5%를 정점으로 점차 감소했다. 남성의 노조 조직률이 여성의 경우보다 높고, 1995년 이후 여성의 조직률은 한자릿수지만, 남성 조직률은 14%대를 유지하고 있다. 이같이 정규직 중심 여성 노동자 조직률은 지난 20년 동안 감소했다.

여성의 조직률이 낮고 한 자리 숫자로 감소한 이유는 첫째, 여성 노동자들이 집중되어 있는 경공업 사업장의 경우 1990년대의 산업구조 조정으로 자본이 동남아나 중국 등으로 해외 이전한 것, 둘째, 노동 집약적 제조업의 퇴조와 노동시장 유연화 정책으로 제조업 분야 여성 노동력이 서비스 분야로 이동하면서 대부분의 여성 노동자가 비정규직으로 고용되어 조직화가 어렵다는 것, 셋째, 외국 투자 기업의 경우 노동운동의 활성화로 민주 노조에

표 9_ 성별, 고용 형태별 노조 가입률 현황 추이 2004~2006년 (단위 : 천 명 / %)

		임금 근로자 수			조합원 수			노조 가입률		
		2004.8	2005.8	2006.8	2004.8	2005.8	2006.8	2004.8	2005.8	2006.8
고용 형태별	상용 노동자	7,700	7,926	8,243	1,735	1,674	1,634	22.5	21.1	19.8
	임시 노동자	4,813	4,879	5,018	72	78	92	1.5	1.6	1.8
	일용 노동자	2,071	2,164	2,090	8	9	8	0.4	0.4	0.4
성별	남성	8,489	8,682	6,442	1,368	1,339	444	16.1	15.4	6.9
	여성	6,096	6,286	8,909	446	421	1,290	7.3	6.7	14.5

자료 : 한국노동연구원(2007, 188) 재구성.

대한 노동 통제가 어려워지면 공장을 폐업하거나 자본을 철수했다는 것, 넷째, 1997년 12월 IMF 관리 체제 이후 폐업과 우선 정리 해고 등에 따른 여성 노동자의 실업 증가에 있다.

(2) 여성 노조와 여성 연맹 : 비정규직 서비스 중심의 조직

대기업 정규직 중심의 기업별 주류 노동운동은 영세 중소기업에 집중적으로 몰려 있는 여성 노동자들의 노동 문제와 젠더 문제를 소홀히 다루고 여성 노동자 운동의 내용을 제대로 평가하지 못했다. 이런 몰성적 주류 노동운동 흐름 속에서, 여성 노동자들은 정리 해고에서 우선순위의 대상이었고 여성이라는 이유로 정규직에서 비정규직으로 밀려났다. 이런 현실에서 여성 노동자들은 열악한 성 차별적 노동 현실을 주체적으로 바꿔 나갈 수 있는 노동조합이 필요하게 되었다. 성별 노조인 여성 노조는 서울여성노동조합의 결성을 시작으로 해 서울지역여성노동조합, 전국여성노동조합으로 나뉘어 결성되었다. 성별 단일 노조인 여성 노조가 3개로 나뉘어 결성된 것은 정치적 입장의 차이와 함께 여성 노조 건설의 조직 기반에 차이가 있었기 때문이다. 이처럼 여성 노조는 셋으로 나뉘어 조직되었으나 조직 방식과 성격 면에서 큰 차이는 없다. 서울여성노동조합은 주로 서울 지역 비정규 여성 노동자인 청소 용역직, 실업자 등을 조직 대상으로 하며, 민주노총의 여성연맹과 전국여성노조는 전국적으로 지부를 갖고 학교 비정규직, 공공 부문 비정규직, 특수 고용직 등을 대상으로 한다. 구체적으로 설립 과정을 보면 다음과 같다.

첫째, 서울여성노동조합은 정양희 씨를 위원장으로 하여 1999년 1월 10일 결성되었다. 노조 설립 목적은 여성 노동자의 권리를 여성 노동자의 힘으로 확보하기 위한 데 있다. 서울여성노조는 여성들만의 독립 노조로 실업자도 포괄하는 법외 노조로 남성 중심적 일반 노동조합을 비판한다. 또한, 서울여성노조는 여성의 비정규직화, 여성 노동자들의 영세 업체 취업 등으로 인한 노조 조직률 하락, 노동조건의 하락 때문에 여성만의 독립 노조가 필요하다고 보며 여성 노동자 운동의 침체 원인을 노동조합의 남성중심성에서 찾고 있다.

둘째, 서울지역여성노동조합은 정인숙 씨를 위원장으로 1999년 서울여성노동조합과 같은 1월 10일 결성되었다. 서울지역여성노동조합은 결성 선언문에서 다음과 같이 노조 결성의 이유를 밝히고 있다. 즉, 여성 노동자의 노동조건 악화, 고용 불안정, 영세 사업장의 미조직과 무권리 상태의 여성 노동자들의 노동 현실이 여성 노조를 필요로 한다는 것이다. 같은 해 2월 경기 남부 지역의 여성 노조 건설을 시작으로 충청 지역에서도 지역 여성 노조가 건설되었다. 이후 경기 남부 지역 수원 지부, 안산 지부, 충북 지역의 제천 지부, 충남 지역, 대전 지역, 용인, 화성, 평택, 안성, 성남 등에서 결성된 여성 노조들이 전국여성노동조합연맹(이하 여성노조연맹)을 구성했다. 여성노조연맹은 결성 후 대의원대회를 거쳐 민주노총의 강화 사업 방침에 따라 '여성연맹'의 이름으로 1999년 7월 3일 민주노총의 산하 조직이 되었다.

민주노총 산하 조직이 된 후 여성연맹은 비정규직 여성 노동자 조직 사업에 집중해 노동자로 인정을 받지 못하던 골프장 경기 보조원들의 투쟁으로 관악 컨트리클럽에서 노조를 결성했고 지방노동위원회에서 경기 보조원의 노동자성을 인정받는 성과도 낳았다. 현재는 노동자이면서 자영업자라는 미명아래 이중 삼중의 고통을 강요받는 보험 설계사와 청소 용역 업체에서 일하는 여성 노동자 조직 사업을 하고 있다. 2005년 말 현재 조합 수는 26개, 조합원 수는 3,831명이다. 이 중 남성 조합원은 789명, 여성 조합원은 3,042명이다(한국노동연구원 2007, 187).

셋째, 1999년 8월 29일 전국여성노동조합(이하 여성노조)이 결성되었다. 여성 노조는 여성 우선 해고, 비정규직의 여성화 등 여성 노동자들의 열악한 노동 현실에 대응해 여성 노동자의 노동3권을 회복하고 확대하고자 건설되었다. 서울여성노조나 서울지역여성노조와 달리 결성 초기부터 전국적 성별 노조로 출발했다. 이것은 1987년 7, 8월 노동자 대투쟁 이후 여성 노동자 운동을 지원하는 여성노동자회가 전국적으로 지역 조직을 가지고 있었고 이 조직의 연합체인 한국여성노동자회협의회가 1998년부터 여성노조를 준비하여 1999년 결성했기 때문이다.

여성 노조의 조직 현황을 보면, 서울·인천·부산·광주전남·경기·경남·전북·대구 등 여덟 개 대도시에 지역 지부가 있고, 업종 단위로 방송사 구성 작가, 학교 비정규직, 영양사, 사서, 과학 실험 보조원 등 네 개의 지부를 가지고 있다. 이 외에 사업장 단위로 골프장 경기 보조원, 호텔 룸메이드, 사무 비정규직 여직원, 대학교 청소 미화원, 학교 급식 종사자, 영세 사업장, 가사 서비스 등이 분회로 조직되어 사업을 하고 있다. 전 조합원의 95%가 비정규직이다. 여성 노조는 조직 건설 시 700여 명의 조합원으로 시작되었지만, 2006년 현재 조직원은 6,060명이다(전국여성노조 2006).

(3) 민주노총의 여성위원회

민주노총의 여성위원회(이하 여성위원회)는 1997년 '여성 노동자의 사회경제적·정치적 지위를 향상하고 남녀 평등을 실현'하기 위해 조직되었다. 여성위원회는 주류 노동운동의 흐름에서 여성 노동자 문제와 가부장적 사회에서 여성 억압 문제 해결의 중심 세력을 구축하고자 조직되었다. 조직된 여성위원회는 민주노총의 상설위원회로 여성 위원장 아래 사업 집행을 담당하는 사무총국, 가맹조직과 각 본부로 구성되어 있다. 여성위원회 조직 초기에 여성위원회는 대외 사업과 정책을 담당하고, 내부 조직과 교육은 여성국이 담당하기로 했으나, 위원장이 공석으로 사업을 안정적으로 하지 못해 여성위원회 폐지론도 있었다. 이런 상황에서 초기 사업은 정책실 내 여성국 중심으로 집행되다가 1998년 여성위원회 회의가 정례화되면서'3·8대회, 여성노동교실 등의 사업을 하고 있다. 여성위원회는 조직 사업, 정책연구 사업, 교육 사업(연맹 및 지역 간담회, 여성노동교실과 여성간부 수련회) 그리고 3·8 여성대회, 할당제 확대, 성 차별 근절과 성 평등 확대 사업, 기타 연대 사업 등의 활동을 하고 있다. 하지만 여성위원회 활동의 안정화와 함께 조직의 체계화가 요구되고 있는 실정이다. 여성위원회 10년을 평가하면서 제기된 활동 과제로는 첫째, 중앙 중심적인 조직으로서 여성위원회의 안정화 필요성, 둘째, 여성 정책 연구를 위한 전문 연구 담당자의 필요, 셋째, 여성 간부 양성 및 미래 여성 지도자를 위한 리더십 교육 프로그램 마련, 넷째, 비정규 여성 노동자의 조직화, 다섯째, 여성 친화적 예산 배정의 필요 등이었다(민주노총여성위원회 2005). 앞으로 비정규직 여성 노동자들의 여성 노동 문제 해결을 주요 과제로 설정하고 있다.

(4) 여성 노동자 운동 단체

1987년 이후 여성 노동자들을 조직하고 지원해온 여성 노동자 운동 단체로 한국여성노동자회협의회(이하 한여노)와 여성단체연합(이하 여연)이 있다.

여연은 1985년 여성노동자생존권대책위원회가 모태가 되어 부천서 성고문 사건, KBS 시청료 거부 운동 등을 계기로 1987년 2월 결성되었다. 여연은 기층 여성 중심의 활동을 표방하고 조직되어 결성 초기에 박종철 고문치사 항의 시위 이외에 사회 민주화 운동으로부터 민족 자주화와 통일 운동, 평화 운동, 여성 관련 법제도 개선 운동, 여성의 정치 세력화 등의 활동을 하고 있다. 하지만 1990년으로 넘어가면서 여연의 기층 중심성에 대한 비판이 제기되었다. 이것은 농민 문제나 노동자 문제를 해결하고 기층 여성들의 조직화를 지원하는 여성노동자회와 노동조합 그리고 여성 농민 조직들이 이런 요구들을 흡수했기 때문이다. 이에 여연은 1995년 사단법인화한 후 여성 대중 운동의 연합체로서 여성 노동자 문제가 발생하면 지원하고 연대 투쟁하는 조직이 되었고, 여성 노동자 문제는 여연 운동의 여러 운동 과제 가운데 하나일 뿐이다.

한여노는 일하는 여성들의 정치적·사회적·경제적 지위 향상을 위해 "일하는 여성의 손과 지혜가 미치는 곳에 무한한 생명력이, 일하는 여성의 힘찬 함성이 있는 곳에 눈부신 사회의 발전이 이뤄진다"(http://www.kwwnet.org)는 설립 목적을 가지고 결성된 여성 노동자 운동 단체이다.

1987년 3월 이후 서울 구로공단과 수출자유지역, 저소득층 지역을 중심으로 지역 여성노동자회인 한국여성노동자회(1992년 서울여성노동자회라고 개칭)가 결성된 후 인천, 광주, 부산(1995년 부산여성회와 통합), 마산·창원(1992), 전북(1997), 안산(1998), 대구(1999) 등에서 지역 조직이 결성되었다. 한국여성노동자회는 결성 후 1989년부터 공동의 정책 개발을 하고 실천 사업들을 교류하다가 각 지역 사업을 효과적으로 수행하고 정책 대응력을 높이기 위해 1992년 7월 지역 여성노동자회의 전국 조직체로서 한여노를 결성했다.

한여노는 일하는 여성들의 능력 향상을 위해 여성 학교, 3·8 세계 여성의 날 기념 행사 등 많은 교육·문화 활동을 하고 있으며, 각종 노동 상담을 통해 성 차별 및 직장 여성들이 겪는 성희롱, 임금 체불, 고용 불안, 모성보호, 직업병 등과 같은 여성 노동 문제를 풀어나갈 수 있도록 돕고 있다. 한여노는 특히, IMF 시기에 여성실업대책본부를 8개 지역에 설치해 여성 실직자들을 위한 구인 구직 상담, 취업 알선, 정부 정책 모니터링 등 여성 실업 문제 해결을 위한 각종 활동을 전개했고, 직업 훈련 기관과 근로자 복지 센터 운영을 통해 여성의 능력 향상을 위해 일하고 있다. 또한 여성 노동자들을 위한 정책 과제를 개발하고 권익을 확보하기 위해 정부 정책 시행을 모니터링하고, 올바른 여성 노동 정책을 수립하도록 촉구하는 활동을 하고 있다.

한여노는 1990년 이후 여성 노동자들의 비정규직화가 급격히 확산되자 전국여성노조 결성에 주도적인 역할을 했고, 비정규직 노동자에게 선전과 홍보 활동을 통해 현행법에 보장되어있는 법적 권리를 보장받을 수 있도록 알리고 있으며, 비정규 여성 노동자들의 법적 권리 보장을 위해 법 개정 활동을 전개하고 있다. 또한 한여노는 국내 여성 단체와의 연대뿐만 아니라 외국 여성 노동자와의 교류와 연대를 통해 세계화가 여성 노동자들에게 미친 영향을 알리고, 함께 연대하는 활동을 하고 있다. 현재 서울, 인천, 안산, 부천, 전북, 광주, 마산·창원, 부산, 대구 지역에 지부가 이러한 활동을 통해 남녀 평등한 사회, 여성들이 자신의 삶에 주체가 될 수 있도록 지원하고 있다 (http://www.kwwnet.org). 1999년 여성 노조 건설 이후 한여노는 여성 노조와 조직적 정체성을 두고 논란이 있었으나 사안에 따라 연대하는 방향으로 정리되었다. 오늘날 한여노는 주로 여성 실업 문제, 여성의 빈곤화 문제를 주요 과제로 설정해 빈곤 여성 노동자 가정 자녀의 방과 후 교실, 한부모가정, 빈곤 여성 노동자들을 주 대상으로 사업을 하고 있다. 이외 부설로 일하는 여성 아카데미를 운영하고 있다.

4. 여성 노동자 운동의 내용과 평가

1987년 노동자 대투쟁은 여성 노동자 운동의 대중화와 조직의 합법화라는 점에서 큰 전기를 이루는 것이었다. 1987년 이후 여성 노동자 운동 20년을 이념, 조직과 활동, 투쟁 과제 그리고 자본과 국가권력의 노동 통제 면에서 평가해 보면 다음과 같다.

첫째, 여성 노동자 운동의 이념은 여성 노동자 운동의 방향과 구체적인 투쟁 과제를 정해 주는 것으로 '성 평등'과 '인간다운 삶의 보장'이다. 지난 20년 동안 여성 노동자들은 이념에 따라 실천했지만 여성 노동자 문제의 해결이라는 면에서 운동의 성과는 미흡했다. 1987년 노동자 대투쟁 이후 노동기본권이 회복되어 사회적 성 차별 문제는 해소되는 듯했으나 여전히 성 차별이 존재하고 있고, 신자유주의 세계화 진행에 따라 여성 노동자들의 비정규직화가 증가되면서 인간다운 삶은 보장받지 못하고 있기 때문이다.

둘째, 여성 노동자 운동의 조직적 기반은 1987년 이후 정규직 여성 노동자들이 자발적으로 조직한 민주노총 산하 여성 노동자 중심 사업장과 민주노총의 여성 관련 부서(여성국과 여성성위원회), 여성 노동자 운동을 지원하는 단체들이었다. 1997년 이후에는 1999년 결성된 비정규직 여성 노조가 합세해 현재의 여성 노동자 운동을 이끌고 있다. 이처럼, 1990년 이후 여성 노동자 운동의 조직은 외연적으로 확대되었으나 조직률은 감소되었다.[5] 여성 노동자 운동의 조직적 감소는 산업 구조 조정으로 인한 노동 집약적 산업의 폐업이나 자본이동, 노동운동 성장에 따른 외국 투자 기업의 자본 철수, 공장 자동화를 통한 고용 감소, 노동시장 유연화에 따른 여성 노동자들의 비정규

---

5 여성 노동자 조직률은 지속적으로 하락해 1987년 11.1%였던 것이 10년 뒤 1997년에 5.6%로 감소했다. 이에 비해 남성 노동자 조직률은 1987년 15.3%였던 것이 1997년에 14.9%로 감소하여 감소율에 성별 차이를 크게 보이고 있다(권현지 1999; 최상림 1997 재인용).

직화에 원인이 있다고 볼 수 있다. 특히, 여성 노동자의 비정규직화는 여성 노동자들의 조직률 감소에 치명적인 영향을 미쳤다. 2004년 현재 여성 노동자 정규직 조직률은 5.2%, 비정규 여성 노동자들의 조직률은 전체 여성 임금 노동자의 0.1% 정도에 그치고 있다. 여성 노동자들의 조직적 감소로 여성 노동자들의 조직적인 활동과 운동은 확연히 정체되었다.

여성 노동자 운동의 정체 원인은 첫째, 가부장적 사회구조에서 길들여진 여성 노동자들의 가부장적 의식 구조로 말미암은 남성 중심적 노조 내에서 소극적인 활동, 둘째, 정규직 노동자들의 계급적 연대 의식의 결여로 산별노조가 자리 잡지 못한 상태에서 정규직 노조가 실질적으로 비정규직 여성 노동자들을 조합원으로 받아들이지 않는 것, 셋째, 신자유주의 세계화에 따른 노동시장 유연화 전략으로 여성 노동자 다수가 비정규직화되어 조직화가 어렵다는 데 있다.

셋째, 여성 노동자 운동의 과제를 보면, 노조의 주 활동은 임금 인상 및 단체 협상과 교육이다. 당면한 노동 문제와 젠더 문제를 운동 과제로 설정해 정기 임금 인상과 단체 협상 갱신을 하고 있다. 하지만, 1987년 노동기본권 회복 초기 여성 노동자 운동의 과제는 1960~70년대와 마찬가지로 노동조건 개선 문제가 우선시되었다. 젠더 문제보다 생존권 확보를 위한 노동 개선이 더 중요했기 때문이다. 노동운동 내에서 여성 노동자 운동이 독자성을 확보해 가면서 젠더 문제는 여성 노동자 운동의 주 과제로 되었다. 예를 들면, 임금 인상 시 구조화된 성 차별 임금 격차를 해소하기 위해 정률제보다 정액제를 요구한다든지, 여성 사업장에서 단체협약을 갱신할 때, 근로기준법상의 여성 권리인 모성보호 조항이나 육아 및 탁아 조항을 집어넣도록 요구한 것이 그것이다. 1997년 이후 젠더 과제는 더욱 구체화되었고 과제 내용도 확대되었다. 즉, 노동기본권 쟁취, 생존권 보장, 사회 안전망 구축, 성 차별 해소(채용, 승진 교육 등에 있어 고용 평등 조치), 직장과 가정 양립 지원 체제 구축, 고용 형태에 따른 차별 금지를 위한 법 제정, 최저임금 현실화, 특수 노동자들

표 10_ 여성 노동자 운동의 내용과 성과

	1987년 노동자 대투쟁 이후 10년	1997년 이후 10년
운동 목표와 이념	평등사회 건설과 인간다운 삶의 보장	평등사회 건설과 인간다운 삶의 보장
운동과제	노동 문제 일반(노동조건·저임금 등) 사회 민주화, 젠더 문제(초기 소극적 /후기 적극적)	노동 문제 일반과 젠더 문제(보육 문제, 차별 정년, 모성보호, 성희롱 등)
실천적 과제	생존권 보장, 여성 노동기본권 쟁취, 성 차별 해소(주로 임금 격차 해소 및 고용평등), 모성보호, 가정과 직장 양립 지원	노동기본권 쟁취, 생존권 보장, 사회안전망 구축, 성 차별 해소(채용, 승진 교육 등에 있어 고용 평등 조치), 직장과 가정 양립 지원 체제 구축, 고용 형태에 따른 차별 금지를 위한 법 제정, 최저임금 현실화, 특수 노동자들의 노동권 확보 및 고용보험 적용, 불안정 노동자들의 최저임금 적용 및 일자리 제공, 4대 보험 적용
운동의 성과	1.노동 과제 : 1) 성 평등적 법과 제도 개선 (남녀고용평등법제정), 2) 노동기본권 확대 2. 젠더 과제 : 1) 출산휴가에 대한 사회 분담화, 2) 보육의 공공성 확대	1. 노동 과제 : 비정규직보호법 2. 젠더 과제 : 1) 모성보호와 육아의 사회 분담화 (산전산후휴가 및 육아휴직 등), 2) 호주제 폐지, 3) 여성 할당제, 4) 성폭력특별법 제정, 5) 여성의 정치 참여 확대
조직	정규직 노조, 여성 노동자 운동 단체 남성 중심 정규직 노조의 여성 관련 부서,	여성 노조, 여성 노동자 운동 단체, 정규직 노조, 정규직 남성 중심 노조의 여성 관련 부서
투쟁 유형	민주 노조 건설, 민주 노조 사수, 직장 폐쇄 저지, 폐업 철회, 비민주 노조 민주화, 자본 철수 저지, 고용 안정 및 인원 감원 저지	고용 안정(간접 고용에서 직접 고용 전환, 비정규직 고용에서 정규직 전환), 노조 건설, 노동조건 개선,
법 제도 개선 투쟁*	남녀고용평등법제정 및 개정, 영육아보육법 제정 및 개정, 보육 시설 확대 및 보육비 지원	출산휴가 90일 고용보험 부담과 비정규직 적용, 육아 휴직 급여 고용보험 적용과 비용 현실화, 특수 고용 노동자 노동법 적용, 비정규직 사유 제한과 차별 금지를 위한 법 개정, 실업 빈곤 여성 지원 제도 개선, 직장 탁아소 추진 활성화, 최저임금제
조직화 대상과 방식*	주로 정규직 노동자들의 노동조합 건설	1. 비정규직(계약직, 임시직, 일용직, 시간제, 파견 및 용역직) : 노동조합 결성과 지원 2. 특수 고용 노동자(학습지, 경기보조원, 방송국 구성 작가, 보험 설계사) : 업종별 노동조합 건설과 지원 3. 불안정 노동자 : 생존권보장을 위한 협동조합 건설 및 지원
자본과 국가의 대응	노동 배제적, 물리적 강제를 기반으로 한 노동 통제 존속, 노사정위원회, 노사관계개혁위원회	신경영전략, 노사정위원회, 노사관계개혁위원회, 정리해고제, 변형시간제, 근로자 파견제
노동운동의 중심	정규직, 대기업 남성 노동자 중심	2000년 이후 점차 비정규직 여성 노동자가 중심 세력으로 등장 (예: 기륭전자, KTX 간접 고용, 이랜드 비정규 판매직)

주 : * 부분의 출처는 최상림(2005, 89).

의 노동권 확보 및 고용 보험 적용, 불안정 노동자들의 최저임금 적용 및 일자리 제공, 4대 보험 적용 등이 실천적 운동 과제였다.

그러나 1990년대 후반, 노동 집약적 제조업과 외국 투자 기업의 경우, 자본 철수나 자본 이동으로 젠더 문제보다는 고용 안정 문제와 생존권 확보문제가 여성 노동자 운동의 주 과제였다. 2000년 이후 신자유주의 세계화의 본격적 진행으로 비정규직 고용의 다수가 남성이 아니라 여성이라는 것은 성차별로 젠더 문제이고, 비정규직 고용의 고용 불안정 문제는 노동 문제로, 이두 문제는 여성 노동자 운동의 중요 핵심 과제가 되었다.

넷째, 운동의 성과를 보면, 성 평등적 법과 제도는 많이 개선되었다. 1988, 1989년 이후 남녀평등고용법이나 성 차별 금지 및 구제에 관한 법률 등이 제도화되면서 여성 관련 조항은 그 내용이 많이 확대되었다. 1997년 이후 산전 산후 휴가나 육아 보조금, 육아 휴직 제도 및 부성 휴가 제도, 여성 할당제, 여성의 늘어난 정치 참여, 호주제 폐지 등이 그것이다. 하지만 다수의 여성 노동자들이 영세 소규모 사업장에 고용된 현실에서 모성보호나 육아 관련 제도 개선의 혜택은 받지 못하고 있다.

다섯째, 투쟁의 유형은, 투쟁은 민주 노조를 유지하기 위한 투쟁(민주 노조 사수 투쟁) 그리고 직장 폐쇄 및 폐업 철회 투쟁(예: 슈어프로덕츠 투쟁, 피코 투쟁, 티엔디 투쟁), 소위 비민주적인 노조의 민주화 투쟁(노조 민주화 투쟁), 민주적 노조 건설 투쟁(예: 모토로라 투쟁, 코오롱 투쟁 외 다수) 등으로 나뉜다. 투쟁 유형을 시기적으로 보면, 1987년 7, 8월 노동자 대투쟁 시기에는 전국적으로 민주 노조 건설 투쟁이 많았고, 이미 비민주적인 노조가 건설되어 있던 사업장인 경우는 노조 민주화 투쟁이 많았다. 1987년 노동자 대투쟁 이후 외국 투자 기업의 경우 노조의 활성화로 노동 통제가 어려운 사업장은 자본을 철수해, 자본 철수 저지 투쟁(예: 티시전자, 수미다전자), 인원감원의 저지 및 고용 안정 투쟁(예: 시티즌 투쟁)이 많았다. 1990년대로 넘어가면서 노동 집약적 섬유, 의류, 고무 및 화학 업종의 경우, 폐업하거나 자본을 이동해 이 분야 고용되어 있던 여성 노동자들이 해고되었다. 따라서 이 시기 여성 노동자 운동의 주요 투쟁 형태는 고용 안정 및 인원 감원 저지 투쟁이 주였다. 2000년 이후 비정규 여성 노동자들이 증가하자 여성 노동자 운동의 주 투쟁 형태는 고용 안정 투쟁(예: KTX투쟁, 기륭전자투쟁, 이랜드투쟁)과 이를 위한 민주 노조 건설 투쟁(예: 관악 경기 보조원 투쟁)이었다.

투쟁 내용인 요구 사항을 시기적으로 나누어 살펴보면, 1987년 이전에는 열악한 노동조건이나 부당 노동 행위, 저임금, 노동3권 확보 등의 노동 문제가 젠더 문제보다도 당면한 문제였다. 이에 비해 노조 결성이 합법화된 1987년 이후 투쟁 내용으로 당면한 노동 문제와 함께 차별 정년, 성 차별 임금이나 육아 및 탁아 문제, 임산부나 수유부에 대한 모성보호 조항, 생리 휴가, 성희롱 방지 등 젠더 문제가 주요 쟁점으로 제기되었다. 1990년 이전까지 모성보호와 육아와 같은 젠더 과제는 노조의 단체 협상 투쟁에서 있어서 임금 인상보다 쉽게 관철되었다. 이는 노조 건설과 노조의 유지를 방해하는 것이 자본 측에서는 중요했고, 미혼 여성 노동자가 다수인 상황에서 모성보호 같은 젠더 관련 조항은 실질적으로 이용 가능성이 낮다고 인식했기 때문이다. 1990년 중후반 비정규 여성 노동자가 증가하자 비정규 고용의 고용 불안정과 함께 특수 고용노동자들의 노동기본권 미확보 문제인 노동 문제와 젠더 문제가 여성 노동자 운동의 핵심 과제로 되었다. 이는 비정규직의 여성화 자체가 젠더 문제와 노동 문제가 중첩된 것으로 신자유주의 세계화의 결과라는 인식과 함께 노조 조직의 여성 할당제 도입으로 젠더 문제를 의제화하는 데 역할을 했기 때문이다. 하지만 노조 의사 결정의 실질적 참여율은 5~10% 정도여서 실질적 참여율을 30% 이상으로 높일 수 있는 노조 내 구조 구축이 필요하다.

여섯째, 노동자 조직화 대상과 방식을 보면, 1999년 여성 노조가 건설되기 전에는 주로 정규직을 대상으로 했지만 1999년 이후에는 비정규직 고용이 다수를 차지하자 비정규직도 조직화의 대상이 되었다. 조직방식은 정규직과 비정규직 모두 노조 결성과 지원을 기본으로 하지만, 특수 고용 노동자의 경우는 노동자성을 인정받지 못해 현실적으로 업종별노조 건설을 지원하고 불안정 노동자인 경우는 생존권 보장을 위한 협동조합 건설을 지원하는 방식도 택하고 있다.

일곱째, 국가권력이나 자본의 노동 통제 면에서는 시대적·지역적 차별성을 초월하여 대부분의 사업장이 노동 배제적 그리고 물리적 강제를 기반으로 한 노동 통제 방법을 사용해 왔다. 노동 배제적인 통제 방법은 첫째, 1960년대 이후 현재까지 노조 자체를 인정하지 않거나, 둘째, 노동자들의 결속이 강한 노조는 노조를 탄압하여 친자본적 노조로 전환함으로써 노조의 정체성을 잃게 하거나, 셋째, 외국인 투자 기업인 경우 자발적인 노동조합을 친회사 노조로 전환하지 못한 경우는 자본 철수를 하는 것이다.

물리적 강제를 기반으로 한 노동 통제는 노동자들이 노조 민주화 투쟁이나, 민주 노조 건설 투쟁, 민주 노조 사수 투쟁을 전개할 때, 자본 측은 구사대 동원과 공권력을 동원하는 것이다. 즉, 남성 노동자를 구사대로 조직해 폭력적으로 대응하면서 남성 노동자와 여성 노동자를 대립시키거나 공권력을 동원하는 것이다. 이런 노-노 대립을 통한 노동 통제 방식은 1970년대 유신 독재정권과 1980년대 신군부 정권 아래서뿐만 아니라 소위 문민정부, 국민의정부, 참여정부에서도 여전히 지속되고 있는 노동 통제 방법이다. 오늘날 자본은 정규직과 비정규직을 대립시켜 노동을 통제하고 있다.

여덟째, 노동자들의 대표성을 보면, 비정규직 여성 노동자들은 대표성을 제대로 인정받지 못하고 있다. 1993년 노사관계개혁위원회, 1998년 노사정위원회가 구성되면서 기존 노사 관계에 대한 규정과 인식의 변화 틀은 만들어졌으나 여전히 노사 문화는 합리적이지 못해 노사정위원회 구성 문제를 놓고 논란이 있다. 노사정위원회의 문제점은 차치하고, 구성에서 비정규 여성 노동자는 배제되었다. 고용의 50% 이상이 비정규직이고 비정규직 노동자의 70% 이상이 여성 노동자임에도 불구하고 노사정위원회에 비정규직 노동자 대표는 배제된 채 남성 중심 정규직 양대 노조 대표만 참석한다는 점에서 노사정위원회도 남성 중심적이라고 볼 수 있다.

마지막으로 1987년 노동자 대투쟁 이후 노동운동의 중심은 1970년대 여성 노동자로부터 대기업 남성 노동자로 이동되었지만 2000년 이후 비정규직 고용이 보편화하면서 여성 노동자들도 정규직·비정규직 남성 노동자와 함께 노동운동의 중심 세력으로 다시 등장하고 있다는 것이다.

5. 맺음말

1987년 6월 민중항쟁과 7, 8월 노동자 대투쟁을 거치면서 여성 노동자들은 민주 노조 건설과 민주 노조 사수를 위해 회사의 강압적 탄압과 구사대 폭력, 경찰의 사찰과 공권력의 폭압적 진압 등을 이겨 냈다. 민주 노조 건설 과정에서 여성 노동자들은 경찰과 회사의 눈을 피해 가로등 불빛 아래서 노조 결성문을 작성해야 했고, 빨갱이로 몰려 부모한테 매를 맞기도 했으며, 결혼 자금을 털어 민주 노조 건설 자금으로 내놓기도 했다. 외자 기업이 자본 철수하거나 위장 폐업을 할 때, 공권력과 구사대 폭력에 다치기도 하고 뱃속 아이를 잃은 경우도 있었다. 이런 모습이 지난 1970년 이후부터 1990년 중반까지 여성 노동자들의 투쟁이었다. 1990년대 중반 이후 이런 모습이 차츰 사라지는 것이 운동의 성과라고 생각했다.

그러나 오늘날 여성 노동자들은 1970~80년대와 마찬가지로 노동기본권 확보를 위해 공권력과 회사 측의 폭력에 맞서 투쟁하면서 매 맞고 울부짖고 있다. 기륭전자, KTX, 현대자동차, 이랜드의 뉴코아와 홈에버 매장 여성 노동자들의 투쟁을 보면서, 여성 노동자 운동의 시계가 30년 전으로 돌아간 것은 아닌가 하는 생각이 든다. 얼마 전 '우리는 정의파'란 영화 상영회에서 여성 노동자 운동의 선·후배가 만났다. 30여 년 전 똥물을 뒤집어쓰고 알몸투쟁도 마다하지 않던 동일방직 여성 노동자와 3년이 넘도록 파업을 하며 천막 농성 중인 기륭전자 노동자들이 만나서 나눈 첫 마디가 "어쩜 이리도 닮았을까?"였다고 한다. '예나 지금이나 희생은 약자이고, 공권력은 회사 편, 복직은 쇠귀에 경 읽기'라는 것이다. 이는 노동자와 자본가의 불변의 계급 관계를 나타내주는 것이다.

1970년대 수출 위주의 산업화 과정에서 경제성장만이 살길이라는 '경제 성장' 이데올로기에 속아 저임금, 장시간 노동으로 착취당한 여성 노동자들, 하지만 1987년 7, 8월 노동자 투쟁으로 노조 건설이 합법화되자 여성 노동자들은 노조를 기반으로 지난 20여 년 넘게 노동기본권 확보, 노동조건 개선(성별 임금 격차와 저임금, 노동환경, 노동시간 감축 등), 젠더 문제(모성보호, 자녀 보육과 양육, 차별 정년, 우선 정리 해고, 성희롱, 고용 차별 등) 해결과 함께 사회 민주화를 위해 투쟁해 왔다. 여성 노동자 운동 20년을 되돌아보면, 여성들의 보편적 젠더 문제(모성보호, 보육 등)나 여성 관련 법과 제도는 개선되었으나 성과의 열매는 다수 여성 노동자들의 것이 아니었다. 신자유주의 세계화 흐름에 맞춰 비정규직 고용의 여성화 진행으로 여성 노동자들의 다수가 비정규직화·주변화·빈곤화되고, 개선된 여성 관련 제도의 혜택에서 배제되었기 때문이다. 다수의 여성 노동자들은 여전히 저임금의 주변 노동력, 산업예비군이고, 노동시장에서 고용상 성 차별도 크게 개선되지 않았다. 단기간 재계약의 반복으로 비정규 여성 노동자들은 조직화는 물론, 조직적 대응도 힘든 상황이다.

그러면 이 같은 현실을 어떻게 이해할 것인가? 성 차별인가 아니면 계급 문제인가? 계급 문제라면 왜 여성들이 비정규직의 우선 대상인가? 왜 여성 대다수가 단순 노동자인가? 이는 자본주의 사회에서 자본은 이윤 극대화를 위해 저임금 노동자 군을 필요로 하고 저임금노동자 군으로 여성 노동자를 설정했기 때문이다. 여성은 아이를 낳고 기르는 일이 주 업무이고 남성은 돈을 벌어 생계를 책임진다는 차별적 성별 분업 논리가 이를 정당화해 주고 있다. 하지만 앞에서 언급한 바와 같이, 차별적 성별 분업의 논리는 허구라는 것이 입증되었음에도 불구하고 여전히 살아 움직이고 있다. 이는 가부장적 자본주의 사회에서 국가가 자본의 이윤 추구를 보장하고자 법과 제도를 통해 유지시키고 있기 때문이다.

결국 가부장적 자본주의 사회의 차별적 성별 분업은 노동력 착취의 우선 대상이 여성 노동자라는 것을 정당화해 자본의 이윤을 극대화한다. 이에 지난 여성 노동자 운동의 성과는 고임금 여성들의 몫이었고 저임금 여성들의 몫은 아니었다. 특히, 신자유주의 세계화 이후 여성 고용의 비정규직화는 저임금의 여성을 대상으로 하는 것이다.

그러므로 여성 노동자 운동의 젠더 문제는 계급 문제와 별개로 극복되어야 할 과제가 아닌 함께 해결해야 할 과제이다. 저임금군에 속한 다수의 여성 노동자들은 이런 점을 정확하게 인식할 필요가 있다.

이런 여성 노동자 현실에서 여성 노동자 운동의 과제는 현재 여성 노동자 운동의 정체를 극복하는 것이다. 정체되어 있는 여성 노동자 운동의 활성화와 차별적 성별 분업 이데올로기를 분쇄하기 위한 과제를 통하여 전망을 모색해 보고자 한다.

첫째, 여성 노동자의 조직화 및 조직적 확대이다. 세계화 추세 속에서 소위 문민정부의 신자유주의 노동 정책에 따라 고용의 비정규직화는 빠르게 진행되고 있다. 노동자 중 58.6%가 비정규직에 종사하고 있고, 비정규직의 대다수가 여성 노동자이다. 1990년대 후반 증가하고 있는 여성 노동자의 비정규직화에 따른 탈조직화와 미조직화는 여성으로서 노동자로서의 기본권을 보장받을 수 없게 만든다. 산별노조가 제대로 자리 잡고 있지 못한 상태에서 여성 비정규 노동자의 조직화는 정규직과 별개로 이뤄지고 있다. 이는 기업별노조 체제에서 자본에 의해 분할 지배를 받는 노동자들이 연대해 대응해야 한다는 계급의식이 미성숙한 데 기인한다. 따라서 정규직이 비정규직을 포함해야 한다는 당위적 원칙보다 임시직, 용역직, 영세 하청 여성 노동자, 특수 고용 및 가내 여성 노동자들의 조건에 따라 다양하고 구체적인 조직화 방법이 모색되어야 한다.

둘째, 노조 운동에서 여성 부문 구축이 되어야 한다. 기업별노조 체제에서 집단 해고와 고용 불안정으로 생존권 보장이 어려운 비정규직 여성 노동사들에게 젠더 과제는 생존권 확보보다 중요 과제가 되지 못하고 있다. 이에 현 상황을 극복하기 위해서는 산별, 전국 상급 단위 조직에서 여성 노동자에 대한 전문적인 분야 구축을 위한 목적의식적인 사고와 실천이 있어야 한다. 즉, 노조 운영에 있어 여성 사업에 대한 방침과 관점을 좀 더 폭넓게 하고, 정책 수립, 인력과 재정을 과감하게 배치하고 이를 위한 노조 내 시스템 구축이 요구된다.

셋째, 조직된 여성 노동자들을 주체로 세우는 것이다. 남성 중심적 사회 구조 속에서 길들여진 여성 노동자들의 비주체적인 모습은 노조 활동에 대한 소극적 태도로 나타나고 있다. 기혼 여성 조합원의 증가로 가사 노동과 임금 노동이라는 이중 노동의 부담과 개인주의적 사고가 확산되어 노조 활동을 기피하는 현상이 있다. 심지어는 노동조합의 여성부조차도 남성의 몫이 되고 있다. 여성 배제적 노조 운영은 비민주적인 노조 운영으로 연결되어 운동의 침체 원인이 되고 있다. 따라서 노조운영에 여성 조합원들의 적극적인 참여를 유도하기 위한 다양한 프로그램의 개발이 필요하다.

넷째, 여성 노동자 운동 활동가들과 조합 간부들의 질적 향상을 위한 재교육과 훈련 프로그램이 있어야 한다. 변화하는 사회 정세와 자본의 공격적인 움직임 속에서 1970년대, 1980년대 방식으로 운동을 지도할 수는 없는 것이다. 자본의 세계화 속에서 여성 노동자 운동의 올바른 방향 제시를 위한 노동조합의 간부나 활동가들의 재교육이 강화되어야 한다.

참고문헌

강인순. 1997. "87년 이후 마산·창원 지역 여성 노동자운동."『사회연구』10집. 경남대학교 사회학과. 경남대출판부.

______. 2001.『한국여성노동자운동사 2』. 한울.

경상대사회과학연구원 편. 2003.『신자유주의적 구조조정과 노동운동』. 한울.

고무노동자협의회. 1995.『고무노동자투쟁자료모음』.

국회 국정감사 보고자료, 1988~92.

권현지. 1999. "조직률 급락과 노동조합의 대응."『노동사회』1월호.

금속노동조합연맹. 1993.『금속노동자운동 30년사』.

기독교사회문제연구원. 1987.『7, 8월 노동자 대투쟁』. 민중사.

______. 1987.『성남지역실태와 운동』. 민중사.

______. 1987.『부산지역실태와 노동운동』. 민중사.

______. 1988.『대구·울산지역 실태와 노동운동』. 민중사.

김경희. 1995.『산업구조조정과 여성노동자』. 한국여성노동자회협의회.

김영옥·민현주·김복순. 2006.『여성노동시장의 양극화 추이와 과제』. 한국여성정책연구원.

김유선. 2006. "2006년 비정규직 규모와 실태."『노동사회』통권 115호(11월). 한국노동사회연구소.

______. 2005.『한국노동자의 임금실태와 임금정책』. 후마니타스.

김진선. 1999. 여성노동운동방향에 관한 워크숍 자료.

김호기. 1994. "권위주의정권의 해체와 민주주의로의 이행, 1987~1992." 한국산업사회연구회 편.『한국사회의 변동』. 한울.

김형기. 1988.『한국의 독점자본과 임노동』. 까치.

노동부.『노동백서 1987~1992』.

______. 1987.『노동통계연감 1987년』.

______. 2005.『전국 노동조합 조직 현황』.

______. 2006. "2004 사업체 노동실태 현황."『여성취업 2006』.

노중기. 1995. "국가의 노동통제전략에 관한 연구." 서울대 박사논문.

마산창원여성노동자회. 1999. "산재보고서."

문현아. 2006. "한미FTA와 여성노동변화." 한미FTA저지 교수학술공대위·여성대책위 정책포럼.

민주노총여성위원회. 2005. 민주노총 여성정책 10주년 평가를 위한 토론회.

박수미. 2005. "노동시장과 여성."『전태일 35주년기념토론회 자료집』.

부천지역노동조합연합회. 1995.『부노협 7년 활동평가』.

신경아. 2007. "2007년 여성노동자들의 삶에서 변할 것과 변하지 않을 것."『노동사회』통권 117호(1월호). 한국노동사회연구소.

여성노조. 각 년도. "창립대회 이후 총회 자료집."

오건호. 1993. "국가와 자본의 노동정책." 한국산업사회연구회 편.『한국경제의 산업구조조정과 노동자계급』. 한울.

왕인순. 1997. "생산직여성노동자운동 : 1987~1996." 여성단체연합.『열린 희망』. 동덕여대 여성연구소.

인천지역노동조합연합. 1993.『인천지역 노동운동 탄압사례 보고서』.

인천지역 민주노조건설공동실천위원회. 1987.『87년 인천 지역 7, 8월 노동자투쟁』.

인천기독교민중교육연구소. 1988.『'87 노동자대투쟁』. 풀빛.

인천지역 해고노동자협의회. 1990.『인천지역 고용실태 조사결과』.

상지연. 2007. "여성노동의 관점에서 본 한국사회."『여성노동, 20년의 변화와 전망』.

전노협.『전노협백서』(1987~1995년도).

______. 1997.『전노협 깃발 아래 총 진군』.

전국민주노동조합총연맹. 1996. 창립대의원대회자료.

전국노동운동단체협의회. 1989. 노동운동 창간호.

정현백 외. 1999. "노조 조직 내 의사결정에 여성참여현황."『민노총 조사보고서』.

통계청. 2006/2007.『통계로 본 여성의 삶』.

______. 각 년도.『경제활동인구연보』.

한국노동연구원.『KLI 노동통계』. 각 년도(1985년 이후).

한국사회연구소. 1989.『한국사회노동자연구 1·2』. 백산서당.

한국여성노동자회협의회. 1993.『일하는 여성』7호, 8호, 10호, 12호, 15호, 16호, 17호, 23호, 26호, 27호.

______. 1997.『들꽃이여! 불꽃이여! 그대 이름은 여성노동자』. 한국여성노동자회협의회.

______. 정기대의원대회 자료(2000~2007년).

한국여성단체연합.『민주여성』1987년 이후 합본호. 한국여성단체연합.

호남사회연구회·전라북도노동조합연합회. 1996.『전북민주노조운동 10년』.

최상림. 1997. "전국여성노동조합 건설의 배경과 추진경과, 사업방향에 관한 토론 발제문."

______. 2005. "한국여성노동자의 현실과 여성노동운동."『전태일 35주년기념토론회 자료집』.

______. 1999. 여성노동운동의 방향에 관한 워크숍 자료.

신자유주의 시대 사회공공성 운동의 의의와 새로운 실천 전략

오건호 | 민주노동당 정책전문위원

1. 시작하며

근래 사회운동에서 사회공공성 의제가 부상해 있다. 아직 사회공공성이 시장 전일주의를 내세우는 신자유주의를 극복하는 수준에는 이르지 못했지만, 이를 비판하는 의제로는 자리를 잡아 가고 있다. 한미 FTA의 경우에도 관세 분야의 손익을 넘어 사회공공성 영역에 영향을 미치는 비관세 분야가 본질적인 것으로 여겨지고, 양극화 시대를 맞아 교육·의료·연금·농업·문화 등 사회 각 영역에서 공공성 문제가 제기되고 있다.

노동운동에서도 사회공공성은 핵심 의제로 강조되고 있다. 민주노총은 2003년 활동 목표로 '사회공공성' 의제를 공식 채택하며 산하에 사회공공성 강화 위원회를 구성했고, 2004년부터는 '세상을 바꾸는 투쟁'을 선언하는 등 노동운동의 사회적 역할을 강조하고 있다. 또한 공공운수연맹·공무원노조·전교조 등 공공 서비스 부문 노동조합들은 각각 산업별 차원의 활동뿐만 아

---

* 이 글은 다음 두 원고를 수정 보완한 것이다. 오건호, "신자유주의 시대 사회공공성 투쟁의 성격과 의의", 『산업노동연구』 10권 1호, 2004; 오건호, "노동운동의 사회공공성 활동에 대한 평가와 제안: 요구에서 참여로", 『시민과 세계』 11호, 2007.

니라, 공공부문노조연대회의를 구성해 사회공공성 운동을 공동으로 모색하고 있다.[1]

그러나 노동운동의 사회공공성 운동이 기대만큼 성공적이지는 않은 듯하다. 오히려 최근에는 사회공공성이 남용되고 있다는 이야기도 들린다. 이런 지적에는 사회공공성을 내세우는 노동운동에 대한 비판적 평가도 함축되어 있다.

필자 역시 사회공공성 운동의 당위성을 적극 옹호하는 입장이지만, 현재 진행되는 노동운동의 사회공공성 운동에 대해서는 상당히 비판적이다. 사회공공성이 공론화된 지 어느덧 5년이 흐른 지금, 이 사업이 성실하게 기획되고 조직되고 있는지에 대해서 냉정한 평가가 필요하다고 판단한다.

이 글은 노동운동에서 진행되는 사회공공성 운동의 의의를 정리하고, 새로운 도약을 위한 실천 전략을 제안하기 위한 것이다. 최근 몇 년간 사회공공성 운동이 부상했지만, 이것의 구체적 내용이나 사회운동적 위상에 대한 논의는 미루어져 왔다. 현실 대중운동의 진전과 이론화 작업 사이에 '지체'가 엿보인다. 이제 신자유주의 시대의 기본적인 투쟁으로 부상한 사회공공성 운동에 대한 정치경제학적 규명이 필요하다. 동시에 이 글은 노동운동의 사회공공성 운동이 어느새 관성화되거나 구호로 흐르고 있다는 우려에서 새로운 실천 전략을 제안할 것이다.

---

1 공공부문노조연대회의는 사회공공성 강화와 공공 부문 노동권 보장을 기본 목표로 삼고 있는 협의적 연대 조직으로 2003년 발족했다. 당시 참가 조직은 공공연맹·공무원노조·전교조·보건의료노조·대학노조·교수노조 등 6개 산별노조로 조합원 수가 40만 명에 이르렀다. 이듬해인 2004년 공공부문노조연대회의가 설정한 6대 요구는 △ 빈부 격차 해소와 사회 보장 확대를 위한 공공 부문 예산 확충, △ 공공 부문 비정규직의 정규직화, △ 노동조건 개악 없는 주5일제 도입과 인력 충원 통한 청년 실업 해소, △ 공공 부문 사유화 저지와 구조 개혁, △ 공공 부문 시장화, 개방화 저지 및 공공성 확대 강화, △ 공공 부문 노동자 노동기본권 쟁취이다(공공부문노조연대회의 2004).

2. 노동운동의 '사회 개혁 투쟁' 되돌아보기 : 민주노총 사례

(1) 사회공공성 운동의 전사(前史) : 민주노총의 사회 개혁 투쟁(1995~2003)

노동운동 내부에서 사회공공성 운동에 대한 문제의식은 이전부터 존재해 왔다. 일찍이 많은 활동가가 노동운동 진영에 '전全 사회적' 의제에 관심을 갖고 투쟁할 것을 요구해 왔다.

민주노총을 사례로 노동운동의 사회 개혁 투쟁을 되돌아보자. 우선 민주노총의 모태로 1990년에 출범한 전노협은 정치 활동의 보장, 사회보장 제도의 개선 등 사회 개혁을 강하게 지향했다. 그래서 전노협의 노동운동 이념이 투쟁성과 정치성을 강하게 띤 '사회 개혁적 노동조합주의'로 규정되기도 했다(김금수 1995, 93-94).

민주노총준비위도 출범 준비 해인 1995년에 사회 개혁 투쟁을 본격화하고, 하반기에 노동법 개정과 사회 개혁 투쟁을 결합하기로 결정했다. 당시 병원노련의 의료보험 통합 일원화, 전교조의 참교육 운동, 언론노련의 방송 개혁 운동 등 산별 연맹 차원에서 진행되던 투쟁을 새롭게 결성되는 전국 중앙 조직인 민주노총이 담당하자는 방침이었다. 이를 위해 민주노총준비위는 의료보험, 국민연금, 교육 개혁, 세제 재정 개혁, 재벌 개혁 등을 사회 개혁 5대 과제로 설정했다(민주노총준비위 1995, 17). 민주노총은 1997년에도 대통령 선거를 준비하면서 근로소득세율 인하, 의료보험 통합 일원화, 교육 개혁을 통한 사교육비 절감 등을 담은 '고용·사회 개혁 15대 과제'를 발표했고 사회개혁위원회 설립을 중앙위원회에서 인준해 사회 개혁 투쟁을 위한 조직적 체계까지 갖추어 나갔다(민주노총 1997).[2]

---

2 현재 민주노동당이 강력히 반대하는 근로소득세율 인하가 10년 전 노동운동에서는 핵심적

그러나 실제 진행된 민주노총의 사회 개혁 투쟁은 미미했다. 의료보험 통합 운동(1995~2000년)이 시민사회단체와 연대해 전개되었고, 2001년 건강보험 재정 파탄 규탄 운동, 2003년 국민연금 개악 저지 운동 등이 진행되었지만, 사회 개혁 투쟁이 조직 체계에 기초해 지속적으로 전개되지 못했고, 조합원의 참여도 제한적이었다(민주노총 2002a; 2003). 한 해를 평가하는 민주노총 사업 보고서에 사회 개혁 투쟁은 매번 미수행 '사업'으로 남아 있고, 다음 해 사업 계획에 다시 핵심 과제로 배치되는 일이 되풀이되어 왔다(민주노총 2002b).[3]

왜 사회 개혁 투쟁이 실질적으로 진행되지 못했을까? 대략 세 가지 이유가 지적될 수 있다. 첫째, 예상치 못했던 IMF 금융 위기라는 변수가 사회 개혁 투쟁에 불리하게 작용했다. 민주노총은 발족 이후 사회 개혁 투쟁을 기획해 왔으나, 1996~97년 노동법 개정 투쟁을 거친 후, 1998년 IMF 금융 위기 이후에는 구조 조정에 대응하는 방어적인 투쟁에 집중해야 했다. 대부분의 조직 역량이 정리 해고 반대, 구조 조정 반대, 사유화 반대 투쟁에 투입되었고, 그 결과 대의와 의욕을 가지고 기획되었던 사회 개혁 투쟁은 상징적인 구호로만 남게 되었다.

둘째, 민주노총 내부에 사회 개혁 투쟁을 위한 조직 자원이 배치되지 않았다. 구조 조정의 폐해가 확대되고 빈부 격차가 심해짐에 따라 사회 개혁 투쟁의 중요성이 더욱 부상했으나 이를 수행할 수 있는 조직 내부 역량 배치는

사회 개혁 요구였다는 점에 주목할 필요가 있다. 이는 한국 사회에서 세금에 대한 노동자의 '본원적' 분노가 매우 깊다는 사실을 보여 주지만, 그만큼 진보적 조세 개혁 운동(증세 운동)이 대중적으로 뿌리내리기 어려운 환경이라는 점도 시사해 준다.

3 최근 사회 개혁 투쟁을 위한 정책 작업에 다소 의미 있는 진전이 있었다. 민주노총은 1999년 외부 전문가를 중심으로 『한국의 사회복지와 노동운동: '연대주의 사회복지' 전략을 향하여』 보고서를 펴내며 사회 임금론에 의거한 사회복지 전략을 제시한 바 있다. 특히 2003년에는 『사회보장투쟁과 노동운동: 사회보장제도의 내용, 문제점, 개혁방안』 보고서를 통해 조세, 국민연금, 건강보험, 고용보험, 산재보험, 기초 생활 보장의 기본 요구를 정식화했다.

뒤따르지 못했다. 사회 개혁 투쟁은 그 영역이 방대하고 전문적인 대안 정책이 준비되어야 하며, 시민사회단체와 내실 있는 연대가 필요한 활동이다. 그럼에도 민주노총 중앙에서 이 사업을 기획·집행할 담당 간부가 턱없이 부족했고, 형식적이나마 연맹과 지역 본부 임원으로 구성되는 사회개혁위원회 설립이 인준되었으나 실제 가동되지 않은 채 이름뿐인 위원회로 존재해 왔다. 사업의 '당위'와 주체의 '부족'에서 야기되는 괴리가 방치되어 왔다.[4]

셋째, 사회 개혁 투쟁에 대한 '정파적 논란'으로 말미암아 사회 개혁 투쟁이 제대로 진행되지 못했다. 민주노총 1기 집행부가 내세운 '국민과 함께 하는 노동운동' 노선에 대하여 계급적 원칙에 불철저한 운동이라는 비판이 민주노총 내부에서 제기되었는데, 이때 대표적인 비판의 표적이 되었던 활동이 바로 사회 개혁 투쟁이었다. 사회 개혁 투쟁은 민주노총 내부 특정 노선의 사업으로 간주되어 논란의 대상이 되었고, 이후 사업이 주변화되어 버렸다.[5]

(2) 사회공공성, 대중투쟁이 만들어 낸 새로운 의제

한국 사회의 부익부 빈익빈이 심각한 수준이다. 노동자뿐만 아니라 도시 서민, 농민 모두 획기적인 사회 개혁을 요구하고 있다. 특히 노동운동 중앙에서는 미미했으나 몇몇 노동조합이나 연맹에서 이루어진 사회 개혁 투쟁은

---

4 예를 들어, 2003년 당시 민주노총 사회개혁위원회 규정에 의하면, 각 연맹과 지역 본부에도 사회개혁위원회가 만들어져야 하나, 이에 해당하는 기구로는 보건의료노조의 '의료개혁위원회'가 유일했다.

5 사회 개혁 투쟁을 둘러싼 민주노총 내부 논란은 분파 경향이 낳은 대표적인 부정적 사례이다. 사회 개혁 투쟁을 지지하는 세력은 사회 개혁 투쟁이 노동운동의 계급적 성격과 어떻게 통일되는지를 해명하지 않고 '국민과 함께' 구호로 안주했고, 비판하는 세력은 기존의 '혁명과 개량'의 이분법을 적용해 사회 개혁 투쟁을 폄하하며 제도 개혁 투쟁의 사회운동적 의의를 간과했다. 혁명과 개량의 이분법적 한계를 '혁명적 개량'으로 결합하려는 글로서 오건호(2002)를 참조할 수 있다.

주목할 가치가 있다.

IMF 위기 이후 단위 노조나 산별 연맹의 구조 조정 반대 투쟁 과정에서 사회적 의제가 부상해 왔다. 이 과정에서 투쟁의 이름도 변화되어 '공공성'이 등장하기 시작했다. 교육 노동자의 투쟁을 보자. 전교조는 1989년 법외 조직을 설립한 후, 교사의 노동권을 인정받는 투쟁, 전교조 합법화 투쟁을 시작했다. 정치적인 의미에서 사실상 노동자성을 획득한 전교조는 이어 교육 민주화를 위한 투쟁으로 나아갔고, 현재 사교육 체제, 교육 개방 문제를 제기하는 데에 이르고 있다. 이제 전교조 운동에서 사교육 반대, 교육 개방 저지 등 교육 시장화에 반대하는 교육 공공성이 핵심 의제로 자리잡고 있으며 대안적 공교육 개편 운동까지 벌이고 있다(전교조 2004).

보건 의료 노동자도 초기에 민주 노조 건설, 병원 경영 민주화, 병원 구조 조정 반대를 외치다 마침내 의료 체제 자체를 문제시하는 활동을 벌이고 있다. 의료 시장 개방에 반대하고, 공공 의료 기관을 확대하며, 건강보험 제도의 보험 급여를 확장하는 투쟁을 전면에 내걸고 있다. 보건 의료 운동에서 의료 공공성이 핵심 의제로 자리잡아 가고 있다(보건의료노조 2004, 57-174).

발전·철도 등 기간산업 노동자도 공공성 투쟁의 기반을 강화하고 있다. 처음에 기간산업 노동자는 고용 안정, 구조 조정 반대를 내걸었으나, 이제는 전력의 공공성, 공공 철도 건설로 나아가고 있다. 기간산업 노동자들이 자신이 일하는 산업의 공공적 발전 방안을 찾고 그것을 강화하는 연구 작업, 연대 활동도 활발하다. 최근 공공연맹 산하 여러 노동조합이 자신의 사업장, 산업의 공공성을 새롭게 규명하려는 작업 역시 의미 있는 전진이다(오건호 2003, 191-199).[6]

---

6 2002년 기간산업 사유화 저지 공동 파업 투쟁을 벌였던 가스·발전·철도 노동조합이 전개하는 사회공공성 운동과 대안 체계 연구 작업은 주목할 만하다. 철도노조는 2003년 6월『한국 공공철도 발전방안 연구』보고서를 발간해 대안적 철도 체계의 상을 제시했고, 전력노조와 발전

신자유주의 세계화의 핵심인 금융 산업 영역에서도 뒤늦게나마 공공성 운동이 진행 중이다. IMF 개방 이후 밀어닥친 구조 조정 파도에 휩쓸렸던 금융 산업 노동자들이 이제 외국 투기 자본 규제, 국내 서민 금융 활성화 등 자본주의 재생산의 핵심 영역을 문제시하고 있다(투기자본감시센터 2004; 금융노조 2007).

이렇게 일부 산업에서 노동자들은 노동권 투쟁, 내부 민주화 투쟁을 거쳐 이제 자신이 일하는 산업 체제의 공공성을 제기하는 단계로 나아가고 있다. 사회공공성은 실제 대중투쟁 과정에서 성장하고 있는, 실천 속에서 형성되는 새로운 의제로 자리잡고 있다. 노동운동 중앙의 사회 개혁 투쟁과 별개로 각 산업별 수준에서 사회공공성 의제가 대중투쟁 속에서 형성되고 있는 것이다.

현재 사회공공성 운동은 노동운동 부문을 넘어 다른 사회운동 영역으로 확대되고 있다. 신자유주의에 대항하는 지식인 운동 조직인 대안연대회의는 신자유주의 세계화의 결과를 '공공성의 위기'로 파악하며 사회공공성의 중요성을 강조하고(대안연대회의 2002), 2002년 시작된 한국사회포럼 역시 공공성 강화를 한국 사회의 핵심 과제 가운데 하나로 삼고 있다(한국사회포럼 2002). 2003년 11월에는 문화연대·민주노총·범국민교육연대·사회진보연대 등 개혁적·진보적 시민사회단체가 함께 모여 "세계화, 시장화를 넘어 사회공공성 운동으로"라는 제목의 공동 토론회를 개최하기도 했다(문화연대 외 2003).

특히 2006년부터 한미 FTA가 본격화되면서 신자유주의 전면 개방의 근본 문제점으로 한국 사회공공성 파괴가 핵심 주제로 떠올랐다. 비록 의료·교

노조도 2004년 2월 『21세기 한국의 전력산업 : 바람직한 발전 방향과 정책 제안』 보고서를 발간해 공공적 전력 체제를 마련했다. 특히 화력 발전소를 기반으로 하는 발전노조가 이후 발전 에너지원을 현행 화석연료에서 재생 가능 자연 에너지원으로 전환할 것을 스스로 제안한 것은 놀라운 일이다.

육 영역이 본격적인 개방 대상에서 제외되었지만, 투자자 국가제소권으로 한국 정부의 주체적 공공 정책 재량권이 침해되었고, 금융·세제·지적 재산권 등 여러 영역에서 공공성 훼손이 드러남에 따라, 이후 사회공공성 의제는 더욱 부상할 것으로 보인다(한미FTA저지범국민운동본부 2007).

3. 사회 공공성 운동의 등장 배경과 주요 영역

(1) 사회공공성 의제의 형성

사회공공성은 시전적 의미에서 신조어이다. 기존 공익성·공공성 등의 용어는 있으나 사회공공성은 새로 만들어진 이름이다. 사회공공성에서 '사회'는 여러 부문을 포괄하는 형용사로서 의료 공공성, 교육 공공성, 주거 공공성, 연금 공공성, 기간산업 공공성 등 다양한 영역의 공공성을 총괄한다. 따라서 일반적인 의미에서 공공성 투쟁을 언급할 경우 사회공공성 용어가 적합하고, 각 부문의 투쟁을 가리킬 경우 '○○ 공공성'으로 부를 수 있다.

노동운동에 사회공공성 운동은 작업장을 기반으로 전개되었던 고용 조건 개선 투쟁과 비교하면 모든 사회 구성원의 이해를 중시하는 투쟁이다. 이런 면에서 사회공공성 운동은 남아프리카공화국이나 브라질 등 제3세계 노조 운동에서 생겨난 '사회운동적 노동운동론'social movement unionism과 뿌리를 같이 한다(무디 1999). 대표적 제안자인 무디는 세계화의 압력에 따라 제3세계 국가에 자본과 노동의 모순이 응축되는 조건에서, 노동운동이 임금 문제에 머물지 않고 광범위한 사회적 의제들을 포괄하는 정치적 사회운동으로 발전했다고 평가하고, 이를 사회운동적 노동운동으로 부른다. 한편 뭉크와 워터만은 사회운동적 노동운동론이 제3세계 경험에 한정된 규정이라며 비판하고, 계급 모순과 새로운 문제들을 결합하는 '새로운 사회적 노동운동론'new social unionism을 제기했는데(워터만 1999), 넓게 보면 무디와 유사한 문제의식의 흐름에 속해 있다고 볼 수 있다. 이에 대해 니어리는 사회운동적 노동운동이 신 사회운동의 한 형태로 흐를 위험을 지적하고(Neary 2001), 정성진도 사회운동적 노동운동이 노동 중심성을 약화하고 사회적 코프라티즘의 제3계 형태로 전락할 것이라 우려하며 그 실천적 예로 집권 이후 남아공과 브라질의 사례를 들고 있다(정성진 2003).

내가 판단하기에 사회운동적 노동운동의 성패는 '의제의 사회화' 방식에 있다. 이때 의제를 어떤 방식으로 사회화하느냐에 따라 조합주의적 운동으로 귀결될 수도 있고, 계급적 운동으로 발전할 수도 있다. 만약에 노동운동이 상층 활동가의 영향력에 지나치게 의존하거나, 사회적 합의에 집착해 '개선안'의 한계를 넘어설 새로운 운동 기반을 구축하지 못한다면, 이 활동은 조합주의로 흐를 개연성이 높다. 이와 대조적으로 의제의 사회화 과정이 노동자·서민의 계급적 각성을 자극하며 이들이 정치적 세력으로 형성되는 데 기여하는 방향에서 진행된다면, 이는 계급적 사회운동으로 자리잡을 수 있을 것이다.

(2) 사회공공성 운동의 배경 : 신자유주의의 완전 시장화 공세

왜 지금 사회공공성 운동이 부상하고 있는가? 이는 일시적 현상인가 아니면 역사적 경향인가? 이를 위해서 현대 자본주의의 성격 변화를 확인할 필요가 있다. 현대 자본주의는 독점자본과 국가권력이 융합된 국가독점자본주의이다. 2차대전 이후 서구 자본주의는 성장과 분배를 결합하는 케인스주의 국가독점자본주의의 특성을 지녔다. 이 시기 자본과 노동의 조합주의적 타협

체제가 형성되고 국가에 의한 '자본 규제'가 행해졌다. 자본주의 체제 내부에서, 재생산 가능한 수준에서, '집단적 노동권'과 '사회복지'가 용인되었다.

그러나 1970년대 들어 자본주의는 심각한 위기를 맞았다. 이윤율 저하로 나타난 축적 위기를 맞아 자본은 시장에서 더 이상의 자본축적 공간을 확대하지 못하는 벽에 부딪혔다. 이런 자본축적의 위기는 공공 부문에 공급할 재원 조달에도 문제를 야기했다. 결국 케인스주의 자본주의의 개량적 재생산이 가능하지 않게 되었다. 좀 더 진보적인 경제체제 개혁을 통해 생산수단과 부를 재편할 것인가(급진적 개혁), 아니면 기존 조합주의적 개량을 줄여 자본의 이윤 창출 공간을 확대할 것인가(시장적 개혁)의 두 길이 역사 앞에 놓였다.

급진주의 개혁은 유럽 곳곳에서 시도되었다. 1970년대 초 영국노동당은 주요 산업과 국가기업을 국가지주회사로 포괄하는 '대안경제전략'Alternative Economic Strategy을 수립하고 국민기업위원회National Enterprise Board 방안을 추진했으나 현실화되지 못했다(고세훈 1999, 366-384). 스웨덴에서는 임노동자 기금 전략이 추진되었고, 독일 사민당 외부 급진 세력들도 사회화 방안을 채택했으나 역시 실행되지 못했다(유디트·페터스 1986). 1981년 공산당과 연합해 집권에 성공한 프랑스 미테랑 정부도 국유화 프로그램을 일부 실행해 국유기업을 확대하는 조치를 취하기도 했으나 다시 사유화되었다(심창학 2000).[7]

결국 역사는 시장주의 개혁의 길을 갔다. 신자유주의라고 부르는 완전 시장화 개혁이 주류를 형성해 나갔다. 신자유주의는 자본축적의 위기와 공공

---

7 유럽 각국의 사회화를 둘러싼 논란에 대해서는 장석준(2001)이 유용하다. 1960년대 영국에서 윌슨 정부의 케인스식 수정주의 정책이 실패로 판명나면서 좀 더 급진적인 좌파의 논지가 세력을 얻었다. 노동당은 1973년 당대회에서 "차기 노동당 정부는 대표적 25개 제조 기업을 공공 소유로 이전한다"라는 당강령을 채택했다. 이 강령이 실행될 경우 국민총생산의 40%, 총고용의 40%가 공공 부문이 된다. 그러나 이 강령은 1974년 윌슨 당수의 강력한 반발로 선거 강령으로 채택되지 않았다. 프랑스는 1982년 미테랑 정부에 의해 철강 등 5개 상공업 분야 기업, 39개 은행, 2개 금융 회사가 국유화되었으나, 1986년 이후 우파가 집권하면서 석유·통신·은행·자동차(르노)·석유·담배·철강·전산 등의 기간산업의 대대적인 사유화 조치가 이어졌다.

부문의 위기를 동시에 겪던 케인스주의적 조합주의를 공격하며 자신이 자본주의의 새로운 해결자임을 자부했다. 영국의 대처 수상을 선두로 해서, 미국의 레이건 대통령, 일본의 나카소네 총리, 독일의 콜 수상이 그 뒤를 따랐다. 현재 이 국가들은 IMF, World Bank, G7 등 국제 기구들을 활용해 지구 전체를 신자유주의 물결로 몰아넣고 있다.

이런 신자유주의의 핵심 내용은 무엇인가? 1980년대 이후 전 지구적 세계화를 몰고 온 신자유주의는 '시장의 완전 자유화'를 주창한다. 기존 시장 규제로 인해 묶였던 자본의 발을 자유롭게 '개혁'하고 있다. 신자유주의는 시장의 자유를 추구한다는 의미에서 자유주의의 자손이지만, 기존에 자본주의가 용인했던 탈시장 영역마저 시장화한다는 점에서 새로운 자유주의이다. 신자유주의의 완전 시장화 전략은 불가피하게 지금까지 사회에서 용인되어 오던 사회적 가치들을 파괴한다. 신자유주의 아래에서 사회 구성원들은 사회적 필수 서비스를 제대로 향유할 수 없고, 심각한 빈곤의 악순환을 겪게 된다. 신자유주의의 완전 시장화 공세를 요약하면 아래와 같다.

첫째, 신자유주의는 자본을 자유롭게 하기 위해 사회적 규제를 해체하는 탈규제deregulation 정책을 추진했다. 금융 시장이 전면 개방되고, 자유무역이 선포되었다. 기업에 세금 인하, 산업 안전 규제 완화를 선사한다. 시장에서 강자를 제어하는 어떤 구속도 악으로 인식된다.

둘째, 노동권에 대한 공격이 행해졌다. 집단적 노동권을 해체해 노동자를 개별화한다. 노동조합의 단결권을 약화시키기 위해 클로즈드 숍, 유니온 숍 제도를 제한했다. 단체교섭에서는 점차 인사 경영 사안, 산업 구조 조정, 정치적 의제 등을 교섭 범위에서 제외하려 한다. 단체 행동권도 제약되어 쟁의 절차가 강화되고, 신종 탄압 방법으로 손해배상 청구가 도입되었으며, 정치적 파업이 금지되었다.

셋째, 자본은 지금까지 자유롭게 진출할 수 없었던 공공 부문을 이윤의 대상으로 삼았다. 사회복지와 기간산업이 신자유주의의 우선 공격 대상이다.

이제 필수적 사회 서비스들은 일반 시장 상품처럼 시장이 요구하는 생산가격을 지불해야만 구입할 수 있다. 그 결과 저소득층의 공공 서비스 이용권이 침해되고, 삶의 질이 계급 차별적으로 양극화되어 간다.

넷째, 농업·환경·문화·언론 등 새롭게 주요 산업으로 떠오르는 부문도 자본 운동에 복속당하고 있다. 개방화라는 명분하에 농업의 민족국가적 기반이 허물어지고, 자본의 이윤 운동이 심화됨에 따라 환경 위기가 급부상하고 있다. 문화 부문마저 이윤 대상에 노출되고, 언론 산업은 더욱 자본 이데올로기를 정당화하는 데 동원되고 있다.

이런 시기에 대중투쟁으로 부상한 것이 바로 사회공공성 의제이다. 사회공공성은 심화되는 빈부 격차를 해소하고, 사회 구성원에게 필요한 기본 생활을 사회적으로 보장하는 평등과 연대의 가치를 담고 있다. 모든 사회 구성원은 자신의 경제적 능력과 무관하게 사회공공적 서비스를 누려야 한다. 따라서 사회공공적 서비스는 개인의 '구입 능력'이 아니라 '생활 필요'에 맞추어 제공되어야 한다. 이를 위하여 사회공공적 서비스는 비록 자본주의 체제일지라도 시장과 이윤 논리에서 벗어나 생산·공급되어야 한다. 사회공공성 운동은 교육 시장화, 의료 시장화, 연금 시장화, 기간산업 시장화, 농업 개방, 지적 서비스 상품화 등 사회공공적 영역이 시장 논리에 지배되어 이윤 추구의 대상으로 전락하는 것을 저지하고자 한다. 신자유주의 공세에 맞서 사회공공적 서비스의 생산과 분배 방식을 둘러싼 자본과 민중 진영의 사회적 대항 전선이 형성되기 시작한 것이다.

(3) 사회공공성 영역의 역사적 성격

사회공공성을 판단하는 기준은 절대적으로 정해지기보다는 역사적으로 형성될 수밖에 없다. 노동운동이 철도 사유화에 반대하며 철도 공공성을 요구할 수 있는 것은, 교육 개방을 반대하며 교육 공공성을 주창할 수 있는 것은 한국 사회에서 철도·교육의 공공성이 사회적 의제로 살아 있기 때문이다. 즉, 사회공공성 영역의 여부는 해당 시기 사회적 담론에 의해 정해질 수밖에 없다.

만약 통신 산업의 시장화가 완성되고 통신 서비스가 완전 시장 상품으로 정착해 더 이상 통신의 공공성을 주장할 수 없는 상황이 도래하면 사회공공성 투쟁에 '통신 공공성'을 담기가 어려워질 수도 있다. 현대 사회의 필수적 의사 소통 수단인 이동 통신이 그렇게 되어 가고 있다. 국민 연금이 완전 사유화되어 사적 생명보험 회사가 연금을 전유한다면 연금은 더는 사회 보장이 아니라 노후 금융 상품으로 전락하게 된다.

반대로 노동운동이 금융 산업 구조 개편 과정에서 금융의 공공성을 부각시킨다면 금융은 중요한 사회공공성 영역으로 자리 잡게 될 것이다. 부동산의 공공성이 강조되는 만큼 부동산 재테크에 대한 사회적 지탄과 규제가 강해지고, 토지 공개념이 당연한 가치로 정착될 수 있다. 생수 산업도 더 이상 민간 사업체에 내맡길 이유는 없다. 수도만큼 생수 산업도 공공적일 수 있다. 그것은 탈시장 세력이 얼마나 사회공공성 의제를 확장하고 대중에게서 지지를 얻느냐에 달려 있다.[8]

현 시기 꼽을 수 있는 사회공공성 영역은 어디인가? 이는 '어디에서 사회공공성 운동이 가능한가'라는 질문과 동일하다. 시장과 이윤이 들어와선 안된다는 사회적 담론이 형성될 수 있다면, 그곳이 바로 사회공공적 영역이다. '돈보다 안전을'(철도), '이윤보다 생명을'(의료) 등에서 예를 찾아볼 수 있다. 사실 시장이 지배하는 자본주의 체제에서 시장화와 이윤화에 대항하는 영역

---

8 일찍이 임휘철(1994)은 기간산업의 사유화를 논하면서 현대 자본주의 체제에서 정치경제적 세력 관계의 중요성을 강조했다. 즉 신자유주의하에서 사유화가 대세로 등장한 이유는 그만큼 사유화 세력과 공공성 세력 간 세력 관계의 '불균등'이 깊어졌다는 것을 말해 준다.

공공 재원 : 직접세 · 사회보험료

사회보험	비(非)사회보험	사회 서비스	기간 산업	자연	기타
건강 · 연금 산재 · 고용	기초 생활 보장 모성 급여	교육 · 주택 보육 · 여가	교통 · 전력 가스 · 통신	환경 농업	문화 언론

사회복지

사회 공공성*

은 자본주의 대부분 영역에 해당될 수 있다. 이 대항 운동이 성공할수록 사회 공공성 영역은 확장될 것이다. 따라서 사회공공성 영역 구분은 역사적 시기에 따라, 평가 주체에 따라 달라질 수 있다.

공공 재원, 사회복지, 기간산업 서비스 등은 케인스 자본주의 시대에서 인정되어 온 전통적인 탈시장 영역이다. 새롭게 등장하는 사회공공성 영역들도 많다. 현대 사회에서 개발에 대한 자연의 순응력은 한계에 도달해 있다. 이제 시장 원리에 의거한 개발보다 환경 가치가 우선시되어야 한다. 농업 분야 역시 식량 주권, 환경 보전, 지역 균형 발전 등 생산비로만 저울질할 수 없는 탈시장적 가치를 담고 있다. 또한 지식 정보 사회에서 문화와 지적 서비스는 사회 공동체를 위한 기본 요소이다. 이것이 특정 조직에게 사유화되어 상품으로 팔릴 수는 없다. 결국 사회공공성 영역은 사회 구성원의 필수 서비스로서 탈시장적 가치를 갖지만 동시에 신자유주의 시대의 자본에는 중요한 축적 대상으로 존재한다. 이것이 신자유주의 현대 자본주의에서 사회공공성 의제를 중심으로 사회적 전선이 형성될 수밖에 없는 객관적 이유다.

현재 시점에서 상정 가능한 사회공공성 영역을 정리한 것이 〈그림 1〉이다. 이 글은 ① 사회공공성 서비스 생산을 위한 재원, ② 기초 생활 보장제,

사회 보험, 교육·주거 등 사회복지, ③ 교통·전력 등 기간산업 서비스, ④ 환경·농업 등 자연 서비스, ⑤ 문화·언론 등의 지적 서비스 등을 사회공공성 영역으로 규정하고자 한다. 최소한 이 5개 영역에서는 '시장의 지배'에 대한 비판이 사회적 담론으로 형성되고, 자본 스스로도 '규제' 자체를 거부할 수 없는 상황이다.

4. 사회공공성 운동의 기본 성격과 몇 가지 논점

(1) 기본 성격 : 시장화·이윤화 대항 투쟁

사회공공성 운동은 사회복지, 기간산업, 자연과 문화 등 사회 구성원들의 필수적 생활 서비스를 시장과 이윤의 대상으로 삼는 신자유주의에 대항하는 운동이다. 따라서 사회공공성 운동은 '시장화·이윤화 대항 투쟁'으로 정의할 수 있다.

이 '시장화·이윤화 대항'의 정치경제학적 기초는 부등가교환과 탈시장 생산이다. 일반적으로 시장 상품은 생산비에 조응하여 공급 가격이 매겨지는 '등가 원리'에 기초하지만, 사회공공성 생산물들은 생산비와 무관하게 사회 구성원에게 제공되는 '부등가 원리'에 뿌리를 둔다. 등가 원리는, 언뜻 보면 공평한 것 같지만, 불평등한 사회경제적 지위를 전제로 한 것으로 기존 불평등을 재생산한다. 반면에 사회공공성이 추구하는 부등가 원리는 사회 구성원의 필수적 삶을 보장하면서 시장이 낳은 부익부 빈익빈을 해소한다는 점에서 평등 지향적인 '사회 연대 교환'이다. 또한 사회공공성은 시장의 생산 가치로 재단되지 말아야 하는 사회적 영역을 옹호한다. 자연·문화·언론 등

표 1_ 사회공공성 운동의 이해	
	특징
기본 성격	시장화·이윤화 대항 투쟁
영역	사회적 필수 서비스
정치경제학 원리	부등가교환(사회 연대 교환)·탈시장 생산
핵심 요구	사회적 소유, 공공적 재정, 민주 운영 체계

에서 '탈시장 생산' 가치가 우선되어야 한다.

신자유주의 시장화, 이윤화를 넘어서 사회공공성이 제대로 확보되기 위해선 무엇이 필요한가. 첫째, 사회공공적 영역에서 소유의 사회화가 요구된다. 시장과 이윤의 운동에서 원천적으로 독립하기 위해서는 사회공공적 부문이 사적 자본의 소유에서 벗어나 사회적으로 공유되어야 한다. 이를 위해시는 기존 공공 부문을 혁신하고, 사회 서비스 부문을 확대하는 등 전통적 공공 부문을 강화하는 것과 함께, 핵심 금융기관의 사회화, 풀뿌리 네트워크경제 구축, 재벌의 소유 지배 구조 개혁 등 사적 부문의 사회화 작업도 추진되어야 한다.

둘째, 재정의 공공성이 요청된다. 한국 사회에서 진보적 경제가 운용되기 위해선 국가를 매개로 한 공적 재정이 확보되어야 하다. 공적 방식(세금·채권)으로 조성된 국가 재정이 국민 경제에 투입되어 경제 전체의 공공적 운영의 밑거름이 되어야 한다.

셋째, 운영의 민주화도 필수적이다. 자본주의 체제에서 사회공공적 산업은 항상 시장과 이윤의 공세에 시달리는 운명에 처해 있다. 상시적으로 사회공공적 서비스를 제대로 생산하고 유지하기 위해서는 운영 체계의 민주화가 이루어져야 한다. 제도적으로는 노동조합, 시민사회, 관련 전문가들이 참여하는 공공 이사회 제도가 도입되어야 한다.[9]

요약하면, 현대 자본주의 체제에서 사회적 필수 서비스 영역들이 신자유주의 시장화 공세에 직면해 있다. 이런 상황에서 사회공공성 운동은 사회적 필수 서비스를 공급하는 영역을 '시장화·이윤화' 공세로부터 지키고, 나아가 확장하는 운동이다. 이 투쟁은 구체적으로 사회공공적 산업의 '소유·재정· 운영'의 공공화를 요구한다.

(2) 사회공공성 운동과 관한 몇 가지 논점

1) 사회 개혁과 사회공공성

지난 시기 노동운동은 사회 개혁을 요구해 왔다. 2003년부터 민주노총은 사회 개혁 대신에 사회공공성이라는 용어를 채택했고, 다른 사회운동에서도 공공성 용어를 사용하고 있다. 이런 용어 문제는 이름 변경 이상의 의미를 담고 있다.[10]

사실 '개혁'이라는 용어는 이미 모든 계급 세력들이 사용하고 있으며, 자본과 집권 세력이 더욱 애용하고 있다. 김영삼·김대중·노무현 정부의 화두는 '개혁'이며, 금융 위기와 세계화에 직면한 자본의 구호 역시 구조 개혁이다. 이제 문제는 개혁 자체가 아니라 어떤 개혁, 즉 '시장적' 개혁이냐 '공공적' 개혁이냐에 있다. 따라서 사회제도를 변화시키는 투쟁에서 계급적 성격을 담을 수 있는 새로운 용어가 필요하다. 이제 계급적 성격이 희석화된 사회 개혁이라는 용어보다는 신자유주의 시장화 개혁에 대항하는 용어가 필요하다.

특히 대중운동이 실천적으로 사회 개혁 용어 대신 사회공공성을 사용하

---

9 특정 산업별로 필요로 하는 조건들이 있을 수 있다. 발전산업의 경우 위 세 가지 조건과 별도로 연료원을 재생 가능한 자연 에너지로 전화하는 친환경적 재편이 뒤따라야 한다.
10 민주노총 1기 사회 개혁 투쟁을 주창했던 간부들은 여전히 사회 개혁 용어에 대한 '애착'을 보인다. 대표적으로 김유선(2003) 참조.

고 있다는 점에 주목해야 한다. 의료 개혁보다는 의료 공공성, 교육 개혁보다는 교육 공공성, 연금 개혁보다는 연금 공공성, 기간산업 개혁보다는 기간산업 공공성 등 사회공공성 용어가 대중투쟁 과정에서 자리잡고 있다. 이렇게 사회공공성은 정부와 자본의 '개혁' 공세에 맞서 노동운동이 스스로를 구별하기 위한 대안 가치로 형성되고 있으며, 실제 투쟁 과정에서 검증을 거치고 있다.

2) 사회공공성 운동과 다른 사회운동의 관계

사회공공성 운동을 '시장화·이윤화 대항 투쟁'으로 정의할 경우, 이에 직접 포괄되지 않는 영역들이 존재한다. 사회 개혁 용어를 지지하는 논자들은 사회 개혁은 사회공공성과 비교해 정치 개혁, 인권 개혁, 평화 체제 강화 등을 모두 담을 수 있는 용어라고 강조한다. 반대로 고용 조건과 노동기본권을 넘는 전 사회적 영역(사회 임금 운동, 사회 참여 운동, 정책 참여 등)의 운동을 사회공공성으로 정의하려는 시도도 있다(유병홍 2004).

이 글은 사회공공성을 정치경제학적으로 사회 연대적 부등가교환과 탈시장 생산이 행해질 수 있는 영역들로 한정한다. 이렇게 사회공공성 운동의 경계를 명확히 하지 않으면, 사회공공성 운동에 대한 과학적 규정 역시 실종될 우려가 있다. 이런 정의를 따르면, 사회공공성 범주와 구별되는 의제들은 독립적으로 파악될 필요가 있다. 앞에서 언급된 정치·인권·평화·여성운동 등이 그러하다. 물론 자본주의에서 정치·인권·평화·여성운동 역시 신자유주의 시장화·이윤화와 무관하지 않다. 그러나 이런 투쟁들은 진보적 가치를 추구하는 운동이지만, 아직 '시장화·이윤화'의 연관이 간접적으로 드러나는 영역들이기에 '민주주의 권리 투쟁'으로 구분될 수 있다.

따라서 현재 신자유주의 세계화에 대항하는 진보적 운동은 크게 세 가지,

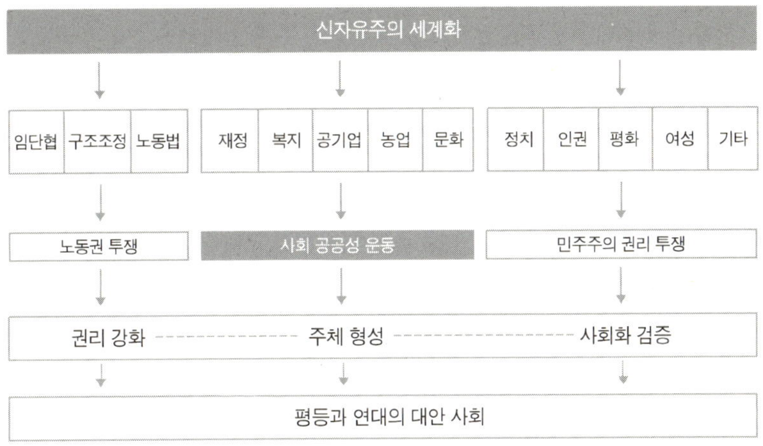

① 임단협, 구조 조정 대항, 노동법 개정 등 노동권 투쟁, ② 신자유주의 시장화·이윤화에 대항하는 사회공공성 운동, ③ 정치·평화·인권 등을 포괄하는 민주주의 권리 투쟁 등으로 범주화될 수 있다. 이런 사회운동들은 각각의 투쟁을 통해 민중의 기본 권리를 강화하고, 자본에 대항하는 계급적 주체를 형성하며, 나아가 시장을 넘어서는 새로운 질서(사회화)를 현실에서 검증하는 과제를 안고 있다. 이런 성과를 기초로 노동운동은 신자유주의를 넘어서는 계급 주체를 형성하고 대안 체제를 구체화하는 방향으로 나갈 것이다.

3) 사회공공성 운동의 사회운동적 위상: 자본주의를 '넘어서려는' 자본주의 '비판' 운동

사회공공성 운동이 '시장화·이윤화 대항 투쟁'이라면, 이 투쟁은 자본주의를 넘어서는 투쟁인가? 즉, 새로운 대안 체제를 지향하는 '이행 투쟁'인가? 분명히, 사회공공성 운동이 지향하는 요구의 상은 전통적인 사회주의 이행 강령(국민경제에 대한 민중적 통제)에 미치지 못한다. 또한 진보 진영 일부에서 신자유주의 사회화의 대안 체제로 제안하는 '진보적 사회화'에 다다르지 못한다(김성구 2003). 사회공공성 운동은 신자유주의 시장화·이윤화에 대항하는 운동이지만, 아직 '대안 체제의 사회공공적 재생산' 상을 구축하지 못했다는 점에서 아직 '대안'에는 이르지 못한 자본주의 '비판' 운동이다.

현재 자본주의를 넘어서는 대안 체제를 둘러싼 역사적·사회적 담론은 형성되기보다는 해체되는 길에 서 있다. 이행을 담은 대안 체제는 사회주의 운동의 역사적 실험 과정에서 '하나의 상'으로 대중운동과 함께할 수 있었다. 그러나 그 실험이 패배하여 해체되는 과정에서 다시 '하나의 상'으로 대중운동과 결합하기는 어려운 상황이다. 이미 대중운동이 역사적 외상外傷을 기억하고 있기 때문이다. 이제 해체의 경험을 안고 있는, 그러나 자본주의를 '넘어서는' 대안 운동은 연역 추론보다는 귀납 추론의 고행을 요구받는다. 각 영역에서 새롭게 실험하고 대중적 검증을 얻는 지난한 길을 밟을 수밖에 없다. 사회공공성 운동은 바로 이런 길에 서 있는 운동이다.

그렇다고 사회공공성 운동이 자본주의 체제 내부의 개선이나 재생산을 용인하는 개량주의 운동은 아니다. 그 이유는 두 가지다. 첫째, 사회공공성 운동은 해당 영역에서 시장과 이윤이 아닌 사회 연대적 경제 운영의 단초를 실험하고, 이 성과를 사회적 담론으로 확장하는 운동이다. 시장 이윤 원리가 아니라 사회공공적 원리에 의해서도 산업이 돌아갈 수 있다는 사실을 대중에게 보여 주어야 한다.

신자유주의 모국 영국에서 그래도 의료가 시장화되지 않는 이유는 그만 큼 의료 부문National Health Service이 사회공공적으로 운영되고 국민의 신뢰를 받기 때문이다. 이런 면에서 사회공공성 운동은 아직 사회 전체의 '대안 체제 상'을 담지는 못하지만, 핵심 산업별로 시장 원리를 넘어서려는 시도라는 점 에서 '진보적 사회화'의 기초를 이룰 것이다.

둘째, 사회공공성 운동은 그 목표를 추구하는 과정에서 자본주의에 비판 적인 주체들을 형성하는 운동이다. 이 과정에서 시장과 대항하며 자본주의 를 문제시하고 이를 넘어서 세상을 바꾸려는 주체들이 커갈 것이다. 이들은 특정 집단의 이익이 아니라 다수 계층의 보편 이해를 지향하는 민중적 주체 이며 자본주의를 넘어서는 대안 체제를 실험하는 대안 사회 주체이다.

사회공공성 운동의 사회운동적 위상은 무엇인가? 나는 사회공공성 운동 을 자본주의를 '넘어서려는' 자본주의 '비판' 운동으로 규정하고자 한다. 아직 '넘어서는' 대안 투쟁은 아니지만 '머무는' 투쟁 역시 아니다. 사회공공성 운 동은 새로운 사회 운영 원리를 찾아 나가는 투쟁이며, 동시에 이를 위한 주체 를 형성하는 운동이라는 점에서 자본주의를 '넘어서려는' 운동인 것이다.[11]

---

11 2007년 민주노동당 대통령 선거 후보 경선 과정에서 심상정 후보는 사회공공성 의제를 살려 '지속 가능한 사회주의'로 가는 이행기로 '사회공공 체제'를 설정했다(심상정 2007).

5. 새로운 실천 전략 : 참여적 사회 공공성 운동

　사회공공성 운동은 신자유주의에 맞서 다수 사회 구성원들의 권리를 확장하는 민중적 운동이며, 정부·국회·자본을 상대로 하는 정치적 운동이며, 재원 부담, 수혜 대상을 둘러싸고 계급 계층 간 이해관계를 드러내는 계급적 운동이다. 이미 노동운동도 몇 해 전부터 사회공공성을 핵심 의제로 제기하고 있다. 과연 노동운동은 사회공공성 운동에 성공적인가? 이에 대한 나의 대답은 부정적이다.

　2003년 민주노총은 주요 공공 서비스 부문 산별 조직에서 진행되는 공공성 활동에 발맞추어 '사회공공성' 의제를 조직의 중기 전략 과제로 설정했다. 특히 2004년에는 제도권에 진입한 민주노동당이 추진하는 무상 의료, 무상 교육 운동에 발맞추어 '세상을 바꾸는 투쟁'을 기획했다. 그러나 이 사업은 민주노총 지도부 비리로 조직 내홍이 발생하고, 민주노동당도 사업을 체계적으로 주도하지 못하면서 실종되었다. 무엇보다도 사회공공성 운동의 주체가 형성되어 있지 못한 게 드러났다. 몇 가지 이유를 살펴보면 다음과 같다.

　노동시장의 양극화로 인한 노동자 내부 분화가 사회공공성 운동에 부정적 요소로 작용하고 있다. 사회공공성 운동을 전개할 핵심 주체들이 대부분 공공 서비스 부문 소속으로 상대적으로 고용 조건이 양호한 편에 속한다. 이 때문에 '정규직 대기업 및 공기업' 노동자들에 대한 사회적 역편향이 작용하고, 해당 노동자 역시 과거 구조 조정의 기억으로 노조 활동에 소극적이다.

　노동조합의 내부 민주주의, 정파 간 갈등 등으로 노동조합의 지도력도 취약하다. 노동운동 내부에 자기 비하적 문화가 형성되고, 노동조합 스스로도 자기 활동에 대해 자신감을 갖지 못하는 형편이다.

　특히 노동조합의 사회공공성 운동에 조합원을 직접 참여시키는 조직 활동이 이루어지지 못하고 있다. 노동조합은 과거 구조 조정(민영화) 공세 시 이를 저지하는 대중투쟁을 사회공공성 운동의 조직적 자원으로 배치할 수 있었으나, 산업 구조 조정의 큰 물결이 지나간 상황에서 대중적 사회공공성 활동을 추진하지 못하고 있다.

이제 새로운 실천 전략이 필요하다. 미래 사회운동의 전략적 방향까지 내다보는 활동 기획이 필요하다. 나는 이것을 참여적 사회 공공성 운동으로 부르고자 한다.

첫째, 사회공공적 서비스를 직접 생산하는 공공 서비스 부문 노동조합의 자기 혁신이 중요하다. 공공 서비스 부문 공기업과 노동조합에 대한 일반 시민의 불신을 감안하면 자체 내부 혁신 운동이 요구된다. 예를 들어, 공공 부문 노동조합들이 '우리 공기업의 사회공공성 훼손 사례' 백서를 마련하고, 산업별로 이것을 모아 국민에게 공개하고 향후 정례적으로 개혁 진척도를 밝히는 작업이 필요하다.

둘째, 노동조합은 자신의 생산물이 지니는 사회공공적 고리를 발견하고 공론화하는 데 노력해야 한다. 현재 공공 부문이 생산하는 서비스에 대해 국민의 불만이 높다. 그만큼 새로운 공공적 의제를 개발하기 이전에 현재 존재하는 문제부터 개입하는 활동이 시급하다. 예를 들어, 통신 회사의 과도한 통신 요금 부과, 정유 회사의 고수익 유가 정책 등의 의제를 시민단체나 방송사에 '빼앗길' 이유가 없다. 이런 기본 활동이 없는 상태에서 한미 FTA 협상에서 통신산업 개방을 저지하겠다는 노동조합의 주장은 설득력을 얻기 어렵다.

직접 공공 서비스 부문에 속하지 않는 노동조합(금속, 민간 서비스 등) 역시 자신의 생산물이 지닌 사회공공적 가치를 발견하는 일에 전력을 기울여야 한다. 예를 들어 한미FTA 협상 과정에서 부각된 자동차 관련 이슈에서 자동차 업종 노동조합들은 환경 공공성과 조세 공공성 의제를 제기해야 한다. 또한 금융 관련 노동조합들은 금융산업의 무한 경쟁화를 막고 규제된 서민 금융 체제를 내세워야 한다.

셋째, 노동운동은 공기업에 대한 시장적·상업적 경영 평가 체제에 맞서 대안적 공공 경영 평가틀을 마련하고, 이것을 실현하기 위해 구체적인 실천 방안을 마련해야 한다. 종래 기업 회계 방식에서 벗어나 공공 기관 본연의 역할에 맞는 공공적 부가가치를 계량화하고 이를 반영하는 '사회적 회계'도 필요하다. 예를 들어, 이를 이용하면 공기업 경영 평가에 따라 순위별로 지급되는 성과금을 노동조합들이 한곳에 모아 공공 산별노조가 마련한 기준으로 다시 공공 기관을 평가하고 자체 공공성 기준으로 나눌 수 있을 것이다. 결국 공공 기관의 공공적 역할을 공론화하는 계기를 만들어 가자는 제안이다.

넷째, 타자에 대한 요구에서 자신의 참여를 전제하는 새로운 사회공공성 실천이 필요하다. 사회공공성 운동은 사회 연대적 부등가교환을 원리로 하는 만큼 시장에서 상대적으로 우월적 지위에 있는 계층의 양보가 필요하다. 근래 한국 사회의 양극화가 심각한 수준으로 진행되면서, 민주화 운동 및 노동운동 중심 세력들의 사회적 지위보다 뒤처진 사회적 약자 계층이 형성되고 있다. 이 때문에 지식인, 정규직 노동조합, 공공 부문 노동조합 등에 대한 사회의 시선이 따가운 것이다.

이런 현실을 감안할 때, 자본이나 국가를 상대로 하는 투쟁뿐만 아니라 노동운동 스스로가 사회적 약자를 위해 자신의 즉자적 이해를 부차화하는 선도적 실천이 필요하다. 이런 계기가 있어야만 더 높은 수준의 사회공공성 활동이 현실화될 수 있고, 노동자 대중이 직접 참여하거나 관심을 가지게 할 수 있다. 예를 들어 다음 두 가지를 제안한다.

먼저, 참여적 무상 의료 활동이다. 현재 무상 의료 운동은 사회적 약자에게 무상 의료 서비스를 제공한다는 정당한 의미가 있지만 재원 확보에서 여전히 큰 벽에 부딪혀 있다. 이제는 매년 수가/보험료율 협상 때 노동운동은 보험료율에 대해 유연하게 접근할 필요가 있다. 일례로 수가에 대한 일반적 규제만 이루어진다면, 급여 확대와 연계된 보험료율 추가 인상을 노동운동이 마다하지 말아야 한다. 물론 보험료에 대한 노동자의 저항이 크겠지만 현재와 같이 무상 의료 로드맵을 단순히 제안하는 방식의 사업은 그만큼 생명력도 약하다. 무상 의료를 현실화할 수 있는 재원 방안을 제안하고, 그 과정에 노동자가 직접 참여하여 자신의 역할을 논할 때 무상 의료 투쟁도 날개를 달 수 있다.

다음으로 참여적 연금 공공성 강화이다. 지난 3년 동안 노동운동은 연금 공공성을 이야기해 왔다. 하지만 실제 진행된 연금 개혁 활동에서 자신보다 어려운 처지에 있는 사각지대 사람들의 연금 권리는 주변화되어 버렸다. 그 결과 연금 개혁이 지체되는 만큼 연금으로 인한 양극화(가입자와 미가입자)는 깊어지고, 기존 가입자들의 수혜는 계속되어 왔다. 이제 '급여율 인하 반대'라는 기존 가입자 중심의 의제에서 '사각 지대 해소'라는 사회적 약자의 의제로 전환해야 하고, 이것의 재정 마련에 자신도 참여할 것임을 구체적으로 밝혀야 한다. 민주노동당과 민주노총에서 사회 연대 전략으로 불리웠던 '저소득 계층 국민연금 보험료 지원 사업'도 이런 새로운 실천을 위한 모색이다.

6. 맺음말

지금까지 노동운동에 있어서 '사회공공성 운동'은 임단투와 다른 어떤 영역을 지칭할 뿐, 이에 대한 정치경제학적 규명이 적극적으로 행해지지 못했다. 실천에 대한 이론의 지체가 방치되어 온 셈이다. 이 글은 사회공공성 운동을 신자유주의 시장화·이윤화에 대항하는 투쟁으로 정립하고, 나아가 '자본주의 비판' 운동으로 의의를 부여했다.

나는 지금까지 노동운동의 사회공공성 운동이 그리 성공적이지 못하다고 평가했지만, 긴 호흡으로 보면 신자유주의를 넘는 새로운 대안 운동으로서 씨앗을 뿌려 나가고 있다는 것은 분명하다.

나는 사회공공성 운동이 역사적 전망을 지닌 진보운동으로 발전하기를 바라며 새로운 실천 전략으로서 '참여적 사회공공성 운동'을 제안했다. 무엇보다도, 아직까지 노동운동이 사회공공성 운동의 수행자로서 충분한 사회적 신뢰를 얻지 못하고 있다는 판단 때문이다.

이제 노동운동이 사회공공성 운동을 적극적으로 벌이려면 '선언이나 요구' 수준을 넘는 구체적이고 전략적인 사업이 필요하다. 여기에는 상대방에 대한 요구뿐만 아니라 자신의 사회 연대적 실천 방안이 포함되어야 진정성을 지닐 수 있다. 사회적 정당성을 지니면서도 조합원의 현실적 이해와 직접 관계를 갖는 (혹 처음에 대립적·부정적 효과를 낳더라도) 사업 계기를 찾아야 한다. 그 계기는 곳곳에 있다. 단지 찾지 않거나 참을 엄두를 내지 않기 때문이다. 노동자가 먼저 자신이 일하는 공공 부문의 조직 혁신을 외치고, 국가 재정 확보를 위해 자신의 세금을 올리겠다는 적극적 자세도 필요하다.

이를 통해 노동운동은 자신의 중장기적 정체성을 형성해 나가야 한다. 현재 노동운동은 최대 강령적 전망을 지니지 못한 역사적 한계뿐만 아니라, 자신의 활동 양식을 규정하는 이름조차 제대로 갖지 못한 형편이다. 예전에는 미약하나마 민주 노조 운동이라는 이름으로 정체성이 확보될 수 있었으나, 노조 설립의 제도화와 민주노총의 양적 성장이 달성된 상황에서, 노동운동을 지칭하는 새로운 이름이 요구된다. 안타깝게도 지난 시기 노동운동은 '국민주의 노동운동', '전투적 조합주의' 등 내부 경향 간 투쟁에서 제기된 부정적 이미지의 이름만을 부여받고 있다. 이런 '부정적 정체성'negative identity은 노동운동의 미래를 건설적으로 열기보다는 과거를 해석하거나 비난하는 역할을 수행해 왔다. 이제 신자유주의에 맞서 부상하는 사회공공성 운동이, 노동운동이 새로운 정체성을 찾아나가는 의미 있는 토대가 되기를 바란다(오건호 2005).

고세훈. 1999. 『영국노동당사』. 나남.

공공부문노조연대회의. 2004. "공공연대 대정부 요구안"(05/04).

김금수. 1995. 『한국노동운동의 현황과 과제』. 덕산종합연구원.

김성구 편. 2003. "편집자 서문."『사회화와 공공 부문의 정치경제학』. 문화과학사.

김유선. 2003. "노동운동에 드리는 고언."『노동사회』 12월호. 한국노동사회연구소.

노동조합기업경영연구소·전국철도노동조합. 2003. 『한국 공공철도 발전방안 연구』.

니어리, 마이클. 권순원·오건호 옮김. 2001. "노동이 운동하고 있다: '사회운동적 노조주의' 비
  판."『진보평론』 8호. 현장에서미래를.

대안연대회의. 2002.『신자유주의 세계화, 사회의 실종, 그리고 공공성의 위기』. 세미나 자료집.

무디, 킴. 사회진보연대 옮김. 1999.『신자유주의와 세계의 노동자』. 문화과학사.

문화연대/민주노총/민중의료연합/범국민교육연대/사회진보연대. 2003.『세계화, 시장화를 넘
  어 사회공공성 투쟁으로』.

민주노동당. 2007. "저소득 노동자 및 영세 지역가입자 국민연금 보험료 지원사업." 2월.

민주노총. 1997. 『고용안정·사회개혁 15대 과제』.

_____. 2002a. 『2002 사업보고서』.

_____. 2002b. "민주노총 사회개혁투쟁, 어떻게 진행되어 왔는가?"『제2기 민주노총 사회보장
  학교 자료집』.

_____. 2003. "2003년 국민연금투쟁의 성과와 한계."『국민연금투쟁소식지』 5호(12/31).

민주노총준비위. 1995.『1995 임단투와 사회개혁투쟁활성화를 위한 노동조합 간부 교육』.

보건의료노조. 2004.『보건의료노조 2004 산별요구해설집』.

심상정. 2007. "지속가능한 사회주의로 가는 길, 사회공공체제"(07/23).

심창학. 2000. "프랑스 공기업의 민영화와 노사관계." 이병훈·황덕순 엮음.『공기업의 민영화
  와 노사관계: 5개국의 사례비교연구』. 한국노동연구원.

오건호. 2002. "신자유주의시대 복지투쟁의 의의와 과제."『사회복지와 노동』 5호.

_____. 2003. "기간산업 사유화의 문제점과 공공적 발전 모색."『민주법학』 23호.

_____. 2004. "신자유주의시대 사회공공성 투쟁의 성격과 의의."『산업노동연구』 10권 1호.
  한국산업노동학회.

_____. 2005. "노동운동의 새 이름을 찾아야 한다: 사회공공적 노동운동을 제안하며."『매일노
  동뉴스』(07/05).

_____. 2007. "노동운동의 사회공공성 활동에 대한 평가와 제안: 요구에서 참여로."『시민과
  세계』 11호.

워터만, 피터. 국제연대정책정보센터 옮김. 1999. "새로운 사회적 노동조합주의: 신세계질서를
  위한 새로운 노동조합 모델", 로날도 뭉크 외.『지구화시대의 전 세계 노동자』. 문화과학사.

유디트, 루돌프·위르겐 페터스. 김성구 엮음. 2003. "철강산업의 사회화: 금속산업노조의 철강 정책 강령의 핵심요소."『사회화와 공공 부문의 정치경제학』. 문화과학사.

유병홍. 2004. "현시기 민주노조운동과 사회공공성 강화." 공공연맹 2004년 1회 정책워크샵 발 제문(01/09).

임휘철. 1994. "현대자본주의 민영화정책의 정치경제적 의미."『동향과 전망』24호.

장석준. 2001. "최근의 사회화정책 논의와 한국사회에서의 그 적실성." 연세대 석사 논문.

______. 2003. "사회화의 관점에서 본 공공 부문과 공공 부문 투쟁." 김성구 편.『사회화와 공공 부문의 정치경제학』. 문화과학사.

전교조. 2004.『전교조가 마련한 공교육종합개편안』(04/07).

전국금융산업노동조합. 2007. "IMF 10년, 금융산업 구조개편과 금융노조의 과제"(09/20).

전력노조·발전노조·전국교수공공부문연구회. 2004.『21세기 한국의 전력산업 바람직한 발전 방향과 정책 제안』.

정성진. 2003. "신자유주의적 세계화와 노동의 대응: 반세계화운동의 교훈."『경제와사회』여 름호. 한국산업사회학회.

투기자본감시센터. 2004. "창립선언문"(08/25).

한국사회포럼. 2002.『연대와 성찰: 사회포럼 2002』.

한미FTA저지범국민운동본부. 2007.『한미FTA 협상 종합평가 보고서』.

민주 노조 운동 20년과 사회적 합의주의

노중기 | 한신대학교 사회학과 교수

1. 머리말

1987년 여름을 뜨겁게 달구었던 노동자 대투쟁 이래 20년이 지났다. 짧지 않았던 이 기간에 민주 노조 운동은 많은 고난 속에서도 성장·발전해 왔다. 민주 노조들은 국가와 자본의 가혹한 억압을 견뎌야 했으며 구조 조정과 정리 해고의 칼바람에 맞서지 않을 수 없었다. 당연히 이 과정에서 많은 문제와 고민거리가 발생했고 민주 노조들은 스스로 혹은 진보적 연구자들과 함께 이 어려운 과제들을 해결해 왔다. 이론의 한계는 대중적 실천으로, 그리고 운동의 질곡은 이론의 날카로운 비판으로 극복해 온 역사였다.

그런데 지난 20년 동안 제기된 여러 가지 난제들 가운데 가장 해결하기 어려운 문제가 이른바 '사회적 합의주의'의 문제였다. 이론의 측면에서 그것은 서구의 코포라티즘 논쟁과 민주화 이행론, 그리고 신자유주의 노동 체제 전환에 따르는 제반 쟁점들을 포괄하는 방대한 범위에 걸쳐 있는 난제였다. 또 서구 이론을 한국 사회에 적용하는 과정에 수반되는 많은 논점도 포함되

* 이 글은 학술지 『동향과 전망』 71호(2007년 가을·겨울호)에 발표되었던 논문이다. 이 책에 게재하는 것을 흔쾌히 허락해 주신 한국사회연구소와 박영률출판사 측에 감사드린다.

어 있었다. 관변 연구자들은 물론, 진보적 연구자들도 대개 복잡한 논의 구도 속에서 상반된 주장만을 되풀이했고 논쟁은 쉽게 해소되지 않았다.

운동적 실천의 경험도 크게 다르지 않았다. 대체로 1990년대 전반기까지 국민경제사회협의회(이하 '경사협'으로 축약)나 노총·경총 총액 임금 합의 등 '사회적 합의주의'의 초기 시도들은 쉽게 극복될 수 있었다. 이때는 민주 노조 운동의 폭발적 성장을 제어하고 임금 상승을 통제하고자 하는 국가 통제 기구로서의 성격이 분명했던 탓이다. 그러나 민주노총이 결성된 이후 노사 관계개혁위원회나 노사정위원회(이하 '노개위'와 '노사정위'로 축약)에서 문제는 좀 더 복잡해졌다. 정치적·사회적 변동과 함께 기구의 성격도 모호해졌으며 여러 가지로 해석할 수 있는 여지가 생겼기 때문이었다. 또 국가가 더욱 본격 적으로 '사회적 합의주의'를 노동 정책 실행의 핵심 장치로 운용했던 것도 중 요한 이유였다. 결과적으로 운동 주체들은 이 문제의 해석을 둘러싸고 대립 했으며 갈등의 골은 점점 더 깊어졌다.

이 글은 '사회적 합의주의' 문제를 거시적이고 통시적인 관점에서 고찰함 으로써 민주 노조 운동 20년을 전체적으로 조망하고자 한다.[1] 노사정 3자 합 의의 문제는 단순히 노사정 간의 협소한 이해 득실 차원에서 이해할 수는 없 다. 여기에는 축적 체제와 노동 체제의 전환, 민주화의 확대와 같은 국가 정 치의 문제, 국가의 노동 통제 전략, 노동운동의 전략적 노선 전환 등 좀 더 복 잡한 문제가 서로 연관되어 있기 때문이다. 노동운동의 입장에서 보면 그것

---

1 사회적 합의의 문제가 노동운동의 모든 측면을 포괄하는 것은 아니다. 그러므로 이 글의 논 의는 민주 노조 운동의 한 측면을 비판적으로 검토하는 것으로 제한된다. 한편 여기서 말하는 '사회적 합의주의'는 노사정 3자 합의 혹은 협의의 제반 경험들과 이를 지지하는 운동노선 모두 를 총칭하는 서술적 개념이다. 주지하듯이 합의를 둘러싼 개념들은 매우 다기하며 서로 다른 이론적 입장 위에서 쓰이고 있다. 우리의 경우 (민주적·사회적) 코포라티즘, 사회적 대화, 사회 협약, 사회적 파트너십 등 여러 개념은 그 개념 내용에서 차이가 크다. 이 글은 이에 대한 이론 적 논의를 목적으로 하지 않는다.

은 초기 민주 노조 운동 노선에 대한 중대한 수정의 의미를 담고 있었다(노중기 2004c, 25).

2절에서는 사회적 합의주의와 관련된 민주 노조 운동의 20년 경험을 네 개의 소시기로 나누어 간략히 정리한다. 3절에서는 합의주의 실험에 대해 노동운동 내부에서 제기된 논쟁과 이론적 쟁점을 정리하고 몇 가지 논점을 도출할 것이다. 그리고 4절에서는 전체 노동 체제의 전환과 관련해서 사회적 합의주의 실험의 의의를 평가하고 그 한계를 정리한다. 마지막으로 결론에서는 여전히 현재적 쟁점인 사회적 합의주의 문제에 대해 전망하고 실천적 대응 방안을 간략히 생각해 볼 것이다.

2. 합의주의 실험: 민주 노조 운동의 20년 경험

(1) 전노협 시기의 '합의' 시도와 논의들

한국의 노동 정치 전개 과정에서 1987년 이후부터 1995년까지 약 10여 년에 가까운 시기는 본격적인 사회적 합의주의 실험을 앞둔 전사前史에 해당한다. 노동운동의 측면에서 이 시기는 민주 노조들이 지역노조협의회와 전노협을 건설하고 활동했던 시기였고 최종적으로 민주노총이 결성되었던 시기였다. 또 국가 자본의 입장에서는 대투쟁 이후 노동 대중의 광범한 투쟁과 노조 운동 확장에 대해 강한 억압과 통제를 실행했던 시기였다. 주요한 합의주의 시도들로는 1990년 경제사회협의회의 구성과 운영, 1993년과 1994년 두 차례에 걸친 한국노총과 경총 간의 임금 합의를 들 수 있다.

먼저 경사협과 두 차례 임금 합의는 모두 당시 국가와 자본의 일차적 요구였던 임금 통제를 실행하는 기구로서의 성격이 뚜렷했다. 경사협은 노태우 정권의 민주 노조 탄압이 가열되었던 1989년 8월 하반기 경제 종합 대책의 임금 억제 기구 구상에 대해 한국노총이 반응하면서 출현한 한국노총과 경총 간의 협의 기구였다. 그러나 임금 통제라는 정부의 의도가 조직적으로 확보되지 못해 정부는 이를 방치했고 몇 달이 지나지 않아서 곧 '화석화'되고 말았다.

김영삼 정부 초반에 이루어진 두 차례의 임금 합의도 온전한 3자 합의주의 실험으로 보기는 힘들었다. 여러 가지 우여곡절 끝에 정부가 참가함으로써 3자 합의의 외양을 일부 갖추었다. 그러나 그것은 노태우 정부 시기 후반에 강력히 추진되었던 한자리수 임금 정책과 총액 임금 정책의 연장선 위에 있었고 행정적 임금 통제에 이데올로기적 채색을 한 것에 불과했다. 한국노총 상층 지도부의 일부가 국가 자본과 담합한 '합의'였던 것이다. 이런 한계는 민주 노조들은 물론이고 한국노총 산하의 단위 노조들이 광범하게 반발했던 것에서 분명하게 나타났다. 결국 이 시기의 시도들은 그것을 합의주의라고 부르기 힘든 여러 가지 한계들을 뚜렷하게 갖고 있었다.[2]

장기적인 관점에서 그리고 노동운동의 시각에서 더 중요한 사안은 민주 노조 운동 내부의 위기론 논쟁이었다. 1991년에서 1992년까지 진행된 논쟁에서 전노협의 전투적 노조주의를 비판한 일부 연구자들은 새로운 운동 노선을 제시했고 이 과정에서 사회적 합의주의의 담론이 제기되었던 것이다.[3]

---

2 좀 더 자세한 내용은 김준(1999), 노중기(1995, 6장) 참고. 김준(1999, 105-108)은 이 시기의 합의 시도를 '유사 사회적 합의'라고 보았다. 그것은 구조적 한계, 주체들의 인식과 전략 수준의 한계, 조직과 합의 내용 측면의 한계 등 여러 가지 한계를 모두 갖고 있었다. 이 글의 시각에서 보면 주체의 측면에서 민주 노조들이 배제되고 그들을 배제하기 위한 조직적 수단으로 이용된 성격이 너무 명료했던 점이 중요하다. 그러나 이들이 이후 노개위나 노사정위 합의 실험에 미친 일정한 영향은 부인하기 힘들다.

3 전노협 노선을 비판하고 위기론을 제기한 대표적인 연구에는 임현진·김병국(1991), 김형기(1992a; 1992b), 박승옥(1992) 등이 있었다. 이에 대한 자세한 논의와 비판은 노중기(1995, 7

'국민적 조합주의', '민주적 조합주의' 등 그 명칭은 차이가 있지만 핵심적인 주장은 대동소이했다. 그것은 전투적 노조주의로 대표되는 지도부의 전략 노선이 민주 노조 운동 위기의 핵심적 요인이므로 이를 서구의 코포라티즘과 같은 합의주의 노선으로 전환해야 한다는 지적이었다.

이런 논의들은 김영삼 정부 출범 이후 민주 노조의 대중투쟁이 재개되고 민주 노조의 조직 발전 전망이 가시화되면서 소멸되었다. 그러나 그 논의는 국가와 자본이 사회적 합의주의 담론의 함의를 좀 더 진지하게 고민하는 중요한 계기가 되었다. 결국 1996년 이후 노동 체제 재편 과정에서 그것은 국가와 자본의 전략 실행을 위한 핵심적인 논리적 근거와 정치적·조직적 장치로 발전하게 되었던 것으로 볼 수 있다. 그리고 노동운동의 측면에서 이 논의는 민주노총 결성 이후 1기 집행부의 운동 노선, '국민과 함께 하는 노동운동'의 전략 방침으로 다시 나타나게 되었다.

(2) 노사관계개혁위원회와 1997년 겨울 총파업

1996년 봄 4·11 총선을 성공리에 마무리한 김영삼 정부는 갑자기 '신노사 관계 구상'을 발표하고 노사관계개혁위원회의 설치를 발표했다.[4] 정부는

장), 임영일(1997)을 참고할 것. 한편 사회적 합의의 담론은 이미 그 이전부터 제기되고 있었다. 그 주요 진원지는 1988년에 설립된 정부 기구, 한국노동연구원이었다. 노동연구원은 1989년부터 외국의 합의 경험을 꾸준히 소개하고 그 필요성을 정부에 강하게 주장했다. 그것은 1991년과 1992년 정부 주도의 두 차례 사회적 합의 토론회("산업평화와 경제 재도약을 위한 사회적 합의 대토론회", "노사관계 사회적 합의형성 회의")와 한국노총과 경총의 임금 합의로 나타났다.

4 총선 직후 급작스럽게 발표했지만 준비는 상당 기간 진행되었던 것으로 밝혀졌다. 1995년 가을 청와대는 노개위 구성을 위해 비서진을 개편했으며 다음해 봄까지 매우 체계적으로 준비했다. 1995년 가을에 민주노총이 출범한 것도 노개위 구성의 직접적인 원인으로 볼 수 있다. 노개위 개혁 시도의 구조적·전략적 배경에 대해서는 노중기(1996, 22-30) 참고.

노사 관계 개혁이 정보화 세계화 시대에 부합하는 일류 국가가 되기 위해 시급한 것이라고 주장하고 노사 양측에 위원회 참가를 요구했다. '참여와 협력'이 새 노사 관계의 구호로 제시되었으며 노개위는 그 구체적인 수단이었다. 국가의 압박 속에서 노사 양측은 서로 다른 이유로 참여하지 않을 수 없었고 노동 개혁의 논의는 급박하게 진행되었다(노중기 1996; 유범상 1999).

내용적으로 노개위는 복수 노조 금지와 제3자 개입 금지의 개정 등 집단적 노사 관계의 개혁과 정리 해고 법제화로 대표되는 노동시장 유연화의 교환 구도를 목표로 하고 있었다. 여전히 법외 조직이었던 민주노총 지도부는 약간의 내부 논란 끝에 비교적 수월하게 참여 방침을 결정했다. 민주노총의 참가는 복수 노조 금지 조항의 폐기, 곧 민주노총 합법화의 전망을 여는 것으로 평가되었기 때문이다. 그리고 민주노총 1기 지도부의 운동 노선인 '국민과 함께하는 노동운동'의 입장도 참가의 중요한 배경이 되었다. 결국 민주노총은 강력한 근로기준법 개악 반대 대중투쟁을 준비하면서도 집단적 노사 관계의 개혁이라는 전략적 목표를 참가와 교섭을 통해 달성하고자 했다.

가을까지 교환의 구체적인 손익 계산이 서로 달랐던 노사 공익은 합의에 이르지 못했고 정부는 자신의 의도를 담아 정부안을 입법화하려 했다. 이에 대해 민주 노조들은 크게 반발했으나 그것은 시작에 불과했다. 12월 말 국회로 이관된 정부안은 재벌의 로비를 받은 집권 신한국당에 의해 더욱 심하게 개악되었고 날치기로 국회를 통과했다. 노개위의 합의 정치는 실패했을 뿐만 아니라 기만당하기도 했던 것이다. 이후 한 달여에 걸친 전국적인 겨울 총파업이 발생했고 김영삼 정부는 이에 굴복했다. 결국 1997년 3월 법 개정은 집단적 노사 관계 개혁과 노동시장 유연화의 교환을 담았고 그것은 애초 정부가 가졌던 전략적 의도를 크게 벗어나지 못했다(노중기 1997).

노개위는 이후 10년 이상 계속될 합의주의 노동 정치의 서막을 알리는 출발점이었다. 국가가 전략적 목표를 담아 체계적으로 준비한 개혁은 노동운동 내부의 동력과 함께 역사적인 실험의 장을 형성했다. 그러나 매우 좋은 주·객관적인 조건에서 시작했던 노개위의 합의 실험은 날치기와 조직적 총 파업이 맞서는 적나라한 힘의 대결로 끝나고 말았다. 민주 노조 운동의 입장에서 이 결과는 두 가지 해석의 가능성을 낳았다. 합의 정치가 대중 동원과 전선 형성의 기제가 될 수 있다는 점이 그 하나였다. 그러나 반대로 노개위는 합의 정치의 구조적 한계를 분명하게 보여 주기도 했다. 신자유주의 유연화로 압축되는 국가 자본의 노동 배제 전략, 그리고 노동계급 주체 역량의 한계가 모두 명료해진 것이다.

(3) 1998년 정리 해고 합의와 1기 노사정위원회

1997년 말 노개위 실험에 대한 정확한 평가가 내려지기도 전에 민주 노조 운동은 또 다시 사회적 합의주의 시험대에 오르게 된다. IMF 외환 위기의 대응 과정에서 김대중 당선자는 새로운 3자 합의 기구를 제안했고 노사정위는 1998년 1월 중순 임기도 시작되기 전에 급하게 구성되었다. 구조 조정을 위한 제도적 장치로서 정리 해고의 즉각 실시를 법제화해야 한다는 것이었다. 위원회 구성 과정에서 약간의 논란이 있었으나 민주노총 1기 지도부는 쉽게 참가 방침을 결정했고 2월 초까지 협상은 급박하게 진행되었다(노중기 1999).

20여 일에 불과했던 협상 기간을 거쳐 2월 6일 110개의 의제가 모두 합의됨으로써 노사정 대타협은 성사되는 듯했다. 그러나 2월 9일 민주노총 대의원대회에서 합의안이 부결되는 사태가 발생했다. 제조업을 비롯한 현장 노동자들의 강력한 반발이 주요 원인이었다. 정리 해고의 법제화와 전교조 합법화, 실업자의 노조 가입 등 몇 가지 노동 개혁 사안을 맞교환해 성사된 2·6 합의는 구조 조정이 이미 실시되고 있었던 현장을 크게 동요시켰던 것이다.[5] 지도부가 불신임된 이후 민주노총은 비상대책위를 구성하는 등 합의안을 무효화하기 위한 노력을 경주했다. 그러나 2월 14일 법안이 국회를 통과함으로써 정리 해고와 파견노동은 법제화되었고 상황은 일단 종료했다.

그러나 2·6 정리 해고 합의가 노동운동에 남긴 결과는 정리 해고 방식의 일방적인 구조 조정, 그것만이 아니었다. 우선 정리 해고 합의를 가능하게 했던 노사정 합의주의 문제에 대해 노동 내부의 커다란 인식 차이가 부각되었다. 급박한 경제 위기 정세 속에서 1기 지도부의 안이한 상황 판단도 한 몫을 했지만 더 중요한 문제는 사회적 합의주의에 대한 서로 다른 판단이었다. 수세적 상황에서 노사정 협상은 가장 중요한 전술적 수단이라는 인식과 더불어 참가가 체제 내 포섭이자 자주성의 상실이라는 상반된 인식이 존재했던 것이다. 이는 1998년 가을 이후 '사회적 조합주의social unionism 논쟁'이라는 노선 논쟁으로 발전했고 이후 정파 대립과 내부 갈등의 핵심적인 쟁점으로 비화했다.

또 사회적 합의의 결과와 성격도 중요한 쟁점이 되었다. 노동 측이 요구한 핵심 사안들에 대해 약속이 지켜지지 않았던 것이다. 국가와 자본은 정리 해고 과정에서의 노조 참가와 같은 중요한 사안은 물론 전교조 합법화와 실업자 노조 가입과 같은 사안에 대해서도 약속 이행의 기미를 전혀 보이지 않았다. 이에 항의해 민주노총은 5월과 7월 두 차례의 총파업과 노사정 협상 참가를 반복했으나 상황은 더욱 악화되기만 했다. 특히 하반기에 만도기계와 조폐공사노조 쟁의가 국가권력의 가혹한 탄압을 받은 일은 노사정위의 합의주의 정신을 근본적으로 의심하도록 만들었다. 결국 민주노총은 위원장

---

5 합의안이 110개나 될 정도로 광범한 합의였으나 국가 자본의 핵심적 요구는 정리 해고와 파견 노동 법제화로 집중되었다. 시행을 1년 앞당긴 것에 불과했던 정리 해고 문제를 국가는 외환 위기의 파국적 상황에서 엄청난 중요성을 가진 것으로 인식했던 탓이다. 실제로 그것은 1998년 상반기 이후 본격화되었던 구조 조정에서 노조의 묵종을 끌어낸 핵심적인 장치였다. 한편 국가와 자본은 노동 측이 요구한 합의 사항들을 거의 지키지 않았는데 이는 실리에서도 노동 측이 크게 손해를 본 합의였음을 말한다.

의 한겨울 노상 단식 농성을 거쳐 1999년 2월 노사정위를 탈퇴했다.[6]

(4) 노무현 정부와 노사정위원회

민주노총이 탈퇴한 이후 4년 동안 무기력 상태에 빠졌던 노사정위는 2002년 대선에서 노동 인권 변호사 출신의 후보가 당선됨으로써 새로운 전기를 맞이했다. 노무현 정부는 대선 공약에서부터 '사회 통합적 노사 관계'라는 이름으로 노사정위 강화 방침을 분명히 했다. 그리고 집권 직후에는 이른바 개혁적 인사들로 노동 정책 라인을 꾸리고 노사정위에 힘을 실어 주었다. 그러나 2003년 중반 이후 노무현 정부는 노동 개혁에 대해 이중적인 태도를 보이기 시작했다. 화물연대와 철도노조의 파업 진압, 그리고 9월 노사 관계 로드맵의 일방적인 발표로 노사정위가 자기 역할을 하기 어려운 상황이 전개되었다. 이것은 노사정 합의 기구 참가에 부정적이었던 민주노총 3기 집행부의 존재와 맞물려 있었다.

2004년 초 사회적 합의주의 참가에 적극적인 입장의 4기 집행부가 들어서자 상황은 호전되는 듯했다. 그렇지만 로드맵과 함께 비정규직 관련 법안의 문제가 쟁점으로 부각되고 공공 부문의 대규모 쟁의가 발생하면서 노사정위와 그 대체 기구 노사정대표자회의는 활동이 다시 중지되었다. 또 비리 수사 등 정권의 노동 탄압 강화와 민주노총 내부의 심각한 갈등도 참가를 가로막는 주요한 요인이 되었다. 하지만 지도부는 네 차례에 걸쳐 노사정위나 그에 준하는 기구에 참가할 것을 결의하거나 실제로 참가하여 의지를 분명히 보여 주었다.[7] 특히 마지막 2006년 6월 이후에는 노사 관계 로드맵 협상

---

6 민주노총이 탈퇴한 이후에도 노사정위는 한국노총을 파트너로 지속되었다. 특히 2001년 2월에는 한국노총과 작업장 단위 복수 노조 인정과 전임자 임금 지급 금지를 다시 5년 유예하는 '사회적 합의'를 도출하기도 했다.

에 본격적으로 참가했다.

2006년 로드맵 교섭에서 민주노총 지도부의 선택은 매우 어려운 상황이었다. 정부가 주도한 로드맵의 내용은 작업장 단위 복수 노조의 창구 단일화, 전임자 임금 지급 금지, 대체 노동 및 필수 공익 범위 확대 등으로 노동에 결코 유리한 것이 아니었다. 여기에 한국노총은 전임자 임금 지급 금지를 막는 일에 모든 것을 걸고 있는 상황이었다. 곧 민주노총으로서는 참여의 실익을 전혀 담보할 수 없는 상황이 형성되어 있었다. 그러므로 집행부는 합의를 위해 참가한 것이 아니었음을 공공연히 표명했다. 말하자면 불참으로 속수무책으로 당하기보다 참여를 통해 피해를 최소화하고 투쟁 전선을 복구한다는 의미의 참여로 보았다.[8]

민주노총의 이 같은 약점을 정확히 알고 있었던 한국노총과 정부는 최종적으로 민주노총을 배제한 채 9·11 노사정 합의를 도출했다. 합의의 주요한 내용은 핵심 사안이었던 전임자 임금과 복수 노조 문제의 3년 재(再)유예, 확대된 필수 공익사업에 대한 대체 노동 허용, 해고 규제 완화 등이었다. 적극적 참가도 아니며 거부도 아닌 어중간한 상태에 놓인 민주노총은 사후에 이를 '야합'으로 규정하고 투쟁을 호소하는 것에 만족해야 했다.

노무현 정권의 노사정위 실험에서 가장 두드러진 점은 그것이 민주 노조 운동 내부에서 분열과 반목을 불러온 점에 있었다. 특히 2005년 초 민주노총 대의원대회에서의 갈등에서 그 심각성이 분명하게 드러났다. 이는 노사정위 등 합의기구의 장기 존속을 설명할 수 있는 가장 중요한 이유가 될 수 있다.

----

7 노사정위 참가를 둘러싼 자세한 정치과정은 노중기(2006) 참고. 네 차례 결의는 2004년 5월 31일과 8월 25일, 2005년 3월 21일, 2006년 6월 19일에 이루어졌다.

8 이런 수세적·방어적 입장이 '교섭과 투쟁의 병행'이라는 슬로건으로 나타났다. 일종의 궁여지책으로 나타난 이 입장은 2007년 5기 집행부에서도 유지되고 있다. 한국노총의 입장 및 양 노총의 관계에 대해서는 민주노동당 기관지 『진보정치』, 2007년 4월 8일자의 이용득 위원장 인터뷰 기사 참고.

노무현 정부는 여러 가지 모순과 마찰에도 불구하고[9] 노사정위의 유지·강화 입장을 일관되게 고수했고 민주노총의 참가를 강하게 요구했는데 이는 결국 분할 지배의 결과를 낳았던 것이다.

더 나아가 이는 민주 노조 운동이 처한 위기, 그 딜레마를 반영한다고 평가할 수 있다. 2004년 4기 집행부가 합의 기구 참가를 바라는 다수 조합원들의 지지를 받아 출범한 점을 상기하면 3기의 불참 전술도, 4기의 참가전술도 모두 만족스러운 결과를 가져오지 않았음을 알 수 있다. 즉 참가 논란 자체가 민주 노조 운동 위기의 중요한 현상 형태였던 것이다. 참가 문제의 근본에는 전투적 조합주의를 대체하는 새롭고 좀 더 온건한 운동 전략이 필요하다는 민주 노조 내부의 대중적 요구가 있었다. 4기 집행부 이후 일관되게 표출되는 이런 요구들은 조직 내부에서 적절하게 조율되고 해소되지 못하고 구조적인 균열로 발전했던 것으로 볼 수 있다.

더불어 한국 사회에서 노사정위나 사회적 합의의 가능성과 한계가 무엇인지도 다시 한 번 명확해졌다. 국가와 자본은 노사정위 참여 요구나 합의 담론을 강력하게 유포하면서도 각종 쟁의를 진압하는 이중적 태도를 일관되게 보여 주었다. 국가와 자본이 원하지 않는 종류의 사안은 결코 합의의 대상이 아니었고, 합의는 신자유주의 노동 정책을 비용을 지불하지 않고 달성하는 수단에 불과했다. 이런 국가의 배제 전략은 민주 노조 내부의 조직적 균열을 심화하고 확대 재생산하는 요인이기도 했다.

---

9 2005년 노동부 장관의 강한 노동 억압 정책으로 노정 관계가 최악의 상태에 있었을 때에도 정부의 태도는 변하지 않았다. 정부는 노사정위를 우회하는 대표자회의나 저출산 고령화 대책 연석회의 등 대체 기구를 급조했던 것이다. 특히 노조 간부 비리의 기획 수사 등 더욱 적극적인 압박 수단을 사용한 점은 김대중 정부의 태도와 구별된다. 정부의 이중적 태도 때문에 민주노총과 정부 사이가 완전히 단절된 적은 별로 없었던 것으로 판단된다.

3. 사회적 합의주의: 논쟁과 평가

(1) 두 개의 상반된 시각

2절에서 살펴본 바와 같이 1987년 이후 사회적 합의주의나 그에 준하는 여러 가지 경험이 노동 정치 과정에서 축적되었다. 대체로 1997년의 노개위까지 연구자들과 일부 활동가들의 이론적인 논의에 머물렀던 합의주의 문제는 1998년 정리 해고 합의 이후 중요한 운동적 쟁점으로 부각되었다. 이 문제는 민주 노조 운동 내부에서 정파 대립의 핵심적인 쟁점이었으며 10년의 논쟁에서도 그 접점을 찾기 어려웠다. 크게 보아 옹호론과 비판론의 두 가지 상반된 입장이 있었다.

먼저 옹호론은 대체로 서너 가지의 서로 연관된 논거를 제시하고 사회적 합의 혹은 제도화된 노사정 중앙 교섭에 긍정적인 평가를 내렸다. 구체적인 수준에서 그것은 시기에 따라, 논쟁의 맥락에 따라 사회적 조합주의, 사회 통합적 노사 관계와 중층적 교섭 구조, 전술적 참가론 또는 교섭과 투쟁의 병행 등으로 다양하게 변화했다. 그러나 그 이론적 논거들은 대체로 대동소이한 것으로 보인다.

첫째, 경제구조의 변동에 따라 사회적 대화 전략이 필요하다는 주장이다. 이 경제구조는 고성장 저실업과 대비된 저성장 고실업 경제구조, 또는 세계화와 신자유주의 시대의 노동 유연화와 고용 불안정 체제를 말한다. 경제적 환경이 변화함으로써 전통적인 기업 노조의 경제적 단체교섭은 한계에 봉착했고 새로운 정책 전환이 필요하다는 것이다. 이때 서구의 '공급 중심 코포라티즘'이나 남아프리카공화국 등 '비슷한 환경'을 가진 제3세계 사례들의 '긍정적' 경험은 '사회적 합의주의'가 유력한 대안이 되는 근거가 된다. 특히 1990년대 이후 서구 사례들의 경험은 코포라티즘의 구조적 조건이 부재하거나 취약한 나라에서도 사회적 합의주의가 가능하다는 주장의 논거가 되었다. 구조적 조건이 취약한 한국 사회에서도 문제는 노동운동의 전략적 선택이라는 것이다.[10]

둘째, 1987년 체제의 전투적 노조주의의 한계도 주요한 논거였다. 변화한 경제적 조건에서 파업 투쟁 위주의 임금 단체교섭은 전투적 경제주의를 벗어나지 못했고 노동운동의 위기를 불러왔다. 비정규직의 급증 등 노동 계급 내부의 양극화는 그 일차적 결과였다. 사회적으로 노동운동이 고립되는 결과도 중요한 논점이 되었다. 그러므로 협소한 경제적 요구를 넘어서는 복지, 재벌 개혁, 조세, 주택, 교육 등 전 사회적 의제를 노동운동이 다루기 위해서도 정책적 참가, 사회적 합의 교섭은 반드시 필요하다는 주장이었다.

셋째, 가장 구체적인 수준에서 사회적 교섭 외에 현실적으로 대안이 없다는 대안 부재론이다. 이것은 총파업 투쟁 위주의 전투적 쟁의가 더 이상 유효하지 않다는 판단에 근거한다. 주체적으로는 총파업의 이름에 맞는 투쟁 역량이 없다는 점을 강조한다. 투쟁 역량이 없는 조건에서는 합의에 이르지 못하더라도 전국적 전선을 형성하기 위한 수단으로서 참가가 유의미하다고 본 것이다. 그리고 이런 논리에서 합의 실험의 계속된 실패 이후에도 민주노총은 전술적 교섭, 중층적 교섭, 교섭과 투쟁의 병행 등의 '새로운 방침'을 계속 만들었다. 그런데 여기에는 본질적으로 사회적 교섭 외에는 대안이 없다는 수세적인 방어 논리가 작용하고 있었다.

한편 비판론은 사회적 합의주의 이론과 우리의 경험 두 가지 차원에서 합의주의를 강하게 비판했다. 먼저 경험적인 수준에서 10년간 지속된 합의 실

---

10 사실 이런 논의를 주도한 것은 앞서 지적한 바와 같이 노동연구원 등 관변 연구 기관이었다. 그러나 민주 노조 운동 내에서도 서구와 남아공의 경험은 중요한 논리적 근거로 작동했다(김유선 1998). 이때 노동운동의 적극적 참가 선택과 더불어 국가가 주도적인 역할을 해야 함은 물론이다(이병훈 2004; 박태주 2006).

험들의 결과는 대체로 부정적이었다는 지적이다. 노개위에서 합의 결과는 정부와 국회 두 단계를 거치면서 거의 무시되었고 최종적으로는 노동법 개악으로 귀결되었다. 또 1기 노사정위와 김대중 정부 시기에 노동 측이 요구한 합의 내용은 지켜지지 않았으며 민주노총은 노사정위 탈퇴 이후 정부의 강한 탄압에 직면해야만 했다.

노무현 정부에서도 비슷한 경험이 되풀이되었다. 비정규직 관련 법안이나 노사 관계 로드맵 모두 민주노총과의 원만한 합의를 이루지 못했고 참여 정치와 노동 탄압은 동시에 진행되었다. 특히 로드맵에서 잘 나타난 바와 같이 정부는 한국노총을 적절히 통제해 합의에 이용했고 민주노총의 참가는 정부가 정치적 알리바이를 확보하는 절차로 배치된 것을 넘어서지 못했다. 요컨대 현실적 경험에서 사회적 합의주의는 개혁이나 실질적 참가를 의미하기보다는 마찰 없는 노동 정책 실행을 위한 정부의 민주 노조 노동 통제 과정이었다는 비판이었다(노중기 2003).

이론적인 측면에서 비판론은 옹호론의 세 가지 주장을 모두 반대했다. 먼저 신자유주의 세계화라는 경제구조 변동에 따라 노동운동의 전략 선택이 바뀌어야 한다는 주장은 관념론이거나 잘못된 비교 연구의 문제를 안고 있다는 비판이었다(노중기 2002; 2004a). 1990년대 이후 서구 노동운동의 변동은 합의주의로 수렴되기보다는 '경로 의존적' 방식으로 다양화되었을 뿐이다. 즉 그 나라의 구조적 조건, 역사적 경험에 따라 여러 가지 선택지가 가능하므로 옹호론의 주장은 과도하다는 판단이었다.

또 경제구조 변동이 합의주의를 선택하라는 압력으로 다가오더라도 반드시 이를 선택할 필요는 없으며 합의주의 선택이 바람직하지도 않다는 적극적인 비판도 있었다. 서구 노동운동 내부에서도 사회적 대화나 사회적 파트너십의 전략 선택이 바람직한가에 대해서는 여전히 의문이 많기 때문이다(Hyman 2001). 제3세계, 특히 남아공 노동운동 사례도 한국 노동운동의 사회적 합의주의 선택에 논리적 근거가 되지 못한다. 남아공과 한국의 사회 구조적·정치적 차이가 커서 유사한 결론을 내리기 어려우며 결과의 측면에서도 오히려 신자유주의를 확산시키는 등 문제가 많았다는 비판이었다.

다음으로 전투적 노조주의의 한계 문제는 좀 더 미묘하다. 옹호론은 전투적 조합주의가 그 출발부터 많은 문제를 안고 있었다고 보지만 비판론은 그것이 과도한 평가라고 본다. 즉 비판론에 의하면 전투적 노조주의는 내적으로 한계가 없었던 것은 아니지만 1987년 체제의 구조적 제약에 적절히 대응한 합리적 노조 운동이었다. 1997년 이후 체제 변동에 따라 드러난 한계들과 함께 그것의 긍정적 측면도 충분히 주목해야 한다는 반비판이었다. 따라서 비판론의 관점에서 전투적 노조주의는 폐기의 대상이 아니라 합리적 핵심을 계승·발전시켜야 하는 운동 이념이 된다(노중기 2005). 특히 이를 폐기하고 사회적 합의주의로 나아갈 경우 노조 운동의 핵심 이념인 민주성과 자주성이 크게 위협받을 것이라고 비판했다.

마지막으로 대안 부재에 대해 비판론은 투쟁 역량의 제약은 사실일지 모르나 그렇다고 합의주의로 나갈 수는 없다고 비판한다. 비판론자들이 보기에 전술적 교섭, 중층적 교섭, 교섭과 투쟁의 병행 등은 모두 실제로는 합의주의를 정당화하는 수단으로 도입된 구호에 지나지 않았다. 더 나아가 이들은 사회적 합의주의 또는 그와 연관된 운동 이념인 사회적 조합주의보다는 사회운동 노조주의social movement unionism가 필요하다고 주장했다(조돈문 2004; 노중기 2006).

(2) 10년 경험에 대한 평가

이론 논쟁과 별개로 지난 10년간 3자 기구 운영의 경험에 대해서는 민주노조 운동 내부에서 이견이 크지 않았다. 미래의 가능성이라는 측면에서 합의주의는 중요한 쟁점이 되었지만 과거의 경험은 논쟁이 불가능할 정도로 그 평가가 부정적이었기 때문이다. 또 이런 대체적인 부정적 평가로 말미암아 과거의 경험은 충분히 분석적으로 정리되지 못했던 것도 사실이라 할 수 있다. 그러므로 여기서는 과거의 경험에서 나타난 우리 사회 합의주의 실험의 결과와 특징을 간략히 정리해 볼 필요가 있다.

먼저 민주 노조 운동의 사회적 합의 참가는 국가에 의해 '강제된 참가'라는 특징을 보여 주었다.[11] 노개위와 김대중 정부와 노무현 정부의 노사정위에서 모두 민주노총은 초청된 주체였다. 국가는 합의 정치의 기본 틀과 구체적 의제를 미리 설정했고 노동은 단지 참여를 요구받았을 뿐이었다. 노개위에서 그것은 선진국 진입을 위한 노사 관계 개혁이었으며 1기 노사정위에서는 외환 위기 극복, 노무현 정부에서는 사회 통합적 노사 관계 구축으로 설정되었다. 구체적인 의제 설정에서 민주 노조의 개입과 지분이 없었던 것은 아니었으나 전체 구도에는 영향력이 없었던 것이다.

때때로 민주노총이 참가를 거부할 경우 이 '강제된 참가'의 성격은 더욱 분명히 드러났다. 이때 국가는 다양한 수단을 동원해 참가를 유도했고 강력히 제재하기도 했던 것이다. 국가는 합의 이행 및 법 개정 사안과 같은 노정 또는 노사정 간의 모든 현안에 대해 민주노총의 노사정위 참가를 전제로 요구했다. 즉 노동 정치의 모든 문제를 노사정 틀에서 해결하기를 요구했는데 이는 결국 문제 해결의 책임을 불참 중인 민주노총에 지우는 결과를 초래했다. 나아가 보수 언론과 합세한 정부의 여론 공세는 이런 정치적 책임 전가의 구조를 확대 재생산하는 효력을 발생시켰다. 또 기존 합의 기구에 대한 민주 노조의 불만이 클 경우에는 '대체 합의 기구'를 만들어 참가를 강제하기도 했다.

나아가 '합의주의' 실험은 민주 노조에 대한 국가의 법 제도적·물리적 폭

---

11 이하의 논의에서 국가의 전략은 '구조와 전략의 변증법'이라는 이론적 입장에 기초한 것이다. 이때 국가 전략은 합리적·합목적적인 전략적 중심이나 주체를 갖지 않는 구조-전략의 상호 작용과 그 효과를 말한다(노중기 1997).

력에 의해 뒷받침되었다. 예컨대 1999년 탈퇴 이후 김대중 정부와 2004년 하반기 이후 2006년까지 노무현 정부 노동 정책이 그러했다.[12] 여기에는 쟁의 사업장에 대한 공권력 투입, 손해배상 청구 소송, 구속 수배 등 형사 처벌, 노조 간부 비리에 대한 기획 수사 등이 포함된다. '참여와 협력', '노동 개혁', '참여 민주주의와 사회 통합' 등의 슬로건과 국가의 폭력적 노동 통제가 병존한 사실은 우리 합의주의 실험의 본질적 성격을 보여 주었다.[13]

둘째, 참가의 결과는 교환의 등가성이란 점에서 대체로 부정적이었으며 합의 내용은 국가와 자본에 의해 이행되지 않았다. 1기 노사정위에서 정리 해고의 반대급부였던 제반 노동 개혁은 거의 제도화되지 못했고 비정규직 법제화와 노동시간 단축, 로드맵 합의 실험에서도 원래의 개혁적 의제는 신자유주의 노동 유연화를 제도화하는 것에 머무르고 말았다. 협의 과정에서 가장 등가교환에 근접했던 노개위의 교환 구도는 합의에 이를 수가 없었다.

또 노개위와 1기 노사정위 실험은 노사정 간의 약속 내용이 이행되기 어렵다는 것을 잘 보여 준 사례였다. 합의에 참가했던 노동부와 청와대 등 정부 내부의 온건파들의 의견은 부처 간 의견 조율이나 법제화 과정에서 쉽게 변질되었다. 실업자 노조 가입 약속과 같이 정부 내 일부 부처의 반발은 약속 불이행의 정당한 이유처럼 취급되었고 최종적으로 지켜지지 않았다. 교원

---

12 당시 김대중 정부는 노사정위 기구를 법제화하고 3기 위원회를 출범시키는 등 민주노총의 참가 유도에 상당한 노력을 기울였다. 그러나 여러 이유로 참가가 어려운 것으로 판단되자 2000년 하반기 이래로 더욱 강압적인 방법을 사용하기 시작했다. 사회보험노조와 롯데호텔노조 등 쟁의 사업장에 대한 선제적 공권력 투입, 민주노총과의 대화 거부, 지도부에 대한 대규모 사법 처리 등 공공연한 억압이 노사정위 불참의 반대급부로 제시되었다(노중기 2002). 또 노무현 정부는 노조 비리에 대한 기획 수사 및 사법 처리, 노조 내부 문제에 대한 대대적인 여론 공세 등을 압박 수단으로 동원했다(노중기 2006).
13 서구 린코포라티즘((lean corporatism)의 '국가 협박'(shadow of hierachy) 문제가 한국에서는 좀 더 극단적인 형태로 나타났던 것으로 볼 수 있다(노중기 2004a). 기획 수사 문제의 자세한 내용에 대해서는 노중기(2006) 참고.

노조 합법화는 민주노총 위원장의 단식 투쟁 끝에 해를 넘겨 겨우 법제화되었다. 한편 등가교환에 근접한 교환은 노개위 실험처럼 국회의 심의 과정에서 쉽게 뒤바뀔 수 있음을 보여 주었다. 요컨대 국가 기구 전반의 보수성으로 말미암아 민주 노조들의 참가가 긍정적인 결과를 가져올 가능성은 매우 제약되어 있었다.

셋째, 합의 기구의 운영 과정과 관련된 경험도 중요하다. 합의 기구의 의사 결정 과정에서 민주 노조 운동의 지분은 대체로 1/3에서 1/6 정도에 불과했다. 노사 간에 첨예하게 대립된 사안을 다루는 과정에서 중립적 인사로 규정된 정당 인사나 공익 위원들의 중립성이 결정적으로 중요하나 그것은 보장되지 못했다. 정치권 인사들은 본질적으로 정부나 자본의 이해에 가까웠으며 공익 위원들도 예외는 아니었다. 물론 일부 민주 노조에 친화적인 공익 위원들이 없었던 것은 아니지만 소수에 불과했다. 노동 측 지분의 절반을 갖고 있었던 한국노총은 많은 경우 기회주의적이었고 일관성을 갖지 못했다. 요컨대 민주 노조는 참가 이후 의사 결정의 주도권을 행사하기 힘든 구조적 제약 아래에 있었다.

또 기구 운영의 인프라인 물적·인적 자원도 국가에 의해 통제되었다. 법제화의 수준이 높아졌으나 합의 기구는 정부 산하 기구에 불과했다. 재정과 인력, 정책 자료의 제공 등 모든 지원은 정부나 정부 산하 기구로부터 제공되었다. 이는 기구 운영 전반의 자율성을 약화시켰고 정부 내에서 합의 기구의 위상을 추락시키는 결과를 초래했다. 경제와 치안 부처 등 정부 내 다른 부처는 물론, 노동부조차 자기 부처의 이해를 앞세워 합의 결과를 무시했던 구조적 배경이 여기에 있었다. 이런 조건으로 말미암아 의사 진행 과정에서 국가와 자본의 요구는 쉽고 빠르게 관철되었으나 노동이 요구한 합의 사항의 실행은 지체되고 해태되었던 것이다.

넷째, 합의주의 10년의 경험은 협의의 합의 결과와 정치과정을 넘어서서 노동운동 전체에 상당한 영향을 미쳤다. 먼저 민주노총이나 민주 노조에 미친 영향은 매우 부정적이었다. 지난 10년 동안 합의 기구 참가 문제는 민주 노조 운동 내부에 심각한 대립과 갈등을 산출해 왔다. 물론 민주 노조 운동 내부의 갈등은 노동운동 노선에 대한 이견에 근원하는 것이었으나 합의주의 문제는 노선 대립의 상징적 쟁점으로 부각되었던 것이다.[14] 그러므로 국가의 합의 기구 참가 강제는 의도적이든 그렇지 않든 민주 노조 운동 내부의 분열을 확대 재생산하는 효과를 가져왔음을 부인할 수 없다.

2002년 발전 파업에 대한 민주노총 지도부의 평가에서 나타나듯이 이 논쟁과 대립은 합의주의 문제에 국한되지 않았다. 그것은 민주 노조 운동의 성격 전반에 걸친 상반된 인식으로 나타났다. 구체적으로 여기에는 대통합론 등 한국노총과의 관계, 경쟁력과 생산성주의 담론, 산업 평화와 노사 협력의 문제, 국민적 관점과 국민 경제론, 전투적 노조주의 비판 등의 문제로 확산되었다(노중기 2002). 특히 1기 노사정위 합의에 참가했던 민주노총 핵심 간부들이 집권 여당인 새천년 민주당에 가입함으로써 노조 운동의 자주성 문제가 심각하게 부각되었던 바가 있었다.

또 나아가 노동운동에 대한 영향에서 무시할 수 없는 결과는 한국노총의 문제였다. 지난 10년간 한국노총과 민주 노조 운동의 관계는 매우 미묘한 것이었다. 민주노총 지도부의 성격에 따라 시기마다 그 관계는 변화했으나 대개 그것은 합의 기구 참가 문제와 연관되어 있었다. 불참과 참가를 되풀이했으나 한국노총은 민주노총과 달리 참가 입장의 기조 위에서 자신의 이해를 극대화하고자 노력했다. 크게 보아 그것은 1987년 이후 잃었던 노동운동의 주도권을 되찾는 시도였다. 노동 체제의 변동과 합의주의 정세로 말미암아

---

14 주요한 갈등 사례로는 1997년 겨울 총파업을 둘러싼 논쟁, 1998년 2월 노사정위 합의 논란과 사회적 조합주의 논쟁, 2002년 발전 파업에 대한 평가 논쟁, 2004년 선거 과정의 대립과 2005년 대의원대회 폭력 사태, 2005년 하반기 민주노총 간부 비리 사태에 대한 논란 등을 들 수 있다.

기존의 자주성 논란, 이른바 어용 문제는 크게 희석되었다. 결과적으로 이런 노력은 노동운동에 대한 국가와 자본의 분할 지배 전략과 결합해 상당한 성과를 산출했다. 민주 노조는 한국노총과의 연대 혹은 통합 논의로 내부 갈등에 시달렸던 반면 한국노총은 실리와 함께 민주노총과 대등한 조직으로 위상을 높일 수 있었던 것이다.

마지막으로 참가의 사회경제적 결과 문제이다. 합의주의 노동 정치의 10년은 1998년 이후 신자유주의 노동 체제의 구축 과정과 결합되어 있었다. 따라서 지난 10년 동안 진행된 사회경제적 구조 변동, 곧 사회 양극화와 비정규 노동자 확대, 구조 조정과 노동 유연화, 노동운동의 약화 등에 대한 합의 정치의 영향을 객관적으로 평가하는 일은 쉽지 않다. 그것은 신자유주의 체제의 노동 배제를 제어하고 완화하는 사회 통합적 정치과정으로 해석될 수도 있으며, 반대로 이를 정당화하고 매개한 정치과정으로 해석할 수도 있기 때문이다.

그러나 1998년의 정리 해고 합의나 2003년 노동시간 단축 합의, 그리고 최근의 비정규 노동 관련 법제화와 로드맵 합의 등 구체적인 결과에서 본다면 그것을 사회 통합적 정치과정으로 해석하기는 어렵다. 합의주의 옹호론이 예상했던 것과 달리 그것은 신자유주의 구조 조정을 정당화하고 노동의 저항 없이 이를 관철하는 수단을 넘어서기 어려웠다. 노동시간 단축이나 비정규직 보호를 명분으로 한 합의들은 실제로는 노동 유연화, 비정규직 확대로 귀결되었기 때문이었다.

4. 한국의 노동 체제와 합의주의 실험

한국 사회에서 사회적 합의주의 실험의 결과는 대체로 부정적이었다. 10년간의 합의 정치에서는 민주노총과 전교조의 합법화, 노동시간의 단축과 3자 개입 금지나 직권 중재와 같은 몇몇 악법 조항의 제거, 그리고 사회복지제도 도입과 확대 등 일부 긍정적인 측면이 없었던 것은 아니다.[15] 그러나 이 사안들 대부분은 1997년 겨울 총파업의 사례에서 볼 수 있듯이 합의가 아니라 최종적으로는 노동 대중의 투쟁으로 달성되었던 성과였다. 그뿐만 아니라 이들은 교환 과정에서 그 이상의 반대급부를 전제로 한 제도 변경이었고 교환의 등가성이 보장되지 못했으므로 성과라고 보기는 어려웠다.

연구자들의 계속된 정책 제안, 노조 지도부의 열망과 각 정권 수뇌부의 '정치적 의지'에도 불구하고 합의 실험이 실패한 것에는 한국 노동 정치에 고유한 구조적 특성이 자리 잡고 있었다. 구조적 제약은 1987년 체제와 그 이후의 종속적 신자유주의 체제 모두에서 작동하고 있었다. 그 특성은 크게 네 가지로 정리될 수 있다.

첫째, 노동 계급의 역량이 매우 취약하다는 특성이었다. 11~12%대의 낮은 조직률과 대기업 중심의 조직적 편중성은 역량의 한계를 단적으로 보여준다. 특히 한국노총을 제외하면 이 기간 전체에 걸쳐 민주노총의 조직 역량은 전체 조직 대상의 5% 내외에 불과했다. 따라서 민주 노조는 합의를 전체 노동 계급의 이름으로 강제할 동력을 충분히 갖추지 못했으며, 반대로 국가와 사용자는 합의 과정이나 결과에 대해 무책임한 태도를 보여도 무방한 경우가 많았다. 특히 노무현 정부에서 경험했던 것처럼 대기업 중심의 조직 동

---

15 노동시간 단축의 제도 변화에는 긍정과 부정의 두 요소가 모두 포함되어 있었다. 노개위, 노사정위에서 교환의 구도로 대치되었던 노동기본권 신장과 노동 유연화의 두 요소가 바로 그것이었다.

원력이 '노조 간부 비리 사태' 등으로 약화될 경우 민주 노조에서는 어떤 대응도 할 수 없는 한계를 보여 주었다.

그런데 낮은 조직률과 같은 평면적인 지표보다 더 중요한 것은 조직적 집중성의 정도였다. 사실 대재벌 중심으로 경제구조가 집중된 조건에서 대사업장이 조직되어 있다면 낮은 조직률이 큰 문제는 아닐 것이다. 오히려 대사업장 노조 조직이 기업 단위로 분단되어 있다는 점이 더 큰 문제였다. 기업별 노조 조직 체제는 노동 계급 역량을 구조적으로 제약한 결정적 변수였다.[16] 개별 노조 수준에서 유지되었던 조합원들의 노조 활동에 대한 참가 의지는 초기업 수준의 이해 결집, 민주적 집중적 의사 결정 과정에서 크게 약화되었다. 여기에 합의 기구 참가를 둘러싼 민주노총 지도부 내부의 견해 차이가 더해져 민주 노조는 신속하고 합리적인 의사 결정을 요구하는 합의 정치 과정에서 대체로 무력할 수밖에 없었다. 민주노총 지도부는 민주적인 의사 결집에 상당한 한계에 부딪혔고 참가 결과를 가지고 하부 조직을 통제할 수도 없었다.

한편 정치적 계급 역량의 취약성도 두드러진다. 민주노동당의 창당과 2004년 국회 진출이라는 정치적 성과에도 불구하고 전체 노동 계급의 정치 역량은 매우 취약했다. 민주노동당은 3% 미만의 의석 점유율로 합의 정치를 뒷받침할 역량을 갖지 못했다. 또 민주노총 내부의 정치적 조직화도 크게 약한 상태가 지속되었다. 조합원 가운데 민주노동당원은 5%를 넘지 못했고 전반적인 정치의식은 매우 낮은 편이었다. 비제도적인 수준에서도 조합원의 정치의식은 낮아 협소한 경제적 이해관계에 기초해 정치적 판단을 내리거나

---

16 물론 보건의료노조·전교조·금속노조 등은 이미 산별노조 조직 형식을 갖고 있었다. 그러나 이들의 비중은 전체 민주 노조에서 크지 않았으며 산별노조에 맞는 집중적 의사결정, 활동 방식을 갖추지는 못했다. 2006년 금속노조와 공공노조의 출현은 본격적인 산별노조 시대가 시작되었음을 의미한다. 그러나 합의 정치를 뒷받침하는 산별노조의 내용을 담는 실체적 변화에는 상당한 기간이 소요될 것으로 보인다.

보수적인 정당을 지지하는 사태가 되풀이되었다. 결국 민주 노조의 정치 역량은 합의 정치의 의제 설정과 운영 과정에 의미 있게 개입하거나 합의 결과의 이행을 강제할 수 있는 수준에 다다르지 못했던 것으로 볼 수 있다.

둘째, 국가의 전략과 구조 측면에서도 민주 노조의 합의 정치 가능성은 크게 제약되어 있었다. 전통적으로 한국의 국가는 해방 정국 이래 수구 분파가 주도한 매우 보수적인 성격을 갖고 있었다. 냉전 분단국가로서 국가는 오랫동안 노동운동에 대해 적대적이었고 노동 억압 정책을 지속해 왔다. 문제는 이런 국가의 성격이 민주화 이후에도 크게 변화하지 않았다는 점이다.[17] 정치 엘리트 간의 타협에 의한 점진적 민주화 과정에서 보수적 관료 체제는 강고히 유지되었으며, 특히 노동에 적대적인 경제 부처, 치안 부처의 주도권은 변화하지 않았던 것이다. 이들은 청와대와 노동부, 노동연구원 등 정부 일각에서 정치적 주도권을 갖고 시작한 합의 정치를 공공연하게 거부하거나 은밀히 해태하는 전술로 일관했다. 노동 측이 요구한 합의안은 거의 이행되지 않았고 '참여와 협력'의 합의 정치가 공권력 투입과 구속 수배 등의 국가 폭력과 결합되는 딜레마가 지속되었다. 요컨대 합의 정치의 가능성은 국가 기구 내부에서 구조적으로 가장 큰 장애물에 부딪힐 수밖에 없었다.[18]

또 합의 정치를 주도한 이른바 정부 내 '개혁 세력'도 큰 도움이 되지는 못했다. 청와대와 집권 여당, 그리고 정부 내 일부에 포진했던 개혁파는 '노사 관계 개혁', '참여와 협력', '참여 민주주의'와 '사회 통합' 등의 구호로 합의 정

---

17 바로 이 점이 1987년 체제 10년의 모순구조에서 핵심적인 측면이었다. 시민사회, 정치사회의 자유화, 형식적 민주화에도 불구하고 국가는 노동 사회에 대한 억압과 배제 전략을 포기하지 않았다. 여기서 노동 배제 전략과 전투적 노조주의가 맞부딪힌 10년의 노정 간 대립 과정이 발발했던 것이다.

18 합의 정치와 결부되었던 억압적 노동 행정을 이른바 '개혁 세력'이 거부할 때 정권 내·외부에 포진했던 보수 세력의 반격은 강력했다. 노무현 정부 초기 화물연대 파업에 대해 공권력을 투입하지 않자 개혁 세력은 엄청난 여론 공세, 정치 공세에 직면했고 결국 권력으로부터 축출되었다.

치를 주도했다. 그러나 그들은 '신자유주의 경제 재구조화'라는 좀 더 상위의
전략 방침에 구속되거나 이를 보완하는 개혁임을 공공연히 표방했다. 따라
서 이들은 한편으로 '개혁' 담론과 다른 한편의 '경쟁력주의 시장주의'와 '법
치주의', 곧 신자유주의 이념 사이에서 중심을 잃고 표류했다. 양자 사이에서
구체적인 절충 과정은 항상 딜레마 상황을 연출했으며 최종적으로 신자유주
의 이념이 합의 정신을 압도하는 결과가 초래되었다. 노동시간의 단축, 비정
규직 보호 법안, 노사 관계의 선진화가 거꾸로 노동 유연화의 제도화, 비정규
직 확대, 민주 노조에 대한 제도적 억압으로 나타났던 것도 이 딜레마 때문이
었다.

셋째, 정치사회의 구조도 합의주의 노동 정치에 부합하지 못했다. 한국
사회에서 노사정 간의 합의는 보수 세력이 우위에 있는 국회라는 난관을 넘
는 문제를 구조적으로 안고 있었다. 이 점은 내각제를 기반으로 한 서구의 노
동 정치에서 의회 법제화 과정이 크게 장애가 되지 않았던 것과 대비된다. 여
소야대의 국면이 지속되었던 김대중 정부 노사정위는 이런 면에서 근본적으
로 한계가 있었다. 정부는 다수 야당의 반대가 예상되는 가운데 국회 통과를
이유로 '최소한의 개혁'을 주장할 수 있었다.

한편 집권 여당이 개혁을 추진했던 김영삼 정부나 노무현 정부에서도 사
정은 크게 다르지 않았다. 김영삼 정부에서 노개위 논의는 여당의 법안 개악
과 날치기 통과 처리로 원래의 개혁성이 완전히 소실되었다. 그리고 노무현
정부에서 초기의 개혁 드라이브는 보수 야당의 강력한 정치 공세와 여론 공
세로 청와대 노동 팀이 교체되면서 쉽게 붕괴되었다. 그리고 이와 반대로 후
반기 비정규 법안 처리와 로드맵에서는 신자유주의 노동 유연화라는 내용에
보수 양당이 합의하면서 민주노총을 배제하는 법제화가 손쉽게 이루어졌다.
의미 있는 캐스팅보트를 쥐지 못한 민주노동당은 현실성 없는 최대 요구안
을 제시할 수밖에 없었으며 보수 주도 정치 구도 속에서 많은 시행착오를 되
풀이했다. 요컨대 한국의 노동정치에서 합의주의는 그 내용이 개혁적일 경

우 보수정당의 강한 반대를 불러왔으며, 정부 내 추진 주체들은 이를 통제할 수단을 갖지 못했다. 결과적으로 노동 개혁으로 출발한 합의주의 정치는 보수 여야당 간의 신자유주의 대 동맹으로 귀결되기 십상이었다.

마지막으로 한국 노동정치의 역사적 경험과 시민사회의 이념적·구조적 지형도 합의주의 노동운동에 불리하게 작동했다. 한국 사회에서 노동은 오랫동안 금기로 치부된 바 있었다. 한국에서 좌파는 해방 정국과 한국전쟁을 거치며 불법화되었고 소멸되었다. 30년을 훨씬 넘는 이 기간은 단순히 '노동'이 부재하는 빈 공간이 아니었다. 노동을 배제하는 각종 법 제도적 장치가 지속적으로 강화되었으며, 특히 압도적인 다수의 시민에게 반노동 이데올로기가 사회화되는 과정이었던 것이다. 또 이 시기는 국가가 어용 노동 조직을 포섭하고 이를 매개로 노동 계급을 배제하던 노동 통제의 역사로 점철되었다. 그 결과 한국의 시민사회에는 강력한 반노동자 정서가 역사적 전통으로 구조화되어 있었고 이는 민주 노조의 합의 기구 참가를 제약하는 기본적인 배경으로 작용했다.

구체적으로 보면 대개의 합의 정치는 외환 위기를 전후로 시작되었는데 이 시기에 시민사회의 보수성은 한층 강화되었다. 예컨대 경제 위기에 대해 노동자의 귀책 사항이 거의 없었음에도 정리 해고에 대한 노동 측의 양보는 여론의 대세였다. 여론의 압력에 굴복하지 않을 경우 '경쟁력 잠식', '법질서 파괴', '집단 이기주의'와 같은 강한 이데올로기 통제 수단이 작동했다. 노무현 정부가 '귀족 노동자와 귀족 노조', '비리집단' 등의 담론을 공작적으로 산출하고 확대할 수 있었던 배경에는 시민사회의 불리한 담론 지형이 자리하고 있었다.

특히 문제가 되는 것은 시민사회 내부에서 민주적이고 개혁적인 입장을 대표했던 제반 시민운동 세력의 정치적 태도였다. 이들은 민주 노조들의 합의 정치 과정에서 결코 우군이 아니었다. 시민운동은 합의 정치와 결부되었던 국가 폭력을 방관했으며 때때로 합의 정치를 강제한 주요 세력이었다.

1987년 체제에서 친노동 입장을 취했던 것을 감안하면 시민운동의 보수화는 합의 정치를 어렵게 하는 중요한 변화였다.[19] 시민운동의 보수화는 합의 정치 과정에서 민주 노조의 주도성을 크게 약화시켰고 의사 관철을 위해 대중을 동원하는 전략을 선택할 경우 그 효력을 크게 떨어뜨렸다.

5. 맺음말 : 계속되는 도전과 민주 노조의 미래

지난 10년간 노사정 당사자들은 사회적 합의주의를 지속적으로 시도해 왔다. 그리고 앞에서 본 바와 같이 그 시도들은 민주 노조의 입장에서 본다면 되풀이되는 실패와 패배의 연속이었다. 그리고 그 과정은 단순히 주어진 합의 실험의 득과 실을 따질 수 있는 그런 패배가 아니라 상처가 민주 노조 운동 내부에 깊이 각인되는 그런 패배였다. 만일 그렇다면, 그럼에도 불구하고 다시금 노사정 합의주의 기구에 참여하고자 하는 민주 노조 내부의 동력을 도대체 어떻게 설명할 수 있을까? 마지막으로 결론 삼아 간략히 생각해 볼 필요가 있다.[20]

19 이 변화는 두 가지 맥락에서 이루어졌다. 한편에서 1997년 이후 민주 노조 운동이 합법화됨에 따라 시민운동은 노동운동을 동반자이기보다 경쟁자로 인식하기 시작했다. 경제 위기 속에서 중간 계급의 이해를 정확히 반영한 전략 선택이었다. 또 다른 한편에서 형식적 민주화 이후 시민운동은 민주화의 수혜자로서 급속히 보수화되기 시작했다. 민주화 이후 시민운동의 의제가 사라졌고 운동이 급진화되지 못한 결과였다. 그리고 김대중 정부와 노무현 정부에 시민운동 출신 운동가들이 대거 진출한 것은 그 중요한 지표였다. 결국 이들 중 대부분은 국가의 신자유주의 경제 전략과 노동 배제 전략에 동조했다고 할 수 있다.
20 주지하듯이 2007년 초 선거에서 민주노총 5기 집행부는 합의기구 참가 입장에 상대적으로 가까운 공약을 내걸고 당선되었다. 현재까지 민주노총은 경제사회발전노사정위 불참 입장을 고수하고 있으나 변화가 가능한 것으로 보인다. 한편 민주 노조 운동 내부에서도 참가의 필요성을 옹호하는 주장이 여전히 다수의 의견인 것으로 보인다(전태일기념사업회 2006).

사실 사회적 합의주의에 대해 비판적인 민주노총 지도부도 합의주의 참가로부터 자유로웠던 것은 아니었다. 비판론에 가까운 지도부도 때로는 물밑에서, 때로는 공개적으로 노사정위 혹은 그에 준하는 기구에 참가해 온 것이 사실이다.[21] 1999년 2월 노사정위 탈퇴 이후 2002년까지 공식적으로 불참 내지 노사정위 해체 입장을 고수해 온 3기 집행부는 2003년 들어와 다시 노정, 노자, 노사정 교섭을 포함하는 총체적 교섭 제도를 마련한다는 입장으로 선회한 바 있었다. 노무현 정부의 노사정위 개편, 내실화 방침에서 새로운 가능성을 찾은 것과 함께 조직 내외의 현실적인 요구를 무시할 수 없었기 때문이었다.[22]

결국 과거의 경험에서 합의 기구 참가 문제가 정파들의 전략적 선택의 문제를 넘어서고 있다는 점을 확인할 수 있었다. 합의주의 옹호론이든 비판론이든 참가의 문제를 회피하기 어려웠기 때문이다. 그리고 그만큼 참가 문제는 민주 노조 운동의 미래 전망에서 핵심적인 문제로 여전히 남아있다. 그렇다면 되풀이되는 실패를 예견하면서도[23] 참여가 다시 문제로 되는 다른 이유를 찾아야 한다. 여기서는 잠정적으로나마 두 가지 요인을 제시하고자 한다.

먼저 국가와 자본의 노동 통제 전략이 변화한 데서 그 원인을 찾을 수 있다. 앞서 보았듯이 민주 노조 운동이 참가 전술을 고민하게 된 일차적인 배경

---

21 2기 집행부는 1998년 6월과 7월 두 차례 참가와 불참을 반복했으며 3기 집행부에서는 발전파업 노사정위 합의 과정에서 실무적인 수준이었지만 깊숙이 참여했던 경험이 있었다.

22 구체적으로 "노정 교섭과 노사 교섭이 보장되는 조건에서 김대중 정권의 노사정위원회의 문제를 해결할 수 있는 노무현 정권의 노사정위원회 개편안을 검토하여 대의원대회에서 노사정기구 참여문제를 결정한다"라는 입장이 사업 계획으로 확정되었다. 이는 2004년 4기 집행부의 '산별 교섭, 대정부 교섭, 사회적 교섭 등 중층적 총체적 교섭제도 마련'이라는 입장과 크게 구별되지 않는다(전국민주노동조합총연맹 2004, 47-48).

23 4기 집행부의 2004년 사업 계획서에는 노사정위의 한계가 조목조목 지적되어 있었다. 현재의 노사정위는 노동시장 유연화 등 반노동자 정책 수행, 조직의 자율성 부재, 노조 의견 반영 부족, 합의 이행 부진, 산업·업종별 교섭 틀 부재 등의 한계를 갖고 있다고 보았다.

이 국가의 참가 강제에 있었기 때문이다. 김영삼 정부 이래 모든 정부는 핵심 노동 정책 사안을 합의 기구에서 다루겠다는 입장을 고수했다. 합의 기구 참가 없이는 정부 정책에 영향을 미칠 수 있는 통로를 제공하지 않은 것이다. 노조의 주요한 기능 가운데 하나가 국가 정책에 대한 개입과 영향력 행사이므로 참가 압력이 발생한 것은 당연한 일이었다.

1987년 체제에서 국가와 자본은 신생 민주 노조에 대한 통제력을 완전히 상실한 바 있었다. 반대로 이는 민주 노조가 노조로서 최소한의 민주성과 자주성을 확보하는 과정이었다. 국가는 통제력 회복을 위해 1987년 이후 10년 간의 소모적인 억압을 계속한 다음, 민주 노조에 시민권을 부여하지 않을 수 없었다. 소모적인 억압이 무력한 것을 확인한 다음 국가가 선택한 것이 참가를 유도하는 전술이었다. 그러므로 국가의 합의주의 전술은 무엇보다 민주 노조에 대한 통제력 회복이라는 거시 노동 정치 과정의 맥락에서 고찰할 필요가 있다.[24]

다음으로 생각해 볼 수 있는 원인은 민주 노조 운동의 성장에 따른 운동적 의제의 변화이다. 1997년 겨울 총파업 이래 민주 노조 운동은 시민권을 회복했다. 시민권을 인정치 않는 억압적 국가권력으로부터 민주 노조를 사수하는 과제는 대체적으로 그 의미가 크게 약화되었다. 이는 민주 노조 운동의 조직적 성장을 의미했으며 그 결과가 민주노총의 결성과 조직 확대였다. 그러나 전국적 조직으로 확대된 민주 노조 운동은 새로운 과제에 직면하지 않을 수

---

24 참가를 강제함으로써 국가는 여러 측면에서 민주 노조에 대한 통제력을 회복할 수 있었다. 우선 참가 과정에서 민주 노조 출신 활동가들을 포섭할 수 있게 되었다. 그리고 여러 구조적인 역학 관계의 우위를 이용해 정부의 신자유주의 정책을 강제할 수도 있었다. 참여 민주주의라는 정당성의 기반 위에서 신자유주의 정책을 강요할 수 있게 된 것이다. 이때 국가의 입장에서 억압적 국가 기구의 사용은 참가 문제와 모순되지 않았다. 그리고 한국노총과의 분할 지배 기제를 이용해서 민주 노조를 통제할 수 있었던 것도 중요한 소득이었다. 특히 민주 노조 내부에서 참가 문제를 둘러싸고 대립과 갈등이 발생한 일은 통제력 회복의 관점에서 가장 중요한 측면이었다.

없었다. 즉 합법화와 전국 조직화에 따라 전 계급적 제도 개선과 노동계급의 이익을 확보하는 것이 새로운 과제로 등장했던 것이다. 또 조직 내적으로는 기업별노조를 넘어서 산별 계급 조직을 건설하는 문제가 당면한 요구가 되었다. 이는 개별 기업이나 산업 단위의 단체교섭으로는 해결될 수 없는 문제였다.

특히 1998년 이후 고용 위기와 신자유주의 경제 환경의 압박은 노사정 교섭의 필요성을 증폭시켰던 요인이었다. 비정규직 노동자의 증가와 사회 양극화에 대응해야 하는 민주 노조 운동은 이 문제의 해결을 위한 주체적 능력을 갖추지 못한 상태였다. 이런 조건에서 국가의 합의주의 참가 유도나 강제는 '실패할 참가'조차 외면하기 어려운 구조적 배경을 이루었다.

요컨대 지난 10년간의 합의주의 문제는 여전히 현재 진행형으로 남아 있다. 노조 운동의 발전에 따라 발생하는 새로운 과제를 주체적인 역량으로 해결할 수 있기까지 민주 노조는 합의주의의 딜레마를 벗어나기 어려울 것으로 보인다. 자주적이고 민주적인 산별노조 건설과 정치 세력화, 그리고 그 과정에서 비정규직 노동자와의 아래로부터의 연대를 구축하는 것이 민주 노조의 생존이 걸린 중차대한 과제인 것은 이 때문이다.

이 세 가지 과제들 가운데 정치 세력화는 다른 두 가지 과제를 해결하기 위한 관건적 요소로 보인다. 지난 20년 동안 노동자 대중의 광범한 요구를 수렴하는 경제적 운동으로서 노동조합 운동은 일정한 성과와 함께 구조적 한계에 봉착한 것으로 판단되기 때문이다. 산별노조 건설과 비정규직 연대의 문제는 아래로부터 노조 운동의 동력과 함께 정치적 지도를 필요로 하는 문제이다. 그것은 단순히 현재의 노동 정당 의석을 확대하는 제도 정치 운동으로 설정되어선 안 된다. 조직된 조합원 및 당원들의 정치의식을 제고하기 위해서 정당과 노조 조직을 기층 수준에서 새롭게 재조직하는 문제인 것이다.

참고문헌

김 준. 1999. "사회적 합의와 노동정치의 전개 1989-1995." 최영기 외.『한국의 노사관계와 노동정치(1)』. 한국노동연구원.

김유선. 1998. "민주노조운동의 혁신을 위한 제언."『노동사회』9월호. 한국노동사회연구소.

김형기. 1992a. "변화된 노동정세와 진보적 노자관계."『전망』3월호. 민중당.

______. 1992b. "진보적 노자관계와 진보적 노동조합주의를 위하여."『경제와 사회』가을호. 한국산업사회연구회.

노중기. 1995. 「국가의 노동 통제전략에 관한 연구: 1987-1992」, 서울대 박사학위논문.

______. 1996. "노사관계 개혁과 한국의 노동정치",『경제와 사회』31호, 한국산업사회연구회.

______. 1997. "한국의 노동정치체제 변동: 1987-1997",『경제와 사회』겨울호, 한국산업사회연구회.

______. 1999. "사회적 합의와 노동정치의 새로운 실험: 노사정위원회." 최영기 외.『한국의 노사관계와 노동정치(1)』. 한국노동연구원.

______. 2002. "코포라티즘과 한국의 사회적 합의."『진보평론』13호. 현장에서미래를.

______. 2003. "노사정위원회 5년, 평가와 전망."『동향과 전망』56호.

______. 2004a. "세계화와 노동체제 변동에 관한 비교사회학적 연구."『산업노동연구』10권 1호. 한국산업노동학회.

______. 2004b. "사회적 합의와 신자유주의 노동체제: 한국과 멕시코의 비교연구."『경제와 사회』여름호. 한국산업사회학회.

______. 2004c. "'한국 노사관계 지형과 노동조합의 사회적 대화전략' 발제에 대한 토론." 민주노총 정책토론회 자료집.『한국의 노사관계 현황과 노동조합의 사회적 대화 전략』.

______. 2005. "전투적 조합주의에서 살릴 것과 죽일 것은 무엇인가."『노동사회』100호. 한국노동사회연구소.

______. 2006. "노무현정부의 노동정책: 평가와 전망."『산업노동연구』12권 2호. 한국산업노동학회.

박승옥. 1992. "한국 노동운동, 과연 위기인가."『창작과 비평』20권 2호.

박태주. 2006. "세계화와 사회적 대화, 그리고 노사정위원회." 전태일기념사업회 토론회 자료집.『한국형 사회협약, 과연 가능한가』(11/09).

유범상. 1999. "사회적 합의와 노동정치의 새로운 실험: 노사관계개혁위원회." 최영기 외.『한국의 노사관계와 노동정치(1)』, 한국노동연구원.

이병훈. 2004. "한국 노사관계 지형과 노동조합의 사회적 대화 전략." 전국민주노동조합총연맹 정책토론회 자료집.『한국의 노사관계 현황과 노동조합의 사회적 대화 전략』(05/07).

임영일. 1997. "한국의 노동운동과 계급정치 : 1987~95." 부산대 박사학위논문.

임현진·김병국. 1991. "노동의 좌절, 배반된 민주화: 국가 자본 노동관계의 한국적 현실."『사상』겨울호.

전국민주노동조합총연맹. 2004. 『한국의 노사관계 현황과 노동조합의 사회적 대화 전략』(05/07).

전태일기념사업회. 2006. 『한국형 사회협약, 과연 가능한가』(11/09).

조돈문. 2004. "민주노조운동의 조건과 과제." 『산업노동연구』 10권 1호. 한국산업노동학회.

Hyman, Richard. 2001. *Understanding European Trade Unionism : Between Market, Class and Society*, London: SAGE Publications.

'민주 노조' 노동자 문화와
사라진 노동자 정치의 장소들

신병현 | 홍익대학교 경영학과 교수

1. 머리말

역사적으로 자본의 노동 분할 지배는 특정 사회에 축적된 문화적인 차별과 배제의 경험에 뿌리를 둔 대중적 정서를 동원해 왔다. 그것들은 우리가 처한 특수한 삶의 조건을 형성하는 동시에 다른 한편으로, 우리가 고유한 개별성으로 세상을 살아가게 하는 조건이 되기도 한다. 최근 신자유주의 통치는 이런 삶의 과정 자체에 영향을 미침으로써 사람들의 주체성을 도구화하려는 모습을 보이고 있다. 역사적으로 보면, 노동자 문화는 부르주아 및 중간층의 이데올로기적 기획과 사회적·정치적 영역에서의 통합과 배제의 역사·문화적 조건에서 형성되고 변형되어 왔다.

1960, 70년대 노동자 문화는 농촌 공동체 문화 또는 전통적 민중 문화의 요소들을 담고 있었다. 농촌 공동체 생활 문화는 급속한 산업화 과정 속에서 도시 대중문화 혹은 민중 문화로 변형되었고, 이것은 노동자 문화에 고유한

---

* 한국의 노동자 문화에 관한 정리는 좀 더 장기적이고 체계적인 작업을 요하는 일이다. 그럼에도 다소 무리한 일이지만, 이 글은 그간 필자의 작업장 및 노동조합에 대한 현장 조사와 연구들을 간략하게 정리한 것이다. 이 글의 내용은 필자의 여러 논문과 단행본들의 내용을 요약하거나 발췌한 것을 부분적으로 포함하고 있다.

투쟁과 연대의 공동체성을 형성하는 데 주요하게 영향을 끼쳤다. 전통적인 농촌 공동체 문화는 산업화 시기에도 도시 민중 문화의 주요한 질료로서 긍정적으로 작용했다(김창남 2007; 구해근 2002). 그런 민중 문화는 노동자 문화에 고유한 투쟁과 연대의 공동체성을 형성하는 데 주요하게 영향을 끼쳤다. 지난 20여 년간 한편으로는 제한적이나마 형식적인 민주화가 이루어지고, 대중 소비문화가 급속하게 확산되었고, 신자유주의의 새로운 통치 양식이 확산되는 등 사회 전반의 정치적·문화적 변동이 이루어졌다. 다른 한편으로 노동 해방의 기치를 내걸면서 노동자 정치를 선언했던 전노협이 건설되고, '민주 노조' 운동의 전국적 조직화 및 제도화가 성취되었지만, 새로이 변화된 사회 문화적 조건에서 '민주 노조' 운동은 지체된 모습을 노정하는 가운데, 외환 위기 이후 자본의 유연화 공세에 거의 무기력한 비체[abjection1] 상태에 처해 있다.

　'민주 노조' 운동의 연대와 투쟁 문화는 노동자 일상에서 더욱 유리되어, 파업시 공장 내부로 고립되거나(김원 2007), 엘리트주의적이고 하위문화적인 제한성을 드러냈고, 1997년 외환 위기 이후 지체된 운동 문화 양식으로서 위기를 드러내고 있는 것이다. 더욱 거세지는 자본의 유연화 공세, 전략적 인사 관리와 노동 분할 지배 전략 아래에서, 자주적이고 민주적인 독립 노조의 건설을 추구했던 한국의 '민주 노조' 운동은 그 고유한 강점이었던 투쟁과 연대의 공동체성과 대중적 기반을 점차 침식당해 갔다. 사용자 측의 개별화된 통제 시도, 능력주의와 높은 성과 및 헌신적 태도의 강조, 나아가 상시적인 정

---

1 비체는 주로 프랑스 문학 작품들에서 비열한, 천한이란 뜻과 오물이나 구토물이 버려진 상태, 고문당한 상태, 비열하거나 파렴치한 상태, 죽음에 임박한 버려진 상태 혹은 비참한 상태, 아무것도 분간할 수 없는 끔찍한 공포의 지대라는 뜻으로 사용되기도 했다. 크리스테바는 이를 자아나 목적을 상실한 단절의 순간과 같이 탈가치화나 혐오, 애매함과 무미건조함에서 자아를 포착하는 것 또는 존재와 비존재, 의미와 무의미의 경계에 있는 주체성의 상태를 의미하는 용어로 사용한다.

리 해고의 위협 속에서 노동자들은 더욱 개인주의적으로 행동할 수밖에 없었고, 이것은 다시 노조의 동원 기반을 약화시켰다. 그러나 이런 흐름을 거스르려는 노력에도 불구하고 조합원 노동자 대중의 정서 상태는 더욱 악화되고, 지역 사회로부터 고립되는 경향 역시 크게 개선되지 않고 있다(김원 2007).

이 글은 이처럼 '민주 노조' 활동가들의 헌신적인 노력에도 불구하고 위기의 상태에 있는 '민주 노조' 운동과 그 정치의 엘리트주의적 제한성을 문화적 측면에서 검토하며, 공장, 지역, 가족 등의 노동자 삶 속에서 '민주 노조' 운동에 의해서 창출되고 구성되었던 노동자 정치의 장소들이 시간과 화폐가 지배하는 장소로 환원됨으로써 당대적인 노동자 형상에 상응하는 운동과 정치로 나가지 못하고 있는 노동운동의 비체 상태의 극복 방안에 대해 검토해 본다(크리스테바 1998).

2. 노동자 문화를 보는 관점

노동자 문화는 한마디로 노동자들에 고유한 생활양식의 총체이다. 그런데 우리가 공통 문화를 강조하기보다는, 노동자 문화를 범주적으로 표현하는 것은 그것이 드러내는 특정한 차이에 주목하기 때문이다. 그래서 노동자 문화는 특정 사회에서 역사적으로 노동자들이 다른 사회집단과의 관계 속에서 의미 있고 다양하게 형성·발전시킨 독특한 생활양식에서의 차이라고도 할 수 있다. 그것은 또한 노동자들이 역사적으로 형성하고 변형시켜 온, 독특한 의미 체계, 일상적 삶을 지배하는 정서 및 가치 지향성, 규범과 윤리 체계, 행동 유형과 문화적 (표현) 형식들에서의 차이들이다. 그러나 문화라는 용어 자체가 역사적으로 국가를 중심으로 무질서의 사회적 상태를 질서 지우고 조화를 모색하려는 통합주의적 관점에서 사용되어 왔기 때문에 노동자 문화라는 용어도 이중적 가치를 갖는다.

노동자 문화를 민중 문화나 대중문화와의 연관 아래에서 표현된 문화 형식들의 공통적인 요소나 정도나 질과 가치의 차원을 갖는 것으로 보아 그것들을 비교하고 평가하는 접근이 가능하겠지만, 또한 차이에 근거한 범주들의 식별과 분리를 통해서 좀 더 분석적이고 능동적이고 주체적인 실천을 강조하는 접근도 가능하다. 문화에 대해 좀 더 분석적이고 실천적으로 접근할 때, 다음과 같은 몇 가지 문화를 보는 관점들이 고려될 필요가 있다.

첫째로, 우리는 어떤 사회에서 실제 내용에서는 동일한 관념이나 욕망, 이데올로기나 가치들이 다양한 문화적 표현 형식들을 취할 수 있다는 관점에서 노동자 문화를 이해해야 한다. 즉, 관념·욕망·이데올로기나 가치 등의 문화적 내용들은 소리나 색·글자와 몸짓과 같은 기호적 표현을 거치고 결합하여 다채로운 문화적 형식으로 표현될 수 있다는 것이다. 따라서 노동 가요나 포스터, 율동과 같은 상대적으로 단순한 문화적 형식들cultural forms도 그렇지만, 집회나 시위 및 노조 조직 운영 등과 같이 의례나 제도 및 관행들도 다소 복잡하긴 하지만 역시 동일한 문화적 내용들이 표현된 것이라고 보아야 한다. 따라서 이 글에서도 노동자 문화의 다양한 표현 형식들의 저변에서 작용하는 이데올로기·욕망·가치 등의 내용적 측면들을 중요하게 식별할 것이다. 둘째로 노래·소설·놀이·그림이나 영상물·건축·문학·예술 등 미적 형식들도 어느 시대이건 그 시대의 물질적 사회적 삶의 조건들과 밀접하게 상호 연관되어 있듯이, 노동자 문화 형식들도 노동자들이 처한 삶의 조건과 긴밀히 관련된 표현 형식이다. 흔히들 미적 감정과 미적 표현을 역사 발전이나 시대적 조건으로부터 분리된 것으로 형식화시켜서 미학적 이론으로 구축하려는 경향이 있는데, 이것은 당대의 지배적인 이데올로기적 과정에 자연스럽게 동화되는 효과를 산출하고 만다. 그러나 문화는 우리들의 삶의 물질적·사회정치적 조건들과 분리되어 이해될 수 없다. 따라서 우리는 문화를 우리의 삶의 조건과 긴밀히 관련된 표현 형식으로 보는 관점을 가져야 한다. 거기에는 그 시대의 정치적·이데올로기적 이해관계가 스며들어 있으며, 대중들의 유토피아적 열망 역시 스며들어 있다는 점을 고려해야 할 것이다. 다양한 미적 표현 형식들도 마찬가지이다. 셋째로, 흔히들 매튜 아놀드M. Arnold나 프랭크 리비스F. Leavis의 인문학적 정의에 기대어 문화를 문학이나 예술로 표현되는 정신적인 것들의 핵심으로 보는 견해가 문화 예술 영역을 비롯하여 사회 전반적으로 일반화되어 있다. 하지만, 좀 더 광의로 문화는 우리들의 삶 자체가 어떻게 조직되는가를 규제하는 방식이나 규칙을 포함하며, 그 속에서 문학이나 예술은 다른 물질적·정신적 삶의 측면들 즉, 경제적· 사회적·정치적·종교적 영역들과 특정한 관계를 맺고 있다는 점이 고려되어야 한다. 그런 관계 속에서 이루어지는 다양한 미적 실천은 결코 '사실주의적'이지 않고, '거울 없는 반영'처럼 독특한 실천 효과들을 생산하는 이데올로기적 형태들이다.

이런 문화에 대한 관점에서 노동자 문화의 특징을 그 형성의 역사와 관련해서 간단하게 살펴보자.[2]

노동자 문화, 즉 노동자들의 일상적 삶을 지배해 온 이질적이고 생태적 조건에 밀착된 생활 방식과 행동 유형들은 '시민적인' 교양과 예절civilité의 정착과 확대 과정 즉, '문명화 과정'civilizing process 외부의 존재에서 그 내부로 서서히 편입·동화되거나, 모방하는 과정 속에서 변형되어 온 것들이다. 노동자들은 하나의 사회 세력으로서 부르주아 및 프티 부르주아들과의 관계 속에서, 그리고 그들의 생활 방식 및 사회적 기획들에 대한 저항과 동화의 관계 속에서, '빈곤의 문화', '도덕 경제' 등으로 특징지을 수 있는 '민중적' 삶의 문화적 형식들을 발전시켜 온 것이다.

영국의 노동 계급이 양차대전을 거치면서 국민으로 호명되고 국가에 동

---

2 이하 노동자 문화의 특징에 관한 내용은 신병현(2001; 2002)에서 다루었던 내용임.

일화, 종속되는 과정에서도 잘 볼 수 있듯이, 노동자들은 혁명적 반역이나 전쟁에의 동원, 선거권 획득 투쟁, 또는 노동운동, 종교적 개종, 계급적 타협, 불황기의 빈곤 경험 등 특정한 역사적 계기들을 통해 그들의 무의식적 욕망과 환상을 충족시키고자 했다. 자본주의 경제에서 나타나는 독점화 경향과 근대 국가의 형성 과정 그리고 혁명적 투쟁과 실패의 역사적 과정은 노동자 계급이 차별적으로 종속되거나 배제되는 가운데, 국가 또는 시민으로 동일화되는 과정의 역사였다. 따라서 노동자 문화는 산업화와 더불어 전통적 요소들, 특히 농촌 공동체의 관습과 관행들이 변형되거나 잔존한 형태로 자본주의의 역사적 과정과 더불어 형성된 갈등적이고 대항적인 실천 형식들을 주요한 부분으로 갖고 있음을 고려해야 한다. 한국 노동자들의 역사적 형성 과정에 대해서도 이와 같은 점들에 초점을 둔 분석이 초보적이나마 이루어지고 있다(신병현 2003).

산업혁명기 영국의 경우를 보면, 자본주의적 고용 관계의 확대, 착취와 경기 변동으로부터의 고통이라는 생활상에서의 유사한 경험이 존재하고, 급속한 도시화에 따라 대규모 공장 지대라는 공동의 지역적 생활공간의 형성(연립주택, 지하실, 공동 합숙소 등), 유사한 음식 및 의복 착용, 전통문화에 뿌리 둔 놀이 형식(레슬링, 족구, 고리 던지기, 개싸움, 닭싸움, 오소리 놀리기 등 다양한 축제, 철야제, 성월요일 휴일 등 힘든 작업장 삶으로부터의 일시적 이완 추구), 공동체 규제를 위한 집단적 의례(거친 음악, 아내 팔기), 그리고 시장경제 형태하의 적응 형식으로서 변용된 놀이와 술 소비, 오페라나 오케스트라 등 대중음악 향유 등 소비 유형에서의 유사성으로부터 초래되는 노동자들의 집단적 성향과 감성, 집단적 자의식이 결정화된 특유한 가치 체계와 장인적 전통(체통과 자조정신) 등이 당시의 노동자 문화를 구성하는 요소들이었다(신병현 2001).

노동자 문화는 그 형성 과정에서 전통문화 혹은 대중문화popular culture가 변형된 것들이 주요한 부분이지만, 경제 상태의 변화에 따른 노동자 생활조건의 변화는 지속적인 노동자 문화의 수정을 초래하며, 노동자 조직을 중심으로 발견되고 전수되는 유토피아적 이상과 전통의 모순적 결합을 특징으로 한다. 그래서 노동자들의 일상적 삶의 주요한 측면인 작업장이나 노동조합의 문화적 표현들도 한편으론 기업 문화에 부분적으로 종속되기도 하지만, 노동 운동이나 대중문화와의 관계 속에서 지속적으로 갈등하고 변형되어 간다.

노동자 문화는 영국에서처럼 천년왕국 사상과 종교 부흥 운동이나 자코뱅주의의 급진적 전통, 청교도주의와 공동체주의 등 이질적 요소들의 통합으로 인한 긴장과 갈등 그리고 보존이란 특성을 갖고 있다. 한국의 경우에 급속한 산업화와 이농 과정과 더불어 유교적 권위주의 전통, 그리고 학교와 군대 및 직장에서 총체적으로 추진된 새마을운동의 역사적 경험들과 레드 콤플렉스 등의 역사적 기억과 가족사 등은 전통적·가부장적 사회관계를 유지하게 했다. 동시에, 정보 기술의 발전, 형식적 민주주의의 확대, 신자유주의 세계화 진전(글로벌 표준화 진행), 기업 문화적 유인과 국가주의 통합 이데올로기, 세대적 차이, 노동조합 운동과 정치 운동의 이념적 영향은 노동자들의 생존 조건의 변화와 더불어 노동자 문화를 급속하게 변형시키고 있다.

노동자 문화는 전통과 이상의 모순과 갈등 속에서 변화하는 집합적인 사회 기획으로서의 성격을 강하게 띤다. 따라서 노동자 문화는 무차별한 폭넓은 범주로서 대중들의 생활 방식을 상당 부분 포함하고 있을지라도, 대중문화라는 지형 자체가 계급적 각축장이란 점에서 보면, 노동자 문화는 대중문화를 전체로서 포괄하지도 않으며, 거기에 포함되지 않고 인접하거나 부분적으로 교차하고 있다고 보아야 할 것이다. 그래서 문화란 용어는 사회·정치적 기획으로서 이중적 가치를 갖다. 한편으로는 사회적 통합의 사회적·집단적 기획으로서 그 긍정성을 가지면서, 동시에 그것은 민족, 국가 등 몰 계급적 통합과 종속을 꾀하는 기제들과 관련된다. 이처럼 '문화'는 사회·정치적 기획의 현실화와 관련된 이데올로기적 과정으로서의 기본적인 성격을 갖는다.

우리가 노동자 문화를 말하는 것도 역시 이런 이데올로기적 과정, 즉 노동자 문화 운동 혹은 노동자의 일상적 삶에 대한 정치적 관심, 주체 형성에 대한 관심에서 출발하는 것임은 물론이다. 노동자 문화는 노동자들의 다양하고 이질적이고 특이한 체험, 가치나 풍속 등이 표현되는 삶의 방식이며, 그들이 생산하고 표현한 산물들이기 때문에 그 고유한 모순들을 담고 있고, 전통적 잔재들과 동시에 추구해야 할 '이상'을 담고 있기 때문에 또한 모순적인 과정으로서의 성격을 갖고 있다. 또한 노동자들이 처한 구조화된 삶과 관련된 지배적인 제도들(노조나 당, 지역 공동체 등)과 관련되는 동시에 그를 둘러싼 다양한 노동자 정치 기획들의 이데올로기 투쟁 과정이기도 하기에 그 자체의 모순과 한계를 갖고 있다.

3. 연대와 투쟁의 '민주 노조' 문화와 엘리트적 제한성

(1) 노동자들의 사회적 정체성

현시기 한국 사회 노동자들의 정체성에 관한 대표적인 논의로 구해근 교수의 『한국 노동 계급의 형성』을 들 수 있을 것이다. 그는 한국 노동자들이 노동운동에 적대적인 문화적·정치적 환경과 타의적 정체성을 극복하고 노동자로서의 집합적 정체감을 형성한 것은 한(恨)과 사회정의의 정서에 기반을 둔 연대감, 민중적 지식인들의 언어 제공과 민중 담론이 촉매 구실을 했기 때문에 가능했다고 보았다(구해근 2002). 그러나 1990년대 들어서면서 민주화 이행과 세계화 추세 속에서 국가와 자본의 신자유주의적 공격이 한층 세련되어 갔고, 운동과 계급에서의 분화도 이루어지면서, 노동운동은 사회적·정치적 운동에서 분리되어 경제적 노조주의로 변해갔고, 나아가 1980년대 말에 고조되었던 '노동자 계급 정체성'은 약화되었다고 보았다. 결국 그는 한국의 노동계급은 이제 막 형성되기 시작한 허약하고 미성숙한 계급이라서 아직 "상대적으로 피상적이고 모호한 계급의식"을 갖고 있으며 "초기적 형태의 계급에 기초한 지역 공동체 생활과 문화 유형을 형성하기 시작한 계급"이라고 보았다(구해근 2002).

그런데 여전히 현시기에도 노동자 문화 실태 조사나 작업장 사례 연구들을 보면, 한국의 노동자들은 고유한 계급적 정체성조차 온전하게 유지하고 발전시키지 못했음을 관찰할 수 있다. '노동자 문화' 즉, 노동자들의 고유한 생활양식과 가치관, 행동 양식이란 것들은 소수 활동가 엘리트들과 관련해서만 의미 있게 관찰될 수 있을 뿐이다(신병현 2002). 나아가, 우리 사회 노동자들이 자신을 노동자로서의 사회적 지위와 신분에 얼마나 동일시하는지 살펴본 사회적 정체성에 대한 경험 조사 결과들도 유사하게 일부 노조 활동가들을 제외하곤 대부분의 노동자가 국민 또는 회사원으로서의 정체성에 자신을 소속시키고 있음을 보여 준다(민주노총 등 2003; H사 노조 문화정책방향연구팀 2006).

이런 정체성 논의들은 한국의 노동자들의 '계급적 정체성'은 아직 "미숙하고", 노동자 문화도 일부 활동가들로 제한되며, 조합원 일반의 사회적 정체성 조사 결과는 그간의 '민주 노조' 운동이 대중의 사고나 감성과는 달리, 일부 엘리트 중심의 추상적 '계급주의' 논리에 의해 주도되었음을 보여 주는 하나의 지표로 해석해 볼 수 있을 것이다.[3] 물론 이런 결과들이나 현시기 노동자 대중의 의식과 감정 구조는 어느 정도는 국가의 문화 정치적 통합 시도와 기업의 '신경영전략' 등 기업에 의한 주체성 통제 시도의 결과라고 볼 수도 있다. 하지만, 동시에 비록 추상적이고 상층 엘리트 중심적이긴 하지만,

---

3 여기서 계급주의는 추상적 계급 분석에 의존해 적대와 모순, 국가의 파괴라는 세마(Schema) 아래에서 국가를 역사화하고 정치를 국가의 장 속에서만 사고하며, 궁극적으로는 현실주의적인 의회주의로 종결되는 역사적인 정치 양식을 일컫는다(라자뤼스 2002, 44-45).

그 역시 '민주 노조' 운동의 투쟁 성과라고 볼 수 있다.

(2) 노동자 문화의 이데올로기적 실질들

한국 사회의 노동자 문화는 민주화 과정과 자주적인 독립 노조 운동으로의 발전 과정 속에서, 그리고 '민주 노조' 운동의 성장 과정에서, 그 문화적 고유성을 형성해 왔다.[4]

돌이켜 보자면, 1960, 70년대의 여성 노동자들은 배움의 한과 도시에 대한 동경을 갖고, 진입했으나 더욱 과도한 공장 노동의 착취에 시달려야만 했다. 하지만, 여성 노동자들은 이런 환경에서도 배움과 부와 자부심을 추구했다. 여성 노동자들은 군사 정권의 파시즘적 통치와 가부장적 노동 억압에 맞서서 투쟁하는 가운데, 인간주의와 영성주의적인 일상을 추구했다(신병현 2004). 이런 여성 민주 노조 운동 속에서 우리는 1960, 70년대 노동자 형상을 찾을 수 있다. 또한 영화 〈파업전야〉에서 볼 수 있듯이, 1980년대 이후 남성 대공장 노동자들은 노동과정에서의 비인간적인 처우와 군사파시즘의 억압에도 불구하고, 어용 노조에 저항하며 민주 노조를 건설했고, 전노협과 민주노총의 전국적 조직화와 사회 민주화의 중심 세력으로 성장했다. 그런 1980년대와 1990년대 초반의 '민주 노조' 운동의 중심에도 회사와 국가의 회유와 탄압과 파시즘적 억압에 항거하며 투쟁하는 노동자 형상이 자리하고 있었다. 그러나 현시기 노동자들은 어떤 형상으로 존재하고 있는가? 한국의 '민주 노조' 운동이 지배적으로 대표하는 노동자들은 그런 노동자 형상과 얼마나 닮아있는가? 1990년대 중반을 넘어서면서 민주노총 건설과 합법화와 유연화 논쟁, 노사정 참여, 그리고 1997년 노동법 개정과 총파업 투쟁과 정리 해

---

4 이하 내용들은 신병현(2007)의 내용을 요약한 것임.

고 반대 투쟁을 거치면서, 한국의 '민주 노조' 운동은 이 시대의 노동자들을 적절하게 대표하지 못하고 있다. 물론 '민주 노조' 운동만이 현시기 노동자들이 존재하는 방식, 처한 상태와 그 대표성의 한계에 대해 모두 책임질 일은 아니다. 하지만, 노동시장의 이중화 속에서 비정규적인 주변적인 노동이 증대하고, 노동의 여성화와 서비스 노동이 늘어나며, 이주 노동자들에 대한 공식적/비공식적인 차별과 배제가 커지면서(김원 2005), 정파 구조가 보여 주었던 동학과 그 역사적 긍정성 그리고 그 대의 등에 크게 손상되었다는 의심을 받고 있다(김원 2005b; 조효래 2000).

현시기에 지배적인 노동자의 형상과 '민주 노조' 운동이 추구하는 노동자 정치 사이의 이런 괴리를 우리는 어떻게 이해할 수 있을까? 한국의 노동자 운동 과정에서 노동자들이 역사적으로 형성해 온 집단적 주체성의 정체는 과연 무엇일까?

한국 노동자 계급의 역사적인 형성은 탈식민지 냉전 체제 시기에 이루어진 급속한 자본주의적 산업화 및 국가 형성 과정과 밀접하게 연관될 수밖에 없다. 특히, 1960년대 이후 이농과 도시 노동자군의 형성, 그리고 군사 파시즘의 대중 동원과 대중 교육은 빈곤과 신분 차별로부터의 탈출을 열망했던 대중들의 욕망을 효과적으로 접속시켜 갔다(신병현 2003; 2006a). 민족주의, 근대화론(발전주의), 가족주의 등으로 표현되었던 경제 이데올로기들은 한국 사회 노동자들의 정체성에 비교적 크게 영향을 끼쳐왔다(신병현 2003). 이 경제 이데올로기들은 1970년대 이후에도 '민주 노조' 운동의 조직 운영 원리와 한국 노동자 문화의 주요 요소로 작용해 온 노동 물신주의(숙련주의 또는 전문가주의), 가부장적 권위주의, 가족주의와 유사 가족주의 형태로 여전히 잔존하는 이전 시기의 문화적 잔여cultural residuals들이다(신병현 2001; 2002; 2006a).

1970년대 노동자들의 수기들을 분석해 보면 당시 노동자들의 일상생활에 주요하게 영향을 미친 이데올로기는 민족주의 경제 이데올로기였고, 이것은 근대화나 가부장제 담론으로 구조화되어 표현되었음을 엿볼 수 있다(신병현 2003; 2006a; 김원 2003, 2005). 민족주의와 발전주의(근대화 담론), 가부장적 가족주의 또는 권위주의 담론과 이에 기초한 대중 교육과 대중 동원이 대중들의 일상적 담론과 민주화 운동에 투신한 지식인들의 글쓰기를 크게 틀 지었던 것이다(신병현 2006a). 하지만 흥미로운 점은 민주화 또는 저항 담론들은 당시의 지배 담론들과 이데올로기적 요소들을 상이하게 계열화했다는 점이다. 예컨대, 당시의 텍스트들을 분석해 보면, 지배 담론의 경우 가난, 돈, 가족, 인간, 공동체, 자유, 민주주의, 국가, 국민, 민족 등의 계열화가 이루어진다. 그런데 '민주 노조' 담론이나 지식인 저항 담론에서도 가난, 돈, 가족, 인간, 민주주의, 자유, 노동조합, 국민 등으로 유사한 계열화가 이루어짐을 볼 수 있다. 다만 저항 담론에서는 '진정한'/'어용', '소외받지 않는', '인간사랑' 등과 같은 '진정성', '인간주의' 또는 '영성주의' 담론이 전체 계열 구조를 규정하는 경향이 있다(김원 2003; 신병현 2004; 2006a).

이런 경향은 탈식민지 시기 '국가 형성'과 자주, 통일, 산업화라는 '근대화 프로젝트'가 경쟁적으로 대두했던 여러 민족주의들에 공통적인 현상으로, 이는 첫째, 분단과 냉전적 제3세계 통치 전략에 의해 조건화된 민족적 발전 경로의 논의가 억압되고 내재화되었고, 그에 따라 지배와 종속, 갈등과 저항과 같이 독특한 양면성을 띠는 근대화 담론 구성체가 형성되었기 때문이다. 둘째로, 탈식민지 국가 형성기의 지배 세력들은 반공주의에 의해 규정된 자유-민주주의와 자본주의의 가치, 제도와 관행들을 반*봉건적인 유교적 가치와 가부장적 가족주의 및 권위주의적 관행들과 자연스럽게 접합시킴으로써 산업화 과정에서 요구되는 사회 통합과 대중 동원의 기반을 조성하고자 했다. 지식인들뿐만 아니라 노동자들의 텍스트에 영향을 미쳤던 이런 실천 이데올로기들은 민주 노조 문화 형식들이나 민주 노조 활동가들의 생활양식, 그리고 다양한 공식적 제도나 비공식적인 일상 담론들 속에서도 지속적으로 재생산되었다. 그것들은 1990년대 '노동자 문화'로 일컬을 수 있을 만한 의미 있는 차이들로 식별될 수 있는 '민주 노조'의 투쟁 문화로 표현되었고, 특히,

표 1_ '시기별 민주 노조' 운동의 노동자 문화[5]			
	87년 이전	87~97년	97년 이후
문화 형식과 장르	탈춤, 노가바	집회, 파업, 시위 노동 가요, 풍물	인터넷, 영상 대중가요
노동자 정치의 장소	교회, 배움터	파업 농성장, 거리, 은신처, 집단 주거지	교섭장, 매스컴 회사 정문 앞 노조 사무실 천막, 거리 광장, 가상 공간
쟁점과 담론들	신분 차별과 빈곤에서 탈주하기	총회 민주주의 어용 노조 직권조인 민주 노조 사수	산별노조 비정규직 철폐 관료주의
경제 이데올로기들	민족주의, 발전주의, 반공주의, 가족주의		
노동자 문화의 기본 요소들	인간주의 영성주의, 한	연대의식 공동체주의	신자유주의 자율, 자유 개인주의
	노동 물신주의(숙련주의), 가부장적 권위주의 가족주의/유사가족주의		

독특한 하위문화로서 '민주 노조' 활동가들의 일상생활에서 현실화되었다. 민주 노조 투쟁 속에서 전통적인 농촌 공동체적 연대의 문화 또는 민중 문화의 요소들이 적극적으로 차용·조합되었고, 나아가 전혀 새로운 것으로 변형·창조되었으며, 이제 '민주 노조' 투쟁의 문화 형식들은 이제 사회 전반으로 확대되어 일반화된 투쟁의 형식이 되었다(〈표 1〉 참조).

'민주 노조' 운동의 대표적인 문화 형식은 집회와 파업의 일상적 문화일 것이다. '민주 노조' 운동은 투쟁의 경험 속에서 다채로운 파업, 집회, 시위 등의 조직 방식과 의례들, 사수대, 머리띠와 조끼, 대형 걸개그림과 포스터, 투쟁가요, 몸짓과 율동 등의 연대와 투쟁성을 표현하는 수많은 형식을 모방과 변형과 창조를 통해 발전시켰다. 또한 전투적 활동가들의 헌신적인 삶과 투

---

5 이 표는 전반적인 시기별 노동자 문화에서 두드러진 특징만을 요약한 것이기 때문에, 세세한 문화 형식들이나 쟁점들을 포함시키지 못했다.

쟁의 일상적 모습 역시 독특한 노동자 문화 형식들이다. 파업과 집회 시의 '노동 해방', '평등 세상'과 같은 노동자 세상에 대한 희망을 표현하는 슬로건이나, 회의나 복장 용어, 발언 순서, 사용 언어 등이 그것이다. 이런 문화 형식들은 노동자들의 집단적 권력의 상징으로서 '민주' 노동조합 집행부의 권위를 세워내고, 다양한 상징적 형식들을 통해 노동자 계급이 집단적으로 추구하는 희망을 표현해 주었다.

어용 노조에 반대하며 발전시킨 노조 민주주의를 지키기 위한 제도들도 역시 중요한 노조 문화 형식 가운데 하나이다. 주기적인 위원장 선거 방식과 형식적 총회 민주주의, 관료적 전문가주의 등도 마찬가지이다. 노동조합이 합법적으로 인정받고 교섭이 정착되면서 교섭 및 파업 준비와 교육, 조합원의 일상적 고충을 안정적으로 처리해 주는 행정 업무가 증가하면서 보다 표준화되고 전문화된 조합 간부들의 비중이 점차로 증대했다. 그러나 노동자 운동에서 발전시켜 왔던 다양한 문화 형식들은 노조 조직과 운영의 변화와 노조 엘리트들의 관료화와 함께 빠른 속도로 획일화되고 정형화되었다.[6]

이처럼 풍부한 문화 형식들을 발전시킨 '민주 노조' 문화와 활동가들의 일상 문화는 엘리트주의적인 경향으로 말미암아 노동자 대중의 일상 속으로 일반화되지는 못했다. 그것들은 오직 소수 엘리트들인 현장 활동가나 노조 간부 집단의 공동체 문화로 국한되고 말았다(신병현 2002).

활동가들은 조합원 대중들과는 다른 그들만의 독특한 문화적 감수성을 바탕으로 열정적으로 '노동 해방 쟁취'와 '민주 노조' 운동에 헌신했다(신병현 1998). 이들이 일상 활동과 이데올로기 투쟁 과정에서 현장 노동자들과 이들의 작업장 일상에 각인하는 독특한 감성적 효과는 '민주 노조' 운동에만 고유한 내재적 성격을 갖는 것이었다. 이처럼 공장을 중심으로 한 노동자 투쟁과

---

6 공식화되고 표준적인 업무 처리 절차가 더욱 필요해진 반면, 실질적인 노동자 요구와는 다른 엘리트 관료들의 정치적 요구로서 정책에 대한 요구도 증대하는 역설적인 모습을 보이기도 한다.

그 효과들이 형성한 내재적 감수성의 장^場은 당시 '민주 노조' 투쟁 문화의 중심 요소였다. 활동가들은 '민주 노조' 활동가로서의 연대의 실천과 '공동체적' 감수성을 공유해 왔다. 이들의 일상적 실천과 주요한 작업장 투쟁이나 사건들, 그리고 그것들과 관련된 문화적 감수성은 민주 노조 활동가들에게 자신감을 부여하고 조합원 대중과 감독직, 회사 측 인사들과의 관계에서 권위와 문화적 자산을 갖게 했다(신병현 2000).

그런데 이런 노조 민주화 운동 과정에서 형성된 연대와 공동체 문화는 활동가 집단의 하위문화로 제한되고, 그것이 갖는 엘리트 중심적 성격으로 말미암아 조합원 대중과는 점점 더 유리되는 경향을 띠어 갔다. 그리고 이런 엘리트 중심의 문화적 제한성은 민주 노조 운동의 정파 구조와 담합적 의사 결정에서 작용했으며, 다시 이것은 조합원 대중과의 관계를 관리 또는 통치적 관점에서 사고하는 관료주의적 경향을 산출했다(장우찬 외 2006).

4. '민주 노조' 운동의 위기와 사라진 노동자 정치의 장소들

(1) '민주 노조' 운동의 위기

40여 년에 걸친 한국의 산업화와 근대화 과정에서 노동조합의 민주화 운동, 즉 '민주 노조' 운동은 한국 노동자들의 지배적인 문화적 표현이었던 동시에, 산업화 과정에서 급성장했던 노동자들의 사고를 주요하게 담아냈던 고유한 정치 양식이었다. 그것은 1970년대부터 1990년대 초반에 이르기까지 부당하고 비인간적인 노동 억압과 착취의 상황에 반대하고 불의와 어용 노조에 반대해서 진정으로 민주적이고 인간적인 노동조합을 건설하기 위해 투쟁했던, 그 모든 장소에서 공통적으로 볼 수 있었던 사고 형식이었고 그것은 매우 특이한 주체성이 내재된 어떤 정치 양식이었다(라자뤼스 2002; Gadiou 2004).[7]

'민주 노조' 운동이 고유한 노동자 문화와 노동자 정치로 실재했던 기간을 구획한다면 아마도 전태일 열사 분신 사건을 기점으로 하여, 민주 노조 건설 시도와 지식인들의 노동운동에의 투심이 이루어지는 1970년대가 그 시발점이고, 민주노총의 출범과 외환위기 시기가 그 시효 소멸의 시기가 될 것이다. 그 기간에 우리는 청계피복노조, YH무역, 동일방직, 원풍모방 민주 노조 투쟁, 1980년대 대우자동차 파업, 구로동맹파업, 1987 노동자 대투쟁, 전노협, 중소 투쟁 사업장, 노조 간부들의 은신처 등을 주요한 정치적 장소들로 볼 수 있다. 이 투쟁들은 1970년대 여성들의 "눈부신" '민주 노조' 운동에서 잘 드러나듯이(신병현 2003), 비록 "소박한 경제적, 최소 민주주의적 요구", "낮은 의식 수준", "경제주의, 조합주의", "소박한 연대의식" 등 외재적으로 평가되는 "한계"를 가질 지라도(노중기 2005), 내재적으로는 고유한 개별성과 주체성을 갖고 있었다.

1987년 이후 사회 전반적인 형식적 민주화의 진전과 더불어 '민주 노조' 운동 역시 전국노동조합협의회라는 조직적 성과를 이뤄 냈고, 노동 해방의 기치를 내걸고 '자주성, 민주성, 투쟁성, 연대성, 변혁 지향성'의 정신으로 대표되는 노동운동과 노동자 정치를 추구하기도 했다(전노협백서 1996).

'민주 노조' 운동이 그 정치적 고유성을 가장 잘 드러냈던 시기는 1987년 이후 수년간의 시기였다. 당시의 '민주 노조' 운동은 공동체적 연대의 정신을 바탕으로 하여 공장, 지역, 가족을 대중적인 노동자 투쟁의 역사적 장소, 노동자 정치의 현장으로 구성해 갔다. 그러나 고유한 문화와 정치 양식으로서

---

7 '민주 노조' 운동의 위기와 시효 소멸에 관한 이하의 논의는 신병현(2007)에서 논의된 내용을 요약한 것임.

'민주 노조' 운동은 신자유주의 공세와 사회 문화적 조건의 변화 아래에서 문화적·정치적으로 지체된 모습을 보이고 있다(신병현 2006).

민간 정부로의 이행과 형식적 민주화, 민주노총 합법화, 외환 위기 이후의 신자유주의 공세 강화와 같은 중요한 변화들은 민주적인 형식을 통한 선거로 위원장과 집행부를 '어용' 세력으로부터 방어하기 위한 작업장 민주화 투쟁 주체로서 '민주 노조' 활동가들에게 적지 않은 혼란을 낳았다(조효래 2000; 신병현 2002). 게다가 채용 비리와 정규직 노조 운동에 대한 사회적 비판이 고조됨에 따라 '민주' 노조 운동에 대한 부정적인 분위기가 확산되고 있으며, 기업 활동의 글로벌화와 신자유주의 이데올로기의 공세 속에서, 이에 대한 대응을 둘러싸고 노조 운동 내부에서의 정파 간 갈등도 치열하게 나타나고 있다. 이에 따라 민주 노조 운동 전반에서 위축된 분위기도 형성되고 있으며 '노동운동의 위기' 논의가 거듭 제기되는 실정이다. 그런데 그 '위기'는 '민주 노조' 정치만으로는 더 이상 효과적으로 대응할 수 없는 신자유주의 시기의 변화된 현실과 엘리트 중심의 노조 운동에 대한 대중적 사고와 정서의 이반으로부터 오는 불안과 사고들을 실체로 하는 위기일 수 있다. 그 불안과 사고들은 극도의 현실주의적이며 대중추수적인 의사 결정과 엘리트 중심의 정파적 독단과 담합, 그리고 그 구조의 유지를 위한 담합의 전술적 순환, 의회 중심적 계급주의 등으로 전위되어 표현되고 있다.

1996, 97년 총파업과 노동법 개정, 민주노총 합법화, 1998년 정리 해고 열풍을 거치는 일련의 시기는 이미 1980년대 이래로 지속되어 왔던 신자유주의 축적 체제가 한국에서 정치, 이데올로기적으로 공고화되고, 사회 전반에 걸쳐 일반화되기 시작하는 시기이다. 또한 신자유주의 이데올로기가 새로운 통치 양식으로 본격적으로 공고화되는 1997년 이후 실질적인 계급 분화, 지역 분리, 계급 재생산 등의 사회적 문제가 새로이 중요한 이슈로 대두했다. 그러나 이런 사회, 문화적 변동에 '민주 노조' 정치 양식은 더 이상 유효하게 대응하지 못하고 다양한 차원에서 그 지체된 모습을 드러내고 있다.

현시기 노동운동의 위기에 관한 다양한 논의가 가능하겠지만, 그런 '위기'는 근본적으로 '민주 노조' 운동이 기반을 두고 있는 문화와 정치가 여전히 노동운동의 구체적 현장에서 수많은 활동가의 현실 인식과 실천에 도움을 주기보다는 오히려 인식과 활동의 장애로 작용하고 있기 때문이라고 볼 수 있다(장우찬 외 2006; 신병현 2006b; 이희랑 외 2006). 그 증후들을 다음과 같이 요약해 볼 수 있을 것이다.

첫째, '민주 노조' 운동과 활동가 집단은 노동자 대중들이 어떤 사고를 하는지를 사고하지 못했다. 민주 노조 활동은 활동가 집단의 문화적 자산을 증가시켰지만, 이와 동시에 조합원 대중들의 사고와 정서로부터는 점점 더 멀어져 갔다. 그동안 활동가들은 이런 상황을 잘 알고 있었을지라도, 이미 1980~90년대 초반에 걸친 일련의 시퀀스를 거쳐 종식(역사적으로 시효 소멸)된 '민주 노조' 정치 양식'의 지체된 조직 형식들과 이미지에 갇혀서 제대로 표현하지 못했고, 연구자들 역시 공장에서의 노동자들의 사고에 대해 사고하지 못했다.

둘째, 민주 노조의 합법화 이후 노동자 일상은 공장 내부로 더욱 갇히는 경향을 보여 왔다. 지역과 사회 전반에 걸친 사회적(사회운동적) 노조 운동을 표방하고 정당 운동으로 확장하고자 했지만, 노동시장의 규제력을 갖기로 '전략적'으로 '선택한' '민주 노조' 운동은 역설적으로 공장으로 더욱 위축되는 경향을 보였다. '민주 노조' 운동의 장소로서 공장은 노동시간을 두고 국가 및 자본과 거래하는 '시간의 장소로서 공장'으로 정착되어 갔다. 이런 모습은 성과급 투쟁과 잔업 특근 경쟁, 그리고 여가와 가족생활의 희생에서 잘 드러난다(신병현 2006b; 김원 2006). 또한 사회적 위세prestige의 증대는 또한 노동자 계급 주체 형성보다는 국가와 민족이라는 추상적 정체성으로의 귀속을 야기하거나 회사 사원으로서의 자부심을 추구하는 굴절된 모습으로 드러난다. 노동자를 공장에서 분리시켜 사회 속으로 순환시키고자 했지만 그 결과는 다시 공장 내부로의 제약되는 모습을 보이고 있다. 시간의 장소가 된 공장은 더욱 국가의 정책과 자본의 전략에 종속된 장소로 변해 간다. 공장 이전과 브랜드 전환이나 폐지, 공정의 축소는 노사 관계 관리 전략으로서 물량 및 고용 이데올로기를 강화한다. 그럴수록 이를 매개하고 관리하는 노조의 영향력은 커지며, 이에 따라 회사와 노조에 대한 조합원들의 도구적 이중 몰입 경향이 증대하게 된다. 민주 노조와 활동가 집단은 이에 대해 정책적으로 개입하고자 하지만, 1996, 1997년 투쟁 경험에서 보았듯이, 교섭 결과는 결국 조합원의 노동조건 변경으로 향하는 무력함만 노정하고 말 것임을 모두가 언제나 이미 알고 있다(장우찬 외 2006). 노동조합은 이제 회사와 협상하고 회사를 대신하는 관리 파트너십으로 위상이 바뀐 것으로 조합원들에게 사고될 수 있다. 여기서 '민주 노조' 운동의 정치 양식이나 합리성은 더 이상 합리적인 것으로 작동하지 않는다.

셋째, 활동가 조직들의 정파적 담합 구조와 지배 구조의 순환성은 형식적인 총회 민주주의의 병폐를 무대 위에서 시연simulation하고 있을 뿐이다(Rancière 1995). 노조 조직의 제도화에 대한 사회적, 조직 내적인 요구와 감시·감사의 증대는 업무 활동의 표준화와 전문화를 더 필요로 하게 한다. 이에 따라 활동가들은 노동조합의 공식화와 전문화 등 관료제적 조직화의 필요성을 강조한다. 이와 동시에 각종 위원회 구조 역시 정파 구조 아래에서 효율적인 조직 운영을 위해서는 불가피함을 강조한다. 민주 노조가 실질적으로는 정파 조직들의 담합에 의해 지탱되고 있다는 사실은, 노조 운영의 표준화·전문화·공식화를 가로막고 있다. 현장 조직의 정파적 대립은 '민주 노조' 운동에 고유한 역동성을 지니게 했었다(조효래 2000). 선거 연합과 권력 분점의 기제는 민주 대 어용의 대립 구도에서 필수적인 것이었다. 그러나 민주/어용의 구도가 흐려지면서 정파적 대립은 다양한 역사적 지성과 정치 양식들을 담을 수 있는 공장을 현실주의 정치, 또는 의회주의 정치 양식으로 환원시켜 갔다(조효래 2000; 김원 2006; 장우찬 외 2006).

(2) 사라진 노동자 정치의 장소들

이와 같이 엘리트 중심의 민주 노조 문화의 현실주의 및 의회주의 정치 양식의 주도는 노동자 정치와 노동자 문화 형성에서 긍정적인 것과 동시에 부정적 효과를 야기할 수 있다.[8]

한편으로 노동자들의 다양하고 고유한(즉, 개별적인) 삶의 양식으로서 노동자 문화와 그들의 일상적 삶 속에서 작용하는 역사적 기억과 체화된 관행들과 상식 및 문제 해결책들은 노동자 정치의 풍요롭고 귀중한 자원들이다. 그럼에도 그것들은 노조 운동이라는 엘리트 중심의 연대의 공동체와 그것의 통치 논리로 제약되고 환원되는 양상을 보일 수 있다. 이것은 활동가들만의 엘리트 중심적인 문화적 제한성, 즉 개별성의 억압과 공동체 논리의 과잉으로 드러났다(신병현 2002). 다른 한편으로 공장과 지역, 그리고 가족의 영역들에서 역사적으로 형성되고 노동자들의 집단적 지성으로 지속되는 다양하고 고유한 사고들(즉, 특이하지만 집단성을 갖고 나아가 역사적인 노동자 운동 속에서 늘 보편성을 추구하는 노동자 정치 양식들)은 노동조합과 국가 중심의 정치, 즉 의회주의적 정치로 단일화, 환원되고 만다. 이것은 결국 노동자 정치가 자유주의 의회 정치 및 신자유주의적 통치로 퇴행하는 모습으로 드러날 뿐이었다(김원 2007). 이런 두 과정은 곧 공장과 지역, 가족에서 노동자라는 이름의 사라짐을 야기한다. 한편으로 그것은 관리 및 통치 차원에서의 문제 해결을 요구하는 정책적 과제로, 다른 한편으로는 사업장, 노동조합, 회사의 구성원, 생산요소, 유권자 등으로 대체됨으로써 노동자 이름을 사라지게 한다.

노동자 정치의 대표적인 현장은 물론 공장이라는 장소이다. 노동자 정치에서 노동자와 공장은 그 자체로서 정치적이라 할 수는 없지만, 특정한 상황에서 정치가 발생할 최소한도의 가능성을 규정하는 범주이다. 따라서 노동

---

8 이하 끝까지의 내용은 신병현 외(2007) 내용의 일부를 수정한 것임.

자들의 조직적 역량과 더불어 공장이라는 장소는 노동자 정치의 가능성의 조건들을 형성한다. 중요한 점은 그 공장이라는 장소가 화폐와 시간이 지배하는 국가와 회사의 부분으로서가 아니라, 즉, 그것으로는 아무리 단일화시켜도 결코 환원될 수 없는 특정한 상황하에서의 특이성(고유성), 잔여, 공백, 다수, 또는 비장소non-place로 명확히 존재한다는 점이다(Bosteels 2003).[9] 여기서 역설적인 점은 그 비장소는 그런 단일화를 지탱하지만, 또한 하나로서 그런 단일화를 파괴함으로써 노동자 정치의 장소, 즉 사건의 장소가 된다는 점이다(Badiou 2004). 예컨대, 불의와 억압적 노동 상황에서 노동자를 조직적으로 단결하고 저항하게 한 '민주 노조' 운동은 기존의 어용 노조나 회사, 국가 등 어느 것으로도 단일화될 수 없는 고유한 장소와 고유한 노동자 범주로서 회사 공동체, 민족 공동체, 국가주의 등의 통합된 이미지와 재현을 깨뜨리며 그 모습을 드러냈다. 마치 오늘날 정규직 노동자와 노조의 외부에서 국가와 회사나 노조에게 부당한 처우를 받고 차별받는 외국인 노동자들이나 비정규직 노동자, 여성 노동자들처럼 말이다. 노동자 정치의 장소는 공장에 국한되지 않는다. 노동자 운동의 역사에서 잘 볼 수 있듯이, 자본과 노동의 흐름이 마주치는 곳으로서, 대표적으로는 노동자들이 집단적으로 거주하는 지역과 노동자 가족, 학교 등 그 어느 곳이든 잠재적으로 노동자 정치의 장소가 될 수 있다.

예컨대, 1989년에서 1990년 울산 동구지역 오좌불 독신자 숙소와 만세

---

9 비장소는 처음에는 일상생활에서 접근이 통제된 곳은 의미를 가질 수 없다는 의미에서 비장소(또는 무장소)로 사용되었다. 그러나 점차 일반화되어, 국제공항, 쇼핑몰, 슈퍼마켓 등과 같이 친숙하지 않으며 역사적인 의미를 가지지 않고, 텅 빈 공간에 우연한 익명적 존재로서 몰입하는 여행자나 소비자처럼, 어떤 애착이나 정체성, 안전감을 부여하지 않는 장소들을 칭하게 되었다(최병두 2002). 또 이 개념은 지리적·건축적·구체적인 장소성(loci)을 넘어선 접합점, 간극, 틈새, 공백으로서 푸코(M. Foucault)나 세르또(M. de Certeau)와 같은 후기 구조주의자들에 의해 사용되어 주로 사건의 존재와 발생을 포착하려는 용어로 사용된다(Bosteels 2003).

대 아파트 같은 노동자 주거 공동체는 물론 회사의 노무 관리와 복지 정책을 통해 형성된 거주 공간이다. 하지만, 그 자본의 통치 공간은 128투쟁과 골리앗 파업 당시에는 노동자들의 "해방 공동체"였으며(김준 2006), 이후에도 민주 노조 활동가들의 학습과 만남을 통해 노동 해방의 정치를 예단하고 투심하게 했던 노동자 정치의 현장이었으며, '민주 노조' 운동이 형상화했던 무수한 노동자 정치의 가능성을 담아냈던 노동자의 장소, 노동자 정치의 현장이었다.

1990년대 초반부터 노동 유연화와 신인사 제도, 기업 문화 통제를 핵심 요소로 하는 '신경영전략'이 작업장과 가족, 지역 등 노동자 일상 전반에 대한 통제를 강화했다(신병현·김도근 1993). 하지만, 노동조합들은 "사업장 내의 싸움" 그중에서도 '경제주의적인' 임금 및 복지 투쟁에 치중해 "지역의 노동자 거주 공동체를 조직화하고", "계급적·민중적 연대의 지역적 기반을 조직하는 데 실패했다. 반면, 회사 측은 지역의 문화적·사회적·지리적 재편을 통해 거주 공동체를 파편화"함으로써(김준 2006), 1980년대 말에서 1990년대 초반에 형성되거나 노동자 정치의 장소가 되었던 대부분의 노동자 공동체가 사라지도록 했다. 도시화와 재개발, 가족 중심의 여가 활동 확산, 중간 계급적 소비문화의 확산 등의 사회 문화적 변동과 노동조합의 대응 역량 부족 등은 노동자 주거 공간의 지리적 이동과 확산을 야기했다(김준 2006; 김원 2007).

그런데 이 노동자 거주 공간이 이동되고 확산되었다고 해서 노동자 정치 현장들도 사라져 없어진다고 할 수는 없다. 예컨대, 구로공단 지역은 1970년대와 1980년대 중반 노동자 연대와 동맹파업이 전개되는 노동자 정치의 현장이었지만(유경순 2005), 지금은 대규모 의류 상가와 IT 사무실 그리고 외국인 노동자들이 밀집한 지역으로 탈바꿈함으로써 과거와는 전혀 다른 공간으로 변했다. 하지만, KTX 여성 승무원이나 이랜드 비정규직 노동자들의 해고 반대/고용 보장 요구 투쟁에서도 볼 수 있듯이, 다양한 범주의 노동자들이 존재하고 투쟁하는 그 장소들은 여전히 노동자 정치 현장의 잠재적 장소 즉,

비장소로 존재한다. 노동자의 현장은 이동하는 공장과 가족과 지역 속에서
비장소의 형태로 국지화되어 여전히 존재한다. 그것은 고유한 역사성을 갖
고 집단적으로 조직화되거나 사건으로 출현하는 사고의 형태 또는 정치 양
식으로서 양태 변화된 비가시적인 형태로 우리의 일상 속에서 언제나 이미
존재한다. 문제는 이 사라진 노동자 문화와 정치의 장소를 어떻게 가시화하
고 조직적 역량과 주체적인 투심에 기초해 반전시킬 것인가이다.

5. 다시 현장으로

'민주 노조' 운동은 한국의 국가 형성과 산업화의 일정한 시퀀스sequence를
차지하는 특정한 정치 양식이었다. 그것은 변화된 상황을 더 이상 설명하거
나 해석해 낼 수 없을 정도로 지체되고 포화된saturated 정치 양식이며, 오래전
에 그 유효성의 시효가 소멸했음에도 불구하고 노동운동의 다양한 현장들에
서 여전히 작동함으로써 그런 포화들saturations을 적절하게 식별할 수 없게 하
는 것 같다. 우리는 어떤 정치 양식이 전과 같이 제대로 작동하지 못함을 그
양식과 실재와의 관계 속에서 그리고 그 내부에서 다시 검토함으로써 그 시
효 소멸과 그 양식의 고유한 역사성 또는 지성intellect을 사후적으로 식별해 낼
수 있다. 이런 식별은 특정한 정치 양식을 하나의 고유한 지성으로서 상이하
게 맥락화recontextualization 또는 배치할 수 있게 한다. 라자뤼스S. Lazarus에 의하
면, 포화saturation의 방법에 의한 시효 소멸의 확인은 실재와 정치 양식, 사고
사이의 관계가 상이한 질의 관계, 상이한 개별성과 문제틀을 갖는 것으로 이
행하는 것이다(라자뤼스 2002). 이런 '포화의 방법'은 기존의 정치 양식의 사고
양식과 주체성을 새로운 현재의 사고 양식과 상이한 주체성 속에서 파악하

는 것이다. 예컨대 '민주 노조' 운동의 투쟁의 장소로서 '공장', '거리', '거주지'는 신자유주의 시기 '일상 정치'의 새로운 맥락에서는 하나의 고유한 개별성을 갖는 장소와 범주와 지성으로 위치지어 지고 그 이름이 명명될 수 있을 것이다.

앞서 살펴보았듯이, 공장이 노동자들의 장소인 한, 그 장소는 과거, 현재, 미래의 다양한 사건들의 현장이다. 그리고 정치 양식은 고유한 역사성을 갖고 일정한 시퀀스를 갖고 반복적으로 명시적으로 전개되다가 사라지는 사고 양식이며, 실천들의 총체이다. 각각의 정치 양식은 새롭지만 동질적인 사건의 현장들에서, 고유한 결로서, 하나의 독특한 개별성으로 자신의 존재를 드러낸다. 설사 그것이 현재화되지 않아서 눈에 보이지 않을지라도, 그것은 고유한 역사성을 갖고 그 무엇으로도 환원되지 않으면서, 국가와 시간이 지배하는 장소들로 늘 환원되어 가는 공장-가족 장소들 속에서, 그리고 언제나 이미 의식적·무의식적으로 우리가 참여하고 있는 일상적인 삶의 과정 속에서 보이지 않는 고유한 영역들을 차지하고 있다. 그것들은 역사적으로 존재해 왔던 노동자 문화와 그 운동의 흐름들의 주변에서 마치 잔여적인 문화처럼 드러나 보이지는 않지만, 늘 실재하면서, 때로는 분출하기도 하는 역사적 노동자 운동의 가치와 문화적 전통들과 연관된 사고 양식들이다. 그것들은 자신의 존재를 다수의 실천과 관행과 문예 형식들, 습관들 속에서도 작동하고 특정한 원재료들을 통해서 자신의 형식화된 모습으로 드러내기도 한다. 그것들은 바로 그 영역적 속성을 기반으로 해 다른 다양한 실천적 관계를 형성하고, 또한 그 속에서 고유한 역사성을 기반으로 한 동질적인 결을 확장하는 동시에 새로운 관계들을 맺음으로써 새로운 정치적 실천의 장을 구성하면서 변화해 간다. 그것들은 습관화된 실천들, 일상적 삶과 글쓰기, 그림 그리기, 노래하기 등의 문예적 재현 실천 등의 형식으로 존재하는 다양한 것들의 총체이다.

우리는 그 개별성 또는 특이성들singularities이 새로운 방향으로 새로운 결을 형성해 나갈 것을 예단하면서, 그 고유한 존재와 고유한 표현을 띠면서 노동자의 장소로서 공장과 지역과 가족의 관계를 전과는 다른 관계로 맺음으로써, 국가와 회사와 시간의 장소가 더 이상 아닌 장소로서, 노동자들의 삶의 현장으로 되는 과정을 주목하고 그것과 함께하는 노동자 정치를 새로이 발명해 나가야 할 것이다.

'공장'은 더 이상 죽은 노동과 화폐와 시간이 지배하는 장소가 아닌, 해방적이고 생동성을 지닌 진정한 노동자 형상이 지배하는 장소로 되어야 한다. 그러기 위해서는 다양한 정치 양식들과 그 장소들의 식별이 이루어지며, 그런 것들이 노동자의 역사적 지성으로 재발견되는 장소들로 존재할 수 있어야 한다. 그럴 때에만 비로소 지역과 가족 등은 공장과 동질적인 장소로 확장될 수 있을 것이다. 이런 점에서 '민주 노조' 운동이라는 고유한 정치 양식은 노동자들의 역사적 지성으로서 새로이 발견되고 공장, 거리, 거주지 일상에서 그 고유한 장소를 그 고유한 노동자 형상과 더불어 갖게 될 것이다. 그 노동자 형상은 여성, 비정규직, 이주 노동자 등 다양한 노동자 형상들과 더불어 공장과 지역에서 새로운 정치 양식을 창출해 갈 수 있을 것이다.

우리는 현시기가 과거 '87년 노동자 체제'처럼 분노한 노동자들의 정서 구조에 편승한 '깃발 꽂기' 시대는 아니라고 본다. 현시기는 좀 더 능동적으로 노동자들을 계급적 주체로 형성해 내기 위한 새로운 조건과 활동 기반 조성이 필요한 시기이다. 현시기에 노동운동은 그간 노동조합 운동의 성장과 노동자 정당의 제도적 진출이라는 성과를 기반으로, 새로운 연대의 문화를 창출해 갈 수 있는 기회를 맞이하고 있기도 하다. 따라서 현시기는 그간 노조 운동 방식이나 노조 운영 방식을 돌이켜 봄으로써 침식된 민주 노조 운동의 지반을 공고히 하고, 변화된 상황에 적합한 새로운 노조 운동과 노동운동의 전형을 창출해야 할 시기이다. 나아가 그동안 주요했던 노동자들의 감정 구조를 파악할 필요가 있으며, 그것이 어떻게 변화하고 있는지 상태 변화를 더 정밀하게 파악해야 하는 시기인 것이다. 또한 새로운 노동자 세대의 형성과 새로운 기술 조건에서 노동자들과 활동가들의 상호 작용 방식의 변화를 모색해 할 필요가 있으며, 정보 지식 획득 경로의 다양화에 따른 더 다양한 교육 방식의 개발과 같은 변화가 필요한 시기이기도 하다. 그중에서도 가장 중요한 것은 일상을 식민화해 가는 신자유주의의 소비 대중문화의 공세 속에서 노동자 주체 형성의 새로운 기획을 이뤄 내는 일일 것이다. 그것은 아마도 그동안 민주 노조 운동의 연대와 공동체의 문화 형식으로 포괄되지 못했던 노동자 삶이 가진 고유한 역사적 개별성과 차이를 존중해 주면서 그것을 민주 노조 운동 전통을 계승하는 공동체성과 통일시키려는 노력으로 표현될 수 있을 것이다.

이를 위해서는 공장과 지역과 가족이라는 노동자 장소들에서 개별 노동자들의 정치는 무엇이었고, 공장은 노동자에게 어떤 장소였으며, 공장에서 과연 무엇이 사고되었고, 무엇이 지속적으로 추구되고 있는가를 앙케트 enquête를 통해 지속적으로 확인하고 범주화해, 그런 노동자들의 집합적이고 역사적인 사고를 새로운 노동자 정치로 보편화해 가는 실천을 모색하는 것이 필요할 것이다. 그것은 단순한 또 하나의 노조 운동 모델을 대체하거나 역사적 사건에 관련된 지식의 외삽이 아닌, 진정으로 노동자들에 의해 사고된 실재와 그 속에서 실제로 작동한 노동자 정치 양식들은 무엇이었는가에 초점을 둘 현장 중심적인 연구자와 활동가의 통합적 실천 형식이다.

참고문헌

구해근. 2002. 신광영 옮김. 『한국 노동계급의 형성』. 창작과비평사.

김 원. 2007. "한국의 노동자 문화, 반복·변주되는 위기들." 『진보평론』 32호. 메이데이, pp. 85-114.

_____. 2006. "신자유주의에 따른 지역노동운동의 변화와 대응: 울산 북구 현대자동차를 중심으로", 산업노동학회 춘계 학술대회 자료집, pp. 126-156.

_____. 2005a. "세계화 이후 한국 이주노동을 둘러싼 담론들에 대한 분석." 문화연구 시월 공개자료실. http://www.siwall.net/main/openDB,no.15.

_____. 2005b. "신자유주의하에서 노동조합의 균열구조 변화: 한국통신 정규직과 비정규직 간의 노동조합 내부정치를 중심으로", 문화연구 시월 공개자료실. http://www.siwall.net/main/openDB. no.18.

김 준. 2006. "잃어버린 공동체?: 울산 동구지역 노동자 주거공동체의 형성과 해체." 이종구 외. 『1960-70년대 한국노동자의 계급문화와 정체성』. 한울, pp. 381-427.

노중기. 2005. "민주노조 운동과 구로동맹파업: 그 내적 연관에 대한 시론." 『산업노동연구』 11권 2호. 한국산업노동학회, pp. 321-344.

민주노총 외. 2003. 『노동자문화 실태조사 보고서』.

신병현. 2000. 『작업장문화와 노동조합』. 현장에서미래를.

_____. 2001. 『노동자문화론』. 현장에서미래를.

_____. 2002. "노동자문화와 노동자 조직: 엘리트주의적 의미생산과 그 조직적 귀결에 초점을 두고." 『진보평론』 14호. 현장에서미래를, pp. 94-119.

_____. 2003. "1960, 70년대 산업화 과정에서 노동자들의 사회적 정체성에 영향을 미친 주요 역사적 담론들." 『산업노동연구』 9권 2호. 한국산업노동학회, pp. 307-351.

_____. 2004. "스토리텔링을 통해 재구성된 70년대 여성들의 민주노조운동." 『진보평론』 21호. 현장에서미래를, pp. 309-320.

_____. 2006a. "70년대 지배적인 담론구성체들과 노동자들의 글쓰기." 『산업노동연구』 12권 1호. 한국산업노동학회, pp. 191-222.

_____. 2006b. "'민주노조' 정치 양식의 시효소멸에 관한 시론: 엘리트 중심의 노동운동과 그 문화적 제한성을 중심으로." 『경제와 사회』 72호. 한국산업사회학회, pp. 42-68.

_____. 2007. "'민주노조' 노동자문화와 사라진 노동자정치의 장소들." 『노동자문화운동. 길을 찾다!』. 인천노동자문화제토론회자료집, pp. 22-43.

신병현 외. 2007. 『문화·현장·방법론』. 민예총인천지회.

신병현·김도근. 1993. "자본합리화의 신경향: 기업문화전략을 중심으로." 『동향과전망』 19호, pp. 186-207.

라자뤼스, 실뱅. 이종영 옮김. 2002. 『이름의 인류학』. 새물결.

바디우, 알랭. 이종영 옮김. 2001. 『윤리학』. 동문선.

유경순. 2005. 『노동자, 자기 역사를 말하다: 현장에서 기록한 노동운동과 노동자교육의 역사』. 서해문집, pp. 230-275.

이희랑·심성보. 2006. "노동조합의 노동자주체 재현양식 분석 : H사 노동조합의 노조방송과 노조신문광고에 대한 기호분석을 중심으로." 산업노동학회 춘계 학술대회 자료집, pp. 178-204.

장우찬·현광일·심성보. 2006. "오늘날의 파업: 관리, 정치, 시간 : H사를 중심으로." 산업노동학회 춘계 학술대회 자료집, pp. 157-177.

전노협백서발간위원회. 1996. 『전노협백서』.

조효래. 2000. "기업별 노동조합의 내부정치: H자동차노조의 현장조직들을 중심으로." 『산업노동연구』 6권 1호. 한국산업노동학회, pp. 155-187.

크리스테바, 쥴리아. 유복렬 옮김. 1998. 『반향의 의미와 무의미』. 푸른숲.

최병두. 2002. "자본주의 사회에서 장소성의 상실과 복원." 『도시연구』 8호, pp. 253-278.

H사 노조 문화정책 방향 연구팀. 2005. 『H사 노조 문화정책 방향연구』.

Bsdiou, A. 2004. "The Factory as event site." *Prelom* 8, pp. 171-177.

Bosteels, B. 2003. "Non-Places: An anecdoted Topography of Contemporary French Theory." *diacritics* 33, 3-4, pp.117-39.

Rancière, J. 1995. "Politics, Identification, and Subjectivization." J. Rajchman ed. *The Identity in Question*. London: Routledge, pp.173-98.

민주 노조 운동의 조건과 과제

조돈문 | 가톨릭대학교 사회학과 교수

1. 들어가는 말

1987년 노동자 대투쟁을 거치면서 조직되기 시작한 민주 노조 운동은 1995년 41만 노조원이 참여한 민주노총을 건설했으며, 이제 80만 조합원의 총연맹으로 성장했다. 전체 조합원 가운데 80% 가까이 산별노조로 조직했으며, 금속노조가 2003년 임금 삭감 없는 노동시간 단축 노사 협약을 체결하는 등 더디지만 산별노조 건설에 일정한 성과를 냈다(임영일 2007). 또한 1996~97년 노동법 개정 총파업 투쟁 등을 통해 사회적 영향력을 행사하며 지난 20년 동안 노동자들의 노동조건과 삶의 질 향상뿐만 아니라 우리 사회의 진보적 변화를 위한 투쟁을 이끌어 왔다. 마침내 17대 총선에서 노동계급 정당이 원내 진출에 성공함으로써, 늦었지만 노동계급 정치 세력화를 이루어 내기도 했다.

이처럼 민주 노조 운동이 양적·질적 발전을 거두었음에도 불구하고 노동자들은 어느 때보다도 공세적인 노동의 유연화를 맞고 있다. 신자유주의 경

---

* 이 글은 『산업노동연구』 제10권 1호에 실렸던 "민주노조운동의 조건과 과제"를 수정·보완하였음.

제정책의 일환으로 전개되는 노동의 유연화로 평생직장 개념은 없어지고 노동자들은 상시적으로 고용 불안정에 시달리고 있으며, 비정규 노동자들은 전체 고용 인구의 60%에 육박하고 있다. 자본과 국가의 탄압은 인신 구속과 해고를 넘어 손해배상 청구 및 가압류 소송과 같이 더욱 교묘하게 전개되면서 노동조합의 투쟁은 무력화되고, 일련의 노동자 분신 사태를 맞으며 비관적 상황 인식을 자아낸 것도 사실이다.

민주 노조 운동은 이런 성과와 한계, 역량과 도전의 한가운데 놓여 있다. 민주 노조 운동은 1990년대 초 공안정국 등장 이후 조직력과 동원 역량이 위축되기 시작하던 시점, 1997년 경제 위기 이후 노사정 참여를 둘러싼 내부 갈등 시기에 이어 최근 들어 다시 구조적 조건 변화와 더불어 민주 노조 운동의 전략에 대한 재검토를 요청받고 있다.[1] 본 연구는 이런 문제의식에서 출발해 현재 민주 노조 운동이 직면한 도전과 과제를 검토하고자 하며, 그에 앞서 민주 노조 운동의 외적 조건과 주체적 역량을 간략하게 개괄하고자 한다.[2]

2. 민주 노조 운동의 외적 조건

1987년 이래 노동자 노동조건 및 노동조합 역량에 영향을 미친 외적 여건의 변화로는 군사독재의 종식과 정치적 민주화, 세계화와 초국적 자본의

---

1 이러한 문제의식과 관련된 논의들은 최장집(1993), 박승옥(1992), 노중기(1998 ; 1999), 임영일(1999 ; 2003), 조돈문(1997; 2003c)을 참조할 것.
2 2000년 민주노총(2000a ; 2000b) 발전전략위원회에서 "민주노총의 현재와 과제"라는 제목으로 민주 노조 운동의 정체성과 성과, 주체적 역량과 한계, 외적 조건의 변화와 대응 방향의 다양한 측면을 조명하고 있다. 이 논의의 상당 부분은 여전히 유효하다. 따라서 여기에서는 자세한 논의를 생략하기로 한다.

영향력 증대, 신자유주의 경제정책과 노동의 유연화, 자본의 합리화 정책과 현장 장악력 탈환 시도, 국적 자본의 해외 진출 증대와 산업 공동화 시작, 남북 관계 변화의 급진전, 동구권 몰락과 대안 체제에 대한 불신, 시민운동의 성장과 민중운동의 약화, 자유주의 세력들의 이탈과 노동의 반신자유주의 투쟁 고립화 등을 지적할 수 있다. 이 가운데 민주 노조 운동에 가능성과 제약을 안겨 준 가장 주요한 구조적 변화로는 정치적 민주화와 신자유주의 경제정책을 꼽을 수 있다.

(1) 정치적 민주화

광주항쟁 이래 군사독재 정권에 대한 저항은 1987년 6월 항쟁과 뒤이은 노동자 대투쟁에서 절정을 이루며 민주화 추세를 돌이킬 수 없게 만들었다. 반독재 보수 정치인들의 분열로 민주화가 지연되기는 했지만 직접선거로 탄생한 정권들은 상대적으로 높은 정당성을 지니게 되면서 시민사회를 통치하는 것에 자신감을 갖게 되었다. 정치적 민주화가 진전되면서 표현과 결사의 자유 등 시민의 정치적 기본권이 회복되었고, 언론은 점차 정권으로부터 자율성을 얻게 되었다. 이런 정치적 기회 구조의 변화는 언론을 매개로 하는 시민단체 운동을 활성화했고, 시민은 우리 사회의 민주화를 실감하게 되었다.

하지만 민주화는 정치적 민주화에 불과했고 사회경제적 민주화로 발전하지는 못했다. 노동관계법 개정 내용은 노동자들의 노동기본권을 복원하는 데 미흡했을 뿐만 아니라, 도리어 정리 해고제 도입 등 노동시장 규제 완화[3]를 추진해 노동자들의 고용을 더욱 불안정하게 하고 노동조건을 악화시켰

---

3 1996년 말 김영삼 정권이 통과시키고 다음해 3월 재개정하여 발효된 정리 해고제(2년간 유예를 전제한), 1997년 초 김대중 정권 시기 노사정 합의 사항인 정리 해고제 즉각 실시 및 근로자 파견제 도입 등은 대표적인 노동시장 규제 완화 조치라 할 수 있다.

다. 민주 노조 운동은 노동기본권 확보와 민주주의 심화를 위해 대 정부 투쟁을 전개했으며, 이로 말미암아 민주 노조 운동은 민중운동과 함께 정부와 언론의 물리적·이데올로기적 공세의 표적이 되었다. 우리 사회의 민주화는 이처럼 불균등하게 전개되었고, 절차적 민주주의를 확대하는 정치적 민주화에 불과했으나 정치적 민주화에 환호하는 시민들에게 이런 불균등 민주화는 가려진 채 우리 사회의 전반적 민주화, 실질적 민주화가 진행되고 있는 것으로 보였다. 이런 시민들의 착시 현상으로 인하여 민주 노조 운동에 대한 정권의 이데올로기적 공세는 시민들의 지지를 쉽게 확보하며 민주 노조 운동을 주변화, 고립화시킬 수 있었다.

(2) 신자유주의 경제정책

1997년 말 IMF로부터 구제금융을 받아 외환 위기를 넘기며 출범한 김대중 정권은 IMF, 세계은행 등이 주문하는 신자유주의 경제정책을 적극적으로 도입·집행했다. 부분적으로 재벌 기업의 경영 투명성 확보를 위한 개혁 조치도 있었으나, 김대중 정권의 경제정책(김균·박순성 1998; 김성구 1998; 유철규 2000)은 상품 및 자본시장 개방, 기간산업 사유화, 노동시장 유연화 등 워싱턴 컨센서스[4]에 충실한 신자유주의 경제정책이 핵심을 이루었으며, 노무현 정권도 이를 답습했다.

경제 위기 극복을 빌미로 공격적으로 추진된 신자유주의 경제정책은 정리 해고자를 양산하며 무수한 가정을 파괴했고, 경제적 불평등을 더욱 심화했으며, 정규직 노동자들이 비정규직으로 대체되는 등 고용 불안정을 증대

---

4 워싱턴 컨센서스에 대해서는 World Bank(1995), Williamson(1993, 2002), Dollar & Kraay (2002)를 참조하고, 그에 대한 반론은 Stiglitz(2000), Portes & Hoffman(2003), Stallings & Peres (2000), Robinson(2002)을 참조할 것.

하며 비정규직을 확대했다. 자본시장 개방과 더불어 적극적으로 외국 자본을 유치함으로써 초국적 투기 자본은 주식시장과 금융권에 대한 지배력을 급격하게 강화했다. 또한 투자 협정, 경제 특별 구역 지정 등 각종 초국적 자본 과보호 조치들은 노동기본권을 크게 제약하는 한편 환경·교육·여성 등 제반 영역에 부정적 효과를 가져오게 했다. 이런 신자유주의 경제정책을 중심으로 한 정권의 발전 모델은 국가 주도의 고도 경제성장 시기와 마찬가지로 선성장 후분배의 성장 제일주의를 견지하며 이윤과 경쟁력 등 경제적 가치를 최고의 가치로 설정하여 사회, 문화, 환경 등 여타 부문의 희생을 당연시하고 있다.

(3) 민주화와 신자유주의 동시 진행 : 제3세계 차별성

세계화 물결은 선진 자본주의 국가들에서 생산과 소비를 분리하며 이미 생산성 향상률의 둔화를 겪던 포드주의 경제 발전 모델을 와해시켰고, 다양한 실험을 거치며 영국과 미국을 중심으로 신자유주의 경제 발전 모델을 정립하여 확산시키게 되었다. 선진 자본주의 국가들은 포드주의 경제 발전 모델 아래에서 계급 타협과 복지 국가의 조절 양식을 통해 노동자들의 노동조건과 삶의 질을 크게 개선했다. 생산 현장에서의 노동권 보호와 복지 증진을 위한 각종 제도적 장치를 수립했고, 노동조합 조직·활동과 단체 행동을 철저하게 보장함으로써 노동계급의 조직화와 정치 세력화가 크게 진전되었다. 선진 자본주의 국가들에서 신자유주의 경제정책이 실시되기 시작한 것은 포드주의 시기를 거치면서 민주주의 심화가 완료된 다음이었다.

반면 한국을 포함한 제3세계 국가들은 군사독재 시기를 끝내면서 정치적 민주화를 시작했으나 사회적·경제적 민주주의로 심화시키는 포드주의를 경험하지 못한 채 곧바로 신자유주의 경제정책으로 전환되었다. 정치적 민주화를 완성하는 한편 노동기본권 복원 등 사회 민주화를 추진해야 할 주체인 민주 정권이 도리어 노동기본권 제약을 골자로 하는 노동의 유연화에 앞장서게 된 것이다. 따라서 선진 자본주의 사회에서와는 달리 노동권 보호 장치가 수립되지 않은 상태에서 노동 유연화로 말미암은 노동조건 악화 효과는 더욱 증폭되었다. 복지 제도가 발달하지 않은 상태에서 행해진 마구잡이 정리 해고와 고용 불안정은 노동자 삶의 질을 급격히 하락시킴으로써 노동자들의 극렬한 저항을 불러올 수밖에 없었다. 또한 노동조합 조직과 단체 행동권이 제대로 보장되지 않고 노동계급 조직화 및 정치 세력화가 진전되지 않은 상황에서 국가와 자본의 공세에 대한 노동자들의 저항은 강하게 전개될 수 없었다.[5]

더욱이 김대중·노무현 정권과 같이 신자유주의 경제정책을 적극적으로 추진한 정권들은 군사독재 세력 및 그 협력자들에 대항하며 탄생했다는 점에서 선행 정권들에 비해 정권 창출 과정의 정당성을 크게 향유하고 있었고, 새롭게 출범한 민주 정권에 대한 시민들의 높은 기대로 정부에 대항하는 노동조합의 투쟁은 폭넓은 국민적 지지를 받기 어려웠다. 그뿐만 아니라 신자유주의 경제정책이 경제 위기를 극복하기 위한 처방으로 실시되고 있었다는 점에서 신자유주의 경제정책 자체도 일정 정도 정당화되고 있었기 때문에 민주 노조들의 반신자유주의 투쟁은 힘차게 조직되기도 어려웠고, 전개된 투쟁도 성과를 내기 어려웠던 것이다. 상대적으로 민주적·친노동자적 정책을 펼 것으로 기대되었던 노무현 정권에서 노동자들의 분신이 전개되었던 것은 투쟁하지 않을 수도 없고 투쟁하더라도 성공하기 어려운 상황에서 출구가 보이지 않았기 때문이라 할 수 있다.

5 제3세계의 민주화와 신자유주의 경제정책의 동시 진행과 노동조합의 대응 전략에 대해서는 Oxhorn & Ducatenzeiler(1998), Boron(1999), Stokes(2001), 조돈문(2003a; 2003b)을 참조할 것.

(4) 노무현 정권의 공세

노무현 정권은 12대 국정 과제 가운데 하나로 "사회 통합적 노사 관계"를 천명하며 출범했고·두산중공업·전교조·철도노조 등의 투쟁 과정에서 노동조합과 대화해 문제를 해결하려는 모습을 보였다. 하지만 2003년 5월 미국 방문 시점부터 재벌과 우호적인 관계를 형성하는 한편, 민주 노조 운동에 대해서는 강경 대처한다는 입장을 분명하게 세우고 민주노총을 주적으로 규정하며 6월 들어서부터 민주 노조 운동에 대한 본격적 탄압을 시작했다. 노태우 정권이 공안정국으로 전환하는 데 14개월이 걸렸던 데 비해 노무현 정권의 '신공안정국'은 출범 뒤 4개월 만에 시작되었을 만큼 노무현 정권의 변신은 매우 신속했다.[6]

노무현 정권은 김대중 정권에 이어 신자유주의 경제정책에 저항하는 민주 노조들에 대해 경제 위기론, 노동조합 이기주의, 민주노총 대기업 노조 편향성 등 이념적 공세를 더욱 적극적으로 전개하는 한편 노동자-노동조합 탄압의 강도도 높였다. 김영삼 정권과 김대중 정권이 각각 한 해 평균 126명과 178명을 구속했던 반면, 노부현 정권 첫 해 구속된 노동자 수는 200명을 넘어섰고, 무자비한 손해배상 가압류로 민주 노조 운동에 대해 강도 높은 탄압을 가했다(민주노총 2003; 2004). 노무현 대통령은 비정규직 차별 철폐, 노동조합 활동 보장을 외치며 분신한 노동자들의 주검을 향해 "지금과 같이 민주화된 시대에 노동자들의 분신이 목적을 달성하기 위한 투쟁 수단으로 사용되어서는 안 되며, 자살로 인해 목적이 달성되는 일은 없어야 한다는 점을 분명히 했어야 했다"는 막말을 하며 반노동자적 입장을 분명히 했다.[7]

---

6 노무현 정권 초기에 보인 '희망'의 정치 가능성과 '죽음'의 정치로의 회귀, 그리고 죽음의 정치와 함께 전개된 이데올로기적 공세에 대해서는 조돈문(2003e)을 참조할 것.
7 한편 노무현 대통령이 탄핵을 규탄하는 노사모 회원의 분신에 대해서는 "자제해 줄 것"을 당부한 것(2004년 3월 12일)은 좋은 대조를 이룬다.

노무현 정권은 동일노동 동일임금 추진 포기, 최저임금제 개혁 거부, 근로 시간 단축을 빙자한 노동조건 악화, 경제자유구역법 제정 및 각종 자유무역협정 및 투자 협정 체결 등의 연장선상에서 대통령 권한 회복 이후에도 노동의 유연화를 통해 '기업하기 좋은 나라'를 만드는 신자유주의 경제정책을 지속했다.[8] 그래서 민주노총에 대한 일정한 양보가 기대된다고 하더라도 신자유주의 경제정책 원칙들을 고수하며 노동의 유연화를 추진하는 노 정권에 맞서 민주 노조 운동은 저지 투쟁을 전개하게 되었다.

3. 민주 노조 운동의 주체적 조건

노동계급 계급 형성[9]의 두 차원인 조직적 형성organizational formation과 이데올로기적 형성ideological formation 측면에서 보면 현재의 조건은 1987년 노동자 대투쟁 이후 몇 년 동안의 민주 노조 운동 형성기에 비해 나아졌다고 보기 어렵다. 민주 노조 운동이 꾸준히 조직 규모를 확대하고 산별노조 건설에 일정한 성과를 거두었지만 전체 노동자의 노동조합 조직률은 1989년 18.6%로 절정을 이룬 다음 지속적으로 하락하여 현재 11% 수준으로 떨어졌고, 비정규직 노동자의 비중도 급증하여 현재 60% 수준에 근접하고 있다. 민주화가 진전되는 한편 경제 위기와 신자유주의 경제정책을 경험하면서 시민들의 사회정치의식이 전반적으로 보수화되고 있는 가운데 노동자들도 함께 보수화되고 있다. 한편 민주 노조 운동 초기부터 주요 전략적 목표로 천명되었던 노

---

8 노무현 정권의 신자유주의 경제정책과 노사 관계 변화에 대해서는 조돈문(2006)을 참조할 것.
9 노동계급 계급 형성에 관한 이론적 논의와 조직적 형성 및 이데올로기적 형성의 개념 정의에 대해서는 조돈문(2004c)을 참조할 것.

동계급 정치 세력화도 지지부진했으나 뒤늦게나마 17대 총선에서 민주노동 당이 원내 진출을 이루어 냄으로써 주요한 전기를 마련했다.

노동계급 계급 형성도 스웨덴 등 선진 자본주의 국가들과 비교하면 매우 부진한 것으로 보인다. 그러나 포드주의 경험 없이 군사독재 정권의 종식 이후 민주 정권의 출범과 함께 신자유주의 경제정책이 시작되면서 노동계급 계급 형성에 대단히 불리한 구조적 조건이 형성되었다는 점을 고려한다면 선진 자본주의 기준에 비추어 한국 노동계급의 계급 형성 수준을 지나치게 비관적으로 평가하는 것은 설득력을 갖기 어렵다. 경제 위기와 신자유주의 경제정책을 맞은 다른 제3세계 국가들에 비해 한국의 민주 노조 운동은 브라질, 남아프리카공화국과 함께 상대적으로 조직력과 동원 역량의 타격을 잘 견뎌 낸 몇 안 되는 민주 노조 운동 가운데 하나이다.

(1) 노동조합 조직률 하락

노동조합 조직률은 1987년 6월 말 11.7% 수준이었으나 노동자 대투쟁 속에서 자발적으로 동원된 노동자들이 민주 노조를 결성하면서 노동조합 조직률은 급격히 상승하여 그해 말 13.8%로 증가하고 1989년에는 18.6%로 최고치를 기록했다. 하지만 1990년부터 노동조합 수와 노동조합원 수가 지속적으로 하락해 현재 노동조합 조직률은 11% 수준으로 떨어졌다. 노동조합 조직률 하락은 상대적으로 노동조합 조직률이 높은 제조업 부문이 위축되는 한편 조직률이 낮은 서비스업 부문이 팽창하고 있고, 조직화가 어려운 비정규직이 전 산업에 걸쳐 급격하게 증가하고 있기 때문이다.

노동조합 조직률 하락과 그에 따른 노동조합 약화 현상은 한국만의 문제가 아니라 복지 제도가 발달하고 노동조합이 실업수당을 관리하는 스웨덴, 덴마크 등 몇몇 국가를 제외하면 세계적 추세이다. 그것은 문제의 근원인 산업구조 변화와 신자유주의 세계화로부터 자유로운 나라들이 거의 없기 때문이다. 특히 제3세계에서는 고용 기회 부족으로 물적·기술적 자본이 없음에도 불구하고 창업하는 영세 자영업자들의 비공식 부문이 꾸준히 확대되고 있다. 이로 말미암아 포드주의 시기를 건너뛰면서 고용 안정 보장 장치나 적극적 노동시장 정책 수단들을 수립하지 못한 제3세계에서는 정규직에 비해 비정규직 노동자의 상대적 비중이 크게 증대되고 있다. 따라서 제3세계 국가들의 경우 민주화가 진행되면서 노동조합 조직화에 대한 정치적 제약은 상대적으로 줄어들었으나 경제구조적 요인들로 인해 노동조합 조직률이 전반적으로 하락하고 있다.

노동기본권 보호 장치 및 복지 제도를 구축하고 노동자 조직화를 이룬 다음 신자유주의 경제정책의 노동 유연화를 맞은 선진 자본주의 사회들에 비해 군사독재 정권 아래에서 정치적 시민권 및 노동기본권의 상당 부분을 포기해야 했던 제3세계에서 민주화와 함께 시작된 신자유주의 경제정책은 노동자 조직화를 매우 어렵게 하고 있다. 따라서 제3세계 국가들에서 스웨덴·독일 같은 선진 자본주의 사회에서와 같이 40~90%의 높은 노동조합 조직률을 기대하는 것은 불가능하다. 브라질이나 칠레와 같이 노동계급 정당(브라질 노동자당PT) 혹은 친노동계급 정당(칠레 중도-좌파연합Concertación)이 집권한 제3세계 국가들에서도 비공식 부문과 비정규직의 거대한 규모 때문에 노동조합 조직률은 10~20% 수준에 불과하다.

(2) 노동자·시민사회 정치의식 보수화

우리 사회는 지난 10여 년 사이 사회정치의식의 보수화를 겪어 왔고, 〈표 1〉에서 보듯이 이념적 보수화는 모든 계급에 걸쳐 보편적으로 진행되고 있으며 노동계급도 예외가 아니다. 전반적으로 사유 재산제 보호, 시장 중심 경

표 1_ 사회정치의식 1991~2003 (-2, +2)[10]								
	사회정치의식 종합			계급 이해관계			산업민주주의		
	1991	2003	2003~1991	1991	2003	2003~1991	1991	2003	2003~1991
자본계급	.3961	.3037	-0.0924	.2564	-.0002	-0.2566	.3743	.2826	-0.0917
프티 부르주아	.3864	.3587	-0.0277	.4137	.0684	-0.3453	.3685	.3175	-0.051
중간계급	.5000	.4101	-0.0899	.4499	.1994	-0.2505	.4594	.3523	-0.1071
노동계급	.5060	.4339	-0.0721	.4890	.2775	-0.2115	.5159	.3833	-0.1326
전체 평균	.4518	.3967	-0.0551	.4376	.1791	-0.2585	.4412	.3499	-0.0913

주: "계급 이해관계"는 파업 깨기꾼 금지, 정부 기업 편, 기업과 노동자/소비자 이해관계 ; "산업민주
주의"는 사장 없이 경영, 경영 참가, 임원 투표 선임; "사회정치의식 종합"은 계급 이해관계, 산업
민주주의, 개입주의 국가, 기타 사회정치의식 지수들을 종합한 것임.

제 운영, 경영 특권 인정 및 이윤 보호 등 자본계급 이해관계에 우호적인 방
향으로 의식 변화가 진행되고 있다.

노동계급도 계급 이해관계 관련 의식뿐만 아니라 산업민주주의 관련 의
식에서도 여타 계급과 마찬가지로 보수화 추세를 보이고 있으며, 노동계급
가운데 비숙련 노동자보다 숙련 노동자, 여성 노동자보다 남성 노동자, 비정
규직 노동자보다 정규직 노동자와 같이 노동시장에서 상대적으로 특전을 누
리는 노동자들에게서 의식의 보수화 현상이 급격하게 진행되고 있다. 경제
위기와 신자유주의 경제정책으로 인한 자의적 정리 해고와 정규직의 비정규
직화로 고용 불안정이 심화되고, 소득 불평등이 악화되고 있는 가운데 재산
분포의 불평등은 더욱 급속하게 악화되고 있으며, 교육 제도가 상승 이동의
기회를 제공하기보다는 세대를 넘어 부의 불평등을 재생산하는 장으로서 기
능하고 있다. 경제적 불평등이 더욱 가시화되고 있는 여건에서 이런 노동계
급의 사회정치의식과 계급의식의 보수화가 진행되었다는 것은 놀랄 만하다.

이처럼 노동계급을 포함한 모든 계급에서 전개되는 의식의 보수화 현상

---

10 사회정치의식 변화 관련 자세한 통계적 분석에 대해서는 조돈문(2003d)을 참조할 것.

은 신자유주의 경제정책이 경제적 측면에서보다 이데올로기적 측면에서 더 큰 성공을 거두었음을 보여 준다. 이는 신자유주의 경제정책이 시민 절대다수에게 고통을 안겨 주는 부정적인 사회적 효과를 가져옴에도 불구하고 일정 정도 시민들의 지지를 받으며 전개될 수 있었음을 의미한다. 한국에서 신자유주의 경제정책은 자본계급을 중심으로 한 전통적 보수 세력들뿐만 아니라 신자유주의 경제정책을 추진한 김대중-노무현 정권의 자체적 지지 기반을 지배블록으로 동원함으로써 거대한 신자유주의 동맹 세력을 결집시킬 수 있었던 것이다. 남북 관계에서의 전향적 정책을 지지하는 일부 진보 세력, 패권적 지역주의에 대한 반발로 형성된 저항적 지역주의 세력, 군사독재 정권을 교체한 민주 정권으로서 지닌 정치적 개혁성을 지지하는 자유주의 세력의 상당 부분 등 김대중-노무현 정권의 자체적 지지 기반이 신자유주의 동맹에 가세한 것이다. 그에 더하여 수구 보수 반민주 세력과 진보 세력 사이에 위치한 자유주의 언론과 자유주의 시민단체들의 지원을 받으면서 신자유주의 동맹은 거대한 세력을 형성할 수 있었다.[11]

거대한 신자유주의 동맹은 저항하는 소수인 민주 노조 운동을 향해 무한 경쟁과 생산성, 경제 위기와 고임금, 노사 분규로 인한 자본 유출 및 투자 기피, 노동조합의 고통 분담 기피, 집단 이기주의 등 이데올로기적 공세를 전개해 민주 노조 운동에 대한 사회적 지지를 차단하며 철저히 고립화시키는 데 성공할 수 있었다. 그뿐만 아니라 이런 신자유주의 이데올로기의 성공적 공세는 노동계급에 의한 조직의 반발뿐만 아니라 의식의 반발까지 무력화킬

---

11 이 점에서 한국은 전통적 보수 세력에 신자유주의 정권 자체의 지지 기반을 더해 거대한 신자유주의 동맹 세력을 구축한 메넴의 아르헨티나와 후지모리의 페루에 상대적으로 가깝다. 반면 브라질의 경우 신자유주의 경제정책을 추진한 카르도주 정권의 경우 자체적 지지 기반이 전통적 보수 세력과 중복된 반면, CUT가 PT라는 대중적 지지 기반을 지닌 정치적 구심점을 보유함으로 인해, 저항하는 절반에 대한 절반의 지배의 모습을 보여 한국과는 상당한 차별성을 보여 주었다(Oxhorn & Ducatenzeiler 1998; Stokes 2001; 조돈문 2003b).

수 있었다.

여기에 노동자 경제주의도 한몫했다고 볼 수 있다. 민주 노조는 오랜 기간 국가와 자본의 탄압을 받으면서 투쟁을 통해 상대적으로 높은 수준의 임금 인상률을 확보하며 해고와 구속 같은 높은 민주 노조 참여 비용을 상쇄해옴으로써 조합원들의 경제주의를 해소하기보다 재생산하는 데 일정 정도 기여한 측면이 있다. 경제 위기를 지난 다음 노동조합은 한동안 억제되었던 임금 인상분을 회복하기 위한 투쟁을 전개했고, 경제 위기 속에서 남발된 정리해고로 평생직장 개념이 없어지자 노동자들은 "남아 있을 때 벌어 놓자"는 생존자 증후군[12]을 보이며 경제주의는 다시 강화되었다. 꾸준히 진전되는 노동자 개인주의화 추세와, 소비문화를 중심으로 한 정체성 형성 추세가 결합하면서 노동자 경제주의는 시장 중심의 신자유주의 이데올로기를 받아들이기 좋은 주관성의 토양을 만들게 된 것이다.

(3) 노동계급 정치 세력화와 2004 총선

민주 노조 운동 초기부터 노동계급 정치 세력화는 주요한 전략적 목표로 설정되었다. 뒤늦게 민주노총이 대의원대회 결의로 민주노동당을 창당했지만 민주노총은 내부 이견으로 말미암아 민주노동당 발전을 주도하지 못했다. 90% 이상의 노조 조직률을 자랑하는 강력한 스웨덴 노총[LO]가 노조 단위의 사민당 가입을 적극적으로 독려해 노조 단위 가입에서 개인 단위 가입으로 제도가 변한 뒤에도 LO 노조원의 1/3이 사민당 당원이었던 것에 비하면 노조 조직률 5% 정도에 불과한 민주노총 조합원 가운데 민주노동당 가입률

---

12 현대자동차 노동자들에게서 보인 생존자 증후군에 대해서는 현대자동차노동조합 박유기 증언(실천문학편집부 2003)을 참조할 것.

이 최고조에 달했을 때도 4% 수준을 넘지 못했다는 것은 매우 낮은 것이다. 브라질의 경우 1978년 민주 노조 운동이 시작되어 1989년 대통령 선거에서 노동자당이 2위를 기록한 데 이어 2002년 대통령 선거에서 마침내 승리하여 국가권력을 장악했다. 브라질보다 9년 늦게 민주 노조 운동이 출범한 우리는 1987년 노동자 대투쟁 이후 17년 만에 겨우 의회에 진출하게 되었다. 브라질 PT의 성장에 비해 매우 더딘 것은 사실이지만, 17대 총선 비례투표에서 한국노총 측 녹색사민당이 0.5%밖에 득표하지 못했다는 것은 의회 진출의 진입 장벽이 얼마나 두터운가를 잘 보여 주는 것이다. 이런 상황에서 민주노동당이 13% 득표로 제3당의 위치를 확보한 것은 노동계급 정치 세력화가 진전되는 주요한 계기를 마련한 것이라고 평가할 수 있다.

어느 여론조사 결과에 따르면 비례투표한 정당 다음으로 투표하고 싶은 정당을 묻는 질문에서 민주노동당이 29.3%로 열린우리당 16.6%의 두 배에 가깝고, 한나라당 8.2%의 네 배 가깝게 나타났다. 비례대표 투표 정당과 2순위 선호 정당 투표율을 합산하면 열린우리당 56.4%에 뒤이어 민주노동당은 44.8%로 한나라당 41.2%를 앞질렀다. 이렇게 민주노동당은 두터운 잠재적 지지 기반의 존재로 지지 세력 확대에 유리한 조건을 지니고 있었지만(조돈문 2004a), 2007년 12월 대선 참패와 이후 당 혁신의 실패로 민주노동당은 위기 상황을 맞게 되었다.

4. 민주 노조 운동의 과제와 쟁점

여기에서는 민주 노조 운동이 당면한 몇 가지 핵심 과제들을 중심으로 쟁점을 검토해 보고자 한다.[13] 민주노조운동이 직면한 과제들은 운동의 역량 부족과 관성에 의한 제약에서 어떤 선택지도 선택하기 어려운 딜레마에 이르기까지 다양한 형태로 나타나고 있다.

(1) 계급 이익 실현 방식: 제도성 게임 vs 전투성 게임

제도성 게임institutionalized game과 전투성 게임militancy game이란 노동조합이 노동계급 계급 이익을 실현하기 위해 선택할 수 있는 두 가지 방식의 이념형이다. 제도성 게임이란 다양한 노사협의기구 등 법적·제도적 수단들을 적극 활용하는 방식이며, 전투성 게임이란 주어진 법적·제도적 수단들을 활용하기보다 투쟁에 의존하는 방식이다. 노동조합은 근본적 계급 이익 실현이라는 궁극적 목표에 기초해 조합원들의 이해관계와 요구 사항들을 반영하여 전략적 목표를 설정하게 된다. 민주 노조 운동의 궁극적 목표는 "노동 해방", "평등 사회 건설"로 표현되어 왔고, 전략적 목표는 명시적으로 규정된 바는 없지만 민주 노조 운동의 역사를 보면 민주 노조 운동 전국 조직체 건설, 산별노조 건설 및 산별 교섭 확보, 노동계급 정치 세력화, 노동법 개정을 통한 노동기본권 보장, 노동조건 및 삶의 질 향상 등을 포함하고 있음을 알 수 있다. 통상적으로 노동조합은 전략적 목표를 달성하기 위해 제도성 게임과 전투성 게임을 적절하게 조합해 계급 이익 실현을 극대화할 수 있지만, 민주 노조 운동은 제도성 게임보다는 전투성 게임에 주로 의존해 왔다.

13 과제와 쟁점은 이 책에서 별도의 장으로 다루고 있는 비정규직·산별노조·여성 노동 등을 제외하고 민주 노조 운동 전략을 중심으로 논의한다.

1) '관성적 전투주의'와 사회적 책임성

민주 노조 운동은 1987년 노동자 대투쟁으로부터 시작해 전노협을 건설하는 과정에서, 그리고 뒤이어 등장한 공안정국과 자본의 공세적 신경영전략에 맞서서 민주 노조를 조직하고 방어하기 위해 비합법·불법 투쟁을 전개해야 했다. 또한 군사독재 정권이 개악한 노동악법 조항들을 철폐하고 노동기본권 보장을 확보하기 위해 작업장 수준을 넘어선 노동법 개정 투쟁을 벌였고, 임금가이드라인 및 총액 임금제 등 정부와 자본의 다양한 임금 억제 정책으로 인해 임금인상 요구조차 제도성 게임을 통해 이룰 수 없었던 시기에 민주 노조들은 전투성 게임에 의존할 수밖에 없었다. 노동조합의 반정부·반자본 투쟁은 노동계급 이익을 넘어서 시민의 기본권과 정치적·사회적 자유를 확장하는 민주화 투쟁의 역할도 수행함으로써 정당성을 부여받으며 시민들의 지지를 받아 왔다. 이 과정에서 전투성 게임에 배타적으로 헌신하는 '전투주의' 전통이 형성되었고, 그것은 민주 노조를 어용 노조들로부터 차별화시키는 민주성, 자주성, 계급성의 상징이 되었다.

경제 위기와 뒤이은 신자유주의 경제정책은 생산 현장에서 공세적 구조조정과 함께 일방적 정리 해고를 남발했다. 해고의 피해를 완화할 수 있는 복지 제도가 미비한 상황에서 노동자들의 생존권이 위협받자 노동조합은 신자유주의에 맞서는 투쟁을 전개하지 않을 수 없었다. 하지만 신자유주의에 저항하는 민주 노조들의 생존권 투쟁은 시민들의 적극적 지지를 받기 어려웠다. 첫째, 정부·자본 주도의 신자유주의 동맹에 자유주의 세력까지 가세하면서 신자유주의 동맹은 거대한 블록을 형성하며 민주 노조들을 사회적으로 고립시켰다. 거대한 신자유주의 동맹이 펼치는 이데올로기적 공세는 성장 제일주의, 시장 지배 물신주의, 경쟁과 이윤 논리의 절대적 가치로 시민들을 포섭하며 신자유주의에 대한 저항을 '국가 경쟁력 저해', '집단 이기주의'로 몰아붙였다. 둘째, 민주화 과정에서 정치적 기회구조가 변화하면서 시민들은 투쟁과 저항보다는 대화와 타협으로 사회문제들을 해결하는 것이 좀 더 일상적이고 바람직한 행위 양식으로 인식하게 되었으며, 동시에 투쟁과 저항에 대한 인내심이 약화되면서 민주 노조들이 행위 양식을 바꾸기를 기대했다. 게다가 생산 현장에 여전히 일방적 계급 지배 양식이 관철되는 등 민주화가 불균등하게 전개되고 있음에도 불구하고 시민들의 시각은 정치적 민주화의 경험에 갇혀 있었다. 이 때문에 시민들은 불균등 민주화를 인정하지 않으면서 민주 노조들의 신자유주의 반대 투쟁, 반복되는 총파업 위협과 정권 퇴진 요구 투쟁에 대해 투쟁의 내용 못지않게 투쟁 방식에 대해서도 거부감을 갖게 되었던 것이다.

민주화는 불균등하나마 진행되어 왔고 노동 부문에서도 미흡하지만 노동의 유연화 속에서 일정 정도 노동기본권 신장이 이룩된 것도 사실이다. 게다가 민주노동당이 의회에 진출한 이후 시민들은 민주 노조 운동이 사회적 약자로서 자신들의 요구 조건만 제시하는 것에 더욱더 냉담하게 되었다. 민주 노조 운동은 사회적 영향력에 정치적 영향력까지 얻게 됨으로써 사회적 책임성에 대한 요구를 과도한 것으로 치부하며 외면할 수 없게 되었다. 사회적 책임성이란 전투성 게임을 포기하라는 것이 아니다. 전투성 게임에 대한 배타적 헌신을 의미하는 '전투주의' 특히, 관성적으로 남아 있는 전투주의라면 지양하고 전투성 게임과 제도성 게임 사이에서 적절하게 조합하고 선택할 수 있는 전략적 행위자가 될 것을 요청받고 있는 것이다. 브라질 노총CUT이 우리와 비슷한 조건에서 신자유주의에 대한 저항과 사회적 책임성 구현을 함께 실현하려 했던 노력은 고민의 지점들을 알려 준다.

2) '이기는 싸움' 이데올로기

전투주의와는 반대로 전투성 게임을 배제하고 제도성 게임에 대한 배타

적 헌신을 강조하는 흐름도 있다. 신자유주의 경제정책과 노동의 유연화에
대한 저항이라는 내용 측면을 경시하고 전투성을 터부시하는 것도 외향적
형식으로서의 행위에만 집착하는 위험한 발상이며, 이는 '이기는 싸움'에 대
한 강조 속에서 발견될 수 있다. '이기는 싸움'은 투쟁에 나서는 노동조합 모
두가 원하는 바이지만 '이기지 못하는 싸움'의 의의를 부정하는 것은 지배 이
데올로기의 다른 표현일 수 있다.

　자본주의 국가에서 민주 노조 운동이 자본계급 지배에 맞서서 '이기는 싸
움'만 할 수 있는가? 민주 노조 운동의 투쟁 목표, 요구 조건뿐만 아니라 존재
자체를 타도 대상으로 삼는 정권과 자본에 맞서 '이기는 싸움'만 한다는 것은
무엇을 의미하는가? 물론 타협의 여지도 없이 국가와 자본이 부과하는 일방
적·억압적 계급 지배에 정면으로 맞서 싸우는 것은 '이기지 못하는' 무모한
싸움으로 비칠 수 있다. 하지만 일방적·억압적 계급 지배 양식을 수용하고
기간산업 사유화와 자의적 정리 해고 허용이라는 신자유주의 경제정책의 대
전제를 받아들이고, 국가와 자본이 열어 준 경로를 이용해 그들이 허용하는
최소한의 요구만을 제시한다면 '이기는 싸움'은 가능하고, 투쟁조차 교섭을
정당화하는 요식 행위로 의례화될 수 있다. '이기는 싸움'과 성과 있는 교섭
을 위해 목표 인상률을 조정할 수 있는 임금 인상 투쟁에서와는 달리, 계급지
배 양식과 신자유주의 경제정책을 둘러싼 싸움은 원칙의 수용–거부만이 가
능하고 투쟁 목표의 수준을 조정하는 것은 허용되지 않을 수 있다. 그것은 노
동조합이 선택한 것이 아니라 국가와 자본에 의해 설정된 게임룰이다.

　'이기는 싸움' 논리는 근본 계급 이익fundamental class interests과 계급 형성 조건
조성을 포기하고 국가와 자본의 관용 범위에서 당면 계급 이익immediate class in-
terests14의 부분적 양보를 위한 투쟁만을 전개하라는 지배 이데올로기가 내면

---

14 근본 계급 이익과 당면 계급 이익에 관한 개념 정의에 대해서는 조돈문(2004c)을 참조할 것.

화된 것에 불과하다. 민주 노조 운동의 역사는 그런 지배계급 질서와 지배 이데올로기에 저항한 투쟁의 역사이며, 일견 '이기지 못하는' 것으로 보이던 무모한 투쟁으로 오늘의 역사를 만들었다. '이기는 싸움' 이데올로기는 민주 노조 운동의 전통과 정체성을 부정하는 것이고, 한국 노동계급은 '이기는 싸움'과 '교섭주의'에 매몰된 이익단체 노동조합 대신 민주 노조 운동의 손을 들어 주었다.[15]

3) 전략적 행위자로서의 민주 노조 운동

기존의 투쟁-교섭 결과에 대한 평가는 주로 사후적 평가로서, 이루어진 선택의 결과에 대한 분석과 비판에서는 매우 엄중하며 냉혹하지만, 대안적 선택의 결과에 대한 가상적 논의에서는 국면의 불확실성, 정보의 부족, 결과의 개방성 등으로 같은 수준의 엄중함이 적용되기 어렵다. 따라서 투쟁-교섭 결과에 대한 평가는 비판의 과도함을 수반할 수 있다. 1998년의 노사정 협약과 현대자동차 구조 조정 노사 협약의 경우 교섭 내신 투쟁으로 일관했다면 어떤 결과를 얻을 수 있었는지, 반대로 대우자동차 해외 매각 반대 투쟁과 기간산업 사유화 반대 투쟁의 경우 투쟁 대신 교섭으로 일관했다면, 혹은 투쟁 목표를 국가와 자본이 수용할 수 있는 수준으로 하향 조정할 수 있었고 그렇게 했다면 어떤 결과를 얻을 수 있었는지도 다시 생각해 볼 부분들이다.[16]

---

15 민주노총 노동조합들이 신자유주의 구조 조정 반대 투쟁을 전개하며 대량 해고와 대량 구속이라는 희생을 치르고 있었음에도 불구하고 한국노총 노동조합들이 민주노총으로 합류한 것, 2004년 17대 총선에서 한국노총 주도의 녹색사민당이 0.5%에 머문 반면 민주노총 주도의 민주노동당이 13.0%를 얻었다는 사실은 이런 한국 노동계급의 선택을 잘 보여 준다. 이와 같은 현상은 브라질 노동자들이 CUT와 CGT의 경쟁에서 CUT를 선택한 것과 같은 맥락에서 노동자들의 '상대적 공정성', 노동계급 정체성과 연대의 표현이라 할 수 있다.

전투성 게임 외에 다른 선택의 여지가 없는 경우가 아니라면 민주 노조 운동은 전투성 게임과 제도성 게임 가운데 어느 것에도 배타적으로 헌신하지 않는 전략적 행위자가 되어야 한다. 위의 사례들을 포함해, 투쟁 혹은 교섭의 미흡한 성과는 잘못된 게임 선택의 결과이기보다는 주어진 정치·경제 구조적 조건과 내적 조직 역량에 의해 결정된 경우가 많다. 이 점을 인정하지 않는다면 균형감을 잃지 않는 전략적 행위자가 되기 어려울 것이다.

(2) 성공을 위한 모순적 논리 : 동원의 논리 대 설득의 논리

노동조합의 투쟁에 노동자들이 동원되지 않는다면 노동조합의 요구 조건은 국가와 자본에 의해 무시되어 투쟁 목표가 달성될 수 없음은 자명하다. 군사독재 정권에 맞서 민주 노조 운동이 성장하며 전개한 투쟁은 노동자들의 이해관계에 부합할 뿐만 아니라 정치·사회적 민주화에도 기여함으로써 민주화 투쟁의 주요한 한 부분을 점하고 있었다. 따라서 군사독재 정권에 저항하는 민주 노조 운동의 투쟁은 광범한 국민적 지지를 받을 수 있었다. 하지만 민주화가 진행되면서 시민들의 민주 노조 투쟁에 대한 태도는 무조건적·전면적 지지에서 조건부, 사안별 지지로 바뀌어 갔다. 그러나 기업별노조 체계에서 개별 사업장 단위로 임금 및 단체협약 중심의 교섭과 투쟁을 전개하는 노동조합과 노동자들에게 국민 여론의 지지는 일차적 관심사가 될 수 없었다.

노동자들이 국민적 지지의 중요성을 절실하게 깨닫게 된 것은 1996~97년 노동법 개정 총파업 투쟁을 전개하며 국민적 지지에 힘입어 의회에서 통과된 법안을 재개정하는 성과를 낳으면서였다. 1997년 말 경제 위기 이후 김대중 정권이 신자유주의 경제정책으로 공기업 사유화와 사기업 구조 조정을

---

16 노중기(1998; 1999), 조형제(1999), 김영두(2001), 조돈문(2003c)을 참조할 것.

대대적으로 전개하면서 노동조합 투쟁에 대한 국민 여론 지지의 중요성을 절감하는 계기가 다시 만들어졌다. 구조 조정과 정리 해고는 기업 단위로 전개되었지만 전 산업, 다수의 기업에 걸쳐 전개되고 있었고, 사유화는 기간산업의 거대 기업을 대상으로 추진되고 있었으며 구조 조정과 사유화 대상 기업들의 상당수가 해외 매각되고 있었기 때문에 국민적 관심사가 되었다. 개별 기업 단위에서 투쟁을 전개하는 노동조합의 경우 노동자 동원에 실패하면 정부와 자본의 공세는 신속하게 관철되었고, 노동자 동원에 성공하더라도 정부와 자본의 단호하고 비타협적인 입장을 뒤집는 것은 어려웠다. 이렇게 노동조합이 정부와 자본의 공세를 지연·저지하기 위해서는 노동자 동원에 국민 여론의 지지가 가세되어야 한다는 것을 절감하게 되었다. 정부와 자본, 특히 정권의 정당성에 자신감이 있는 정부는 파업 투쟁의 위력보다 국민 여론의 질타를 더 두려워했다. 따라서 신자유주의 경제발전 모델을 둘러싼 정부와 노동조합의 싸움에서 승패는 국민 여론을 어느 쪽이 먼저 견인하느냐가 핵심적 관건이 되었지만, 먼저 발 빠르게 움직인 것은 정부와 자본이었고 노동조합의 깨달음은 한발 늦게 온 것이다.

노동조합 투쟁의 성공을 위해서는 노동자 동원과 국민 여론 설득이 동시에 요구되고 있음을 노동자들도 인식하게 되었고, 이는 대우자동차 해외 매각 반대 투쟁에서도 확인되었다. 노동자들을 동원하기 위해서는 해외 매각의 부정적 효과를 적극적으로 홍보하고 노동자들의 정서에 호응하며 노동자들의 고용 보장과 물질적 복지 보호라는 당면 이해관계에 배타적으로 헌신할 것이 요청되었던 반면, 국민 여론을 설득하기 위해서는 노동자들에게 당면한 이해관계의 희생도 감수하며 유연하게 대처할 것이 요청되었다. 이처럼 노동자 '동원의 논리'와 국민 여론 '설득의 논리'는 서로 갈등적 긴장 관계에 놓여 있었다. 대우자동차 노동조합과 노동자들은 노동자 동원과 우호적 국민 여론이 투쟁의 성공에 절실하게 요청된다는 점을 명확히 인식하고 있었지만, 모순되는 두 논리 가운데 노동조합은 "설득의 논리"를 포기하고 "동원의 논리"를 선택했다. 노동자들의 투쟁 참여가 저조한 상황에서 "설득의 논리"를 실천함으로써 수반될 노동자들의 추가 이탈은 해외 매각 반대 투쟁 자체를 지속할 수 없게 한다는 판단이었다.[17] 대우자동차 노동조합은 노동자들이 기피하는 사무직과 연대하여 단합된 내부자들의 결연한 기업 회생 의지를 보여 주지 못했고, 노동자들의 희생을 포함한 강력한 자구책을 국민에게 제시하지 못함으로써 국민이 기업 회생 가능성에 대한 의구심을 갖게 했고, 결국 해외 매각을 반대하는 국민 여론은 극대화될 수 없었다.

국민적 합의를 견인하며 노동계급 의제를 관철시켜 온 스웨덴의 LO도 '설득의 논리'와 사회적 책임성 실천의 경험은 많았지만 임노동자 기금제를 추진할 때 소극적인 노동자들을 동원하기 위해 '사회주의로 가는 민주적 경로'라고 적극 홍보하면서 '설득의 논리'를 게을리한 결과 자본과 보수 세력의 역공을 맞으며 초기의 진보적 임노동자 기금제(안)를 실현하는 데 실패한 경험이 있다. 결국 LO는 임노동자 기금제가 만료되는 7년 뒤에 임노동자 기금제 실시 기간을 다시 연장하는 것을 포기하고 연금제도를 경제 민주화 수단으로 활용하는 전략으로 선회하게 되었다. 기업별노조 체계 아래에서 전투적 노조 운동을 전개해 온 우리 민주 노조들은 '동원의 논리'에 익숙하지만 국민 여론을 향한 '설득의 논리' 경험이 별로 없다. 따라서 국민 여론을 견인하지 못하는 노동조합의 전투주의는 보수 언론에 의해 집단 이기주의로 매도되기 쉬우며, 성공적인 투쟁 동원의 파괴력이 자본과 정부에는 압박으로 작용할 수 있지만 시민들에게는 불안을 안겨줄 수 있고, 특히 위치적 권력 positional power이 큰 네트워크 산업의 경우 불편함을 인내하지 못하는 시민들은 보수 언론의 이데올로기적 공세에 쉽게 호응할 수 있는 것이다.

---

17 대우자동차 해외 매각 반대 투쟁에 대한 분석과 '동원의 논리'와 '설득의 논리' 사이의 갈등 관계에 대해서는 조돈문(2003c)을 참조할 것.

(3) 이데올로기적 헤게모니 : 대항 이데올로기 운동 대 기업별노조주의

시민들의 사회의식이 전반적으로 보수화되고 있는 것은 거대한 신자유주의 동맹이 민주 노조 운동의 저항을 사회적으로 고립시키며 시장 지배, 사유재산제, 이윤과 경쟁력 담론으로 지배 이데올로기를 시민들 주관성 속으로 내면화한 결과이다. 신자유주의는 경제정책에서보다 이데올로기적 공세에서 더 눈부신 성공을 거둔 것이다. 사회정치의식 보수화는 일반 시민들뿐만 아니라 노동계급에서도 발견되고 있고, 놀랄 만한 일은 아니다.

보수 언론들은 2002년 대선 직전부터 대대적으로 민주노총 죽이기에 나섰고, 현대자동차 노동조합은 임단협에서 좋은 성과를 내고도 언론의 뭇매를 맞았으며, 노동자들의 잇따른 분신에 언론은 냉랭했고 대통령이 '막말'을 해도 민주노총의 대응은 무기력하기만 했다. 이런 보수 언론의 이데올로기적 조작 속에서 시민들은 "시대착오적 과격성"으로 매도되는 민주 노조 운동에 거부감을 느끼게 되었고 시민들의 사회정치의식 보수화와 함께 민주 노조 운동은 시민들로부터 고립되었다. 노동자들 또한 자신들의 일상적 경험에 대해 민주노총의 담론과 보수 언론의 상반된 해석 사이에서 혼란을 겪으며 의식의 이중성을 보이게 된 것이다.

민주노총 조합원이라면 누구도 국가, 자본, 보수 언론의 이데올로기적 공세에 맞서 노동계급의 대항 이데올로기를 생산·확산하는 주체를 형성하는 것이 시급하다는 사실을 부인하지 않는다. 노동자들에게 일상적 경험에 대한 올바른 설명을 제시하고, 사회 현상을 바라보고 이해하는 대안적 분석 틀을 제공함으로써 신자유주의 경제정책의 최대 희생자인 노동자들이 신자유주의 이데올로기에 감염되는 것을 막고 건강한 사회 정치의식과 계급 정체성을 형성하기 위해 민주노총 차원의 강력한 대항 이데올로기 운동이 요구되어 왔다. 민주노동당이 2004년 의회에 진출한 이후 노동계급 입장의 대항 이데올로기 주체 역할을 일정 정도 수행해 왔으나, 민주노동당이 당 혁신 실패로 탈당·분당의 위기를 맞고 있는 상황에서 민주노총이 좀 더 적극적인 대항 이데올로기 주체로서의 역할을 수행하는 것이 절박한 과제가 되었다.

개별 단위 노조가 신자유주의 대동맹과 보수언론을 상대로 이데올로기 싸움을 전개하는 것이 불가능하다는 것도 공감하고 있었지만, 대단위 기업별노조들에 편중된 물적 자원은 중앙으로 집중되지 않았다. 단위 사업장 수준을 넘어 당장 가시적인 성과를 내기 어려운 사업을 위해 중앙으로 자원을 집중하는 것은 기업별노조의 관성에 맞지 않으며 조합원들의 동의를 얻어내기도 어려웠기 때문이다. 대다수 사업장이 기업별노조에서 산별노조로 전환한 뒤에도 사정은 별로 달라지지 않았다. 기업별노조는 사라져도 기업별노조주의와 그 속에 갇힌 시각은 여전히 전체 노동계급 수준의 민주노조운동 활동을 제약하고 있기 때문이다.

대항 이데올로기 운동은 신자유주의 시장논리에 맞서 노동계급 입장의 대항 이데올로기를 생산하고 확산하는 것이다. 그런 맥락에서 2004년 초 출범한 민주노총 정책연구원은 노동계급의 정책 대안과 논리를 생산하는 대항 이데올로기 기구로서 큰 기대를 모았다. 하지만 민주노총의 자원 부족과 자율성 제약으로 정책연구원은 기대되었던 역할을 제대로 수행할 수 없게 되었고, 그 공백을 산별 연맹들도 메울 수 없었다. 산별노조 전환이 크게 진전된 지금 시점에도 민주노총의 사정은 별로 나아지지 않았다. 한편, 산별노조는 핵심 사업장들에 대한 의존성 때문에 여전히 자율성의 제약을 받고 있는 것은 사실이지만 산별 연맹 시기에 비해 상대적으로 자원의 여유가 커졌다. 그 결과, 산별노조들이 민주노총 정책연구원과는 무관하게 독자적인 정책 연구 기구 설립을 시도할 수 있게 되었다.

민주노총과 산하 산별노조들이 개별적으로 정책 연구 기구들을 설립한다면 자원 활용의 중복과 비효율성을 피하기 어려울 뿐만 아니라 국가, 자본, 보수 언론의 공세에 체계적으로 대응하기도 쉽지 않다. 또한, 민주노총이나 산별노조들이 다수의 정책 연구 기구들을 수립하더라도 별도 법인 형태의 자율성을 보장하지 않으면 정책 연구 기구들은 단기적 현안 대응을 위한 정책 단위의 하부 기구 기능을 벗어나기 어려워 중장기적 전망 속에서 대항 이데올로기 운동을 전개하는 주체의 역할을 제대로 수행하기는 힘들다. 그런 점에서 브라질 범노동조합 사회경제연구소DIEESE, Departamento Intersindical de Estatística e Estudos Sócio-Econômicos는 좋은 모델이 될 수 있다. DIEESE는 노동조합들이 기금을 투입하여 별도 법인으로 설립한 연구소로서, DIEESE의 연구 성과와 입장 발표는 노동조합의 단순한 대변자가 아니라 공신력 있는 전문적 연구 기관의 객관적 발언으로 받아들여지기 때문에 사회적 영향력을 가질 수 있는 것이다.

5. 맺음말

민주화와 신자유주의 경제정책은 노동운동의 여건을 규정하는 가장 주요한 두 가지 구조적 조건이다. 민주화는 노동기본권을 부분적으로 회복시키면서 민주 노조의 활동 공간을 조성했다. 반면 신자유주의 경제정책은 시장 중심 경제정책과 노동 유연화를 통해 노동조건의 개선을 제약하는 한편 고용 불안을 증대시켰다.

선진 자본주의 사회에서는 제2차 세계대전 이후 포드주의 경제 발전 모델을 거치면서 노동권 보호와 복지 증진을 위한 각종 제도적 장치들을 구비함으로써 노동조합 조직화와 노동계급 형성, 나아가서는 노동계급 정치 세력화에 큰 진전을 이루었으며, 1980년대부터 전개된 신자유주의 세계화의 부정적 영향을 완화할 수 있었다. 하지만 한국을 포함한 제3세계 국가들에서는 정치적 민주화와 신자유주의 경제정책이 동시에 진행되면서 포드주의 경제 발전 모델을 거치지 못했으며, 그 결과 제3세계 노동자들은 별다른 보호 장치 없이 신자유주의 경제정책의 공세에 노출되었다. 따라서 신자유주의 경제정책의 부정적 효과는 제3세계에서 더욱더 극명하게 발현되었고, 특히 비정규직 중심 노동시장에서 잘 나타나고 있다.

민주 노조 운동의 주체적 역량을 살펴보면 이런 민주화와 신자유주의 경제정책의 효과에 의해 크게 규정되고 있음을 알 수 있다. 정치적 민주화가 없었다면 노동자들은 생산 현장의 투쟁에 집중되는 반면 노동계급 정치 세력화 진전의 계기를 만들기 쉽지 않았을 것이다. 반면 노동조합 조직률 하락은 노동시장 유연화에 따른 비정규직의 증대, 불균등 민주화와 민주 노조 운동에 대한 지속적 억압의 결과이며, 사회정치의식의 보수화는 거대한 신자유주의 동맹의 형성과 시장 지배 논리의 일상적 경험의 산물이라 할 수 있다. 이런 점에서 노동조합 조직률 하락과 사회정치의식 보수화는 신자유주의 경제정책의 부정적 효과를 반영하고 있는 것이다.

민주 노조 운동의 과제와 쟁점들도 상당 부분 민주화와 신자유주의 경제정책에 의해 규정되고 있다. 하지만 규정받는 방식에서는 약간의 차별성을 보이고 있다. 계급이익 실현 방식과 성공을 위한 논리의 경우 민주화와 신자유주의는 민주 노조 운동에 상반된 요청을 하는 반면, 노동계급 정치 세력화와 이데올로기적 헤게모니와 관련해서는 민주화는 신자유주의의 공세를 합리화하고 신자유주의의 동맹 세력을 강화하는 데 크게 기여하고 있다.

계급 이익 실현 방식에서 민주화는 전투성 게임에 익숙한 민주 노조들에게 행위 양식의 변화와 사회적 책임성을 담보하는 제도성 게임을 요구하는 반면, 신자유주의 경제정책은 노동 유연화와 불평등 심화 같은 부정적 효과를 수반해 노동자들에게 자기 방어를 위한 저항을 통한 전투성 게임을 유발시키고 있다. 성공을 위한 논리의 경우 민주화는 노동운동에 대한 정치적 기회 구조를 변화시켜 국민 여론의 중요성을 높임으로써 설득의 논리를 요구한다. 반면 신자유주의 경제정책은 공적 부문 사유화와 노동 유연화를 중심으로 한 공세적 구조 조정을 전개하여 투쟁의 동원뿐만 아니라 투쟁의 성과도 어렵게 함으로써 노동조합에게 동원의 논리에 치중하도록 한다.

노동계급 정치 세력화 및 이데올로기적 헤게모니와 관련해서 보면 민주화는 정권의 정당성을 담보함으로써 신자유주의 경제정책을 둘러싸고 거대한 지배 세력을 형성시킨다. 이렇게 형성된 지배 세력은 신자유주의 반대 세력을 사회적으로 고립시키고 시민들의 지지를 동원하여 일반 시민들뿐만 아니라 노동자들의 사회정치의식까지 보수화시키고 있다.

민주화와 신자유주의 동학에 따라 현안 과제들과 관련한 노동조합의 해결책 또한 달라진다. 계급 이익 실현 방식에서 노동조합은 제도성 게임과 전투성 게임을 병행하는 전략적 행위자가 되고, 성공을 위한 논리에서 노동조합은 동원의 논리뿐만 아니라 설득의 논리도 중시할 것을 요청받고 있다. 하지만 이런 전략은 제도성 게임과 전투성 게임의 관계, 동원 논리와 설득 논리의 관계가 내재적 모순 관계라는 점으로 말미암아 제약을 받게 된다. 이는 정부와 자본의 물리력과 이데올로기적 자원을 동원한 신자유주의 공세로 더욱 보강되어 민주 노조가 전투성 게임과 동원의 논리를 벗어나 균형 잡힌 전략적 행위자로 나서기 어렵게 하고 있다. 한편 대항 이데올로기의 생산과 확산을 위해 중장기적 전망과 전체 노동계급의 시각에 입각한 민주 노조 운동의 활동이 요구되고 있지만, 기업별노조주의는 산별노조 전환 뒤에도 여전히 민주 노조 운동에 대해 큰 제약으로 작동하고 있다. 기업별노조 체계 아래에서 형성된 기업별노조주의 관성과 노동자 의식의 제약은 이런 선택과 실천을 어렵게 하고 있으며, 이런 기업별노조주의 관성과 의식 제약은 신자유주의 경제정책, 특히 노동의 유연화로 말미암아 노동자들이 계급적 연대 의식을 갖지 못하고 기업 경쟁력과 개인적 고용 안정성에 몰입함으로써 재생산되고 있다.

신자유주의 경제정책은 경제위기하에서 적극적으로 추진되기 시작했지만, 김대중·노무현 정권 이후에도 새로운 자본주의 경제발전 모델로서 상당 기간 지속되며 노동자들의 노동조건 및 노동운동의 구조적 조건을 규정할 것으로 보인다. 따라서 민주 노조 운동이 직면한 다양한 과제들과 딜레마들도 일시적 현상으로 지나가는 것이 아니기 때문에 민주 노조 운동이 중장기적 전망 속에서 체계적으로 대처해야 할 것이다.

참고문헌

강이수. 2001. "변화하는 노동시장과 여성노동자."『경제와 사회』51호, pp. 10-37.

김   균·박순성. 1998. "김대중 정부의 경제정책과 신자유주의." 이병천·김균 편.『위기, 그리고 대전환: 새로운 한국경제 패러다임을 찾아서』. 당대, pp. 366-403.

김성구. 1998.『경제위기와 신자유주의』. 문화과학사.

김성희. 2007. "비정규노동자, 민주 노조 운동의 사회운동으로 진전의 담지자." 한국비정규노동센터.

김영두. 2001. "대우차 사태 평가와 노조운동의 과제."『노동사회』3월호.

김유선. 2003. "비정규직 규모와 실태: 경제활동 인구조사 부가조사(8월) 결과."『노동 사회』12월호.

______. 2004. "현단계 노동시장 진단과 정책과제." 민주노총 정책연구원 개원기념 토론회(04/30).

노동자의 힘(준). 2000. "투명해지는 자본의 공세를 노동자의 희망으로: 대우자동차 노동자투쟁 분석"(11/25).

노중기. 1998. "김대중 정부의 노동정책과 노동정치." 이병천·김균 편.『위기, 그리고 대전환: 새로운 한국경제 패러다임을 찾아서』. 당대, pp. 427-456.

______. 1999. "노사정위원회와 노동운동." 한국노동이론정책연구소 엮음.『경제위기, 신자유주의, 그리고 노동운동』. 현장에서미래를, pp. 200-230.

민주노총. 2000a. "노농운동 발전전략 수립을 위한 정책토론회 자료집"(10/16).

______. 2000b. "노동운동발전전략 수립을 위한 지역순회토론회 자료집"(11월).

______. 2003.『2003 노동탄압 백서』. 민주노총.

______. 2004.『노무현정부 1년 평가: 2003년 백서』. 민주노총. .

박승옥. 1992. "한국의 노동운동, 과연 위기인가?"『창작과 비평』(여름호). 창작과 비평사.

실천문학 편집부. 2003. "기획좌담, 노동자들의 노동현실과 생활현실."『실천문학』72호. 실천문학사, pp. 121-164.

유철규. 2000. "98-99 구조조정의 정치경제학." 윤진호·유철규 엮음.『구조조정의 정치경제학과 21세기 한국경제: 신자유주의 경제질서와 경제민주화』. 풀빛, pp. 383-418.

임영일. 1999. "한국 노동체제의 전환과 노사관계: 코포라티즘 혹은 재급진화."『경제와 사회』40호, pp. 102-124.

______. 2003. "지금 이 시점에서의 노동운동: 비판과 반성의 시작을 위해."『연대와 실천』113호.

______. 2007. "민주 노조 운동 20년, 산별노조 건설운동의 성과와 한계." 노동사회교육원.

정이환. 2006.『현대 노동시장의 정치사회학』. 후마니타스.

조돈문. 1997. "87년 이후의 한국노동운동의 변화." 한국사회경제학회 10주년 기념 학술대회

(03/29).

______. 2003a. "브라질 신자유주의 경제정책과 노동자 삶의 조건: 워싱턴 컨센서스의 파산과 '정당성 전이' 효과."『라틴아메리카연구』16권 2호, pp. 93-124.

______. 2003b. "민주화와 신자유주의 시기 노동운동: 1990년대 브라질 노동운동의 대응전략." 『동향과 전망』58호, pp. 208-257.

______. 2003c. "대우자동차 노동조합의 해외매각 반대 투쟁: '동원'의 논리 대 '설득'의 논리."『산업노동연구』9권 2호, pp. 79-108.

______. 2003d. "한국사회의 계급의식과 계급문화." 제6회 비판사회학대회 발표문(09/26). 한국산업사회학회.

______. 2003e. "노무현 정권과 노동자 : 희망의 정치, 죽음의 정치." 민교협·학단협 공동주최 토론회(11/04). 노동자 자결 사태와 대책. 국가인권위원회 배움터.

______. 2004a. "노동계급 정치세력화와 민주노동당의 과제."『산업노동연구』10권 2호, pp. 1-33.

______. 2004b. "칠레 신자유주의 경제정책과 노동자." 한국라틴아메리카학회(05/23).

______. 2004c.『노동계급의 계급형성 : 남한의 해방공간과 멕시코 혁명기 노동계급의 비교역사 연구』. 한울.

조돈문. 2006. "자유시장경제모델로의 이행과 노무현 정권의 노동정책: '사회통합적 노사관계'와 예정된 실패."『민주사회와 정책연구』10호, pp. 184-216.

조형제. 1999. "현대자동차의 고용조정 : '기업내 노사관계'를 중심으로."『산업노동연구』5권 1호.

주진우. 2003. "비정규직 관련 노동부 입법안의 문제점 및 바람직한 법개정방향." 한국산업노동학회 2003년도 하반기 학술대회(12/13). 민주노총.

최장집. 1993. "한국 노동계급의 정치세력화 문제, 1987~1992."『한국민주주의의 이론』. 한길사, pp. 263-291.

Dollar, David & Aart Kraay. 2002. "Spreading the wealth." *Foreign Affairs*. Jan/Feb.

Oxhorn, Philip D. & Graciela Ducatenzeiler eds. 1998. *What Kind of Democracy? What Kind of Market?: Latin America in the Age of Neoliberalism*. Pennsylvania: The Pennsylvania State University Press.

Portes, Alejandro & Kelly Hoffman. 2003. "Latin American class structures: Their composition and change during the neoliberal era." *Latin American Research Review* 38:1 (February), pp. 41-82.

Robinson, Ian. 2002. "Book reviews: Polarizing Mexico; Growth, Employment and Equity." *Relations Industrielles* Vol. 57, No. 3, pp. 579-582.

Stallings, Barbara & Wilson Peres. 2000. *Growth, Employment and Equity: The impact of the economic reforms in Latin America and the Caribbean*. UN, ECLAC.

Stiglitz, Joseph. 2000. "The Insider: What I learned at the world economic crisis." *The New Republic*. April 17 & 24, pp. 56-60.

Stokes, Susan C. 2001. *Mandates and Democracy : Neoliberalism by surprise in Latin*

America. Cambridge: Cambridge University Press.

Williamson, John. 1993. "Democracy and the 'Washington consensus'." *World Development* Vol. 21, No. 8, Aug, pp. 1329-36.

Williamson, John. 2002. "Did the Washington Consensus fail?" *Outline of remarks at the Center for Strategic & International Studies* November 6.

World Bank. 1995. *World Development Report 1995 Workers in an Integrating World*. N.Y.: World Bank.